韓国近現代人物講議

劉準基 編

국학자료원

서 문

해방 이후 우리 학계는 민족독립운동사 연구에 매진하여 수많은 자료를 발굴하고 이를 토대로 의미 있는 연구들을 진행하여왔다. 그리하여 개항 이후에 전개된 다양한 형태의 민족운동과 항일투쟁은 오늘날 우리 사회의 정신적 유산으로 자리잡았으며, 한국근대사의 격랑을 헤쳐온 다양한 인물들에 대한 역사적 재구성과 평가는 연구영역으로서뿐 아니라 일반인들에게도 관심의 대상이 되고 있다.

한국근현대사의 극심한 변동과 위기 속에서 각 개인이 처해 있던 시대적 상황이나 흐름을 정확하게 이해하고 그들이 추구했던 이상과 현실, 그리고 인간적 혹은 사회적 한계와 좌절 등을 체계적으로 정리해 내는 것은 기본적으로 인간에 대한 이해의 폭을 한 차원 높이는 것이란 점에서 역사학의 중요한 연구과제의 하나가 되어 왔다.

이 책은 개항 이후 현대에 이르기까지 한국근현대사를 이끌어 다양한 인물늘을 선정하여 시대별, 지역별, 주제별로 분류하였다. 선제의 구성은 총 4편으로 되어 있으며, 총 22명의 인물을 수록하였다. 독자들이 쉽게 읽고 각 인물들의 개인적 면모와 주제의식을 이해할 수 있도록 재구성하였다.

제1편, '변혁과 전환의 틈새를 엿보며'에서는 한말 개항기에 불어닥

친 시대적 상황을 고민했던 인물들을 살펴보았다. 고종과 이완용의 대립된 엇갈린 운명의 인물과 초기개화파를 지도했던 유대치와 동학교단을 통해 한국근대사회의 변혁을 이루고자 했던 최시형에 대해 수록하였다. 또한 애국계몽운동과 관련해서는 강화도 지역에서 운동을 주도했던 이동휘와 인천지역에서의 운동을 주도했던 장재홍의 활동과 인간적 면모를 살펴보았다.

제2편, '여명을 기다리는 사람들'에서는 국내에서 활동했던 인물의 활동에 관한 논문을 수록하였다. 채기중과 강우규를 비롯하여 이갑성, 박승극 등 일제하에서 항일투쟁을 전개했던 인물과 해방 정국의 대표적인 우익계열인 장덕수와 송진우 등이 포함된다. 특히, 민족대표 이갑성의 일제하 활동에 대해 지금까지 학계에서 진행되었던 여러 가지 의혹들을 해명하였으며, 3·1운동과 민족대표를 어떻게 이해할 것인가에 대해 시사하는 바가 클 것으로 생각된다. 또한 송진우와 장덕수에 대한 연구는 해방정국에서 우파계열 인물들이 가지고 있던 정국 구상과 대응을 이해하는데 도움이 될 것으로 생각된다.

제3편, '조국의 하늘을 그리는 마음'에서는 일제하 해외지역, 중국·만주·대만·일본지역에서 항일민족운동을 전개했던 인물들을 수록하

였다. 조명하의 의열 투쟁에 대해서 조명하의 의거를 단순히 개인적 차원의 우발적인 사건으로 폄하하려는 일제의 의도와 문제점을 규명하였다. 또한 유자명에 대해서는 대한민국 임시의정원 의원, 의열단 단원, 조선민족전선연맹 이사, 조선의용대지도위원을 지내면서 志士의 풍모와 농학자 및 사회과학도로서 수준 높은 지식과 학자적인 탐구 자세를 보여주었던 그의 삶과 투쟁 및 현재적 의미에 대한 연구가 이루어졌다.

제4편, '신앙과 민족의 경계에 서서'에서는 기독교계 인물들의 민족운동과 신앙 활동에 대해 정리하였다. 황창오는 황해도 해주에서 3·1운동에 참여하고 대동단에 가입하여 군자금모집활동을 전개했던 인물로서 본 연구에서 가출옥문서와 판결문 및 후손과의 면담자료가 소개되었다. 최흥종은 광주·전남지역에서 국채보상운동, 3·1운동, 신간회운동, 노동공제회, 전남건국준비위원 등 다양한 지역운동에 참여했던 인물인데, 이 논문을 통해 구체적으로 연구가 이루어지게 되었다. 또한 장면에 대해서는 한국천주교회를 대표하는 지식인, 평신도운동을 주도한 종교운동가, 敎會史家, 신학이론가로서의 그의 삶과 신앙 활동이 조명되었다.

　이 책은 여러분의 도움으로 나올 수 있었다. 한상도교수와 황민호 교수가 기획·편집하고 성주현교수와 한국민족운동사학회 회원 여러분들이 번거로운 교정을 맡아서 도와주었다. 국학자료원의 정찬용사장은 흔쾌히 출판을 맡아주었으며 편집부와 이초희님은 책을 깔끔하게 편집해 주었다. 이분들에게 깊은 감사를 드린다. 그러나 무엇보다도 여러 필자들이 좋은 玉稿를 게재해 주어 한국근현대사와 함께 했던 여러 인물을 종합적으로 조망할 수 있는 기회를 만들어 준 것에 대해 감사드린다. 본 저서가 독자들에게 한국근현대사의 인물을 이해하는 좋은 지침서가 되기를 바란다.

2007년 5월
編著者를 대표하여 남양주 春潭書室에서 劉準基 씀.

목 차

제1편 변혁과 전환의 틈새를 엿보며

제2편 여명을 기다리는 사람들

제3편 조국의 하늘을 그리는 마음

제4편 신앙과 민족의 경계에 서서

제 1 편

변혁과 전환의 틈새를 엿보며

 개명군주의 인간적 면모 / 高宗

장 영 숙[*]

Ⅰ. 머리말

고종은 1863년 철종의 뒤를 이어 조선의 제 26대 국왕에 즉위한 후 헤이그밀사 사건으로 일제에 의해 강제 양위되기까지 44년간 재위했던 인물이다. 고종은 최근까지 강한 호랑이 아버지 밑에서 기를 못 편 유약한 어린아이 같은 존재로, 똑똑한 나누라의 위세 잎에서 자신의 의견을 적시에 밝히지 못하는 우유부단한 驚妻家로 알려져 왔다. 고종에 대한 이러한 부정적인 이미지는 일본 사학자들의 선구적인 역할[1] 외에도 일제 식민사관의 영향으로 우리 내부적으로 확대 재생산

* 상명대학교 인문과학연구소 전임연구원

된 측면이 크다.

고종이 어떤 면모를 지닌 국왕이었는가에 대한 관심이 무성한 이유는 무엇인가. 고종 재위 시기 조선은 개항과 더불어 근대화의 길목으로 옮겨가는 과도기를 맞이하고 있었다. 조선으로서는 그 어느 때보다도 국왕의 결단력이 요구되는 시기였고 강한 의지를 가진 국왕의 존재가 절실한 시점이었다. 국왕 고종이 어떤 유형의 인물인가는 조선의 장래와 연계되어 매우 중요한 문제의 범주에 드는 것이었다. 때문에 이 시기 조선의 국가경영과 관련하여 고종에 대한 평가가 현재까지 왕성하게 진행되는 것이라고 볼 수 있다.

그러면 일반에게 알려진 대로 고종은 유약하고 우유부단한 정치적 미숙아이기만 하였는가? 고종을 살펴보면, 특히 그가 주체가 되어 추진했던 개화정책을 놓고 볼 때 그에게 내려진 부정적 평가로는 도저히 설명할 수 없는 과단성과 추진력과 개명성이 엿보이기도 한다. 고종을 달리 평가할 수 있는 일단을 살펴보면 고종은 친정 초기 전통적인 衛正斥邪思想의 범주에서 벗어나 東道西器的 사상으로의 轉化를 꾀하면서 개화정책을 착실히 수행해 나간 국왕이다. 그의 사상적 전화 이면에는 연행사를 통해 전해들은 중국의 근대로의 개혁 개방의 물결과 김옥균을 비롯한 개화의 선각자들이 사회 여러 부문에서 개화의 필요성을 지속적으로 깨우쳐 준 영향이 있었다.

고종이 추진한 근대적인 개혁 내용들은 익히 알려진 대로 개화정책 수행기관인 통리기무아문을 비롯한 내·외아문을 설치, 운영하면서 시작되었다. 구미제국과의 외교교섭은 물론 農桑·織造·茶 등의 개발

---

1) 林泰輔, 『朝鮮通史』, 1912. 富山山房; 田保橋潔, 『近代日鮮關係の研究』, 1940. 조선 총독부 등의 글은 한국의 근대사 부분을 기술하면서 고종의 정치적 역할은 생략하고 대원군과 민비의 대립구도로만 서술하고 있는 대표적인 역사서들이다.

을 통해 개혁자금을 확보하고, 사회기강을 바로잡으며 자강과 강병을
위해 군제를 개편하는 등의 일을 모두 이들 아문을 통해 추진하였다.
고종 집권 중반기부터 시작한 근대적인 개혁은 대한제국시기 '광무개
혁'을 통해 다시 한번 시도되었으며 일정한 성과를 보기도 하였다. 양
전지계사업과 근대적 상공업의 발흥, 실업교육의 강조와 관련학교의
발흥 등은 개혁의 성과로 평가될 수 있는 결과물들이다.

이처럼 고종이 가진 개명군주로서의 내면적 자질과 개혁의 일정한
성과를 두고 볼 때 그에 대한 부정일변도의 평가에는 쉽게 동의하기
어려워지는 측면이 있다. 최근 들어 이와 같은 평가는 대한제국을 근대
적 개혁을 지향한 국가로 다시 보고 개혁의 수장으로서의 고종을 적극
적으로 재조명하는 속에서 어느 정도 불식되어 가고 있는 추세이다.

지금까지 고종에 대한 연구는 이처럼 개화와 개혁공간에서 그가 계
획하고 실천에 옮겼던 정책 추진 능력과 더불어 분석되었을 뿐 그의
인간적인 내면과 관련한 글은 전무한 형편이었다. 따라서 이 글에서는
고종의 면모에 대해 상대적으로 덜 알려져 왔던 그의 내면적 모습과
일생을 통해 가장 많은 영향을 미쳤다고 볼 수 있는 아버지, 홍선대
원군과의 관계 및 아내인 명성황후에 대한 기억 등을 종합적으로 살
펴보려 한다. 나아가 가능하면 주변인들과의 인간관계가 정책결정에
미치는 영향 등에 대해서도 관심을 가져보려 한다. 인간의 내면 감정
을 심층적으로 살필 수 있다면 외면으로 표출되어 나온 정치적 노선
과 성격에 내한 이해가 보다 종합적으로 설명될 수 있지 않을까 생각
되기 때문이다.

II. 講學期, 고종의 인간적 면모

고종의 인생 가운데서 가장 드라마틱했던 것은 아버지를 국왕으로 두지 않았음에도 불구하고 어느 날 갑자기 12살의 나이로 왕위에 오르게 된 사실일 것이다. 당시 그의 왕위승계를 전격적으로 결정지은 이는 대왕대비인 神貞王后 조대비였다. 그녀는 이미 승하한 익종(효명세자)의 비로서 왕실에서 제일 연로하였기 때문에 그녀가 중심이 되어 왕위승계를 결정지었다. 물론 여기에는 순조 이후 즉위한 어린 왕들을 대리하여 안동김씨들이 세도정치를 자행하는데 따른 풍양조씨로서의 위기감이 작용했을 것이라는 추측도 있다. 고종의 왕위승계를 조대비 자신의 입지를 강화하기 위한 포석으로 활용하였을 것이라는 논리이다.

고종이 익종의 직계가 아님에도 불구하고 어린 나이에 대통을 이어 왕좌에 오른 것은 곧 정통성 시비에 휘말릴 소지가 있었다. 이는 본인에게는 물론 홍선대원군과 조대비 모두에게 상당한 부담이 따르는 일이었다. 조선 왕실은 역대로 국왕의 정치적 능력 외에도 경연과 서연을 통한 학문과 덕성을 함양하는 일을 중시하였다. 학문을 닦는 일은 당시의 시대사상이었던 위정척사사상에 입각하여 邪道를 막고 正道를 밝히기 위한 일차적인 수순으로 여겨졌기 때문이다. 더하여 조선왕조는 전통적으로 旱魃의 원인으로서 왕의 失德과 失政을 거론하는 것이 관례였다.[2] 결국 이 모든 것은 국왕의 도덕적 수준과 직결되는 문제였기 때문에 왕이 된 자들은 성덕군자가 되어야 한다는 중압감이 있었다.

---

2) 平木實,「朝鮮史の 展開における 王權－朝鮮王朝時代を 中心に－」,『朝鮮學報』 138 集, 1991, p.14.

그러나 문제는 고종은 3경·5경 등의 범위나 경서 제목을 익혀야 할 정도로 학문수준이 일천하였다는 점이다. 하늘을 찌를 듯한 안동김씨 세도가들의 눈에 국왕이 일개 하찮은 존재로 보이는 것은 시간문제였다. 고종을 상대로 체계적인 강학의 필요성이 대두된 것은 바로 이와 같은 연유에서였다. 드디어 국왕 된 자로서의 학문연마와 덕성함양이라는 기치 아래 고종에 대한 권강이 시작되었다. 권강은 주로 閣臣과 提學을 역임했던 인물들이 강관이 되어 담당했다. 정식 경연을 하기에는 고종의 나이가 어려 강독에 곤란한 점이 있으므로 형식과 절차를 간소화한 권강례로 결정되었던 것이다. 권강 외에도 고종은 소대의 형식을 통해 하루에 몇 차례씩이라도 원하는 대로 학문을 연마할 시간을 가질 수 있었다. 이 때부터 고종은 대원군의 10년 섭정이 끝나고 親政을 하는 1873년 말에 이르기까지 강학기를 갖게 되었다. 물론 학문연마는 국왕 재위시기 내내 계속되지만 친정 이전 10년간은 정치에 참여하지 않고 오로지 학문만을 습득한 기간이었기 때문에 특별히 강학기라 명명한다.

강학을 처음 시작할 무렵 鄭基世와 金永爵 강관은 고종에게 "선왕들 중에서 특히 정조의 학문연구 태도를 본받으라" 충언하였다. 이들은 "정조가 窮理, 格物의 학문에 마음을 두고 깊이 생각하였으며 학문에 힘쓰는 것을 정사의 근본으로 삼았기 때문에 1백권이나 되는 『弘齋全書』가 있게 되었음"[3]을 강조하였다. 동지돈녕부사 奇正鎭의 경우에는 역대 중국 선왕들의 치적을 예로 들며 "위나라 무공처럼 마음에 부끄러움이 없게, 문공처럼 검소함을 생활화 하도록"[4] 충언하였다. 이

---

3) 『承政院日記』 고종 1년 12월 15일·고종 4년 5월 3일.
4) 『승정원일기』 고종 3년 11월 15일 "有善必身先行之 有非必身先去之 不愧屋漏如衛武公 側身求賢如燕昭王 大布之衣 大帛之冠如衛文公 斷鐘鼓之□如楚莊王 讀書以講明擇人以持守之"

처럼 학문적으로나 도덕적으로 역사에 부끄럽지 않을 정도의 성인군자가 될 것을 요구하는 여러 신료들의 정신적 압박과 부담 속에서 고종은 강학기를 맞이하였다.

강학 초기의 고종은 비교적 날마다 講廷에 나와 열심히 공부하였고 학문을 하는데 있어서 후일로 미루면 안된다는 자세로 임하였다. 이러한 왕도수련의 과정을 통해서 고종은 통치의 규범과 위민정치를 위한 대개를 확립해 나갔다. 고종이 수학한 교재는 주로 『小學』과 『孝經』, 사서삼경의 범주에 드는 경전류였다. 역대 군왕의 정치적 전범을 익히기 위한 책으로는 『通鑑』과 『國朝寶鑑』을 공부하는 것에 그치고 있다. 그러나 이러한 史書類는 역대 왕조의 치란과 흥망성쇠가 실려 있어서 본받고 경계할 점이 많았다. 따라서 사람으로서 갖춰야 할 기본윤리를 강조하는 유교경서들 못지않게 중시되고 있었다.

고종은 특히 옛날 왕조의 역사와 관련한 이야기가 들어있어 싫증이 나지 않는 사서들을 선호하였고 강관들은 역사를 통해 현실정치에 대한 감각을 익히게 하기 위해 사서류를 권하였다.[5] 진강을 통해 『통감』을 강독하면서도 소대의 형식을 빌려 31살까지 틈틈이 이를 학습한 것을 보면 고종이 특별히 사서류에 심취해 있었음을 파악할 수 있다. 『국조보감』 역시 역대 군왕들의 치적에서 귀감이 될만한 사실들을 엮어놓은 책이다. 고종은 임오군란과 갑신정변이라는 크나큰 정치적 격변을 겪은 후인 1886년에 이 책의 강독을 시작하였다. 혼란한 시기에 사서를 통해 선왕들의 치적에서 경험을 빌리려 했던 고종의 태도를 엿볼 수 있는 대목이다.

그러나 고종이 수학한 교재의 종류와 학문연마 태도를 보면 학문에

---

5) 김세은, 「고종초기(1863~1876) 국왕권의 회복과 왕실행사」, 서울대 박사학위논문, 2003, pp.79-86.

많은 열정을 보였던 세종, 영조, 정조 등 여타의 국왕들과 비교되는 측면이 있다. 이를테면 세 국왕의 경우 전체적으로 강학한 시기가 길 뿐만 아니라 수학한 교재도 훨씬 더 다양했다. 고종을 비롯한 대부분의 국왕들은 『소학』과 『효경』을 시작으로 사서삼경과 『童蒙先習』 『국조보감』 등을 수학하는데 그치고 있다. 반면 위에 열거한 세 국왕은 이 외에도 『聖學輯要』『東國通鑑』『朱子語類』『資治通鑑』 등 정치의 모범이 될만한 중국의 역사서나 수준 높은 유학의 경전들까지 학습하였다.[6] 따라서 학문에 열정적이었던 국왕들에 비해 고종의 강학 기간이 결코 길었다거나 학습의 수준과 내용이 깊이가 있는 정도는 아니었던 것으로 보인다.

한편 고종의 강학 태도는 어떠하였을까? 고종은 낭청 아래에 비둘기 집을 두고 감상하다가 강관 姜㳖에게 "정신을 산만하게 하는 행위를 한다"[7]며 질책을 받은 일이 있을 정도로 마음이 여리고 완상하는 취미가 있었다. 또한 심한 경우, 여름에는 덥다는 이유로 두 달 동안 강학을 폐하고 겨울에는 춥다는 이유로 강학을 하지 않기도 하였다. 그러다보니 경우에 따라서는 일년에 강학하는 날이 3~4개월에 지나지 않은 적도 있었다.

이처럼 강학기에 드러난 고종의 면모를 보면 10대의 청소년으로서는 매우 버거워 보일 수도 있는 유교적 도학정치의 이념과 군주로서의 제반 소양을 연마하기 위해 애쓴 것으로 보인다. 반면 보통의 성장기 청소년들에게서 보이는 공상과 망상에 사로잡히기, 또 그로 인한 학습능률 저하와 학업 기피하기 등의 양태도 보였던 것을 알 수 있다.

---

6) 이와 같은 내용은 조선조의 효종에서 고종까지 諸王의 동궁시 및 등극 후의 進講 册子의 次第를 기록해 놓은 『列聖朝繼講册子次第』, 규장각 3236을 참고.
7) 『승정원일기』 고종 6년 8월 21일.

고종이 학업에 완전히 전념하지 못했던 이유는 무엇인가. 그 원인의 하나를 살피기 위해 고종의 여성관계를 보면 고종은 1865년 명성황후와 가례를 올렸으나 황후가 아닌 궁녀 이씨에게 먼저 마음을 빼앗기고 있었다. 1868년에는 영보당 이씨에게서 출생한 完和君 墡을 사이에 두고 두 여인 간에 보이지 않는 치열한 다툼이 전개되었다. 더욱이 아버지 흥선대원군은 완화군을 지나치게 사랑하여 후일의 세자감으로 미리 점치고 있었다. 모두가 고종과 명성황후와의 사이에 왕자 坧이 태어나기도 전에 생긴 일이었다. 황후로서는 세가 불리했고 영보당 이씨와 완화군을 대궐 밖으로 내보내 고종과 대원군의 눈에 띄지 않게 함으로써 정적을 제거하는 수밖에 없었다.[8] 이 일의 여파라고 할 수는 없지만 결국 황후는 가례를 올린 후 고종의 사랑을 얻지 못한 채 수년간 독수공방하였다니 황후도, 고종도 결혼 초기에는 평탄한 부부생활을 영위하지 못했던 것만은 분명하다.

고종으로 보자면 육체적·정신적으로 채 성인이 덜 된 나이라고 할 수 있는 17살 청소년기에 이미 한 아이의 아버지가 된 셈이었다. 그를 둘러싸고 있는 가족 분위기는 두 여인이 내뿜는 질투와 욕망의 독기로 어둡고 침울한 면이 있었다. 고종이 가끔 작고 예쁘장한 것들에 미혹되고 학업에 집중하지 못해 진도가 느리다고 질책을 당했던 이유는 그로 하여금 사사로운 상념에 젖게 만드는 이러한 환경적 요인이 자리하고 있었기 때문이 아닌가 보여진다. 강학기의 학습부진도 역할 과잉과 사회적 압박이 부가된 견디기 힘든 무거운 임무로부터의 도피심리가 때때로 작용하였기 때문으로 여겨진다.

---

8) 완화군은 1879년 봄 황후에 의해 죽임을 당한 것으로 전한다. 黃玹, 『梅泉野錄』, p.104.

Ⅲ. 父, 興宣大院君에 대한 존경과 갈등

고종이 아버지 흥선대원군에게 갖는 감정은 매우 복잡 미묘하였다. 고종에게는 대원군이 서얼자손들을 제외한 2남 2녀 가운데 자신을 형인 李載冕보다도 더 총명하고 명석하다고 판단하여 국왕의 자리에 적극 앉게 해준 자상하고 감사한 아버지였다. 나아가 국왕의 품격을 높여주기 위해 임진왜란 때 불탄 이후 재건을 꿈꿔보지 못했던 경복궁 중건을 실현에 옮긴 위대한 아버지이기도 하였다. 밖으로는 양요가 일어나고 있고 안으로는 국가의 재정상태가 썩 좋지 않았음에도 불구하고 대원군이 거대한 토목공사를 일으킨 데에는 국가의 상징인 임금의 통치공간이 비좁고 옹색하여 왕실의 권위가 우러나지 않는다고 생각했기 때문이다. 대원군은 어린 나이에 즉위한 고종이 세도가문들에게 얕잡아 보이지 않으며 국정수행을 원만하게 할 수 있게 하기 위해서는 우선 나라의 정궁이 웅대하게 바로 서 있어야 한다고 생각하였던 것이다.

고종으로서는 이 모든 아버지의 적극적인 권력행사와 추진력이 존경스럽고 위대해 보였으며 때론 두렵기까지 하였을 것이다. 이러한 아버지에 대한 고종의 감정이 일변한 시기는 언제쯤일까? 우선 10년 동안 권력을 움켜쥐었던 대원군이 고종이 장성한 후까지도 권좌를 순조롭게 내어주지 않은 사실을 주목할 필요가 있다. 대원군 정권 막바지인 1873년은 고종이 니이 22세로 청년기를 맞이하고 있던 시기였다. 고종은 권력에 대한 욕심을 직접적으로 표출하지는 못한 채 현실에 불만을 가지고 있는 상태였다. 민 황후를 비롯한 척족세력 역시 장성한 국왕이 직접 정사를 주재하지 못하는 것에 대해 불만의 기운이 높아가고 있었다.

고종 측근은 대원군의 실정을 공격하는 최익현의 상소를 계기로 당시 상황을 그들이 집권할 수 있는 최대한의 호기로 이용하려고 하였다. 최익현은 이미 1868년에도 백성들의 고통스런 삶을 생각하여 경복궁 중건공사 중지와 원납전 징수 금지, 당백전 폐지, 도성문세 폐지를 건의하는 상소문을 올린 적이 있었다.[9] 이때 고종은 대원군이 진행하는 토목공사에 대해서는 발언권한이 없음을 시사하였다. 이는 고종이 아버지에 대항하는 정책의견을 제시하기가 곤란한 입장임을 스스로 인정한 것이라 볼 수 있다. 사실 그 당시 고종은 최익현의 상소를 빌미로 자기세력을 확대할 정도의 계산까지 할 수 있는 단계는 아니었던 것으로 보인다. 달리 표현하자면 고종은 아버지의 정책에 반대할 정도로 자신의 정치세력을 결집할 준비가 되어있지 않았다.

　그러나 최익현이 1873년 2차상소를 통해 원납을 강요하고 서원을 철폐하며 호전을 수입해 경제적 질서를 훼손시켰다는 점을 들어 대원군을 간접 비난했을 때[10] 고종은 최익현이 1차상소를 올린 때와는 태도를 달리 하는 모습을 보였다. 고종은 최익현을 제주도로 유배 보내는 것으로 사건을 일단락 지으며 대원군 계열의 대신들을 처벌하고 새로이 李裕元, 朴珪壽 등의 인물들로 자리배치를 하면서 국정을 장악하려는 의지를 나타냈다. 이를 계기로 친정이 가능한 상황을 맞이하였던 것이다.

　대원군은 고종의 친정과 더불어 거처하던 운현궁을 떠나 양주의 직곡산장으로 은퇴하였다. 정가를 호령했던 점에 비해 퇴장은 조용한 편이었다. 그러나 정계 분위기는 고종에게 효를 강조하는 상소문이 빗발치면서 어수선하였다. 고종은 반대원군 세력을 중심으로 권력기반을

9) 『高宗實錄』 고종5년 10월 10일.
10) 『日省錄』, 『승정원일기』 고종10년 11월 3일.

강화해 나갔지만 은퇴한 대원군을 다시 모셔오라는 유생들의 연이은 상소는 정치적 부담이 되고 있었다. 당시 고종이 성년이 된 시점에 대원군이 정치적 욕심을 거두고 먼저 자리를 양보해 주었다면 두 사람 사이에 자칫 권력쟁탈전으로 비치는 일은 전개되지 않았을 것이다. 대원군이 고종의 정적이 아닌 후원자로서 정계에서 든든한 역할을 해주었다면 고종은 구태여 '불효자' 소리를 듣게 되지 않았을런지도 모른다.

친정을 계기로 고종의 아버지에 대한 존경심은 정적을 대하는 두려운 마음으로 바뀌었다. 대원군으로서도 아들에 대한 섭섭한 감정은 이제 막 시작일 뿐이었고 이들 부자의 친밀한 관계는 더 이상 살펴보기 어렵게 되었다. 임오군란은 정적이 된 부자지간을 재확인시켜주는 또 하나의 사건으로 전개되었다.

대원군이 유지하던 정책의 기조를 변경하여 고종은 1876년 개항을 시도하는 가운데 각종 개화사업을 추진하였다. 개화를 목표로 한 개항과 개방정책이 일반 민들에게 선의의 결과만을 가져다주지는 않았다는 점에서 반대여론이 비등하였다. 개항 후 일본 측의 특권과 무관세 무역으로 유입된 서구상품은 수많은 수공업자들을 몰락시켰고 쌀의 대량 유출은 곡가의 앙등을 초래해 물가상승으로 이어지면서 도시민과 일반 하층민들에게도 피해를 주고 있었기 때문이다.[11]

민 황후를 비롯한 정부 관리들의 부정부패 또한 생활이 극도로 궁핍해진 백성들의 감정을 자극하였다. 특히 민 황후는 병약한 세자를 위해 유명 사찰을 두루 돌아다니며 과다한 송교(宋敎)행사를 벌이고 있었다. 절에 바치는 시주도 점점 늘려갔고 무당들에게 참판 혹은 승지의

---

11) 이와 같은 내용은 김경태, 1994 「개항과 불평등조약 관계의 구조」, 『한국근대경제사연구』, 창작과 비평사; 하원호, 2005 「강화도조약과 개항의 역사적 의미」, 『일본의 한국침략과 주권침탈』, 한일관계사연구논집 7, 경인문화사 참고.

벼슬을 주기도 하여 낭비와 부패에 앞장 서는 인물로 지목되고 있었다.[12] 민 황후의 씀씀이가 컸던 사실은 L.H.언더우드 여사가 1889년에 초기선교사로 조선에 와 있던 H.G.언더우드와 결혼할 당시 결혼선물로 100만냥이라는 거액을 하사하였다는 기록을 통해서도 알 수 있다.[13]

당시 구식군인들은 봉급미를 제대로 받지 못해 불만이 증폭되고 있었는데 민중들은 그 이유가 이러한 국고 낭비와 부정부패에서 연유된다고 생각할 수밖에 없었다. 따라서 선혜청 당상을 맡고 있던 閔謙鎬를 비롯한 민씨일족에게 직접적인 화살이 돌아가게 되었다. 여기에 더하여 구식군대를 차별하는 문제는 개화정책을 추진하는 정부에 대한 반발심을 더욱 조장하게 하였다. 고종은 교련병대의 시범훈련을 참관하고 그 정예함에 대해 특별한 관심을 보였다. 이는 구식군인들에게는 보이지 않던 태도였다. 나아가 교련병대에게 초록군복을 입혀 종래의 5군영과 차이를 두었고 구식군졸의 봉급은 수개월이나 밀려있는 상황에서 신식병사들에게는 매월 10여 원의 봉급을 빠짐없이 지급함으로써 타군영의 불만을 사기도 하였다.[14] 결국 이러한 점은 신식병사들의 특권의식과 어우러져 군내부의 갈등을 일으키는 요인이 되었고 그로 인해 군란이 발발하게 되었던 것이다.

난병들은 부정축재의 대표자인 경기도 관찰사 金輔鉉을 처단하려 경기감영을 습격하는 과정에서 淸水館 왜인들까지도 죽였다.[15] 의금

---

12) Isabella B. Bishop. 1897『Korea and Her Neighbours』, 이인화 역, 1994 『한국과 그 이웃나라들』, 도서출판 살림, pp.296-325.

13) Lillias H. Underwood, 『Fifteen Years among the Top-Knots or Life in Korea』, 1904, 신복룡·최수근 역주, 『상투의 나라』, 집문당, 1999, p.61.

14) 崔炳鈺, 「敎鍊兵隊(속칭: 倭別技) 研究」, 『軍史』18, 1989, p.114.

15) 『일성록』『승정원일기』고종 19년 6월 9일.

부의 옥문을 부쉬 척사를 주장했던 白樂寬 등의 죄인들을 옹위해 갈 정도로 사태는 매우 심각해졌다. 고종은 대원군의 입시를 명령한 뒤 별전으로 피신했고 민 황후는 충주목 閔應植의 집으로 피하였다. 곧 이어 고종은 대원군에게 전권을 위임하는 조치를 내렸다. 이러한 조치를 내린 이유는 고종이 개혁정치를 실시할 인물로서 대원군에 대한 민중의 기대가 컸다는 사실을 간파하였기 때문으로 보인다. 대원군은 재집권의 기회를 잡은 후 고종의 개화정책의 산실이던 통리기무아문을 폐지하여 삼군부로 바꾸고 별기군을 폐지하여 종래의 5군영을 다시 복구시켰다. 그동안의 고종 주도의 개화정책을 전면 백지화시켰던 것이다. 내실없는 개화에는 찬동할 수 없었던 것이 대원군의 입장이었다.

고종은 창졸간에 일어난 군란을 어떻게 받아들이고 있었는가. 불행히도 그의 인식을 엿볼 수 있는 사료는 거의 없다. 다만 군란 발생 다음날 소집된 회의에서 고종은 그동안 밀린 군사들의 봉급이 얼마나 되는가를 묻고 있는 정도였다. 곧이어 영의정 洪淳穆이 13개월분이 밀렸다는 설명과 함께 재용을 절약하고 인심을 수습하면 안정을 찾을 수 있을 거라고 하자 쉽게 안도하는 태도를 취하였다.[16] 정사의 주재권이 대원군의 손으로 넘어간 뒤 난의 형세가 잠잠해졌기 때문에 고종이 안일한 태도를 취하였는지는 알 수 없다. 그러나 대원군에게 정사를 일순간 위임한 것은 위기에 따른 고종의 대처능력이 그만큼 부족하였다는 뜻이 된다. 이 점은 고종이 개화정책에 대한 확신을 가지고 통리기무아문을 적극적으로 설립하였던 점, 이를 통해 광산을 개발하여 세원을 확보하고 鑄錢을 관리하는 등 각종 개화사업을 추진하였던 면모와는 상당히 대비되는 측면이라 할 수 있다.

대원군은 6월 10일부터 청군에 의해 보정부로 압송되는 7월 13일까

---

16) 『승정원일기』 고종 19년 6월 10일.

지 정사를 주재하면서 그와 정적관계에 있던 민 황후의 국상을 추진
하려 하였다. 민씨척족의 중심에서 고종의 정치적 배후세력으로 역할
하고 있던 황후가 늘 마음에 걸린 대원군이었다. 그러나 대부분의 대
신들이 민황후의 시체가 없는 가운데 장례를 치르는 것은 불가하다며
신중론을 펴 장례는 지연되었다. 그런데 당시 민 황후는 군란 이튿날
에 尹泰駿의 집에 있다가(6월 10일) 민응식의 서울 집으로(6월 12일),
임천군수 李根永의 廣州 집으로(6월 14일), 이조판서 閔泳緯의 여주
시골집으로(6월 15일), 민응식의 충주 장호원 시골집으로(6월 21일) 여
러 차례 옮겨 다녔다. 이러한 기록이 『승정원일기』에 남아있는 것으로
보아 고종은 중전이 사망하지 않고 살아있다는 사실을 알고 있었던
것으로 보인다. 그럼에도 불구하고 고종은 아내의 국상을 진행하려는
대원군에게 아무런 대응을 하지 못했다. 군란을 초래한 데 대한 국왕
으로서의 죄책감과 아버지의 강력한 카리스마에 압도되었기 때문일
것이다.

　고종이 대원군과의 사이에서 부자지간에 남아있던 약한 고리마저
완전히 끊게 된 결정적인 계기는 아버지가 사랑하는 아내, 민 황후가
살아있음에도 불구하고 장례를 치르려 했다는 점일 것이다. 한 때 궁
인 이씨에게 미혹되어 돌아보지 않았던 왕비였다. 그러나 국가의 중대
사가 있을 때마다 준비된 실력으로 고종의 옆에서 조언을 아끼지 않
아 믿음으로 뭉쳐진 정치적 동반자가 된 지 오래였다.[17] 그러한 왕비
를 정치적으로 매장시키려 한 아버지를 더 이상 신뢰할 수 있겠는가.
나아가 고종이 그토록 원대한 뜻을 품고 추진하던 개화정책을 대원군
이 전면 백지화시킨 것은 두 사람의 대외정책과 대외관의 차이에서만
해석할 수 있는 문제는 아니었다. 아들인 국왕이 중시하던 정책기구를

17) 『고종실록』 광무 원년(1897) 11월 22일 「御製行錄」.

하루아침에 폐지해 버리는 일은 상대를 전적으로 인정하지 않는다는 뜻이었고 정적으로 생각하지 않는다면 행할 수 없는 일이었다.

대원군과 고종이 정적관계로 마주 서게 된 시기는 또 한 차례 있었다. 1894년 7월 23일 일본이 경복궁을 무단 진입하는 무력행사를 통해 조선침략을 본격화하면서 갑오개혁을 단행하던 때였다. 당시 일본은 7월 25일 남양 풍도에서의 해전을 시작으로 청일전쟁을 일으킴과 동시에 대원군을 옹립하여 군국기무처를 설립하는 등 정부의 변혁을 꾀했다. 일본이 대원군을 추대한 까닭은 경복궁 침입사건 이후 각국의 좋지 않은 여론과 격앙되어 있는 조선 국민의 반일감정을 의식하여 백성들에게 여망이 높은 대원군과 손을 잡기 위한 것이었다. 임오군란 당시 2차 집권에 이어 대원군이 3차 집권을 하게 된 것은 일본의 이러한 의도 하에 진행되었지만 일본의 계책 못지않게 대원군도 이 시기를 마지막 기회로 활용하려는 속셈이 있었던 것으로 보인다. 국왕의 교지를 받는 형식으로 迎秋門을 통해 입궐한 대원군은 국왕의 실정을 나무라고, 고종은 계단 아래까지 내려와 대원군을 눈물로 맞이하며 사죄하였다.[18] 이 순간 대원군으로서는 백성의 여망과 내외신인도가 고조된 상태에서 다시 한번 아들보다는 비교우위의 입장에서 권좌를 확보하는 계기를 마련하였다.

고종은 임오군란 이후 두 번째로 아버지의 카리스마에 압도당하는 비참한 상황 속에서 묵묵히 권좌를 내어주었지만 이 날 이후 두 사람의 관계는 희미한 부자지간의 정마저 찾아볼 수 없는, 정치적 성생자의 관계로 굳어졌다. 실제로 고종은 후일 대원군이 국왕 탄신일을 기회로 입궐하여 격조한 사이를 개선해 나가려 하였으나 각국 공사를

---

18) 杉村濬, 『在韓苦心錄』, 한상일 역, 『서울에 남겨둔 꿈』, 건국대학교출판부, 1993, p.129.

만나느라 바쁘다는 핑계로 알현할 기회마저 주지 않았다.[19] 고종은 어머니인 운현궁 부대부인 喪事에도 가지 않음은[20] 물론 대원군이 사망한 후에도 申箕善을 보내 제사를 대신 지내게 하였다.[21] 아버지에 대한 최소한의 예도 갖추고 싶지 않을 정도로 부자지간의 감정 악화는 돌이킬 수 없는 파국을 맞았던 것이다.

고종은 아버지의 강력한 카리스마와 개화정책 추진의 실패로 인해 번번이 대원군에게 권좌를 내어주는 수모를 당했다. 아버지에 대해 품어왔던 순수한 존경심은 아버지가 정적으로 변하는 순간 시기와 미움으로 응어리졌다. 권좌를 앞에 두고 벌인 아버지와의 갈등은 친속관계를 끊을 정도의 분노로 표출되었던 것이다. 대원군이 노련한 정치적 경험으로 고종을 후원하고 보좌하였다면 정국은 안정되고 정치발전 또한 기대할 수 있었을지 모른다. 그런 점에서 두 사람의 갈등은 국가적 손실이었다고 할 수 있다.

IV. 妻, 명성황후에 대한 사랑과 悔恨

고종이 15살의 나이로 민 황후와 혼례를 올릴 당시만 하더라도 특별히 황후에 대해 절절한 사랑을 표현할 정도의 관계는 아니었다. 고종이 첫사랑의 감정을 느낀 상대는 황후보다는 오히려 궁녀 이씨일 수 있었다. 황후에게는 여성으로서보다 서로 의지하는 정치적 동반자의 길을 걸으면서 사랑과 존경의 마음이 부가된 것으로 보인다. 고종

19) 『주한일본공사관기록』9, 기밀 제73호 「국왕탄진일 운현궁 參內에 관한 건」, p.223.
20) 尹孝定, 『風雲의 韓末秘史』, p.162.
21) 『고종실록』 광무 2년 2월 24일.

이 황후에게 단순한 아내 이상의 감정을 가지게 된 계기는 황후와 민씨 척족세력이 힘을 합쳐 고종의 친정을 도와준 일이 될 것이다.

즉위 이후부터 황후가 景福宮 坤寧殿 閣門에서 8월 20일 을미시해의 변으로 세상을 떠날 때까지 사실상 두 사람은 정치적 곤경과 위기를 함께 겪으며 동고동락한 사이였다. 그러나 황후가 비명에 간 뒤 성대한 장례절차도 곧이어 밟지 못하였다. 사건 후 그녀의 시신은 곤녕전에서 가까운 녹원 숲 속에서 불태워졌고 타다 남은 시신은 땅속에 아무렇게나 묻혔다. 고종은 국가의 상징물인 경복궁이 일본인 자객과 군인들에게 유린당하고, 국모이기 이전에 사랑하는 아내인 황후가 시해당하기까지 한 이 궁궐에 더 이상 머물고 싶지 않았을 것이다. 1896년 2월 고종이 俄館으로의 파천을 단행한 데에는 이와 같은 지극히 개인적인 감정도 작용하였으리라 추측된다.

돌이켜보면 왕비시해사건은 고종과 황후가 갑오개혁으로 실추된 왕권을 다시 확보하는 과정에서 일본 측이 일으킨 난동이었다. 개혁은 일본을 추종하고 우호적으로 생각하는 김홍집·유길준·어윤중을 중심으로 하는 친일적 개화파들이 중심이 되어 추진되었다. 군주권을 축소시키는 방향으로 개혁이 진행되면서 왕실 관련기구는 모두 궁내부로 개편되었다. 개혁의 여파로 承宣院의 좌우내관이 폐지되자 방을 지피는 등의 시종이 하는 일까지 고종이 직접 신경을 쓰게 되었다. 고종은 마땅히 있어야 할 내관이 없어 국왕다운 체면이 서지 않는다며 상당히 예민한 상태가 되었다. 따라서 군주권을 제한하는 내용을 담은 개혁을 고분고분하게 수용할 입장에 있지 않았다.

고종은 국내외 정세가 급변하면서 삼국간섭이 전개되자 이를 새로운 기회로 활용하려 하였다. 러시아가 개입된 삼국간섭으로 일본이 청일전쟁의 승리로 차지한 요동반도를 환부하게 되자 일본의 국제적 지위는 실추되었다. 이에 조선조정에서는 러시아에 새롭게 기대감을 가져보려는 움직임이 나타났고 그 중심에는 민 황후가 있었다. 고종과 민 황후는 러시아공사 웨베르를 친견하여 러시아 정부와의 친선을 도모하기도 하고 왕실의 친러적인 분위기에 힘입어 박정양·안경수·이완용·이범진 등을 축으로 하는 반일친러적인 정동파가 생겨나기도 하였다.

이러한 상황에서 박영효는 고종의 친러적인 태도를 우려한 나머지 국왕 주변의 호위병을 일본인으로 구성된 훈련병으로 교체하려 하였다. 고종의 입장에서는 군주권이 위축된 속에서 심리적 위기감을 느끼고 있었고 개혁의 주체세력인 김홍집 등을 불신하는 마당에 그러한 신료들이 조직하고 훈련한 신병은 더욱 믿을 수가 없었다. 결국 일본인들이 궁궐호위를 하는 것에 심한 불쾌감을 가지고 있던 고종은 격노하여 박영효에 대해 민 황후 시해를 계획했다는 不軌陰謀혐의를 씌워 그를 면직시켰다.[22]

곧이어 고종은 개각을 단행하고 민영준, 조병식, 민영주, 민형식 등 개혁과 함께 정계에서 축출당하였던 민씨척족들을 사면시킴으로써 권력기반을 공고히 하려는 노력을 다시 기울였다.[23] 이로써 내각을 중심으로 국정 운영이 이루어지고 궁내부의 직권을 분리시켜 국왕과 왕실의 권한을 제한 축소하려 했던 정치운영면에서의 개혁은 고종의 반발로 벽에 부딪치게 되었다. 고종은 급기야 지금껏 진행되어온 개혁을 더 잘 추진하기 위해 자신이 국정에 직접 관여하겠다는 의사를 표명하면서 국정장악력을 높여나가려 했다. 군주권을 절대화하면서 개혁의 중심에 서고자 했던 것이다.

---

22) 『주한일본공사관기록』6, 기밀 제71호, pp.198-201.
23) 『고종실록』 고종32년 7월 3일.

이처럼 고종을 중심으로 한 친러성향의 인물들이 개혁에 대한 반발을 노골적으로 드러내자 일본은 이 과정에서 민비시해사건을 일으켰던 것이다. 시해사건이 일어나고 일본에 의해 황후가 폐서인되자 황후의 복위를 요청하는 상소와 복수를 외치는 의병운동이 전국적으로 확산되었다. 의병운동에 기름을 부은 것은 일제에 의해 강제된 단발령이었다. 사회적 불안이 고조되자 고종은 일본의 위세를 피하기 위해 정동파와 함께 러시아공사 웨베르와 미국대리공사 알렌 등의 도움을 얻어 일시적으로 러시아공사관으로 피신하는 아관파천을 단행하였다.

잇따른 사회불안과 정국의 동요는 비명에 간 왕비에 대한 국장을 진행하기 어려운 상황을 만들었다. 황후 사후에 장례절차를 전혀 논의하지 않은 것은 아니었다. 3차 김홍집 내각에서 황후의 사망을 정식 발표한 때는 고종 33년(1896) 10월 15일이었다. 곧이어 소렴, 대렴을 거친 후 산릉은 崇陵[24]의 오른편 봉우리로 정하였다. 그러나 고종은 아관파천 이후 을미사변에 관여한 김홍집 이하 역적들을 토벌하면서 산릉공사를 중지시켰다. 고종은 역적들을 먼저 처단하는 것이 황후의 넋을 위로하고 한을 달래는 수순이라 생각하였던 것이다.

고종이 황후에 대한 국장논의를 재개한 시기는 아관파천 후 1년 뒤인 1897년 2월에 경운궁으로 환어하고 나서부터이다. 칭제와 자주독립을 촉구하는 여론을 등에 업고 대한제국을 성립시킨 고종은 황제위에 올라 연호를 광무라 하였다. 아울러 비명에 간 민 왕후도 황후로 추존하였다. 새롭게 재개된 국장논의 속에 장지는 드디어 청량리로 정하여졌다. 의정부의 여러 신하들은 명성황후의 시호를 지어 올릴 때 온 나라에 빛이 미쳤다 해서 "明"이라 하고 예법과 음악이

---

24) 崇陵은 顯宗과 妃인 明聖王后의 무덤으로 경기도 구리시 인창동에 있는 東九陵의 하나이다.

밝게 갖추어졌다고 하여 "成"이라는 시호를 올렸다. 그에 따라 책봉하는 시호는 "명성"이라고 하였고 능 이름은 "洪陵"[25]이라 하였다. 당시 고종이 직접 지은 행록을 통해 황후에 대한 사랑과 회한의 감정을 살펴보자.

어제행록에서 고종은 왕비가 자신을 정치적으로 도운 지 30년이 된다고 회고하였다. 고종은 왕비가 자신을 정치적으로 도울 수 있었던 배경과 자산으로 왕비의 명석함과 총명함을 들고 있다. 고종이 회고하는 왕비는 "기억력이 비상하고 책 읽는 것을 좋아하여 나라의 근거가 될만한 야사나 보감에 실려 있는 역대 임금들의 통치 자료를 꿰뚫고 있는" 여성이었다. 고종은 이처럼 왕비가 평소에 공부를 많이 하였기 때문에 그 지식을 바탕으로 자신을 도울 수 있었다고 생각하였다. 지식뿐만 아니라 왕비는 슬기로운 지혜도 갖추고 있어서 고종의 기분이 언짢은 것 같으면 시간이 흐른 뒤에 상의를 하곤 하였다. 또한 근심하고 걱정하는 사안이 있을 때면 대책을 함께 마련해 주는 등 고종의 답답하고 가려운 부분을 해소해주는 존재이기도 하였다.

왕비는 고종이 친정을 시작할 때를 포함하여 정치적 위기 때마다 수차례 적실한 도움을 주었다. 고종의 회고를 통해 보면 황후는 임오군란 시기와 갑신정변, 갑오개혁 등 국가의 중대사가 있을 때마다 고종의 뒤에서 정치적 조언을 아끼지 않았던 것으로 보인다. 고종은 황후가 미래를 예측하고 대처하는 능력에서 자신 보다 훨씬 뛰어난 것으로 생각하였다. 때문에 되도록이면 왕비의 말에 따르려 하였다.

을미사변은 고종의 황후에 대한 사랑의 감정이 회한의 감정으로 화하게 된 결정적인 사건이었다. 고종은 무엇보다도 황후가 45세의 나이에 천수를 다하지 못하고 세상을 뜨는 비극을 맞이한 사실이 못내

25) 1970년에 사적 제 207호로 지정되었다.

가슴 아팠다. 고종은 자신이 황후로부터 받은 은덕이 매우 컸음에도 불구하고, 또한 자신이 내자인 황후의 안위를 적극 보호해줘야 함에도 불구하고 그러하지 못했던 현실을 자책하였다. 자신이 황후를 저버린 것이나 다름없는 일로 간주하면서 '천추의 한'으로 여겼던 것이다.

황후 사후 고종은 홀연히 떠나간 아내에 대한 회한의 글을 남겼다. 자신의 문집인 『珠淵集』에서 황후를 위한 제문 16편을 통해 황후에 대한 믿음과 사랑, 그리고 한 맺힌 감정을 드러내었다. 황후에 대한 사랑과 회한의 감정으로 고종은 무덤 속에 묻는 관의 銘旌까지 자신이 친히 썼다. 황후의 출생지인 경기도 驪州 近東面 蟾樂里에 그녀의 탄생을 기리며 세운 明成皇后誕降舊里碑도 고종이 황후에 대한 끝없는 사랑과 그리움을 표현하며 세운 것이다.

고종의 황후에 대한 한의 감정은 결국 황후를 시해한 일본을 향한 것이었다. 그러나 고종은 응어리진 한의 감정을 끝까지 해소하지 못한 채 아내의 원수이자 국가의 원수인 일본에게 국권을 넘겨주는 비운의 주인공으로 남게 되었다.

V. 맺음말

지금까지 자연인 고종의 내밀한 인간적 면모에 대해 살펴보았다. 고종은 10년간의 깅희기 동인 읭으로서의 흑독힌 수런 괴정을 거치면서 통치의 규범과 왕도를 실현하기 위한 학업에 열중하였다. 그러나 국왕이기 이전에 성장기의 여느 청소년들처럼 학습에 전념하지 못하고 방황하는 모습도 살필 수 있었다. 고종의 성정은 여린 경향이 있어서 아름답고 신기한 물건들에 쉽게 미혹되기도 하였다. 여름과 겨울에는 강학에 열중하지 않아 강학관의 날카로운 지적을 받은 적도 여러 번 있었다.

그러나 고종은 22살 청년이 된 후까지도 왕권을 대리하던 아버지가 권력을 넘겨주지 않자 스스로 권좌에 올라 친정을 시작할 정도로 단호한 면이 있었다. 친정을 계기로 틈이 벌어진 아버지와는 임오군란과 갑오개혁을 거치면서 대원군이 집권야욕을 드러냄에 따라 부자지간의 정을 떠나 정적으로 돌아서게 되었다. 특히 대원군이 임오군란 당시 살아있는 황후에 대해 국상을 치루면서 정치적으로 매장하려 한 사건은 고종과의 사이를 돌이킬 수 없는 정적관계로 만든 결정적인 계기가 되었다.

고종은 정치적 위기 때마다 백성들의 희망으로, 외국 공사들의 제1호 교섭대상으로 자주 거론되던 대원군의 강력한 지도력과 카리스마에 여러 차례 무릎을 꿇었다. 그 과정에서 아버지에 대한 존경은 극도의 원망과 미움의 감정으로 돌변하였다. 대원군이 10년 세도를 순조롭게 마무리한 후 현실정치의 조언자나 보완자적 역할로 만족하였다면 조선의 정치사는 한 걸음 더 발전하였을 런지 모를 일이다. 그런 점에서 두 사람의 갈등은 조선의 비극이요 손실이었다.

황후에 대한 고종의 감정은 여성으로서 사랑을 느낀 것이라기보다 서로 의지하는 정치적 동반자의 길을 걸으면서 사랑과 존경의 마음이 부가된 것으로 보인다. 고종이 황후에게 단순한 아내 이상의 감정을 가지게 된 계기는 황후와 민씨 척족세력이 힘을 합쳐 고종의 친정을 도운 후부터일 것이다. 임오군란과 갑신정변 등의 정치적 격변을 거치면서 황후는 고종의 든든한 정치적 후원자가 되었다. 고종은 왕비가 자신을 정치적으로 도울 수 있었던 배경과 자산으로 왕비의 명석함과 총명함을 들었다. 고종은 왕비가 책 읽는 것을 좋아하여 야사나 보감에 실려 있는 역대 임금들의 통치 자료를 꿰뚫고 있어서 고종에게 적실한 조언을 해 줄 수 있었던 것으로 기억하였다.

정치적으로 어려운 역경이 있을 때마다 끈끈하게 힘이 되었던 황후가 을미시해의 변으로 비명에 간 후 고종은 황후에 대한 사랑의 감정을 일본에 대한 한의 감정으로 변화시켜 갔다. 고종은 친일개화파들에 대한 복수를 실행하고 일본의 위압에 맞서는 강력한 군주로 거듭나려 하였지만 결국 국망을 초래한 비운의 주인공으로 남게 되었다. 이는 곧 고종의 과오이자 국가적 불행이 되었다.

# 갑신정변의 막후 지도자 / 유대치

李 相 一[*]

Ⅰ. 머리말

19세기 중반은 '隱遁의 나라' 조선이 자체 내의 여러 모순의 발전으로 이미 돌이킬 수 없는 해체기에 접어든 때로, 전통적 사회의 운명을 지키기 위하여 마지막 안간힘을 기울인 시기였으며, 물밀듯이 밀려오던 자본주의 열상의 세력 앞에서 선동적 시배체세의 유지와 개화라는 시대적 요청 사이에서 갈등과 혼란이 집약적으로 나타난 시기였다. 이 같은 대내외 이중적 충격의 역사적 조건하에서 이를 극복하려는 새로운 변혁사상으로 개화사상이 형성되었다. 이 무렵의 개화사상

---

* 국사편찬위원회 편사연구관

은 개국론으로 전개되어 朴珪壽(1807~1877)를 그 鼻祖로 하고, 그의 사상을 이어 받아 이를 金玉均 등의 근대적 국정개혁운동으로 이끌어 나간 지도자로서 吳慶錫(1831~1879)과 劉大致를 손꼽는다. 그 중에서도 개화파의 소장 인사들을 지도하여 개화사상을 근대적 정치운동으로 결합시킨 개화파의 선구적 지도자는 유대치였다. 초기개화파의 근대적 정치개혁운동에 커다란 영향을 끼친 유대치는 정치개혁의 전면에 나타나지 않고 막후에서 활동한 지도자로서 근대 조선의 개화사상과 초기개화파를 정확하게 파악하기 위해서는 그에 대한 연구가 중요하다고 하겠다.

그러나 유대치에 대한 연구는 그 중요성에 비추어 볼 때 아직까지는 미약한 수준에 이르고 있다. 그것은 유대치에 관한 기록 곧, 그가 남긴 저술·문장 등은 물론이거니와 그에 관한 직접적인 기본 자료가 발견되지 않고 있으며, 다만 단편적인 회고담과 약간의 서신 및 간접적인 기록들만이 전해지고 있기 때문이다. 이러한 이유로 유대치의 활약은 박규수나 오경석에 비해 잘 알려져 있지 않다.

따라서 본고에서는 지금까지 유대치의 생애와 사상을 다룬 두 편의 연구 성과[1]와 약간의 회상기를 바탕으로 유대치의 가계와 인물, 개화사상의 형성과정, 그리고 개화파의 조직과 그의 최후에 대하여 살펴봄으로써 그에 대한 연구의 중요성을 다시 한 번 제고시키는 계기로 삼고자 한다.

---

1) 이광린, 「숨은 개화사상가 유대치」, 『개화당연구』, 일조각, 1973.
　김의환, 「조선개화당의 막후 지도자 유대치의 활약과 그의 최후」, 『조선학보』 98호, 1981.

II. 유대치의 가계와 인물

유대치는 본관이 漢陽으로서 1831년(순조 31) 10월 14일 아버지 劉益昭와 어머니 김해 김씨 사이에서 6남매 중 차남으로 태어났다. 그의 가계에 대하여는 『한양유씨세보』에 의하면 원래의 본관은 강원도 강릉이었으나 조선 전기에 서울로 옮겨와 한양 유씨로 일컫게 되었다고 한다. 시조는 多佛로서 유대치는 12세손에 해당되는데 그의 본명은 鴻基이며, 자는 聖逵, 호는 大致(大痴 또는 大癡)이다. 본명인 홍기보다도 호인 대치가 보다 널리 알려져 일반적으로 유대치로 불리어지고 있다. 그의 사회신분은 대대로 중인계급에 속하여 당시 중인들의 거주지인 지금의 서울 광교부근의 관철동에서 태어나 그곳에서 성장하면서 일찍부터 漢醫를 업으로 삼고 불교를 깊이 신앙하였다.

『한양유씨세보』에는 유대치의 직계 조상들, 그리고 그의 부친·형제 그리고 그 자신 모두 중인계급의 과거시험인 잡과에 합격하였다는 기록이 없으나, 유대치의 사회신분이 중인계급이었다는 것은 그의 거주지가 당시 중인계급들이 대대로 살고 있던 관철동 부근이었다는 점, 그리고 그의 가계에 나타나 있는 유대치의 형제 및 그의 자손들의 결혼상대가 모두 중인계급인 역과·雲科(기상·천문)·의과 출신의 가계인 점으로 미루어 알 수 있다. 그가 중인계급 출신으로서 의사를 생업으로 하였다는 것은 그로 하여금 양반과 상민의 중간에 있으면서 두 계층과 비교적 자유로운 접촉을 할 수 있도록 해 주었을 것이다.

1880년을 전후하여 유대치와 접촉을 가졌던 일본 승려 奧村圓心의 일기에는 유대치가 資産家로서 자신의 부를 축적하고 있었던 것으로 기록되어 있으나 다른 기록에는 초가집에서 청빈한 생활을 하였던 것으로 되어 있다. 1944년 고균기념회에서 편찬한 『김옥균전(상권)』에는 유대치에 관하여 다음과 같이 기록하고 있다.

> 대치 선생은 원래 譯官의 집에서 태어나 醫를 생업으로 하고,
> 깊이 불교를 믿고, 도가 높고 품성이 청백하였다. 학문으로서는
> 사학에 조예가 깊어 조선고금의 역사에 통달하였다. 변설이 유창
> 하였으며 신체는 장대, 홍안 백발, 항상 활기찬 행동을 하였다. 다
> 만 집은 항상 청빈하여 비축하여 놓은 물건이 전혀 없었다고 전
> 해진다.[2]

위의 짧은 기록에 의하면 유대치는 대대로 역관을 지낸 중인계급의
가정에서 태어나 한의사를 직업으로 하였으며 불교에 대한 신앙이 깊
은 고결하고 청백한 인격의 소유자였으며, 또한 주체적인 근대화를 추
진하기 위하여 조선의 역사는 물론 외국의 역사에도 통달하고 있음을
알 수 있다.

1880년부터 개화운동이 시작되고 1882년 임오군란 뒤에 정부에서도
개화정책을 실시하기 시작함에 따라 정부가 행정기구를 개편하고 정
리하기 위한 임시기관으로 減省廳을 설치하여 어윤중[3]을 총책임자로
임명하였을 때, 유대치는 중인출신으로 잡과에도 합격한 적이 없었지
만 이 기관의 副司勇(오위도총부의 종9품직)에 임명되었다가 곧이어
司勇(정9품직)으로 승진하였다. 그가 감생청에 임명된 것은 임오군란
뒤 김옥균이 주도하는 개화파가 득세하고 있었던 사회적 분위기 속에
서 이루어졌던 것이었으나, 이러한 미관말직은 그의 경륜과 능력에 비
추어보면 너무나 보잘 것 없는 작은 직책이었으며, 그나마도 감생청은

---

2) 고균기념회 편, 『김옥균전(상권)』, 경응출판사, 1944, p.52.
3) 감생청의 총책임자로 임명된 어윤중도 유대치로부터 지도를 받고 일본과 중국을
   시찰하였으며, 귀국한 뒤에는 대치선생을 방문하여 견문한 내용을 보고하였으며,
   특히 일본의 부강함과 인재가 많음을 보고하였다고 한다(위의 책, p.52).

수구파의 반대로 6개월 만에 폐지되어 그는 관직에서 완전히 떠나게 되었다.

그는 雲科출신의 察訪벼슬을 지낸 崔榮遠의 딸과 결혼하여 1남 2녀를 얻었으나 부인 최씨는 1884년의 갑신정변 때 체포되어 옥중에서 병사하였다.

1910년 8월 22일 유대치와 김옥균의 지도를 받고 개화운동에 헌신하다가 일제의 추종자로 변신한 일부 사람들의 주선에 의하여 '정삼품 통정대부 규장각부제학'이란 벼슬이 증직되었다.

Ⅲ. 유대치와 개화파의 형성

유대치가 일찍부터 개화사상에 눈을 뜨게 된 것은 譯官 오경석과의 만남을 통해서였다. 오경석은 가학으로서 북학파 朴齊家의 실학을 공부하고 金正喜와 李尙迪의 금석학과 서화를 수학한 다음, 23세 때인 1853년에 중국에 파견하는 조선사신단의 역관으로 북경에 가서 이듬해까지 체류하면서, 서구 열강의 침략으로 말미암아 붕괴되어 가는 중국의 현실을 예리하게 관찰하고 중국이 당면하고 있는 위기가 머지않아 우리 나라에도 도래할 민족적 위기라고 간파하였다. 오경석은 북경에서 張之洞·吳大澂 등 자기 또래의 중국 동남지방 출신의 애국청년들과 널리 교제하여 견문을 넓히었다. 그는 귀국에 즈음하여 의례히 서양의 문물과 제도를 소개하고 서양세력의 침입에 대한 대책을 논의한 새로운 책들을 구입해오기 시작하였다. 1853년 이후 13차례나 북경에 다녀오면서 『해국도지』·『중서견문록』·『영환지략』 등의 신서들뿐만 아니라 서양의 새로운 과학에 의거하여 제작한 세계지도와 육대주의 지도를 비롯해서 자명종 등 서양문물을 구입해 가지고 돌아온 오경석은 안으로는 박제가의 실학을 계승하여 발전시키고 밖으로는 자신이 구입하여 온 신서들을 연구하여 1853~1859년의 기간에 처음 으로 한국의 개화사상을 형성하게 되었다.[4]

오경석은 자기 자신만 개화사상을 형성한 것이 아니라 그의 절친한 친우인 유대치에게도 의도적으로 신서들을 주어 나라를 구하기 위한 연구를 권고하였다. 그 결과 유대치도 오경석의 전언과 이 신서들을 연구하여 개화사상을 형성하게 되었다. 오세창은 그의 아버지 오경석 에 관한 회고담에서 유대치와 오경석이 개화사상을 형성하게 된 경위 에 대하여 다음과 같이 회상하고 있다.

> 나의 아버지 오경석은 한국의 역관으로서 당시 한국으로부터 중국에 파견되는 동지사 및 기타 사절의 통역으로서 자주 중국을 왕래하였다. 중국에 체류하는 동안, 세계 각국이 서로 경쟁하고 싸우는 정형을 보고 느낀 바가 많았다. 특히 세계 각국의 역사와 각 나라의 흥망사를 연구하여, 우리 나라의 정치가 부패했고 세계 대세에 뒤떨어졌다는 것을 깨닫고, 앞으로 언젠가는 필히 비극적 인 사건이 일어날 것이라 하여 크게 개탄하였다. 그리하여 중국에 서 귀국할 때에는 각종의 새로운 책들을 가져오곤 하였다. (중략)
> 아버지 오경석이 중국으로부터 신사상을 품고 돌아오자 평소 가장 친교가 있는 우인 중에 대치 유홍기라는 동지가 있었다. 대 치는 학식과 인격이 모두 고매하고 탁월하였으며 또한 교양이 깊 은 인물이었다. 오경석은 중국에서 보고 들은 것을 그에게 전달하 고 또 가지고 온 각종 신서적을 주어 연구하도록 권하였다. 그 뒤 두 사람은 사상적 동지로 결합하여 서로 만나면 나라의 형세가 실로 풍전등화와 같이 위태롭다는 것을 한탄하면서 언젠가는 일

---

4) 신용하, "김옥균의 개화사상", 『동방학지』 46, 47, 48 합집, 1985, pp.159-160.

대 혁신을 일으키지 않으면 안 된다는 것을 상의하곤 하였다.[5]

상기한 회상은 유대치와 오경석과의 친교관계가 언제부터이며, 유대치가 개화사상가로서 언제부터 개화사상을 형성하게 되었는가에 대하여 명백히 밝히고 있지 않으나, 뒤에서 살펴보는 바와 같이 유대치가 김옥균을 만난 것이 1870년이고 김옥균이 유대치로부터 신사상을 배웠다면, 유대치의 개화사상은 적어도 김옥균을 만나기 전인 1869년까지는 형성되어 있었음을 알 수 있다. 유대치가 신사상을 이미 형성하여 갖고 있었던 때문에 김옥균이 1870년에 유대치를 만났을 때 그것을 배울 수 있었기 때문이다. 또한 상기한 회상의 내용으로 볼 때 유대치와 오경석과의 관계는 대체로 세 단계를 거쳤다고 인정된다.

첫 단계는 유대치와 오경석이 평범한 친구사이로서 교제하던 시기로서, 이 시기는 그들의 출신이 유사한 처지이며 연령상으로 보아 거의 동년배이므로 어린 시절부터 또는 청년 시절부터 교제하고 있었던 시기로 판단된다.

둘째 단계는 오경석이 역관으로 활동하면서 개화사상가로 출현한 시기로서, 이 시기에 유대치도 국내정세를 깊이 연구하면서 오경석이 제공하는 세계정세와 외국의 신간서적들을 깊이 연구하였다. 이리하여 두 사람은 신사상과 신서적을 가지고 서로 연구하고 토론하였다. 요컨대 이 시기는 개화사상 형성의 준비단계였다고 할 수 있다.

셋째 난세는 유내치와 오경식이 사상직 동지로서 보다 친근하여지고 나라의 중요한 정치·사회·경제적인 제문제를 놓고 연구를 거듭하면서 마침내 "나라의 형편이 실로 풍전등화와 같이 위태로움을 한탄하면서 일대혁신을 일으키지 않으면 안되겠다"는 결론을 내린 시기

---

5) 고균기념회 편, 앞의 책, p.49.

이다. 그리고 이 시기는 '일대혁신'을 어떻게 할 것인가에 대한 사상적 내용을 확고히 수립한 시기였다.

위와 같은 과정을 거친 오경석과 유홍기는 1866년의 제너럴셔먼호 사건과 병인양요의 충격을 받고는 조선의 민족적 위기가 더욱 급박하게 되었다고 판단하고, 나라를 구하기 위한 혁신정치의 주체세력 형성의 방안을 토론하였다.

> 어떤 날 유대치는 오경석에게 우리 나라의 개혁을 어떻게 하면 성취할 수 있겠는가라고 물었다. 이에 오경석이 대답하기를, 먼저 동지를 北村의 양반 자제들 중에서 구하여 혁신의 기운을 일으키는 데에 있다고 하였다. 그러고 얼마 안 되어 한국 개조의 목탁 오경석은 병을 얻어 죽었다. 유대치는 오경석보다 몇 년 아래였는데 오가 죽은 이후 북촌 방면에 교제를 넓히고 노소를 묻지 않고 인물을 물색하여 동지를 모으고 있었다.[6]

위의 기록에 의하면 오경석과 유대치는 개화사상을 구현하기 위한 실천적 방도로서 우선 신분상으로 정치 담당층인 양반신분 중에서 서울 북촌[7](양반 거주지역)의 가장 영민한 양반자제들을 선발하여, 그들이 형성한 개화사상을 교육시키고 발전시켜서 정치세력으로서의 개화당을 형성, 혁신의 기운을 일으키고 그들로 하여금 혁신정치를 펴서 나라를 구하기로 합의하였음을 알 수 있다. 그러나 1877년 박규수가 사망하고, 다시 1879년에 오경석이 사망하자 개화파의 정신적 지주로서의 유대치의 역할은 더욱 커지게 되었다. 오경석이 사망한 이후 유

---

6) 위의 책, p.49.

7) 황현의 『매천야록』에는 한성의 대로인 종각 이북을 북촌이라고 하며 이곳에는 노론들이 주로 살았고, 그 남쪽은 남촌이라고 하는데 소론 이하 三色黨이 살고 있었다고 한다. 황현 저·김준 역, 『매천야록』, 교문사, 1994, p.29.

대치는 북촌방면으로 교제를 넓히고 노소를 묻지 않고 인물을 물색하여 동지를 모으기 시작하였다. 최남선은 『고사통』에서 유대치가 인물을 배출한 경위를 다음과 같이 쓰고 있다.

> 그런데 오경석이 朝官을 誘導하야 외교를 운영할 때에 一白衣로 시정에 隱伏하야 「해국도지」·「영환지략」 등으로써 세계의 사정을 卜察하면서 뜻을 내정의 국면전환에 두고, 가만히 귀족중의 英俊을 규합하여 방략을 가르치고 志氣를 고무하여 준 이가 있으니, 당시 지인의 사이에 백의정승의 이름을 얻은 유대치가 그라. 박영효·김옥균·홍영식·서광범과 귀족 아닌 이로 백춘배·정병하 등은 다 대치 문하의 俊髦로 일변 일본으로서 청을 몰아내고 아라사로서 만주를 회수하여 청년중심의 신국을 건설함이 그 이상의 윤곽이니, 박영효·김옥균 등이 년래로 일본 교섭의 선두에 선 것도 실상 대치의 계획 중에서 나온 것이요, 세상이 개화당으로 지목하는 이는 대개 대치의 문인을 이름하였다.[8]

위에서 보는 바와 같이 유대치의 주변에는 많은 인재가 모여들었다. 유대치의 주변에 모여든 젊은 인재들은 양반출신의 신진기예의 인사들도 있었지만 그 신분은 실로 다양한 계층의 인재들이었다. 김옥균·박영효·홍영식·서광범 등 북촌 출신의 양반자제들로서 장래가 촉망되는 준수한 청년들을 비롯하여 白春培·鄭秉夏·李淙遠·李鼎煥·朴齊絅·吳慶潤·吳慶林·金永漢·金永汶·韓世鎭·李熙穆 등 평민과 군관에 걸쳐 다양하였다.[9] 그리고 유대치의 지도를 박은 개화파 인사들 가운데에는 李東仁·卓挺埴·車弘植 등 승려들도 포함되어 있

---

8) 최남선, 『고사통』, 삼중당서점, 1943, p.218.
9) 이능화, 『조선불교통사(하편)』신문관, 1918, pp.898-899.

었는데, 이들도 유대치의 지도로 개화사상에 눈을 뜨게 되고, 그의 주선으로 일본에 건너가 일본의 근대적 개혁에 의한 새로운 사회를 시찰하고 정부의 위촉을 받아 외교활동을 벌이기도 하였다. 갑신정변의 주역인 김옥균은 누구보다도 유대치의 영향 그 중에서도 불교의 영향을 많이 받았으며, 1895년 농상공부 농무국장과 공주관찰사를 역임한 李浤遠 같은 인물도 유대치로부터 불교신앙의 영향을 받아 거사로서 선도 및 불도를 숭상한 철저한 불교신앙인이었다.

유대치의 지도를 받은 개화파 가운데에서 특히 주목되는 인물은 범어사 출신의 승려 이동인이다. 이동인이 승려의 신분으로 개화운동에 참여하게 된 것은 유대치의 지도에 의하여 이루어진 것이며, 불전공부는 이동인이 오히려 유대치를 가르친 입장에 있었다고 한다. 그러나 두 인물이 어느 때 어떻게 하여 만나게 되었는가에 대하여는 확실한 기록이 없다. 다만 불교를 통해 유대치는 이동인과 가까워졌고, 그에게서 불전을 배우고 불교에 대한 신앙심을 가지게 되었으며, 또한 그에게 개화사상을 지도하면서 김옥균을 소개하게 됨으로써 그로 하여금 개화운동에 참여하게 되는 계기를 마련해 주었다고 할 수 있다.[10]

1879년 유대치의 영향을 받은 개화파의 소장 인물들은 개화당을 조직하여 정치적 결사에로의 전환을 꾀하였고, 개화당이 조직되자 유대치는 이를 막후에서 지도하였는데, 개화운동을 위한 정치자금의 조달은 급선무의 과제가 되었다. 유대치는 이와 같은 문제를 해결하기 위하여 1880년 10월 김옥균·탁정식·이동인 등의 소개로 오꾸무라와

---

10) 『김옥균전(상권)』, p.133에 "대치선생은 의사로서 불교를 매우 신봉하여 불전공부에 힘썼다. 선생이 세간에 대한 이목과 세계소식은 오경석으로부터 얻었고, 선생이 불전공부와 불타에 대한 신앙은 이동인에게서 배웠다. 그리하여 선생이 가장 아껴 온 김옥균을 이동인에게 소개한 것도 실로 대치선생 자신이었다"라고 기록되어 있다.

만나 개화운동에 필요한 정치자금을 조달하기 위한 방법으로 자금을 빌리는 한편 그를 통해 비밀리에 일본상인과 무역을 하기 시작하였다. 대일무역을 통한 1회분의 무역거래액은 당시의 금액으로서는 거금인 5000냥에 이르렀고, 이렇게 하여 얻은 수익금으로 유대치는 개화파의 막후에서 정치적 지도자로서의 역할뿐만 아니라 개화운동을 위한 정치자금 조달까지도 맡아서 노력하였다.[11]

IV. 유대치와 김옥균의 만남

오세창의 회고에 의하면 유대치가 당시 양반 소장파의 중심 인물이며 후일 갑신정변의 주역인 김옥균을 처음 만난 것은 김옥균이 20세 전후의 무렵으로서 1870년 전후이다. 김옥균은 유대치로부터 신사상을 배우면서 한편으로는 세간의 교류를 널리 구하고 또 과거에 응시, 문과에 등제하여 관리가 되었고, 새로이 관직에 오르자 동지를 구하기 위해 더 많은 노력을 기울였다고 한다.[12] 즉, 유대치는 1870년 전후의 시기 우연히 청년 김옥균과 서로 만나 세상 이야기를 나누어 보고는 김옥균의 비범함을 알게 되고, 그의 사상·인격·학문적인 재능이 출중하여 장래 반드시 큰 일을 도모함에 충분한 인물임을 통찰하고, 오경석으로부터 얻은 세계 각국의 지리, 역사 번역본을 김옥균이 읽도록 제공하였으며, 또 열심히 천하의 대세를 설명하고 한국 개조가 시급하다는 것을 역설하였다고 한다.

이와 같이 유대치는 1870년 전후부터 그의 개화사상을 김옥균을 비

---

11) 김의환, 앞의 글, pp.98-110.
12) 고균기념회 편, 앞의 책, p.50.

롯한 신진기예의 양반자제들을 통해 정치운동으로 실천코자 하였던 것이다. 당시의 전통적 조선 봉건사회에서는 유대치나 오경석과 같은 중인계층이 정치의 전면에서 활약하는 데는 여러 가지 제약이 있었다. 그러므로 그가 할 수 있는 것은 양반 소장층에 접근하여 그들에게 개화사상을 지도하여 그들로 하여금 정치개혁운동의 선두에 서게 하는 일이 최선의 방법이었다.

그리하여 유대치는 김옥균을 1870년 전후 만나게 되고 이로부터 1884년 갑신정변 때까지 약 14년간 개화운동을 통한 정치개혁 운동을 지도하기에 이르렀다. 특히 개화파의 스승인 박규수가 1877년 2월 9일(음력 1876년 12월 27일) 서거하고, 다시 오경석이 1879년 10월 7일(음력 8월 22일) 서거했으므로, 김옥균 등의 개화사상의 형성에는 박규수·오경석·유대치 세 사람의 개화사상의 鼻祖가 모두 영향을 끼쳤으나, 개화파의 형성과 발전에는 유대치의 영향이 가장 크게 되었다고 할 수 있다.

김옥균이 우선 유대치에게서 지도를 받고 또 영향을 받은 것은 불교신앙이었다. 유대치의 저작물이 하나도 남아 있지 않으므로 그의 불교사상의 자세한 내용을 알 수는 없으나, 그가 불교신앙이 돈독하고 교리에도 밝았던 것은 널리 알려져 있는 사실이다.

> 김옥균이 유대치로부터 배운 사상 감화 이외에 특기해야 할 것은 대치의 불교신앙의 一事이다. 대치는 조선의 선비들이 儀禮에는 능하지만 道念에는 얕은 것을 탄식하여, 김옥균을 권하여 불교 연구를 하게 하였다. 대치의 불교 신앙은 참으로 도타웠는데 그 인물됨이 무욕염담한 것은 신앙의 힘이었다고 생각된다. 김옥균이 다른 사람들과 달리 청년시대부터 佛典의 문구나 佛說을 자주 입에 올린 것은 유대치의 감화에 비롯된 것이었다.[13]

돈독한 불교신앙가였던 유대치는 조선의 선비들이 전통적인 주자학의 의례지상주의에 **빠져** 있는 것을 안타깝게 여겨 김옥균에게 불교신앙을 권고함으로써 김옥균은 불교의 신도가 되었던 것이다. 그리고 김옥균은 이를 다시 그의 동료 박영효에게까지 권하였다. 박영효의 회고에 의하면

　　김옥균과 나(박영효-필자)와 먼저 사귀인 것은 불교토론으로요. 김옥균은 불교를 좋아해서 불교 이야기를 했는데, 나는 그것이 재미가 나서 김옥균과 친하게 되었소. 나의 큰형(박영교-필자)이 김옥균과 사귀라고 해서 사귀게 되었지마는, 그 때에 김옥균은 27세, 나는 17세였소.[14]

라고 하여 박영효가 김옥균과 친밀히 접촉하게 된 계기는 불교이야기 때문이라고 밝히고 있다.

　유대치로부터 불교 사상에 접하게 된 양반 젊은이들은 실천적인 종교로서의 불교의 장점을 알게 되고, 차츰 형식화된 유교 윤리에서 해방되고자 하였으며, 한 걸음 더 나아가 유교지상주의 정치체제에 등을 돌리고 정치개혁을 심각히 생각하게 되었다.[15]

　이와 같이 유대치의 김옥균에 대한 영향은 단순히 사상의 영역에 그친 것이 아니라, 혁신세력을 결집하여 정치활동으로 진출케 하는 직접적인 계기를 주었으며, 그 후 유대치는 無冠의 '白衣政丞'으로서 1884년의 갑신정변에 이르기까지 개화파의 막후 지도자이자 상담역으로서 활약하였다.

---

13) 위와 같음.
14) 이광수, "박영효씨를 만난 이야기", 『동광』, 1931년 3월호.
15) 이광린, 앞의 글, p.74.

V. 갑신정변과 유대치의 최후

1884년 9월 청불전쟁이 일어난 것을 기회로 포착한 김옥균일파는 정변을 일으켜 개화당이 정권을 장악한 뒤 일대 혁신정책을 단행해서 나라를 구하려고 계획하였다. 김옥균의 갑신정변 회고록인 『갑신일록』 1884년 11월 16일조에는 유대치와 김옥균 등 개화파 인사의 각오와 정변에 대한 전망이 잘 나타나 있다. 이 날 김옥균을 비롯하여 李昌 奎·李奎楨·金鳳均·柳赫魯·朴齊絅 등 개화파 인사 10여 명은 묘동에 있는 판관 李寅鍾의 집에 모여 이야기를 나누다가 병으로 참석하지 못한 유대치를 방문하고 그곳에서 정변에 관한 진지한 토의를 하였다. 이 때 유대치는 병을 참고 억지로 일어나 앉아서 "일본공사가 다시 온 뒤로 온 세상이 시끄러워져서 마치 파도가 치고 구름이 일듯이 물의가 들끓으니 그대들을 위해 매우 위태롭게 여기는 바이오. 지금에 있어서의 계책은 빨리 도모하는 것이 제일 좋은 것 같은데, 일본정부의 정략을 그대들이 과연 깊이 알고 있는가?"[16]라고 물었다. 그러자 김옥균은

> 일본 정부의 논의는 버려두고 이야기하지 않는 것이 좋을 듯합니다. 설혹 일본정부에서 원조가 없다 하더라도 우리들의 의사로는 지금 우리나라 사세가 배수의 진을 치고 양식이 떨어진 것처럼 절박한 상황에 이르렀으니 참으로 일본 정부의 거동 여하를 기다릴 것이 없습니다. 그런데 마침 竹添공사가 새로 와서 그의 기색을 살펴 보건대 도리어 과격하여 우리들에게 쉽사리 화를 미칠 염려가 있으니 이 또한 時運입니다. 운수는 하늘에 맡기고 우리들은 이미 한 번 죽을 뜻을 결정한 바 있습니다. 바라건대 선생

---

16) 김옥균 원저·조일문 역주, 『갑신일록』, 건국대학교출판부, 1977, pp.54-55.

은 안심하고 몸 조심하십시오.[17)]

라고 하였다. 이에 대해 유대치는 "내가 염려하는 바는 일본 군사는 겨우 백 명뿐인데 비록 그 군기는 청국 군대보다 강한듯하나 인원수가 훨씬 적으니 이것이 매우 근심스럽다"[18)]라고 하여 그동안 개화파에 대한 일본 정부의 태도와 일본 군대의 힘을 빌어 청군의 공격을 막는다는 계획에 대하여 깊은 우려를 표명하고 있다. 백여명의 일본군대로 청의 세력을 물리치기는 힘들 것이라는 유대치의 우려는 후술하는 바와 같이 현실로 나타났다.

1884년 12월 4일 우정국 개국축하연을 기회로 쿠데타를 단행한 김옥균 등은 궁궐로 들어가서 청군이 변을 일으켰다고 고종에게 거짓 고하여 일본군의 호위를 청하였다. 그리고는 방어하기에 적합한 경우궁으로 국왕을 모시고 가서 군대의 실권자인 여러 營使들을 비롯한 수구파 대신들을 불러 들여 살해하였다. 뒤이어 창덕궁으로 들어가 정치의 혁신을 논의하게 되었는데 여기서 발표된 것이 14개조의 혁신정부 정강이다. 돌이켜 보건대 만약에 김옥균 등이 내세운 이 14개조의 혁신정강이 실시되었더라면, 우리 나라는 1880년대에 이미 근대화의 길에 들어섰을 것이며, 우리 나라의 근대사와 현대사가 겪은 길도 달라졌을지 모른다. 실로 김옥균 등 개화파 인사들이 내세운 정치적 구상과 목적은 높이 평가할 만한 것이었다.

그러나 개화파들이 내세운 이러한 정강은 당시의 보수세력에게는 도저히 받아들일 수 없는 내용이었다. 이 개혁안은 유교적 사회질서가 근본적으로 허물어지고, 구체제 하에서 오랫동안 기생해 오던 보수세

---

17) 위와 같음.
18) 위와 같음.

력이 발디딜 곳이 없게 됨을 뜻하였다. 결국 보수세력의 반대 때문에 자기들의 정치 목적 달성이 힘들게 됨에 따라 김옥균·박영효 등 개화파 인사들은 정변을 시도하였던 바, 그들은 폭력으로 정권을 탈취하여 그들이 구상한 개혁을 실시하고자 하였다. 그러나 이러한 개혁안이 실시되기도 전에 갑신정변은 청군의 개입과 일본군대의 배신 및 일반 국민의 지지결여로 12월 6일 '3일천하'로 끝나고 말았다.

정변이 실패하자 김옥균·박영효·서광범·서재필·변수 등 9명은 일본으로 망명하고, 홍영식·박영교와 사관생도 7명은 고종을 호위하여 청군에 넘겨주다가 피살되었다. 그 뒤에 국내에 남은 개화파들은 민비수구파에 의하여 철저히 색출되어 수십 명이 피살됨으로써 개화파의 대부분은 일단 몰락하였다. 그러나 지금까지 유대치의 최후를 구체적으로 기록한 자료는 발견되지 않고 있기 때문에 그의 최후는 미궁에 빠진 채 여러 억측만이 난무하고 있을 뿐이다. 유대치의 최후에 관한 추측 기록으로는 『김옥균전(상권)』·『윤치호일기』·『조선불교통사(하편)』·『한양유씨가문설』 등이 있다.

『김옥균전』에는 유대치의 최후에 대하여 다음과 같이 쓰고 있다.

> 김옥균의 은사 유대치선생은 갑신정변의 패망을 알자 6일 밤 집을 나와 산에 들어가 마침내 그 죽은 곳을 알지 못한다. 조선의 여명을 알고 독립당을 고취한 當年의 國士 대치선생이 돌아간 곳을 아는 자 없다. 혹자는 선생께서 평소에 부처님을 숭배하였는데, 당시 오대산중 천하의 명승 白雲禪師가 혹 대치선생의 변생 불제자가 아니었던가 말하기도 하였다. 선생의 부인은 체포되어 옥중에서 병사하였다.[19]

---

19)『김옥균전(상권)』, p.420.

윤치호는 1884년 12월 16일자 일기에 유대치가 다른 개화파와 같이 일본으로 갔다는 것을 들었다고 기록하고 있으며, 이능화는 『조선불교통사(하편)』에서 정변이 끝나자 유대치는 몸을 숨겨 달아나 어디에서 죽었는지 알지 못한다고 적고 있다.[20]

한편 한양유씨 집안에서는 유대치가 경기도 용문산에 들어가 굴을 파고 좌선으로 여생을 보냈다고 말한다. 이광린 교수는 일찍이 유대치의 최후에 대하여 '정변 후의 혼란 중에 불법적으로 처치되어 희생당한' 것으로 추측하였으나,[21] 김의환 교수는 새로 발견한[22] 유대치의 애장품 龜形靑磁丹茶壺와 상자에 새겨진 그의 墨書에 의하여 한양유씨집안에서 전해져 내려오는 이야기가 사실인 것으로 파악하고 있다.

즉 유대치는 12월 4일 저녁 개화파의 우정국 개국 축하연 거사와 그 후의 진행과정을 주시하면서 막후에서 개화파에게 대책을 지도하고 있다가, 12월 6일 오후 2시 반부터 오후 6시까지 있었던 청국군의 일본군에 대한 공격과 일본군의 패퇴, 그리고 개화정부의 붕괴와 김옥균·박영효 등의 일본 망명소식을 전해 듣고는 경기도 龍門山으로 들어가 좌선으로 나날을 보내다가 1890년 전후 용문산에서 생을 마친 것으로 김의환교수는 추측하고 있다.[23]

VI. 맺음말

이상에서 근대 조선의 초기개화파의 막후 지도자였던 유대치의 활

---

20) 이능화, 앞의 책, p.899.
21) 이광린, 앞의 글, pp.87-88.
22) 『조선일보』, 1980. 11. 25.
23) 김의환, 앞의 글, pp.115-122.

약과 그의 최후에 대하여 살펴보았다. 1831년 10월 14일 대대로 역관을 지낸 한양 유씨 집안에서 태어난 유대치는 일찍부터 한의학을 배워 한의업에 종사하였으며, 불교를 깊이 신앙하였고, 사학에 조예가 깊어 조선 고금의 역사에 통달하였으며, 신체가 장대하고 변설이 유창하였다. 이웃에 살고 있던 친우 오경석이 중국에서 가져온 『해국도지』·『중서견문록』·『영환지략』 등 다수의 신서적들을 읽고 연구하여 국제 정세의 변화와 서양의 제도·문화를 알게 된 유대치는 오경석에 이어 1850년대 말에 개화사상을 형성하게 되었으며, 1860년대에는 서서히 개화사상을 확대·발전시켜 1870년대부터 갑신정변 때까지 개화파의 막후 지도자로서 사상적·정치적·재정적으로 커다란 영향을 끼쳤다.

개화사상의 연원적 계보에 있어서 김옥균 등이 박규수로부터 2년여의 지도를 받은 점, 그리고 박규수가 그의 조부 연암 朴趾源의 실학사상을 내재적으로 김옥균 등에게 개화사상으로 발전·계승시킨 공적은 매우 크다. 그러나 김옥균 등의 개화사상과 초기개화파를 약 14년간 지도했던 유대치의 노력 또한 그 이상으로 큰 것이 아닐까 생각된다. 다만 그에 관한 사료로서 남아 있는 것이 약간의 회상기와 친족들의 구전들만이 전해져 내려오고 있는 실정 때문에 그의 활약상은 아직까지 구체적으로 밝혀지지 않고 있다. 따라서 그가 남긴 발자취를 분명히 밝히기 위해서는 국내 뿐아니라 일본에도 안목을 넓혀 유대치에 관한 새로운 자료를 적극적으로 발굴하는 것이 급선무일 것이다. 유대치의 비운의 생애는 우리 민족의 자주적 근대화의 비운을 그대로 상징하는 것이었다. 그러나 그가 뿌려 놓은 개화의 씨와 개화에 대한 노력은 높이 평가되어야만 할 것이다.

 동학으로 본 이상과 현실의 갈등 / 崔時亨

성 주 현[*]

목 차

Ⅰ. 머리말

일반적으로 동학혁명을 연상하게 되면 무엇보다도 먼저 '全琫準'이 떠오를 것이다. 그리고 이어 金開南, 孫華中 등이다. 이는 지금까지 대부분의 연구자들이 전봉준을 중심으로 동학혁명을 이해하고 있기 때문이다.[1) 하지만 이들만으로 동학혁명의 전부를 의미하는데는 한계

---

* 부천대학교 겸임교수

1) 그동안 동학혁명을 주제로 다른 연구성과 중 인물에 관해서는 주로 전봉준(全琫準)에 촛점을 맞추고 있다. 전봉준을 주제로 다룬 연구 성과는 다음과 같다.
金義煥, 『전봉준실기』, 정음사, 1974; 申福龍, 『전봉준의 생애와 사상』, 양영각, 1982; 신용하, 『동학과 갑오농민전쟁연구』, 일조각, 1993; 우윤, 『전봉준과 갑오농민전쟁』, 창작과 비평사, 1993; 장도빈, 『갑오동학란과 전봉준』, 부흥서림, 1926;전하우, 『巨儒 全琫準의 개혁사상』, 영원사, 1993; 강창일, 「전봉준 회견기 및 취조기록」, 『사회와 사상』, 1988. 9월호; 김광래, 「전봉준의 고부 백산 기병」, 『나라사랑』 15, 외솔회, 1974; 김길신, 「전봉준과 갑오농민전쟁」, 『갑오농민전쟁100돌기념논문집』, 집문당, 1995; 김용덕, 「전봉준-민족의 파랑새-」, 『인물한국사』 5, 박우사,

가 적지 않다. 뿐만 아니라 동학혁명에 대한 연구성과도 사회적, 경제
적 측면에서 더 많은 연구성과가 이루어지고 있다.[2] 이러한 연구성과
는 동학혁명의 전체를 보는 것이 아니라 어느 한 개인이나 한 단면을
중심으로 접근하고자 하는 극단적인 경향도 없지 않았다.

해월 최시형은 동학 2대 교주로서 뿐만 아니라 1894년 동학혁명 당
시 적지 않은 역할을 하였다. 이러한 그의 역할에 비해 아직도 일반
학계나 사회적 인식은 최시형[3]보다 전봉준 · 김개남 · 손화중 등에 더

1965; 김용덕 김의환 최동희 공저, 『녹두장군 전봉준』, 동학출판사, 1973; 김용섭,
「전봉준 공초의 분석-동학란의 성격 일반-」, 『사학연구』 2, 한국사학회, 1958; 김
창수, 「동학혁명운동과 전봉준」, 『한국사상』 19, 한국사상연구회, 1982;이이화, 「전
봉준과 동학농민전쟁」, 『역사비평』 7호부터 9호, 1989-1990; 이태호, 「전봉준과 강
증산의 사회사상」, 『공동체문화』 1, 1983; 정창렬, 「전봉준의 변혁사상」, 『마당』,
1981. 9월호; 정창렬, 「동학교문과 전봉준의 관계-교조신원운동과 고부민란을 중
심으로-」, 『19세기 한국전통사회의 변모와 민중의식』, 고려대 민족문화연구소,
1982; 조경달, 「甲午農民戰爭指導者 全琫準의 硏究」, 『朝鮮史叢』 7, 朝鮮史叢編輯
委員會, 1983; 최승범, 「녹두장군과 파랑새 노래」, 『나라사랑』 15, 외솔회, 1974;
한우근, 「全琫準-동학혁명의 기수-」, 『한국의 인간상』 2, 신구문화사, 1965; 横川正
夫, 「全琫準についての一考察-甲午農民戰爭硏究にとせて-」, 『朝鮮史硏究會論文集』
13, 1976.
김개남과 관련된 연구성과로는 李眞榮, 「金開南과 동학농민전쟁」, 『한국근현대사
연구』 2, 한국근현대사연구회, 1995; 李眞榮, 「東學農民戰爭과 全羅道 泰仁縣의 在
地士族 -道康金氏를 中心으로 -」, 全北大學校 大學院 史學科 博士學位論文, 1996;
姜松鉉, 「南原圈 東學農民戰爭의 展開」, 『청람사학』 3, 한국교원대학교 청람사학
회, 2000 등이 있다.
손화중과 관련된 연구성과는 정민영, 「무장(茂長)의 동학농민운동」, 청원 한국교원
대 대학원 역사교육학과 석사학위논문, 1995가 있다.
2) 동학혁명의 연구와 과제에 대해서는 정창렬, 「동학농민혁명 연구의 어제, 오늘 그
   리고 내일」, 『동학농민혁명의 동아시아적 의의』, 동학농민혁명기념사업회, 2002를
   참조할 것.
3) 최시형에 관한 연구는 다음과 같다
   이이화, 「인간과 신의 차이-최시형의 역사적 재평가-」, 『역사비평』 봄호, 1988; 장
   영민, 「최시형과 서장옥-남북접 문제와 관련하여-」, 『동학농민혁명과 농민군 지도
   자 성격』, 동학농민혁명기념사업회, 1997; 박맹수, 『崔時亨硏究』, 한국정신문화연
   구원 박사학위 논문, 한국정신문화연구원, 1996, 박맹수, 「해월 최시형의 초기행적
   과 사상」, 『청계사학』 3, 한국정신문화연구원 청계사학회, 1986; 睦貞均, 「東學運
   動의 求心力과 遠心作用-東學敎團의 커뮤니케이숀을 中心으로-」, 『韓國思想』 13,

치중하고 있다.

해월 최시형은 수운 최제우로부터 1864년 동학의 최고지도자의 직임을 물려받은 후 그 책임을 다하면서 교단 조직을 확장을 비롯하여 1892년과 1893년 교조신원운동[4], 1894년 동학혁명, 그리고 그 이후 동학교단의 재정비 등 1898년 6월 2일 교수형을 당할 때까지 34년간 동학으 지도자로서 동학교문을 이끌어 왔다. 이와 같은 해월 최시형은 동학교단을 이끌어왔으나 늘 양면적인 평가를 받고 있다. 이러한 경향은 특정 사건 내지 활동과 관련하여서는 더욱 그러하다. 특히 1871년 영해교조신원운동,[5] 1892년, 93년에 전개되었던 교조신원운동, 1894년 동학혁명과 관련하여 그러하다.

본고에서는 이중 동학혁명과 관련하여 해월 최시형의 활동을 기존의 연구성과를 참고로 하여 새롭게 조명해보고자 한다. 이에 따라 동학사상의 특성과 최시형의 종교적 특성을 먼저 검토해 보고 그가 동

한국사상연구회, 1975; 朴孟洙, 「1893年 東學敎團의 報恩聚會와 崔時亨의 役割」, 『淸溪史學』 13, 韓國精神文化研究院 淸溪史學會, 1997; 朴孟洙, 「崔時亨의 宗教史的 位置」, 『韓國宗教史研究』 5, 韓國宗教史學會, 1996; 趙成雲, 「海月 崔時亨의 道統傳受와 初期布敎活動」, 『동학연구』 7, 한국동학학회, 2000; 표영삼, 「신사 최시형의 생애」, 『동학연구』 7, 한국동학회, 2000; 申一澈, 「崔時亨의 汎天論的 東學思想」, 『崇山 朴吉眞博士古稀紀念 韓國近代宗教思想史』, 崇山朴吉眞博士古稀紀念事業會, 1984.

4) 동학교단의 교조신원운동에서 해월 최시형에 대한 평가는 대부분 부정적이거나 비판적이었다. 그러나 최근 연구성과에 의하면 해월 최시형의 역할이 매우 컸던 것으로 밝혀지고 있다. 이에 대해서는 표영삼, 「교조신원운동」, 『한국사상』 24, 한국사상연구회, 1998; 박맹수, 「1893년 동학교단의 보은취회와 최시형의 역할」, 『청계사학』 3, 청계사학회, 1997; 신영우, 「1893년 보은집회와 동학교단의 역할」, 『실학사상연구』 10·11합집호, 모악실학회, 1999; 이희근, 「동학교문의 보은·금구집회」, 『백산학보』 42, 백산학회, 1992 등을 참조할 것.

5) 영해교조신원운동은 그동안 동학교단에서는 '이필제의 난'이라 하였을 정도로 부정적인 측면이 없지 않았다. 그러나 최근에는 해월 최시형의 역할이 재조명됨에 따라 교단 내에서도 '이필제의 난'을 최초의 교조신원운동으로 인식하고 '영해교조신원운동'으로 자리매김하고 있다. 이에 대해서는 성봉덕(표영삼), 「영해교조신원운동」, 『한국사상』 24, 한국사상연구회 및 장영민, 「1872년 영해 동학란」, 『한국학보』 47, 일지사, 1987 등을 참조할 것.

학혁명을 보는 인식과 동학혁명 과정에서 어떠한 역할을 하였는가를 중점적으로 추적해보고자 한다.

II. 해월 최시형의 사상적 특성

1860년 4월 5일 최제우에 의해 창도된 동학의 사상적 특성은 크게 다시 開開6)의 革世思想, 侍天主7)의 平等思想, 有無相資8)와 同歸一體9)의 大同思想, 斥倭洋10)의 民族主體思想 등으로 요약할 수 있다.

최제우는 『용담유사』에서 자신의 득도 이전 이전까지의 세계를 '開闢後五萬年',11) '下元甲',12) '前萬古',13) '효박한 이 세상'14) 등의 표현을 통하여 비판하였으며, 득도 이전의 시대는 온갖 모순이 가득 찬 시대로 극복되어야 할 시대임을 밝히고 있다. 또한 최제우는 동학의 새로운 출발 기점인 1860년 4월 5일을 기점으로 '다시 개벽', '上元甲',15) '後萬古',16) '五萬年之運數'17) 등의 표현으로 새로운 세계의

---

6) 「안심가」, 「몽중노소문답가」, 『龍潭遺詞』, 癸巳版(『東學思想資料集』 1, 아세아문화사, 1978).

7) 「論學文」, 『東經大全』, 癸未版(『東學思想資料集』 1, 아세아문화사, 1978).

8) 有無相資라 함은 최제우 초기부터 그의 제자중에 경제적 능력이 있는 자들로 하여금 가난자 자를 위하여 적극 돕는 것으로 이 같은 초기 동학의 공동체적 분위기가 貧窮者로 하여금 동학에 입교하는데 중요한 한부분을 차지하였다. 이러한 유무상자는 최제우의 순도 후에도 수십년간 지하조직으로 존립하였다.

9) 「안심가」, 『龍潭遺詞』, 癸巳版(『東學思想資料集』 1, 아세아문화사, 1978).

10) 「布德文」, 『동경대전』, 癸未版(『東學思想資料集』 1, 아세아문화사, 1978).

11) 「용담가」, 『龍潭遺詞』, 癸巳版(『東學思想資料集』 1, 아세아문화사, 1978).

12) 「몽중노소문답가」, 「권학가」, 『龍潭遺詞』, 癸巳版(『東學思想資料集』 1, 아세아문화사, 1978).

13) 「교훈가」, 『龍潭遺詞』, 癸巳版(『東學思想資料集』 1, 아세아문화사, 1978).

14) 「몽중노소문답가」, 『龍潭遺詞』, 癸巳版(『東學思想資料集』 1, 아세아문화사, 1978).

15) 「몽중노소문답가」, 『龍潭遺詞』, 癸巳版(『東學思想資料集』 1, 아세아문화사, 1978).

도래를 역설하고 있다. 즉 최제우는 모순에 가득 찬 지금까지의 혼란한 시대는 반드시 무너지고 다가오는 새 시대, 다시 개벽의 시대야말로 지상천국의 이상적 사회가 될 것이라고 제시하고 있다.

이와 더불어 최제우는 無爲而化라는 개념을 통하여 제국주의의 침략과 조선 왕조 지배층에 대한 비판적 의식을 제시하였다. 최제우는 다시 개벽과 무위이화를 통해서 낡은 시대와 낡은 문명을 극복하고 새로운 시대와 새로운 문명을 개척하고자 하는 현실 비판사상이며 天道를 회복하는 새 시대, 새 문명사회 건설을 지향하는 進步的 思想의 일면을 보여주고 있다.

이러한 일면은 1894년 동학혁명에서 잘 드러나고 있으며 반봉건 반침략의 사상적 연원이 되고 있다.[18] 최제우는 『동경대전』에서 '吾心卽汝心'[19]·'天心卽人心',[20] 『용담유사』에서 '나는 도시 믿지 말고 한울님만 믿었어라. 네 몸에 모셨으니 사근취원 하단말가'[21] 라는 표현을 통해 한울님과 인간이 둘이 아니고 하나임을 밝히고 있다. 이와 같은 내 몸에 모셔져 있는 한울님을 체험함으로써 시천주 사상은 조선왕조 신분제를 타파하고 근대적 평등사상을 확립하고 있다.

최제우의 시천주 사상은 최시형에 의해 '천지만물이 시천주 아님이 없나니 만물을 일체 공경으로 대하라',[22] '사람은 한울이라 평등이요 차별이 없나니라. 사람이 인위로써 귀천을 가리는 것은 한울님의 뜻에

---

16) 「교훈가」,『龍潭遺詞』, 癸巳版(『東學思想資料集』 1, 아세아문화사, 1978).

17) 「용담가」,『龍潭遺詞』, 癸巳版(『東學思想資料集』 1, 아세아문화사, 1978).

18) 장영민, 「최시형과 서장옥-남북접 문제와 관련하여-」,『동학농민혁명과 농민군 지도자성격』, 동학농민혁명기념사업회, 1997, p.134.

19) 「논학문」,『東經大全』, 癸未版(『東學思想資料集』 1, 아세아문화사, 1978).

20) 「논학문」,『東經大全』, 癸未版(『東學思想資料集』 1, 아세아문화사, 1978).

21) 「교훈가」,『龍潭遺詞』, 癸巳版(『東學思想資料集』 1, 아세아문화사, 1978).

22) 「天道敎書」,『新人間』, 통권 377호, 1980. 5월호, p.75.

어기는 것이니 제군은 일체 귀천의 차별을 철폐하여 先師의 뜻을 맹세하라',[23] '어린 아이를 때리는 것은 한울님을 때리는 것이다[24]' 라는 범천론적 동학사상으로 확대되어 민중들 속으로 실천됨으로써 1894년 동학혁명 당시 동학혁명에 참여한 동학군을 결속하는 중요한 요소로 작용되었다.

최제우는 東國의 學인 東學[25]은 당시 민중들 사이에 이미 널리 포교되고 있는 西學을 제압하고자 할 것을 밝히고 있다. 이러한 최제우의 반외세적 척왜양 사상은 줄곧 동학의 기본사상으로 이어졌으며 특히 1893년부터 전개된 교조신원운동에서도 잘 나타나고 있다. 보은 장내에서 전개된 보은집회에서는 斥倭洋倡義를 기치로 내걸고 수만 명의 동학도인이 모여 20여 일간 집단적으로 시위를 하였다. 이어 1894년 기포된 동학혁명 과정에서 수많은 檄文과 布告文을 통해 반침략적 의지를 드러내고 있다.

이외에도 최제우는 포교 과정을 통해 경제적 여력이 있는 제자들로 하여금 생활이 어려운 사람을 적극 돕도록 가르쳤다. 有無相資라 하여 경제적 공동체 정신을 발휘하도록 한 것이다. 이러한 관계 속에 형성된 동학의 조직은 최시형에 이르러 더욱 견고하게 다져졌으며 교조신원운동과 동학혁명을 통해 그대로 계승 실천되었다.

최제우에 의해 확립된 동학의 사상적 특성은 최시형에 이르러 더욱 확대 발전되었다. 특히 시천주 사상은 '천지만물이 한울님 아님이 없다(天地萬物 莫非侍天主)[26]로 재해석되었다. 이를 토대로 하여 최시

23) 「天道教書」, 『新人間』, 통권 374호, 1980. 1월호, p.75.
24) 「天道教書」, 『新人間』, 통권 377호, 1980. 5월호, p.78.
25) 「논학문」, 『東經大全』, 癸未版, 『東學思想資料集』1, 아세아문화사, 1978.
26) 「天道教書」, 『新人間』, 통권 377호, 1980. 5월호, p.75.

형은 사람뿐만 아니라 우주 만물 자체가 바로 한울님이므로 어린이도, 며느리도, 남의 종도, 날아가는 새도, 들에 핀 꽃도 모두 한울님으로 인식하였다. 뿐만 아니라 이를 기본사상으로 하여 최시형의 사상적 특성도 '萬民平等',[27] '天主織佈',[28] '새 소리도 한울님 소리',[29] '以天食天'[30] 등으로 확대되었다.

또한 최제우 당시 교인간의 유대강화를 하는데 근본이 되었던 有無相資의 大同思想은 최시형에 이르러 더욱 활성화되었다. 1875년부터 1892년에 이르기까지 최시형은 通文을 통해 유무상자의 실천을 강조하였다. 더욱이 최시형도 몸소 실천하였다. 이와 같은 유무상자의 대동사상은 교조신원운동을 비롯하여 동학혁명을 통해서 실천적으로 나타나고 있다.

최시형은 어린 시절 매우 불우하게 보냈다. 일찍 부모를 여의고 청소년 시절 내내 남의 집에서 머슴살이와 製紙所 직공으로 일한 적이 있다. 특히 최시형은 이때의 불우한 생활로 인해 '내가 가장 한스러웠던 것은 머슴을 살면서 "머슴 놈"이라는 말을 들으며 살아야 했다'[31]고 회고하고 있다. 이와 같은 성장과정은 그에게 사상적 특성을 결정하는데 중요한 역할을 하였다. 최시형은 최제우의 가르침에 충실하였지만 가장 큰 영향을 받은 것은 바로 최제우께서 두 명의 여자 몸종을 며느리와 수양딸로 삼은 것을 보인다. 최제우의 이러한 실천행동은 머슴생활을 했던 최시형에게 충격적인 것이었다. 이러한 까닭으로 최시형은 동학에 입도한 후 정성스런 수련에 힘쓰는 한편 석서자별 남

---

27) 「天道敎書」, 『新人間』, 통권 374호, 1980. 1월호, p.75.
28) 「天道敎書」, 『新人間』, 통권 377호, 1980. 1월호, p.75.
29) 「天道敎書」, 『新人間』, 통권 377호, 1980. 5월호, p.78.
30) 「天道敎書」, 『新人間』, 통권 374호, 1980. 1월호, p.79.
31) 표영삼, 「최시형과 금등골」, 『新人間』, 통권 485호, 1990. 8월호, p.14.

녀차별 귀천차별의 철폐를 철저하게 강조하였다.[32]

최시형의 가르침은 당시 신분제 하에서 고통받고 있던 서얼 출신의 양반과 중인층, 그리고 일반 평민과 천민들 사이에 새로운 메세지였으며 동학 교세 확대에 크게 기여하였다. 1863년 경상도 북부의 영해 영덕 지방의 새로운 신분상승세력으로 등장했던 新鄕들이 대거 동학에 입도했던 것[33]이나 1891년 천민출신의 南啓天을 호남 좌우도 便義長으로 과감하게 임명하는 사실[34] 등은 모두 최시형에 의한 평등사상의 실천적인 사례들이다.

또한 다시 개벽의 혁세사상은 최시형에 이르러 '이 세상 운수는 천지가 개벽하던 처음의 운수를 회복한 것이니 세계만물이 다시 포태의 수를 정치 않는 것이 없나니라. … 새 한울 새 땅에 사람과 물건이 또한 새로워질 것이라'고 확대 해석하고 있다.

III. 동학혁명기 해월 최시형의 활동

1890년대 초반에 동학이 삼남 지방을 중심으로 하여 교세가 확장되었다. 그러나 이들 중에는 초기처럼 순수 종교적 성향을 가진 사람보다는 공공연히 정치적 사회변혁적 활동을 추구하는 경향이 없지 않았다. 이러한 변화성향의 변화는 당시의 시대적 상황도 배제할 수 없다. 즉 민중들은 차마 죽지 못해 살아갔으며 특히 가진 자들의 횡포는 더

---

32) 해월 최시형은 동학 최고지도자로 부각된 이후 처음으로 행한 법설이 嫡庶差別 撤廢와 萬民平等에 관한 것이었다. 『天道敎書』, 천도교중앙총부, 1920.
33) 이 부분에 대해서는 장영민, 「1871년 寧海 동학란」, 『한국학보』 47, 일지사, 1987년 참조.
34) 「天道敎書」, 『新人間』, 통권 377호, 1980. 5월호, p.79.

욱 심했으며 뿐만 아니라 외세의 침략으로 인해 민족의 자존심과 생존마저 위협을 당하였다. 더욱이 동학에 대한 탄압은 일반 민중보다 가중되었다. 새로운 세계와 삶을 추구하려는 교도들은 이러한 시대적 모순에 대해서 누구보다도 강한 위기의식과 비판의식, 그리고 저항의식을 가지고 있었다. 이는 동학교도 자신들이 바로 억압받고 탄압 받는 민중들이었기 때문이었다.

이러한 시대적 모순과 斥倭洋의 저항의식은 최시형을 비롯하여 교도 누구나가 지니고 있는 공감대였다. 그러나 이와 같은 시대적 모순을 해결하려는 방법 및 인식에 대해서는 내부적 갈등이 없지 않았다. 전봉준을 비롯한 김개남·손화중 등 급진적인 해결방안을 추구하려는 이들에게는 더 이상 시대적 모순을 좌시할 수 없어 당장이라도 해결해야 한다는 입장이었다.[35]

최시형 역시 이러한 시대적 모순을 외면하지 않았다. 이러한 관점에서 최시형도 전봉준과 마찬가지로 같은 맥락에서 인식을 하였다. 그러나 최시형은 전봉준 등과 같이 급진적인 인식보다는 後天開闢之運의 종교적 차원에서 해결하려는 원칙을 유지하였다.[36] 따라서 최시형은 이와 같은 원칙의 틀에서 동학혁명을 인식하고 상황에 따라서 변

---

35) 해월 최시형과 전봉준의 당시 사회적 모순의 해결방안을 남접, 북접으로 구분하여 대립적인 요소로 이해하고 있다. 그러나 필자의 생각으로는 조직에 있어서 하나의 문제를 보는 시각은 다양할 수 있다고 본다. 이러한 관점에서 동학에서도 당시 사회적 모순을 해결하려는데 강경파 내지 온건파라는 양면성을 내포하고 있다고 본다.
한편 이와 관련하여 남접, 북접에 관한 기존의 연구성과에서는 그 실체를 인정하고, 이에 따라 해월 최시형의 지도력을 폄하하기도 하였다. 그러나 최근 연구성과에 의하면 새로운 사료의 발굴로 남북, 북접에 대해 보다 많은 연구가 필요하다고 본다. 최근 연구성과로는 박맹수, 「동학과 동학농민혁명 연구에 대한 재검토」, 『동학연구』 9·10합집호, 한국동학학회, 2001이 있다.
36) 장영민, 「최시형과 서장옥-남북접 문제와 관련하여-」, 『동학농민혁명과 농민군 지도부의 성격』, 서경문화사, 1997, pp.125-126.

화되는 모습을 보이고 있다고 할 수 있다.[37]

동학혁명에 대한 최시형의 활동과 인식은 크게 두 가지 관점에서 추적해 볼 수 있다. 1차적인 시점은 1894년 1월 봉기로서 전봉준이 고부에서 봉기하였을 때이고, 2차적인 시점은 1894년 9월 18일 재차 기포령을 내렸을 때이다. 이 1차적 시점과 2차적 시점간에는 상당한 변화를 보이고 있다. 우선 1차적 시점에 대한 인식부터 살펴보자.

전봉준이 1894년 1월 정읍 고부에서 기포할 당시 최시형은 청산 문바위골에서 講席을 열고 각 지방에서 올라온 접주들에게 『동경대전』과 『용담유사』를 강론하고 있었다.[38] 최시형은 강석 중에 전봉준이 고부에서 봉기하였다는 소식을 전해들었다. 전봉준의 봉기 소식을 전한 사람은 부안의 金洛鳳(부안대접주 金洛喆의 동생)이었는데 당시의 상황을 다음과 같이 기록하고 있다.

> 翌年 甲午春을 當하여 古阜郡 全琫準이가 其父親이 該郡守 趙秉甲이의 死한 事로 報讐하기 爲하여 民擾을 惹起하다가 不事如意하여 茂長郡居 孫華中을 運動하여 大亂이 將起할 機微를 見라고 心神이 悚惶하여 舍伯의 書簡을 奉하고 不日內 騎馬上去하여 大神師(최시형: 필자주)를 靑山 文岩里에 拜謁하옵고 事由를 告達한대 大神師分付內의 此亦時運이니 禁止키 難하다.[39]

그런데 문제는 김낙봉이 전봉준의 기포에 대해 '부친의 원수를 갚기 위한' 것으로 인식하고 이를 자의대로 해월 최시형에서 보고하였

37) 이 부분에 대해서는 오문환, 『해월의 뜻과 사상, 사람이 한울이다』, 솔, 1996을 참조할 것. 이 글은 「해월 최시형의 생활정치사상연구」(연세대학교 대학원 정치학과 박사학위눈문)을 단행본으로 간행한 것이다.
38) 「天道敎書」, 『新人間』, 통권 378호, 1980. 6월호, p.79.
39) 「金洛鳳履歷」, 筆寫本, p.3: 박맹수, 『崔時亨硏究』, p.231 재인용.

다는 점이다. 이는 해월 최시형이 동학혁명 초기 전봉준과 동학혁명을 인식하는데 적지 않은 영향을 주었던 것으로 보인다. 왜냐하면 전봉준의 기포 소식을 전해들은 최시형은 전봉준에게 보낸 遺書에서도 확인할 수 있다.

> 父의 讐를 報코자 할진대 마땅히 孝할지요, 民의 困을 極코자 할진대 마땅히 仁할지라. 孝의 所感이 人倫이 可明이요 仁의 所推에 民權을 可復이니라. 더구나 經에 云한 바 玄機를 不露하고 心急히 말라 하였나니 是는 先師의 遺訓이시라. 運이 아직 未開하고 時 또한 未定하였나니 妄動치 勿하고 眞理를 益究하여 天命을 勿違하라.[40]

즉 해월 최시형은 비록 '시운이 금지하기 어렵다'라고 이미 당시의 상황을 나름대로 인식하고 있었지만 아직 혁명을 일으킬 정도로 시기가 성숙되지 않았다고 판단하였던 것이다. 더욱이 해월 최시형은 이를 경계하고 교인들로 하여금 신중히 처신하라는 發文을 각 접에 보내 효유하고 있다.

> 余 猥히 先師 傳鉢의 恩을 承하여 斯道를 彰明치 못하고 反히 時人이 指目을 橫被하여 屢히 禍網에 罹하며 荒谷에 冤한지 于今 十數年에 마못 智能의 不足함이 아니라 天命을 敬하며 天時를 待코자 하여 隱忍하고 此에 至하였더니 近日에 聞한 즉 吾 道人이 本分에 不安하며 正業에 不務하고 各各 黨與를 樹하여 互相聲援하여 昔日 睚眦의 怨까지라도 償치 않은 바 無하여 上으로 君父 宵旰의 憂를 貽하고 下으로 生靈 塗炭의 患을 起한다 허니 言念이

---

40) 「天道敎書」, 『新人間』, 통권 379호, 1980. 7월호, p.72.

此에 及함에 어찌 寒心치 않으리오. 戰後 布喩가 一再에 不止하되 尙히 未覺하고 一向 執迷하여 同惡을 相濟하니 是는 逆天背師함이라. 斷當除案하리니 悉遵勿違하라.[41]

이와 같은 최시형의 인식은 동학 조직의 최고지도자로써의 宗敎的 熟考와 이미 1871년 3월 영해교조신원운동에서 수많은 교도들을 희생한 경험 때문으로 풀이된다.[42] 해월 최시형의 이러한 입장은 자신이 교단의 최고의 최고 책임자로서 교단의 조직과 교도의 생명을 보호할 의무가 있었기 때문으로 풀이된다. 이에 따라 해월 최시형은 교단조직과 교도의 피해를 최소화하기 위해 '금석지전'을 발표하지 않을 수 없었다.[43] 이는 교단의 책임자인 해월 최시형과 접주로서 사회변혁을 추구하는 전봉준의 입장 차이가 아닌가 한다.

그러나 최시형의 이러한 인식은 관으로부터 동학에 대한 탄압이 점차 강화되자 변화되고 있다. 전봉준이 1월 고부에서 소식을 처음 접할 때는 해월 최시형은 앞서 살펴보았듯이 그 불가피성을 인정하면서도 한편으로는 아직 때가 아님을 힐책한 바 있었다. 하지만 전봉준이 손화중과 함께 3월 白山에서 재차 기포함에 따라 관병과 보부상의

---

41) 「天道敎書」, 『新人間』, 통권 379호, 1980. 7월호, p.72.
42) 영해교조신원운동은 최시형에게 많은 영향을 미쳤다. 그 중 첫째는 당시 경북 북부 지역을 중심으로 형성된 교단의 조직이 크게 와해되었으며 해월 최시형은 강원도 태백산으로 은신하였다. 『최선생문집도원기서』에 의하면 영해교조신원운동에 교인 500여 명이 가담하였으며 그중 200여 명이 죽거나 체포되어 귀양가는 피해를 입었다. 또한 나머지 300여 명의 교인들 또한 더욱 가혹해진 지방 수령의 탄압과 체포의 위험에서 뿔뿔히 흩어졌다. 뿐만아니라 해월 최시형의 양자 최준이도 죽음을 당했다. 태백산에서 은신생활을 하던 최시형은 한때 자살까지 결심한 적이 있다. 두번째는 영해교조신원운동의 실패는 후일 동학의 최고 지도자로 성장한 최시형의 지도노선에 상당한 영향을 끼친 것으로 보인다. 최시형은 이후 공주교조신원운동을 비롯하여 동학혁명에 이르기까지 매우 신중한 태도를 보이는데 바로 영해교조신원운동으로 인한 경험에서 바탕된 것이다.
43) 『시천교종역사』 제2편 제11장, 1915, pp.18-19.

탄압으로 각지에서 교도들이 살상 당한다는 보고를 받자 인식의 전환을 가져온다.[44] 이러한 변화의 기본적 시각은 동학의 조직을 무너지는 것을 방지하고 최제우의 가르침인 광제창생을 위한 최선의 방법이었던 것으로 보인다. 이에 따라 해월 최시형은 보다 적극적으로 동학혁명에 참여하는 방안 외에는 다른 선택의 길이 없었다. 이 과정을 좀더 구체적으로 살펴보자.

1894년 4월 초 진산에서 기포한 동학군은 금산읍과 용담읍을 점령하였으나 이 지역 유림들은 보부상을 동원하여 동학군의 근거지인 진산 방축리를 공격하였다. 이 과정에서 동학군 114명이 살육 당하였다.[45] 뿐만 아니라 4월 5일 鎭岑에서는 동학도의 집 9채가 불타버리는 등 각처에서 동학도에 대한 탄압을 도외시 할 수 없었다. 이에 해월 최시형은 마침내 기포령을 내렸다. 이때의 상황을 백범 김구는 다음과 같이 기록하고 있다.

---

44) 이와 같은 인식은 해월 최시형이 1894년 1월 5일 문암리에서 강석을 할 때 이미 가지고 있었던 것으로 보인다.
'이때에 관리의 도인 침해와 살상이 날로 심하여 도인된 자-모두 유리하여 갈 바를 알지 못하더라. 각처 두목들이 자주 신사(해월 최시형)께 와서 고하여 가로사되 "일이 이에 이르렀으니 하는 수없이 도인을 단합하여 생명을 보존함만 같지 못하다" 하거늘, 신사 가로사되 "내 도한 그 뜻이 없는 것이 아니로되 아직 천명을 순히 하여 천시를 기다림만 같지 못하다" 하시니, 여러 두목이 또다시 고하여 가로되 "만일 이때에 우리 도인이 단합하지 아니하면 앉아서 죽음을 기다리는 수밖에 다시 묘책이 없다"고 애걸하는 자 많은지라, 신사 가로사되 "만일 제군의 마음이 이와 같을진대 이 또한 한울이라" 하시다', 김재계, 「교회사」, 『천도교회월보』277호, 1935. 6, pp.18-19
이는 당시 교단 내에서도 최소한 무력적 행사를 기도하였다고 보여진다. 그렇다면 해월 최시형은 전봉준의 기포 소식을 듣고 '시운이 아직 아니라'고 한 것은 묵시적 동의로 해석이 가능하지 않을까 한다.
45) 황현, 『梧下記聞』首筆. '錦山行商 接長 金致洪 任漢錫等 倡率商人與邑民千 擊珍山賊斬與一百十四名'; 『隨錄』營寄條. '4月 2日 申時出 錦山郡行商 金致洪 任漢錫 ○偲率行商 與邑民千餘名 直向珍山防築里 東學徒聚黨處之 戮殺一百十四名'.

남도 각 관청에서 동학당을 체포하여 압박을 하는 한편 전라도 고부에서는 전봉준이 벌써 군사를 일으켰다는 것이다. 뒤이어 속보가 들어왔다. 어떤 고을 원이 道儒의 전가족을 잡아 가두고 가산을 강탈하였다는 것이다. 이 보고를 들은 선생은 진노하는 낯빛을 띠고 순 경상도 어조로 "호랑이가 물러 들어오면 가만히 앉아서 죽을까! 참나무 몽둥이라도 들고 나가서 싸우자" 하시니, 선생의 이 말씀은 곧 동원령이다.[46]

이 기포령은 종래 해월 최시형이 전봉준이나 1차 동학혁명에 대한 부정적인 인식 내지 비난하였던 것과는 상당한 차이를 보이고 있다.[47] 이러한 사실에 대한 관변측 기록과 일본측 기록에서도 확인할 수 있다. 먼저 관변측 기록인 『東匪討錄』에 의하면 다음과 같은 기록이 있다.

동학도 최법헌이 동문을 돌려 이르기를 호남의 교도들이 한꺼번에 타살당하는 것을 앉아서 기다릴 수 없다. 초 6일(1894년 4월 6일) 청산 소사전으로 모이라고 했다고 한다.[48]

이와 같은 내용은 일본측 기록에서도 확인할 수 있다. 일본측 기록인 『駐韓日本公使館記錄』에 의하면 다음과 같은 기록하고 있다.

本營의 校卒이 정탐한 보고를 보면, 東學徒 崔法軒이 돌린 통문 내용에 湖南에 있는 그 무리를 모두 打殺한 것에 대해, 더 기다릴

---

46) 김구, 『白凡日誌』(학술원판), 나남출판, 2002, pp.44-45.
47) 장영민은 1차 동학혁명 당시 해월 최시형의 기포령에 대해 부정하고 있다. 장영민, 「동학농민운동연구」, 한국정신문화연구원 박사학위논문, 1994, p.255.
48) 『東匪討錄』, '東徒崔法軒輪通內 自湖南渠徒一并打殺 不可坐待 初六日來會于靑山 小蛇田云', 『동학농민전쟁사료총서』제6권, 사운연구소, 1996, p.162.

것 없이 初 2일 靑山 小蛇田으로 모두 모이기 바란다고 하였습니
다. 그들의 기세가 더욱 확대되고 있으니 매우 민망스럽습니다.[49]

1894년 3월, 4월경에 수만명의 동학교인들이 모였다는 기록은 동학
교단측 사료에도 보이고 있다. 이는 기포령과 직접적인 관계를 확인할
수는 없지만 적어도 이를 뒷받침하기에는 충분한 것으로 여겨진다. 그
내용은 다음과 같다.

갑오년(1894) 봄에 인심이 안정되지 않아 거치고 잡된 사람들이
오늘 입도했다가 내일 행패를 부리는 일이 있어 그런 일을 금지
하였으나 어쩔 수 없었다. 3월 어느 날 수만의 도인들이 이 고을
읍내 근처의 수풀이 우거진 시냇가에 모여 여러 모로 의논하여
규약을 정하였다.[50]

기포령을 발포한 해월 최시형은 이에 그치지 않고 보다 적극적으로
동학혁명을 지도하는 사례도 적지 않다. 일본측 기록인 『주한일본공사
관기록』에는 다음과 같은 내용을 확인할 수 있다.

東學徒의 首魁 崔法軒이 通文에서 이르기를, "우리 陣 枝路軍 2
백명이 가볍게 나주 땅에 들어갔다가 烏合之卒에게 패배를 당하
여 우리 군병 20여 명이 체포되어 갔다고 하므로, 명령을 어긴 그
枝路軍을 먼저 참수한 다음 三路로 행군하여 먼저 나주로 향하는
데, 제1路將은 本府手下 5천명으로 하여금 약속한 곳에 가서 기다
리도록 하고, 제2路將은 본부수하 5천명을 거느리고 약속한 지경

---

49) 『주한일본공사관기록』 1, 국사편찬위원회, 1986, p.7(한국판) 및 p.339(일어판).
50) 『해월선생문집』, 설동관, 「해월선생문집」(번역본), 『신인간』 471호, 1989, p.70 및
『한국사상』 24, p.416.

에 가서 기다리도록 하며, 제3路將을 본부수하 5천명을 거느리고 사방으로 파견되어 그 외부를 순찰하면서 各路의 將兵들이 함부로 행동하지 못하게 하고 山塞를 긴급히 수비하도록 한다."고 하였습니다. 이 東學徒들의 행위는 갈수록 더욱 통탄, 해괴하기만 합니다.[51]

이 사례는 해월 최시형에 대한 기존의 시각에서 새롭게 접근할 수 있도록 하고 있다. 이는 기존의 연구사례에서 해월 최시형이 동학혁명에 대한 반대로 일관하였을 뿐만 아니라 비판적인 시각을 가졌다는 인식을 근본적으로 바꿔놓을 수 있지 않을까 한다. 더욱이 해월 최시형은 동학혁명 과정에서 동학군의 정보 역시 나름대로 파악하고 있었던 것으로 보인다. 이러한 사례는 해월 최시형이 1894년 5월 중순경 茂長 동학군 진영에 황해도와 평안도 동학군의 동향을 전달하였던 사실에서 알 수 있다. 즉 청산 문암리에 있던 해월 최시형은 무장 동학군들에게 "지금 황해도와 평안도의 회답을 받아보니, 5월 晦에 접응한다고 함으로 東南 諸部에 서한을 보냈습니다. 그리고 회덕에 있는 제3대의 두령 박이 파견한 정찰대가 靑山營의 捕卒들에게 붙잡혀 가

---

51) 『주한일본공사관기록』 1, p.10. 이와 같은 내용은 일본 외무성 외교사료관에 소장되어 있는 「조선국 동학당 동정에 관한 제국공사관 보고일건」(문서번호 5문 3류 2항 4호)에도 보이고 있다.
"저들 무리의 괴수 최법헌이 통문을 발하여 말하기를 우리의 군진에는 9개의 부대가 있는데 기로군 2백명이 경솔하게 전라도에 들어갔다가 오합의 부대에게 패배를 당하여 우리 군 20여 명이 체포되었다고 한다. 명령을 어긴 기로장은 먼저 참수를 하고 나머지 부대는 세 길로 행군하여 먼저 전라도 경계로 향하라. 제1로장은 본부의 수하 5천명 등을 거느리고 약속한 장소에서 기다릴 것이며, 제2로장은 본부 수하 5천명을 거느리고 약속한 경계에서 기다릴 것이며, 제3로장은 본부 수하 5천명을 거느리고 사방으로 파견하여 그 외곽을 순찰하되 망동하지 말고 산의 요새를 견고하게 지키라고 하였다고 하니 이들 무리의 행동은 갈수록 통분할 일입니다. 『동학농민전쟁관계사료집』 1, 한국정신문화원 근현대사자료팀 편, 선인, 2002, p.00

지고 있던 문부도 모두 빼앗겼다고 하니 이 분통을 어찌하면 좋겠습니까?"하는 文狀을 보냈던 것이다.[52] 그리고 이 무장 말미에는 "절대로 동요하지 말고 이곳에 와서 지휘를 하는 것이 좋겠다"는 내용이 포함되어 있는데, 이는 최시형과 전봉준과의 연락체계가 어느 정도 갖추어졌다고 보여진다. 이러한 연락관계에 따라 충청도 지역의 동학군이 전라도 지역 동학군에 합세를 하고 있다.

전주화약 이후 전라도 지역 53개 군현에 집강소를 설치, 民政을 실시하는 동안 잠시 소강상태에 있던 동학군은 9월에 접어들어 새로운 사태에 직면하였다. 정부는 일본군과 연합하여[53] 대대적인 동학군 토멸작전을 전개한 것이다. 서울에서 西路, 中路, 東路 등 통해 진압작전을 전개하자 관군과 일본군은 동학군을 무차별적으로 진압하였다.[54] 특히 토벌 路上에 자리한 경기도 용인·안성·장호원 등지와 충청도 진천·괴산·음성 등지의 교인들은 토벌대에 쫓기어 최시형이 있는

---

52) 『주한일본공사관기록』 1, p.24.
53) 『주한일본공사관기록』 1, pp.147-148.
   관군과 일본군은 동학군에 대한 토멸작전을 세 갈래로 진행하였는데 보병 일개 중대는 西路, 즉 수원 천안 공주를 경유 전주부 街道를 전진하여 은진 여산 함열 부안 만경 금구 고부 흥덕 방면을 엄밀히 수색하고 나아가 영광 장성을 거쳐 남원으로 향하였으며, 또 보병 일개중대는 中路, 즉 용인 죽산 청주를 경유하여 성주 街道로 전진하며 청안 보은 청산 지방을 엄밀 수색한다. 마지막 보병 일개 중대는 東路, 즉 가흥 충주 문경 및 낙동을 경유 대구부 街道로 전진하여 특히 좌측은 원주 청풍 우측은 음성 괴산을 엄밀히 수색한다. 이상의 세 갈래 방면으로 동학군을 진압하였다.
54) 『주한일본공사관기록』 1, pp.153-156 참조.
   동학당 진압을 위한 파견대장에게 내리는 훈령에 따르면 그 내용은 다음과 같다. 첫째, 동학당은 현재 충청도 충주 괴산 및 청주 지방에 군집해 있으며, 그 밖의 나머지 동학당은 전라도 충청도 각지에 출몰한다는 보고가 있으니, 그 근거지를 찾아내어 이를 剿絕하라. 둘째, … 조선군과 협력, 연도에 있는 동학당을 격파하고 그 화근을 초멸하므로써 동학당이 재흥하는 후환을 남기지 않도록 해야 한다 …. 넷째, … 만일 비도들을 강원도와 함경도 쪽, 즉 러시아 국경에 가까운 곳으로 도피케 하면 적지 않게 후환이 남을 것인 즉 엄밀히 이를 예방한다 ….

청산으로 몰리기 시작하였다. 이러한 소식은 바로 최시형에게 전달되었으며 동학 조직에 대해서도 근본적인 위기상황에 이르게 되었다. 즉 관군과 일본군의 토멸작전에 의해 각지에서 동학군의 살상과 조직이 점차 와해되어 가는 상황에 직면하게 되자 최시형은 다음과 같은 招諭文을 발표하고 교도들을 청산 문바위골로 모이도록 했다.

周易에 이르기를 大哉라 乾元이여 萬物이 資始하고 至哉라 坤元이여 萬物이 資生이라 하니 사람이 그 사이에 萬物의 靈이 된지라. 父母는 낳고 스승을 가르치고 임금은 기르나니 그 恩惠를 갚는 데 있어 生三事一의 道가 있는 것을 알지 못하면 어찌 사람이라고 이를 수 있겠는가. 先師께서 지나간 庚申年에 天命을 받아 道를 창명하여 이미 퇴폐한 綱常을 밝히고 장차 도탄에 빠진 生靈을 救하고자 하더니 도리어 僞學이라는 指目을 받아 遭難殉道하였으되 아직도 원통함을 씻지 못한 것이 지금까지 31년이라. 다행이도 한울이 이 道를 亡케 하지 아니하여 서로 心法을 전하여 전국을 通한 教徒가 10萬인지 알 수 없으되 四恩을 갚을 생각은 없고 오로지 六賊의 欲을 일삼으며 斥和를 빙자하여 도리어 猖獗을 일으키니 어찌 寒心하지 않으리오. 돌아보건데 이 老物이 나아가 70에 가까운지라. 氣息이 奄奄허되 傳鉢의 恩惠를 생각하면 눈물이 옷깃에 차는 것을 견디지 못하여 어찌할 바를 모르겠도다. 이에 또 通文을 發하노니 바라건데 여러분은 이 老夫의 마음을 諒察하고 기필코 會集하여 菲誠을 다하여 天威紀纊의 아래 크게 부르짖어 先師의 宿寃을 쾌히 펴고 宗國의 急難에 同赴할 것을 千萬 바라노라.[55]

최시형의 초유문을 받고 청산 문바위골에 모인 손병희, 손천민

---

55) 「天道教百年略史(上)」, 천도교중앙총부 교사편찬위원회, 1981, p.250.

이하 주요 대두목들은 오지영으로부터 호남의 정세를 듣고 최시형에게 擧義하기를 권하였다. 이에 대해 최시형은 '이 또한 天命에서 나온 바이니 누가 옳고 그름을 과히 탓하지 말라'[56] 하고 이어서 '人心이 天心이다. 이것이 天運所致니 君等은 道人들을 동원하여 전봉준과 협력해서 師寃을 펴며 우리 道의 大願을 실현하라'[57]고 당부하였다.

계속해서 최시형은 각 包 두령에게 '지금 도인된 자 앉으면 죽고 움직이면 살 것이니 다 같이 용기를 내어 나가 싸우라'[58] 하며 친히 統領旗를 손병희에게 주면서 혁명 대열에 참가하도록 하였다. 통령기를 받은 손병희는 행군하기 전에 致誠式을 지냈는데 제단을 설치한 후 첫잔은 통령 손병희가, 다음 잔은 영장 任貞宰가, 祝文은 참모 손천민, 奉香은 李觀永, 奉爐는 李元八, 장령에 李鍾玉(鍾勳)·申澤雨·정경수·조재벽·장건희·박용구·이상옥·辛在璉 등의 두령이 차례로 참석하여 치성 맹약을 하였다.

1894년 9월 18일 청산 문바위골에서 재차 기포령을 내린 최시형은 통령 손병희가 이끄는 동학군을 따라 호남 지방으로 향하였다. 각지에서 동학군과 관군·일본군과의 격전을 치루는 과정에서 동학군의 戰況을 살피면서 任實郡 李炳春의 집[59]에서 10여 일을 머물면서 혁명의 戰勢를 보고 받고 지휘하였다.[60] 최시형은 어느 날 '吾 異機를

---

56) 『天道敎百年略史(上)』, 천도교중앙총부 교사편찬위원회, 1981, p.251.

57) 『天道敎創建史』, 천도교중앙종리원, 1934, p.65.

58) 『天道敎百年略史(上)』, 천도교중앙총부 교사편찬위원회, 1981, p.251.

59) 「天道敎書」에는 李炳春家로, 『天道敎百年略史』에는 梁景寶家로 기록되어 있다.

60) 해월 최시형이 임실지역에 머문 것은 임실지역의 동학세력과 관련이 있는 듯하다. 이 지역의 동학세력은 해월 최시형으로부터 직접 교화를 받은 곳으로 1차 동학혁명 당시 기포하였던 곳이다. 임실지역 동학세력은 1894년 3월 25일 기포하여 최승우, 김영원의 지휘아래 임실 관아에 집강소를 설치하고 6개월 동안 통

見하였으니 道人을 遣하여 葛潭市에 往見하라'[61] 하여 이내 임실군 갈담으로 향하였다.

한편 손병희는 전봉준과 논산에서 합류하여 공주 우금치에서 관군과 일본군의 연합군과 치열한 격전을 치루었으나 형세 불리함에 따라 후퇴하여 葛潭에서 최시형과 조우하였다. 갈담에서 손병희를 만난 최시형은 茂朱를 향하다가 長白里에서 李應伯이 이끄는 민보군과 접전하여 크게 물리친 다음 계속 북상하여 永同郡 龍山에 이르렀다. 이때 뒤에서는 일본군이 추격하고 앞에서는 관군이 포위하여 절대 위기에 직면하였으나 최시형은 軍中을 향하여 다음과 같이 호령하였다.

한울님께 心告하고 一心으로 包圍網을 뚫고 나아가면 彈丸이 들지 않으니라.[62]

포위망을 무사히 빠져나온 최시형은 보은 鍾谷과 음성군 道場里에서 각각 관군과 한 차례씩 격전을 치루고 미완의 동학혁명을 뒤로하고 또다시 刀山儉水의 피신길에 올랐다. 이 과정에서 주목할 점은 손병희가 이끌던 동학군을 갈담에서 해월 최시형을 조우한 이후의 상황이다. 이에 대해 『주한일본공사관기록』에 의하면 다음과 같이 기록하고 있다.

황간 현감으로부터 통보해오기를, 동학도 1만여 명을 崔法軒이 이끌고 전라도 무주로부터 행진해와 이미 황간 부근 옛 근거지인

치하였다.(『천도교임실교구사』, pp.16-17)
61) 「天道敎書」, 『新人間』, 통권 379호, 1980. 7월호, p.74.
62) 「天道敎書」, 『新人間』, 통권 379호, 1980. 7월호, pp.74-75.

서수원에 머물고 바야흐로 황간을 습격하려 한다 하였다.[63]

즉 해월 최시형은 손병희로부터 동학군의 지휘권을 넘겨받아 실질적으로 동학군을 지휘하였던 것이다. 이러한 사실은 다음의 기록에서도 확인할 수 있다.

> 동학도의 척후 2명을 붙잡아 심문하였더니, 首魁 崔法軒이 이끌고 있으며, 任局昊와 기타 4명의 首魁가 이에 따르고 있다.[64]

이상에서 살펴보았듯이 해월 최시형은 동학혁명 초기에는 비록 신중한 자세였으나 기포령을 내린 이후 보다 적극적으로 대응하였으며, 공주 우금치전투 이후에는 손병희로부터 지휘권을 넘겨받아 실질적인 지휘자로서의 역할을 하였던 것이다.

IV. 맺음말

동학혁명에 대한 최시형의 인식은 앞서 살펴보았듯이 초기 신중론에서 점차 적극론으로 변화하며 마침내 직접 전투현황을 직접 지휘하였다. 최시형이 동학혁명 초기의 인식과 후기의 인식 및 활동에 대하여 다소 상이점이 없지 않지만 그 기본틀에는 자신의 종교적 사상적 특성에서 벗어나지 않고 있다. 최시형이 신중론을 전개할 때나 적극적인 참여를 하였을 쩨나 그것은 동학 교단의 최고 지도자로써 그의 인

---

63) 『주한일본공사관기록』 6, 국사편찬위원회, 1991, p.68(한글판).
64) 『주한일본공사관기록』 6, p.69.

식과 행동에는 많은 갈등이 없지 않았을 것이다. 즉 시대적 모순에 대한 인식의 차이와 관으로부터 탄압에 대한 대응 방안 역시 그에게 는 전봉준과 상당한 차이를 보이고 있다.

전봉준은 무력적인 수단을 활용해서라도 현실적 모순을 극복하려 하였다면 최시형은 무력적인 항쟁보다는 보다 성숙한 동학이 가지는 종교적 틀에서 해결하려는 의지를 강력하게 피력하였다. 이러한 점 때문에 일부에서는 최시형이 동학혁명에 대하여 소극적인 태도를 보였다고 지적하기도 한다.

하지만 이는 나무만 보고 숲을 보지 못하는 오류를 남기고 있다. 전봉준의 경우 접주로서 자신이 추구하고자 하는 목표만을 설정하여 운신하였다면, 최시형은 동학 전체의 지도자로써 종교적 권위를 유지 해야만 했다. 최시형도 전봉준과 마찬가지로 현실에 대한 모순과 민중 의 고통을 모르지도 외면하지도 아니 하였다. 그러나 우주적인 대변화 를 고대하는 초월적이며 종교적인 그의 자세는 고통의 인내와 새로운 세계의 기다림을 강조하지 않을 수 없었다.[65]

이러한 인식에서 최시형은 동학혁명을 天運이라 하였으며 훗날 '君 子 患難에 處하여는 因窮의 道를 行하나니 吾輩 마땅히 天理를 順 할 따름이니라'[66]하였다.

끝으로 최시형과 제자인 신택우와의 대화가 최시형이 동학혁명을 어떻게 이해하고 있는지를 분명히 밝히는 것이 아닐까 한다.

갑오 전란으로 인하여 우리 도를 비방하여 평하고 원망하는 사

65) 장영민, 「최시형과 서장옥-남북접 문제와 관련하여-」, 『동학농민혁명과 농민군 지도자성격』, 동학농민혁명기념사업회, 1997, p.147.
66) 「天道敎書」, 『新人間』, 통권 379호, 1980. 7월호, p.75.

람이 많으니 어떤 방책으로 능히 이 원성을 면할 수 있습니까?

갑오 일로 말하면 인사로 된 것이 아니오 천명으로 된 일이니, 사람을 원망하고 한울을 원망하나 이후로부터는 한울이 귀화하는 것을 보이어 원성이 없어지고 도리어 찬성하리라. 갑오년과 같은 때가 되어 갑오년과 같은 일을 하면 우리나라 일이 이로 말미암아 빛나게 되어 세계 인민의 정신을 불러일으킬 것이니라.[67]

---

67) 「吾道運數」, 『天道敎經典』, 天道敎中央總部, 1991, pp.391-392.

# 민족운동 가담 초기의 근왕적 면모 / 이동휘

오 영 섭[*]

Ⅰ. 머리말

이동휘(1873~1935)는 한말의 군인출신으로 국권회복을 위해 혼신의 노력을 기울인 민족운동가이다. 그는 한일병합 전에 강화도에서 학교를 설립하여 교육활동을 펼쳤고, 여러 계몽단체에 가담하여 활동하였다. 또한 비밀결사 신민회의 창건멤버로 참여했고, 강화의병의 봉기를 이면에서 지도하였다. 한일병합 이후에는 만주와 노령으로 망명하여 독립운동세력을 규합하여 무장독립투쟁을 전개하려 하였다. 또한 1917년 러시아혁명 이후에는 사회주의 이념을 수용한 급진적인 항일운동가로 활동하였다.[1]

* 연세대학교 현대한국학연구소 연구교수

이동휘는 다채로운 생애를 통하여 자신에게 부과된 시대적 책무를 해결하려고 애썼다. 대한제국기부터 러시아에서 서거할 때까지 민족운동의 전과정 속에서 이동휘는 언제나 당대의 과제에 비추어 자신의 행동방안을 모색해 나갔다. 이로써 이동휘는 한국 근대의 수많은 민족운동가들 가운데 비교적 실천성이 강한 인물이라는 평을 받게 되었다. 그러므로 이동휘의 실천적 생애를 조망하고 그가 걸어간 활동과 노선의 궤적을 추적하는 작업은 한말 급진적 민족운동가의 특징과 성격을 파악하는 문제와 직결되어 있다.

여기서는 1903년부터 1908년까지 이동휘의 강화도에서의 민족운동을 알아보려 한다. 이때 그는 강화진위대 참령으로서 기독교를 수용했으며, 보창학교를 설립하여 교육운동을 전개하였고, 강화도지역의 의병운동에 깊숙이 간여하였다. 이로써 이동휘는 강화도지역의 근대화와 항일운동의 전개에 기반을 확립한 인물로 남게 되었다. 기왕에 선학들이 내놓은 1908년 중반 이전 이동휘의 활동에 대한 연구들은 이동휘가 군주권론자에서 민주정체론자로 넘어가기 이전의 모습들을 제대로 그리지 못하고 있다고 생각한다. 따라서 여기서는 이동휘가 서양의 민주정체론을 완전히 수용하기 이전의 시점에서 벌인 민족운동에 나타난 근왕적 측면들에 초점을 맞추어 논의를 전개하였다.

---

1) 이동휘의 민족운동에 대해서는 고택, 「군대해산」, 『신동아』 65, 1970. 1; 최취수, 「1910년 전후 강화지역 의병운동의 성격」, 『한국민족운동사연구』 2, 1988; 반병률, 「이동휘의 한말 민족운동」, 『한국사연구』 87, 1994; 김방, 「이동휘의 국권회복운동 (1906~1913)」, 『한국근현대사연구』 6, 1997; 조현욱, 「한말 이동휘의 교육진흥운동」, 『문명연지』 5-1, 2004; 김형목, 「대한제국기 강화지역의 사립학교설립운동」, 『한국독립운동사연구』 24, 2005.

II. 교육운동의 착수와 기독교 수용

이동휘는 1903년 5월 참령에 올라 6년 만에 고급무관으로 승진하였다. 그는 승진과 함께 강화진위대 대대장에 임명되어 5월 26일 강화도에 부임하였다. 이후 그는 "산천이 佳麗하고 水土가 良宜ㅎ야 사람이 病廢가 없고 풍속이 순량"[2]하다는 평을 받는 강화도에 거처를 정하고 근무를 시작하였다. 이듬해 7월 서울에서 일제의 황무지개척권 요구에 반대한 애국지사들이 대한보안회를 조직하자 이동휘는 평의장을 맡았고, 이어 9월에 대한보안회가 대한협동회로 이름을 바꾸자 서무부장을 맡았다. 그리고 1904년 12월 친일단체 일진회를 박멸하기 위해 설립된 공진회에도 주도적으로 참여하였다.[3] 이처럼 이동휘는 강화도에서 활동하는 동안 서울을 중심으로 벌어지는 민족운동에도 적극 가담하였다.

이동휘는 강화진위대에서 군인생활을 하면서 교육활동에 가담하였다. 이동휘가 교육활동에 관심을 가진 것은 대한제국 초기에 정부의 근대학교 설립운동과 『태서신사』 등의 영향으로 교육구국론이 일어나기 시작하던 시대적 분위기를 적극 받아들인 결과였다. 당시 강화도에는 미국선교사 조원시(George H. Jones)와 박능일 목사가 2~3명의 학생을 대상으로 감리교 계통의 '蠶豆義塾'이라는 사숙을 운영하고 있었다.[4] 그러나 잠두의숙은 강화도 최초의 사립학교라는 상징성 외에는 여러 면에서 미흡하기 그지없는 학교였다. 따라서 강화도에서 최초의 학교다운 학교는 진위대장 겸 감리교회 권사로 활동하면서 주민들

---

2) 『황성신문』, 1905년 2월 15일, 「광고」.
3) 반병률, 『성재이동휘일대기』, 범우사, 1998, pp.40-41.
4) 유지영, 「합일학교와 故 최상현씨」, 『신동아』, 1935. 11, pp.196-197.

로부터 신망을 받았던 이동휘에 의해서 설립되었다.

이동휘는 1903년 8월경에 진위대 병영 안에 유소년 교육을 위하여 학교를 설립하였다.[5] 『황성신문』에 의하면, 그는 자기의 사비로 학교를 설립하고 하사와 병졸의 자제 가운데 총준한 아동 30여 명과 평민 자제 20여 명을 모집하여 그들에게 본국지지, 본국역사, 만국지지, 만국역사, 산술 등 제반 학문을 주학 야학으로 열심히 교육하였다. 강화군에 사는 조희일은 수년간 일본에서 유학하여 일어에 능통한 인사인데, 이동휘의 교육활동 소식을 듣고 자진하여 찾아와 명예교사가 되기를 자원하였다. 이후 조희일은 이동휘와 협의하여 주야로 학생들을 열심히 가르쳤다고 한다.[6] 이처럼 학교 설립 초기에 이동휘가 사비로 학교를 설립하고 조희일이 무보수로 일하는 열의를 보였을 만큼 양인의 교육에 대한 열정은 남다른 바가 있었다.

이동휘가 진위대 병영안에 설립한 학교의 이름은 育英學校(후일 보창학교)이다. 육영학교는 1905년 2월에 강화도사립육영학교장 이동휘, 일어명예교사 조희일, 영어명예교사 김만식 등 세 사람 명의로 신문에 학생모집 광고를 실었다. 거기에는 "학교가 설립된 지 7개월만에 학업이 점진하여 학생수가 80여 명에 이르렀고, 신년도에 학교의 규칙을 개선하여 초등학교 수준의 소학보통과와 영어, 일어를 가르치는 중등교육 수준의 일어영어과로 구분하였다. 선생들이 주야로 열심히 가르치니 학업에 뜻을 지닌 이들은 食料만 지니고 오면 수업료는 무료이다"고 선전하였다. 이때 소학보통과는 신체 건강하고 정신이 올바른 자와 연령이 8세 이상 16세 이하자로 규정하였다. 일어영어과는

---

5) 『황성신문』, 1905년 2월 15일, 「광고」.
6) 『황성신문』, 1904년 11월 15일, 「열심교흑」; 『대한매일신보』, 1904년 11월 15일, 「教育可賀」.

한문, 국문, 작문, 습자를 가르치며, 학령은 16세 이상 20세 이하로 규정하였다.[7] 아울러 같은 날짜의 『황성신문』에는 육영학교에 보조금을 바친 이들의 명단이 실렸는데, 거기에는 金東秀, 趙尙錫, 黃範周, 金尙台, 金顯土 등 강화도의 사인들이 포함되어 있었다. 아울러 한 달 후인 3월 22일에 민영환, 조동윤, 권중현, 민병석, 윤웅렬, 이근호, 엄주익, 민경식, 민영린, 김가진, 민상호, 조동원, 이성순, 김승규, 어담 등 중앙의 영향력 있는 고관들이 육영학교에 대략 30~400원에 달하는 거액의 찬성금을 희사하였다.[8] 이는 이동휘의 영향력을 입증하는 것임과 동시에 이동휘의 후원자인 이용익과 왕실의 은근함 후원 덕분이었음이 주목된다.

그런데 이제까지 이동휘가 설립하여 운영한 육영학교는 1905년 3월 이후에 설립된 것으로 알려졌다. 이를테면 육영학교는 이동휘가 강화 부윤 윤철규로부터 러시아 간첩이라는 무고를 당하여 투옥되었다가 무혐의로 풀려나자 3월 3일 관직을 버리고 강화도로 돌아와 설립한 학교라는 것이다. 이는 그가 을사조약 직후에 작성한 여러 상소문들에서 한결같이 "금년 봄에 軍職을 사직하고 강화도로 내려가 교육에 종사하고 있습니다"고 말한 대목에 근거하고 있다. 따라서 1904년 11월 이동휘가 학교를 세워 운영했고 1905년 2월 육영학교장 이동휘 명의의 신문광고와 1905년 봄부터 교육활동에 종사하고 있다는 이동휘 자신의 기록을 종합해 보면, 이동휘는 1904년 11월경에 자비로 학교를 설립하여 운영만을 관장하다가 관직에서 물러나고 1905년 봄부터 직접 교수활동에 참가했던 것으로 보인다. 하여튼 이동휘의 육영학교의 설립과 운영은 교육구국운동이 치열하던 1908년에 "以一身으로 奉獻

---

7) 『황성신문』, 1905년 2월 15일, 「광고」.
8) 『황성신문』, 1905년 3월 22일, 「私立江華育英學校贊成金續」.

於學界 而京鄉到處에 唇焦口燥而不已ᄒ며 千難萬險而不避ᄒ야 始撞我國之晨鍾者ᄂᆞᆫ 李東暉氏가 其人也요"라 하여 한국 교육운동의 창시자라는 영예로운 평을 받는 시발점이 되었다.[9]

이동휘는 교육활동에 본격 착수하면서 기독교야말로 한국의 근대화와 독립을 이루기 위해서 반드시 필요한 종교라고 생각하였다. 그래서 그는 강화지방의 감리교 지방전도사인 김우제를 통해 기독교에 입문하였다. 이후 그의 기독교에 대한 믿음은 지극한 것이었다. 을사조약 직후에 지은 「遺告二千萬同胞兄弟書」에서 이동휘는 자신이 일찍부터 기독교를 믿었다며 "기독교가 아니면 서로 사랑하는 마음이 없고 기독교가 아니면 나라를 사랑하는 마음이 없고 기독교가 아니면 독립할 마음이 없을 것입니다. 이렇듯 자신을 닦고 스스로를 강하게 하는 것은 모두 기독교에 기인하는 것이며, 임금에게 충성하고 나라를 사랑하는 것도 기독교에 기인하고, 독립과 단결을 외치는 것도 기독교에 기인하고, 학문과 교육도 기독교에 것입니다. 그러므로 아 우리 동포들은 노력하고 믿으시기 바랍니다"라고 하였다.[10] 이를 보면 이동휘는 기독교와 계몽운동과 충군애국의 세 가지를 합일시켜 이해하고 있었고, 이러한 바탕위에서 일제침략에서 나라를 구하기 위한 민족운동을 전개해 나갔다.

III. 교육운동의 전개와 학회운동 참여

이동휘의 교육운동은 1905년 5월을 기점으로 탄력을 받기에 이르렀

---

9) 松南子, 「送鄭益魯氏歸國」, 『태극학보』 26, 1908.11.
10) 홍영기, 「이동휘의 구국운동(1905-1907)에 관한 새로운 자료」, 『한국근현대사연구』 1, 1994, p.299.

다. 한국의 운명을 가름하는 러일전쟁이 종결되어 가고 있던 시기에 강화도에서 교육활동에 열중하던 이동휘는 5월 7일 육영학교 학도 중에서 우수하고 정민한 20여 인을 거느리고 각 학교를 시찰하기 위해 서울에 도착하였다. 이동휘의 서울행은 시국정세를 탐지하고 찬성금을 내준 고관들에게 감사를 표시하며 서울의 지사들과 교유하기 위한 다목적의 성격을 지닌 것이었다.

이동휘의 육영학교 학생들은 모두 단발을 하였고 周衣 위에는 비단허리띠를 둘렀고 허리띠에 오얏꽃 표식 하나씩을 표시하여 놓았다.[11] 이는 육영학교 학생들이 근대식 외모와 복장을 갖추고 고종황제와 대한제국에 충성을 나타내는 표식을 하고 있었음을 나타낸다. 이때 육영학교는 영친왕의 지시에 따라 교명을 육영학교에서 보창학교로 바꾸었다고 한다. 보창학교장 이동휘와 교감 金成殷은 교명을 바꾼 사실을 『황성신문』에 광고하였다.[12] 아울러 이동휘와 학생들은 영친왕이 친필로 普昌學校라고 써준 교기를 들고 종로시가를 행진하여 용기백배하여 강화도로 돌아왔다고 한다.[13] 이러한 일화는 이동휘가 경향 각지에서 교육가로 명성을 얻게 되는 계기가 되었고, 동시에 보창학교가 발전하는데 필요한 기초를 마련하는 계기가 되었음을 의미한다.

영친왕으로부터 교명을 하사받은 보창학교는 왕실과 고관들의 후원 하에 재정적 기반을 마련하였다. 고종은 왕실소유지인 積石寺 소유의 토지와 임야에 대한 지세를 보창학교의 운영비로 쓰도록 하였나.[14]

---

11) 『황성신문』, 1905년 5월 8일, 「率徒視察」.
12) 『황성신문』, 1905년 5월 13일, 17, 「광고」.
13) 유석인, 『애국의 별들』, 교문사, 1965, p.183.
14) 최취수, 「1910년 전후 강화지역 의병운동의 성격」, p.60.

이동휘를 문객으로 거느리고 있다고 일본측이 파악한 고종 측근 이용익은 보창학교를 운영하도록 돌봐주었다. 그래서 보창학교의 경비가 전 내장원경 이용익의 주머니에서 다달이 흘러나온다는 소문이 돌았다. 학교의 기반이 날로 굳어지자 영친왕궁에서도 5천원(당시 학생구두 한 켤레가 1원 50전)을 장학금으로 하사했다고 한다.[15] 또한 그는 鎭海寺 소속의 佛糧畓을 보창학교로 이관해 달라고 학부에 청원하여 허락을 얻어내기도 하였다.[16] 이로써 보창학교가 왕실 및 고관들의 후원 하에 재정적 기반을 마련하자 강화도에서는 이동휘를 한낱 인간으로 알기보다는 절대적인 능력과 수완을 겸비한 위인으로 떠받들게 되었다고 한다.

보창학교의 교과목은 역사, 지리, 영어, 일어, 산술, 한문, 문리, 화학, 도화, 체조 등으로 다양하였다. 김승조, 김남식, 갈현대, 고시준, 송석린, 어용선, 박중화 등이 교사를 지냈는데, 교사 가운데는 설립자 이동휘의 영향으로 진위대 출신들이 많았으며 교수 방법 역시 군대식이었다. 이는 보창학교가 이동휘의 영향으로 상무정신을 중시하는 교육을 실시했음을 알 수 있다. 보창학교는 보통과, 초등소학과, 중등소학과로 구분된 학과에서는 시험을 보아 우등, 급제, 낙제생으로 우열을 구분 짓는 등의 적극적인 교육을 하였다. 교가는 "무쇠구녁 돌구녁 소년남자야 / 애국의 정신을 분발하여라 / 때 달았네 때 달았네 / 우리나라 따 달았네"라 하여 학도들의 애국심을 고취하는 내용으로 되어 있었다. 그리고 매주 토요일 오후에는 학생들을 강당에 모아놓고 며칠 전에 미리 나누어준 주제를 가지고 연설을 하도록 하였고, 매년 봄마다 각 면의 보창학교들이 모두 모이는 연합운동회를 개최하였다.[17]

---

15) 고택, 「군대해산」, pp.360-361.
16) 『황성신문』, 1906년 3월 29일, 「學訓沁府」.

1906년 4월에 보창학교는 고등과정의 사범과를 설치하였다. 보창학교가 사범과를 설치한 이유는 심상과와 고등소학교와 보통학교의 정규교원을 양성하기 위한 것이었다. 사범과의 교수과목으로는 윤리학, 수신학, 독서, 작문, 內外, 內外, 교육학, 물리학, 화학, 생리학, 경제원론, 법학통론, 수학, 도서, 창가, 체조병식기계, 외국어(일어, 영어) 등이었다. 입학자격은 18세 이상 35세 이하였고, 수업년한은 2년으로 규정되었다. 사범과에 들어가기 위한 입시과목은 독서, 국한문 작문, 국한문 지지문답, 수학(사칙이내) 등이었다. 사범과는 이렇게 선발한 학생들은 2년 동안 가르쳐 1908년 9월에 첫 졸업생을 배출하였다.[18]

1907년 7월의 고종퇴위와 8월의 군대해산을 전후하여 국내정세가 급변하는 가운데서도 보창학교는 착실한 성장과정을 거쳤다. 1905년 7월 이후에 甲湖(교장 이동휘), 月湖(교장 유경근), 山湖(교장 이동휘, 교감 장동식), 光明학교(교장 유경근) 등 4개의 보창학교 지교가 설립되었다. 또한 7월에 보창학교 내에 부설 여학교가 설치되어 보창학교 교사들이 운영과 교육을 담당하였다. 보창학교에서의 여성교육은 강화도의 여성들의 근대교육을 선도하는 역할을 하였다.[19] 이후 1907년 2월 당시 보창학교 임직원은 교장 이동휘, 교사 徐相七, 高時駿, 宋錫麟 등이었다.[20] 4월에는 소학보통과에서 최초의 졸업생이 배출되었는데, 이때 고등소학과 학생 19명과 초등소학과 학생 18명이 졸업하였다. 보창학교에서는 이들 졸업생들이 다시 수준에 맞는 상급 과정으로 진학할 수 있도록 적극적으로 배려하였다.[21]

17) 고택, 「군대해산」, p.360; 최취수, 「1910년 전후 강화지역 의병운동의 성격」, p.60
18) 『대한매일신보』, 1906년 4월 4일, 「광고」, 1908년 9월 24일, 「普昌尤昌」; 『황성신문』, 1906년 4월 4일, 「광고」.
19) 김형목, 「대한제국기 강화지역의 사립학교설립운동」, pp.16-19.
20) 『황성신문』, 1907년 2월 20일, 「광고」, 3월 29일, 「普校大振」.

보창학교의 모델로 삼아 국내 각지에서 보창학교의 지교들이 설립되었다. 강화도에서는 1907년 5월경에는 32개의 보창학교 지교가 설치되었다.[22] 이러한 보창학교 지교들은 대부분 기존의 서당과 사숙을 지교로 변경한 경우가 대부분이었다. 따라서 보창학교가 강화도의 교육경향을 전통식에서 근대식으로 발전시키는데 일정한 기여를 하였음을 알 수 있다. 또한 1906~1909년경까지 많은 보창학교 지교들이 전국 각지에 설립되어 보창학교라는 단어가 사립학교를 의미하는 보통명사로 변할 정도로 많은 영향을 미쳤다.[23] 당시 경기도 일원과 황해도를 비롯하여 함경도와 충청도 등지에 세워진 다수의 보창학교들은 다른 근대식 학교들에 비해 시설은 뒤떨어졌다고 하더라도 국권회복을 위한 애국심 고양에 목표를 두고 교육하였기 때문에 이후 보창학교 출신들이 민족운동에 가담하는 경우가 많았음이 주목된다.

이동휘의 보창학교는 당시에 경향 각지에서 유행하던 연합운동회를 적극적으로 개최하였다. 보창학교의 운동회는 1906년 6월부터 해마다 개최되었다. 이러한 운동회는 지역민의 친목도모와 애국의식의 함양에 많은 기여를 하였다. 이를테면 운동회가 열리는 날이면 강화도를 비롯하여 인근의 많은 사람들이 운동회장에 집결하여 친목과 화합을 다지는 기회를 가졌으며, 동시에 운동회에는 명망 있는 연사가 초청되어 민중계몽과 구국의식을 고취하는 연설을 하는 것이 보통이었다. 이러한 행사를 통하여 강화도의 지역민들은 점차 대한제국의 신민에서 대한제국의 국민으로 거듭날 계기를 맞이하였다. 따라서 보창학교의 운동회는 한말의 애국계몽운동과 불가분의 관계를 지닌 의미 있는 행사

21) 『황성신문』, 1907년 5월 4일, 「普校漸昌」. 조현욱, 「한말 이동휘의 교육진흥운동」, p.91.
22) 『황성신문』, 1907년 5월 27일, 「江華大運動景況」.
23) 김방, 「이동휘의 국권회복운동」, pp.24-25; 김형목, 「대한제국기 강화지역의 사립학교설립운동」, pp.18-19.

가 되었다.

보창학교의 제1회 연합운동회는 1906년 6월 16일 개성의 만월대에서 개최되었다. 이때의 운동회는 강화도와 개성 인근의 보창학교 지교들이 참가한 비교적 소규모의 운동회로서 참가자수는 내빈과 학생들을 포함하여 500여 명에 불과하였다. 이는 6월 17일 개교 예정인 개성보창학교 지교의 설립을 축하하기 위한 목적을 겸하고 있었다.[24] 이때의 운동회에는 강화도에서 많은 인사들이 참석하지 못한 것으로 보이기 때문에 개성지역 보창학교의 운동회의 성격을 띠고 있었다.

1907년 5월 21일에 강화도 동문 밖 연병장에서 제2회 연합운동회가 개최되었다. 강화 소재 보창학교와 32개의 지교 및 인근 통진과 풍덕지역의 공사립 학교 38개교가 참가하는 춘기연합운동회였다. 이때 학생 1,200여 명(여학생 20여 명)과 남녀 내빈 다수가 참여하여 성황을 이루었다. 그리고 운동회에 필요한 모든 물품은 보창학교 찬성유지들과 기독교 신자들과 '義務社' 회원들이 마련하였다. 운동회 도중에 비가 내리자 학부모들이 내일 다시 운동회를 속개하자고 요청하여 모든 이들이 동의했고, 학부모들은 숙식에 관계되는 일체의 물품을 제공하였다. 이어 6월 22일 오전에 운동회를 속개하여 마치고 오후에 연설회를 열었는데, 이때 거의 1만여 명에 달하는 군중이 집결하였다. 연설회에서는 노백린, 유원표, 허씨 부인 등이 애국계몽 연설을 하였고, 이동휘 주도로 여흥회를 개최하고 해산하였다. 당시 유원표는 자신이 "올봄에 3곳의 운동회를 다녔는데 강화대운동회가 인력과 물품이 加敬할 바라"고 하였다.[25] 이는 보창학교의 운동회가 단순히 학생들의 운동회에서 그친 것이 아니라 강화 군민들이 대거 집결하여 화

24) 『황성신문』, 1906년 6월 25일, 「普昌運動」.
25) 『황성신문』, 1907년 5월 27일, 「江華大運動景況」.

합을 다지고 구국의식을 고취하는 생생한 교육장이 되었음을 의미하는 것이다.

1908년 5월 14일에 재3회 대운동회가 열렸다. 이때의 운동회에는 강화도 각지의 80여 개 학교와 그 인근의 인천, 통진, 개성의 다수 학교에서 2,600여 명의 학생들이 참가하였다. 아울러 참관하는 사람들이 1만여 명에 달하는 대규모 인원이 동원되었다. 이때의 운동회에 대해서 『황성신문』은 다음과 같이 보도하였다.

本月 十四日에 江華郡 各校 聯合運動을 設行흠은 前報에 已揭
어니와 該會에 參觀흔 某氏의 所傳을 據흔즉 該郡 各 面里에 八十
餘 學校와 仁川 通津 開成 各 學校가 聯合ᄒᆞ야 男女學徒가 二千六
百餘人이오 觀光男女가 萬餘人이라. 各 學校의 軍幕을 皆 洋木으
로 舖設흔 것은 一般 市民이 供給ᄒᆞ얏더라. 其 運動節次ᄂᆞ 上午
十点鍾에 始作ᄒᆞ야 十餘科程의 競爭을 擧行ᄒᆞ얏고 各種 運動을 畢
흔 後에 該 學徒 等을 兩隊에 分ᄒᆞ야 紙製木製의 大砲銃器을 多數
準備ᄒᆞ고 兩軍이 互相 衝突에 勝負를 未分ᄒᆞ더니 一邊에 決死隊
八十名이 突出奮激ᄒᆞ니 砲煙이 蔽空ᄒᆞ고 喊聲이 如雷라. 於是에
敵軍이 大敗ᄒᆞ야 中丸負傷者가 紛紛倒地ᄒᆞᄆᆡ 一邊에서 赤十字隊가
軍中에 馳入ᄒᆞ야 被傷者를 예去ᄒᆞ더라. 於是乎 銳氣가 百倍ᄒᆞ야
大捷을 奏ᄒᆞᄆᆡ 凱歌를 齊唱ᄒᆞᄂᆞ지라. 於是에 太極旗를 半空에 高
揭ᄒᆞ고 萬歲를 連呼ᄒᆞ고 軍樂隊ᄂᆞ 軍樂을 迭奏ᄒᆞ니 該 學徒 等과
觀光男女가 莫不蹈舞踊躍ᄒᆞᄂᆞ 狀態를 呈ᄒᆞ지라. 日本 紳士 某氏가
登壇 演說曰 此雖戱劇의事나 果然 後日에 本郡 學徒ᄂᆞ 大韓國의
第一等學徒가 되고 大韓學徒ᄂᆞ 世界의 第一等 學徒가 되고 大韓이
世界에 第一等國이 되기를 切願ᄒᆞ노라 ᄒᆞ얏더라.[26]

26) 『황성신문』, 1908년 5월 17일, 「강화학교운동」.

이때의 운동회에서는 모의군사훈련이 이루어졌다. 이동휘는 학도들을 좌우 양편으로 갈라 전투를 벌이게 하고, 양편의 전투가 승부가 나지 않자 별도로 80명의 결사대를 조직하여 상대를 공격하도록 하였다. 그리고 패한 측의 부상자를 치료할 적십자 요원까지 배치하였다. 이때 결사대의 활약으로 승부가 나자 학생들은 태극기를 휘날리며 만세를 부르고 군악대가 군악을 연주하였다. 이러한 전쟁놀이는 마치 장래에 있을 외적과의 전투에 대비한 군사훈련을 방불케 하는 것이었다. 이처럼 운동회를 이용한 군사훈련은 제2회 운동회에서도 '防禦攻擊'이라는 제하에 동일하게 실시되었는데, 당시 『황성신문』은 이를 '새로이 발명된 운동회 과목'이라고 하였다. 하여튼 '방어공격'은 운동회를 통하여 학도들에게 상무정신을 기르도록 하려는 이동휘의 의도가 반영된 것이었다.

이동휘는 강화도에서 학생들을 육성하는 동안 학회활동에도 부지런히 참여하였다. 그는 1906년 3월에 설립된 대한자강회에 가담하여 삼남지방을 순회하며 구국계몽 연설을 하였고 강화도에는 지부를 설치하여 부회장으로서 강화도 주민에 대한 계몽활동에 종사하였다.[27] 또한 1906년 6월 상동청년학원이 주관하던 순한글잡지 『가뎡잡지』의 통신원으로서 강화와 개성 지국장을 맡아 활약하였다.[28] 또한 1906년 10월에는 이준이 주도하던 국민교육회에 가입하였고, 같은 달에 이준, 오상규 등과 한북흥학회를 조직하여 평의원이 되었으며, 1908년에는 국민교육회가 운영하는 속성사범과 학생들을 모집하러 지방순회 활동을 펼쳤다.[29] 나중에 『동아일보』는 "한손에는 성경을 잡고 또 한손에

---

27) 반병률, 『성재이동휘일대기』, p.58.
28) 전택부, 「전덕기 목사와 그 주변사람들」, 『나라사랑』 97, 1998, p.274.
29) 『동아일보』, 1935년 2월 15일.

는 교육사상을 고취하는 서류를 잡은 후 이르는 곳마다 선천이 떠나갈 듯한 목소리로 첫마디부터 열혈이 뚝뚝 떨어져서 수많은 청중이 흐느껴 울고 그 마당에서 반드시 학교가 설립되었으니 신사상 주입의 신이 되었다"며 이동휘의 교육 및 종교활동을 높이 평가하였다.[30]

정력적인 교육 및 학회활동의 결과 1907년 봄에 이르러 이동휘는 "현금 교육가로 第一指屈數한다"는 평을 받았다. 그는 1907년 7월 서우학회에 보창학교의 운동회를 위해 참관인을 보내달라고 공식 요청하였다. 이에 서우학회는 金義善의 동의를 거쳐 총대 2인을 보내기로 하고 李甲의 특별 요청으로 노백린과 김희선을 파견하기로 하였다.[31] 노백린은 운동회에 참석하여 계몽연설을 하였다. 이동휘는 1907년 8월 "본인이 現居 江華나 교육에 종사ㅎ야 밀접흔 관계가 多在於西道ㅎ고 江華도 亦西니 입회ㅎ자"고 요청하여 허락을 받았다.[32] 이처럼 서우학회 가입은 이동휘가 서우학회의 지원을 등에 업고 경기 북부와 황해도 일대에서 보창학교의 지교를 차례차례로 설립해 나가는데 크게 기여하였다.[33]

IV. 항일의병운동의 고취와 강화도 교육기반 강화

1904년 2월 한일의정서의 체결과 6월 일제의 황무지개척권요구는 한국민들의 항일열기를 고조시켰다. 대한제국이 일제로부터 시정개선 지도를 받을 것을 규정한 한일의정서와 한국의 영토를 강제로 점유하

---

30) 『동아일보』, 1935년 2월 15일.
31) 『西友』 8, 「제8회특별총회 회록」, 1907. 7.
32) 『西友』 9, 「제10회 통상회 회록」, 1907. 8.
33) 조현욱, 「한말 이동휘의 교육진흥운동」, p.108.

려는 황무지개척권요구는 일제의 대한침략의 의도를 그대로 드러낸
것이었다. 따라서 1904년 여름부터 한국민들은 대대적으로 일제의 한
국침략을 규탄하고 나섰다. 그들의 반일운동은 강력한 무장투쟁인 의
병운동으로 승화되어 한일병합 전까지 치열하게 전개되었다. 이러한
시대분위기 속에서 강화도에서도 항일의병이 봉기하여 일제에 항전하
였다.

1907년 7월 1일 헤이그특사 파견사실이 언론에 보도되었다. 3일에
이토오 히로부미(伊藤博文) 통감은 고종의 헤이그특사 파견문제를 항
의하고 나섰고, 12일에 일본내각은 이토오에게 한국정부에 대해 강경
책을 구사하라고 주문하였다. 이에 이토오는 18일에 고종을 알현하여
헤이그특사 파견문제를 추궁하고 양위를 강요하였다. 이토오의 강압에
밀린 고종은 18일에 황태자로 하여금 국사를 대리케 한다는 교서를
반포하게 하였다. 이무렵 서울에는 "고종황제가 양위하고 일본으로 잡
혀간다"는 이른바 御駕東渡說이 퍼져 상가가 철시하고 항일분위기가
치솟고 있었다.

헤이그특사 사건으로 시국상황이 위중해지자 이동휘는 서울로 올라
와 지사들과 방안을 모색한 것으로 보인다. 1907년 7월 중순경 이동
휘는 李甲, 盧伯麟, 柳東說, 朴永喆, 林在德 등 일본 육사 출신의
무관들과 대한제국 군인출신 8인이 조직한 效忠會 동지들과 함께 고
종의 양위를 저지하기 위한 무력항쟁과 친일파 대신 암살을 계획하였
다.[34] '충성을 바치는 모임'이라는 의미를 지닌 효충회는 상렬한 근왕
성향을 지닌 무관들이 "동양대세와 군국대사를 의논하기 위해" 조직
한 비밀결사였는데,[35] 한일병합 직전에 고종의 밀명을 받고 러시아측

---

34) 이정희,『아버님 추정 이갑』, 인물연구소, 1981, pp.116-122.
35) 이광수,「무명씨전 A씨의 약력」1-2,『동광』20-21, 1931. 4-1931. 5.

에 황제파천 가능성을 타진했을 정도로 고종의 신임을 받고 있던 이갑이 효충회를 주도한 것으로 보인다.36) 이들은 7월 초순 헤이그특사 파견문제로 고종의 안위가 다급해지자 7월 16일부터 밤마다 이갑의 집에 모여 사태를 논의하였고, 이때 고종양위를 반대하는 궁내부대신 朴泳孝와 귀양에서 풀려난 金允植 등과 연락을 취하기도 하였다.37)

시국상황이 위태로워지자 7월 17일부터 서울 일원에 임진왜란과 을미사변의 잔학성을 규탄하는 벽보들이 나붙었다. 18일에 고종이 양위하고 일본으로 붙잡혀 간다는 소문이 돌자 모든 시가가 철시하고 다수의 시민들이 야간에 종로에 집결하여 사직이 위태롭다며 우국적인 가두연설을 전개하였다. 오후 11시경에는 군중들이 왕성 부근으로 집결하였고, 決死會라 칭하는 이들이 결사연맹부를 작성하여 가맹자를 모집하기도 하였다. 19일에도 전날과 동일한 양상이 벌어지며 항일의 기세가 더욱 치열해졌다.38)

서울에서 일제의 침략상과 그에 반대하는 운동이 벌어지는 것을 목도하고 효충회 회원들과 대책을 의논하던 이동휘는 7월 20일 이전 어느 때쯤에 강화도로 내려갔다. 강화도를 현지 조사한 일제경찰보조원 니와겐따로(丹羽賢太郎)의 1907년 8월 23일자 보고서에 의하면, 7월 20일 강화도에 서울의 사변 소식과 『대한매일신보』가 보도한 고종을 일본으로 데려간다는 기사가 전파되자 이동휘가 7월 24일에 기독교도인 金東秀, 許聖京, 金南秀 金光天, 金彭岩 등과 함께 강화도 읍내 鍊武堂에서 군중집회를 열었다. 이때 이동휘는 "고종을 일본으로 데

---

36) 『이범진의 생애와 항일민족운동』, 「이범진공사에 관한 러시아자료」, 외교통상부, 2003, pp.222-223.
37) 이정희, 『아버님 추정 이갑』, pp.116-117; 이기동, 『비극의 군인들』, 일조각, 1982, pp.161-163.
38) 『한국독립운동사자료집』 3, 「조선폭도토벌지」, 독립운동사편찬위원회, 1971, p.680.

려간다는 소식이 사방으로 전파되어 각처에서 의병이 일어나 항일활동을 전개하고 있으며, 평양에서 결사대가 활동하고 삼남에서도 역시 의병이 일어났다. 우리 강화도에서도 同心奮起하여 결단코 싸우다가 죽겠다는 결심을 가져야 하며, 군대의 하급자라도 나라를 위하여 죽겠다는 마음을 가져야 한다. 우리 2천만 동포는 혼몽한 상태에서 깨어나 결사 항전하다가 죽어서 우리 동포의 수치를 씻어야 한다. 각기 귀가하여 심사숙고하고 국사를 위해 죽음을 두려워 말아야 한다. 특히나 태황폐하가 일본으로 잡혀가기에 이르렀으니 어떻게 하면 원통함을 갚을 것인가"라는 취지의 결사항전을 촉구하는 연설을 하였다.[39] 위의 연설에서 이동휘는 고종황제가 일본으로 붙잡혀간다는 발언을 수미에서 강조했는데, 이는 인민들의 근왕성을 고취하기 위함이며 동시에 당시 이동휘의 사상적 정향성이 근왕성을 강하게 지니고 있었음을 보여주는 것이다.[40]

이동휘는 7월 26일 역시 같은 장소에서 대한자강회 총회를 개최하였다. 이어 30일 밤에 강화 읍내에서 3리쯤 떨어진 정족산성 전등사에서 김동수, 허성경 등과 함께 400여 명의 기독교도를 모아 合成親睦會라는 이름으로 대규모의 반일집회를 열었다. 이때 이동휘는 결사항전을 촉구했던 지난 20일 연설과 동일한 연설을 하였다고 한다. 이처럼 강화도의 인민과 기독교도들에게 항일투쟁을 촉구한 이동휘는 강화진위대 출신의 해산군인들을 규합하였다. 그는 강화진위대 복무 당시의 부하들을 비밀리에 만나 창의를 촉구하고, 전등사에서 약간 떨어진 장소에서 일진회원은 입장을 금하고 군인들과 기독교도만 참가

---

39) 윤병석 편, 『성재이동휘전서』 하, 「復命書」, 국학자료원, 1998, pp.362-364.

40) 이동휘가 고종양위 이전에 강화도로 내려가 일반 학생들에게 선동치 말라고 말한 다음에 상경했다는 기록은 일제에게 체포된 이동휘를 보호하기 위한 조치로 보인다. 『대한매일신보』, 1907년 8월 17일, 「必因誣告」.

하게 하고 항일운동을 촉구하였다. 이렇게 강화도에서 의병봉기에 필요한 준비를 단단히 마친 이동휘는 서울상황을 시찰하러 간다고 칭하고 8월 1-2일 경에 개성을 거쳐 서울로 들어갔다.[41] 이상의 연유로 말미암아 일제는 이동휘를 강화도 의병운동의 '수괴'라고 파악하였다.

(1) 경력: 원 육군 참령, 강화도 진위대장이었다. 퇴직 후 강화도 보창중학교장으로서 (대한)자강회 지부의 부장을 겸하고 교육사업에 종사하며, 보창중학교 외에 24교를 관리하며 위망이 全島를 눌렀다.

(2) 폭거 중의 행동: 李는 일찍이 기독교를 믿고 과격한 배일사상을 가졌으며 일로전쟁 후 일한관계에 실증을 느끼던바 작년 이래로 시국에 대하여 일본에 대한 반감을 甚深히 하고 항상 많은 부하 회원 및 신도에 대하여 배일사상의 고취에 힘써 군대해산을 이용하여 병정을 선동하고, 동년 7월 30일 부하 및 일반 인민을 집합시켜 격렬한 배일연설을 하고, 폭거에 대한 제반의 계획을 가르치고, 시기가 무르익자 부하 金東秀 외 6명이 5백 명을 인솔하고 일을 일으키자 자기는 경성으로 가서 형세를 방관하고 전연 관계없는 상태를 가장하고 있었으나 사변 진정 후에 체포되어 처형당하였다.[42]

위의 인용문에서 이동휘가 체포되어 처형되었다는 기록은 오류이지만, 나머지 사항들은 대부분 사실과 부합한다. 이중에서 평소에 항일 의식을 지니고 있던 이동휘가 을사조약 이후에 더욱 반일감정이 강화되어 부하들과 신들에게 항일의식을 주입하였고, 고종양위 후에 강화도 인민들의 항일운동을 이면에서 실질적으로 주도했음을 나타내 주

41) 윤병석 편, 『성재이동휘전서』하, 「復命書」, pp.364-365.
42) 『한국독립운동사자료집』 3, 「조선폭도토벌지」, p.505.

고 있다.

8월 9일 강화도에서 항일의병이 봉기하였다. 延基羽, 池弘允, 劉明奎, 김동수 등 기독교도와 강화진위대 출신의 군인들이 중심이 되어 창의하였다. 수원에 주둔 중인 일본군이 8월 10일 강화에 도착하자 강화의병은 갑곶진에서 일본군을 공격하였다. 그러나 다음날 벌어진 전투에서 의병은 50여 명의 사상자를 내고 패주하였고,[43] 일본군은 한성에서 파견된 일진회 회원 16명을 앞세우고 강화읍을 수색하여 의병과 무고한 양민을 체포하여 처형하였다. 봉기주모자로 체포된 7명 중에 金東秀, 金南秀, 金永九 3형제가 포살되었고, 통진에서 체포되어 한성으로 압송되던 劉明奎 역시 살해되었다. 강화에 있던 이동휘의 집 역시 일본군에 의하여 불타고 말았다고 한다.[44]

8월 6일 이동휘는 개성에 당도하여 개성보창학교 교감 김기하의 숙부인 김용권의 집에서 하루를 머문 후 10일에 상경하였다. 이어 그는 13일에 강화도진위대의 의병봉기를 모의 지도하고 헤이그특사사건에 관련되어 있다는 혐의로 경시청에 체포되었다.[45] 이후 이동휘는 4개월 가까이 경시청에 구금되어 있다가 12월 2일 미국인 선교사 벙커(Dalzell A. Bunker)의 노력으로 석방되었다.[46] 이후 이동휘는 한말 최대의 비밀결사인 신민회에 가담하여 국권회복운동을 전개하는 한편, 서북학회를 비롯하여 여러 학회에 가담하여 계몽활동을 전개하였다.

1908년 3월경 이동휘는 강화도 지역에서 불고 있던 의무교육운동에 상당한 영향을 미쳤다. 당시 강화도에서는 교육단체를 조직하여 의무

---

43) 『대한매일신보』, 1907년 8월 14일, 「강화소식」.
44) 최취수, 「1910년 전후 강화지역 의병운동의 성격」, pp.63-66; 반병률, 『성재이동휘 일대기』, pp.61-64.
45) 『대한매일신보』, 1907년 8월 15일, 「리氏被捉」.
46) 『대한매일신보』, 1907년 8월 15일, 「리氏被捉」.

교육을 권장하자는 분위기가 일고 있었다. 이동휘는 의병운동 이전에 교육활동을 같이했던 姜大欽 黃範周 등과 함께 의무교육을 실시하기 위하여 江華學務會를 발기하였다.

江華郡에셔 義務敎育을 實施ᄒ기 爲ᄒ야 該郡 紳士 李東暉 姜大欽 黃範周 諸氏가 發起ᄒ고 郡內 紳士 及 面長 里長 數百人이 今月 二十四日에 郡廳에 會集ᄒ야 學務會를 組織ᄒ얏ᄂ듸 臨時會長 李東暉氏가 開會趣旨을 說明ᄒ고 本 郡守 高靑龍氏은 義務敎育 實施ᄒᄂ데 未開ᄒ 人民이 妨害ᄒᄂ 者ㅣ 有ᄒ면 雖 强制라도 決斷코 實施乃已ᄒ깃다고 激切勸勉ᄒ고 本郡에 駐屯ᄒ 日本 憲兵隊長과 巡査部長도 國民義務가 敎育이 最先이라고 演說ᄒ 後 規則을 通過ᄒ고 任員을 選擧ᄒᄂ듸 會長은 姜大欽氏로 副會長은 趙尙錫氏로 總務ᄂ 黃範周氏로 其外 任員을 一體 選定ᄒ 後 李東暉氏가 義務敎育이 緊急ᄒ 情況과 新舊敎育의 精神愚劣을 萬端 演說ᄒᄆ 紳士 及 面長 里長 數百人이 悅然 大覺ᄒ야 十六面 一百十四洞을 五十六區域에 分ᄒ야 已設ᄒ 普昌支校 二十一處와 造明 啓明 昌華 共和 四校外에 三十一을 增設ᄒ고 學齡에 及ᄒ 兒童은 强制로 各 區域 各 學校에 盡入케 ᄒ고 十五歲以上 二十歲以下 漢文을 能解ᄒᄂ 者ᄂ 郡內 普昌學校 中學科에 入學케 ᄒ고 二十歲以上 四十歲以下에 漢文에 嫻熟ᄒ 者ᄂ 中成學校內에 師範速成科 入케 ᄒ고 各 校塾 經費ᄂ 各 區域內 士民의 分擔ᄒ 義務錢穀과 志士의 特別 義捐과 學徒의 月謝로 永遠維持케 ᄒ다 ᄒ니 江華 一郡이 我韓 義務敎育實施의 訓導模範되기를 確信ᄒ깃더라.[47]

위의 인용문에 의하면, 1908년 3월 24일 군청에서 개최된 학무회 발기식에는 강화군의 신사와 면장 이장 등 수백 명이 참석하였고, 이

---

47) 『황성신문』, 1908년 3월 8일, 「강화의무교육」.

동휘가 임시의장을 맡아 회의를 진행하였다. 군수 고청룡은 의무교육을 방해하는 미개한 인민이 있더라도 결단코 강제하겠다는 입장을 나타냈고, 강화에 주재하는 일본 헌병대장과 순사부장도 의무교육을 권장하는 연설을 하였다. 이어 규칙을 통과시키고 임원을 선정하여 강대흠이 회장을 趙尙錫이 부회장을 황범주가 총무를 맡았다. 그리고 이동휘가 의무교육의 긴급한 정황과 신구 교육의 우열을 상세히 논하는 연설을 하자 참석한 모든 이들이 모두 크게 감명을 받았다.

강화학무회 발기식에서는 의무교육 시행을 위한 주요 내용을 논급하였다. 첫째, 강화도내 16면 114개 마을을 56개 학구로 나눈다. 둘째, 보창학교 21개소와 造明 啓明 昌華 共和 4개 학교 외에 나머지 31개 학구에 사립학교를 설립한다. 셋째, 학령아동은 강제로 각 구역학교에 모두 입학시킨다. 넷째, 15세 이상 20세 이하 한문을 이해하는 자는 보창학교 중학과에 입학시킨다. 다섯째, 20세 이상 40세 이하 한문에 능숙한 자는 中成學校 내의 사범속성과에 입학시킨다. 여섯째, 학교경비는 학구의 주민들이 분담한 의무금, 지사들의 특별의연금, 학생들의 월사금으로 영원히 유지케 한다.[48] 이러한 의무교육 실시방침은 재정곤란과 현지사정의 미비로 말미암아 철저히 수행된 것으로 보이지는 않지만, 그럼에도 강화도 민인들의 근대교육에 대한 열성과 노력이 남달랐음을 입증해 주고 있다.

V. 맺음말

1903년부터 1908년까지 이동휘가 강화도에서 펼친 민족운동은 크게

---

48) 김형목, 「대한제국기 강화지역의 사립학교설립운동」, pp.11-12.

보아 교육운동과 의병운동과 학회활동 세 가지였다. 이러한 민족운동의 방략들은 기독교와 충군애국론이라는 두 개의 끈으로 단단히 묶여 있었음이 주목된다.

첫째, 이동휘의 교육활동이다. 이동휘는 강화도에서 최초의 본격적 근대학교인 육영학교(보창학교)를 설립하여 운영하였고, 보창학교의 지교를 강화도 각지에 설립하고 황해도와 경기도를 비롯한 전국 각지로 확신시켰고, 강화도지역에서 의무교육의 실시를 위한 강화학무회의 조직을 주도했으며, 보창학교를 중심으로 연합운동회를 개최함으로써 강화도 인민들의 유대강화와 계몽의식의 수용에 크게 기여하였다. 이로써 그는 한말에 교육운동의 대표자로 부상하였다.

둘째, 이동휘의 의병운동이다. 이동휘는 의병운동에 직접 가담하여 활동하기보다는 의병운동을 이면에서 지도하고 후원하는 역할을 수행하였다. 고종양위 직전 그는 서울에서 근왕적 성향을 무관들이 조직한 效忠會의 멤버로서 시국대세를 고민하였다. 그러다가 강화도로 급히 내려가 강화도 인민들과 기독교도와 진위대 병사들을 모아놓고 국가의 수치를 씻기 위해 결사적으로 항전해야 한다고 역설하여 많은 호응을 얻었다. 이로써 이동휘는 일제로부터 강화도의병의 '수괴'라는 평을 받았다.

셋째, 이동휘는 강화도에서 거주하며 생활하는 동안 서울에서 벌어지고 있는 학회활동에 부지런히 참여하였다. 이미 을사조약 이전에 그는 일제의 황무지개척권 요구를 저지하기 위해 조직된 대한보안회와 그의 후신인 대한협동회에 참여하여 활동하였다. 이어 을사조약 후에는 대한자강회에 가담하여 삼남지방을 돌아다니며 애국강연을 펼쳤고, 강화도에 대한자강회 지부를 설치하여 부회장을 맡았다. 아울러 국민교육회, 한북흥학회, 서우학회, 서북학회 등에 가담하여 활발한 활동을 펼쳤다.

이동휘의 강화도에서의 민족운동은 그가 전제군주제 옹호자에서 민주정체 수용자로 넘어가는 과도기에 펼쳐진 것이었다. 그는 육영학교(보창학교)를 운영할 때에 학도들의 허리띠에 조선황실의 오얏꽃 문양을 새기게 하였고, 서울로 올라가 영친왕을 알현하고 교명과 자금을 하사받았고, 고종으로부터 學田을 하사받았고, 고종의 측근 이용익으로부터 자금을 받았다. 또한 그는 을사조약 직후에 일제의 대한침략과 을사오적의 매국행위를 질타하기 위해 작성한 여러 문건들에서 한결같이 고종을 충직하게 받들어 모시는 근왕주의자의 면모를 보였다. 나아가 고종양위 직전에 서울에서 고종정부를 지지하는 무관들이 조직한 효충회에 가담하여 활동하였고, 강화도에 내려가 의병운동을 격려할 때에 민중들에게 되풀이하여 언급한 것이 일제가 고종을 일본으로 데려가려고 한다는 것이었다. 이러한 점들을 두루 고려할 때에 적어도 의병운동 관련혐의로 투옥되는 1907년 8월경까지 이동휘는 근왕주의자의 면모를 보였음을 알 수 있다. 그러다가 1908년 이후 중앙에서 고종황제의 정치적 영향력이 급속히 감퇴하고, 지방에서 계몽세력이 학회활동과 신민회활동을 벌이며 근대적 정체론을 주장하게 됨에 따라 이동휘도 점차 근왕주의자에서 민권주의자로 거듭나는 과정을 거친 것으로 보인다.

 **한말 인천지역 계몽운동가 / 정재홍***

김 형 목**

Ⅰ. 머리말

鄭在洪은 한국 근대사나 독립운동사에서 오랫동안 '잊혀진' 인물 중 한 사람이다. 그의 가열차고 격정적인 인생역정은 치열하고 숨막히는 생존경쟁 시대인 21세기를 살아가는 우리들에게 많은 시사점을 던져준다. 하지만 그에 대한 인간적인 모습이나 삶의 의미를 찾으려는 노력은 거의 없었다. 아니 시도조차도 없었다는 표현이 오히려 사실에

---

* 이 글은 2005년도 인천학연구원, 「韓末 鄭在洪의 현실의식과 의열투쟁」『인천학연구』5집에 게재한 내용을 수정 보완함.
** 독립기념관 한국독립운동사연구소 선임연구원

가까울 지도 모른다. 정재홍은 '이또(伊藤博文)습격미수사건' 주인공으로 일부에서 기록한 이래 지금까지 그대로 알려지고 있을 뿐이다.[1]

이는 사실과 전혀 부합되지 않는다. 그는 이또 암살이나 저격 등을 계획하거나 시도조차 하지 않았다. 물론 '을사늑약'에 분개하여 을사5적이나 이또 등을 사살·저격할 의도는 있었다. 이는 생각에만 그치고 말았다. 그는 일제 침략 강화와 더불어 跋扈하는 친일세력에 대처하는 '비상수단'으로 박영효귀국환영회 식장에서 스스로 자결을 선택하였다.[2] 그런데 그의 일생을 소개한 일부 기록은 사실상 와전된 채로 방치되어 왔다.

필자는 대한제국기 인천지역 근대교육운동을 다루는 가운데 계몽운동가로서 활동상을 부분적으로 파악하였다. 그의 생애와 현실인식, 계몽활동과 의열투쟁에 대한 당시 반응 등은 자료 소개와 함께 개괄적인 수준에서 살펴보았다.[3] 그러나 인간에 대한 무한한 신뢰감에 바탕을 둔 그의 利他的인 삶은 거의 밝히지 못하였다. 그에 관한 기록물이나 자신이 남긴 족적 등은 거의 나타나지 않기 때문이다. 이 글은 정재홍의 삶과 민족운동사상 의미를 밝히는 데 중점을 두었다. 즉 大韓自强會 인천지회장으로 활동, 仁明義塾 설립 등 사립학교설립운동,

---

1) 宋相熹, 「鄭在洪, 乙巳伊藤博文暗殺計劃」『騎驢隨筆』, 국사편찬위원회, 1955, p.84; 독립운동사편찬위원회, 『독립운동사·의열투쟁사』7, 독립운동유공자기금관리운용위원회, 1976, pp.145-147; 河元鎬, 「정재홍 鄭在洪」『한국민족문화대백과사전』20, 한국정신문화연구원, 1991, p.21.

2) 鄭喬, 「鄭在洪의 自決」『大韓季年史』, 국사편찬위원회, 1955, pp.255-257; 黃玹, 『梅泉野錄』, 국사편찬위원회, 1957, p.417; 국사편찬위원회, 『高宗時代史』6, 탐구당, 1972, p.628; 高逸, 「『仁明義塾』設立者는 志士 鄭在洪氏」『仁川昔今』, 경기문화사, 1955, pp.33-38.

3) 김형목, 「대한제국기 인천지역 근대교육운동 주체와 성격」『인천학연구』3, 인천학연구원, 2004, pp.76-77·89-90; 김형목, 「鄭在洪의 활동과 관련자료」『한국근현대사연구』32, 한국근현대사학회, 2005, pp.149-167.

국채보상운동 참여 등 계몽운동 투신 배경과 현실인식, 나아가 자결이라는 의열투쟁으로 생을 마감하는 과정을 파악하였다.

제물포 개항에 따른 租界地 설정은 인천을 제국주의 열강의 '전초기지'로서 변모시켰다. 중국·일본·영국·미국 등 제국주의 열강의 거류지 확대와 인구 증가는 이러한 사실을 분명하게 보여준다. 반면 관공리나 객주·상인 등은 일찍부터 선진문물을 수용·활용하는 등 시세변화에 부응하고 있었다.[4] 博文協會·대한자강회 인천지회, 紳商會社·米商會社, 永化女學堂·英語學校·博文學校 등은 이곳 근대화와 관련하여 의미하는 바가 크다. 그는 1903년경부터 이곳에서 생활을 시작하였다. 가족들은 서울에서 그대로 생활하고 있었다. 다만 자료 한계로 출생지·출생년도·친족관계 등 그와 관련된 기본적인 사항조차도 제대로 파악할 수 없었다.

다음으로 대한자강회 인천지회장 취임과 인명의숙 설립·운영 등 계몽활동도 살펴보았다. 이는 새로운 시대변화에 부응하려는 한 방편인 민지계발로 귀결되었다. 그의 사후 조직된 인천부민회는 인천지역 지방자치제 시행을 위한 단체였다.[5] 이는 근대교육을 비롯한 계몽운동 확산에 크게 이바지하였다. 특히 민중에 대한 무한한 애정과 신뢰감은 적극적인 문화계몽운동 참여로 이어졌다. 자신은 물론 전 가족의 국채보상운동 동참은 민족경제를 수립하려는 국권회복 차원에서 비롯되었다. 이처럼 그는 '단순한' 교육·계몽운동가가 아니라 시대상황에 당당하게 맞선 인천지역을 대표하는 실천가이자 활동가였다.

이어 「유서」·「생욕사영가」·「사상팔변가」 등에 나타난 그의 현실

---

4) 신용하, 『독립협회연구-독립신문·독립협회·만민공동회의 사상과 운동-』, 일조각, 1975, p.118.

5) 이용창, 「한성부민회의 조직과정과 활동」 『한국독립운동사연구』 22, 한국독립운동사연구소, 2004, p.44.

인식을 정리하였다. 친일세력 발호는 그에게 일제 식민지로 전락하기 직전인 위급한 상황으로 인식되었다. 대부분 자강론자들은 이러한 분위기와 달리 현실에 편승하는 등 국권회복과 다른 방향으로 나아갔다. 더욱이 당시는 지도층에게 상황 반전을 위한 결단이 요청되는 시기였다. 자결은 이와 같은 위기상황을 한민족에게 일깨우려는 의도에서 비롯되었다. 결행을 앞둔 시점에서 가족에 대한 미안함과 아울러 인간적인 갈등과 고뇌도 여기에 고스란히 응축되어 있다.

마지막으로 자결이라는 의열투쟁에 대한 각계 반응과 민족운동사상 위치를 파악하였다. 國亡의 위기상황과 함께 친일세력 발호에 맞선 그의 선택은 친일파 처단이나 자결이었다. 후자는 단순한 '개인적인' 자결·자살에 그치지 않았다. 친일세력에 대한 경고이자 일제 침략에 대한 경각심을 일깨우는 '기폭제'는 바로 자결이었다. 결행 장소로 박영효환영회장 선택은 이러한 의도에서 비롯되었다. 그의 사후 전개된 인천지역 민족해방운동 활성화는 이와 같은 정신사적 淵源과 무관하지 않다.

Ⅱ. 정재홍은 왜 계몽운동에 투신하였나

1) 자신에 엄격한 삶

정재홍 생애를 종합적으로 파악할 수 있는 자료는 현재까지 발견되지 않았다. 그와 관련된 자료 대부분은 1906년부터 1907년 7월까지 상당히 한정된 기간에 불과하다. 그런 만큼 정재홍의거[6] 이후 『황성신문』과 『대한자강회월보』 등에 게재된 기록을 중심으로 살펴보고자 한다.[7] 대한자강회 임원이었던 張志淵은 의거 직후 「정재홍약전」을 집필하여 『황성신문』과 『대한자강회월보』 등에 게재하였다. 대한자강회는 총회에서 정재홍 履歷書製述委員으로 장지연을 피선하는 등 높은 관심을 보였다.[8] 이는 정재홍의거를 대대적으로 홍보하여 그의 충정어린 애국심을 고취하기 위함이었다.

그의 가계도·본관·출생년대·출생지 등은 현재 전혀 파악할 수 없다.[9] 사망한 당시 장남은 13세로 上海에서 영어를 공부하는 유학생이었다. 이러한 사실로 미루어 그의 연령은 아마 30대 초·중반으로 추측된다.[10] 이는 사료에 근거하기보다 일반적인 추정에 지나지 않는다. 호는 芝山이라는 사실 정도만 파악될 뿐이다.[11] 그는 일찍이 아버지를 여의고 홀어머니 밑에서 성장하였다. 가족으로 모친은 밀양 변

6) 김형목, 「정재홍의 활동과 관련자료」, p.151.
　　필자는 논지의 편의상 '박영효저격사건'으로 명명하였다. 그런데 개념상 적확성은 당시 상황과 관련하여 문제점을 지닌다. 정재홍이 박영효를 저격할 의도는 있었는지 모르지만, 자결로써 자신의 최후를 정리하였기 때문이다. '정재홍의거'가 보다 분명한 성격을 포괄한다는 판단에 따라 이를 사용하고자 한다.

7) 『황성신문』 1907년 7월 4일 별보 「鄭在洪君略傳」; 張志淵, 「논설, 鄭在洪氏」 『대한자강회월보』 13, 대한자강회, 1909.7, pp.3-5.

8) 대한자강회, 「會員會錄」 『대한자강회월보』 13, p.61.

9) 『황성신문』 1907년 7월 5일 잡보 「鄭志士葬期」.
　　그의 사망 당시 본가는 獎忠壇 앞 南小洞이었다. 노모와 처자식 등은 모두 이곳에 살고 있었다. 葬地는 아현동 공동묘지였다. 이러한 사실을 통하여 가족 거주지는 서울임을 알 수 있다. 출생지가 서울인지 여부는 현재 판단할 수 없다. 宋相燾와 黃玹 등의 서울사람으로 언급은 당시 가족 거주지를 의미한다고 생각된다[송상도, 『기려수필』, p.84; 황현, 『매천야록』, p.628].

10) 『황성신문』 1909년 5월 28일 잡보 「學資困難慨惜」.
　　己往 大韓自强會 仁川支會長 鄭在洪氏의 子 鍾華氏는 年今十五歲이라 八歲로붓터 淸國 上海에 留學ᄒ야 英語科를 卒業ᄒ고 其他 各科에 就業ᄒ야 明年이 卒業期限이라는디 再昨年 六月分에 其父親卒逝後로붓터 徐相集氏가 其學資金을 擔任助給ᄒ더니 近頃에는 該徐氏가 威海衛로 移居ᄒ야 學費를 助給치 아니홈으로 該鄭鍾華氏가 困難을 不堪ᄒ야 學業을 廢止ᄒ고 歸國코져ᄒ되 路費를 難辦ᄒ야 現今 上海等地에서 逗遛한다는디 該氏의 學業未終홈을 人皆愛惜히 역인다더라.

11) 松石 鄭鎬冕, 「挽芝山 鄭在洪」 『대한자강회월보』 13, p.54.

씨, 처는 주계 최씨, 아들 鍾華·鍾原 등이 있었다.[12] 형제나 친지 등 다른 혈연관계조차도 거의 파악되지 않는다.

그는 남달리 효성이 지극하여 주위로부터 칭찬을 받을 만큼 모범적인 어린 시절을 보냈다. 그런데 수학과정이나 학교와 관련된 교우관계 등도 전혀 파악할 수 없다. 장례식을 정동교회에서 거행한 사실과 인천에서 활동 등을 종합할 때, 그는 기독교인으로서 이와 관련된 학교에서 교육을 받았다고 추측할 수 있다.[13]

일찍이 실업에 투신한 그는 상당한 재산을 모았다고 한다. 이를 기반으로 몇몇 동지 등과 더불어 인천지역 교육기관에 대한 지원·운영 등에 적극적으로 참여하였다. 인천 최초의 근대학교인 永化여학교와 같은 재단에서 설립한 영화학교 등에 대한 지원은 대표적인 경우이다. 인명의숙(이후 인명학교: 필자주)은 그의 주도로 설립·운영된 당시 인천을 '대표'하는 사립학교 중 하나였다.[14] 그는 교감으로 재직하면

---

12) 『황성신문』 1907년 7월 2일 광고 「國債報償義務金 集送人員及額數, 南小洞 명在 洪家中」, 7월 8일 광고; 高逸, 『인천석금』, pp.37-38; 독립운동사편찬위원회, 『독립운동사』, p.145.
　　고일에 의하면, 처남은 3·1운동 민족대표 중 한 사람인 崔聖模 목사였다고 한다. 최성모는 서울 協成神學校를 졸업한 후 해주 南本町敎會 목사로 부임하여 황해도 3·1운동을 주도한 인물이다[독립운동사편찬위원회, 『독립운동사』3, p.71·77·223]. 장남 종화는 인천감리 徐相濬 아들 徐丙義와 함께 8세부터 중국 상하이로 유학하였다. 대학에서 영어를 전공한 그는 安昌浩 등 흥사단 遠東臨時委員部가 세운 東明學院 교사로 재직하는 한편 임시정부요원으로 활동하다가 객사하였다고 한다. 그런데 정종화의 구체적인 활동 등에 관한 자료는 찾을 수 없다[이명화, 「東明學院의 運營」『島山 安昌浩의 獨立運動과 統一戰線』, 경인문화사, 2002, pp.326-329; 이명화, 「東明學院」『한국독립운동사사전(운동·단체편)』 4, 독립기념관 한국독립운동사연구소, 2004, pp.280-282 등에도 전혀 행적조차 드러나지 않았다]. 장남은 1909년 5월 당시 상하이에서 상당한 생활고를 겪고 있었다[『황성신문』 1909년 5월 28일 잡보 「學資困難慨惜」. 친족 관계와 더불어 장남의 독립운동 행적도 차후 밝혀야 할 주요한 과제 중 하나이다.
13) 『황성신문』 1907년 7월 5-6일 광고, 7월 8일 잡보 「鄭志士葬禮」; 『공립신보』 1907년 8월 2일 국내소문 「명志ᄉ장期」.
14) 대한자강회, 「회원동정」『대한자강회월보』 13, p.78; 會員 李達元, 「詞藻; 哭烈士

서 재산 대부분을 학교경비에 사용하는 등 근대교육을 통한 인재양성에 각별하게 노력하였다. 또한 대한자강회 인천지회 설립도 주도하는 등 인천지역 자강운동가로서 명성을 날렸다.

'을사늑약'에 분개한 그는 한때 자결을 결심하였다. 그런데 실행하지 못한 이유는 첫째로 늙은 모친을 생각함이요, 둘째로 국가 장래를 위해 장차 '무언가' 실행해야 할 일이 있었기 때문이다. 사립학교 설립에 의한 '민족교육' 실시는 바로 이러한 활동 중 하나였다. 그는 공립보통학교를 일제 침략에 편승하는 식민교육기관으로 인식하였다. 학부의 거듭된 공립학교 설립 요청에 반대한 이유도 이와 무관하지 않다.[15]

1907년 6월 30일 서울 북서 農桑所 내에서 유지신사 1,000여 명이 참석한 가운데 朴泳孝歡迎會가 성대하게 개최되었다. 그는 참석한 사람들과 인사를 나누는 등 평소와 다름없는 행동으로 일관하였다. 점심식사 후 시작된 주악 연주는 분위기를 상당히 고조시켰다. 갑자기 연단 앞으로 나아간 그는 육혈포로 自砲하기에 이르렀다. 환영회장은 순식간에 아수라장으로 돌변하여 참석자들을 긴장시켰다.[16] 환영식 행사관계자들은 그를 즉시 가까운 적십자병원으로 이송시키는 등 신속한 조치를 취하였다. 絶命이라는 혼미한 상태에서도 그는 대한제국을 독립국가로서 유지하기를 부탁하는 등 피끓는 조국애를 잊지 않았다. 많은 지인들은 병원으로 몰려와 쾌유를 기원하는 기도를 올렸다. 이러한 바램에도 아랑곳없이 오후 8시경[17] 마침내 운명하고 말았다.

鄭在洪」『西友』9, p.39; 고일, 『인천석금』, pp.34-36; 경기도교육위원회, 『京畿敎育史, 1833~1959』상, 경기도교육청, 1975, p.181.
『서우』에서는 仁昌學校 설립자로 서술하였는데, 이는 인명학교의 오기이다.
15) 『황성신문』1907년 3월 13일 광고 「入札廣告」, 3월 16일 잡보 「公私競址」, 5월 3일 잡보 「志士義擧」.
16) 『제국신문』1907년 7월 2일자.
17) 『제국신문』1907년 7월 2일자 사설.

이상은 자료에 근거하여 열사의 생애와 활동상을 파악한 부분이다. 성장과 생활 근거지는 서울인 반면 활동한 지역은 바로 인천이었다. 이는 직장인 근무지가 인천이라는 사실과 무관하지 않았다. 그는 1903년 말경부터 해운업체인 大韓裕盛泰號會社 사무장과 총무로서 재직하고 있었다.[18] 곧 근무지를 따라 그는 인천을 중심으로 사회활동을 전개하고 있었다. 물론 대한자강회 본회 회원이나 정동교회 주요 인사와 교류는 지속하는 등 관계를 유지하였다.[19] 장례식에 참석한 인물들은 그의 사회적인 인간관계를 잘 보여준다.

2) 국권회복을 위한 디딤돌로서 인식한 계몽운동

러일전쟁 발발과 '을사늑약'은 한국인으로 하여금 위기의식을 점차 공감시키는 계기였다. 이에 선각자들은 內修自彊을 표방한 각종 자강단체인 輔安會 · 憲政硏究會 · 國民敎育會 등을 조직하기에 이르렀다.[20] 대한자강회도 이러한 분위기 속에서 조직되었다. 자강단체는 계몽운동의 지역적인 활성화를 위한 방안으로 지회 설립인가를 유도하

운명한 시간은 오후 9시라고 서술하였으나, 다른 신문은 모두 오후 8시라 보도하였다. 오후 8시가 보다 타당하다고 생각한다.

18) 『仁川港案』 규장각17863-1; 『황성신문』 1903년 12월 26일~29일과 1904년 1월 4일~7일 광고; 서은영, 「대한제국시기 민영회사의 성립과 그 성격」, 경희대석사학위논문, 1995, p.49; 곽호제, 「조선후기 내포지역 場市의 형성과 변화」『충청남도 內浦地域 지역엘리트의 재편과 근대화(III)』, 충남대 인문과학연구소, 2004, pp.25-30.

회사는 충남 牙山 · 洪州 등지를 왕래하면서 수산물 · 농산물 등을 인천으로 수송한 반면, 생필품 · 공산품 등을 그곳으로 운반하였다. 그곳은 해상교통 발달과 더불어 내포지방 물물집산지이자 교통요충지였다. 위탁물 대부분은 농수산물과 생필품 등이었다.

19) 『황성신문』 1906년 12월 19일 잡보 「有志斯人」.

20) 김형목, 『1910년 전후 야학운동의 실태와 기능』, 중앙대박사학위논문, 2001, pp.44-51.

였다. 본회는 취지서를 선전하는 한편 시찰원 파견을 통하여 이러한 목적을 관철시켜 나갔다. 경기도내에 설립인가된 지회는 남양·인천·강화 등 3개소였다.21) 인천지회는 1907년 1월 본회로부터 설립인가를 받았다. 강화지회원은 48명인 반면 인천지회원은 70여 명에 달할 정도로 크게 공감을 얻고 있었다. 이는 박문협회 활동을 통하여 축적된 다양한 경험과 외세침략 '최전선'이라는 위기의식 고조와 결코 무관하지 않다.22)

인천지회 설립인가는 정재홍 노력에 의한 결실이나 다름없었다. 그는 일찍이 본회 회원으로 활동하는 등 대한자강회 취지에 공감하고 있었다.23) 1906년 12월을 전후하여 인천항 유지신사와 빈번한 접촉을 통한 지회 설립준비는 이를 반증한다. 취지에 찬동한 이들은 지회 설립인가에 노력을 기울였다.24) 1907년 1월 본회 尹孝定의 지회 시찰 강연회는 주민들의 계몽운동에 대한 필요성 확산에 크게 이바지하였다. 신상회사 내에 개최된 강연회에서 발기인 정재홍은 '지회 설립 취지', 윤효정은 '我國家의 由來萎弱을 馴致한 弊源과 本會刱立한 趣旨目的과 지회에서 他日行動이 如何할 것을' 각각 연설하였다. 입회 청원 70여 명과 방청객 140여 명이나 운집한 상황은 이들을 자극·고무시켰다.25)

21) 김도형, 『대한제국기의 정치사상연구』, 지식산업사, 1994, p.148; 차선혜, 「구국계몽단체의 성립과 경기지역 지회」『경기도사(한말)』 6, 경기도사편찬위원회, 2004, pp.311-312.
22) 김형목, 「대한제국기 인천지역 근대교육운동 주체와 성격」, pp.73-75.
23) 대한자강회, 「會員名簿」『대한자강회월보』 4, p.81;『만세보』 1907년 1월 22일 잡보 「自強支會」.
24) 『황성신문』 1906년 12월 19일 잡보 「有志斯人」;『경인일보』 2005년 1월 20일 「애국지사 정재홍 재조명 작업」;『인천일보』 2005년 1월 26일 「정재홍 선생은 누구」, 1월 27일 「애국지사 정재홍 선생 조명, 인천학연구소 세미나」.
25) 대한자강회, 「本會會報」『大韓自強會月報』 7, p.63;『대한자강회월보』 8, p.50;『대

인천지회장으로 선출과 더불어 정재홍은 이곳 교육계몽운동 지도자로서 점차 부각되었다. 그의 헌신적인 활동은 회원과 주민들의 전폭적인 지원을 유도하는 밑거름이나 마찬가지였다. 사무실은 임시로 신상회사 일부를 사용하였다. 회원 증가와 활동영역 확대에 따라 사무실 이전 등은 주요 의제로서 논의되었다. 이에 부회장 張錫根은 지회 사무실로 자기집 와가 20칸을 제공하는 등 경제적인 지원을 아끼지 않았다.26) 인천지회 주요 활동은 강연회·토론회 개최, 관내 교육기관 설립·지원, 신문잡지종람소 설치, 민지계발 등이었다. 그의 사후 기관지에 공식적으로 게재된 지회원은 40명에 불과하다. 주요 인물은 인천감리와 해관 근무자인 전·현직 관료나 실업가 등이었다.27) 이들은 지배층이자 여론주도층으로서 사회적인 명망과 아울러 막강한 영향력을 행사할 수 있었다. 사립학교 설립·운영과 지방자치제를 위한 인천부민회 조직 등은 사실상 이들에 의하여 주도되었다.

정재홍은 우각동에 소재한 千起義塾(인명의숙 전신: 필자주) 설립·운영을 주도하였다. 인천부윤 金潤晶은 그와 함께 학교 설립에 노력하였다. 신상회사·미상회사를 비롯한 기업가들은 경쟁적으로 의연금 모집에 동참하고 나섰다.28) 또한 사립학교 대신 공립학교 설립을 학부에서 요청하자, 이를 거부하는 의미에서 '의무학교' 설립도 추진하기에 이르렀다. 그는 공립학교 설립의 부당성을 반박하는 한편 주민들 여론을 수렴하였다.29) 이를 위한 대대적인 의연금 모집도 그의 주

한자강회월보』 9, p.45; 『대한자강회월보』 10, pp.45-46; 『황성신문』 1907년 1월 11일 잡보 「支會視察」.

26) 『황성신문』 1907년 2월 2일 잡보 「張氏熱心」.

27) 대한자강회, 「會員名簿, 支會員(仁川郡) 合四十人」 『대한자강회월보』 12, pp.67-68.

28) 『大韓每日申報』 1907년 5월 16일 잡보 「千起新起」; 『만세보』 1907년 5월 23일 잡보 「仁明開塾」.

29) 『황성신문』 1907년 3월 13일 광고 「入札廣告」, 5월 3일 잡보 「志士義擧」, 5월 6

도로 추진되었다. 학부는 일본 理事廳을 통하여 이를 제지하려고 노력하였다.[30] 학교설립찬성장 정재홍은 주민들과 난상토론으로 의견을 수렴하는 데 앞장섰다. 이는 어떠한 외압에도 전혀 굴복하지 않는 실천적인 활동가로서 진면목을 보여주는 부분이다. '의무학교' 설립은 계획대로 추진되는 가운데 주민들의 적극적인 지원을 받을 수 있었다. 그에게 근대교육은 '단순한' 실력배양에만 머물지 않았다. 인재육성은 독립국가 건설과 직결된다는 인식에서 비롯되었다.

근대교육에 의한 인재육성은 廣學會 조직으로 이어졌다. 그는 李學仁·姜準 등과 함께 외국어는 물론 이화학·기계학·농업·상업 등을 관내 학교에서 가르칠 계획을 세웠다.[31] 기금은 이와 같은 목적에 따라 조성되었다. 장남 정종화의 상하이 유학도 이러한 인식에서 비롯되었다.[32] 또한 가정형편이 어려운 상급학교 진학희망자와 유학생에 대한 지원도 이루어졌다. 일본유학생 친목단체인 태극학회에 대한 의연금 동참도 이와 무관하지 않다.[33] 그는 權鳳洙·崔台鉉·李儁·申佑善·李鍾泰·李鍾宇 등과 더불어 유학생 지원에 나섰다. 이들은 그의 사후에 영화여학교 張玄兩의 일본유학비를 지원하는 등 여성인력 양성에도 남다른 관심을 보였다.[34]

일 잡보 「校長延聘」, 6월 6일 잡보 「仁校基址買收訓飭」.

30) 『황성신문』 1907년 3월 16일 잡보 「公私競址」.

31) 『황성신문』 1906년 12월 19일 잡보 「志士美擧」.

32) 고일, 『인천석금』, pp.37-38.
    정종화는 11세에 인천감리 아들 서병의와 함께 상하이로 유힉을 띠났다고 한다. 이는 민족지도자 양성을 위한 그의 교육관을 극명하게 엿볼 수 있는 대목이다. 그런데 서상집 자제들은 신기품 외제물품이나 오토바이 등을 타고다니는 인천을 대표하는 '모던 뽀이'였다. 상하이·텐진 등지에서 생활하던 일가족은 해방 해방 이후 친일파 혐의를 받다가 독립운동가들에 의하여 모두 살해되었다고 한다[『경인일보』 2004년 10월 21일 「인천인물100인(5), 개항기 대부호 서상집」; 최성연, 『개항과 양관역정』, 경기문화사, 1959 참조].

33) 태극학회, 「太極學報第七回義捐人氏名」 『太極學報』 11, p.60.

특히 농아인 劉元杓의 통상회 연설은 주민들에게 깊은 인상을 남겼다. 수백 명에 달한 방청객은 그의 열성적인 연설에 대한 격려와 찬사를 아끼지 않았다. 영화학교·제령학교는 그를 초빙·연설케 함으로써 학생들 향학열을 크게 자극시켰다.[35] 인천지역 향학열은 고조되는 등 근대교육운동을 확산시키는 기폭제나 다름없었다. 영화여학당 출신인 여성운동 선구자 金活蘭도 이와 같은 분위기 속에서 성장할 수 있었다.[36] 선교사업은 인천지역 근대여성교육을 위한 시발점이자 여성 지위향상에 크게 이바지하였다. 이는 사립학교 설립에 의한 근대교육을 확산시키는 주요한 계기였다. 1904년 이후 인천에 설립된 근대교육기관은 이를 반증한다.[37]

인천지역 사립학교설립운동은 정재홍 사후 '최전성기'를 맞았다. 1908년 무려 7개교나 설립된 사실은 의미하는 바가 크다. 인천민의소나 기호흥학회 인천지회 등은 의무교육에 의한 근대교육운동을 모색하였

---

34) 『大韓每日申報』1909년 3월 11일 잡보 「諸氏義捐」, 8월 13일 잡보 「쟝씨의무」.

35) 『황성신문』1907년 4월 29일 잡보 「蜜啞請演」; 『만세보』1907년 4월 30일 잡보 「仁川自强總會」.
유원표는 국민교육회·여자교육회·평남연합운동회 등을 비롯한 당시 계몽단체 연사로 초빙되어 근대교육 중요성을 주장하였다. 이는 학생들로 하여금 향학열을 고취시키는 요인이었다(『大韓每日申報』1907년 3월 12일 잡보 「蜜啞演說」, 3월 16일 잡보 「國民會演說」, 4월 9일 잡보 「密(蜜의 오자)啞欽歎」, 4월 10일 잡보 「平妓志學」, 9월 6일 기서 「蜜啞子經歷」; 『황성신문』1907년 1월 10일 잡보 「蜜啞演說」, 1월 11일 잡보 「徽塾演說」, 3월 8일 잡보 「女會演說」, 3월 11일 잡보 「女會會況」, 3월 16일 잡보 「國民會演說」, 3월 20일 잡보 「愈出愈寄」, 6월 8일 논설 「蜜啞子問答」, 6월 19일 잡보 「養塾進步」 참조].

36) 김정옥, 『이모님 김활란-탄생100주년 기념 개정·증보판』, 정우사, 1998; 『경인일보』 2005년 2월 17일 「인천인물100인(18), 우월 김활란」.

37) 김형목, 「대한제국기 인천지역 근대교육운동 주체와 성격」, pp.83-84.
1904년 사립학교와 1906년 의무남학교·의무여학교 등은 누락된 부분이다. 이처럼 대한제국기 사립학교 설립현황은 정확하게 파악하기 어렵다. 지금까지 대부분 연구도 이러한 부분을 간과하였다. 일제강점기 인천지역 보통학교승격운동·야학운동 등 근대교육운동은 차후에 다루고자 한다.

다. 이는 강화지역 교육구국운동을 주도한 李東輝와 정재홍 활동과
무관하지 않다.[38] 강화도 사립학교설립운동은 學區에 의한 의무교육
이었다. '의무학교'인 보창학교지교 설립계획은 강화도내에만 무려 56
개교에 달하였다. 이후 서북지방을 중심으로 100여 개교나 설립되는
등 대한제국기 민족교육 '메카'는 바로 보창학교였다.[39]

한편 신상회사 임원들을 중심으로 조직된 단연동맹회도 그의 주도
로 이루어졌다. 이곳 국채보상운동은 이러한 배경 속에서 널리 확산되
는 계기를 맞았다. 주지하듯이 국채보상운동은 金光濟·徐相敦 등에
의하여 대구에서 시작되었다. 그런데 최초 의연금 모집은 인천이었
다.[40] 이는 인천의 지역적인 특성을 반영한다는 점에서 주목된다. 곧
외세 침략에 대한 경각심은 다른 어떤 지역보다 이곳 주민들로 하여
금 심각하게 인식시켰다.[41] 사환들에 대한 입회 권유는 노동자 참여
를 비롯한 다양한 계층의 참여를 유도하는 '촉진제'나 마찬가지였다.

38) 『황성신문』1907년 7월 8일 잡보 「鄭志士葬禮」.
이동휘와 정재홍이 직접 교류한 흔적은 자료를 통하여 나타나지 않는다. 이동휘
의 장례식 참석과 弔辭 낭독 등은 이전부터 상호교류를 부분적으로나마 엿볼 수
있는 대목이다. 곧 이들은 대한자강회 회원으로서 일찍부터 일정한 관계 속에서
근대교육운동을 주도하였다고 생각된다. 1908년 5월 개최된 연합대운동회에는
인천·통진·개성 등지의 80여 개교나 참가하였다. 이는 인천·강화지역 근대교
육운동을 이해하는 데 중요한 시사점을 던져준다[『大韓每日申報』1908년 5월 12
일 잡보 「江校運動」, 5월 17일 잡보 「江校運動盛況」;『황성신문』1908년 5월 17
일 잡보 「江華學校運動」]. 곧 연합운동회는 '단순한' 친선도모 차원만이 아니었
다. 연합운동회는 운동경기를 통한 경쟁심과 상무정신 고취는 물론 협동심을 일
깨우는 현장이었다. 조국이 처한 위기의식은 이를 통하여 자연스럽게 생도들에
게 인식되었다. 또한 자강론자들은 시세변화에 따른 정보 교환과 아울러 민족교
육 실천방안을 모색하는 계기였다[김형목, 『대한제국기 야학운동』, pp.255-263].
39) 김형목, 「대한제국기 강화지역의 사립학교설립운동」『한국독립운동사연구』25,
한국독립운동사연구소, 2005, pp.26-27.
40) 이상근, 「인천광역시 지역의 국채보상운동」『인천학연구』2-1, 인천학연구원, 2003,
p.151.
41) 『만세보』1907년 4월 21일 잡보 「仁川濟州산판 船人等」; 경기도사편찬위원회,
『경기도항일독립운동사』, 1995, pp.4-5.

주도인물은 정재홍을 비롯한 박원순·김도선·김윤성·김종일·강윤모·장내흥 등이었다.[42] 노동자 5명도 함께 의연한 사실이 알려지자, 勸業社·米商會社·紳商會社 임직원은 물론 제령학교 생도 90여 명도 동참하였다.[43] 이는 개인적인 차원에서 그치지 않았다. 정재홍 가족 전원도 국채보상운동에 의연금을 내는 등 적극적으로 동참하는 분위기였다.[44] 열사의 실천가로서 진면목은 이를 통하여 부분적이나마 엿볼 수 있다. 인천항에 거류하는 외지인의 의연금 동참은 그의 영향력과 아울러 의미하는 바가 크다.[45]

이러한 분위기는 여성들에 의한 조직적인 모금운동을 확산시키는 계기였다. 掬米積誠會는 인천지역 기독교인 부인들을 주요 구성원으로 조직되었다. 1907년 3월 29일에 조직된 주요 발기인은 박우리바·여누이사·정혜스터·장마리아·송전심 등이었다. 초기 회원만도 80여 명에 달하는 등 부인들의 적극적인 호응 속에서 진행되었다. 이 중 선발된 권고위원 20명은 2명씩 1개조로 편성하였다. 이들은 각각 동리를 맡아 여성들 동참을 권고하는 등 여론 조성에 노력을 기울였다. 활동 1개월만에 회원수는 500여 명으로 급증하는 등 대단한 성과를 거두었다.[46] 국미적성회 활동은 '此會가 勝於斷煙會'라고 평할 정도로 당대인의 주목을 받았다. 전교관 金鍾大 대부인 허씨는 장기간 와

---

42) 『황성신문』 1907년 2월 21일 잡보 「斷煙決心」.

43) 『황성신문』 1907년 3월 14일 국채보상의무금집송인원급액수 「仁川濟寧學校」; 『大韓每日申報』 1907년 5월 12일 잡보 「斷煙永盟」, 7월 6일 광고.

44) 『황성신문』 1907년 7월 2일 광고 「國債報償義務金 集送人員及額數, 南小洞 명在 洪家中」, 7월 8일 광고.

45) 『大韓每日申報』 1907년 7월 13일 국채보상의연금수입광고 「仁川港來留人」.

46) 『제국신문』 1907년 4월 1일 「인천항적성회취지서」; 『황성신문』 1907년 3월 14일 잡보 「夫人의 愛國誠」; 박용옥, 『韓國近代女性運動史硏究』, 한국정신문화연구원구원, 1984, pp.130-132.

병 중에도 의연금 모집에 동참하고 나섰다.[47] 이는 사회활동을 통한 여성들 스스로에 의한 지위향상은 물론 사회적인 인식을 변화시키는 데 크게 이바지하는 요인이었다.

사립학교설립운동·국채보상운동 등 계몽운동 활성화는 그의 노력으로 보다 확산될 수 있었다. 관내 사립학교에 대한 지원은 이를 반증한다.[48] 물론 영화학교 후원이나 지원에 대한 구체적인 기록은 없다. 그의 사후 영화학교 임원과 학생들의 정동교회에서 거행된 장례식 참석은 시사하는 바가 크다. 이는 그의 교육활동가로서 위상을 엿볼수 있는 대목이다.

대한자강회 인천지회나 광학회를 비롯한 이곳 계몽단체 조직은 사실상 정재홍 주도로 추진되었다고 해도 과언이 아니다. 이후 조직된 기호흥학회 인천지회나 인천민의소 등도 그의 영향력과 무관하지 않다.[49] 주요 활동가들은 그와 함께 이곳 계몽활동을 주도한 인물들이기 때문이다. 또한 그는 민족자본 육성을 위한 대열에 동참하였다. 대한유성태호회사 근무는 이곳 실업가들과 더불어 일제 경제침략에 대한 대응책이나 마찬가지였다. 인재육성을 위한 기금 확보와 의연금 지원도 이러한 가운데 모색되었다.

한편 그는 동료인 인천감리 서상집의 3개월 신문구독료 체납을 대납하였다. 河相冀·劉燦·徐丙珪를 비롯한 인천감리와 경무관·군수·鄕長·서기 등은 신문구독료를 제대로 납부하지 않아 많은 비난을 받았다.[50] 구독료 독촉을 위한 광고는 당시 상황을 반증한다. 그는 서

---

47) 『大韓每日申報』 1907년 5월 12일 잡보 「病中出捐」.
48) 정재홍 장례식에 영화학교 교사와 학생들 다수 참여는 의미하는 바가 크다. 관내 사립학교에 대한 지원은 이러한 상황과 맞물려 진행된 사실을 엿볼 수 있다.
49) 김형목, 「대한제국기 인천지역 근대교육운동 주체와 성격」, pp.77·88-89.
50) 『황성신문』 1907년 3월 5일~7일 광고 「皇城新聞價」.

상집 재임시 체납된 황성신문구독료 전부를 청산하는 등 동료에 대한 우의를 베풀었다.[51] 경성고아원에 대한 후원도 정에 넘치는 인간미를 보여준다. 이는 생명에 대한 외경심과 무관하지 않았다. 인권의식이 거의 전무한 당시 고아들에 대한 무한한 사랑은 이러한 의식에서만 가능한 문제였다.[52] 자결을 앞두고 경성고아원을 찾은 이유도 여기에 있었다.

III. 시대상황에 당당하게 맞선 활동가

개항 이래 일본은 다양한 방법을 통하여 자국에 유리한 여론 조성에 노력을 기울였다. 修信使·紳士遊覽團 등에 대한 저들 지배층의 우호적인 입장은 대표적인 사례 중 하나이다. 민간인이나 종교단체 등도 갑신정변 이후 이에 동참하는 등 전방위적으로 전개되었다. 불교계나 대일본해외교육회는 대표적인 경우였다. 이들은 선교사업과 근대교육을 구실로 각지에 포교당·사립학교를 설립하는 등 친일세력 육성에 앞장섰다.[53] 명성황후시해사건과 삼국간섭 등으로 잠시 주춤하던 활동도 이후 재개되었다.

일제의 친일세력 육성책은 크게 4가지 영역에서 이루어졌다. 관·사비유학생 지원, 정치적 망명자 비호, 고위관료 비호·매수, 친일단체 육성은 대표적인 경우이다.[54] 이들에 의하여 일제의 한국침략은 급속

---

51) 『황성신문』 1907년 3월 14일 잡보 「愛友代價報價」.
52) 정교, 『대한계년사』, pp.256-257; 『대한매일신보』 1907년 7월 2일 잡보 「자선충의」, 7월 6일 잡보 「리씨후의」.
53) 한용진, 「개화기 일본 민간단체 설립 학교 고찰-京城學堂을 중심으로-」 『동양학』 38, 동양학연구소, 2005, pp.194-196; 김형목, 「1910년대 동화정책과 사립경성유치원」 『한국민족운동사연구』 28, 한국민족운동사연구회, 2001, pp.111-115.

하게 추진될 수 있는 기반을 구축할 수 있었다. 러일전쟁 발발과 더불어 친일세력은 사회적인 영향력을 증대하는 계기를 맞았다. 一進會로 통합된 進步會나 維新會 주요 임원들은 중앙정계와 지방관으로 점차 진출하기 시작하였다. 이들은 '을사협약'에 가담하는 등 자신들의 정체를 드러내었다.[55] 심지어 자신들 기득권 유지를 위한 어떠한 불법적인 행위도 서슴지 않았다.

초대통감으로 부임한 이또는 施政改善이라는 미명하에 한국 '병합'을 위한 기초작업에 착수하였다.[56] 4차에 걸친 1,150만 원에 달하는 차관공세는 이를 반증한다. 행정기구와 행정구역 개편, 보통학교령 실시, 치안기능 강화, 한국군대 약화를 위한 군제개편 등은 이러한 의도와 맞물려 진행되었다. 아울러 친일세력도 정부 요직에 점차 등용하는 등 '침략통로' 구축에 노력하였다. 일본에 망명중인 인사에 대한 대대적인 사면과 한국으로 귀국은 이러한 가운데 진행되었다.[57] 박영효·유길준 등에 대한 사면은 대표적인 경우였다.

박영효 귀국은 당시 정계는 물론 조야에 커다란 파문을 일으켰다.[58] '을사오적'에 대한 반감은 이완용 내각에 대한 불신으로 이어졌다. 이또가 구상한 대안 중 하나는 박영효내각 구성을 통한 분위기 쇄신이었다.[59] 그런데 자강단체 임원들은 대대적인 박영효환영회를 준

54) 강동진, 『일제의 한국침략정책사』, 한길사, 1980, pp.119-141.
55) 이용창, 『동학·천도교단의 민회설립운동과 정치세력화 연구(1896~1906)』, 중앙대박사학위논문, 2005, pp.197-210.
56) 강창석, 『조선통감부연구』II, 국학자료원, 2004, pp.112-117.
57) 『황성신문』 1907년 3월 14일 잡보 「國事犯特赦說」, 7월 2일 잡보 「韓日親睦經營」; 김형목, 「자강운동기 한성부민회의 의무교육 시행과 성격」『중앙사론』 9, 중앙사학연구회, 1997, pp.99-101.
58) 『황성신문』 1907년 6월 24-25일 논설 「朴泳孝氏」; 『경향신문』 1907년 7월 12일 논설 「백성의 원한을 좀 생각하면 좋겠소」.
59) 『황성신문』 1907년 6월 7일 잡보 「巷說誰信」.

비하느라 부산하게 움직였다. 주요 인물은 권동진·오세창·김규식·여병현·장지연·윤효정·오상규·최병헌과 장헌식·김가진·유성준 등이었다.[60] 이들은 국민교육회·대한자강회·서우·한북흥학회 등 당시 자강단체를 주도하거나 정계를 대표하는 지도자나 다름없었다. 환영회비 수합소인 황성신문사·제국신문사·만세보사 등은 이와 관련하여 의미하는 바가 적지 않다.[61] 친일세력은 이러한 가운데 활동영역을 점차 확대하는 등 사회적인 영향력을 강화시켜 나갔다. 이에 직면한 정재홍은 갈등과 번민을 거듭하지 않을 수 없었다. 그는 친밀한 동료들조차도 일제 침략에 편승하는 분위기와 행위를 직접 목격하였기 때문이다.[62] 어느 때보다 사회적인 경각심을 일깨우는 실천적인 행동이 요구되는 시기였다.

정재홍의거는 신문·학회지에 여러 번 보도되는 등 세인의 관심을 집중시켰다.[63] 『대한매일신보』·『황성신문』·『제국신문』·『만세보』와

---

60) 『황성신문』 1907년 6월 21일 잡보 「各社會歡迎」, 6월 28일 「朴氏歡迎會」, 7월 1일 「歡迎會槪報」, 7월 2일 「歡迎會儀式」과 「代表參宴」; 『大韓每日申報』 1907년 6월 25일 잡보 「歡迎의 談話」, 7월 2일 잡보 「歡迎會況」; 『대한매일신보』 1907년 7월 2일 잡보 「환영회광경」.

61) 『황성신문』 1907년 6월 25-29일 광고 「朴泳孝氏歡迎會 趣旨」.
안중근의거 이후 한성부민회를 중심으로 추진한 이토추도회 발기인도 유사한 사람들로 구성되었다. 당시를 대표하는 계몽론자나 고관대작은 거의 망라될 정도였다. 대한제국기 문화계몽운동 전반에 대한 부정적인 평가는 이러한 사실에서 연유한다.

62) 정재홍과 교류하던 인물 중 일제 식민통치 체제 내로 편승은 박영효환영회발기인 명단에서 엿볼 수 있다. 발기인 명단은 다음과 같다.
權東鎭 金相天 金達河 金東完 金益南 金奎植 呂炳鉉 柳東作 劉文煥 劉秉珌 李鍾一 李宇榮 李人植 李冕宇 李敏卿 朴殷植 朴宗桓 石鎭衡 申羽均 沈宜性 安國善 魚瑢善 吳世昌 俞星濬 俞承兼 尹孝定 尹致昕 尹昌烈 張志淵 張燾 鄭雲復 崔炳憲 崔岡 韓基準 洪在箕 玄櫽 李甲 池錫永 吳相奎 徐相八 姜允熙 崔錫昌 俞鎭泰 金基元 鄭鎭弘 羅壽淵 李成鎬 李舜夏 俞鎭衡 朴台胤 郭台鉉 朴正銑 鄭熙燦 李敏高 張憲植 尹錫準

63) 『대한매일신보』 1907년 7월 2일 잡보 「졍씨ᄌ결」, 7월 6일 잡보 「리씨후의」, 7월 13일 잡보 「졍씨츄도」, 16일 잡보 「졍씨츄도회」; 『황성신문』 1907년 6월 24-25일

『대한자강회월보』·『서우』 등은 당시 상황을 비교적 자세하게 보도하였다. 미주지역 『공립신보』도 이를 상세하게 보도하는 등 동포사회에 커다란 반향을 불러 일으켰다. 심지어 저격대상자인 박영효도 대리인을 통하여 적십자병원으로 이송된 그를 위문할 정도였다.[64] 「思想八變歌」와 「生辱死榮歌」는 일제 침략에 대한 노골적인 적대감을 보여준다. 「유서」는 현실에 대한 자신의 입장을 분명하게 드러내었다.

　　被大日本 保護韓國國民 鄭在洪은 뜻이 잇셔 나라를 근심ᄒᆞᄂᆞᆫ
　　우리 同胞 모던데 흔말삼 警告文을 삼가 듸리노라 나라 爲ᄒᆞ야
　　맛당이 죽을 싸에 죽으면 효력이 千倍나 萬倍 가지라도 밋치나
　　그러나 죽기 실코 살기 조은 人情이라 남으로 ᄒᆞ야곰 죽어 나의
　　살영화을 도으라 ᄒᆞ면 그 엇지되리요 찰아리 늬가 이곳셔 죽어
　　우리 同胞諸君으로 ᄒᆞ여곰 몸을 바려 나라에 도음이 될 境遇에
　　싱각케 ᄒᆞ심이로다 光武十一年 六月 三十日[65]

그는 당시 상황을 일제의 '보호국'으로서 인식하고 있었다. '대일본 보호한국국민'은 그의 인식을 가장 함축적으로 나타낸 부분이다. 그런데 대부분 계몽론자들은 일제 식민지로 전락하는 당시 상황을 심각하게 받아들이지 않았다. 개인적인 안락한 삶을 버리고 자결을 선택한 이유는 숭고한 나라사랑이었다. "나라를 위하여 마땅히 죽으면 효력이

　　논설 「朴泳孝氏」, 7월 1일 잡보 「歡迎會槪報」, 7월 2일 잡보 「志士長逝」와 「志士一聲」, 7월 3일 잡보 「歡迎會」.
64) 황현, 『매천야록』, p.417; 『대한매일신보』 1907년 7월 2일 잡보 「금릉위위문」; 『大韓每日申報』 1907년 7월 2일 잡보 「錦陵尉慰問」; 『황성신문』 1907년 7월 2일 잡보 「志士一聲」; 『공립신보』 1907년 8월 2일 본국소문 「志ᄉ一셩」.
65) 『황성신문』 1907년 7월 1일 잡보 「鄭氏自砲, 遺書」; 『大韓每日申報』 1907년 7월 2일 잡보 「鄭氏自砲, 遺書」; 『대한매일신보』 1907년 7월 2일 잡보 「졍씨ᄌ결」; 『공립신보』 1907년 8월 2일 본국소문 「뎡氏유書」; 대한자강회, 「會員動靜, 遺書」 『대한자강회월보』 13, p.72.

천배나 만배"라는 구절은 이를 반증한다. 민족과 국가를 위한 죽음은 그에게 진정한 삶의 의미를 부여하는 요인이었다. 즉 그는 자결을 통하여 멸사봉공하는 정신을 동포들에게 일깨우려는 의도였다. 또한 실천적인 행동은 위기상황에 대한 경각심을 고취하려는 의도와 무관하지 않았다.[66] 이는 계몽활동을 가장한 '사이비 선각자'에 대한 선전포고나 다름없었다. 반면 부귀영화를 바라는 소박한 인간적인 소망도 숨기지 않았다. 가장 인간적인 참모습도 우리에게 그대로 보여주었다.

「사상팔변가」[67]는 인간으로서 고뇌를 고스란히 드러내었다. 「유서」와 마찬가지로 죽음에 대한 두려움은 이를 반증한다. '매국역적' 처단은 그의 계획 중 하나였다.

第一變　나라ᄒ고 相關된 / 公변되게 미운놈
　　　　흔믜에 쳐죽여셔 / 이닉 분 풀니로다
第二變　잘못쳐셔 못마치면 / 속졀읍시 나만죽네
第三變　六穴砲로 얼는노코 / 쌜니쒸면 일읍도다
第四變　六穴砲를 當場삿네
第五變　남죽이고 나살야면 / 天理에 못될리로다
第六變　죽이고셔 나도 죽자
第七變　한스름 남죽이고 / 한스름 나쥭이면
　　　　兩人相讐 될쑨이라
第八變　한스름 나만죽어 / 全國이 感惺ᄒ면
　　　　이몸에 榮華되고 / 國家에 幸福일식[68]

---

66) 황현, 『매천야록』, p.417.
67) 정교, 『대한계년사』, p.256.
　"則第一變曰, 與國相關公憎之漢, 一棒打殺泄我之憤, 第二變曰, 不善擊而不中, 徒然我死, 第三變曰, 以六血砲速放快走, 則無事, 第四變曰, 六血砲當場買, 第五變曰, 欲殺他而我生, 於天理不爲, 第六變曰, 殺之後我亦死, 第七變曰, 只殺他一人, 我死只兩人爲相讐, 第八變曰, 只一我死, 若全國感醒爲此身之榮華, 國家之幸福."

개인적인 입장은 매국노인 몇몇 친일인사 처단이었다. 제1변의 "나라하고 상관된 공변되게 미운 놈"에 대한 비판은 이를 반증한다. 그런데 이는 감정적 · 일시적인 반향만 불러올 뿐이라고 생각하였다. 남을 처단하고 자신이 살려고 한다면, 이는 천리에 어긋나는 도리나 다름없었다. "남을 죽이고 자신만 살려한다면 천리에 어긋난다"는 입장은 이를 반증한다. 친일파에 대한 처단이나 자결을 위한 비상수단은 육혈포 구입이었다. "육혈포를 당장 살 수밖에 없었던" 이유는 그만큼 시급한 문제였기 때문이다. 자결이나 친일파 처단 등은 그에게 부차적인 문제로서 인식되었다. 제6변은 고뇌하는 인간으로서 모습을 분명하게 보여준다. 처단이냐 자결이냐 하는 선택은 쉽게 판단할 수 있는 '단순한' 문제가 아니었다.

그는 오직 자신을 희생하는 가운데 국민에게 보다 현실을 직시할 수 있도록 계기를 부여하려는 문제에 봉착하였다.[69] 제8변은 이러한 인식을 그대로 보여준다. 자기희생을 통한 독립국가를 유지하려는 의도는 이를 통하여 파악할 수 있다. 더욱이 자결을 앞둔 인간으로서 고뇌와 갈등은 여기에 고스란히 드러난다. 이는 기독교인으로서 순교적인 삶의 자세와 무관하지 않다.[70] 조국과 민족을 위한 참된 죽음은 언젠가 '부활'한다는 소망을 고스란히 드러내고 있다. 지사로서 초연한 자세는 '영화된 죽음'을 마다하지 않는다는 사실이다.

이는 「생욕사영가」[71]를 통하여 더욱 구체화되었다. '영화로운' 죽음

---

68) 『황성신문』 1907년 7월 1일 잡보 「鄭氏自砲, 思想八變歌」; 『大韓每日申報』 1907년 7월 2일 잡보 「鄭氏自砲, 思想八變歌」; 『대한매일신보』 1907년 7월 2일 잡보 「경씨ᄌ결, ᄉ상팔변가」; 『공립신보』 1907년 8월 2일 본국소문 「뎡氏유書, ᄉ상 八변가」; 대한자강회, 「會員動靜, 思想八變歌」 『대한자강회월보』 13, p.73.

69) 『大韓每日申報』 1907년 7월 3일 기서 「鄭君在홍捨生論, 辨義尉生」.

70) 『大韓每日申報』 1907년 7월 3일 잡보 「筆下權聲」.

71) 정교, 『대한계년사』, pp.256-257.

으로 표현은 복잡다단한 심경 표현과 아울러 시대상황에 적극적으로 부응하는 내면세계를 잘 반영하였다. 이는 삶의 최후를 정리하려는 비장한 각오를 담고 있다. 또한 자신의 죽음을 영화롭게 표현한 대목은 두려움을 떨쳐버리려는 결연한 의지를 보여준다.

> 榮華로다 榮華로다 이닉죽엄 榮華로다
> 혹갓치 써근말도 죽은후엔 金言일세
> 軍士길너 戰爭보덤 志士죽엄 有力하의
> 志士열만 잘죽으면 일흔國權 되찻눈다
> 人生흔번 아니죽나 早晚相關 쑨이로다
> 죽지안코 살야흔덜 셔셔살짜 어딕잇나
> 남의손에 죽눈날은 犧牲이 네아니야
> 나죽어 榮華되올 보고어셔 싸라오게[72]

그는 일제 보호국으로 전락한 현실을 강력하게 비판하였다. 군사 양성에 의한 일제와 전쟁은 그에게 중요한 의미를 지닌다. 보다 시급한 일은 국권회복을 위한 구체적인 지사들의 실천적인 행동이었다. "군사 길러 전쟁보다 지사 죽음 유력하니"라는 구절은 이러한 입장을 그대로 보여준다. 그런데 현실은 죽지 않고 자유스러운 생활을 영위할 수조차 없는 척박하기 이를 데 없었다. "죽지 않고 살아 있지만 서서 살 땅 어디 있나"는 비통한 심정은 이를 반증한다. 굴욕적·치욕적인

"榮華榮華, 此我死榮華, 似土之腐說, 死後則金言, 比養兵而戰爭, 志士死之有力, 十箇志士若善死, 失國權之可復, 人生誰無一死歟, 只早晚之相關, 不死而欲生, 立而生地在何處, 死於他人手之日, 犧牲爾非耶."

72)『황성신문』 1907년 7월 2일 잡보 「鄭氏自砲, 生辱死榮歌」;『大韓每日申報』 1907년 7월 2일 잡보 「鄭氏自砲, 生辱死榮歌」;『대한매일신보』 1907년 7월 2일 잡보 「정씨즈결, 생욕스영가」;『공립신보』 1907년 8월 2일 본국소문 「뎡氏유書, 싱욕스영가」; 대한자강회, 「會員動靜, 生辱死榮歌」『대한자강회월보』 13, pp.73-74.

삶보다 조국을 위한 자결은 인생의 진정한 가치를 실현하는 지름길이었다. 이처럼 그는 선각자로서 행동을 주저하지 않았다. 스스로 죽음을 영화롭다고 표현한 대목은 이와 관련하여 시사하는 바가 크다.

인간적인 너무나 인간적인 면모는 곳곳에서 볼 수 있다. 한 집안 가장으로서 가족에 대한 애틋한 감정은 「追托書」[73]에 그대로 나타난다.

> 밧그로는 富貴之慾
> 안으로는 依家之樂
> 다버리고 不顧홀제
> 다시 무엇 걱정ᄒ리
> 그러ᄒ나 ᄒ 付托은
> 두낫 子媳敎育홀일
> 사랑ᄒ는 同胞게에(에게의 오자)
> 바라ᄂ니 힘써쥬오 鄭在洪[74]
> 國內 同胞中[75]

자식 · 남편 · 부친으로서 입장은 사회적인 부귀와 안락한 삶을 영위하는 문제였다. 스스로도 이러한 삶을 갈구하고 동경하고 있었다. 그런데 자신은 오직 조국을 위하여 사사로운 감정에서 벗어나고자 하였다. 자식인 종화 · 종원에 대한 교육문제는 부친으로서 인간적인 모습

---

73) 정교, 『대한계년사』, p.256.
"外則富貴欲, 內則室家之樂, 盡棄不顧之際, 更何憂矣, 然而一付托, 兩個子教育事, 相愛之同胞, 惟勉力之爲望."

74) 『大韓每日申報』 1907년 7월 2일 잡보 「鄭氏自砲, 追托書」; 『대한매일신보』 1907년 7월 2일 잡보 「졍씨ᄌ결, 츄탁셔」; 대한자강회, 「會員動靜, 追托書」 『대한자강회월보』13, p.74.
여기에는 '정재홍'이라는 성명이 없다. 내용은 거의 유사하나 몇몇 글자만 약간 다를 뿐이다.

75) 『황성신문』 1907년 7월 4일 잡보 「鄭氏追托書」.

을 새삼스럽게 보여준다. 이는 근대교육에 대한 남다른 관심과 활동을 보여준 그의 확고한 신념에서 연유한다. 이러한 표현은 외형과 달리 어쩌면 자식에만 한정되지 않고 학령아동에 대한 의무교육[76]을 의미하는 지도 모른다. 우리는 의미심장한 이와 같은 외침에 귀를 기울여야 한다. 그가 진정으로 원한 세상이 무엇인지를 조금이나마 이해하기 위해서 말이다.

IV. 당대인은 그를 결코 외면하지 않았다

의거 소식을 접한 계몽론자들은 곧바로 의연금 모집에 나섰다. 발기인은 尹致昕·徐相八·尹晶錫·柳東作·朴宗桓·金益南·劉秉필·池錫永·鄭熙燦·尹鍾(錫)準·李成鎬·崔岡·尹孝定·李鍾瀋 등이었다. 7월 1일 취지서는 신문에 보도되는 등 세인의 관심을 끌었다. 이들은 「志士鄭在洪君遺族救助義捐金募集趣旨書」를 광고하는 등 대대적인 모금활동에 들어갔다.

嗚呼라 人未有不死之人이로되 而一死之有名有義也ㅣ 豈容易哉
아 志士 鄭在洪君之一死也ᄂ 觀乎 其遺書四種에 可謂名成而義立이
니 壯哉라 君乎여 君은 有志愛國之士也라 病國勢之式微ᄒ며 歎社

---

76) 의무교육은 한말 계몽자강론자들의 주된 관심사 중 하나였다. 대한자강회를 비롯한 거의 모든 계몽단체는 이를 실행하기 위하여 노력하였다. 이러한 요구는 통감부에 의하여 철저하게 거부되었다. 저들은 식민이데올로기를 전파하기 위한 초등교육과 실업교육에 중점을 둔 식민지교육 실행하는 데 골몰하였다. 각종 법령을 통한 사립학교 등에 대한 탄압은 이러한 의도와 맞물려 진행되었다. 이에 선각자들은 주민 부담에 의한 '제한적인' 의무교육을 실시하는 등 식민지교육에 저항하였다. 연합운동회 개최는 국적 있는 '민족교육'을 위한 현장이나 다름없었다. 정재홍도 이에 대한 관심·지원을 아끼지 않았다.

會之不振ᄒ야 欲以一身으로 犧供于全國有志之前 以警醒 我國家的
精神ᄒ야 乃以光武十(十一 오자)年 六月 三十日 下午三時에 一砲自
殺ᄒ야 遂行其志ᄒ니 君은 其所謂 浮志士之名而得獻身之義矣로다
然이나 讀其遺書에 其無限感慨와 無限悲痛이 溢於言表ᄒ되 竟無一
句對岸怨悱之辭ᄒ니 亦可謂得其性情之正而臨死不變者也니 善哉라
君乎여 君於年來에 以謂國權恢復이 專在於人才養成이라 ᄒ고 蕩産
鬻家ᄒ야 以充敎育之費ᄒ니 此不足爲君頌美로되 但偏慈在堂ᄒ고
遺孥貧孤ᄒ야 營生無計ᄒ니 此實吾人의 揑救家族所由也라 凡我同
志ᄂ 尙表同情인져[77]

이들은 그의 죽음을 애도하는 한편 애국지사로서 칭송을 마다하지
않았다. 아울러 인재양성을 통한 국권회복 도모에 거의 모든 재산을
희사함으로써 유가족의 생계를 위한 의연금 모집의 불가피함도 호소
하는 등 적극적인 활동에 나섰다. 의연금 모금에 전국 각지 인사들은
속속 동참하는 등 열사의 순국을 추모하는 데 인색하지 않았다.[78] 지
방 곳곳에서도 의연금을 답지하는 등 전국적인 관심을 환기시켰다. 심
지어 저격의 대상자인 박영효마저 대리인 김홍조를 통하여 입원비를
지원하는 상황이었다.[79]

장례식에 참석한 인물은 李東輝·윤치오·김동완·석진형과 전덕기
·최병헌 목사 등을 비롯한 당대를 대표하는 계몽자강론자들이었다.
대한자강회는 영도사에서 추도회를 거행하는 등 열사의 숭고한 애국
정신을 기리었다. 추도회장에 참석한 회원들은 유지를 받들어 계몽운

---

77) 『황성신문』 1907년 7월 2~4, 17~26일 광고; 대한자강회, 「會員動靜」 『대한자강
    회월보』 13, pp.72-78.
78) 『황성신문』 1907년 7월 2~16일 광고 「志士鄭在洪氏錦 遺族救助義捐金氏名」; 『大
    韓每日申報』 1907년 7월 11일 잡보 「諸氏義捐」.
79) 『大韓每日申報』 1907년 7월 2일 잡보 「錦陵尉慰問」.

동 활성화 방안을 모색하였다.[80] 이러한 분위기는 점차 확산되었다. 그의 의거는 곧바로 젊은 청년들에게 많은 영향을 미쳤다. 고종양위를 전후한 決死會 활동은 상황을 이해하는 데 중요한 실마리를 제공한 다.[81] 또한 그의 추도회 개최를 전후한 전·현직 각료들의 야유회에 대한 집중적인 비난은 이를 반증한다. 이들의 작태에 분개한 金熙昶 은 대한자강회 회원이자 그의 절친한 동료였다.[82]

물론 자결에 대한 부정적인 입장도 개진되었다. 『경향신문』은 천부 인권론에 입각한 관점에서 자결을 비판하였다.[83] 이는 생명을 존귀하 게 생각하는 종교적인 입장을 대변하는 관점이었다. 즉 기독교인으로 서 자결은 윤리적인 측면에서 결코 용납될 수 없는 표현에 불과할 뿐 이었다. 자결은 기독교리에서 크나큰 죄악이나 다름없었기 때문이다. 또한 제국주의 열강의 입장도 어느 정도 반영되었다. 20세기 초반 정 동교회를 중심으로 전개된 민족운동 흐름은 이를 반증한다.[84]

그의 사후 인천지역은 친일세력 발호에 대하여 보다 격렬한 형태를 보였다. 청년들은 일인 거류지를 방화하는 등 노골적인 적대감을 표출 하였다. 곧이어 고종황제 양위와 군대해산시 상인들은 철시를 단행하 는 등 지사의 유지를 계승·발전시켜 나갔다. 주민들 7-800여 명은 일 본인 가옥에 방화와 철시를 단행하는 등 적개심·저항심을 드러내었

---

80) 『황성신문』 1907년 7월 12-13일 광고, 7월 13일 잡보 「鄭志士追悼會」; 『대한매일 신보』 1907년 7월 12일 잡보 「졍씨츄도」, 7월 16일 잡보 「졍씨츄도회」.
81) 『대한매일신보』 1907년 7월 20일 잡보 「결亽회츙분」과 「장안에 총소리」와 시亽 평론, 7월 23일 논설 「황태즈딕리흥신 亽실」.
82) 대한자강회, 「내지휘보, 대표질품」 『대한자강회회보』 11, pp.73-74; 『황성신문』 1907 년 7월 16일 논설 「老人會」과 잡보 「老人大亡身」.
83) 『경향신문』 1907년 7월 12일 논설 「백성의 원한을 좀 생각하면 좋겠소」.
84) 한규무, 「1900년대 서울지역 기독교회와 민족운동의 동향」 『한국민족운동사연구』 19, 한국민족운동사연구회, 1998, pp.18-25.

다.[85] 친일세력은 이러한 분위기로 일시나마 위축되지 않을 수 없었다. 그런데 일제는 헤이그특사사건을 빌미로 고종황제 강제퇴위와 한국군해산 등을 단행하였다. 이에 의병전쟁은 전면전으로 확산되는 계기를 맞았다. 한국인 배일의식은 더욱 고조되지 않을 수 없었다.[86] 이러한 가운데 근대교육운동도 저변을 확대하기에 이르렀다. 인천지역 사립학교설립운동과 야학운동 활성화는 당시 상황을 이해하는 데 주요한 실마리를 제공한다.[87]

정재홍의거는 국외 동포사회에 커다란 반향을 불러 일으켰다. 일제의 국권침탈에 대한 분노와 아울러 열사의 희생정신을 기리려는 노력도 병행되었다. 미주 共立協會 주최 추도회는 현지 분위기를 분명하게 보여준다.

> 융분소격에 슌졀흔 의인 렬ᄉ와 금번 졍변에 혈젼연명한 군인
> 과 익국지ᄉ 져공을 위흐야 리례빈 六일 하오五시에 본회에셔 튜
> 도회를 셜힝ᄒ오니 리립ᄒ시옵
> 튜도졔공은
> 만국평화회특파위원 젼검ᄉ 리쥰씨
> 시위뎨一련ᄃᆡ대ᄃᆡ댱 륙군참령 박셩환씨
> 八변ᄉ상에 一포자결흔 지ᄉ 졍지홍씨
> 금번 졍변에 젼ᄉ립견흔 류렬 군인동포져씨라
> 상항공립협회 고빅[88]

---

85) 『대한매일신보』1907년 7월 23일 잡보 「인천앙ᄒᆞ화」, 7월 24일 잡보 「항구쳘ᄉ」 와 「무근지셜」.

86) 『대한매일신보』1907년 7월 21일 잡보 「리씨외겁」·「리총리가 죽을번」·「의ᄉ가 증샹」·「일인피란」·「곳곳이 야료」, 7월 22일 잡보 「결ᄉ회츙분」·「쟝안에 총소리」·「일졔쳘시」·「일진회파슈」와 시사평론, 7월 24일 잡보 「참령이 통곡」·「강빅셩의 츙분」·「결ᄉ회」·「학교를 부슈다」·「목ᄉᄌ폐」, 7월 25일 논설 「폭풍의 실샹」.

87) 김형목, 『대한제국기 야학운동』, pp.113-116.

정재홍은 李儁·朴星煥 등과 함께 미주 한인사회에서 당대를 대표하는 애국열사로서 선정되었다. 군대해산시 서울시가전에서 사망한 무명용사와 함께 이들은 외세의 저항세력 주체로서 인식되었다. 해외동포들은 그의 숭고한 나라사랑과 조국애를 높이 평가하였다.

대한제국기 인천지역을 대표하는 자강론자 중 한 사람은 바로 정재홍이었다. 1900년대 초·중반 이곳 계몽활동과 근대교육 등은 사실상 그에 의하여 주도되었다고 해도 과언이 아니다. 紳商會社·米商會社 사원 등을 중심으로 영화학교에 대한 지원은 이러한 활동 중 하나였다.[89] 단연회·광학회·대한자강회 인천지회 활동과 인명학교를 비롯한 관내 사립학교 설립·지원은 이를 반증한다. 그런데 일제의 침략 강화와 더불어 대부분 자강론자들은 식민체제 내로 점차 포섭되었다. 그는 이를 거부하는 동시에 적극적인 저항을 위한 다양한 대책을 강구하였다.

친일세력 발호에 맞선 자결은 계몽자강론자들 중 찾아볼 수 없는 거의 유일한 경우이다.[90] 더욱이 그와 깊은 연관성을 지닌 정동교회 주요 인사들도 '을사늑약' 이후 소극적인 민족운동 노선을 견지하고 있었다. 그래서 정재홍의거는 더욱 역사적인 의미를 지닌다. 지도층으로서 '사회적인 책무'를 다한 그의 활동상은 오늘날 새롭게 조명되어야 한다. 당시 널리 회자된 동요는 민족운동사상 그의 위상을 고스란히 담고 있다.[91] 그런데 이에 대한 의미를 제대로 부여할 수 없는 필

---

88) 『공립신보』 1907년 8월 9일 잡보 「追悼會像告」.
89) 『황성신문』 1906년 5월 18일 광고.
90) 2006년 10월 현재까지 포상된 독립유공자 중 대한제국기 활동한 계몽론자나 자강론자로서 순국이나 자결 등 의열투쟁을 전개한 인물은 거의 파악되지 않는다. 그런 만큼 계몽론자로서 그의 위상은 더욱 중요한 의미를 지닐 수밖에 없다.
91) 『대한매일신보』 1907년 7월 12·14일 잡보 「거누구가타령, 丁童정의 童謠」.
거누구가 날찻나/ 거누구가 날찻나

자의 능력 부족을 새삼스럽게 절감할 뿐이다.

그의 의열투쟁은 이후 국난극복을 위한 저항정신으로 이어졌다. 일제 침략에 맞서 대한제국기는 물론 일제강점기 지속적으로 전개된 순국과 의열투쟁은 이를 반증한다. 가까이 안중근의거와 전명운·장인환의거, 멀리는 의열단투쟁·윤봉길의거·이봉창의거 등도 이와 결코 무관하지 않다. '한일합병'에 대한 수많은 지사의 순국도 이러한 저항정신·독립정신에 입각하고 있었다.[92] 당대를 치열하게 살아간 그의 삶은 오늘날 우리에게 실천을 위한 무언가를 요구한다.

V. 맺음말

정재홍은 한말 인천지역을 대표하는 계몽운동가이자 활동가였다. 그는 이곳 사립학교설립운동과 국채보상운동을 주도한 중심 인물이었다. 대한자강회 인천지회 설립인가는 사실상 그의 주도로 이루어졌다. 紳商會社 임원과 해관·세관에 재직 중인 관료 등을 중심으로 한 계몽단체 조직은 민중계몽을 통한 민족해방운동 저변을 확대·강화하려는

…(중략)…
평양명쟝 을지문덕은/ 수양뎨 치든뜻 부탁ᄒ고
츙무공 리슌신은/ 외적치든일 부탁ᄒ고
양ᄋ이공 긴응셔ᄂ/ 즁흥ᄉ수업을 부탁ᄒ고
츙졍공 민영환은/ 독립회복을 부탁ᄒ고
죠츙졍 김봉학졔씨ᄂ/ 국권물실을 부탁ᄒ고
의ᄉ의 졍ᄌ지홍은/ 보호국 면ᄒ흠을 부탁ᄒ고
그부탁을 듯고보니/ 한심ᄒ고도 답답ᄒ다
엇지ᄒ면 된단말가/ 방칙쏫차 막막일세
될방칙을 싱각ᄒ여/ 동포의게 권ᄒ노니
…(하략)…

92) 독립운동사편찬위원회, 『독립운동사(의열투쟁사)』 7, pp.225-247.

의도에서 비롯되었다. 광학회나 단연회·국채보상기성회 등도 이러한 의도와 무관하지 않았다.

근대교육은 그에게 '단순한' 실력배양에만 결코 머물지 않았다. 민족지도자나 독립군을 양성하는 기초 과정은 바로 근대교육이었다. 이는 민족의식·민족혼 등 민족정신을 일깨우는 동시에 尙武精神 고취를 통한 독립군 양성을 위한 기초작업 중 하나였다. 인명학교는 이러한 취지에 따라 설립된 대표적인 경우이다. 또한 적극적인 문화계몽운동 참여는 자주적인 독립국가 수립을 위한 국권회복운동 일환이었다. 이처럼 그는 시대나 민족이 요구하는 문제에 당당하게 정면으로 맞선 실천가였다.

연합운동회 개최는 학생들에게 조국이 처한 현실을 올바로 이해시키는 교육현장이나 다름없었다. 학생들은 정정당당한 경쟁을 통하여 애교심을 배양하는 동시에 자신들의 사회적인 책무를 인식하는 계기였다. 주민들도 학생들의 활동상을 직접 목도하는 가운데 근대교육에 대한 인식을 새롭게 하였다. 운동회는 주민들로 하여금 시세변화의 실상을 일깨우는 사회교육장이었다. 나아가 단결심과 지역여론을 조성하는 등 새로운 민중문화를 창출하는 현장으로 기능하였다.

광학회는 유능한 인재를 발굴·육성하려는 의도였다. 민족지도자 육성과 과학교육을 위한 실습기구 제공은 이와 무관하지 않았다. 단연회도 단순하게 건강한 생활만을 위한 조직이 아니었다. 국채보상운동 참여는 민중에 대한 무한한 애정과 아울러 이들 역량을 결집시키려는 의도에서 비롯되었다. 사환에 대한 사회적인 존재로서 인식은 이를 반증한다. 더욱이 그의 가족 전원도 이에 동참하는 등 실천가로서 진면목을 여실히 보여준다.

민족자본 육성책은 근대적인 기업 운영으로 이어졌다. 그는 1903년

12월경부터 유성태호상회 총무로 재직하고 있었다. 당시 인천에 소재한 근대기업 소유자나 임원들과 돈독한 관계는 자신의 활동영역을 확대하는 데 중요한 매개체였다. 이들은 단지 기업이윤 추구에만 머물지 않고, 관내 교육기관에 대한 아낌없는 지원에 나섰다. 경성고아원에 대한 후원은 그의 인간다운 진면목을 보여준다. 그는 매달 후원금을 지원하는 등 소외 받고 버림받은 계층에 남다른 애정을 갖고 있었다. 사회적인 지도자로서 책무는 이러한 과정에서 그대로 엿볼 수 있다.

친일세력 발호와 더불어 상당수 계몽론자들은 점차 식민체제 내로 흡수되고 있었다. 이들에 대한 최후 경고는 그의 자결로 귀결되었다. 박영효환영회 식장을 결행 장소로 선택한 이유도 이와 결코 무관하지 않다. 「유서」·「생욕사영가」·「사상팔변가」 등은 치열한 그의 현실인식을 생생하게 보여준다. 자신의 입장은 전혀 과장하거나 미화하지 않은 채로 말이다. 아울러 가족에 대한 따뜻한 인간적인 고뇌도 선명하게 다가온다.

정재홍의거는 정확하게 100년 전인 1907년 6월에 일어났다. 당시는 국내외 세인들 관심을 받다가 역사 뒷전으로 밀려나고 말았다. 누구도 그의 치열한 삶을 조명하려는 노력을 기울이지 않았다. 이제 겨우 그의 삶을 조명하려는 기초작업이 시작되었을 뿐이다. 무한 경쟁시대에 돌입한 오늘날 열사가 남긴 자취는 우리에게 새롭게 삶의 의미를 일깨우는 시금석으로 다가온다. '진정한' 광복과 '참된' 삶은 이러한 인물들의 고뇌를 함께 안타깝게 바라보고 공유할 때가 아닌가 생각한다. 필자는 열사의 진지하고 가열찬 인생역정을 제대로 밝히기에 너무나 부족함을 자인하지 않을 수 없다.

 통강부시기 親日政客 / 李完用

한 명 근[*]

Ⅰ. 머리말

이완용은 한국근대 정치사의 질곡을 대변하는 인물이다. 일제 강점기, 이완용을 '智力이 非凡하고 識見이 卓越하며 일에 대한 추진력이 뛰어난 인물'이며, 동시에 "宰相의 지위에 戀戀하여 오백년간의

---

* 숭실대학교 기독교 박물관 학예연구사

社稷을 亡케 한 매국노"[1]라고 한 언급에서 그의 정치역정을 잘 살펴볼 수 있다.

　19세기 중반 이후 한국사는 외세의 침략과 저항의 연속이었다. 이 속에서 이완용은 국권을 일본에 넘겨주는 데 결정적 역할을 하였고, 병합 요인의 일단면을 이완용의 정치역정을 통해 살펴볼 수 있을 것이다.

　이완용이 한말 근대정치사에서 차지하는 비중에 비해, 그의 활동 및 성격에 관한 체계적인 연구는 미흡한 편이다. 종래 이완용에 관한 연구는 독립협회 활동기를 중심으로[2] 또는 전생애에 걸친 親美·親露·親日 행각과 재산축적 방식과 규모에 관한 것으로,[3] 이완용의 활동이 왕성하던 통감부 시기에 관한 연구는 章 내지는 節 정도로 다루어졌다. 이에 본고는 위의 연구성과를 토대로 하여, 이완용의 정치운동을 통감부 시기, 곧 이완용이 을사늑약을 주도하던 시기부터 병합조약을 체결하던 시기까지로 한정하여, 이완용의 對日認識과 정치적 실권을 장악하는 과정 및 일진회와의 관계, 병합체결 주도에 이르기까지 일진회와의 대립, 갈등과 합방논리를 중심으로 살펴보고자 한다.

II. 이완용의 對日認識

　이완용은 1858년 경기도 광주에서 老論인 牛峰李氏 집안에서 태어나, 양반사회의 기득권을 안고 관직에 나아갔다.[4] 어려서부터 한학

---

1) 靜波閑史, 「一堂을 追憶하고(一)」, 『每日申報』 1926년 2월 14일.
2) 金幸仙, 「親美·親露派로서의 李完用 研究」, 『漢城史學』 3, 한성대 사학회, 1985, pp.116-182.
3) 朴永錫, 「李完用研究」, 『國史館論叢』 32, 국사편찬위원회, 1992, pp.229-251; 임대식, 「이완용의 변신과정과 재산축적」, 『역사비평』 계간 22호, 역사비평사, 1993, pp.138-185.

을 공부한 이완용은 10세 때 대원군과 교우했던 判中樞府事 李鎬俊의 양자로 입양되어 출세길을 열었고 1882년 增廣文科의 丙科에 급제하여 官界에 진출하였으며, 1886년에는 외국어의 필요성을 인식하고 育英公院에 입학하였다. 관계 진출 이후 이완용은 친미·친러·친일을 넘나들며 시세편승적 행보를 보였다.

이완용은 친미정국이 농후한 가운데 駐美公使團員으로 활동하면서 駐美公使館 외국인 書記官 알렌(Allen)과 친분을 맺고 미국에 利權을 넘겨주었으며, 알렌의 협조로 학부대신에 임명되었다. 1895년 이완용은 排日운동의 일환으로 李範晉 등 親露派 세력이 주도한 '春生門 事件'에 가담했으며, 1896년에는 俄館播遷에 가담하여 외무대신직에 올랐다.5) 이 사건으로 그는 親露정책을 구사하며 권력에 더욱 밀착하게 되었고 李範晉, 李允用과 함께 "親露派의 三李"라고 불리게 되었다.6)

그 후 이완용은 정동구락부가 모체가 된 독립협회에 가담하여 회장직까지 맡았으나, 외부대신 재직시 외국에 과도한 이권 양여를 베풀었다는 이유로 1898년 7월 제명당하였다.7) 그러나 이는 형식상의 이유에 불과한 것이고 독립협회를 떠나게 된 이유는 따로 있었다. 1898년 들어 민중과 결합된 정치운동을 전개하던 독립협회가 대내외적인 탄압에 직면하게 되자 자발적으로 떠난 것이다.8)

1897년 9월 外職인 평남관찰사, 1901년 2월 궁내부 특진관에 임명

4) 靜波閑史, 「一堂을 追憶하고(二)」, 『每日申報』1926년 2월 15일자.
5) 朴永錫, 「李完用研究」, 『國史館論叢』31, 국사편찬위원회, 1992, pp.230-235.
6) 松宮丹畝, 「韓國の政治家(李完用と宋秉畯)」, 『日本及日本人』481(1908. 4. 1), p.78; 細井肇, 『現代漢城の風雲と名士』, 京城:日韓書房, 1910, 舊韓末日帝侵略史料叢書』12, 서울:아세아문화사, 1985, p.27.
7) 鄭喬, 『大韓季年史』上(國史編纂委員會, 1957), p.207; 金幸仙, 앞의 논문, p.173.
8) 金幸仙, 앞의 논문, pp.162-173 참조.

되었다가 1905년 9월 18일 학부대신에 임명되어 중앙정계에 복귀한 이완용은 을사조약의 늑결에 앞장섰다. 러일전쟁이 일본의 승리로 종결되자 재빨리 친미·친러에서 친일분자로 향방을 선회한 것이다.[9] 이와 같은 이완용의 대세에 편승한 기회주의적 변신은 "時勢가 돌변한다면 모름지기 이 기회를 타서 人事의 適宜함을 잃지 않아야 한다"[10]는 그의 현실관에서 비롯된 것이다. 이완용은 자신이 친러에서 친일로의 변신에 대해, '아관파천 이후 친러파가 되었다가 일본에 의뢰할 만한 상황이 되자 다시 친일로 변신했다'고 하였다.[11] 한국이 정치적으로 의뢰할 만한 대상국이 변하는 상황에 따라 그의 외세관도 가변적이었음을 잘 알 수 있다.

이완용은 이토 히로부미(伊藤博文)의 을사조약 강요를 부득이한 결과로 받아들였다. 그는 러시아를 포함한 백인종의 동양 진출에 따른 동양의 위기가 한국이 외교권을 잘못 행사했기 때문에 일어났다고 파악하였다. 따라서 한국은 세계의 대세 및 동양의 정세상 일본과 밀접한 관계를 맺어야 한다고 생각하며,[12] 동양의 위기 수습능력이 없는 한국으로서는 외교권을 일본에 이양해야 한다고 하였다. 그는 을사늑약에 반대하는 대신들에게, 러시아와의 전쟁에서 승리한 일본의 한국 점령은 피할 수 없는 상황이기 때문에 비교적 "관대한 조치"인 외교권을 이양함으로써 현실적이고 합리적인 해결을 이루어야 하며, 을사늑약 반대는 "일본의 惡感을 불러일으키는 愚策"이라고 설득하였다.[13] 동양의 대세상 일본의 침략적 요구에 반발해서는 안된다는 주

---

9) 小松綠, 『朝鮮併合之裏面』, 東京:中外新論社, 1920, p.117.

10) 金明秀 編, 「言行雜錄」, 『一堂紀事』 全, 京城:一堂紀事出版所, 1926, p.803.

11) 金明秀 編, 『一堂紀事』 序文, pp.9-10. "日人失對韓策 其力不足賴 太王卽託身露使舘 爾後 日人示其可賴 則復歸親日"

12) 靜波閑史, 「一堂을 追憶하고(五)」, 『每日申報』 1926년 2월 18일.

장에서, 그의 현실주의적이며 시세편승적인 속성이 잘 나타나 있다고 하겠다.

그렇다면 당시 일본의 對韓政策에 대한 이완용의 인식은 어떠하였는가. 1907년 5월, 이완용은 組閣 원칙에서

- 일반의 形勢에 通하여 日韓의 地位를 알고 提携를 실현할 것
- 施政改善의 實을 거둠에 熱心일 것
- 어떠한 困難에 직면해서도 以上의 목적 달성을 공고히 하여 중도에 포기하지 않을 것[14]

등을 내세우며, 양국의 긴밀한 제휴와 일제의 시정개선책에 대한 일관성 있는 지원과 배려를 중시하였다. 특히 이완용은 한일 양국의 제휴, 곧 양국이 '一家'와 같이 신의를 돈독히 하고 일본의 선진 지도에 한국이 순응하는 관계를 최선의 것으로 여겼다.

이완용 내각 출범 직후인 1907년 5월 26일, 이토 통감은 통감부 간부들에게 "철두철미한 친일주의"와 '反皇室主義'에 입각한 내각의 존립을 엄포하였다.[15] 이어 5월 -30일 신내각 각원에 대한 훈시연설에서, 양국이 "서로 제휴하여 국가 부강을 도모"해야 하며 "한국의 존립에 있어 가장 적절하고 긴요한 방침은 성실히 일본과 친목해서 일본과 存亡을 함께 하는 데에 있다"[16]고 하여 양국의 공생관계를 강조

---

13) 小松綠, 앞의 책, p.118.

14) 「韓國內閣更迭始末」, 『駐韓日本公使館記錄』(이하 '『公使館記錄』'으로 略함) 31권 p.566, 機統秘發第9號(1907.6.4); 『日韓外交資料集成』 第6卷 上, p.494·499; 朝鮮總督府纂, 『朝鮮の保護及倂合』, 『朝鮮統治史料』 3, 東京:韓國史料研究所, 1970, p.105.

15) 釋尾春芿, 『朝鮮倂合史』, 京城:朝鮮及滿洲社, 1926, p.340; 黑龍會 編, 『日韓合邦秘史』 上, 東京:原書房, 1966, p.259.

16) 「韓國新內閣大臣ニ對スル伊藤統監ノ演述」, 『駐韓日本公使館記錄』 機統秘發第9號 (1907. 6. 4); 『日韓外交資料集成』 제6권 上, p.484; 釋尾春芿, 앞의 책, pp.330-332;

하였다.

이에 대해 이완용은 각원을 대표한 답사에서 일본과의 적극적인 관계를 강조하였다. 그는 '한국이 실력이 없어 독립할 능력이 없기 때문에 일본과 제휴해야 한다'고 하면서 일본과의 제휴해야 하는 이유를 세 가지로 설명하였다. 첫째, 지리상 일본과 제휴하는 것이 이익이라는 점, 둘째, 일본이 한국을 개발시키려는 방침이 일관적이기 때문에 일본과 제휴하는 것이 이익이라는 점, 셋째, 일본이 한국을 병합하여 일본 영토의 일부로 할 수 있는 데도 오히려 한국의 독립 부식을 위해 노력하고 있다는 점을 들고, '일본과 제휴하여 실력 양성에 노력할 것'을 주장하였다.[17]

또한 이완용은 동양의 평화는 일본의 한국에 대한 선의의 지도와 협력에 의해 이루어진다고 보았다. 1909년 2월 순종황제의 평양 순방 시 日韓人 환영연설회에서, 일본인들에게 "제군은 선진국의 선각자이고 先覺이 後覺을 깨닫게 함이 人道上의 책무라면, 우리 국민을 善히 지도 권유하여 그 지식을 증진시키고 산업을 발달시켜 양국민의 親誼를 돈독히 하여 영구히 동양평화의 기초를 공고히 하게 할 것을 切望한다"[18]라고 하였다. 동양평화의 책임은 전적으로 일본의 지도와 협력에 있거나, "동방의 대세는 日韓一家에 있다"[19]는 이완용의 주장은 이토의 평소 주장을 추종함에 다름 아니었다.[20]

『日韓合邦秘史』上, p.265.

17) 「韓國新內閣大臣ニ對スル伊藤統監ノ演述」, 『公使館記錄』 31권, p.572, 機統秘發第9號(1907.6.4); 釋尾春芿, 앞의 책, pp.332-333; 『日韓合邦秘史』 上, pp.266-267, 『日韓外交資料集成』 第6卷 上, pp.484-485.

18) 金明秀 編, 『一堂紀事』, p.433.

19) 金明秀 編, 『一堂紀事』, 序文 p.3.

20) 金明秀 編, 『一堂紀事』, 序文 p.3; 본 논문 제1장 1절 2) 참조. '동양평화론'과 '日韓一家說'은 이토의 대표적인 대한침략론이었다.

그렇다면 이완용은 日韓一家의 방법으로 어떤 것을 제시하였는가. 그는 日鮮融和가 정치적 회유와 강제로는 도저히 불가능하다고 생각하고, 그 방법으로 양국간의 통혼정책을 제시하였다. 양국의 '황족이 통혼하고 자녀를 낳으면 백성들도 역시 통혼하게 되고 장기적인 세월이 지나면 양국 국민들은 자연스럽게 일치되어 서로 愛護하게 될 것이며, 한국인의 반일감정도 자연스럽게 소멸된다'는 것이다. 1907년 말 황태자(영친왕 李垠)의 일본유학 추진이 이런 의도에서 이뤄졌다.[21]

한편, 이완용은 통감과의 긴밀한 관계를 통해 장기간 수상직을 유지할 수 있었다. 그는 1907년 5월 송병준과 함께 친일내각을 구성할 즈음 이토에게 "公이 만일 통감직을 辭하면 余도 수상의 地位를 去하리라"고 하며 추종을 맹세하였다.[22] 이토를 '낙후된 한국정치를 개선하고 한국민의 행복을 위해 종사하고 있으며, 세계의 대세에서 한국이 취해야 할 방침을 헤아리고 있는 세계적인 지도자'로 평하였다.[23] 따라서 한국민은 '이토를 師表로 하여 각기 맡은 바에 부지런히 노력하여 큰 성과를 얻어야 한다'고 하였다.[24] 1909년 1월 이토 체임설이 나돌 때에는 일본 천황에게 "伊藤 통감은 전국 상하가 신뢰하는 者이니 영구히 통감의 任에서 不遞하기를 望한다"라고 奏請하여 이토의 유임운동을 전개하였으며, 이토 사후에는 이토를 좇지 못함을 스스로 개탄하였다.[25] 이처럼 이토를 권력의 배경으로 삼아 자신의 입지

---

21) 金明秀 編, 「言行雜錄」, 『一堂紀事』, pp.813-814

22) 『皇城新聞』 1909년 7월 9일 잡보 「妄却前誓」; 『大韓每日申報』 1909년 7월 17일 잡보 「狡猾狐媚」; 『신한민보』 1909년 8월 4일 「新協約의 內容과 李完用의 陰謀라」.

23) 『日韓外交資料集成』 第6卷 上, p.481.

24) 金明秀 編, 『一堂紀事』, p.434.

25) 金明秀 編, 「言行雜錄」, 『一堂紀事』, p.789. 이완용은 이토 후임으로 부통감 소네 아라스케(曾禰荒助)가 통감으로 승진 임명되자, "伊藤公의 사임은 可惜하나 曾禰子의 昇任은 大히 歡迎한 바라"고 하며 축전을 보내었다. 『皇城新聞』 1909년 7

를 마련하였던 것이다.

요컨대 이완용은 동양평화는 '日韓一家'를 실현하는 데에 있다고 보았고, 이토를 한국민의 '師表'로 여겼으며, 한국민이 일본에 대한 경계심을 버려 양 국민의 親誼를 더욱 돈독히 하고 일본을 추종할 때 현재의 빈약에서 미래의 부강으로 발전할 수 있다고 생각하였다.

Ⅲ. 일진회와의 제휴와 고종 강제 양위

1) 일진회와의 제휴와 연립내각 성립

을사늑약 주도로 정치적 입지를 강화한 이완용은 권력장악을 위한 정계개편을 시도하였다. 조약 체결 직후 성립된 박제순 내각은 난관에 봉착해 있었다. 첫째, 조약 강제로 인한 한국민의 동요 및 반일 의병운동을 진정시켜야 한다는 점, 둘째, 친일단체인 일진회의 발호에 대한 대응, 셋째, 일제 통감부와 한국황실세력, 한국민과의 상호 절충 및 조화를 이뤄야 한다는 정치적 과제를 안고 있었다. 이러한 혼란상황에서 이완용의 권력지향적 행동은 군부대신 李根澤과의 연대 모색으로 시작된다.

확실한 친일정권을 수립하여 원활한 통치를 하고자 했던 이토는 이근택을 수완 있는 인물로 여기고 군부대신에 발탁하였다. 이근택은 일본군 사령관 "하세가와 요시미치(長谷川好道)와 의형제를 맺고 또 이토의 義子가 되어"[26] 참정 박제순을 능가하는 세력을 구축하고 정부

월 9일 잡보 「妄却前誓」; 『日韓合邦秘史』 下, p.64.
26) 黃玹, 『梅泉野錄』, 국사편찬위원회, 1955, p.390.

의 의결권을 장악하여 參政 이상의 권력을 가지고 있었다.[27] 특히 그
는 권력 동반자로 李根湘(궁내부대신 역임), 李根澔(법부대신 역임),
李根洪(내부협판 역임) 형제와 함께 막강한 권력망을 형성하여 사리
사욕에 몰두하였다.[28]

당시 언론은 정부 실세인 이근택을 이용하고자 하는 이완용의 처세
를 자세히 다루고 있다. 『大韓每日申報』는 이완용이 참정 및 내부대
신을 겸임하여 군부대신 이근택과 함께 중앙정치를 장악하고 지방정
치는 이토와 협의하여 개량한다는 계획을 꾸몄으나 성사되지 못한 사
실을 지적하였다.[29] 그렇지만 이완용의 이근택과의 제휴 노력은 "政界
의 彗星 출현"으로 비유될 만큼[30] 그의 입지 강화에 기여한 셈이 되
었고, 정계의 주요 역학관계가 이완용-이근택과 참정 박제순-탁지부대
신 민영기의 경쟁으로 언급되기도 하였다.[31] 이처럼 학부대신 이완용
은 정치권력 장악에만 주력하였고, 실제 주무행정에는 등한시하였다.[32]

---

27) 石森久彌, 『朝鮮統治の批判』, 京城:朝鮮公論社, 1926, 『韓國近現代史料叢書』 1, 支
    配政策編, 韓國人文科學院, 1990에 수록, pp.371-372.
28) 『大韓每日申報』 1906년 8월 11일 논설 「李氏羣兄弟會社」, 8월 12일 잡보 「惜失瓜
    牙」, 8월 29일 잡보 「宮大發明」; 細井肇, 「李根澤」, 『現代漢城の風雲と名士』, p.60.
29) 『大韓每日申報』 1906년 8월 15일 잡보 「大官葛藤」, 8월 17일 잡보 「宮部葛藤」, 8
    월 22일 잡보 「政府平和」.
30) 『大韓每日申報』 1906년 9월 16일 잡보 「政界彗星」.
31) 『大韓每日申報』 1906년 10월 5일 「政黨暗鬪」, 1907년 1월 20일 잡보 「四리搆撲」,
    1월 22일 논설 「日本之改良」. 그런데 이토는 정국불안의 요인으로 權略과 野心으
    로 가득찬 군부대신 李根澤 형제 세력을 지목, 내각 운영의 개편을 구상하였다.
    이근택은 중추원 의장(1906. 11. 17), 궁내부득진관(1906. 12. 18)으로 좌천되었다. 『
    大韓每日申報』 1906년 12월 1일 잡보 「勢所固然」, 12월 20일 잡보 「綠리失職」.
32) 『大韓每日申報』 1907년 5월 18일 一打玉壺. 학부대신 이완용은 교육확장을 도모
    하기 보다는 오히려 교육방침을 거슬러 교육을 방해한다거나 『大韓每日申報』
    1907년 1월 22일 茶半閒話, 옥천군 彰明學校에서의 보조금 청구건을 거절하여
    교육을 천시한다는 비판을 받았으며 『大韓每日申報』 1907년 3월 7일 紙上雲烟,
    교육대신이 아닌 "防育大臣"이라는 칭호를 얻을 정도였다. 『大韓每日申報』 1907
    년 1월 22일 茶半閒話, 1월 23일 酒後片談, 2월 17일 新年新話 참조.

한편 참정 박제순은 이완용의 정계개편 시도 등 혼란한 정치질서를 개탄함과 동시에 이토의 정책에 대해서도 비판적인 태도를 가졌다.[33] 박제순은 통감 이토 및 그와 경쟁관계에 있던 내부대신 李址鎔의 渡日, 군부대신 이근택의 실각을 기회로 박제순 내각과의 세력 균형을 꾀하던 일진회를 배제하고[34] 대한자강회, 기독교청년회 등의 개혁적 신진세력을 지방관으로 등용하였다.[35] 1906년 말~1907년 초반 고종은 통감이 부재중인 상황을 이용하여 자주권 회복 시도를 하였으며, 박제순은 친일세력을 제거하며 황실측근세력의 정치력 확대를 꾀하였던 것이다.

이에 반해 일진회의 박제순 내각 불신임은 극에 달하였다. 특히 자파의 지방관 임용에 주력하던 일진회는 지방관 임명 문제를 두고 참정 박제순과 내부대신 李址鎔이 自黨세력 확대를 꾀하자 이를 일진회 몰락 기도에서 비롯된 것이라고 비판하였다. 이들 두 대신이 "專擅國權하여 國勢가 日靡하고 生靈이 塗炭" 지경이라고 하며 내각 총사직운동을 시작하였다.[36] 이후 일진회는 더욱 정부 공격의 기세를 높여 연설 및 신문 논설을 통해 정부의 무능을 비판하였고, 1907년 5월 2일에는 박제순 내각 탄핵문을 제출하고 총사직을 권고하였다.[37]

이러한 혼란한 정국 수습책으로 이완용은 박제순에게 두 가지를 건의하였다. 反황실적 태도를 종용하며 황제 의사와 상관없이 정부가 일치 단결을 이뤄야 하며,[38] 국민의 反정부적 양상을 해소하기 위한

---

33) 『大韓每日申報』 1906년 8월 24일 잡보 「參政正論」.
34) 『日韓合邦秘史』 上, p.201.
35) 內田良平, 『隆熙改元秘事』(韓國史料研究所, 『朝鮮統治史料』 4, 東京:宗高書房, 1970, p.76; 『日韓合邦秘史』 上, p.68 · 133-134; 『大韓每日申報』 1906년 11월 30일 잡보 「朴力獨壯」.
36) 『公使館記錄』 32권, p.241, 「一進會創立畧史」; 內田良平, 『隆熙改元秘事』 p.76 · 138; 李寅燮, 『元韓國一進會歷史』 卷之四(1907. 1. 18), 京城:文明社, 1911, p.9.
37) 『日韓外交資料集成』 第6卷 上, p.492.

한 방편으로 일진회와의 연대 추진이 긴급하다는 점이었다.[39] 이토 역시 불안한 정국을 안정적으로 운영하기 위해서는 정부와 민간 정치단체간의 공조체제 형성이 필요하다고 판단하고, 공조 대상으로 일진회를 지목하였다.[40] 일진회가 박제순 내각 총사직을 권고한 다음날인 5월 3일, 일진회 고문 우치다 료헤이(內田良平)는 이토에게 "一進會는 도저히 現內閣과 一致할 수 없다"고 하며 "天下를 二分하여 (일진회의) 地方官 독점을 희망한다"고 제의하였다. 이토는 이 제안이 실현 불가능하다고 반박하였다.[41] 그렇지만 다음날 대신회의에서 "內閣에 民黨의 後援이 필요하다면 一進會와 提携해야 이익"이라고 하며, 정부의 개혁과 함께 정부와 일진회간의 연대를 피력하였다.[42] 이른바 제도권과 재야 정치세력의 연립정부를 구상한 것이다.

그러나 박제순은 賣國賊 일진회와 제휴할 수 없음을 천명하고 사직을 결심하였다.[43] 당시 박제순은 일진회의 공격과 더불어 테러 위협에도 시달리고 있었다. 1907년 3월 군부대신 권중현이 정부대신 암살단에게 육혈포를 맞는 사건이 발생하면서 乙巳五賊을 비롯한 전·현직 대신들의 신변 위협이 뒤따르고 있었다.[44] 을사오적으로 지목된 박제순 역시 테러 위협에서 자유로울 수 없었으며, 결국 일진회의 사퇴압력으로 사직을 선택할 수밖에 없었다. 참정 박제순의 거듭된 사직

---

38) 서영희, 『光武政權의 국정운영과 日帝의 국권침탈에 대한 대응』, 서울대 박사논문, 1998, p.282.
39) 「韓國內閣更迭始末」, 『公使館記錄』 31권, pp.556-557, 機統秘發第9號(1907. 6. 4); 『日韓外交資料集成』 第6卷 上, p.492.
40) 『日韓外交資料集成』 第6卷 上, pp.490-491.
41) 內田良平, 『隆熙改元秘事』, p.135.
42) 內田良平, 『隆熙改元秘事』, p.48 · 158.
43) 內田良平, 『隆熙改元秘事』, p.158; 『日韓合邦秘史』 上, pp.239-240 · 247.
44) 『大韓每日申報』 1907년 3월 26일 잡보 「軍大遭變」, 4월 6일 잡보 「胡不早知」.

요청에 따라 이토 통감은 이합집산의 정치세력을 친일의 기치 하에 결집시키기 위한 계책으로 '이완용·송병준 연립내각'을 조직하였다.[45]

이완용이 수상으로 등용된 요인으로 송병준과 이토의 교감이 이루어졌던 점을 들 수 있다. 먼저 송병준은 이토에게 "皇帝의 의사에 反하고 통감의 지도를 좇아 諸政을 개혁할 자"[46]로서 이완용이 적임자임을 강력 추천하였다. 이토 역시 이완용이 을사늑약시 각 대신들 중 가장 단호한 태도로 조약 체결에 찬성한 점, 의지가 강고하여 고종을 대하는 태도가 대담하다는 사실을 고려하여 이완용을 지목하였다. 이완용이 양국관계의 친선과 종래 그가 추구했던 시정방침 실행에 적합한 인물이라고 파악한 것이다.[47] 그리하여 이토는 고종에게 "현재 신내각을 맡길 수 있는 자는 천하의 형세에 通하고 일한관계를 충분히 이해하고 治民의 才能을 가진 자이어야 하는데, 이완용이 유일한 적임자"[48]라고 하며, 수상으로 이완용을 적극 천거한 것이다. 요컨대 이토는 일진회의 내각 개편 주장을 받아들여, 일제 시책을 적극적으로 수용하고 그들의 한국에서의 시정개선책 원조 및 황실세력을 견제할

---

45) 內田良平, 『隆熙改元秘事』, p.180. 원래 이토는 시종일관 친일노선을 견지해온 일진회의 주요 간부들을 대신급으로 등용하려 하였다. 이토와 함께 朝鮮國情調查囑託으로 한반도에 건너온 우치다는 1894년 동학농민전쟁시 天佑俠團을 이끌고 농민군을 지원했던 전력으로 일진회장 이용구와의 절친한 사이가 되어 일진회 고문을 맡았는데, 우치다의 일진회 중용 건의에 이토가 동의했던 것이다. 그런데 이완용은 당시 친일단체로 원성을 사고 있던 일진회의 간부가 내각에 등용되는 것은 수세국면을 자초하는 결과를 초래한다고 주장, 결국 송병준과의 타협을 통하여 송병준 1명만이 농상공부대신으로 입각하였다. 그리고 조각 내용에 따른 반발을 최소화하고자 농상공부대신직은 공석으로 남겨두었다가 마지막에 가서야 송병준을 임명하였다. 『一進會裏面史』, 『朝鮮史話と史蹟』, 京城:朝鮮研究會, 1940, pp.955-959 참조. 따라서 후술하겠지만, 이 때의 내각이 일진회의 영향력이 작용하여 성립되었지만, 실제 인적 구성은 이완용 친정체제쪽으로 굳어지게 된다.

46) 『日韓合邦秘史』 上, p.201.

47) 『日韓外交資料集成』 第6卷 上, pp.492-494; 『朝鮮の保護及併合』, p.105.

48) 松宮丹畝, 「韓國の政治家(李完用と宋秉畯)」, 『日本及日本人』 481(1908. 4. 1), p.79.

수 있는 인물로 이완용을 전면에 내세웠다.

이토의 이완용 천거에 대해, 고종은 박제순 후임으로 徐正淳을 등용할 의도를 가지고[49] 이완용의 경력과 연령 및 특히 일반 여론의 반대를 이유로 난색을 표했으나, 이토의 집요한 권유로 마침내 응낙하지 않을 수 없었다.[50]

이완용과 송병준의 연립내각은 그들의 개인적인 친분관계 및 공통된 시국인식을 배경으로 성립되었다. 두 사람은 송병준이 1906년 8월 玉璽 盜用사건으로 유배형이 결정된 李逸植을 은닉한 죄로 경무청에 구속[51]되면서 밀접해졌다. 이완용은 이 사건 이전에는 일진회를 탐탁치 않게 여기고 있었으나, 일진회를 정치적 발판으로 이용하기 위하여 송병준 特赦運動을 전개하였다. 그의 형인 평리원재판장 李允用에게 송병준 무죄 석방을 권고한 것이다.[52] 이완용은 앞서 보았듯이 박제순 내각과 일진회의 연계를 통해 정국을 안정시키고, 동시에 일본 군부의 후원을 받고 있던 일진회와의 결탁을 통하여 권력 기반을 확대하려는 의도를 가지고 있었다.[53] 이완용의 노력이 일부 작용하여 송병준은 석방되었다.[54]

49) 黑田甲子郎 編,『元帥寺內伯爵傳』, 東京:元眞社, 1920, p.521; 細井肇,「現代漢城の風雲と名士」, p.22.

50) 『日韓合邦秘史』上, p.247;『日韓外交資料集成』第6卷 上, p.496;『朝鮮の保護及併合』, p.107;『大韓每日申報』1907년 5월 30일 잡보「政界改革에 續聞」.

51) 『日韓合邦秘史』, pp.24-29;『元韓國一進會歷史』卷之三(1906. 8. 23), p.35.

52) 『大韓每日申報』1906년 10월 7일 잡보「黨於一進」, 10월 12일 잡보「結托一進」·「三大密會」, 10월 14일 잡보「學大奔走」.

53) 『大韓每日申報』1906년 10월 12일「結托一進」.

54) 『大韓每日申報』1906년 10월 26일 잡보「宋氏保放」. 송병준 석방은 일진회 고문으로 한국 병탄을 주장했던 우치다가 일진회를 일본 앞잡이 역할을 할 수 있도록 하기 위해 이토에게 건의한 것이 주효하였다고 한다. 趙恒來,「內田良平의 韓國倂呑行跡」,『國史館論叢』3, 국사편찬위원회, 1989, pp.179-181. 그렇지만 이완용의 송병준 석방운동은 그간 주목하지 못했던 사실이기도 하다.

송병준 역시 이완용을 정치적 동맹 상대로 생각하였다. 송병준은 당시 한국의 개혁을 행할만한 인물로 이완용을 꼽고 이완용 내각 성립에 노력하였는데, 그가 이완용을 지목한 데는 그만한 이유가 있었다. 우선 당시 일진회는 일본 군부측의 후원하에 있었기 때문에 군부와 갈등관계에 있던 통감부와의 관계가 원만하지 않았으며, 한국 정부로부터도 견제대상이었다. 더욱이 이일식 은닉죄로 구속된 전력이 그의 정치 야망에 장애가 되었다. 따라서 송병준은 몇몇 정치세력과 연계할 필요성을 가졌으며, 그 중에서도 이완용의 노련한 정치역정에 호감을 가지고 있었다. 송병준은 이완용을 "교활하고 대담하며 왕왕 저돌적인 행동을 하는" 인물로 평하였다.[55] 동맹대상으로 그의 정치성향에 부합되는 인물이 이완용이었던 것이다.

이완용과 송병준은 일제의 시정개선책 추진이 고종의 방해에 따라 지지부진하게 되었다는 데에 인식을 같이 하였다. 송병준은 석방 직후 자신을 방문한 일진회 고문 우치다가 聯邦說을 언급하자, '日韓의 聯合은 한국민의 이익이고 그 목적을 수행하기 위해서는 고종의 재위 중에는 도저히 성공할 수 없으므로 廢位를 단행하는 것이 가장 급무'라고 하여, 양국 연대 실현의 정지작업으로 고종 폐위가 가장 시급한 과제임을 피력하였다.[56] 이완용 역시 일본의 한국 정부에 대한 시정개선 노력이 고종의 견제로 방해받고 있다고 생각하였다. 그는 1906년 12월 하세가와 요시미치(長谷川好道)에게 일본의 대한정책이 성과를 거두기 위한 최후 수단으로 고종의 廢位를 건의하였다.[57] 그 전날 하세가와는 고종을 알현하여 황권 제한과 일제 및 친일정부에로의 권

55) 『日韓合邦秘史』上, pp.25-29.
56) 『日韓合邦秘史』上, p.45.
57) 서영희, 앞의 박사논문, pp.283-284.

력 이양을 목적으로 宮中과 府中의 분리 및 고종의 政務 간섭 배제를 요구한 바 있었다. 따라서 이완용의 폐위 주장은 황제권 약화를 기도하는 일본측의 입장을 반영하여 제기된 것이기도 했다.

　요컨대 이완용과 송병준은 일본이 강조해 온 시정개선 작업 추진을 위해서는 고종의 폐위가 반드시 필요하다는 인식에 공감하였고, 이러한 인식은 연립내각 성립의 결정적 배경이 되었다고 할 수 있다.

2) 고종 양위 강요

　이완용 내각은 출범 직후 헤이그밀사 파견과 고종 폐위, 군대해산에 따른 의병 항쟁에 직면하였다. 고종은 『大韓每日申報』 광고를 통해서 을사조약의 무효를 주장하고[58] 여섯 차례에 걸친 외교활동으로 을사늑약 무효화 운동을 추진하였다.[59] 일제는 헤이그밀사 파견 사실이 알려지면서 고종을 강박하였고 이완용은 그 해결사 노릇을 하였다.

　이토는 이완용에게 밀사 파견은 "協約(을사늑약:필자) 위반일 뿐 아니라 일본에 적대행위를 한 것이므로 일본은 한국에 대해 宣戰할 충분한 이유가 있다"고 협박하자,[60] 이완용은 1907년 7월 17일 내각회의를 거쳐 "1905년 11월 17일의 신협약에 御璽를 押할 것. 황제의 攝政을 推薦할 것. 황제가 직접 동경에 가서 일본황제에게 사과할 것" 등 세 가지 안을 상주하였다.[61] 黃玹은 『梅泉野錄』에서, 그 때

---

58) 『大韓每日申報』 1907년 1월 16일 광고.

59) 柳永烈, 「日本의 韓國支配政略과 高宗의 國權守護運動」, 『大韓帝國期의 民族運動』, 一潮閣, 1997, pp.372-378 참조; 李泰鎭, 「일본의 대한제국 國權 침탈과 조약 강제」, 『韓國史市民講座』 제19집, 一潮閣, 1996, pp.46-47.

60) 小松綠, 앞의 책, p.31.

61) 『皇城新聞』 1907년 7월 19일 잡보 「有何善後」·「所不忍言」, 『大韓每日申報』 1907년 7월 19일 잡보 「閣議上奏件」; 小松綠, 앞의 책, pp.31-32. 이완용의 주장 가운

고종이 상주안을 윤허하지 않자 이완용은 칼을 빼어들고 버럭 소리치며 협박하였다고 한다.[62]

이완용은 헤이그 밀사 문제의 해결책으로 고종의 양위를 주장하였다.[63] 그는 일본에서 제기되던 합병, 정권위임, 양위 주장에 대해, "합병 또는 정권위임이라고 하는 것을 우리들은 죽어도 복종할 수 없다. 금일의 일은 양위 한 가지뿐이다"라고 하며, 내각 회의에서 고종 강제 양위를 적극 주장하였다. 그러나 고종은 양위의 절대 불가를 강조하고 謝罪使로 이완용의 일본 파견을 최선의 방책으로 생각하였다.[64]

고종은 이러한 위기를 극복하고 통감부와 친일내각을 견제하기 위해 일본에 망명중이던 야심가 박영효를 1907년 6월 8일 비밀리에 귀국시켜 궁내부대신으로 임명하였다.[65] 이에 이완용은 양위 거행을 용이하게 하기 위해 자신이 궁내부대신서리를 겸임하려 하였다. 그러나 양위반대파의 선봉에 선 박영효는 궁내부 사무를 이완용에게 인계하지 않고 宮中派 및 軍人세력과 협동하여 양위 반대를 밀약하였다. 박영효는 7월 20일 고종 양위식을 앞두고 고종은 단지 황태자에게 양

데 주목되는 내용은 을사조약에 御璽를 押할 것인데, 이는 을사조약이 고종황제의 동의하에 이루어진 협약이 아니었음이 조약 체결에 앞장선 당사자에 의해 증명되는 것이다.

62) 黃玹, 『梅泉野錄』, pp.421-422. 이완용이 7월 16일 밤 고종을 알현하여 자결할 것을 촉구하였다는 설도 있다. 金子堅太郎, 『伊藤博文傳』 下, 東京:春畝公追悼會, 1940, p.759.

63) 金明秀 編, 「皇太子(隆熙)의 代理」, 『一堂紀事』, p.64.

64) 『日韓合邦秘史』 上, p.296.

65) 『統監府文書』 3, 國史編纂委員會, 1998, pp.320-321; 『日韓合邦秘史』 上, p.275·299. 고종은 박영효가 명성황후 시해사건과는 무관하다고 여겼으며, 철종의 駙馬 예우를 갖춰 칙명으로 官爵을 회복시키고 罪跡을 소멸시켰다. 『日韓外交資料集成』 第6卷 中, p.523, 「伊藤統監謁見始末(1907.6.11)」. 그러나 고종은 잦은 쿠데타의 주역으로 연루되었던 李埈鎔의 歸國에 대해서는 인심의 거부감을 들어 반대하였다. 『日韓外交資料集成』 第6卷 中, p.545, 「伊藤統監謁見始末書(1907. 6. 22)」.

위한 것이 아니라 "庶政의 執行을 위임한 것에 불과하다"고 주장하면서 궁중세력 및 武官과 연합하여 즉위식 때 侍衛隊를 동원, 양위 찬성 대신들의 鏖殺을 계획하였다. 그러나 정부 밀정의 탐문으로 사전에 들통나서 박영효를 비롯한 侍從院卿兼內大臣 李道宰, 陸軍步兵參領 李甲, 侍從武官 魚潭, 陸軍步兵 正尉 林在德, 前弘文館學士 南廷哲 등 양위반대파가 포박되었고, 박영효는 1년간 제주도에 유배되었다.[66] 박영효 · 이도재 · 남정철 등 이른바 '궁중파'는 이완용 등의 내각파와의 대결에서 패배하고, 이후 일제의 사주를 받은 내각파 중심으로 정국이 운영되었다.

고종 양위가 강제되고 정미7조약 및 군대해산으로 국정은 완전히 통감부의 장중으로 들어갔다. 이완용은 한국의 내정 개혁과 시국 정돈을 위해 '先進의 指導'가 필요하다는 이토의 논리에 수긍하여 국정 전반의 실권을 이토에게 넘겨주었고, 일본은 이로써 한국 병합의 轉機를 마련하게 되었다.[67] 이완용의 위와 같은 일련의 친일행각에 분노한 의병은 이완용의 조상 신주를 불태우고 가옥 및 什物을 全燒하여 10여만 원의 손해를 끼쳤으며, 이완용은 이토의 주선으로 倭城俱樂部에서 수개월동안 피신하기도 하였다.[68]

의병운동으로 곤경에 처해졌던 이완용의 義兵觀을 살펴보자. 이완용은 1907년 12월 17일 제25회 한국 시정개선에 관한 협의회에서 의병진압책으로 각 지방에 의병 귀순을 권유할 說諭위원 파견과 의병

---

66) 國史編纂委員會, 『高宗時代史』6, 探求堂, 1972, pp.645-647; 靜波閑史, 「一堂을 追憶하고(七)」, 『每日申報』1926년 2월 20일; 細井肇, 「朴泳孝」, 『現代漢城の風雲と名士』, pp.73-74;『元韓國一進會歷史』卷之四(1907. 7. 22), p.65;『日韓合邦秘史』上, pp.314-325;『日韓外交資料集成』第6卷 中, p.619.

67) 金度亨, 「日帝侵略期(1905-1919) 親日勢力의 政治論 研究」, 『啓明史學』3, 啓明史學會, 1992, pp.49-50 참조.

68) 金明秀 編, 「同友會の來襲」, 『一堂紀事』, pp.97-99.

진압을 위한 경찰력 증강을 주장하였다.69) 이와 함께 일본 군대의 의
병 토벌은 한국인의 원성을 살 수 있으므로, 한국인을 일본헌병의 보
조원으로 고용하여 의병 토벌에 앞장서게 하자고 주장하였다.70) 이는
이토의 의병진압책, 곧 의병진압이 보통의 치안유지와는 다르기 때문
에 경찰력만으로는 안되며 한국인 헌병보조원을 모집하여 의병을 진압
하려 한 주장과 일치한다.71) 이와 같은 강경책과 함께 이완용은 회유
책도 구상하였는데, '의병 대부분이 직업 없어 도적을 業으로 삼고 있
기 때문에 토목공사를 일으켜 직업을 줌으로써 糊口之策을 마련해 준
다면 감소할 것'이라는 것이다.72) 경제적인 생활안정을 유도하면 의병
이 자연스럽게 소멸할 것이라는 주장에서 그가 의병을 약탈을 주목적
으로 하는 화적으로 간주하고 의병의 반침략적 성격에는 주목하지 않
았음을 알 수 있다.

IV. 이완용의 세력구축과 일진회와의 대립

1) 이완용의 세력구축

새 내각의 수반이 된 이완용은 이토의 양해하에 독점적인 조각권을

---

69) 『日韓外交資料集成』第6卷 中, pp.694-696 · 714.
70) 『一堂紀事』, 「詔勅」, p.118, 「言行雜錄」, p.813. 이 외 의병진압책으로 이완용은
   각 지방의 보부상 조직을 이용하려고 시도하였으나 보부상의 반대에 부딪혔다고
   한다. 『大韓每日申報』1908년 1월 29일 잡보 「負商反對」.
71) 『日韓外交資料集成』第6卷 中, 「韓國施政改善에 關한 協議會 第41回」(1908. 6. 9),
   pp.889-890.
72) 『日韓外交資料集成』第6卷 中, 「韓國施政改善에 關한 協議會 第30回」(1908. 3.
   24), p.783.

행사하였다. 이완용의 회고에 의하면, 이토가 그를 불러 "一切 組閣 문제는 각하의 임의로 할 것이지만 각원 중 2인만은 내가 추천하겠다"고 하며, 당시 친일성향을 지니고 일본 사정에도 정통한 일진회 고문 宋秉畯과 통감부 農事課 囑託 趙重應을 추천하였다고 한다.[73] 이와 함께 이완용의 천거에 의해 經理院卿 고영희가 탁지부대신, 정3품 조중응(형사국장 역임)은 법부대신, 정3품 송병준(일진회 두령)은 농상공부대신, 成均館長 任善準은 내부대신, 副將 李秉武는 군부대신에, 中樞院 副議長 李載崐은 학부대신이 되었다.[74] 고종은 이들 중에서 임선준과 송병준의 대신 등용에 불만을 가졌다. 특히 고종은 임선준이 '3품에 불과하여 자격이 미치지 못한다'고 반대하였으나 이완용은 외국에서 9품 대신도 있다고 하며 완강히 관철시켰다고 한다.[75]

이완용 친일내각 조직의 특징은 황제의 의향이 배제되고 이토의 추천과 이완용의 천거에 의해 이루어졌다는 점이었다. 정3품인 송병준·임선준·조중응이 大臣에 임명되는 파격적인 인사 단행이었는데, 황제의 인선이 제한되고 수상이 각 대신을 추천하는 형식, 이른바 책임내각제 형식으로 조각되었다. 일제는 황제의 大臣 임면권을 제한함으로써 각 대신들의 정치적 지위를 그들의 영향력 내에 묶어두려 했던 것이다. 따라서 이 때 임명된 대신들은 친이완용 계열로, 친일 성향을 가지고 황제 의사를 거스를 수 있는 자들이었다. 인사권 마저 빼앗긴 황제의 권한은 그야말로 유명무실하게 되었다.[76]

---

73) 靜波閑史, 「一堂을 追憶하고(六)」, 『每日申報』 1926년 2월 19일; 金明秀 編, 「內閣의 新改革」, 『一堂紀事』, p.53.

74) 『皇城新聞』 1907년 5월 24일 잡보 「內閣新組織」, 5월 27일 잡보 「三大新任」.

75) 『大韓每日申報』 1907년 5월 30일 잡보 「政界改革에 續聞」; 黃 玹, 『梅泉野錄』, p.414.

76) 더욱이 일제는 이완용 내각 성립 직후 일본식 제도를 모방하여 의정부는 내각으로, 참정대신은 총리대신으로 개칭하는 한편 宮中과 府中의 구별을 엄격히 하여 황제권 축소를 도모하였다. 釋尾春芿, 앞의 책, p.333; 『皇城新聞』 1907년 5월 17

한편 내각 출범 초기 이완용은 송병준의 적극적인 지원으로 수상의 자리에 오를 수 있었기 때문에 일진회의 영향력에서 자유롭지 못했다고 한다. 『大韓每日申報』는 이완용을 통감세력 및 송병준 내지 일진회의 휘하에서 움직이는 꼭두각시,[77] 또는 "일진회의 鷹犬"[78]이라고 하여 내각이 일진회의 수중에 있다고 보았고, 일진회 고문 우치다도 송병준이 없는 이완용 내각은 허세에 불과하다고 보았다.[79] 그렇지만 이완용은 송병준과 일진회의 지나친 내각 간섭 배제 약속을 전제로 내각을 운영해 나갔으며, 이토 역시 송병준의 일진회 세력을 이용한 내각 압박을 경계하였다.[80]

이완용은 내각 성립 직후부터 노련한 인사 운영으로 자신의 세력을 구축해 나갔다. 종전 정부관료의 반발을 억제하기 위해 박제순 내각 당시의 高等官을 그대로 유임시켜 내각의 안정적 세력화 작업에 힘썼다.[81] 그러는 한편 '家族政府'라고 불리는 자파세력의 구축에 노력하였다. 집권 초기 자신의 측근을 세력화하여 하나의 당파 형성에 주력한 결과, 그의 형 李允用이 궁내부대신, 사돈 임선준이 내부대신, 처남 趙民熙가 평리원재판장 등 수많은 친인척이 정부관료로 등용되었다.[82]

이완용 내각체제가 안정적으로 운영되던 1908년 6월 『大韓每日申

일 잡보 「內閣改定 大詔」.

77) 『大韓每日申報』 1907년 6월 11일 流木行雲.

78) 『大韓每日申報』 1907년 7월 7일 筆下零金.

79) 內田良平, 『靈瑞秘符』, 韓國史料研究所, 『朝鮮統治史料』 4, 東京:宗高書房, 1970, p.248.

80) 『日韓外交資料集成』 第6卷 上, p.488.

81) 『大韓民報』 1909년 6월 22일 잡보 「前例聲言」 참조. 前任 내각대신들은 신설된 명예직인 중추원 고문에 임명되었다. 『皇城新聞』 1907년 5월 17일 잡보 「內閣改定 大詔」.

82) 『大韓每日申報』 1907년 8월 16일 잡보 「總理樹黨」, 12월 3일 잡보 「自家宮府」.

報』에서 파악한 '총리대신 이완용-궁내부대신 이윤용 가족정부'의 성원을 표로 정리하면 다음의 <표 1>과 같다.[83] 표에 보이는 이완용 친인척 24명은 1908년 6월 당시 파악된 숫자이며, 파악되지 않은 인원 및 그 후 관직에 등용된 인원까지 합하면 이보다 훨씬 많을 것이다.[84]

<표 1> 이완용 '가족정부' 구성원

성 명	관 직	관 계	성 명	관 직	관 계
李恒九	侍從	子	李龍九	奎章閣記注官	堂姪
李明九	侍從	姪	尹喜求	典製官	連査
李會九	侍從副卿	堂姪	尹迴求	東宮侍從	査
李仁用	禮式官	三從弟	韓光洙	南殿提調	切戚
閔丙奭	侍從院卿	處內從	李丙瓚	耆老所 典務官	三從孫
趙民熙	承寧府摠官	妹夫弟	金永甲	侍從	切戚
洪運杓	侍從	女婿	李甲承	侍從	戚孫
趙重國	侍從	甥姪	金璜鐵	侍從	査
金天洙	奎章閣書記官	戚姪	任善準	度支部大臣	親査
韓相鶴	侍從	甥姪	趙英熙	中樞院 贊議	妹夫
金用鎭	侍從	親査	金明秀	內閣秘書課長	甥姪
金晋圭	懿孝殿令	妹夫	洪完植	侍從武官	姪婿

이 구성원의 특징으로 절반 이상이 侍從院卿, 侍從副卿, 承寧府摠官 등 황실 주변의 핵심관직에 포진해 있다는 점을 지적할 수 있다.[85] 친인척 외에 이완용 측근으로 侍從 朴善斌, 典繕司長 金珏鉉 등 27명, 이완용 계열로 법부대신 高永喜, 군부대신 李秉武, 학부대신 李載崐, 중추원 찬의 李在正·洪承穆·南奎熙 등 20여 명이 정

---

83) 『大韓每日申報』 1908년 6월 18일 잡보 「摠理와 宮相의 家族」; 黃玹, 『梅泉野錄』, p.458.
84) 『大韓民報』 1909년 7월 27일자 잡보 「機費已入」에서는 "李完用氏는 家族의 現帶 官人이 六十名 以上에 達ㅎ야"라고 하여 60명을 상회하고 있음을 기록하고 있다.
85) 黃 玹은 이완용 인척 가운데 侍從을 지낸 자를 18명을 파악하였다. 『梅泉野錄』, p.458.

부 요직에 포진하고 있었다.[86]

이완용 측근 가운데 주목되는 인물은 趙重應이다. 조중응은 갑신정변 이래 줄곧 친일파의 길을 걸었으며 일본에 10여 년 동안 망명생활을 하였다. 원래 조중응은 이완용과 적대적 관계에 있었지만 이토에 의해 발탁되어 법부대신으로 등용된 이후 이완용과 의기투합하여 내각을 이끌어 갔으며, 이완용에 비해 담력과 식견은 부족했지만 다년간의 일본 망명생활로 일본 사정을 熟知하고 있다는 장점이 있었다.[87] 또한 조중응은 보부상을 모아 일진회 해산에 앞장설 만큼 반일진회 성향을 지녔으며,[88] '평민당파'인 일진회와는 달리 유교를 主로 하는 당파인 '大東學會' 조직을 주도하였다.[89] 흔히 '이완용-조중응' 관계는 일진회의 '송병준-이용구' 관계와 비견된다.[90]

2) 일진회의 이완용 내각 규탄

일진회와 이완용은 필연적으로 서로 결별할 수밖에 없는 정치적 배경을 가지고 있었다. 이러한 경쟁적 상황이 일국의 운명을 주도하는 한 기축이 되었다고 할 수 있다.

이완용 독주체제에 대해 일진회의 반발이 거세어졌다. 일진회 평의원 劉載漢은 이완용이 정치 개선에 힘쓰지 않고 '家族政府' 형성에만 몰두하고 있다고 비난하며 이완용의 사직을 건의하였다.[91] 그러나

---

86) 『大韓每日申報』 1908년 6월 18일 잡보 「摠理와 宮相의 家族」.

87) 小松綠, 앞의 책, p.120.

88) 『大韓每日申報』 1908년 1월 26일 잡보 「宴席風波」.

89) 山路愛山, 「韓國の政黨及其領袖」, 『太陽』 16-11(1910. 8. 1), p.45.

90) 小森德治, 『明石元二郎』 上, 臺灣日日新報社, 1928, pp.394-395.

91) 『大韓每日申報』 1907년 9월 19일 잡보 「一免一出」; 黃玹, 『梅泉野錄』, p.458.

자파세력의 구축에 성공한 이완용은 재야 반일정치단체인 대한자강회와 친일경쟁단체인 일진회의 붕괴를 획책하였으며,[92] 친위세력을 점진적으로 등용하면서 자기 휘하의 사람을 일진회에 입회시켜 일진회를 정탐하기도 하였다.[93] 이에 반해 송병준은 자신의 입각과 함께 다수의 일진회원을 관계에 진출시키긴 했으나,[94] 이완용 독주를 견제할만한 세력을 구축하지는 못하였다.

1907년 5월 연립내각 조직시 이완용과 송병준은 중앙정부 관리는 이완용 계열의 양반을, 지방관리는 일진회원을 등용할 것을 議定하였지만 지켜지지 않았다.[95] 송병준은 전국 군수직의 절반을 일진회원으로 선임할 작정이었으나 실제로는 10여 명 내외만이 부임하였다. 게다가 송병준은 고종 양위, 정미7조약 등에 대한 공로를 이완용이 독차지하고 자신은 항상 뒷전에 위치해 있음을 개탄해 하였다. 이완용이 고종 폐위에서 정미조약 체결에 이르기까지의 공로를 독차지하여 桐花大綬章을 받은 것에 반해 송병준은 하등 공로를 인정받지 못하였던 것이다. 이완용과의 경쟁체제에서 이탈된 송병준의 불평은 더욱 커져만 갔다.[96]

그러나 이 두 세력간의 갈등 배경은 무엇보다도 각기 다른 정치적 배경과 지향점의 차이 때문이었다. 이완용과 일진회의 송병준을 비교해 보면 다음의 <표 2>와 같다.[97] 「부록5 참조」

---

92) 『大韓每日申報』 1907년 9월 9일 筆鋒碎玉.
93) 『大韓每日申報』 1907년 11월 13일 「勸告入會」, 11월 15일 筆下雌黃.
94) 趙恒來, 『一進會硏究』, 중앙대 박사학위논문, 1984, pp.132-134.
95) 山路愛山, 「韓國の政黨及其領袖」, 『太陽』 16-11(1910. 8. 1), p.42.
96) 『日韓合邦秘史』 上, p.577.
97) 權藤四郎介, 「候李完用と伯宋秉峻」, 『李王宮秘史』, 東京:ぺりかん社, 1977, pp.261-267; 『現代漢城の風雲と名士』 및 『朝鮮貴族列傳』 참조.

<표 2> 李完用과 宋秉畯 비교

	李完用	宋秉畯
생년월일	1858. 6. 7.	1858. 8. 20.
출생지	경기도 광주	함경남도 장진
출신	양반(老論派)	천민(또는 송시열 후예라는 설이 있음)
학업	漢學·書道 能, 육영공원 수학, 增廣文科 급제(1882)	무과급제(1871)
주요 관직	侍講院 檢校, 주차미국참찬관, 외부대신, 학부대신, 평남관찰사, 총리대신, (병합 후) 중추원 부의장	훈련원 판감, 사헌부감찰, 양지현감, 군수, 농상공부대신, 내부대신, (병합 후) 中樞院 고문
정치 유형	관료적 정치가	대중집단적 정치가
정치 스타일	漸進主義 주도면밀·점진적 세력구축	急進主義 과단성·급격한 세력구축
정치 배경	양반관료	평민, 浪人
처세술	철두철미한 시세 순응주의	집단 여론으로 時勢를 지휘
정치행로	친미→친러→친일주의	극단적 친일주의
日人 교우	통감(이토·소네(曾禰荒助))	일본 군부(육군)
병합론	형세관망→병합 주도	시종여일 병합 주장
재산증식	안전지향적	모험적
작위	伯爵	子爵

이완용이 양반관료 중심의 정치체제를 지향한 '양반파'라고 한다면 일진회는 양반질서 해체를 지향한 '평민당파'라고 할 수 있기 때문에, 지속적인 공조를 유지하기란 현실적으로 어려웠다.[98] 본래 이완용은 양반중심의 사회질서를 선호하였다. 尹致昊는 그의 일기에서 이완용을 "士大夫나 貴族들을 위한 특별한 학교를 세우고자 한 사람"으로 평가하며, 그의 양반특권의식을 지적하였다.[99] 반면 동학의 잔당세력

98) 森山茂德, 『近代韓日關係史研究』, 김세민역, 玄音社, 1994, p.217·230.
99) 國史編纂委員會, 『尹致昊日記』 IV(1975), 1896년 1월 21일조, 김행선, 앞의 논문

이 주축이 된 일진회는 反身分社會的 지향을 지니고 있었다.

앞의 <표 2>에서 알 수 있듯이 이완용과 송병준은 상이한 출신 배경과 정치적 기반 및 지향이 달랐다. 그럼에도 두 사람이 연립내각을 구성할 수 있었던 것은 앞서 본 바와 같이 정치적 공조의 필요성과 공통된 시국인식 및 양국관계에 대한 인식이 서로 일치하였고, 또한 이토 통감의 비호하에 가능한 것이었다.[100] 그런데 점차 시간이 지나면서 이완용의 독주 및 양자의 이해관계에 따라 결별하기에 이르렀다.

일진회는 1907년 정미7조약, 고종 강제 양위, 군대 해산 등에 저항한 의병봉기를 억제하기 위한 조치로 '自衛團'을 조직하였지만, 성과를 거두기는커녕 오히려 반일기세가 강화되고 일진회 자체 피해가 심각한 상황에 이르렀다.[101] 통감부 설치 이후 1908년 6월까지 전국 각지의 의병들에게 살해된 일진회원수가 9,260명, 소각된 가옥이 360호에 달하였다.[102] 이러한 수세국면에서 일진회는 이완용이 일진회를 업신여기며 전횡을 자행함으로 내각 공조체제의 기초가 무너졌다고 판단하고, 이완용 내각과 통감정치에 반항하는 형세를 취하였다. 더구나 이토의 정책이 일진회에 하등 만족을 주지 못하였기 때문에 일진회원의 불평이 극심하였다.[103]

이완용은 일진회의 이완용 공격 및 내각 전복 기도를 차단하고 일진회의 환심을 사기 위해 일진회 일부 세력의 관료화의 길을 터 주었다.[104] 1908년 6월 6일 단행된 내각대신의 인사 단행[105]은 이러한 계

p.120에서 재인용.

100) 松宮丹畝, 「韓國の政治家(李完用と宋秉畯)」, 『日本及日本人』 481(1908. 4. 1), p.87.
101) 金東明, 「一進會と日本 -'政合邦'と併合-」, 『朝鮮史研究會論文集』 31, 朝鮮史研究會, 1993, pp.105-106.
102) 趙恒來, 「內田良平의 韓國併呑行跡」, 『國史館論叢』 3, 국사편찬위원회, 1989, p.185.
103) 『日韓合邦秘史』 上, p.577.
104) 金明秀 編, 「內部官制改正の原因」, 『一堂紀事』, p.130.

책에서 나온 것이었다. 즉 송병준을 내부대신으로 등용하고 지방관제를 개정하였다. 내부대신은 관찰사 천거권을 가지고 관찰사는 지방 군수를 내부대신에게 천거하는 체제, 곧 내부대신에게 지방군수 임용권을 주어 일진회의 지방행정 진출의 길을 넓혀줌으로써 그들의 반발을 무마코자 한 것이다.[106] 안정적인 정국운영을 위한 세력규합책이었던 것이다.[107]

그럼에도 일진회는 1908년 6월 10일 특별평의원회를 열고 총리대신 이완용 사직권고건을 제출함으로써 反李完用 운동을 본격화하였다.[108] 1908년 11월 29일 이완용은 이토를 방문하여 사의를 표명했다. 그 이유로 일반 국민의 일진회에 대한 악감정이 정부 원성으로 이어졌고 일진회의 거듭되는 정부 공격 및 송병준이 동료대신간에 파란을 일으키는 점을 거론하였는데, 이는 사의를 가장하여 일진회에 대한 이토의 단호한 조치를 압박하고자 한 의도였다. 그런데 이토는 송병준이 내각 경질을 주장하며 일본 카쓰라 타로(桂太郎) 수상에게 서한을 보내 통감부 정책을 비난하자 카쓰라, 테라우치 마사다케(寺内正毅) 육군대신과 일진회 해산 방법을 협의하였다. 그리고 일진회원에 대해서는 "최후의 恩惠手段으로써 (일진회) 중요 임원에 일본의 主旨를 철저하게 하거나 각 지방에 돌려보내 직업을 얻도록 간절히 說諭"하는

---

105) 이 때의 인사는 새로운 任免이 아닌 자리의 교환이었다. 내부대신 任善準은 度支部大臣으로, 농상공부대신 宋秉畯은 내부대신으로, 법부대신 조중응은 농상공부대신으로, 탁지부대신 고영희는 법부대신으로 자리를 옮겨 앉았다. 『高宗時代史』 6, p.751.

106) 金明秀 編, 「內部官制改正の原因」, 『一堂紀事』 p.129; 宋炳基(외), 『韓末近代法令資料集』 VI, 국회도서관, 1970, 勅令第35號 郡守任用令(1908. 6. 18); 黃 玹, 『梅泉野錄』, p.458 참조. 송병준은 관찰사 임면권과 관찰사의 군수 추천권에 대한 정부의 간섭을 배제하여 지방에서의 일진회 세력 확대를 꾀하였다.

107) 金明秀 編, 「年譜」, 『一堂紀事』, p.555.

108) 『元韓國一進會歷史』 卷之六(1908. 6. 10), pp.12-16 참조.

정책을 취하였다.[109]

한편 송병준은 이토에게 이완용 내각 경질을 주장하였다. 송병준이 반이완용책으로 김윤식을 총리대신으로, 박영효를 궁내부대신으로 재기용하여 宮中의 신용을 얻으려 하였다는 설이 나돌 정도로,[110] 반이완용 책략에 몰두하였다. 이와 함께 일진회는 부회장 洪肯燮을 중심으로 이완용 내각 총사직 운동을 전개하였다.[111] 그런데 송병준은 1909년 2월에 있었던 순종의 남북순행시의 불경죄로 여론의 지탄을 받고 결국 정계에서 물러났고[112] 이완용은 송병준의 면관 이후 송병준 일파에 대한 경계를 늦추지 않으며[113] 독자적인 세력 구축에 주력하였다.

송병준은 면직 후 도일하여 일본 정계를 상대로 한 합방운동을 전개히였다. 그는 일본에서 '한국에 존속하는 일제 통감부와 이완용 내각이라는 두 개의 정부는 이롭지 못한 체제이므로 한국의 희망과 평화를 위해 하나의 정부를 두어야 한다'고 하며 공공연하게 병합을 주장하였다.[114] 이에 대응하여 이완용은 각 대신에게 聯邦 문제 可否 취결을 종용하고 소네 부통감에게 연방 문제의 조속한 결정을 재촉하였다.[115] 이처럼 이완용과 송병준의 정치적 대립은 1910년 강제 병탄시까지 지속되었으며, 일국의 운명을 주도하는 주요 변수가 일제의 대한정책과 함께 이들의 친일경쟁에 있었다고 할 수 있겠다.

---

109) 金東明, 앞의 논문, p.106.
110) 『公使館記錄』 36권, p.11, 憲機第17號(1909. 1. 7).
111) 『公使館記錄』 36권, p.95, 憲機第307號(1909. 2. 12); p.97, 憲機第316號(1909. 2. 12); 憲機第503號(1909. 3. 5).
112) 金明秀 編, 「年譜」, 『一堂紀事』, pp.563-564.
113) 『公使館記錄』 36권, p.157, 憲機第505호(1909. 3. 5).
114) 『大韓每日申報』 1909년 4월 13일 잡보 「布哇特報」.
115) 『大韓每日申報』 1909년 4월 16일 잡보 「巷說狼藉」, 4월 17일 잡보 「總理訪問」.

이완용은 송병준 면직 이후 독자적인 권력 구축을 지속할 수 있게 되었다. 이는 이토의 적극적인 옹호하에 가능한 것이기도 했다.[116] 그러나 이완용에게도 몇 가지 시련이 다가왔다. 권력 지탱의 충실한 후원자였던 이토의 사임(1909. 6.)과 대한협회 · 서북학회 · 일진회의 반이완용 전선 형성이 그것이다. 1909년 9월 이 세 단체는 비록 정치적 지향이 달랐으나 反이완용 전선으로 결집하기 위한 이른바 '三派聯合運動'을 전개한다.[117] 이완용은 3파연합 기도를 탐지하고 우선 연합운동에 주도적 역할을 한 鄭雲復을 매수하려 했으나 실패하였고, 오히려 이 매수 사건으로 3파의 反이완용 결집이 공고해지는 결과를 낳았다.[118]

이들 삼파연합운동이 전개되고 있던 10월 26일, 이토가 안중근에게 저격당하자 이완용은 일본의 태도에 주목하였다. 이토 장례식 이후 내각은 연일 비밀회의를 열면서 사태 추이를 관망하는 한편, 이른바 '보호국 체제'라는 현상의 유지를 도모하고, 이를 국내에서 뿐 아니라 일본에 특사를 보내 각국 대사 · 공사에게도 這間의 사정을 주지시킬 것을 모의하였다.[119] 그리고 이완용은 이토 장례식에 참석한 조중응으로 하여금 일본 정부의 대한정책 방향을 탐문케 하고 카쓰라 수상에게 일진회 해산을 청원케 하였다. 그러나 카쓰라가 일진회를 해산시킬 명분이 없으며, 통감의 권한에 속하는 것이라고 거절함으로써 아무런 소득을 얻지 못하였다.[120]

---

116) 趙恒來, 앞의 박사논문, p.155.
117) 3파연합운동에 대해서는 본 논문 제5장 2절을 참조할 것.
118) 『公使館記錄』, 憲機第1820號(1909. 9. 23) '各派合同ニ對スル李完用ノ運動'.
119) 『公使館記錄』, 憲機第2258號(1909. 11. 24).
120) 小松綠, 앞의 책, p.66; 『日韓合邦秘史』 下, p.257.

V. 일진회와의 병합 경쟁과 병합 주도

1) 일진회와의 병합 경쟁

이처럼 일진회와 이완용의 정치적 대립은 합방성명을 계기로 더욱 커져갔는데, 이들의 대립은 일제의 병합정책에 대응한 위기 극복논리에서 비롯된 것이 아니며 단지 권력을 둘러싼 다툼일 뿐이었다.

1909년 12월 4일, 일진회는 이토 저격 사건으로 병합의 기운이 무르익었다고 판단하고 대국민성명서를 통해 '합방'을 주장하였다. 이용구·송병준의 주도로 합방이 이루어질 경우 자파세력이 입을 타격을 두려워한 이완용은 대응책을 마련하였다. 첫째, 미리 일진회의 합방성명 발표라는 돌발적인 행동을 예상하고, 자신이 합방의 공로자가 되기 위해 먼저 일본에 합방을 청원하였고, 둘째, 국민대연설회의 개최로 排合邦 여론, 곧 반일진회 여론을 고조시켜 나가며,[121] 셋째, 일진회원을 매수하거나 일진회 무력화를 위한 정략을 펴나갔다.

먼저, 이완용은 일진회의 합방성명설이 나돌자 비밀리에 탁지부대신 高永喜를 오사카(大阪) 조폐국화폐주조시찰을 명목으로 일본에 파견하여 카쓰라 수상에게 5개조 합방안을 제출하였다.[122] 고영희의 일본행 출발은 11월 27일로, 일진회의 합방성명보다 일주일 앞선 것이었음이 주목된다.[123] 고영희의 합방안 제출은 합방성명을 발표하려는 일

---

121) 石森久彌, 「朝鮮併合裏面史」, 『朝鮮統治の批判』, p.463.
122) 空蕩蕩, 「日韓合邦後の政策」, 『太陽』 16-10(1910. 7. 1), pp.88-89; 『現代漢城の風雲と名士』, pp.25-26; 石森久彌, 앞의 책, p.462; 『大韓每日申報』 1909년 11월 28일 잡보 「度大動靜」, 12월 11일 잡보 「兩相憂慮」; 『大韓民報』 1909년 11월 28일 휘보 「度相渡日」, 12월 4일 휘보 「互相詰責」; 『明石元二郎』 上, p.367; 大東國男, 『李容九の生涯』, 東京:時事通信社, 1960, p.79 참조.
123) 『大韓民報』 1909년 11월 28일 휘보 「度相渡日」, 12월 2일 휘보 「度相着東京」.

진회를 견제하기 위한 흉계와 함께 내각경질설[124] 유포에 따른 내각 유지를 목적으로 하였다.[125] 이 합방청원 5개 조항은 일진회의 합방성명보다 더 구체적인 내용을 담고 있다. ① 한국 황제는 종전대로 置할 事 ② 원로는 일본 華族과 同列케 할 事 ③ 상당한 履歷이 있는 자는 秩祿을 給할 事 ④ 한국민은 일본에 入籍하여 일본 臣民이 될事 ⑤ 한국에서 행하는 정무의 수반은 한국인으로 할 事 등이다.[126]

또한 이완용은 일진회의 합방성명이 있자, 곧바로 소네 통감을 찾아가 '합방설은 일본의 眞意가 아니며 "策士輩의 妄論"에 불과하다'[127]는 답변을 들은 이완용은 일진회의 합방상주문과 내각에 보낸 長書를 기각하고 일진회 성명을 반대하는 中樞院 조회와 漢城府民會의 建白書를 접수[128]하는 한편, 國民大演說會 개최 및 일진회 분열을 책동하였다. 이완용은 일진회가 '한국 君民을 일본의 노예로 삼고자' 하여 소요를 야기한다는 명분으로 일진회 해산을 계획하는 한편, 이를 가능케 하기 위한 여론몰이 전략으로 국민대연설회를 개최하였다.[129] 일진회 합방성명 다음날 개최된 국민대연설회의 주제는

---

124) 내각경질설은 이완용이 총리대신이 된 1907년 5월 이후 병합조약이 체결된 1910년 8월까지 끊임없이 나돈 항설이었다. 일본은 중대 고비 때마다 내각경질설을 유포하여 이완용 내각의 친일을 교묘하게 유도하였다.

125) 『大韓民報』 1909년 11월 30일 휘보 「仍舊運動」.

126) 『大韓每日申報』 1909년 12월 9일 잡보 「令人骨冷」. 한편 黑龍會 간부로 對韓강경론자였던 다케다(武田範之)는 「上三浦將軍書」에서 이완용이 제시한 5개항이 ① 廢皇 ② 籍韓民于日本 ③ 封立華族 ④ 賑給兩班 ⑤ 增進民福이라 하였는데 (森山茂德, 앞의 책 p.268, 結論의 각주 1)), 후술하듯이 이완용이 병합조약 협상 시 왕실의 상징적 존재를 중시한 것으로 보아, '廢皇' 주장을 하였다고는 보기 어렵다.

127) 『明石元二郎』 上, p.366; 石森久彌, 「朝鮮併合裏面史」, 『朝鮮統治の批判』, p.461; 『現代漢城の風雲と名士』, p.25.

128) 金明秀 編, 「日韓兩國の併合」, 『一堂紀事』, p.223.

129) 『日韓合邦秘史』 下, p.526.

"韓日兩國親善關係"였지만, 실제 내용은 일진회 규탄을 위해 이완용이 私黨인 國是遊說團을 사주하여 개최한 반일진회 관료당 집회였다.[130]

그리고 이완용은 대한매일신보사 기자 梁起鐸을 2,500원에 매수하여 일진회 박멸기사를 연재해 줄 것을 요청하였으며,[131] 일진회원 매수에도 적극적이었다. 일진회 부회장을 지냈던 洪肯燮과 일진회 기관지인 국민신보사 사장을 지냈으며 일진회 성명서를 신문에 게재한 韓錫振을 금전으로 매수하고 관직 등용을 약속하면서 일진회에서 탈퇴케 하였다. 한편, 일진회원 權重琦는 일진회원 20명을 탈회시킬 경우 이완용으로부터 관찰사직을 약속 받았다고 한다.[132] 그러나 연쇄적인 탈퇴전략은 실패하고 도리어 일진회의 결합을 공고히 하는 결과를 낳기도 하였다.[133]

이와 함께 이완용은 일진회 견제책으로 ① 친일진회 단체인 褓負商 및 普信社에 대한 압박 ② 일진회 출신 侍從 尹範植, 尹戴植에게 면직 협박 ③ 일진회의 敎敵 손병희 매수 ④ 고희준을 평양에 보내 자객 모집 ⑤ 李人植을 일본에 보내어 '유학생 선동, 對韓同志會에 事情 호소, 일본 신문기자 포섭' 등을 기도하였다.[134] 그리고 일진회장 이용구의 암살 현상금을 내걸고 자객을 모집하기도 하였다.[135] 이 외 이완용은 반일진회운동을 전개하던 기독교청년회를 이용하려

---

130) 國是遊說團과 국민대연설회에 대해서는 본 논문 제3장 2절 참조.
131) 『統監府文書』 8, p.99, 警秘第359-1(1909. 12. 12) '時局ニ關スル集報'.
132) 『統監府文書』 8, p.94, 警秘第4237-1(1909. 12. 10) '合邦問題ニ關スル集報'.
133) 鄭 喬, 『大韓季年史』 下, p.339; 『日韓合邦秘史』 下, p.288 · 536-537; 國史編纂委員會, 『韓國獨立運動史』 1(1965), p.483.
134) 『日韓合邦秘史』 下, pp.289-290 · 538-540.
135) 中山泰昌 編, 『新聞集成 明治編年史』 第14卷 日韓合邦期, 東京:新聞集成明治編年史編纂會, 1936, p.182.

하였다. 상동교회 목사 全德基를 비롯한 기독교계의 합방반대 여론에 선교사들의 영향이 컸기 때문에 이들 선교사를 매수하여 반일진회운동을 고조시키려 하였다.[136]

요컨대 이완용이 사주한 국민대연설회는 이완용과 일진회 간의 권력 장악을 위한 와중에서, 이완용 계열이 주도한 반일진회 운동의 일환이었다. 이완용의 합방 인식은 통감부 시책에 조응하는 방향과 그의 권력 保持를 연장하는 방향에 있었기 때문에, 일진회의 합방성명에 따른 반일진회운동은 합방 자체를 반대하기 위한 것이라기 보다는 일제에 의해 규정되는 권력의 연장을 위한 政爭이라는 성격을 지닌 것이라 할 수 있다.

그런데, 필자는 일진회의 합방성명 이전 이완용이 합방과 관련하여 언급한 자료를 확인할 수 없었다. 다만 이완용의 정치행보가 통감과 밀접한 조응관계 하에 이루어졌음을 볼 때 이토와 소네의 점진적 병합론, 곧 '충분한 병합환경 마련을 위해 7~8년 정도 對韓경영을 하다가 병합을 단행하려는 의도'[137]에 공명했을 것으로 생각된다.

2) 이완용의 병합 주도

이완용의 국민대연설회 개최를 통한 일진회 반대운동은 이재명 의사의 이완용 저격(1909. 12. 22),[138] 일본의 정치단체의 檄文·집회의

---

136) 『日韓合邦秘史』 下, p.270.
137) 본 논문 제1장 1절 1) 참조.
138) 1909년 12월 이완용을 저격한 이재명 의사는 원래 일진회의 합방성명서를 보고 일진회장 이용구의 살해를 결심하고 기회를 보던 중 이완용 내각이 고영희를 통해 일본에 전했다는 합방 5개조 제출 소식을 듣고 이완용 살해를 기도하였다고 한다. 金明秀 編, 「鍾峴加特道敎堂前に於ける遭難」, 『一堂紀事』, pp.186-187.

금지 조치(1909. 12. 9), 일본 수상 카쓰라의 합방의견은 수리하고 합방 반대 의견서를 기각하겠다는 방침 천명(1910. 2. 2) 등으로 위축되었다.[139]

이완용은 이재명 의사에게 피격 당한 후 온양에서 治病 中이면서도 측근을 통하여 내각회의 안건을 결재하는 등 중앙정치에 실력을 행사하고 있었다.[140] 병상에서도 정권에 대한 집착이 집요했던 것이다. 그런데 세간에 내각경질설이 만연하자 이완용은 수상직을 측근에게 양도하여 배후실력자로 행세할 수 있는 방안을 강구하기도 하였다.[141]

그리고 병으로 일본에 머물고 있던 소네 통감이 물러난다는 소문을 접한 이완용은 통감 경질이 대한정책의 변화를 초래하고 자신의 지위마저 흔들릴까 우려하여 유길준에게 一萬金의 자금으로 統監留任運動을 전개토록 하고,[142] 아들 李恒九 편에 카쓰라 수상과 소네 통감에게 글을 보내어 수상직이 유지되기를 애걸하였다.[143]

그러나 일본은 투병중이던 對韓 온건론자 소네 대신 對韓 강경론자 테라우치 육군대신을 통감에 임명하고 병합을 준비하였다. 일본은 1910년 6월 24일 경찰권을 인수하고 군참모장 아카시 겐지이로(明石元二郎)를 헌병대사령관으로 복귀시켜 병합 준비를 진행하였고, 신임 통감 테라우치는 23일 인천에 상륙, 입경하였다.[144] 그러면서 병합을 성사시키기 위해 이완용을 대신하여 송병준이 내각을 맡을 것이라는 설을 유포시켰다. 테라우치는 병합조약 체결을 위한 막바지 물리력을

---

139) 본 논문 제3장 3절 2) 참조.
140) 金明秀 編, 「言行雜錄」, 『一堂紀事』, p.810.
141) 『公使館記錄』 34권 p.33, 憲秘第96號(1910. 3. 23); 『大韓每日申報』 1910년 3월 29일 잡보 「李總理吐血」.
142) 一記者, 「ヨボ政客の昨今」, 『朝鮮』 29(1910. 7), p.72.
143) 『大韓每日申報』 1910년 4월 17일 논설 「李完用의 動靜」.
144) 『日韓合邦秘史』 下, p.679.

확보했으며, 이완용 내각이 합방 단행에 주저할 경우에 대비해서 귀국을 서두르는 송병준을 잠시 시모노세키(下關)에 머물게 함으로써 정적 이완용을 견제토록 하는 용의주도함을 보였다. 이완용이 협상에 미온적일 경우 곧바로 송병준 내각을 조직하여 병합조약을 완성한다는 계략이었다.[145]

온양에서 송병준 내각 조직설에 苦心焦慮하던 이완용은 7월 29일 급히 상경하여, 8월 5일 이인직으로 하여금 통감부 외사국장 고마츠(小松綠)를 방문케 하여 병합 담판의 단서를 열었다.[146] 이에 통감 테라우치는 고마츠의 보고를 통해 이완용의 의향을 확인하고 통감부 인사국장 고쿠부 쇼타로(國分象太郎)를 이완용에게 보내어 담판 교섭을 청하였다. 8월 16일 이완용·조중응이 일본 關東지방에서 일어난 水害 위로와 한국의 정치 근황 보고를 명분으로 통감 관저를 방문함으로써 합방 담판이 정식으로 시작되었다. 이 때의 병합안 담판 사실은 철저하게 비밀에 부쳐졌다.[147] 테라우치는 이완용에게 병합이 선의의 목적을 가지고 있기 때문에 어느 일방적인 힘의 불균형에 기인해서가 아니라 "和氣靄靄하게 달성해야 할 것"이라고 회유하면서,[148] 병합안을 제시하였다.

이에 대해 이완용과 조중응은 미리 결의한 바 있는 것처럼 적극적인 수용 태도를 보였다.[149] 이완용은 "한국의 현상 百事가 헐어 무너지고 스스로 刷新할 힘이 없는 까닭에 타국에 의뢰하지 않으면 안된

---

145) 『日韓合邦秘史』 下, p.679; 『魚潭小將回顧錄』, 市川正明 編, 『日韓外交史料』 10, 原書房, 1981, pp.185-186 참조.
146) 『明石元二郎』 上 pp.374-376.
147) 明石元二郎談, 「三年前の回顧」, 『朝鮮及滿洲』 74(1913.9), p.55.; 小松綠, 앞의 책, pp.141-144; 『明石元二郎』 上, p.469.
148) 釋尾春芿, 앞의 책, p.549.
149) 釋尾春芿, 앞의 책, p.553; 『日韓合邦秘史』 下, p.686.

다. 의뢰해야 할 나라가 일본이라는 것은 세계 각국이 인정하는 바이
다"150)라고 하며 병합을 긍정하였다. 다만 테라우치가 제시한 내용 중
국호를 '大韓'에서 옛 국호인 朝鮮으로 하고, 황제의 칭호도 太公으
로 하자는 부분에 이견을 제시했다.

이완용은 "주권 없는 국가 및 왕실은 단순히 형식에 불과하지만,
일반 인민의 감정을 고려한다면 자못 중대한 문제이다. 일찍이 한국이
淸國에 예속되었던 시대에도 國王의 칭호를 존속했었기 때문에 왕의
칭호를 부여하여 宗室의 제사를 영구히 존속시킨다면 인심을 완화하
는 일방편이 될 것이고 和衷協同의 정신에도 부합된다"151)고 하여,
국호 및 왕실의 존속을 주장하였다. 병합에 따른 국민들의 반발을 무
마하고 이와 함께 수천 년의 사직을 단절하는 반역을 범하는 자신의
책임을 완화하려 했던 것이다.

이완용은 통감부와의 긴밀한 관계에 있으면서도 황실권력과도 깊은
인연을 맺고 있었다. 이완용은 관직에 나간 지 1년여 만에 당시 세자
였던 순종에게 학문을 가르치는 侍講院의 겸사서를 담당하고,152)
1907년 11월에는 황태자인 영친왕 垠의 少師가 되었으며153) 영친왕
의 황태자 책봉에 앞장섬으로써 고종과 엄귀비한테서 이십만 환씩을
받았던 사실,154) 그리고 의병의 습격으로 집을 잃은 이완용에게 고종
이 황실 소유의 南寧尉宮을 하사한 사실155)에서 황실과의 관계가 표

---

150) 釋尾春仍, 앞의 책, pp.554-555.
151) 小松綠, 앞의 책, pp.148-149.
152) 金明秀 編, 「年譜」, 『一堂紀事』, p.495.
153) 金明秀 編, 「皇太子(李王垠殿下)日本留學」, 『一堂紀事』, pp.121-122. 이 때 이토
    는 영친왕의 太師가 되었다.
154) 『大韓每日申報』 1909년 8월 25일 잡보 「乾沒金調査」. 이완용의 형 李允用은 궁내
    부대신으로 재직하면서 엄비소생 英親王을 황태자로 옹립하는 공훈을 세워 황실
    의 두터운 신임을 받고 있었다. 「韓政府の動搖及其沈靜」, 『朝鮮』 1-4(1908.6), p.2.

면상으로는 돈독했음을 엿볼 수 있다.

또한 이완용은 노론을 위시한 양반세력을 정치적 배경으로 성장한 인물이었다. 조선후기 집권세력이었던 노론가문의 후예인 이완용은 당대 세도가 및 황족을 배경으로 하여 정계에 입문하였다. 이완용의 양부 李鎬俊은 대원군과 친구관계였으며, 이호준의 서자이자 이완용의 형인 李允用은 대원군 서녀와 혼인했다. 그리고 이호준은 당대의 세도가인 안동김씨·풍양조씨·연안김씨·청주한씨 등과 혼인관계를 맺었으며, 이완용 역시 풍천김씨·안동김씨·남양홍씨 등 당대 명문가와 혼인관계를 맺었다.156) 또한 이완용은 자신이 양자라는 사회적 관습을 중히 여겨, 妻子가 굶주림에 시달려도 조상에 대한 제사가 우선이라는 생각을 가졌을 만큼 유교적 의례에 철저하였다.157) 이러한 배경은 이완용으로 하여금 양반이란 자긍심을 가지고 유교사상에 기반한 관료주의를 신봉케 하였다.

이처럼 당시 기득권층으로 군림하던 황실과 양반에 대한 집착은 그의 기나긴 정치행보를 견고하게 해준 하나의 요인이 되었을 것이다. 따라서 이완용은 테라우치가 조선이라는 국호를 고집함에 따라 國號 改稱 문제에 대해서는 별다른 이견을 제시하지 않았지만, 太公이란 칭호에는 반대하며 王稱을 사용하되 太皇帝는 李太王으로, 皇帝는 李王으로 할 것을 고집하였고, 테라우치는 일본 정부의 재가를 얻기에 이르렀다.158)

이완용은 황실의 병합 반대에 대한 대책으로 황제의 직접적인 재가

155) 『大韓每日申報』 1909년 1월 28일 잡보 「摠相移屋」.
156) 임대식, 앞의 논문, pp.143-144.
157) 金明秀 編, 「言行雜錄」, 『一堂紀事』, p.784.
158) 『明石元二郎』 上, p.383; 小松綠, 앞의 책, pp.155-158; 『日韓合邦秘史』 下, p.686; 山本四郎 編, 『寺內正毅日記』, 京都女子大學, 1980, p.518.

대신 황제의 勅旨에 의해 조약에 조인하는 방법을 강구하였으며, 이를 용이하게 하기 위해서는 궁내부대신 閔丙奭과 시종원경 尹德榮의 양해를 얻는 것이 급선무였다. 8월 21일 테라우치는 이완용의 권유에 응하여 궁내부대신 閔丙奭, 侍從院卿 尹德榮을 통감 관저로 불러 병합의 本旨에서 실행 방법에 이르기까지 상세하게 설명하며 협조를 당부하였다.[159] 이완용은 시종원경 윤덕영으로 하여금 병합에 따른 讓國詔書에 御寶를 날인하도록 사주하였으며, 윤덕영이 병합에 반대하는 순종을 협박하여 강제로 날인, 이완용을 거쳐 테라우치에게 보내짐으로써 일제의 한국 병탄 과정이 완료되었다.[160] 병합 담판을 시작한 지 불과 6일만의 일이었다.

병합 조인에 앞장선 이완용이 매국의 대가로 일본에 요구한 사안은 세 가지였다. 첫째, 일제 식민통치에 민심이 불복하지 않도록 하기 위해 국민들의 생활 방도에 힘쓸 것, 둘째, 왕실에 대한 대우가 민심을 움직이는 커다란 변수가 됨으로 왕실을 후하게 대우할 것, 셋째, 조선인이 일본인에 비해 열등의 지위에 떨어지지 않도록 교육에 관한 행정 기관을 설치하여 일본인과 똑같은 교육을 실현해 달라는 것이었다.[161]

이밖에 이완용은 일제에 양반의 신분 보장을 요구하였다. 이완용은 강제 병탄이 대세라는 인식 하에서, 자신의 권력기반이자 사회의 주도적 위치에 있던 양반의 처우 문제에 고심하였다. 그는 온양에서 치병 중일 때에도 농상공부대신 조중응으로 하여금 양반세력들이 일제의

---

159) 小松綠, 앞의 책, pp.171-172;『寺內正毅日記』, p.519.
160) 朴永錫, 앞의 논문, pp.244-245. 물론 이 때의 병합조약은 황제의 御璽는 찍혔으나 서명이 안된 무효조약이었다. 당시 국제관례상 국제적인 조약의 효력을 얻기 위해 반드시 필요한 황제의 서명이 빠져 있었던 것이다. 이태진,「공포 칙유가 날조된 "일한합병조약"」,『일본의 대한제국 강점』, 까치, 1995, pp.177-210 참조.
161)『明石元二郎』上, p.383; 小松綠, 앞의 책, p.185; 釋尾春芿, 앞의 책, pp.563-564.

대한정책에 동화될 수 있는 방안을 강구케 하였다.[162] 그는 병합으로 인하여 기득권 세력인 양반사회의 질서가 동요될 것을 우려하였다. 그의 측근인 조중응·高義駿은 병합에 따른 '양반 處分案'을 연구하고 일본 상하의 여론 환기에 노력하였다.[163]

이완용은 병합 담판시 500여 년 동안 "從仕生活을 하여 온 士族家들이 今後 나아갈 방향을 잃게 되었다"는 점에 깊은 우려를 표명하며, 생업과 직업 없는 양반 유생 및 그 자제들의 교육 실시를 위한 "臨時 恩賜公債의 實施"를 일본에 건의하였다.[164] 병합 이후에도 農工商에 종사하는 자들의 생활은 여전할 수 있기 때문에, 종래의 기득권을 유지해왔던 士族들의 지위는 보장해줘야 한다는 것이었다. 또한 극소수의 양반층 및 자신의 친척을 귀족의 반열에 올려 줄 것을 요구하기도 하였다.[165]

이에 테라우치 통감은 이완용과 병합 조건으로 다음과 같은 각서를 교환하였다.

한국의 皇帝는 일본의 황족 예우를 받을 뿐만 아니라 현재와 同額의 歲費를 일본이 保証하기 때문에 將來에도 부유한 생활을 영위할 것이다. 또한 종래 皇室付의 各官은, 그 직명은 바뀔지도 모르지만, 그 지위와 봉급은 보증한다. 각 황족은 公·候·伯爵 등의 榮爵을 수여 받고 그 歲費도 현재보다 증가하기 때문에 십분 체면을 유지할 수 있다. 현내각대신에게는 榮爵을 수여하고 상당한 은사금이 주어지며, 병합 후 新政에는 고문에 임명된다. 기타 親·勅·奏·判任官, 元老, 前大臣 등에게도 각각의 恩典을

162) 『皇城新聞』 1909년 4월 2일 잡보 「兩班調査의 運動者」.
163) 一記者, 「ヨボ政客の昨今」, 『朝鮮』 29, 1910. 7, p.72·75.
164) 金明秀 編, 「言行雜錄」, 『一堂紀事』, p.815.
165) 『魚潭小將回顧錄』, 市川正明 編, 『日韓外交史料』 10, 原書房, 1981, p.185.

베푼다.166)

테라우치는 이완용의 양반 처우에 대한 조건을 충분히 만족시켜 줌으로써, 이완용과의 병합 협상을 원활하게 끝맺을 수 있었다. 일제는 한국 병탄 강행시 발생할 반란을 방지할 대책으로 사회적 권세를 누려온 양반들의 대우를 흡족히 대우하고자 했다.167)

VI. 맺음말

본고에서는 한말 친일세력의 대표적 집단인 이완용과 일진회의 송병준 간의 권력 쟁탈을 위한 갈등관계에 주목하고 이완용의 친일정치론과 친일운동을 살펴보았다. 이완용은 기회주의적, 현실추수주의적 정치행보를 거듭하였다. 그가 을사늑약시 주장한 논리는 일제의 강력한 지배력을 인정할 수밖에 없다는 '현실주의' 및 동양의 질서를 동양의 강자인 일본에 의지하지 않으면 안된다는 '시세순응주의'에 입각한 것이었다.

이완용은 반일의병봉기, 정치세력의 이합집산, 일진회의 공격 등 혼란한 정국상황에서도 일제 통감부와의 밀접한 관련을 맺으면서 정치권력을 유지하였다. 이완용은 정치권력을 획득하기 위해 親日的·反皇室的인 인식을 같이 한 일진회와 연립내각을 구성하고, 이후 독자적인 세력 구축에 전력하였다. 본래 계급적 기반이 달랐던 이완용과 송병준이 공조체제를 유지하기는 어려웠다. 특히 이완용은 송병준이

---

166) 大東國男, 앞의 책, p.87.
167) 竹越與三郎, 「合邦後の朝鮮を如何する乎」, 『太陽』 16-10, 1910. 7. 1, p.81.

지도하는 일진회와의 우호적 관계 유지에 힘쓰는 한편 그들의 중앙 정계 진출을 억제하는 양면전략을 폈다. 이와 함께 '家族政府'라 일컬을 만한 자파세력을 구축하여 내각과 황실 주변의 핵심 관직에 포진시켰다. 이러한 이완용의 독주에 대해 일진회는 내각 사직운동을 전개하였다.

일진회의 합방성명 움직임이 있자, 이완용은 일진회보다 먼저 일본에 합방을 청원하는 한편, 일진회의 합방성명이 발표되자 국민대연설회라는 범관료 연설회를 개최하여 일진회 성토운동을 전개하였다. 이러한 일진회와 이완용의 대립은 합방파와 비합방파간의 대립이 아니라, 일제의 병합정책에 공헌하고 싶었던 매국경쟁의 일환이자 세력다툼이었다.

일제의 한국 병합 방침을 간파한 이완용은 테라우치 통감과 병합 담판을 시도하였다. 그가 테라우치의 병합안에 기꺼이 동조한 이유는 병합이 大勢라고 하는 그 나름의 정세 판단에 따른 것이기도 했지만, 일제가 이완용 내각 경질설을 흘리며 이완용이 병합에 미온적일 경우, 정적관계에 있던 송병준을 수상으로 임명하여 병합조약을 성사시키려 했기 때문이었다.[168]

이완용은 병합 협상에서 王이라는 칭호의 존속과 양반층의 기득권 보장을 요구하였다. 특히 이완용은 일제에 합방 조건으로 양반질서의 유지 및 특권 보장을 강조하였다. 요컨대 이완용의 정치적 활동은 現實主義, 大勢主義에 입각한 '親日主義'에 기반하였고 또한 전통적 왕조질서 옹호와 이를 배경으로 사회 기득권층으로 군림하던 '兩班官僚主義'에 기반하고 있었다.

---

168) 釋尾春芿, 『朝鮮併合史』, pp.669-670.

제 2 편

여명을 기다리는 사람들

 대한광복단의 주역 / 채기중

김 희 주[*]

Ⅰ. 머리말

　일제 강점기 韓國民族運動은 시대 여건과 환경에 따라 다양한 형태와 방략으로 추진되었다. 이 중 1910년대 국내에서의 抗日獨立運動은 秘密結社의 활동이 주를 이루었다는 특징이 있다. 집회, 결사와 같은 초보적인 인권과 자유조차 허락되지 않는 상황에서, 이 시기 日帝에 대한 저항은 비밀결사 외 다른 대안을 발견하기 어려웠던 것이다.

* 진주국제대학교 교양학부 부교수

1910년대의 항일비밀결사 중 大韓光復團은 그 성립과정과 조직구조, 투쟁방식의 측면에서 뚜렷한 위치를 점하고 있다. 1913년 慶北豊基에서 결성된 이 단체는, 비교적 단명에 그친 여타의 결사와 달리여러 차례 부침을 겪으면서도 1920년 8월까지 團勢를 보존하여 활동을 지속하였다. 또 광복 후에는 생존단원에 의해 재건되기도 하였다. 특히 1915년 이전 조직된 단체들이 지원활동을 통한 독립운동의 역량강화에 비중을 준 반면 大韓光復團은 일제와 친일세력을 상대로 직접 대응을 추구하였다는 노선상의 특징이 있다.

大韓光復團에 대한 기존의 연구는 1915년 이 단체가 光復會로 발전된 이후의 조직과 활동을 중심으로 진행되어 왔다. 그러나 최근에와서 1913년 초기조직과 구성원에 초점을 맞춘 연구가 등장하였고,[1] 조직의 變遷을 중심으로 同團의 활동과 성격을 종합적으로 구명하려는 작업도 시도되었다.[2] 그리고 團의 지도부와 주요단원으로 활약했던 인물들의 생애와 활동에 관한 개별 연구도 상당 부분 축적되어 있다.[3] 그러나 정작 대한광복단을 결성하고 이 조직의 성장과 투쟁에

---

1) 金昌洙,「大韓光復團의 結成과 초기活動」
   劉準基,「大韓光復團과 大韓光復會」
   朴成壽,「大韓光復團의 역사적 위상」, 이상『대한광복단 학술회의 발표문』, 2002.
2) 金希柱,『大韓光復團 硏究』, 東國大學校大學院史學科 博士學位論文, 2002.
   「日帝下 大韓光復團의 組織變遷과 그 特質」, 정신문화연구, 2004 여름호.
3) 개별 인물에 관한 연구는 다음과 같다.
   朴永錫,「大韓光復會 硏究-朴尙鎭祭文을 중심으로-」,『한국민족운동사연구』1, 1986.
   朴中焄,「固軒 朴尙鎭의 생애와 항일투쟁활동」,『국학연구』6, 2001.
   權大雄,「白山 禹在龍의 抗日獨立運動」,『민족문화논총』9, 영남대, 1988.
   劉準基,「1910년대 기독교인의 항일독립운동의 一樣相 - 金相玉의 抗日義烈鬪爭」,『論文集』10, 總神大學, 1991.
   吳世昌,「碧濤 梁濟安의 抗日救國運動」,『윤병석교수화갑기념논총』, 1990.
   姜大敏,「一峰 金大池의 抗日獨立運動」,『부대사학』19, 1995.
   趙埈熙,「大韓光復會 平安道支部長 敬齊 趙賢均」,『구한말의 민족운동』, 국학자료원, 2000.

핵심적인 역할을 하였던 蔡基中에 관한 연구는 극히 부진한 실정이었다. 이는 관련 자료가 많지 않다는 이유와 함께 광복회 중심의 연구경향에 따라 그의 존재가 상대적으로 조명받지 못하였음에도 원인이 있었던 것으로 생각된다.

필자는 이러한 사실에 주목하여 蔡基中의 생애와 활동이 가지는 독립운동사적 의의를 검토한 바 있다.[4] 여기에서는 기왕의 논지를 바탕으로 그의 항일투쟁의 양상과 성과를 다시 언급해 보고자 한다. 이를 통해 일제하 채기중이 추진하였던 抗日獨立鬪爭의 목표와 의미를 되새길 수 있으리라 기대한다.

II. 항일투쟁의 기반

素夢 蔡基中의 抗日鬪爭은 그 자신이 1913년 慶北 豊基에서 비밀결사 大韓光復團을 결성하면서 본격적으로 추진되었다. 武斷統治의 폭력성이 가중되는 시점에 그가 항일무장단체를 조직할 수 있었던 배경은 다음의 몇 가지 측면에서 살펴볼 수 있다.

먼저 19세기 후반 고향 咸昌을 위시한 북부 경북 지역을 중심으로 치열하게 전개되었던 의병전쟁의 역사적 경험을 지적할 수 있다. 乙未義兵으로 지칭되는 이 의병전은 閔后시해를 발단으로 1895년 9월 유성에서 폭발하였고, 같은해 11월 단발령이 공포되자 더욱 격회되었

한편, 대한광복단 초기단원이자 광복 후 재건의 주역이었던 韓焄의 활동에 대해서는 張錫興, 「光復團決死隊의 결성과 투쟁노선」, 『한국근현대사연구』 17, 2001과 金祥起, 「해방 후 光復團의 재건과 新都지부」, 『한국근현대사연구』 17, 2001의 논문에 상세히 언급되어 있다. 이외 단원이었던 金佐鎭, 盧伯麟에 관한 많은 연구가 있으나 생략한다.

4) 拙稿, 「素夢 蔡基中의 抗日獨立運動」, 『東國史學』 38, 2002.

다. 을미의병은 경북 지역으로 파급되면서 규모와 활동이 두드러져 安東, 義城, 金山, 慶州 등에 각기 義陳이 성립되었다. 안동의진이 1895년 12월 4일 안동향교에 본영을 설치한 것을 기점으로 이듬해인 1896년 말까지 경주, 영덕, 영해 등지에서 유생, 농민들의 反침략 투쟁이 줄기차게 이어졌다.5)

蔡基中이 거주하던 함창 역시 지역을 중심으로 전투가 끊이지 않았고 향토의 유생들도 대열에 적극 가담하였는데 금산의진의 창의대장으로 활약한 李基燦의 경우가 대표적이다. 그는 金山, 龜城을 근거지로 의병을 규합하던 許蒍와 합심하여 1896년 3월 이른바 金山義陳을 조직하게 된다. 이 의병부대에는 후일 대한광복단의 핵심단원으로 활동하였던 碧濤 梁濟安도 中軍으로 참전하였다.6)

이처럼 을미년(1895)을 기점으로 확산된 경북지역의 反日抗爭은 청년기에 접어든 채기중의 민족의식 형성에 적지않은 영향을 끼쳐 일제하에서 그가 무장투쟁을 전개할 수 있었던 정신적 기반이 되었음이 분명하다. 대한광복단이 의병투쟁의 전통과 노선을 계승한 무장비밀결사였다는 사실, 최초구성원의 대부분이 의병 참전경력과 그 기풍을 갖춘 지사 집단으로 구성되었다는 점이 이를 반증하고 있다. 물론 경북의 의병항쟁이 이 시기에만 두드러진 것은 아니었다. 乙巳勒約에서 1907년 丁未義兵, 그리고 山南義陳과 李康年, 申乭石부대의 활동에 이르기 까지 투쟁은 지속적으로 전개되었다.7) 하지만 20대의 청년기에 항쟁의 현장을 경험했다는 사실과 을사늑약 직후 비밀결사의 투쟁형태를 염두에 두고 풍기로 이거하였다는 점을 고려한다면, 항일투쟁

---

5) 李東宇, 「乙未年 慶尙道地方의 義兵抗爭」, 『史學硏究』 58, 59 합집, 1999.
6) 梁漢緯, 『梁碧濤公濟安實記』, 필사본
7) 「暴徒에 관한 編冊」, 『韓國獨立運動史資料』 8 (의병편), pp.422-429.

의 정신적 자산은 당시에 이미 축적되었다고 보아야 할 것이다.

두 번째로 지역에서 단원을 규합하고 단체의 조직을 가능케 할 수 있었던 그의 경제적 여력을 지적할 수 있다. 언급한 대로 대한광복단의 초기구성원들은 의병출신들이 주류를 이루었다. 이들은 이른바 '南韓大討伐'이라는 야만적인 탄압과 이어진 망국의 현실속에서도 무력에 의한 국권회복의 의지를 일관되게 견지한 전투적인 인물들이었다.

단원 중 庾昌淳과 姜順必은 민종식 의진과 이강년 의진에 활동하다 이들 부대가 해산된 후 풍기로 집결하였다.[8] 柳璋烈 역시 정미의병 당시 전북에서 활약한 의병출신으로 獨立義軍府에 참여한 경력이 있다.[9] 그가 풍기로 이동한 것은 독립의군부 조직이 발각된 1913년 5월을 전후한 시점으로 생각된다. 韓焄은 洪州義陣에서 오적암살단을 거쳐 대한광복단에 입단하기까지 국내외를 넘나들며 항일투쟁에 헌신한 열렬한 독립운동가였다.[10] 이들 보다 앞서 풍기에 정착한 金鳳樵와 鄭星山 역시 홍주의진 출신으로 민종식 부대가 충주성을 점령할 당시 참전한 인물들이었다.[11] 여타의 단원들도 경력과 성향에서 이들과 별 차이가 없었을 것으로 생각된다.

요컨대 1913년을 전후하여 豊基로 집결한 초기 단원들은 외지출신에 의병전의 경험이 있고 국권회복의 욕구가 누구보다 강렬한 투쟁지향적 인사들이었음을 확인할 수 있다. 동시에 사회적 기반이나 생활의 근거를 상실한 채 구국의 의지와 열망만을 소유하고 풍기로 집결하였던 것이다. 때문에 이들을 규합하고 현지에 정착시켜 식민지하의 새로

---

8) 國家報勳處 編, 『獨立有功者功勳錄』 7, 1990, p.329.
9) 위의 책, p.527.
10) 韓焄, 「大韓光復團 團長 履歷書」, 1945.
11) 梁漢緯, 『梁碧濤公濟安實記』, 필사본

운 항일투사로 전환시키는 역할은 전적으로 채기중이 담임할 수 밖에 없었을 것이다. 그러한 역할 수행에는 단순한 지도력이나 인간적인 권위뿐만이 아니라 일정 수준의 경제력도 요구되었을 것이다. 따라서 풍기에서 최초 조직을 결성할 무렵 채기중은 어느 정도의 경제적 기반을 갖추고 있었던 것으로 생각된다. '生産作業에 구애받지 않고 義兵將校와 冒險勇士를 모았다' '榮州, 豊基, 順興의 자산가들 동원하여 大同商店을 組合하였다'는 "梁壁濤公濟安實記"의 대목들은 대한광복단 결성 당시 그의 경제적 여력을 짐작케 한다.[12]

물론 이러한 자산의 규모와 축적과정을 명확히 파악하기는 어렵다. 다만 그의 재력이 풍기 이거 후 단기간 형성된 것이 아니라 생애의 대부분을 보낸 함창시절에 이미 마련된 것으로 보아야 할 것이다. 출생 당시 채기중 일가의 家勢가 어느 정도였는지 정확히 알 수는 없다. 다만 식량의 자급이 가능할 만큼의 농토를 소유하였다는 기록[13]이 있어 적어도 빈농 수준은 아니었음을 짐작케 한다. 成婚과 함께 몇 마지기의 농토를 증여받고 자립하였다 하는데 자산 증식은 이 시점부터 시작된 것으로 보인다. 분가와 동시에 생업에 전념한 그는 재산을 증식하여 일정 수준의 경제력을 확보하였고, 이는 후일 항일투쟁의 소중한 자원으로 활용되었다.

결국 일제하 蔡基中이 항일운동에 헌신할 수 있었던 기반은 한말 의병항쟁의 현실적 경험과, 咸昌에서 축적된 물질적 토대라는 두가지 측면에서 찾을 수 있을 것이다. 여기에는 물론 비밀결사를 조직함에 천혜의 조건을 갖춘 풍기의 지리적 여건도 빠질 수 없다. 채기중은 함창시절 형성한 민족의식과 경제적 여력, 그리고 풍기의 환경적 이점

---

12) 梁漢緯, 위의 책
13) 『채기중선생전기』, 소몽선생숭모회, 2001, pp.21-25.

을 기반으로 1913년 대한광복단이라는 무장비밀결사를 조직하였다. 이후 그의 항일투쟁은 대한광복단의 발전과 함께 치열하게 전개되었다.

III. 항일투쟁의 전개

1) 풍기 이동과 대한광복단의 결성

1906년 蔡基中은 가족을 이끌고 고향 함창을 떠나 풍기로 移居하였다[14]. 그의 이거는 자신의 생애뿐 아니라 대한광복단의 결성에 있어서도 하나의 전기를 이룬 사건으로 그 의미를 분석해 볼 필요가 있다.

尙州, 咸昌은 동학농민전쟁 이래 일제의 압박이 주민들에게 직접 가해지던 지역이었다. 그러한 현상은 일제가 '韓國駐箚憲兵隊'를 조직하여 군사침략을 본격화하는 1904년 이래 더욱 가속되었다.[15] 러시아와의 전쟁으로 전시체제에 돌입한 일본은 한국에서도 '駐箚憲兵隊'를 여러 차례 개편하여 기구를 변천시켰다.[16] 특히 상주는 안동, 대전과 함께 '韓國駐箚軍守備隊'의 남부관구에 편성되어 보병 제47연대가 배치됨으로 일본군의 주요주둔지가 되고 말았다.[17]

항일감정이 강했던 지역 특성상 이처럼 일제의 압박이 가중했고 채기중은 이를 피해 팔도의 이주민이 모여들었던 풍기로 寓居하였을 것이라는 지적이 이미 있었나.[18] 이는 타당한 견해리 생각된다. 그러나

---

14) 『채기중선생전기』, 소몽선생숭모회, p.54, 2001.
15) 金正明 編,『朝鮮駐箚軍歷史』, 東京, 巖南堂書店, 1967, pp.48-49.
16) 柳漢喆,「日帝 '韓國駐箚軍'의 韓國 浸透過程과 組織」,『한국독립운동사연구』6, 1992, p.149
17) 金正明 編,『朝鮮駐箚軍歷史』, pp.108-109.

조금 더 나아가 30여 년간 정착했던 고향을 떠나면서 까지 그러한 감시와 압박에서 벗어나고자 한 이유가 무엇이었느냐는 점을 유의할 필요가 있다. 압제가 가중하였다 해도 체제에 순응하면서 일신의 생활만 영위했다면 굳이 出鄕을 감행할 필요가 없었을 것이다. 생활의 방편이었다면 도시나 間島를 두고 풍기와 같은 한지를 선택한 이유를 납득하기 어렵다. 그는 함창에서 자영농으로 안정된 생활기반을 가지고 있었다. 그러한 고향을 감시에서 벗어날 목적으로 떠났다면 이는 그가 구국운동에 투신하기 위해 환경적 변화를 기한 것으로 보아야 겠다. 한일의정서의 체결에서 乙巳勒約으로 이어지는 망국의 상황을 직시하면서 투쟁의 기회를 모색하던 채기중으로서는 자신의 성장지이자 일제의 감시체계가 가중하였던 함창을 대신할 새로운 근거지의 필요성을 절감했을 것이 분명하다. 그럴 경우 노출의 위험이 적으며 감시구조가 상대적으로 약했던 소백산 아래의 풍기를 그 적지로 판단할 수 있었을 것이다. 따라서 1906년의 이거는 향후 추진할 항일투쟁을 염두에 두고 이루어진 일종의 전략적 이동으로 보아야 겠다. 따라서 대한광복단 결성의 조건은 1906년 채기중의 풍기 이동과 함께 이미 배태되었던 것이다.

풍기 정착 후 이어진 일련의 역사적 격량들은 그의 투쟁의지를 더욱 고무시키는 요인으로 작용하였다. 1906년 羅喆이 오적암살단을 조직하였고 이듬해에는 丁未義兵의 항쟁이 전국을 뒤덮었다. 해외에서 田明雲, 張仁煥에 의한 스티븐스 척살, 安重根의 이등박문 주살이 이어졌고 국내에서는 李在明이 이완용 처단을 기도하는 등 항일의열투쟁이 끊임없이 추진되었다.[19] 채기중은 이러한 투쟁의 추이를 예의

---

18) 趙東杰, 「大韓光復會의 結成과 그 先行組織」, 『한국민족주의의 성립과 독립운동사 연구』, 지식산업사, 1989, p.262.

주시하며 본인의 활동진로를 모색하는 과정에서 庚戌國恥를 맞았던 것으로 보인다. 국권상실의 여파로 국내의 항일세력이 타격받고 위축된 상황에서 그 자신은 오히려 비밀결사를 조직하여 對日鬪爭을 본격적으로 전개하게 된다.

채기중이 大韓光復團을 결성한 시기는 1913년으로 알려져 있다.[20] 그러나 이는 초기조직이 어느 정도 완료된 시점으로 보아야 하며 단원규합을 통한 조직의 골격은 전해인 1912년 말에 이미 갖추어 졌음이 분명하다. 1913년 정월, 포항에서 金鳳焦와 鄭星山을 만난 壁濤 梁濟安이 그들로부터 채기중이란 인물이 풍기에서 '革命機關'을 설치하였다는 사실을 전해들었으며 그 해 2월 성사된 벽도와 채기중 자녀의 혼례에 '同志十餘人'으로 표현된 단원들이 등장한다는 사실에서 이를 확인할 수 있다.[21]

대한광복단의 결성 경위는 한훈의 '光復團略史'에 적시되어 있고, 당시의 구체적 정황들이 '梁壁濤公濟安實記'에 비교적 자세히 묘사되어 있다. 그런데 이들 기록들은 모두 광복 이후에 작성된 것으로 판결문이나 신문 같은 당대의 자료에서는 풍기의 조직사실을 발견할 수 없다. 이 점을 들어 1913년의 결성 자체를 회의적으로 보거나 의미를 과소평가하는 시각이 있는데, 이는 구성원의 특성과 초기조직의 성격을 이해하지 못함에서 온 판단이 아닌가 한다. 결성 당시의 대한광복단은 다음의 몇 가지 특징을 가진 조직체였다.

첫째 단원구성이 철저히 소수정예로 이루어 졌다는 점이다. '光復團略史'에 실명이 등장하는 최초단원은 총 10명이다.[22] 여기에 양제

---

19) 金昌洙, 『항일의열투쟁사』, 독립기념관 한국독립운동사연구소, 1991, pp.52-56.
20) 愛國同志援護會 編, 『韓國獨立運動史』, 1956, p.92.
　　國史編纂委員會 編, 『韓國獨立運動史』 2, 1965, p.94
21) 梁漢緯, 『梁碧濤公濟安實記』, 필사본

안 父子와 김봉초, 정성산을 포함시켜도 1913년의 구성원은 15명을 넘지 않았을 것이다. 물론 團이 성장하여 光復會로 발전하는 단계에서 단원 수는 증가하게 되지만 풍기의 초기조직이 10여명의 소수단원으로 이루어졌음은 분명한 사실이다. 하지만 이들이, 특히 '略史'에 등장하는 10명의 단원들이 향후 대한광복단, 광복회의 항일투쟁 과정에서 수행한 역할과 임무는 量的인 의미를 무색케 하는 것이었다. 대한광복단은 광복회로 발전된 후 八道에 지부를 설치하고 군대식 조직체계를 갖춘 혁명적 항일단체로 성장하였다. 광복회는 만주에 사관학교를 설치하여 무장군대를 양성하고, 적기가 오면 일제와 '殲滅戰'을 단행하여 국권을 회복한다는 원대한 계획을 수립하였다.[23] 그러나 당시와 오늘날 까지 항일무장단체로서 광복회의 존재를 각인시키는 가장 상징적인 활동은 1916년 5월에서 1918년 1월 사이에 三南지방에서 추진된 일련의 친일파 처단 작업임이 주지의 사실이다. 이들 의거는 거사의 시점과 대담성, 파급효과에서 당시의 식민세력에 적지 않은 충격을 준 사건들이었다. 그런데 이러한 거사들의 집행과정을 보면 대부분 풍기의 초기단원들이 그 실행을 맡았다는 공통점이 있다.

1917년 漆谷에서의 張承遠 처단은 채기중의 인솔하에 庚昌淳, 姜順必, 林世圭 등이 참여하였고 처단을 직접 결행한 것은 임세규를 제외한 풍기의 초기구성원 3명이었다.[24] 이보다 앞선 1916년 5월 전남 寶城, 朴谷에서 韓焄, 金相玉, 柳璋烈 등 역시 초기단원들이 중심이 되어 헌병분견소를 습격하고 친일지주를 처단하였다.[25] 지휘체계

---

22) 光復團中央總本部, 『光復團略史』, 1946, p.3.
23) 『光復會復活及趣旨沿革』, 1945.
24) 慶尙北道 警察部, 『高等警察要史』, 1934, p.180.
25) 『東亞日報』, 1922. 11. 12

와 거행 시점에서 생각해 볼 여지는 있지만 이 역시 대한광복회 차원에서 추진된 義烈鬪爭으로 이해된다[26]. 마지막 1918년 1월 牙山 道高의 친일면장 '朴容夏' 처단에는 풍기의 단원들이 직접 관여하지 않았다. 그러나 광복회 충청지부를 결성하고 이 거사를 직접 지시한 金漢鍾은 채기중의 인맥으로 분류할 수 있는 인물이다. 禮山이 고향인 그가 충청출신 단원(韓焄, 庾昌淳, 鄭雲淇)들을 매개로 풍기에서 채기중과 동지적 유대를 맺었고 그 인연으로 1917년 광복회 충청지부장에 임명되었을 것이라는 견해가 제시된바 있다.[27] 정식 입단은 하지 않았지만 그 역시 초기조직과 연계된 인물임이 분명하다.

결국 경상, 충청, 전라에서 결행된 大韓光復會의 대표적 의열투쟁은 모두 채기중을 중심으로 한 풍기의 초기단원 및 그와 관련된 인물들이 주도하여 결행된 것이었다. 거기에 한훈, 김상옥이 1920년 서울에서 계획한 이른바 '美議員團訪韓義擧'까지 감안한다면[28] 일제하 광복회가 추진한 항일운동의 전면에 이들 단원들이 등장한다는 사실을 알 수 있다. 비록 소수였지만 향후의 투쟁에서 이들 구성원들이 基幹의 역할을 담당했음이 확인된다.

두 번째는 조직구조상의 특징으로, 대한광복단은 同時代 여타의 비밀결사에서 발견되는 외곽조직, 즉 外皮를 발견할 수 없다. 1910년대의 비밀결사는 단의 정체를 은폐시키고 활동을 보호할 목적으로 표면단체나 전위조직을 운용하였다. 達成親睦會를 표면으로 하였던 朝鮮國權恢復團을 비롯해 기성볼단, 조선산직장장려계, 흠치교, 청림교 등 대부분의 결사들이 학교나 종교, 직업적 연결고리와 같은 외피를 가지

---

26) 金希柱, 『大韓光復團 硏究』동국대학교 사학과 박사논문, 2002. pp.116-122.
27) 趙東杰, 앞의 글, p.272.
28) 「光復團豫審終結書」, 『三一運動秘史』, 時事時報出版局, 1959, p.1011.

고 있었다. 이러한 외피는 단원의 결속을 강화하고 조직의 운용을 용이하게 할 수 있는 이점이 있다. 반면 상대적으로 주목의 대상이 되기 쉬우며 노출되었을 경우 여파가 클 수 있다는 위험부담을 가지고 있었다.

大韓光復團은 구성원의 사회적 성격과 지역의 여건상 뚜렷한 외곽조직을 가지기 어려웠다. 단원들은 생업에 종사하며 비밀숙의나 회합을 통해 활동의 진로를 모색하는 등 철저한 지하조직의 형태로 암약하였다. 초기구성원들의 사회적 여건과 뚜렷한 외피가 없었다는 특징은 이 단체가 일제의 감시와 주목에서 보다 자유로울 수 있었던 요인이 되었다. 1918년 光復會 조직이 발각되어 철저한 수사가 진행되는 과정에서 풍기의 결성 사실이 드러나지 않았던 이유도 이러한 관점에서 이해할 수 있다. 대한광복단의 결성은 일제하 全기간을 통해 철저히 은폐되었고, 해방 후 생존단원 韓焄에 의해 비로소 그 사실이 알려진 것이다.

대한광복단이 이처럼 전형적인 비밀결사의 형태로 출범할 수 있었던 것은 역시 창단을 주도한 채기중의 전략적 고려와 판단에 따른 것이었다. 그는 풍기의 환경적 특징을 이용하여 외지에서 유입된 인사들로 초기단원을 구성하였다. 그리고 이들을 현지에 정착시켜 植民體制에 저항할 수 있는 새로운 항일투사로 양성하고자 하였다. 그러한 의도와 노력에 따라 대한광복단은 경술국치 이후 武裝抗爭의 노선을 지향한 최초의 비밀결사로 성립될 수 있었던 것이다.

2) 대한광복단의 초기활동과 채기중

대한광복단 결성 후 채기중의 활동은 무기구입, 군자금 수합, 단원

보강의 세 가지 단계로 추진되었다. 이는 정면투쟁을 위한 전제조건으로 그가 團의 체질과 역량강화에 비중을 두어 초기조직을 운영하였다는 사실을 알 수 있다. 무기에 대한 집념은 그 자신이 국경을 다니면서 권총과 탄환을 구입하였다는 기록을 통해 확인된다.[29]

　무기와 함께 활동에 필요한 자금수합도 대한광복단의 과제였을 것이다. 그러나 豊基의 초기조직이 친일지주나 부호를 대상으로 직접 모금을 시도한 흔적은 보이지 않는다. 이들을 상대한 모금은 지역에 대한 폭넓은 정보망이 요구되는 사안으로 소수의 단원들로 이를 추진하기에는 제약이 따랐을 것이다. 따라서 자금확보는 단의 차원이 아닌 채기중 개인 본위로 이루어 졌는데 大同商店의 개설로 예로 들 수 있다.

　알려진 대로 대동상점은 1915년 영주에서 개점한 표면상 잡화상이자 대한광복회의 자금창구 역할을 했던 중요거점이었다. 榮州, 豊基, 順興의 敎員과 자산가들이 출자하여 개업한 것으로 알려져 있지만[30] '梁壁濤公濟安實記'의 아래 기록을 보면 이들에게 지시하여 개설을 주도한 인물이 채기중이었음을 알 수 있다.

> "암암에 풍기학교 訓導인 朴濟璿, 春陽敎員인 柳明植, 朴繼陽, 李敎悳, 權寧睦, 鄭義極등을 교사하여 풍기, 순흥, 영주, 춘양, 내성의 유산가들을 망라하여 大同商會를 組合하게 하고 權寧睦을 主任으로 천서하여 금고를 掌理하게히어 수만 원을 쌓아놓그 滿洲로 건너가는 박제선, 유명식, 이교덕을 송별하니 연이어서 국경을 왕래하며 권총과 탄환을 수입하여 光復會 冒險隊員의 무기를 후원하였다."[31]

---

29) 梁漢緯, 『梁碧濤公濟安實記』, 필사본.
30) 慶尙北道 警察部, 『高等警察要史』, 1934, p.264.

즉 경영진의 선정에서 출자과정이 이르기까지 채기중이 실질적인 역할을 담당했음이 확인된다. 다만 개설을 주도하고 자금을 운용하였을 뿐 운영에 직접 관여하지는 않았던 것으로 보인다.

그러나 대한광복단 초기 활동에서 채기중이 가장 역점을 두고 추진한 사업은 단원보강을 통한 단세의 신장이 아닌가 한다. 그는 同團을 풍기 중심의 조직이 아닌 전국 규모의 항일단체로 발전시킬 의도를 가지고 있었다. 1913년 이후 단원의 추가영입이 계속 이루어 지는데 이때 참여한 인물들은 성장환경과 활동경력에서 최초구성원들과는 일정한 차이를 보이고 있다. 특히 의병뿐 아니라 계몽운동의 경험도 갖추고 해외독립운동의 정세에도 밝았던 梁濟安 父子의 영입은 초기조직의 세력확장에 결정적인 계기가 되었다. 채기중은 김봉초, 정성산을 통해 그를 영입하였고 자녀의 혼인으로 동지적 유대를 강화하였다.[32] 이후 이들 부자는 각기 滿洲와 豊基를 넘나들며 조직과 인원을 정비하였고 대한광복단의 발전에 기여하였다.

양제안에 이어 1913년 말에서 14년 초 이루어 진 것으로 보이는 黃相奎, 金大池, 李覺 등 청년지식인 집단의 영입도 주목을 요한다. 전원 密陽 출신인 이들은 新學을 이수하였으며 어느 정도 경제적 기반을 가진 인물들이었다. 또 밀양에서 학원을 설립하여 교사로 재직하는 등[33] 풍기의 최초구성원들과는 다른 환경에서 성장한 계열들이었다. 무엇보다 이들은 경술국치를 전후하여 고향에서 一合社라는 비밀결사를 조직한 경험이 있다.[34] 이들의 입단으로 대한광복단 초기조직

---

31) 梁漢緯, 『梁碧濤公濟安實記』, 필사본
32) 梁漢緯, 위의 책
33) 독립운동사편찬위원회 편, 『독립운동사 제 7권, 의열투쟁사』, 1976, p.316
34) 密陽郡, 『미리벌의 얼』, 1983, p.167.

은 인적구성과 가용범위가 한층 확대되었다. 이러한 추세는 1915년 朴尙鎭이 鄭雲馹, 金在烈, 鄭舜永 등 조선국권회복단의 강경파들을 이끌고 합류함에 따라 정점을 이루게 된다.[35] 그리고 다시 1916년 金佐鎭, 盧伯麟, 尹致晟, 申鉉大 등 일본육사와 舊한국 장교출신들의 참여로까지 연장되었다[36]. 채기중은 구성원의 범위를 의병, 지사 집단에서 계몽운동, 비밀결사의 경험까지 갖춘 汎항일세력으로 확대시켰다. 양제안을 영입하기 위해 그가 경주한 노력은 朴尙鎭, 金漢鍾, 禹在龍 등 광복회 지도부의 영입과정에서 재현되었다.[37] 대한광복회가 1917년 이후 전국적 지부망을 갖추고 항일투쟁을 추진할 수 있었던 저력은 이러한 조직확장과 분리하여 생각할 수 없을 것이다.

IV. 대한광복회의 항일투쟁과 채기중의 활동

1) 조직발전상의 역할

蔡基中이 결성한 대한광복단은 1915년 조선국권회복단의 일부인사

---

35) 蔡基中과 朴尙鎭이 만난 장소는 南滿洲『광복단약사』와 豊基『양벽도공제안 실기』의 두가지 설이 있다. 자구의 의미로 볼 때 만주에서 채기중의 명성을 들은 박상진이 풍기로 찾아가 이들의 회동이 이루어 진 것으로 보인다. 또 장소를 불문하고 양자의 만남은 梁濟安이 주선하였음이 분명하다. 핵심단원이었던 양제안이 매개역할을 하였다면 이는 대한광복단이 단의 차원에서 박상진을 영입한 것으로 보는 것이 옳을 것이다. 최근에는 풍기에서 이들의 회합을 통해 광복회 조직문제가 본격적으로 논의되었을 것이라는 견해가 제시되었다. 劉準基,「대한광복단과대한광복회」,『대한광복단학술회의 발표문』, 서울, 2002, p.42.
36) 光復團中央總本部,『光復團略史』, 1946, pp.3-4.
37) 광복회 가입을 주저하였던 禹在龍은 채기중과 양제안 父子의 끈질긴 설득에 따라 풍기에서 박상진을 대면한 뒤 입단을 결심하였다고 회고하였다.『朴尙鎭資料集』, 독립기념관 한국독립운동사연구소, 2000, p.373.

와 영남에서 분산적으로 활동하던 항일세력들이 합류하여 대한광복회로 확대, 발전되었다.[38]

　大韓光復會에 관한 기존의 연구에 등장하는 채기중은 풍기에서 결성 당시의 역할만이 강조되었을 뿐 1915년 이후의 활동은 부각되지 못한 면이 있다. 그러나 그의 항일투쟁은 1915년 이후 즉 조직이 성장하여 본격적으로 對日鬪爭을 전개하는 단계에 더욱 뚜렷해진다. 광복회 자체가 대한광복단의 확대조직이며 초기의 인적기반과 활동 무대가 경상도 중심이었기에 채기중의 영향력은 두드러 질 수밖에 없었다. 梁漢緯의 다음 기록에서 그러한 정황들을 확인할 수 있다.

　　"素夢公은 光復會를 조직하고 세상일 뜻과같지 않음을 답답히 여겨 비밀리에 冒險勇士隊 팔십여명을 조성하여 만주로부터 권총과 탄환을 구입하고 전국에 출몰하면서 부호의 금고를 강탈, 군자금을 제공하기로 하였다. 朴尙鎭은 慶州의 부호로 이름이 났는데 여러해를 대구에 있으며 동지를 규합하느라 家財를 소비하였으나 여력은 있었다. 朴·蔡兩公이 서로 연락하며 모험단원과 호응하니 最高部의 禹在龍, 權寧萬, 劉昌順, 金漢鍾의 많은 사람들이 왕래하였다. 公의 장자는 斗麻에 있었기에 기맥을 통하여 연락하였다. 때문에 公의 삼부자의 힘을 입은자들이 많았다. 박상진은 대구에서 군자금을 청구하기 위해 豊基의 채기중에게 연락하였고 채기중은 冒險軍人 5, 6인과 권총수 金鎭萬, 金鎭禹를 보내 徐佑淳을 협박하였는데 일이 누설되어 형을 받게되었다. 국내에서는 日人의 감시가 심해 잠적활동이 곤란함으로 군자금 몇백만원을 모아 만주로 보냈다. 밖으로는 露國및 中國과 결탁하였고 안으로 兵士를 훈련하여 사직의 光復을 도모하는 것을 上計로 삼았다."[39]

38) 독립운동사편찬위원회 편, 『독립운동사 제7권, 의열투쟁사』, 1979, p.260.
39) 梁漢緯, 『梁碧濤公濟安實記』, 필사본

위의 자료에는 대한광복회의 조직운영에서 채기중의 역할을 시사하는 중요한 내용들이 담겨있다. 먼저 초기 광복회 대원의 수가 대략 80여 명이며 이들 대부분이 채기중에 의해 모집되었음이 나타난다. '冒險勇士隊'로 표현된 이들은 조성과정에서 알 수 있듯이 단순가담 자나 관련자가 아닌 투쟁의 전면에 투입될 정규단원이었을 것으로 생각된다. 동시에 이는 1913년 이후 채기중이 지속적으로 추진한 단원 보강 작업의 결과물로 볼 수 있다. 또 '朴, 蔡 兩公이 서로 연락하면서 모험단원과 호응하니 ….'라는 대목에서 감지되듯 채기중과 박상진은 일종의 양두체제를 이루면서 초기 광복회 조직을 이끌어 갔다. 그것은 1916년 9월 이른바 '대구권총사건'의 결행과정을 묘사한 위의 기록에서 확인된다. 지금까지 '대구권총사건'은 박상진이 국권회복단원 金鎭萬, 金鎭禹, 崔俊明 등에게 명하여 일으킨 군자금 모집활동으로 알려져 있었다[40]. 그러나 거사의 모의단계에 관여하였고 실제로 행동대원을 파견하여 徐佑淳의 집을 습격케 한 책임자는 채기중이었음이 증명되는 것이다.

이 사건에 연루된 인물들은 1917년 大邱覆審法院에 회부되어 최고 12년에서 4개월까지의 형을 선고받았다. 형량을 보면 행동대원 김진우, 김진만, 최병규가 각기 12년, 10년으로 가장 중형이고[41] 지휘자 박상진은 징역 6월로 상대적으로 경미하였다[42]. 그리고 또 다른 조종자 채기중은 아예 체포를 면하였음을 알 수 있다. 이는 연루자들이 가혹한 취조에도 불구하고 거사의 배후와 지휘체계에 대한 비밀을 끝가지 지켰기 때문이며 따라서 일제도 이 사건이 전적으로 朝鮮國權

40) 姜英心, 「조선국권회복단의 결성과 활동」, 『한국독립운동사연구』, p.152.
41) 大邱每日新聞, 1982. 5. 24.
42) 獨立運動史編纂委員會 編 『獨立運動史資料集』 11, p.683.

恢復團에 의해 추진된 것으로 파악하였다.[43]

'대구권총사건'은 채기중, 박상진의 지휘 하에 국권회복단 소속 단원들이 수행한 군자금 모집활동이었다. 수사과정에서 채기중의 정체는 은폐되고 박상진의 역할도 무기 공급책으로 축소됨에 따라 광복회는 조직을 보존할 수 있었다.

그러나 이 사건으로 박상진이 피체됨에 따라 광복회는 결성 후 최대의 위기를 겪게된다. 1916년은 광복회 조직상의 부침이 가장 극렬한 시기였다. 金佐鎭, 盧伯麟으로 대표되는 舊한국무관 출신들의 영입으로 투쟁방략과 전술적인 측면에서 발전을 보았으나 이들은 곧 만주로 이동하였다.[44] 金漢鍾의 충청지부는 결성되기 전이었고, 李觀求는 安東, 撫順을 중심으로 활동하고 있었다.[45] 禹在龍은 吉林에 파견되어 지부조직을 준비하고 있는 상황이었다.[46] 이러한 시점에서 총사령 박상진의 有故는 일시 지도부의 공백상태를 불러올 수 있을 만큼 위기적 사태였다. 따라서 그러한 국면을 타개하고 조직을 정비, 보존해야 할 모든 책임과 권한은 채기중에게 부하될 수 밖에 없었다. 그는 '대구권총사건'이 발발한 1917년 9월부터 박상진이 복귀하는 이듬해 7월까지 약 1년동안 거의 독자적으로 대한광복회를 이끌어 갔다. 특히 그는 이 시기에 姜秉洙 등 10여 명의 대원들을 인솔하고 寧越의 日人 重石鑛山에 잠입하는 대담한 활동을 전개하였다[47]. 이는 '대구권총사건' 이후 일시 침체되었던 무장항쟁의 맥을 되살린 동시에

43) 國史編纂委員會 編, 『韓民族獨立運動史資料集』 7, 1988, p.169.
44) 趙東杰, 「대한광복회의 결성과 그 선행조직」, 『한국민족주의의 성립과 독립운동사연구』 지식산업사, 1989, p.273.
45) 國史編纂委員會 編, 『한국독립운동사』 2, p.483.
46) 獨立運動史編纂委員會 編, 『獨立運動史資料集』 10, pp.1109-1115.
47) 국사편찬위원회 편, 『한국독립운동사』 2, p.496.

1917년 말부터 본격적으로 추진된 의열투쟁의 전초를 제공한 중요 사건으로 평가받아야 할 것이다. 채기중에 의해 보존된 단세를 토대로 광복회는 박상진이 출감한 1917년 중반 이후 전국적 지부망을 갖추고 항일투쟁을 수행할 수 있었다.

다음으로 光復會 支部 결성과정에서 채기중의 역할을 살펴보기로 한다. 현재 전하는 조직편제에 따르면 그는 대한광복회에서 경상도 지부장을 맡은 것으로 되어 있다.[48] 영남을 기반으로 한 조직 특성상 당연한 편성이라 하겠지만 활동범위는 경상도에 국한되지 않았다. 경상지부와 함께 산하조직의 중핵을 이루었던 충청지부의 책임자 김한종이 채기중의 풍기시절 인맥이었음은 앞서 언급하였다. 홍주의진 출신인 그는 1916년 7월 扶餘에서 조선총독암살을 모의하는 등 이미 충청도에서 상당한 활동을 전개하고 있던 인물이었다[49]. 김한종은 이 사건으로 피신 중 채기중을 만나 광복회에 가입하였고 충청지부 책임자에 임명되었다.

또한 채기중은 光州, 木浦를 중심으로 전라지부의 조직과 활동을 주도하였다. 기록에 등장하는 광복회 전라지부장은 李秉燦인데[50] 그는 채기중이 1917년 입단시킨 李秉昊와 동일인이다. 채기중은 이병호를 통해 최면식을 가입시키고 그로부터 무기와 자산가의 명단을 입수하는 등 행동대원으로 활용하였다.[51] 한 가지 주목되는 것은 호남에서의 투쟁이 그가 장승원을 처단한 직후인 1917년 말에서 18년 초에 집중적으로 모색되었다는 사실이다. 광복회 재판자료에 따르면 이병호

---

48) 해방 후 나온 禹在龍의 '白山實記'와 '光復會復活及趣旨沿革'에 등장하는 직책이다.
49) 李成雨, 「대한광복회 충청도지부의 결성과 활동」, 『한국근현대사연구』 12, 2000, p.62.
50) 禹在龍, 『白山實記』, 1955.
51) 獨立運動史編纂委員會 編, 『獨立運動史資料集』 11, pp.692-706.

가 채기중의 독촉을 받고 광주, 보성의 부호 명단을 전달한 날짜가 1918년 음력 1월과 4월로 나와있다.[52] 같은 기록에서 崔勉植은 1918년 5월 15일 광주 光一旅館에서 채기중을 만나 권총을 전달하였다고 진술하였다.[53] 다시 말해 채기중은 1917년 11월 장승원 처단 후 그와 동일한 형태와 방법의 거사를 전남에서 계획하였던 것이다. 더구나 그가 명단과 권총을 입수한 1918년 4월에서 5월은 충청 조직이 발각되고 박상진이 체포되어 일제가 광복회의 수사에 착수한 시점이었다. 그는 조직이 드러나고 자신에게 수사망이 압축되는 상황에서도 제2의 의열투쟁을 준비하고 있었던 것이다. 따라서 대한광복회가 노출되자 그가 上海로 망명을 계획하였다는 기존의 기록은 재검토되어야 할 것이다. 체포되지 않았다면 호남을 무대로 채기중의 무장투쟁은 계속되었을 것으로 생각된다.

이처럼 대한광복회의 조직발전, 특히 以南조직의 성장과정에서 채기중의 역할은 다대한 것이었다. 그는 대한광복단을 광복회로 발전시킨 후 박상진과 양두체제로 초기조직을 운영하였다. 이른바 '대구권총사건'은 그와 박상진의 지휘하에 추진된 군자금 모집활동이었다. 그러나 이 사건으로 박상진이 피체되고 지도부의 공백상태가 야기되자 광복회는 채기중이 독자적으로 이끌어 갈 수밖에 없었다. 그는 조직의 동요를 막고 단원을 규합하여 寧越의 日人 重石鑛山에 침투하는 등 위기적 상황에서도 단체를 정비, 보존하였다. 그리고 박상진의 복귀와 함께 가속된 지부망의 결성과정에서 핵심적인 역할을 수행하였다. 경상도는 물론 김한종을 영입해 충청지부의 성립을 유도하였고 친일부호를 직접 처단하여 의열투쟁의 선봉에 섰다. 1918년 초 조직이 발각

---

52) 위의 자료집, p.706.
53) 위의 자료집, p.707.

되어 일제가 전면적인 수사에 착수하는 상황에서도 전남에서 제2의 거사를 모색하는 등 끈질긴 투쟁의지를 보이고 있다. 그러한 면에서 단순히 결성 당시의 역할뿐 아니라 1915년 이후 조직의 성장과정에서 그가 보여준 헌신적인 역할도 아울러 부각되어야 할 것이다.

2) 의열투쟁의 추진과 성과

蔡基中의 항일투쟁은 1917년 11월 그가 영남의 대표적 친일지주 張承遠을 직접 처단함으로 정점에 이르게 된다.

대한광복회의 친일지주 처단작업은 식민권력에 기생하는 민족반역자를 응징함으로 일제와 그들이 구축한 통치체제에 대한 정면대응을 시도한 것으로 그 성격을 규정할 수 있다. 동시에 이는 1917년 7월 박상진의 복귀와 함께 전열을 정비한 광복회가 諸조건의 변화와 더불어 시도한 새로운 투쟁방략이었다.

대한광복단의 확대조직으로 탄생한 광복회는 결성 후 금광잠입, 세금수송의 우편마차 습격 등 더욱 공격적인 투쟁방식을 보이게 된다. 1915년 12월 權寧萬, 禹在龍의 경주 우편마차 습격[54], 1916년 12월 평북 영변에서 李鎭龍의 동양금광회사 소속 현금마차 공격[55] 등이 이 시기의 대표적 투쟁사례들이라 하겠다. 그리고 광산잠입은 앞서 언급한 채기중의 영월 중석광 침투를 들 수 있다.

그런데 이상의 활동들은 시기적으로 1915년에서 16년 사이에 십중적으로 추진되었다. 구체적으로 1915년 8월에서 박상진이 구금된 직후인 1916년말 사이에 전개된 활동들이었다. 1917년 이후의 방략은

---

54) 『每日申報』, 1915. 12. 26.
55) 『每日申報』, 1917. 6. 19.

잠입이나 습격보다 친일부호를 대상으로 한 직접투쟁으로 확연히 전환되었다. 이는 기존의 방식들이 기대만큼 투쟁효과를 거두지 못하였다는 전술적 반성[56]과 함께 총사령의 복귀, 지부조직의 확대 등 제반 여건의 변화가 토대가 되어 추진 가능하였던 것이다.

계획은 박상진 출감 후 蔡基中, 金漢鍾, 禹在龍 등 지도부의 숙의를 통해 방향이 설정되었다. 日帝의 관헌문서에는 그 과정이 다음과 같이 기록되어 있다.

"大正 6년(1917) 음력 6월 9일경 蔡基中 金漢鍾이 동반하여 피고 朴尙鎭의 집으로 가서 동일한 사상을 가진 禹利見이란 자와 만났다. 여기서 그들은 국권을 회복할 방도를 모의한 나머지 이 목적을 달성하기 위해 동지를 모집하고 光復會라 칭하고 兵器類를 준비하기 위해 군자금을 모집하게 되던 것이다. 그 모집방법으로는 조선 각도의 자산가들에게 대해 동회의 목적을 달성하기 위해 그 會가 인정한 자산의 비중에 따라 지정한 금액을 기부하도록 요구하며 이에 불응할 시에는 不則의 위험이 있을 것임을 암시 해주기로 하였다. 이를테면 정치상 불온하고 위험한 내용을 게재한 문서를 발송하고 쉽게 응하지 않을 것을 염려하여 자산가로 악명 높은 慶尙北道 漆谷郡 北三面의 일명 張觀察(張萊道) 같은 자를 암살하여 여러 사람에게 위협함으로써 자금조달을 쉽게 하리라 결심했다. 그리하여 피고 채기중은 경상북도 피고 김한종은 충청남도에서 제반임무를 담당하고 우리견은 중국으로 가서 앞의 문서를 발송할 것을 담당하였다."[57]

---

56) 慶州에서 압수한 세금은 8500원으로 광복회가 이 지역에 雜貨所 100개를 통해 모금하려 했던 100만원에 비교하면 미미한 액수였다. 「高等警察要史」 李鎭龍도 현금수송차량을 습격하였으나 자금을 입수하지 못한 채 인명손실만 보았다. 따라서 이러한 활동들은 거사의 위험부담에 비해 직접적인 성과는 미흡한 편이었다.

57) 金喜坤 編, 『朴尙鎭資料集』, 독립기념관 한국독립운동사연구소, 2000, p.51.

위의 기록을 보면 광복회 지도부는 자산의 정도에 따라 모금액을 책정하고 이를 기부 받는 의연의 형식을 최초 강구하였음이 나타난다. 그러나 부호들이 이에 응할 것인지, 즉 성과에 관해서는 대체로 비관적인 전망을 가졌던 것으로 보인다. 따라서 불응하는 지주 중 악명 높은 인물을 처단하여 경종을 울리고 모금효과를 극대화 시키는 방책이 마련되었고 그 대상으로 漆谷의 張承遠이 선정된 것이다.

장승원은 조선총독 寺內正毅가 1916년 경질된 때 아들 張吉相을 조선인 대표로 동경에 파견시킬 만큼 친일성향이 강한 인물이었다. 그는 舊황실 소유의 토지를 불법으로 강탈한 전력이 있고 倭館에서 부녀자를 구타하여 즉사시키는 등 영남의 대표적인 反민족지주로 악명을 떨치고 있었다.[58] 특히 許蔿와의 악연으로 그 제자 박상진에게는 公·私的으로 원한에 찬 인물이었다.[59] 따라서 광복회 처단 대상의 제1순위로 그가 지목된 것은 당연한 결과라 하겠다.

장승원 처단은 지도부의 숙의를 통해 결정되었고 결행은 전적으로 채기중의 주도하에 이루어 졌다. 그런데 처단의 당위성은 인정하면서도 결행시기에 관해서는 채기중이 지도부와 이견을 보였다는 기록이 있다. 즉각처단을 주장한 박상진, 김한종에 대해 채기중이 시기가 아직 이르다는 이른바 '시기상조론'을 제기하였고, 그것이 김한종의 강력한 반발에 의해 묵살되면서 거사가 결행될 수 있었다는 것이다.[60] 이 점을 들어 종종 채기중이 장승원 처단에 소극적인 자세를 취한 것이 아닌가 하는 의문이 제기되곤 한다. 그러나 자료를 전체적으로 검

58) 慶尙北道 警察部, 『高等警察要史』, 1934, p.180.
59) 이와 같은 이유로 朴尙鎭은 1916년 行刑部 소속의 權百草를 시켜 2차례에 걸쳐 장승원의 암살을 시도하였으나 실패하고 말았다. 「고헌박상진선생약력」, 『박상진 자료집』, 2000, p.348.
60) 獨立運動史編纂委員會 編, 『獨立運動史資料集』 11, p.677.

토해 보면 이는 사실과 전혀 다름을 알 수 있다. 물론 그가 장의 처단이 가져올 파장과 그것이 광복회에 미칠 영향을 고려해 신중한 접근을 요구한 것은 사실이다. 1917년 음력 8월 安東의 李鍾韺 자택에서 김한종을 만난 채기중은 즉각 실행을 주장하는 김한종에게 사안이 중대함으로 심사숙고하지 않고 경솔히 실행한다면 곤란을 당할 것이며 시기도 아직 이르다는 견해를 제시하였다.[61] 그런데 이러한 시기상조론이 막연한 근거나 소극적인 투쟁태도에서 기인한 것이 아니라 거사의 성공적 수행을 위한 전술적 판단이었음이 자신의 진술에서 나타난다. 채기중은 공술조서에서 처단의사를 처음부터 자신이 가지고 있었다고 밝혔다. 그리고 실행을 재촉하는 김한종에게 勇士를 물색하고 暗夜를 이용해야 하기에 적어도 9월 말까지는 기다릴 것을 충고하였다고 진술하였다.[62] 거사의 중요성에 비추어 신뢰할 수 있는 대원이 필요하며 야간을 활용하기 위해서는 조금 더 시간을 기다려야 한다는 것이 그가 제기한 시기상조론의 근거인 것이다. 이는 정확한 판단이었으며 결과적으로 그의 의사대로 계획은 진행되었다. 채기중은 姜順必, 庾昌順, 林世奎 등을 직접 규합, 인솔하여 치밀한 계획 하에 음력 9월 26일 성공적으로 거사를 수행하였다.

장승원 처단에서 간과할 수 없는 부분은 채기중 자신이 직접 작성하여 공포한 격고문의 의미이다. 알려진 대로 이 격고문은 실행 사흘 전 채기중이 대구의 若木市場에서 종이에 써서 4매로 작성한 후 대원들에게 분배한 것이었다. 거사 후 그는 이를 張의 저택 오른쪽 대문에 게시하여 투쟁의 목적과 대의를 공포하였다.

그런데 이 격고문의 작성은 광복회 지도부의 합의나 결정이 아니라

---

61) 國史編纂委員會 編, 「國內抗日資料」, 『韓國獨立運動史』 2, p.447.
62) 獨立運動史編纂委員會 編, 앞의 자료집 p.723.

전적으로 채기중의 개인의 판단과 의지에 따라 이루어진 것이었다. 작성 경위와 목적은 유창순의 아래 진술에서 확인할 수 있다.

"그리하여 음력 9월 23일 若木市場으로 돌아가 그곳 주막에서 蔡基中, 孫基瓚 두명을 만났다. 그 석상에서 채기중이 張來道를 살해한 뒤 그냥 도주해 버리면 世人에게 무슨 私怨으로 살해한 것 같이 보여 마땅치 못하다고 말하면서 半紙보다는 약간 작은 종이에 日誰光復天人是符聲此大罪械我同胞라 쓰고 末尾에 聲戒人 光復會員이라 附記한 종이 4매를 작성하여 우리들 4사람이 각각 1매씩 소지했다."[63]

위의 기록을 보면 채기중은 張의 처단이 민족적 심판이라는 본연의 취지와 달리 박상진, 장승원의 私憾에 기인한 일반범죄로 日帝에 의해 왜곡, 선전될 가능성을 심히 우려하였다는 사실을 알 수 있다. 어쩌면 거사를 앞두고 그가 가장 고심하였던 부분이 아니었나 한다. 그러한 가능성에 대비하고 처단의 대의와 명분, 나아가 항일단체로서 광복회의 존재와 위상을 천명하기 위해 그는 독자적인 판단으로 격고문을 작성, 게시한 것이었다.[64]

그의 이러한 의도는 결과적으로 성공하였다 하겠다. 장승원 사건을 다룬 당시 언론에는 단원들이 국권회복에 필요한 군자금을 張에게 요구하였고 이에 불응하자 사살하였다는 사실이 정확히 보도되었다. 아울러 격고문의 내용도 전재되었다.[65] 이를 통해 일제와 친일세력은

---

63) 위의 자료집, p.688.
64) 이 격고문은 韓焄이 1945년 대한광복단을 재건한 직후 발표한 '檄文'에도 서두에 등장한다. 한훈은 이것이 대한광복단의 근본정신인 동시에 행동강령이라 밝히고있다. 韓焄, 「檄」, 1945.
65) 『每日申報』, 1917. 11. 15.

물론 당시의 일반민중들까지 光復會의 존재와 그들의 활동상을 인지할 수 있었던 것이다. 식민통치의 암흑기인 1910년대 국내에 그와 같은 항일세력의 생명과 활동이 지속되었다는 사실은 무단통치하에서 좌절하였던 당시 대중에게 적지않은 희망과 좌표를 제공하였을 것으로 생각된다. 그것은 蔡基中 자신이 생사를 걸고 결행하였던 義烈鬪爭의 목표인 동시에 소중한 성과였다 할 것이다.

V. 항일투쟁의 성격

지금까지 蔡基中의 항일운동은 그가 1913년 대한광복단을 조직하면서부터 시작된 것으로 이해되었다. 채기중은 乙巳勒約 이후 국권회복운동을 염두에 두고 고향을 떠나 풍기로 이주하였다. 그의 풍기 이거에는 대한광복단 결성을 위한 근거지 확보 외의 다른 동기를 발견할 수 없다. 따라서 그가 독립운동에 투신한 것은 풍기에 정착한 1906년 부터를 기점으로 잡아야 할 것이다.

채기중이 창단한 대한광복단은 그 조직시기와 성향, 그리고 투쟁방식의 면에서 항일 무장운동사에 뚜렷한 위치를 점하고 있다. 同團이 성립된 1913년은 국내의 항일운동이 정확한 활로를 찾지 못하고 있던 시점이었다. 비밀결사의 활동이라는 방향은 제시되었고, 단체가 결성되었지만 憲兵警察을 이용한 무단통치체제하에서 이들 결사들은 명확한 노선을 정립하지 못한 채 명맥을 유지해 갔다. 채기중이 조직 결성에 착수한 것은 바로 이러한 시점으로, 그에 의해 성립된 대한광복단은 비밀결사의 형태에 무장투쟁의 노선이라는 뚜렷한 정체성을 가지고 출범하였다. 이것은 앞서 언급한 대로 최초구성원들의 성향과 투쟁이력에서 충분히 확인되는 것이다.

다음으로 지적할 것은 그가 한말 의병항쟁의 전통과 기맥을 계승하여 조직을 운영하였지만 더불어 그것이 가지는 한계와 전술적인 모순도 극복하려는 노력을 보인다는 사실이다. 그는 1895년 경북 지역을 휩쓸렸던 을미의병의 현장을 직접 목격하며 청년기를 보낸 인물이다. 당시의 경험이 대한광복단 조직과 활동의 주요한 근거가 되었겠지만 동시에 일종의 反面敎師로 작용한 부분도 있으리라 생각된다. 결성 직후 권총과 탄환 등 무기구입에 집착한 이유도 의병항쟁의 실패 요인 중 하나로 지적되는 장비문제를 그 자신이 인식하고 있었기 때문일 것이다. 1913년 이후 다양한 성향과 경력의 단원들이 입단하는 현상도 동일한 관점에서 이해된다. 이들의 참여는 투쟁방식에 대한 그 자신들의 공감과 함께 구성원의 범위를 확대하여 團의 체질을 강화시키고자 했던 채기중의 의지가 작용하였다. 요컨대 채기중은 대한광복단을 의병항쟁의 기질을 계승하면서도 그 방법상의 한계는 극복한, 그리하여 식민지 현실에서 실천 가능한 노선을 가진 단체로 성립, 발전시킨 것이다.

채기중이 결성한 大韓光復團은 조직이 성장을 거듭하여 1915년 大韓光復會로 확대, 발전되었다. 이후 전국적 지부망을 갖추고 항일투쟁을 전개하였는데 그 과정에서 채기중의 역할과 활동은 실로 全방위에 걸쳐 이루어 졌다.

주목되는 것은 총사령 박상진이 투옥중이던 1917년을 전후하여 그의 투쟁방식이 변화되는 모습을 보인다는 점이다. 대한광복회로 확대된 직후인 1915년에서 16년 사이 채기중의 활동은 막후에서 조종과 지원이 주를 이루었다. 광복회 초기 조직을 그는 박상진과 양두체제로 이끌어 갔다. 1916년 9월의 '대구권총사건'에서 그는 직접 대원을 선정하여 투입하였다. 1915년 대동상점의 개설에 관여한 사실까지 합치면 전반기의 활동은 측면에서의 지휘에 치중하였던 것이 사실이다. 그러나 박상진이 피검된 1916년 하순에 와서 그는 투쟁의 전면에 등장하게 된다. 강병수와 대원을 이끌고 직접 영월의 日人 광산에 침투하여 군자금 수합 활동을 전개한 것이다. 이는 지도부인 그 자신이 행동의 일선에 나섬으로 단원들이 동요를 막고 조직의 위기를 타개하기 위한 목적이 아니었나 한다.

채기중의 전면활동은 박상진 출감 이후 더욱 가속되었다. 以南조직 중 핵심인 경상, 충청, 전라지부의 결성에 자신의 인맥과 기반을 적극 활용하였다. 支部員을 동원해 자산가의 명단을 입수하고 포고문을 발송하였으며 수시로 무기를 구입하여 의열투쟁에 대비하였다. 그리고 마침내 이는 1917년 11월 장승원 처단으로 이어진 것이다.

기실, 조직내의 비중과 위치, 그리고 연령적인 고려까지 감안한다면 그 자신은 직접 처단에 가담하지 않을 수도 있는 입장이었다. 그러나 채기중은 유창순, 강순필 등 결성 초기의 동지들을 이끌고 거사를 실행에 옮겼으며 격고문을 고시하여 투쟁의 大義를 공포하였다. 이는 국권회복에 대한 열망과 함께 강렬한 실천의식이 없이는 불가능한 행동이었다.

채기중은 광복회 조직이 발각됨에 따라 1918년 목포에서 체포되어 1921년 서대문 형무소에서 순국하였다. 그의 항일투쟁은 피검과 더불어 종료되었지만 자신이 조직한 대한광복단의 정신과 활동은 이후에도 소멸되지 않았다. 풍기의 최초단원이었던 한훈, 김상옥은 '광복회 사건'에서도 정체가 노출되지 않고 활동하다 1920년 8월 美議員團의 내한을 계기로 대한광복단의 항일투쟁을 재기하였다.[66] 해방 후 대한

66) 東亞日報, 1920. 9. 17.

광복단은 생존단원 韓君에 의해 재건되어 식민치하에서 결행한 민족운동의 정신과 이념을 해방공간에서 부활시키게 된다.

한훈이 남긴 다음의 글에서 그가 대한광복단을 재건한 동기와 의의를 짐작할 수 있다.

> "乙巳五條約으로부터 庚戌失國 이후로 解放今日에 이르기까지 사십여년간 국내와 국외로 分散과 結集을 반복하면서 祖國光復을 위해 殉國한 烈士가 부지기수라는 것은 世人이 公知하는 바이다. 本團 역시 사십여년간 오로지 祖國光復을 위하여 杖劍赴義하며 殺身成仁한 數千의 先烈이 百斥不屈하고 義血로 一貫하였다. 다만 그때는 혹독한 倭賊의 壓迫下이라 우리의 光復運動이 地下에 잠행하고 分散活動함으로 救國安民의 大義를 天下에 公布할 기회가 없었고 오직 倭賊과 祖國光復의 反逆者 擊滅이 急先務 였기에 모든 行動을 黙言實行으로 진행하여 왔다. 그러나 이제는 先烈의 義血과 友邦의 협조로 仇敵을 擊退하고 祖國이 解放되었으니 우리손으로 健全한 自主獨立國家를 완성할 기회가 왔다. 따라서 先烈의 遺囑인 光復精神에 基하여 團의 目的과 綱領을 天下에 公布하며 우리 後繼同志들은 이를 實踐躬行하여 使命達成의 義務를 통감하여 祖國의 主權을 완전히 光復하고 건전한 自主獨立國家樹立 및 그 發展에 집중발휘함을 誠望하고 此를 天下에 宣言하는 바이다."[67]

위의 글을 읽어보면 한훈은 秘密結社로 始終하였던 투쟁역정을 회고하면서 조직의 특성상 자신과 동지들의 활동을 주지시킬 수 없었던 사실을 아쉬워하였음을 알 수 있다. 그리고 선열의 희생 위에 이룬

金相玉烈士紀念事業協會, 『金相玉烈士鬪爭史』, 1949, p.82.
李炳憲 編, 『三一運動秘史』, 時事時報出版局, 1959, pp.1011-15.
67) 光復團中央總本部, 「光復團宣言」, 『光復團略史』, 1946, p.2.

해방조국에서 이제는 자주적인 독립국가를 완성할 기회가 왔음을 강변하고 있다. 나아가 그러한 국가건설이야말로 대한광복단을 비롯해 이미 희생된 애국지사들의 유지를 발전적으로 이어가는 길이라 확신하고 있는 것이다.

'後繼同志'로서 그가 계승하고자 했던 '先烈의 遺囑' 즉 '光復精神'이야말로 대한광복단의 정신인 동시에 蔡基中의 정신이었음은 두말할 나위 없다.

VI. 맺음말

지금까지 일제하에 蔡基中이 전개하였던 항일투쟁의 내용과 성격을 살펴보았다. 그 대강을 요약하는 것으로 결론에 대신하고자 한다.

素夢 蔡基中은 咸昌에서 출생하여 1906년 豊基로 이거한 후 일관되게 항일운동에 헌신하였다. 19세기 말의 위기와 격변을 고향에서 겪으며 그는 민족의식을 형성하고 독립운동가로서의 정신적 기반과 물질적 토대로 마련하였다.

채기중은 1905년 을사늑약으로 망국의 상황이 가시화 되자 고향에서의 안정된 삶을 포기하고 국권회복운동에 투신하였다. 비밀결사의 운동형태를 처음부터 염두에 둔 그는 그러한 조직의 결성에 천혜의 조건을 갖춘 소백산 아래로 이동, 근거지를 확보하였다. 1910년 국권이 상실되자 그는 의병, 지사집단을 구성원으로 항일비밀결사 大韓光復團을 결성하였다. 이후 그의 독립운동은 대한광복단의 발전과 함께 치열하게 전개되었다.

채기중의 항일운동에서 간과할 수 없는 부분은 무장항쟁에 대한 그의 일관된 투쟁의지와 노선, 그리고 행동에서 나타나는 실천적 면모이다. 투쟁방식이 한말의병항쟁의 전통에서 출발한 것은 분명하지만 식민지 현실에서 그 자신은 이를 단선적으로 수용하지 않았다. 의병계열의 활동만으로 나타날 수 있는 노선상의 제약과 한계를 극복하기 위한 노력을 경주하였고 이로 인해 대한광복단의 인적구성과 가용범위는 확대될 수 있었다. 바로 이 점이 이 단체가 단명에 그치지 않고 변천을 겪으면서도 활동을 지속할 수 있었던 요인이 되었다고 생각한다.

채기중이 전개한 抗日鬪爭의 양상은 어느 일면에 그치거나 위치에 국한된 것이 아니었다. 그는 조직을 결성하고 성장시키는 과정에서 끊임없이 단원을 규합하고 자금을 지원하였으며 무기를 수합하는 등 지도부로서 역할을 다하였다. 1916년 9월의 이른바 '대구권총사건'이 그 대표적인 예라 하겠다. 그리고 단이 위기에 처한 상황에서는 주저없이 선봉에 서서 대원을 이끌고 투쟁하였다. 따라서 지금까지 알려진 대한광복회의 편제, 즉 '慶尙道支部長'이라는 직책만을 가지고 채기중의 역할을 파악하는 것은 의미 없는 시도라 생각한다. 때로는 전면에서, 때로는 측면에서, 실로 그의 활동은 조직의 체계와 편성을 무색케 할 만큼 숱방위적인 것이었다. 그리고 이러한 투쟁성향은 채기중뿐 아니라 그가 조직한 대한광복단의 초기단원들에게 공통적으로 발견되는 실천적인 행동노선이기도 하다.

활동기간과 양상만을 놓고 볼 때 그의 투쟁이 그다지 화려하게 보이지 않을 수도 있다. 48년의 생애에서 그가 본격적으로 항일운동에 투신한 것은 10년이 채 안되는 기간이었다. 국내외를 넘나들며 생의 대부분을 독립운동에 헌신한 인물들에 비해 그의 활동이 상대적으로 왜소해 보일 여지도 있다.

그러나 채기중의 抗日鬪爭이 단순히 계량적인 측면에서 평가될 대상은 아니라 생각한다. 그는 무단통치의 극성기에 국내에서 항일단체를 조직한 인물이다. 자신이 결성한 대한광복단은 경술국치 이후 무장투쟁을 전제로 성립된 최초의 비밀결사였다. 그는 同團의 결성을 주도하였음은 물론 끊임없이 外延을 확대하여 조직 발전을 가능케 하였다. 대한광복단이 대한광복회로 성장하여 1910년대 항일무장투쟁을 선도할 수 있었던 이면에 채기중의 존재와 역할이 자리잡고 있음은 언급한 바와 같다. 자신의 노선과 정신은 그가 순국한 이후에도 光復團決死隊의 활동으로 계승되었으며 해방 후에는 대한광복단의 재건으로 부활되었다.

직접 수행한 친일지주의 처단도 결과적 의미보다는 그것으로 파급되는 민족적 각성과 독립투쟁의 동기부여라는 차원에서 평가되어야 할 것이다. 그러한 투쟁의 여파가 3·1운동으로 연결되어 향후 국내외 독립운동의 대세에까지 영향을 미쳤음은 주지의 사실이다. 단기간이었지만 그의 노선과 투쟁이 남긴 족적은 의미있는 것이었다.

따라서 1910년대라는 암흑기의 抗日民族運動을 내면에서 이끌어간, 그리하여 한국독립운동사에서 하나의 '저력'을 형성한 실천적 독립운동가로서 素夢 蔡基中의 位相을 자리매김할 수 있을 것이다.

 # 최연소 3 · 1운동 민족대표 / 이갑성

유 준 기[*]

Ⅰ. 머리말

박은식은 韓国獨立運動之血史 서문에 "기미년 3월 1일 태극기가 하늘에 걸려 일월과 더불어 광휘를 다투고 독립만세소리는 천지를 진동시켰다. 남녀노유가 흘린 피 길에 가득하였으나 용기는 더욱 떨치고

* 총신대학교 역사교육과 교수

기세는 장렬했다"[1]고 3·1독립운동의 현장을 이렇게 서술하고 사상자가 수만 명을 넘었으나 의로운 피는 조금도 그칠 줄 모른다고 감격했다. 뿐만 아니라 그는 3·1독립운동의 민족사적 의의를 거족적인 민족혁명으로 규정하면서 3·1독립운동 이전 30년간을 3·1독립운동의 전사로 구성하여 갑신정변에서 華夷觀을 극복하고 동학농민혁명운동에서 평민혁명의 의미를 부여하였다. 그리고 그는 독립협회의 민권운동과 의병정신이 융합하여 우리의 내재적 독립운동의 축적에 의해서 3·1독립운동이 일어날 수밖에 없었던 필연성을 강조하였다. 특히, 3·1독립운동을 혁명으로 규정한 이유는 민족의 독립과 자유를 위해 일제에 항쟁한 것 그 자체가 혁명이며, 3·1독립운동의 산물로서 대한민국임시정부를 세워 앞으로 광복을 성취하는 것을 혁명의 완성으로 보았기 때문이다.

박은식이 지적한 대로, 3·1독립운동은 1919년에 거족적으로 일어난 자주독립운동으로 국내외에서 전개된 항일투쟁의 정신적 지주가 되었다. 이러한 이유에서 3·1독립운동은 중요한 연구 대상이 되고 있으며, 3·1독립운동의 발생 배경이나 전개과정 및 참여 계층의 특징과 성격에 대한 광범위한 연구가 이루어지고 있다.[2]

---

1) 朴殷植,「緒言」,『韓國獨立運動之血史』, 1920, p.2. "己未年三月一日我太極國旗突然擧空輿日月箏輝獨立萬歲之聲振動天地我男女老幼之流血載塗而勇益奮氣益壯"

2) 3·1독립운동의 문헌자료 및 연구사를 다룬 것으로는 다음과 같은 글이 참고가 된다. 李炳憲,『3·1運動秘史』, 時事時報出版局, 1959. 동아일보사 편,『3·1運動50周年記念論文集』, 1969. 尹炳奭,『3·1運動史』, 正音社, 1975. 安秉直,『3·1運動』, 한국일보사, 1975, 鄭光鉉,『三·一運動史-判例를 통해서 본-』, 法文社, 1978, 千寬宇,『3·1운동연구사론』,『文學과 知性』, 35호, 1978 봄, 李炫熙,『3·1運動史論』, 동방도서, 1979, 金昌洙,『3·1운동연구사론』,『동국사론』, 14. 1980. 金鎭鳳,『3·1운동』, 민족문화협회, 1980. 金鎭鳳,『3·1운동사연구』, 국학자료원, 2002. 한국역사연구회·역사문제연구소 편,『3·1민족해방운동연구』, 청년사, 1989. 역사문제연구소,「쟁점과 과제; 민족해방운동사」, 역사비평사, 1990. 愼鏞厦,『3·1운동연구의 현단계와 과제』,『한국민족운동사』12, 국사편찬위원회, 1993. 이정은,「3·1운동 민족대표론」,

그리고 이러한 연구들을 종합해 보면 기독교인들에 의한 국민계몽운동과 기독교계 학교의 민족교육이 국권을 회복하려는 민족의식형성에 촉매역할을 하였을 뿐 아니라, 이를 대중화시키는 중심세력이 되었다. 이러한 민족의식의 대중화는 일제의 무단정치기간에도 꾸준히 이어져 3·1독립운동의 동인이 되었던 것이다.

그러므로 일제의 한국 강점을 이해함에 있어 정치·경제적 침략에 못지않게 종교침투를 중심으로 하는 문화·정신 침략도 간과할 수 없다. 그럼에도 불구하고 일제의 종교침략과 기독교의 대응에 대한 연구는 부진을 면치 못하는 실정이다. 필자는 (3·1독립운동과 기독교계 민족대표의 활동[3])에 주목하여) 3·1독립운동에 있어서의 기독교계 민족대표의 역할과 위상을 개괄적으로 살펴보고 기독교계 민족대표 중 학생층을 3·1운동에 침여시키는 데 주도적인 역할을 한 이갑성에 대해 그의 생애와 항일독립운동을 중심으로 정리하면서 그의 '친일 관련설'을 밝혀 보고자 한다.

광복 61년을 바라보는 현 시점에서 아직까지도 친일파 문제 등 식민지 시대의 유물을 청산하지 못한 점은 부끄러운 일이며, 친일파 청산은 민족사적 정통성과 직결되기 때문에 시급히 해결해야 할 과제이다. 다만 애국지사들의 친일 행적을 논할 때는 객관적이며 확실한 자료의 뒷받침이 있어야 한다. 그렇지 못할 때 국가를 위해 헌신한 애국지사들의 명예를 더럽히기 때문에 이점은 간과할 수 없는 중요한 문제이다. 따라서 필자도 이러한 점에 유의하여 이갑성의 1930년대 이후 광복 때까지 행적에 관하여 주목하고 그의 생애와 항일독립운동

『한국민족운동사연구』 32, 2002. 이정은, 「3·1운동」「한국사」 47, 국사편찬위원회, 2001. 笹川紀勝, 金勝一編, 『3·1獨立運動判決精選』, 도서출판 고구려, 1999.

3) 유준기, 「3·1독립운동과 기독교계 민족대표의 활동」, 『總神大論叢』 23, 2003. 12.

과 '친일관련설'[4] 대하여 소략하게 검토한 바가 있다. 그러나 당시의 자료적 한계로 인하여 심도있게 논증하지는 못하였다. 필자는 관련 자료를 수집하기 위하여 일본 국회도서관과 미쓰비씨(三菱)사료관, 국사편찬위원회 등을 직접 방문하였다. 이 글은 미쓰비시상사사사(三菱商事社史), 국사편찬위원회 홈페이지 『조선총독부 직원록』, 일본국회도서관 소장 마이크로필름 『齊藤實文書』와, 당시에 발간된 신문·잡지·일제통치사료, 그리고 일제비밀문서 등을 적극적으로 활용하여 재구성하였음을 밝힌다.

II. 이갑성의 생애와 3·1독립운동에서의 활동

1) 생애

이갑성의 생애는 크게 4시기로 구분할 수 있는데, 첫 번째 시기는 1889[5]-1918년까지로 그의 유년·학창기에 해당된다. 그는 1889년 10월 23일 경상북도 대구부 壽町 72번지에서 양반가문인 경주 이씨 이기덕의 장남으로 출생했다. 그는 향리에서 7세부터 가학으로 한학을 공부하였고, 1900년(12세)에 상경하여 선교사를 통해 기독교를 접하게 되었다. 경신학교(1910년), 사립 세브란스 의학교 약학과(1914년), 사립 세브란스 연합의학전문학교(1918년 3년수료) 등에서 수학하였고, 1915

---

4) 유준기, 「3·1독립운동과 기독교계 민족 대표의 활동-이필주·이승훈·이갑성을 중심으로」, 『3·1독립운동 85주년기념 '민족대표 33인의 재조면 학술회의』 2004. 3. 30. 서울 프레스센타 19층.
5) 자필 이력서와 호적등본에는 1889년 10월 23일로 되어 있는데, 안상균의 저서에는 1886년으로 되어 있음.

년 세브란스병원 제약주임으로 근무하였다. 이 시기 이갑성은 안창호· 김규식· 정재용· 김원벽 등 많은 애국지사를 배출한 경신학교와 세브란스 의전에서 수학하고 근무하는 동안 기독교 신앙과 확고한 민족의식을 갖게 되었다.

두 번째 시기는 국내 항일 민족운동시기(1919~31)이다. 이때를 다시 구분하면 3· 1운동과 피체투옥기(1919~22), 민립대학건설운동(1923~27), 물산장려운동(1924), 신간회운동(1927~31) 등 실력양성운동기로 나눠볼 수 있다. 그리고 1923년 세브란스제약회사 지배인으로, 1924년 세브란스약학전문학교 약물학강사, 1924년 8월 경성공업사 서무주임으로6) 있었으며, 1925년 조선중앙기독교청년회(YMCA) 이사, 1926년 흥업구락부 간사 등 사회활동이 왕성했다. 이 시기 이갑성은 독립운동가, 문화운동가로서 교육진흥운동과 항일독립운동세력의 통일을 위해 노력하였다.

세 번째 시기는 신간회 사건으로 중국으로 망명했던 시기(1931~37)

---

6) 『동아일보』, 1925. 10. 5일자 p.2, 「기미독립운동가 조선의 48인 최근 소식의 片片」, "이갑성선생 이갑성씨는 출옥 후에 다시 세브란스 병원에서 사무를 보시다가 재작년 가을에 조선련하의 ○를 한 곳에 집중하여 민립대학사무를 ○시고 각 지방으로 순회하시다가 그 일도 일반이 다 아는바와 같이 뜻같이 되지 않아 작년 팔월부터 경성공업사 서무주임으로서 계시게 되어 매일매일 마치소리로 벗을 삼으신답니다. 그런데 출옥하신 후 따님을 두 분이나 보셔서 매우 단락한 가정을 이루시고 계시답니다. 한편 국사편찬위원회 한국사데이타베이스 자료에도 京城工業社에 관한 기록이 보이고 있는데 이 회사는 자동차 및 자동차부속품 제조 판매, 난방장치 및 위생공사, 및 그에 필요한 기구재료 등을 판매하는 주식회사로 주로 외국인이 겸영했던 주식회사인 것으로 나타나고 있다, 주소지는 경성부 숭2동 41번지였다. 다만 설립일이 1925년 3월 1일로 나타나 위의 신문기록과는 차이를 보이고 있는데 총독부로부터 설립허가를 받은 날과 경성공업사가 영업을 시작한 시기가 차이가 있을 수 있다는 점을 감안하여 생각한다면 이갑성이 이 회사에서 근무했을 가능성이 있었을 것으로 생각되기도 한다. 金行湜, 「민족대표33인과 독립운동의 각계 주역들의 약전15, 연당 이갑성 선생편」『韓民族의 抗爭』 p.129에는 1931년으로, 1952년 국회제출 이력서에는 1930년으로 되어있다. 따라서 그가 경성공업사에 창업멤버로 24년을 근무했다가 다시 1930년에 잠시 재취업한 것으로 유추된다.

와 상해에서 국내로 압송된 후 광복까지의 시기(1937~45)이다. 그는 이 기간 동안 1937년 국내로 압송되면서 3년형을 선고받고 1년을 복역하였으며 가출옥한 후 1938년에는 흥업구락부사건이 탄로되어 7개월 투옥, 1941년 대구 경북경찰국에 11개월 투옥, 1942년 해주, 평양, 원산경찰서에서 각각 3개월간 피체되었고 1943년 함흥경찰서에서 4개월, 그리고 1945년 경기도 경찰국 외사과에서 2개월간 피체되는 등 일경의 집요한 감시아래 고난의 나날을 보냈다고 하겠다. 그리고 마지막 네 번째 시기는 해방 이후부터 1981년 서거할 때까지의 시기이다. 그는 해방 직후 1948년까지 독립촉성해 회장과 입법위원으로, 1950년에는 국회의원으로 활약하였고 1962년 건국훈장 대통령장을 서훈 받았고, 1965년 초대 광복회장으로 피선되어 광복회를 국가 유공자 단체로 육성하는 데 기여하였다.

2) 3 · 1독립운동에서의 활동

민족 대표 33인 가운데 최연소로 활약한 李甲成은 3 · 1운동에 있어서 대내적으로는 학생조직을 활성화 시키고,[7] 대외적으로는 윤산온 (G. S. McCune) 등 외국 선교사를 위시해서 외국인과의 연락 책임을 수행하는 중요한 책임을 맡았다. 그는 박희도와 함께 이 문제를 鄭春洙 · 董錫璂(제암리교회) 목사 등과 논의한 결과, YMCA청년부 회원을 중심으로 학생조직을 확장해 나가는 것이 좋다는 의견을 듣고 학생조직에 착수하였다. 박희도는 경성의학전문학교 2학년에 재학 중인 韓偉健을 설득하였고, 이갑성은 경신학교 후배이며 연희전문학교 학생

---

7) 서울지역 기독교계의 동향에 대해서는 金良善, 「3 · 1운동과 기독교계」, 『3 · 1운동 50주년기념논문집』, 동아일보사, 1969에 구체적으로 정리되어 있다.

인 金元璧을 만나 시내 각 전문학교의 졸업생과 재학생 중에서 대표적인 인물을 모으기로 논의하였다. 1월 26일 경 박희도의 이름으로 보성전문학교 졸업생인 朱翼, 연희전문학교 학생인 尹和鼎, 보성전문의 康基德, 연전의 金元璧, 경성전수학교의 尹滋英, 세브란스의학전문학교의 李容卨, 경성공업전문학교의 宋鍾宇, 경성의전의 金炯璣 등 8명을 관수동 대관원으로 초대하여 YMCA에 가입할 것을 권고했다. 그리고 독립운동에 대한 각자 의견을 토로하였다.

이때 주익은 세계정세를 말하면서 앞으로 민족자결주의가 팽배해져 우리나라의 독립이 이루어질 것이라는 것을 강하게 피력하였는데 박희도 이에 동의하였다. 그리하여 학생들이 독립운동을 전개할 것을 강력히 주장하자 김원벽은 신중을 기하자는 의견을 제시하였다. 김원벽은 대관원에 모였던 학생대표들을 자기 집으로 초대하여 독립운동에 관한 토론을 개진하였다. 당시 학생들 사이에 큰 영향력을 가진 김원벽이 찬성하지 않을 때는 학생독립운동에 지장이 클 수밖에 없었다. 김원벽은 처음에 약간 회의적 이었지만,[8] 당시 선천 신성학교 교장이던 윤산온(G. S. McCune) 박사를 YMCA사무실에서 만나 독립운동의 타당성을 듣고 독립운동에 투신할 것을 결심하였다. 박희도를 중심으로 하는 학생세력은 독자적으로 2월 20일을 전후하여 독립선언을 하기로 결정하였다.

그런데 거의 같은 세력을 거느리고 있던 남대문교회와 세브란스의전 학생을 중심으로 하는 이갑성계 학생들도 2월 12일과 14일 음악회를 빙자한 모임에서 학생들만의 거사를 계획하고 전문학교 학생들이 주동이 되어 독립운동을 전개할 것과 선언서는 주익이 기초하기로 합

---

8) 朴漢㘾, 「3·1운동 주체형성에 관한 고찰」, 『3·1운동 50주년기념논문집』, 동아일보사, 1969, p.198.

의하였다. 그러나 이때 박희도가 천도교와 기독교측이 독립운동에 연합운동을 할 가능성이 있음을 말하면서 학생들만의 독자적인 행동을 자제할 것을 요청했다. 이에 2월 20일 각 전문학교 대표들은 제1회 학생간부회의를 승동교회에서 개최하였다.[9] 특히 이갑성은 李商在·尹致昊·咸台永·孫貞道 등 기독교계의 유력 인사들을 만나 독립운동에 관한 문제를 논의한 결과 반대하는 사람은 없었고 손정도 목사의 경우는 적극적인 지지를 표명하기도 하였다.

다음으로 기독교 민족대표의 3·1독립운동 참여과정에서 이갑성은 천도교계와 제휴하는 문제에 적극성을 띠고 중심 역할을 하였음을 알 수 있다. 즉, 1919년 1월 28일 경 崔麟으로부터 기독교계가 독립운동을 시작하였다는 보고를 들은 손병희는 기독교계 내에서 신망이 두터운 이승훈과 연락을 취하여 양측의 제휴를 추진하기 시작하였다.[10] 천도교로부터 양 교단의 제휴를 위한 구체적인 요청을 받은 이승훈은 여러 경로를 통해 평소 아끼던 이갑성과 상의하고, 이어서 金秉祚·李明龍·양전백·유여대·길선주·손정도 등과 이 문제에 대해 구체적으로 의논하였다. 그 후 이승훈은 서울로 상경하여 2월 20일부터 22일까지 3차례에 걸친 논의를 거친 후 천도교와의 제휴를 최종 결정한 것으로 보인다.

제1차 회의는 2월 20일 協成學校 사무실에서 개최되었는데, 이승훈·박희도·정춘수·오화영·신홍식·오기선 등이 참석한 이 회의에서는 독립운동을 일으킬 것과 일제에게 독립을 요구할 것에 대해 의견의 일치를 보았다. 또한 독립을 請願하느냐 선언하느냐의 문제에 대해서는 오화영 목사의 제안[11]대로 기독교측의 주요인물들이 連書한

9) 勝洞教會, 『勝洞教會百年史(1893~1993)』, 1996. pp.141-142.
10) 大正 9년 11월 8일, 「宋鎭禹 調書」.

독립청원서를 일본정부에 보내기로 하였으며, 동지들의 규합을 위해 오화영은 개성과 춘천지구에서, 정춘수는 원산지구에서, 나머지 사람들은 서울에서 동지들을 모집하기로 하였다. 그러나 천도교와의 합작 문제에 대해서는 반대의 의견이 있었다. 박희도는 양측의 제휴가 敎理上 부합되지 않으며, 兩敎間에 아무런 교류가 없었기 때문에 행동 통일이 원활하지 않을 것이라고 주장하였으며, 정춘수는 천도교측이 위험할지 모른다는 이유를 들어 반대하였다.

제2차 회의는 2월 21일 이갑성의 집에서 개최되었는데, 함태영·이승훈·安世桓·金世煥·金弼秀·吳祥根 등 장로교측 인사와 박희도·오화영·신홍식·오기선 등 감리교측 인사가 모였다. 청원서의 草案을 작성하는 문제가 논의되었으며,[12] 독립운동의 형태가 종파를 초월한 거족적인 운동이 되어야 한다는 함태영·안세환 등의 의견이 주효하여 천도교와의 제휴에 관한 논의에 상당한 진척이 있었던 것으로 보인다. 이밖에 이 회의에서는 국제정세와 강화회의에 대한 정확한 정보를 파악하기 위하여 玄楯을 상해에 파견하기로 결정하였으며,[13] 지방의 동지 규합을 위해 이갑성·김세환·신홍식·이승훈을 지방순회위원으로 추가로 임명함으로써 기독교측 활동영역의 확장에 박차를 가하기 시작하였다.

제3차 회의는 2월 22일에 개최되었는데, 이승훈과 함태영이 천도교측과의 교섭 내용 전말을 보고하였으며, 양 교단의 제휴에 대한 가부

---

11) 大正 8년 11월 12일, 「吳華英 調書」.
12) 大正 8년 11월 15일, 「吳華英 調書」. 1차 회의 때는 박희도·오화영이 청원서 초안의 작성을 담당하기로 했으며, 2차 회의에서는 함태영과 이승훈이 담당하기로 했던 것으로 보인다.
13) MY AUTOBIOGRAPHY, The Reverend Soon Hyun, Yonsei University Press, 2003, p.291

를 결정한 회의였던 것으로 파악되고 있다. 이상 3차의 회의를 통해 논의된 양측의 제휴는 2월 24일 최종적으로 손병희에게 전달되었으며, 이후 이승훈·함태영과 만난 최린은 3·1운동의 진행절차와 양측의 역할을 분장하였다. 선언서와 청원서의 작성과 인쇄에 관한 일을 천도교측에서 담당하였으며, 미국 대통령 및 강화회의 참전국 대표들에게 청원서를 전달하는 일은 기독교측에서, 일본정부에 제출하는 일은 천도교측에 맡았다. 그리고 대표를 일본에 파견하여 일본정부와 직접 담판하는 일과 독립선언서의 배포와 3월 1일에 학생과 시민을 동원하는 일을 기독교측에서 맡기로 하였다.[14] 2월 27일에는 이필주의 집에서 이인환·박희도·오화영·최성모·함태영·김창준·신석우·박동완 등이 모여 함태영이 최린으로부터 가져온 최남선이 기초한 독립선언서 초안을 회람하였다. 여기서 참석자들은 선언서의 취지에 찬동하고 기독교의 민족대표로 최종적으로 서명·날인하였다.[15]

이갑성은 3·1독립운동의 성공을 위해 지방 조직 확산에도 적극 가담하였는데, 1919년 2월24일 대구에서 남산정교회 李萬集 목사에게 대구 대표자로 서명할 것을 권유하였는데[16] 이만집 목사는 성취 여부를 의심하여 서명하지 않았다. 그 후 이만집 목사는 이갑성이 보낸 '독립선언서'를 받고 대구에서 김태련·김영서 등 동지들을 규합해 3월8일 독립 만세 운동을 전개했던 것이다.[17]

---

14) 상해로 파견되는 현순에게는 기독교측이 천도교로부터 빌리기로 한 5,000원의 자금 중 일부가 여비로 지급되었으며, 이 경비는 양측이 공동으로 부담하기로 하였다고 한다. 최린과 함태영은 각각 양측 교단의 대표가 되어 모든 일을 협의 진행하기로 하였다.

15) 국가보훈처,『獨立有功者功勳錄』2, 1986, pp.389-390.

16) 慶尙北道 警察部,『高等警察要史』, 1934(昭和9), p.23

17) 金南植,「복심법원판결문 대정8년 형사본 329호 판결」『이만집목사 生涯와 思想』새순출판사, 1987, p.244. 피고 이만집은 대정 8년 2월 24일, 25일경 경성 세브란스 병원의 사무원 이갑성에게서 프랑스 파리에서의 평화회의에서 재외 조선인

이상의 내용을 통해서 보면, 당시 민족 대표 중 31세의 가장 어린 나이로 참가했던 이갑성은 학생 조직과 연합, 독립선언서 배부, 외국 선교사 및 외국인과의 접촉 지원, 이를 통한 해외 연락 업무 담당, 대구 등 지방 조직 강화 등의 업무를 맡아 3·1독립 운동을 성공적으로 이끄는 데 중요한 역할을 하였다. 뿐만 아니라 그는 재판 과정에서도 의연한 자세로 독립 운동에 대한 의지를 굽히지 않았으며, 또 감옥 안에서도 동지들과 계속적인 독립운동을 계획하고 주도였으며, 이로 인해 다른 민족 대표들이 가출옥 한 후, 뒤늦게 1922년 5월에 출옥하였다. 요컨대, 이갑성의 활동은 3·1운동의 준비 단계에서부터 3·1운동이 거족적인 민족운동으로 발전하는 데 중요한 촉매제 역할을 하였음을 알 수 있다.

이 조선독립의 청원을 함에 있어서 조선내 각지에서 독립의 희망을 표시하는 시위운동을 하고 이를 응원하는 계획이 경성에서는 이미 착수하였으므로 대구에서도 동 시위운동에 동의하고 또 정부에 대하여 각기 대표자의 연서를 가지고 독립의 청원을 시도함에 있어서 동 피고는 대구의 대표자로서 서명하라는 교섭을 받았으나 동 피고는 대구의 대표자로서 서명하라는 교섭을 받았으나 동 피고는 당시 일의 성패를 의심하여 이의 가부를 결정함을 물어 동년 3월 2일경 이갑성이 손병희외 대표 명의인 조선의 분기를 촉구하는 취지의 격렬한 문구를 인쇄한 선언서를 동 피고에게 송부하고 동 피고는 이것을 입수함과 동시에 도원월 1월 이후, 경성, 평양 방면에는 이미 조선독립만세를 부르는 시위운동이 거행되었다는 보도에 접하였으므로 드디어 … 이만집은 시장정에서 권유에 응하여 집합한 군중에 대하여 격려하며 지금이야말로 조선이 독립할 시기로서 각인은 독립의 희망을 품고, 스스로 이것을 이룰 것을 바라며, 힘차게 대한 독립만세를 고창하리는 취지의 연설을 하고 동 피고 스스로 "대한독립만세"라고 높이 부르며 군중으로 하여금 합창하도록 하고 그 전후 그 장소에서 피고의 지휘하에 피고 김태련 등에게 이에 따르도록 전기의 새로 인쇄한 선언서를 단상에서 군중 가운데 살포하여 조선인 군중 수백명의 찬성을 얻고, 피고 이만집, 김태련, 김영서, 최경학, 박재원, 이 태학은 이들이 선두가 되어 대한 독립만세라고 대소의 기를 앞세우고 동소를 출발하여 모두 함께 "대한 독립만세!"라고 고창하면서 혹은 구 한국 태극기에 박은 기 또는 이에 "조선독립" "대한독립" 또는 "대한독립만세"라고 쓴 기를 흔들며 본정, 경정을 거쳐 동성정에 이르기까지 행진을 계속하여 시위운동을 하고 ….

III. 3 · 1독립운동 이후의 문화투쟁

1) 민립대학설립운동과 물산장려운동

3 · 1운동에서 적극적인 활동을 전개했던 이갑성은 이후 국내의 민족운동계에 이름이 널리 알려지기 시작했던 것으로 보이는데, 우선 1922년 7월에 발간된 『開闢』 25호에서는 이갑성의 출옥에 대해 "독립선언의 33인중 1인인 吳華英 · 李甲成 양씨는 이래 京城監獄에서 철창생활을 하다가 5월로써 만기 출옥하다"고 보도함으로써 3 · 1운동에서 민족대표로 활동했던 이갑성에 대한 세간의 관심을 반영하고 있었다.[18]

뿐만 아니라 이갑성이 출옥한 직후 고향인 대구의 유력한 기독교인들이 '歡迎晩餐會'를 개최하여 그의 노고를 위로해 주기도 하였다.

李氏 歡迎晩餐會
大邱府 南城町야소교회 내 유력자 50여명은 鄭光淳씨 家에 모여서 이갑성씨 환영만찬회를 거 1일 하오 6시에 개최하고, 金兌鍊 長老의 개회사와 이갑성씨의 답사가 유하였으며, 順道여학교 교사 方達順女史 외 2인의 환영가가 有하고 李萬集 牧師의 축도가 終하자 식탁에 就하였다가 혹은 獨唱과 혹은 朝鮮歌曲으로 趣味진지하게 主客間에 2시간을 歡樂한 후 撮影까지 하고 동 8시 20분 경 폐회(대구)[19]

위의 내용에서 보면 3 · 1운동 이후 출옥한 이갑성에게 이만집 목사

---

18) 一記者, 「朝鮮日誌(5月~56月)」, 『開闢』제25호, 1922. 7.
19) 『東亞日報』 1922. 9. 7.

를 비롯한 대구지역의 유력기독인들 50여 명은 그를 환영하는 만찬회를 비교적 성대하게 베풀었음을 알 수 있는데, 이는 3·1운동에서 이갑성이 활발한 활동을 전개하였음을 의미하는 것인 동시에, 3·1운동을 통해 이갑성이 국내의 민족운동계에 상대적으로 중요한 인물로 부상하고 있었음을 보여주는 것이라고 하겠다.

뿐만 아니라 『동아일보』나 『개벽』 등에는 3·1운동의 재판과정을 설명하면서 이갑성의 이름이 거명되기도 하였는데 『동아일보』에서는 '금일 공판 시작되는 朝鮮民族代表 사십 팔인의 肖像'[20] '宣言動機의 眞實한 告白'[21] '友邦의 好意가 必要-李甲成'[22] 등의 기사제목에서 이갑성을 언급하고 있었으며,[23] 『개벽』에서는 3·1운동에 관한 내란죄 적용과 관련된 논의를 소개하면서 48人 중의 1인으로 이갑성의 이름을 거명하기도 했던 것으로 보인다.

한편 1920년대에 들어 이갑성은 민립대학건립운동과 물산장려운동을 적극적으로 전개하였는데 이는 3·1운동에서 보여준 이갑성의 활동이 출옥 후 국내민족운동과 연결되는 자연스러운 과정이었던 것으로 생각된다.

일제는 거족적이고 비폭력·평화적이던 3·1독립운동을 가혹한 수단을 동반한 무력으로 진압하는 한편, 종전의 무단정치에서 기만적인

---

20) 『東亞日報』 1920. 7. 12.

21) 『東亞日報』 1920. 7. 16.

22) 『東亞日報』 1920. 9. 23.

23) 이밖에 『東亞日報』 1921. 12. 23.에는 '獨立宣言한 崔麟 咸台永 吳世昌 權東鎭 李鍾一 金昌俊 韓龍雲등 假出獄, 작 이십이일하오 두시삼십분 돌연히, 同志中 在監者는 李寅煥 吳華英 李甲成등 三人'이라는 보도가 있었고 『東亞日報』 1922. 23에는 '조선독립선언사건으로 옥중에서 환세하는 李甲成 가족의 형편//一間의 貰房에 몸을 부처있는 李甲成의 처자'라는 기사가 게재되고 있었으며, 『東亞日報』 1922. 5. 6에는 '독립선언서 사건의 민족대표 吳華英 李甲成兩氏 昨日出獄' 등의 기사가 게재되고 있었다.

문화정치로 통치정책을 변경하는 등 국내의 민족운동에 보다 정교한 조직적인 탄압을 가하기 시작하였다. 이에 국내에서는 실력양성이라는 문화운동과 러시아의 영향으로 사회주의가 대두되었으며, 상해에서는 대한민국 임시정부가 수립되어 항일독립운동은 새로운 활기를 찾기 시작하였는데 민립대학건립운동[24]과 물산장려운동은 국내에서 전개된 가장 대표적인 민족진영계열의 민족운동이었다. 민립대학설립운동은 1920년대에 적극적으로 전개된 것이지만 그 시작은 1910년에 시작되었다. 즉, 숭실학교는 1907년에 이미 대학부가 설립되었고, 이화학당에서는 1910년에 대학부를 개설하였었다. 그러나 일제의 우민화정책으로 인하여 1915년 '개정사립학교규칙'과 '전문학교 규칙'이 공포되어 각 종학교로 격하되었다. 그리고 1907년 국채보상운동으로 모금된 600만 원을 기금으로 해서 대학설립을 위한 민립대학 기성회를 조직하였지만 총독부의 방해로 이루어지지 않았다.

그 후 1920년대에 들어 갈망하였던 민립대학설립운동은 이에 우리 국민들은 1922년 2월 6일 개정 공포된 「조선교육령」은 민립대학설립운동 전개에 하나의 기폭제가 되었다. 그 내용 중 핵심적인 것은 한국에서도 대학 교육과 사범 교육을 실시하겠다는 것이었다. 이전의 경험을 바탕으로 기독교인들을 중심으로 순수한 한국인들의 재력과 노

---

24) 민립대학건립운동에 관한 연구는 다음 논문이 참고가 된다.
　　손인주, 「조선민립대학설립에 관한 연구」, 『교육학 연구』 5-1, 1967.
　　김호일, 「일제하 민립대학설립운동에 대한 일고찰」, 『중앙사론』 1, 1974.
　　이명화, 「민립대학설립운동의 배경과 성격」, 『한국독립운동사연구』 제5집, 1991.
　　박찬승 『한국근대정치사상사연구』, 역사비평사, 1991.
　　김한종, 「1920년대 조선교육협회의 교육운동」, 『충북사학』 제8집, 1995. 12.
　　노영택, 「민립대학 설립운동 연구」, 『국사관총론』 제11집, 1990. 7.
　　차석기, 「일제하 민립대학 설립운동」, 『교육문제연구』 제2집, 1989. 7.
　　이명화, 「민립대학설립운동의 배경과 성격」, 『한국독립운동사연구』 5, 1991.
　　김호일, 「일제하 민립대학설립운동에 대한 일고찰」, 『중앙사론』 1집, 중앙대학교 사학연구회, 1972

력으로 교육을 일으켜야 한다는 주장 하에 1922년 12월 23일 발기인 47명이 남대문 식도원에서 조선민립대학기성준비회를 개최하면서 민립대학설립운동을 전개하였다.

이때 이갑성은 이상재 선생을 도와 발기인으로 활약하였는데 1923년 3월 29일부터 3일간 열린 민립대학기성회 창립총회에서 이갑성은 중앙집행위원에 피선되어 1차 사업으로 400만원을 모금하여 법학부·경제학부·문학부·이학부를 설립하고, 2차 사업으로 총 1,250만원으로 앞의 4부외에 공학부·농학부·의학부를 추가하여 총 7학부를 설립할 계획을 세울 때 앞장서서 활동하였다. 당시 창립총회에는 서울을 비롯해서 전국 170여군에서 1,000명 이상의 발기인을 선정한 가운데 462명의 발기인이 참석하였다. 여기서 집행위원 30인, 감사위원 70인, 회금보관위원 7인, 지방위원 등이 선정되었는데 임원 외에도 많은 인사들이 관여하여 민립대학에 대한 관심을 나타냈던 것이다. 1923년 5월 10일 경성부지방부 발기를 시작으로 민립대학 지방부가 설치되었는데 이갑성은 황해도지방별 순회위원으로 선정되었다.

그런데 그는 1924년 평안남북도의 특파위원으로 파송되어 선전·강연과 기타 회무진행에 진력하였고, 또 4월 11일에는 조만식, 김탁, 강인택 등과 함께 평양에 도착하여 지방부 조직과 취지·선전·회원·모금운동에 노력하였다고 보도하고 있다.[25] 이어서 4월 14일에는 평안남도 각지를 조만식과 함께 순회하였는데 평양 (4월10~14일), 진남포(15~16일), 강동(17~18일), 성천(19~20일), 평원(22~23일), 인주(24~25일) 등에서 강연을 하여 많은 호응을 얻었다고 한다.[26]

특히, 4월 12일 오후 8시에는 평양 천도교회당에서 대규모의 선전

25) 『東亞日報』 1924. 4. 11.
26) 『東亞日報』 1924. 4. 11.

강연이 있었는데, 이 강연에서는 이갑성의 연설 내용이 문제가 되어 강연을 감시하던 일본 경찰과 마찰을 빚기도 하였다.

民立大學 宣傳講演

조선민립대학 중앙집행위원이 평안남도 각지를 순회하며 선전 강연을 한다함은 이미 보도하였거니와 지난 12일 하오 8시에 평양부 천도교회당에서 선전강연을 하였는데 첫째로 동회 중앙집행 위원 조만식씨가 「民立大學 期成에 대하여」라는 문제로 한시간 동안 열성이 넘치는 강연이 있고

이갑성씨가 「우리의 요구」라는 문제로 말을 시작하야 우리 조선은 모든 것이 貧乏하다는 것을 말하는 중 입회한 경관의 주의를 받으며 모든 것이 우리의 소유가 아니라는 멧가지를 말할 동시에 경관의 중지명령을 당하였다.

동시에 장래가 터질 듯이 모였던 군중은 대단히 紛擾하였스나 姜仁澤씨의 민대 경과보고가 계속되어 당소가 다시 점점 정숙하게 되었다. 약 반시간 동안에 필하고 입회하였던 평양경찰서 고등계 주임 楊井에게 양해를 얻어 일반 민중에게 평온한 말로 한다는 조건하에 압서 중지 당하였던 이갑성씨가 다시 강연하게 되어 일반 청중의 갈채중에 강연을 맛치고 10시경에 폐하였다더라.[27)]

위의 내용을 통해서 보면, 이날 강연에서는 첫 번째로 중앙집행위원 조만식선생의 '민립대학기성에 대하여'라는 내용으로 1시간가량의 열성에 넘치는 강연이 있었으며, 이후 이갑성이 '우리의 요구'라는 제목으로 강연을 진행하던 중 '조선은 모든 것이 貧乏하며' '모든 것이 우리의 소유가 아니다'라는 등의 발언이 문제가 되어 일제 경찰에 의해 중단되었으며, 장내 군중들의 분위기도 紛擾되었던 것으로 보인다.

27) 『東亞日報』 1924. 4. 14.

이후 강연은 姜仁澤의 경과보고가 이어져 다소 진정되었으며, 30분이 경과한 후 평양경찰서 고등계 주임 楊井에게 양해를 얻어 평온한 말로 한다는 조건으로 중단되었던 이갑성의 강연이 계속될 수 있었던 것으로 보인다. 그리고 다시 강연에 나선 이갑성은 일반대중의 갈채 중에 강연을 마칠 수 있었다고 하고 있는데, 이러한 내용을 종합해 보면 이날 이갑성의 강연 내용은 일정하게 일제의 식민정책을 비판하는 내용을 포함하고 있었던 것으로 생각된다.

뿐만 아니라 이 기사에서는 조선민립대학기성회에서는 중앙집행위원인 조만식과 이갑성으로 하여금 평안도 각지를 순회케 하였다고 하면서 그 순회 일정을 밝히고 있는데 4월 11일부터 14일까지는 평양을, 15일과 16일은 진남포, 17일과 18일은 江東, 19일부터 21일은 成川, 22일과 23일은 平原, 24일과 25일은 安州 등을 방문하도록 되어 있었으며, 이 일정은 29일까지 계속되었던 것으로 나타나고 있다.[28] 따라서 이러한 내용을 통해서 보면 민립대학설립운동에 있어서 이갑성의 역할과 지위는 상당한 것이었다고 판단된다.

그러나 이갑성의 이러한 노력에도 불구하고 민립대학운동은 소기의 성과를 거두지 못하였는데, 이는 1923년과 1924년에 대홍수와 재해가 발생하여 기금모금에 어려움을 겪고 있던 상황에서 총독부의 끈질긴 방해공작이 운동의 지속적인 전개를 어렵게 만들고 있었기 때문이었

---

28) 『東亞日報』 1924. 4. 14 이밖에 『東亞日報』에는 이갑성의 활동과 관련하여 다음과 같은 내용이 보도되기도 하였다. '조선민립대학 중앙회기성부에서는 종래로 각 지방에 위원을 파송하야 지방부 조직과 취지, 선전, 회원, 회금 모집에 노력하야 위선 전라남북도와 황해도 등에서의 대성황으로 회무가 진행한다 함은 본보에서도 루차 보도한 바 어니와 이렇게 일치 합동으로 나아간다면 아모려도 금년 내로는 귀 사업에 착수하게 되리라는데 금회는 평안남북도에 다시 특피위원을 파송하여 선전 강연과 기타 회무 진행에 전력하게 된 바 금일 삼십일일은 중앙부위원 이갑성, 조만식, 김탁, 강인택 사씨가 평양에 도착한다라' 라고 보도하고 있다. 『東亞日報』 1924. 4. 11.

다. 실제로 이갑성은 민립대학 선전강연 중 일본경찰에 체포되어 1924년 평남 성천에서 6개월을 복역하였으며, 1927년에는 전국순회강연 중 평남에서 피체되어 2년형을 선고받기도 하였다.

이러한 상황에서 민립대학운동은 조직적으로도 취약함을 드러냈는데, 지방조직이나 중앙조직 역시 자금의 모집이나 지도력의 발휘에 있어서 한계를 들어내고 있었고, 따라서 민립대학설립운동은 모금과 회원모집 등 모든 면이 기대에 미치지 못한 채 지지부진하게 되었다. 이에 민립대학설립운동을 강화하고자 이종린, 박승철, 최원순, 안재홍 등이 이갑성·홍성 양인을 기초위원으로 선정하여 재기를 노렸지만 역부족으로 끝내 쇠멸되고 말았다.[29] 민립대학을 좌절시킨 일제는 조선인에 대한 민심수습책으로 경성제국대학을 설립하였다.

한편, 물산장려운동은 1920년과 1923년 평양과 서울에서 각각 조직된 조선물산장려회를 중심으로 추진되었다. 평양의 조선물산장려회는 1920년 8월 曺晩植·吳胤善·金東元·金寶愛 등 70인이 발기, 조직하였으며, 같은 해 12월에는 평양기독교청년회관에서 선전강연회를 개최하는 등 조선물산장려운동을 전개하였다. 이 운동이 본격화 한 것은 1923년 1월 9일 俞鎭泰·李鍾麟·白寬洙 등 20여 단체의 대표들이 서울에서 조선물산장려회 발기준비위원회를 구성하고, 같은 달 20일 서울 낙원동 協成學校에서 창립총회를 개최하여 조선물산장려회 등을 조직한 이후의 일이다.

서울의 조선물산장려회는 집행기관으로 이사회를 두었고, 그 안에 경리부·조사부·선전부를 설치하였으며, 여기에 상무이사를 두어 회의 실무를 계획, 집행하였다. 이갑성은 창립총회에서 俞成濬·金喆壽·金潤秀·金東赫·崔淳鐸·朴鵬緖·金德昌·崔敬鎬·高龍煥 등

29) 이명화, 앞의 논문 p.47.

과 함께 이사로 선출되었으며, 그는 경기도 참여관이었던 유성준을 이
사장으로 선출하는 데[30] 큰 역할을 하였다. 이후 물산장려회는 평양
과 동래에 지방조직을 두었으며, 그 밖의 지역에서는 청년회와 商人
會 등으로부터 활동을 지원받았다. 창립 직후 맞이하는 舊正 때부터
남자는 두루마기, 여자는 치마를 토산품 또는 가공품을 염색하여 입
고, 음식 및 일용품은 가능한 한 토산품을 상용할 것을 결의하였다.
그리고 이를 계몽하기 위하여 강연회를 개최하고, 가두시위를 하며 선
전활동을 벌였다. 활동을 시작하자 전국의 조선인들로부터 열렬한 호
응을 얻어 조선기업의 제품은 날개 돋친 듯 팔려 나갔다.

그러나 이 열기는 1년이 되지 못하여 급격히 냉각되었다. 그 이유
는, 첫째 토산품의 가격이 급등하여 기업과 상인은 큰 이익을 남겼으
나, 서민들은 이에 반비례하여 손해를 보았기 때문이다. 둘째, 사회주
의자들로부터 식민지하에서 민족적 산업기반 구축이라는 것은 불가능
한 일이며, 설사 민족기업이 어느 정도 성장한다 하더라도 그것은 무
산대중과는 아무런 관계가 없으므로, 이 운동은 오히려 유산계급을 옹
호하고 무산자의 혁명적 의도를 약화시킬 뿐이라는 비판을 받았기 때
문이다.[31] 이후 활동방향을 바꾸어 소비조합조직, 조선물산진열관 설
립, 조선물산품평회의 개최를 시도하는 등, 새로운 사업을 계획하였으
나 실현시키지 못하였으며 활동이 매우 침체되었다.

2) 흥업구락부와 신간회운동 참여

감옥에서 출옥한 후 민립대학설립운동과 물산장려운동에 적극적으

---

30) 『東亞日報』 1923. 1. 27.
31) 李星泰, 「中産階級의 利己的 運動」, 『東亞日報』 1923. 3. 20.

로 참여하고 있던 이갑성은 이러한 활동 이외에 강연활동과 『時代日報』의 발기인으로 참여하는 등의 활동을 전개하고 있었는데 그의 강연활동과 관련해서는 아래의 내용을 통해 그 일면을 확인할 수 있을 것으로 생각된다.

(I) 朝鮮文通信講習學會에서 조선문선전강연
시내 도렴동 58번지 조선문통신강습학회에서는 그 취지를 선전하기 위하야 금 22일(화) 하오 8시부터 시내 수송동 覺皇寺에서 강연회를 개최한다는데 演題와 演士의 氏名은 다음과 같다더라
조선글의 장래 영향 최성모
조선글의 보급에 대하여 이필수
우리정신 이갑성[32]

(II) 삼우구락부 강연회
금일하오 7시반에 宗橋예배당에서 개최하는데 演題와 演士는 다음과 같다고
엇지하면 조흔가? 이갑성
론돈회의와 經濟的 影響 李順澤[33]

위의 내용에서 보면 우선 (I)에서는 이갑성이 1923년 5월 조선문통신강습회에서 그 취지를 알리기 위해 개최했던 조선문선전강연에서 '우리의 정신'이라는 제목의 강연을 했으며, (II)에서는 1924년 10월 삼우구락부가 종교예배당에서 개최한 강연회에 연사로 초청되어 이순탁은 '런던 회의와 경제적 영향'이라는 제목으로 강연하였으며, 이갑

---

32) 『東亞日報』 1923. 5. 22.
33) 『東亞日報』 1924. 10. 18.

성은 '엇지하면 좋은가'라는 제목으로 강연을 했음을 알 수 있다고 하겠다. 그런데 특히 삼우구락부에서 개최한 강연에 대해서는 종로경찰서장이 경성지방 檢事正에게 그 상황을 보고하고 있는 것으로 보아 이는 일종의 시국 강연이었던 것으로 생각된다.[34]

또한, 이갑성은 1924년 8월 9일에 개최된 주식회사 時代日報社 發起人會에 株主로 참여하였는데, 이는 1923년 3월 31일에 최남선에 의해 창간되었던 『시대일보』가 경영난에 처하자 이를 해결하기 위한 노력의 일환으로 이루어졌던 것으로 보인다.[35] 그런데 초창기 『시대일보』 朱鍾建, 卞榮晩, 安在鴻, 辛泰嶽, 李時穆, 廉尙燮, 玄鎮健, 羅彬, 金達鎮, 柳志永, 柳淵和, 李健赫 등이 기자로 활동하였으며, 1925년 4월 3일 이후에는 이범세 등 10여 명이 재단을 구성하여 사장에 洪命憙, 부사장에 李灌鎔, 편집국장에 韓基岳을 임명되어 활동하였는데 『시대일보』에 주주였던 이갑성은 이들과 일정하게 교유하고 있었을 것으로 생각된다.[36]

따라서 이상의 내용을 종합해 보면 이갑성은 민립대학설립운동이나 물산장려운동 등 민족진영이 주도했던 대규모의 민족운동에 적극적으로 참여하고 있었을 뿐만 아니라 강연활동이나 『시대일보』의 발행 등

---

34) 이 보고와 관련해서는 국사편찬위원회 역사통합문서 중 『검찰행정사무에 관한 기록』(2), 「삼우구락부 주최 강연회의 건」京鍾警高秘 제13602호의 2에 수록되어 있다.

35) 당시 주주로 참여했던 인물로는 殷成夏, 李成英, 梁正煥, 朴來弼, 李成喆, 朱翼, 柳周熙, 高龍煥, 崔蒙煥, 林鎬慶, 張斗貞, 金學淵, 李順鐸, 蔡圭淵, 金志健, 金善煜, 崔燉濟, 金一楨, 林世澠, 裵仁煥, 趙根泳, 南廷哲, 呂運弘, 李甲成, 郭龍周, 辛奭柱, 梁惠君, 李愚赫, 尹弼求, 林圭, 柳時泳, 朴益鉉, 申五均, 崔泰旭 등 36명이었다. 이 보고와 관련해서는 국사편찬위원회 역사통합문서 중 『검찰행정사무에 관한 기록』(2), 「시대일보사 발기인에 상황에 관한 건」, 京鍾警高秘 제10144호의 3에 수록되어 있다.

36) 국사편찬위원회의 역사통합 『時代日報』 해제 참조.

에도 일정하게 영향력을 행사하면서 1920년대 전반기까지 민족진영 내에서의 영향력을 확대해 갔으며, 이러한 활동은 이후 홍업구락부의 조직과 활동 및 신간회운동에서도 이갑성이 이 운동에 일정하게 참여하는 기반이 되었을 것으로 생각된다.

이러한 상황에서 이갑성은 우선 1925년 3월 李承晩의 독립노선에 따라 결성된 홍업구락부의 조직에 참여했던 것으로 보이는데 이 조직은 申興雨·李商在·具滋玉·俞億兼·朴東完·安在鴻 등이 조직한 항일비밀결사였다. 1924년 5월 北監理派總會 및 기독교청년회간부협의회에 조선대표로 참석한 신흥우가 귀국 길에 호놀룰루에서 이승만과 회견한 것이 계기가 되어 결성되었다. 이 자리에서 신흥우는 이승만으로부터 미국에서는 조선의 독립을 위해 동지회를 결성하여 활동 중인데 국내에서도 동지회와 같은 목적의 단체를 조직하여 홍사단을 견제하고 조국광복에 힘써 달라는 부탁을 받고 이를 승낙하였다.[37]

<표 1> 홍업구락부원의 중요 경력[38]

성 명	중요 경력
李商在	독립협회 부회장, 중앙 YMCA교육부 위원장, YMCA연합회 위원장, 조선교육협회 화장, 민립대학 기성회위원장
尹致昊	독립협회 회장, 한영서원 교장, 청년학우회 회장, 중앙 YMCA 총무
俞星濬	중앙학교 교장, 충북도지사, 민립대학기성회 상무위원, 물산장려회 이사장, YMCA연합회 농촌부 위원
申興雨	배재고보 교장, 중앙YMCA 이사
李甲成	민족대표, 민립대학기성회 집행위원, 물산장려회 이사
吳華英	민족대표, 중앙 YMCA 종교부 위원장
朴東完	민족대표, 물산장려회 이사, YMCA연합회 농촌부 위원, 중앙 YMCA 교회진흥연구 중앙위원
洪鍾肅	중앙YMCA 이사, 중앙 YMCA 교회진흥연구 중앙위원

37) 朝鮮總督府警務局,『最近における朝鮮の治安狀況』, 1938, pp.380-381.
38) 김상태,「1920-30년대 동우회·홍업구락부연구」,『한국사론』28, 1992, pp.234-235.

具滋玉	중앙 YMCA 연합회 도시부위원
安在鴻	중앙학교 학감, 중앙 YMCA 교육부 간사, 조선사정연구회 회원
兪億兼	조선사정연구회 회원
張斗鉉	興一社 사장, 조선상업은행 감사, 인천 米豆取人所 取締役, 광장주식회사 취체역, 민립대학기성회 회금보관 위원, 물산장려회 이사
鄭春洙	민족대표, 중앙YMCA 이사
申錫九	민족대표
申洪植	민족대표
金永爕	同志會 간부, 뉴욕한인교회 목사
金一善	중앙YMCA 회우부 감사, 민립대학기성회 회금보관위원, 인창의숙 이사장
洪秉德	중앙YMCA 교육부 간사, 중앙YMCA 교화진흥 중앙연구위원
李建春	중앙YMCA 회원부 간사
李商協	매일신보 편집장, 동아일보 편집부장, 민립대학 기성회 발기인
金東成	동아일보 조사부장, 범태평양기자대회 부회장
金俊淵	조선사정연구회 회원
曺政煥	조선사정연구회 회원
崔斗善	조선사정연구회 회원
鄭大鉉	민립대학기성회 발기인
朴勝喆	조선산직장려계 회원, YMCA학교 동창회 회장, 조선사정연구회 회원
金潤秀	동양물산주식회사 상무취체역, 범태평양상업대회 부회장, 민립대학기성회 회금보관 위원, 물산장려회 이사
李政範	범태평양상업대회 참석
崔 楠	조선상업은행원, 조선일보 기자, 德元商店 사장
具永淑	감리교 전도사

이후 신흥우는 이승만의 권유에 따라 귀국 후 같은 해 12월 15일 서울기독교청년회에서 단체조직을 위한 준비회를 결성하고 운동의 목적 및 방법을 결의하였다. 이 결의문은 미국에 있는 독립혁명동지회의 3대 정강 및 4대 진행방침을 지도정신으로 하여, 동지의 획득, 운동자금의 축적, 기독교를 중심으로 하는 학교·교회, 기타 사회·문화단체의 지도권 파악에 노력한다는 것이었다.[39]

그 뒤 1925년 3월 23일 신흥우의 집에서 이상재 이하 9명이 모여
실업단체로 위장한 흥업구락부를 조직하였다. 명칭은 일제의 감시를
피하기 위하여 친목단체로 위장하였으나, 실은 YMCA를 중심으로 뜻
있는 민족진영의 지도자들이 참여하여 독립사상을 고취하였고, 특히
미국의 이승만과 연결되어 있었기에 일제의 주목대상이 되었다. 이
단체의 관계 인사들은 이승만의 요청에 의하여 上海 대한민국임시정
부에 보낼 군자금의 염출을 결의하고 수 만원을 모금하여 미국으로
보내는 등 독립운동을 직접·간접으로 지원하였다. 일제는 이러한 움
직임을 크게 우려하고, 1937년 가을 尹致昊·張德秀·유억겸·신흥
우 등을 검거하였으며, 1938년 5월 22일에는 안재홍 등 흥업구락부의
간부회원 60여 명 등 모두 100여 명을 검거하였다. 일본경찰은 구자
옥 등 54명을 「치안유지법」위반으로 기소하였는데, 이것이 이른바
흥업구락부사건이다. 이갑성은 흥업구락부 간사[40]로 피선되어 독립운
동에 참여했던 것으로 보인다. 그런데 <표 1>에서 보면 흥업구락부
는 3·1운동 민족대표와 중앙YMCA 및 물산장려회에서 활동했던 인
물들이 중심이 되어 조직된 것으로 보이며, 이러한 조직구성 하에서
이갑성은 흥업구락부의 초기 활동에 있어서 주도적인 역할을 했을
것으로 생각된다.

한편, 이갑성은 1920년대 좌·우익의 민족협동전선운동의 일환으로
전개되었던 신간회운동[41]에도 발기인으로 적극적으로 참여[42]하기도

---

39) 朝鮮總督府警務局,위의 책, 1938, p.321.

40) 「흥업구락부」. 독립기념관, 『한국독립운동사사전』 7, 2004, p.669.

41) 유준기 「1920년대 말 民族協同戰線 運動과 新幹會」『韓國 民族運動과 宗敎活動』
국학자료원, 2001, p.106, 1920년대 항일민족운동의 큰 특징으로는 '협동전선운동'
을 꼽을 수 있는데 일제의 소위 '문화통치'를 배경으로 민족운동세력은 투쟁역
량을 제고하여 항일운동전성의 대오를 정비하였다. 1920년대 중반 이후 국내의
독립운동 진영에서 전개된 민족협동전선운동은 이후 항일운동 및 근대민족국가

하였는데, 신간회의 발기인 중에는 홍명희와 조만식, 박동완, 안재홍, 한용운, 한위건 등 이갑성과 함께 3·1독립운동 및 민립대학설립운동이나 물산장려운동을 전개했던 인물들 및 기독교인들이 다수 참여하고 있었다.[43] 이갑성은 1927년 1월 초순경 천도교 간부인 권동진과 홍명희, 박동완, 백관구 등과 함께 조선일보사에서 회합하고 신간회의 발기에 합의하였다. 실제로 신간회는 1927년 2월 종로의 중앙 YMCA 강당에서 창립대회를 개최하고 회장과 부회장 그리고 간사진을 선출하였는데, <표 2>에서 보는 바와 같이 이갑성은 신간회에 기독교세력으로 참가했던 것으로 파악되고 있다.[44]

한편, 신간회 주도세력은 조선민흥회의 발기인들과 접촉하여 강령을 초안하여 창립준비를 서둘렀다.[45] 신간회 강령의 초안은 一, 조선민족의 정치적·경제석 구위해결을 도모한다. 一, 민족적 단결을 공고히 한다. 一, 타협주의를 부인한다'였다. 그러나 이러한 강령은 일제로부터 허가를 받을 수 없었으므로 1927년 1월 11일 신간회 발기인대회에서 다음과 같이 강령을 수정하고 발기인을 선정하였다.[46]

수립운동에 방향성을 제시하였다. 특히 타협론, 자치론, 참정론 등을 주창하는 세력들이 등장함으로써 민족운동진영 내부는 분화와 정비과정을 거쳐야했다. 비타협적 민족주의세력은 공산주의 세력내의 협동선전론자들과 연합하여 신간회운동을 주도함으로써 1920년대 말기 국내민족운동의 흐름을 협동전선흐름으로 이끌었다.

42) 조선총독부 경무국, 『高等警察要史』, pp.48-49.
43) 그런데 일제는 신간회의 조직계획과성에서 이갑성을 '시대일보 기자'로 파악하기도 하였는데 이는 이갑성이 「시대일보」에 깊이 관여하고 있었음을 보여주는 일면으로 생각되기도 한다. 「신간회조직계획에 관한 건」, 『사상문제에 관한 조사서류』, 朝京 103호, 1927. 22.
44) 『조선일보』 1927. 2. 16.
45) 이병헌, 「신간회운동」, 『신동아』 8월호, 1969, p.194.
46) 『조선일보』 1964. 5. 3일자 「이관구회고담」 및 『한국공산주의운동시』제3권 p.35. 김준연 회고

신간회 강령

1. 우리는 정치적 · 경제적 각성을 촉진한다.
2. 우리는 단결을 공고히 한다.
3. 우리는 기회주의를 일체 부인한다.

이갑성은 신간회 발기인으로서 강령수정에 참여하였을 뿐만 아니라 이승훈, 박동완, 이상재와 함께 기독교계 발기인으로 참여하였다. 당시 기독교인들이 신간회에 참여한 배경은 첫째, 날로 거세어지는 기독교에 대한 도전과 비판에 자극을 받으면서 기독교인들의 사회적 책무성을 강조하는 '사회개조론'을 주장하기 시작했다는 점이다.

<표 2> 신간회에 참여한 기독교계 인물[47]

성명	생년	출신지	교육경력 및 활동사항	신간회활동
이상재	1850	충남서천	독립협회, YMCA 민립대학기성회, 흥업구락부, 현조선일보사장	회장
김영섭	1888	경기강화	와세다대, 청산학원, YMCA 흥업구락부	간사
김활란	1899	경기인천	이화여전, 보스턴대, YMCA 흥업구락부, 근우회, 이화여전 교수	간사
박동완	1885	경기양평	협성신학교, 민족대표, 기독신보 주필, 물산장려회, 흥업구락부	발기인 간사
박희도	1889	황해해주	숭실중, 협성신학교 졸, YMCA 민족대표, 신생활사, 흥업구락부, 중앙보육원	간사
백관수	1889	전북고창	명치대졸, YMCA 흥업구락부, 조선사정연구회, 조선일보	발기인 간사
안재홍	1891	경기평택	와세다대, YMCA 흥업구락부, 조선사정연구회, 조선일보	발기인 간사

47) 김권정, 「기독교세력의 신간회참여와 활동」, 『한국민족운동사연구』 25, 2000, p.147.

오화영	1879	황해평산	협성신학교, 민족대표, 물산장려회, 흥업구락부, 조선민흥회	간사
유각경	1892	서울	북경 협화학교졸, YMCA창설, 흥업구락부, 근우회 회장	간사
유억겸	1895	서울	동경대졸, 흥업구락부, 조선사정연구회, YMCA 연희전문교수	발긴인
이갑성	1889	경북대구	연희전문졸, 민족대표, 조선민흥회, 민립대학기성회, 물산장려회, 흥업구락부	발기인
이동욱	1897		청산학원졸, YMCA 흥업구락부, 물산장려회	간사
정춘수	1874	충북청주	민족대표, 조선민흥회, 물산장려회, 흥업구락부	간사
조만식	1883	평남평양	숭실중, 명치대졸, 민립대학기성회, 평양 YMCA총무, 평양물산장려회 회장	발기인
조병옥	1894	경기천안	숭실중, 콜롬비아대, YMCA 수양동우회, 조선사정연구회, 연희전문교수	간사

기독교계의 저명한 민족주의자 이상재는 '적자생존'·'우승열패'를 강조하는 사회진화론적 사회현상이 하나님 뜻에서 벗어나는 제약 상태임을 지적하고 사회개조에 기독교인들이 책임의식을 갖고 적극 나서야 한다고 주장했다.[48]

이갑성은 흥업구락부원, YMCA 임원들과 함께 조직기반을 다져 신간회운동에 기독교세력을 규합하는 데 기여했을 것으로 보이는데, 조선일보 사장인 이상재가 신간회 회장, 이동욱이 규칙심사위원이 되었고 이갑성은 안재홍, 박희도, 김활란, 박동완, 조병옥, 이동욱, 성춘수 등의 기독교인들과 함께 신간회에 참여한 기독교세력의 일원으로 활동했을 것으로 생각된다. 그러나 일제가 신간회에 대한 대대적 탄압을

---

48) 이상재, 「상재의 뜻은 여하하뇨」, 『백목강연』 2집, 박문서관, 1921 p.138.

가함에 따라 신간회 본부의 활동은 제약되었고, 자연히 신간회 활동은 지회중심으로 전개되었다. 이갑성은 1929년 광주학생의거 직후 신간회 사건으로 6개월간 복역하였다. 그리고 일제의 탄압을 피하여 상해로 망명하였던 것이다.

IV. '친일관련설'에 대한 검토

1) '친일관련설' 주요쟁점

지금까지 앞장에서 살펴본 바와 같이 이갑성은 3·1독립운동에 민족대표로 참가한 이후 1920년대 말까지 기독교세력의 일원으로서 민족진영 내에서 다양한 민족운동과 사회운동을 전개하고 있었음을 알 수 있다. 그런데 이러한 활동을 전개했던 이갑성에 대해서 1920년대 (1922~1924) 초반부터 친일활동을 전개했다는 주장이 제기되고 있다. 이갑성의 친일논란은 1960년대에 그가 광복회 초대회장으로 취임하면서 제기되었으며, 그 후 1967년에 광복회 제2대 회장으로 선임되자 이 문제가 비상총회측에 의해 확대 재생산되어 오늘에 이르고 있다.[49]

이갑성의 '친일관련설'에 의해 제기되고 있는 주요 쟁점을 정리해 보면 크게 네 가지로 요약된다. 첫째는 그가 1922년부터 1924년까지 조선총독부 경무국장 마루야마 쓰루기치(丸山鶴吉)의 촉탁이었다는 설, 둘째, 上海로 망명한 이후 그 곳에서 '密偵'으로 활동하였다는

---

49) 이후 이 문제는 비상 총회 즉 회장 趙敬韓, 林義鐸에 의하여 제기된 후 법정으로 비화되어 당시 서울지검 강태훈 부장검사에 의해 이갑성의 친일혐의를 찾을 수 없다는 결론을 짓고 유야무야로 끝났다고 한다.(이재윤 선생 증언)

설, 셋째, 1930년대에는 조선총독부 산업국장의 알선으로 일본 미쓰비시회사(三菱)의 新京 출장소장으로 활동했다는 설, 넷째, '岩本正一'로 창씨개명과 관련해서도 문제가 있다는 주장이 제기되고 있다. 그 밖에 일제말기 군수공업체인 경성공업사의 중역을 지냈다는 주장과 주식회사 '日滿産業公司 專務 취제역'이란 명함 문제 등도 있다. 그런데 이러한 설들은 대체로 확실한 사료적 근거를 갖고 있지 못한 것으로 평가되고 있다.[50] 따라서 본 장에서는 이러한 관점에서 이갑성의 '친일관련설'을 분석·검토해서 그 眞僞를 밝혀 보고자 한다.

2) '친일관련설'에 대한 분석·검토

(1) 조선총독부 경무국장 丸山鶴吉의 촉탁이었다는 설

우선 이갑성이 경무국장 丸山鶴吉[51]의 촉탁이었다는 주장의 문제점에 대해 3가지로 분석해서 검토해보는 것이 진위를 가리는 데 도움이 된다고 본다. 丸山는 1909년 동경대학 법학부 정치학과를 졸업한 후, 3·1독립운동 직후인 1919년 8월 총독부 參事官으로 조선에 부임하여 警務局에서 근무하였으며, 1922년 6월부터 1924년까지 警務局長을 역임했던 것으로 기록되어 있다.[52]

---

50) 朴滿洲, 「民族正氣의 純粹性은 保存돼야」, 『自由』 1981년 3월호, pp.22-23.
51) 丸山鶴吉에 대한 기록은 국사편찬위원회 홈페이지에 탑재된 '한국시데이타베이스'에 다음과 같은 기록이 있다. '內務書記官에서 朝鮮總督府 警務局長이 되어 1922년에서 1924년까지 재임하여 명국장으로 크게 이름을 떨친 인물이다. 국경경비의 노래는 丸山局長이 고취시켜 천하에 알려져 사기의 진작과 함께 仁情丸山, 粹局長이라고 불리워졌다. 그가 警務行政을 통하여 조선의 치안 민중보건에 커다란 공로를 남긴 것은 널리 후세에까지 전해지고 있다. 그는 처음에 警視廳에서 체험을 축적하고, 歐美警察을 시찰하고 돌아온 뒤 조선에 왔기 때문에 이 분야의 권위자였다.'

위의 주장에 대하여 첫 번째 검토할 사항은 사료적 증거로 조선 총독부가 발행한 『朝鮮總督府職員錄』에서 명단을 확인하는 것이다. 그런데 별지 자료1에 보이는 바와 같이 1922년부터 1924년까지의 경무국 촉탁 명단에 이갑성의 이름 없는 것으로 확인된다.[53] 총독부 직원록은 1910년부터 1943년까지의 소속 직원의 명단, 소속 관직, 관등 등을 정리했기 때문에 위의 의혹을 푸는 데는 가장 확실한 방법이라고 하겠다. 그러면 이갑성이 丸山의 비공식 비서(서생)였을까? 이 문제에 대해서는 지난 2005년 3월 1일 SBS의 뉴스추적 "누가 변절자인가?" 프로에서 丸山 전문 연구가인 마쓰다 도시히꼬가 '이갑성의 이름을 들어 본적이 없다'고 증언하고 있다. 그는 丸山에 대해서 다각적으로 연구한 전문가이기 때문에 이 분야에 있어서 최고 권위자로서 그의 증언은 사료적 가치를 인정 받기에 충분하다고 하겠다. 또한 사회적인 지위로 봐서도 이갑성이 경무국장의 서생으로 근무할 수 없는 것이 상식적으로 보인다. 이와 함께 『齊藤實文書』는 齊藤實이 조선총독 재직시에 일어난 것을 기록한 문서로 목록만 4권이나 되는 방대한 기록이다. 이 문서에 그가 만난 당시 조선인들을 자세히 기록하고 있는데, 예컨대 조선인의 만난 횟수와 이름, 성분으로는 密偵, 직업적인 친일분자, 정보를 제공한 사람, 돈을 지급한 사람에서부터 직접적으로 회견한 사람까지도 적고 있다. 이 문서에도 이갑성은 나타나 있지 않

52) 국사편찬위원회 홈페이지에 탑제되어 있는 『조선총독부 직원록』에는 1920년부터 1924년까지의 丸山鶴吉의 지위에 관한 기록이 나오는데 중요 경력을 살펴보면, 1920년에는 경무국 사무관이었으며, 1921년에는 총독관방 참사관실 참사관이었고, 1922년에는 도경부보 특별임용고시 위원이었으며, 조선정보위원회 위원, 조선중앙위생회 위원 등을 역임하였고 1923년에는 조선총독부 경무국 국장이었다.

53) 앞의, 『자유』 p.22의 증언서에서는 '李○○은 日帝 當時 朝鮮總督府 警務局長(丸山鶴吉)의 囑託으로 있었다고 하고'라고 되어있다. 또한 국사편찬위원회 홈페이지에 탑재 되어 있는 조선총독부 직원록의 '囑託' 관련 명단에도 이갑성의 이름은 나타나 있지 않다.

다. 이것은 적어도 이 시기(1920~1930)에는 이갑성이 친일파나 총독과 친교를 맺고 총독이 조종한 총독부 배후에서 활약한 인물이 아니라는 것을 입증한 것이다.

뿐만 아니라 시기적으로도 맞지가 않다. 이러한 주장이 성립되려면 이갑성이 출옥(1922년 5월)과 동시에 촉탁이 되었어야 하는데, 이는 이 시기의 이갑성의 행적과 맞지가 않다. 당시 이갑성은 민립대학기성회 중앙집행위원으로 조만식 선생 등과 함께 활발한 모금활동을 전개함은 물론, 강연 도중 연설 내용을 감시하던 경찰의 제지로 연설이 중단될 정도로 총독부의 식민지정책에 대해 비판적인 태도를 취하면서 문화투쟁을 활발히 전개하였다. 또한 1923년에는 물산장려회의 이사로 활동하였으며, 1925년 이후에는 흥업구락부의 간사와 신간회의 발기인으로 활동하는 등 이 시기 국내에서 전개되고 있었던 민족진영의 독립운동에 깊이 관여하고 있었음을 볼 수 있다.

이밖에 1924년 8월에는 『시대일보』 발기인으로 참여하고 있었으며, 1923년 5월과 1924년 10월에는 각각 삼우구락부와 조선문통신강습학회에서 강연활동을 통해 민족 의식을 고취하는 등 활발한 문화투쟁을 전개하고 있었던 것을 알 수 있다. 따라서 이 시기에 이갑성이 '丸山鶴吉의 촉탁'으로 활동했다는 주장은 시기적으로 이갑성이 3·1독립운동 이후 여전히 활발한 민족운동을 전개하고 있었다는 점에서 볼 때 성립하기 어렵다고 하겠다. 따라서 지금까지 이 문제에 대하여 연구한 바에 의하면 이갑성이 경무국장 丸山鶴吉[54]의 촉타이었다는 증

---

54) 丸山鶴吉에 대한 기록은 국사편찬위원회 홈페이지에 탑재된 '한국사데이타베이스'에 다음과 같은 기록이 있다. ' 內務書記官에서 朝鮮總督府 警務局長이 되어 1922년에서 1924년까지 재임하여 명국장으로 크게 이름을 떨친 인물이다. 국경경비의 노래는 丸山局長이 고취시켜 천하에 알려져 사기의 진작과 함께 仁情丸山, 梓局長이라고 불리워졌다. 그가 警務行政을 통하여 조선의 치안 민중보건에 커다란 공로를 남긴 것은 널리 후세에까지 전해지고 있다. 그는 처음에 警視廳

거는 어디에서도 찾아볼 수 없는 거짓임이 판명되었다고 하겠다.

(2) 상해 망명 후 일제의 '밀정'이었다는 설

이갑성이 상해로 망명한 이후 일제의 밀정이 되었다는 설에 대해서는 대체로 그가 상해로 망명한 시기와 목적 및 상해에서의 활동 내용이 문제가 되고 있다.[55]

먼저 이갑성이 상해로 간 이유는 무엇인가?

상해로의 망명 시기와 동기에 대해서는 자료에 따라 약간의 차이를 보이고 있는데, 우선 1934년(昭和 9) 7월 조선총독부 경무국에서 발간한 『國外에 있어서 容疑朝鮮人名簿』에서는 이갑성이 1929년 7월 藥種類의 무역을 하기 위해 상해로 도항[56]한 것으로 되어 있으나 그 밖의 다른 기록에서는 그가 광주학생의거 직후 신간회사건으로 6개월간 복역한 후 1931년에 상해로 망명했다고 보는 견해가 일반적이다.[57] 그리고 이와 관련해 이갑성 자신도 1967년 5월 12일 국내 신문에 게재한 기사에서 '본인은 민립대학, 신간회사건으로 기소되어 丹東(安東)에서 영국인 조지쇼가 경영하는 이륭양행의 기선으로 상해에 망명한 후 佛租界 「霞飛路」에 거주하였다고 하여 망명동기가 독립운

에서 체험을 축적하고, 歐美警察을 시찰하고 돌아온 뒤 조선에 왔기 때문에 이 분야의 권위자였다'.

55) 앞의 『자유』 p.22의 증언서에서는 '李○○은 일제시기 상해에 어떻게 갔으며, 또 무엇하러갔는가. 三十三人 의 한사람이라면 한국독립운동의 근거지인 임시정부에는 출입을 왜 못하고 상해일본영사관계 한국독립운동자 체포의 두목이며 조선 인거류민회 회장인 李甲寧과만 접촉하였고'라고 되어 있다.

56) 조선총독부경무국, 『國外二於ケル容疑朝鮮人名簿』, 1934년 6월, (凡例), p.318.

57) 이갑성이 1931년에 상해로 갔다고 보는 연구와 자료는 다음과 같은 것들이 있다. 민족연구소, 『청산하지 못한 역사』, 청년사, 1994, p.76. 안상균, 『친일변절자 33인』, 가람기획, 1995. 정신문화연구원, 『한국인물대사전』, 1999. p.1446.

동과 관련이 있음을 밝히고 있다.[58]

한편 상해에서의 이갑성의 활동과 성향에 대해서는 다음과 같은 문건의 내용을 통해서 그 일면을 확인할 수 있을 것으로 보인다.

第三章 在留朝鮮人의 狀況

一. 一般槪況
 1. 戶數 및 人口
  當地에 있어서 在留朝鮮人의 戶數 및 人口는 複雜한 各國勸力의 錯雜 등 周圍의 關係上 아직 正確한 調査 수행하기 어렵지만, 昭和 九年末 現在의 조사에 의하면 共同租界 戶數는 186, 인구 남 252, 여 312, 계 564명, 부근 支那街 戶數 138, 인구 남 235, 여 184, 계 419명, … 佛租界 在留者는 地域的 關係 및 在留者의 性質上 특히 正確을 其하기 어렵지만 昭和 九年 말 현재 호수 124, 인구 남 452명, 여 149명, 계 601명으로 ….[59]

위 내용은 1934년 말에 상해에 있는 일본총영사관 경찰부에서 조사한 조선인 거주지별 인구 현황인데, 위의 내용에서 보면 상해에 거주하고 있던 조선인들은 주로 공동조계와 중국인 거주 지역 및 불란서 조계지에 거주하고 있었던 것으로 나타나고 있다. 그런데 일본 영사관 경찰에서 특히 불란서 조계지에 거주하고 있던 조선인들에 대해서는 '佛租界 在留者는 地域的 關係 및 在留者의 性質上 특히 정확하게 파악하기 어렵다'고 하여 불란서 조계지가 일본의 영향권이 아니며, 거주자들의 성향에도 문제가 있음을 밝히고 있다고 하겠다. 또한 <표 3>에서 보면 상해의 총영사관 경찰부에서는 총 22명의 조선인

---

58) 『대한일보』 1967년 5월 12일자 1면 광고.
59) 在上海日本總領事館警察部, 「特高警察ニ關スル事項」, pp.63-64.

들에 대해 '在留朝鮮人 營業者'라 하여 그 현황을 파악하고 있는데, 일본 경찰이 주로 파악하고자 했던 대상은 모두 프랑스조계나 공동조계에서 활동하는 인물이었던 것으로 나타나고 있으며, 이중에 이갑성도 포함되어 있었다.

뿐만 아니라 위에 언급했던 1934년 7월에 발행된 『國外에 있어서 容疑朝鮮人名簿』에서도 이갑성에 대해 '排日親美思想을 抱持하고 있는 인물'로 기록하고 있는데 이 名簿는 고등경찰 직무상의 참고자료로서 과거 수년에 걸쳐 각종 정보 중에 나타나고 있는 것 및 '在外 要視察 要注意人' 등의 범죄와 관련 있는 要項을 拔萃한 것으로 이 명부에 이갑성이 포함되어 있다는 것은 적어도 이 시기까지는 이갑성이 사상범·독립운동가로 일제의 감시 대상에 속하는 인물이었음을 말해주는 것이라고 하겠다.[60]

따라서 이러한 정황을 종합해 볼 때 이갑성은 적어도 1934년까지는 독립운동가로서 일제의 감시대상이었지, 일제의 密偵 노릇을 했거나, 친일적 성향이 아니었음을 입증하는 것이라고 하겠다.

이밖에, 이갑성이 상해로 이주한 것은 1931년경인 것으로 추정되는데, 당시 상해에 있던 임시정부는 1932년 4월 29일 한인애국단 단원 윤봉길이 虹口公園 의거에 성공하자 일제의 박해를 피해 상해를 떠나 嘉興을 거쳐 抗州로 이동하여 5월 10일 항주에서 국무회의를 열고 개각을 단행하였다.[61] 이렇게 본다면 이갑성과 임정 관련자들이 함께 상해에 머물렀던 시간은 상당히 짧은 기간이었을 것으로 생각된다. 또한 이갑성은 1937년 일제가 강제로 국내로 압송하여 3년 징역형을 선고 받고 1년간 복역했는데, 이것도 밀정으로 인정할 수 없는

60) 조선총독부경무국, 『國外ニ於ケル容疑朝鮮人名簿』, 1934년 6월, (凡例), p.318.
61) 국가보훈처, 『대한민국임시정부수립80주년기념논문집』(하), 1999. 12. 25, p.744.

증거라고 하겠다. 더욱이 국내 압송 후에도 38년 흥업구락부사건으로 7개월간 투옥되었고, '41년, 42년, 43년, 45년까지 계속 해주·평양·원산·함흥·경기도 경찰국 외사과에서 2개월에서 4개월간 피체되고 있는데, 이것도 밀정으로 볼 수 없는 근거가 된다.

끝으로, 밀정설을 제기한 자료들에도 문제가 있다. 지금까지 상해 밀정설과 관련된 자료는 다음과 같다.

(1) 조선총독부경무국(소화9년6개월)에서 작성한 『國外ニ於ケル容疑朝鮮人名簿』

(2) 친일파 II(김삼웅, 정운현 공저, 학민사, 1992)

(3) 청산하지 못한 역사(반민족문제연구소, 청년사)

(4) 친일변절자33인(안성균, 가람기획, 1995)

(5) 『自由』(1981년 3월호)

(6) 임종국 작성 카드 "岩本正一의 부일제증거자료,『自由』1981년 3월"

(7) 『현대공론』(88년 8월호), 임종국, p.238. "이X성은 일제의 밀정설이 있는 사람이다"

(8) 『한배달』(90년 봄호), 임종국, p.61. "이갑성은 일본군 점령하의 상해에서 밀정을 했다는 설이 끈질기게 따라 다니는 사람"

위의 목록에서 보듯이, 이갑성이 상해에서 밀정설을 주장하는 근거는 1981년에 발간된 『자유』지 3월호에 실린 芝江 金聖壽의 유언을 토대로 하고 있다 상해 밀정설이 성립되려면 역사의 기초가 되는 사료의 뒷받침이 있어야 한다. 앞의 김성수의 유언은 가치있는 史料로 인정할 수가 없다. 유언을 남긴 분은 이미 고인이 되었고 그의 육성 녹음도 없다. 녹음이 있다고 해도 이갑성과 직접 만난 적이 없이, 그의 동거녀와의 관계이며 그녀와 통정까지 한 사실로 미루어, 이갑성과 연관 짓는 것은 논리적 비약이 지나친 해석이기 때문에 우리가 경계해야 될 것이다.

<표 3> 在留 上海 朝鮮人의 重要營業者[62]

種類	商號	經營者	資本金	주소	摘要
仲介業	海松洋行	韓鎭敎	合資三千元	法界馬恨路 430號	
萬年筆商	林山公司	林得山	個人一千元	法界霞飛路 1270號	目下南京에 支店을 갖고 있음
織物商	金文公司	金時文	二千元	法界霞飛路 139號	
朝鮮物産商	元昌公司	趙尙燮	合資五千元	法界霞飛路 寶康里 24	
雜貨商	林盛公司	林承業	個人二萬元	法界霞飛路 429	
産婆	惠生醫院	崔惠淳	二千元	法界馬恨路 446	全南 光州醫院 出身
藥種商	百濟醫院	孔凱平	合資三千元	法界霞飛路 352號	
藥種商	濟衆醫院	李甲成	個人二千元	法界霞飛路 452號	
齒科醫		李東一		法界霞飛路 甲江醫院 內	
齒科醫	武相齒科醫院	李武相		法界霞飛路 389 東明公司 二樓	
寫眞業	東明公司	朴容喆	個人一千元	法界霞飛路 389	
寫眞業	星光照相館	郭哲鎬	一千元	法界霞飛路 464	
寫眞業	美容寫眞館	朴容珏	個人一千元	共同租界靜安○路 1230	
飮食店		崔學俊	個人二千元	共同租界○○路	
飮食店		吳鉉淑	個人二千元	華街○江路	
料理店	海樂	曹應道	五千元	共同租界北西川路 美○里 17號	

62) 在上海日本總領事舘警察部,「特高警察ニ關スル事項」, pp.66-67. 본래 이 자료에는 각 인물의 본적도 기재되어 있으나 본고에서는 이를 생각하였으며, 몇 가지 판독하기 어려운 글자가 있었다.

藥種商	三德洋行	孫昌浩	合資三千元	共同租界四川路 123	
食料品店	太平洋行	田龍德	個人五千元	共同租界東鴨○路 110	
食料品店		李建宰	一千元	共同租界東○匯路	
ブイス萬年筆工廠 (製造業)		李守仁	合資 八萬元	法租界 ○○ 希路 10821-2호	支那人과 合同
○氣電光公司(製造業)		鄭潤僑	十萬元	共同租界 北京路 19	美國人과 合同
醫師	福世醫院	朴用駿	個人 一千元	法租界嵩山路街角	目下○鮮中

(3) 1930년대 조선총독부 산업국장의 알선으로 일본 미쓰비시(三菱) 회사 신경 출장소장이었다는 설

이갑성이 조선총독부 산업국장의 소개로 일본 '三菱會社 新京出張所長을 委囑받았다는 설에 대해서는 일단 三菱商社의 기록에서 명단을 확인 하는것이 첩경이라고 생각된다. 三菱商社에서는 1931년 만주사변이 발발하고 만주지역에 대한 일제의 영향력이 확대되자 1932년 3월 하얼빈 出張員을 출장소로 승격시켰으며, 1933년 7월에는 중화학공업 기지였던 봉천 출장원을 출장소로 승격시켰다. 그리고 1933년 6월에는 新京出張員을 13년 만에 부활시켰으며, 이를 1934년에는 출장소로, 1937년에는 支店으로 승격시켰던 것으로 나타나고 있다. 이 지점은 三菱合資가 1935년에 준공하여 康德會館이라고 명명했던 지상 4층짜리 건물의 1층에 사무실이 있었던 것으로 파악되고 있다.[63]

그런데 <표 4>에서 보는 바와 같이 三菱商社가 발간한 『三菱商社史-資料編-』에는 1933년에서 1938년 (昭和8년~16년) 당시의 신경지점 책임자의 명단이 기재되어 있는데, 이 명단에도 이갑성의 이름이

63) 三菱商社, 『三菱商社史』(上), 三菱史料館, pp.342-343.

없고 미쓰비시 회사의 다른 지역에서도 조선인 소장은 없는 것으로 확인되고 있다. 따라서 이갑성이 三菱商社 신경출장소의 소장으로 활동했다는 설은 전혀 근거가 없는 낭설이며 정치적 의도가 있는 모함이라고 생각된다. 당시 이 회사의 소장이 되는 자격으로는 주로 두가지를 기준으로 하고 있는데, 첫째는 본사일을 가장 잘 아는 사람이며, 둘째는 현지 사정에 밝은 사람인데, 첫 번째를 우선으로 적용하고 있었다는 것이다. 그래서 북경이나 상하이 지점도 전부 日人 소장을 기용했다는 것이다. 그리고 당시의 미쓰비시 회사는 군수공업을 주기업으로 하기 때문에 조선인은 절대로 기용하지 않았다는 것이 상식적인 생각이라고 하겠다. 이것은 '뉴스추적'에서 제일사학자 姜在彦 교수도 같은 견해를 밝힌 바 있다. 그런데 이와 관련해서 이갑성 자신이 이미 1967년 5월 12에 발표한 반박성명에서 자신은 '新京에 거주한 일이 전혀 없으며, 日語도 모르는 사람이 더욱이 三菱會社 같은 데서 출장소 소장을 했다하니 三尺童子도 웃을 일이라고 반박한 바 있는데, 일맥상통한 견해라고 생각된다.[64]

<표 4> 新京支店 책임자 명단[65]

이름	년도	비고	이름	년도	비고
井上德三	1934년 7월 1일	出張所主任	井上德三	1937년 4월 12일	出張所長
井上德三	1937년 9월 1일		谷村順臟	1939년 8월 1일	
(兼)臼井經倫	1941년 7월 30일	本務 滿洲監督	(兼)高垣勝次郎	1944년 6월 8일	
(兼)高垣勝次郎	1945년 11월 1일	本務 常務取締役兼滿洲監督			

---

64) 『대한일보』 1967. 5. 12.
65) 三菱商社, 『三菱商社史-資料編』, 三菱史料館, p.66.

또한 그가 1930년대에 新京에 있던 '株式會社 日滿産業公司 專務取締役'으로 활동했다는 주장이 있다. 이와 관련해서는 현재 '株式會社 日滿産業公司 專務取締役 岩本正一'이라는 1930년대에 사용한 것으로 알려진 명함이 증거의 전부인데, 최근까지 밝혀진 바에 의하면 일제하에 만주지역의 일본기업의 명단을 정리해 두었던 명단 가운데에서 '일만산업공사'라는 회사의 이름이 확인되지 않고 있다.[66] 또한 이 명함에는 '岩本正一'이라는 창씨명이 기재되어 있는데 그가 1940년 7월에 창씨한 것으로 보아 1937년에 명함이 제작되어 있는점이 의심스럽다. 더욱이 이 명함은 고 이강훈 선생이 소지하고 있었던 것인데 이갑성으로부터 직접 받은 것이 아니라 전 광복회 회장 고 유석현 선생으로부터 받았다고 하여 그 출처 자체가 불분명한 면이 있는 것도 문제라고 할 수 있다.

(4) 창씨개명 문제

끝으로, 이갑성의 창씨개명 문제와 관련해서도 생각해 볼 여지가 있는 것으로 보인다. 그의 호적에 따르면 이갑성은 1940년 7월 23일에 岩本正一로 창씨개명 한 것으로 나타나고 있는데[67] 이에 대해 우선 이갑성은 '본인이 日帝時 國外에 있었으므로 몰랐던 사실'이라고 밝히고 있다.[68] 실제로 본인이나 호주가 하지 않았음에도 창씨가 되

---

66) 1936년 (昭和11년)에 발간한『滿洲銀行會社年鑑』에는 당시 만주에 2500개 회사가 있는데 일만공업사는 명단에 없다. 또 1950년 12월 일본의 持株會社整理委員會 調査部에서 발행한 終戰이후 발행한 商號變更會社名索引 자료에서도 일만산업공사라는 회사명은 보이지 않고 있다. 持株會社整理委員會,『日本財閥とその解體資料』1950.
67) 이갑성의 戸籍簿에서 날짜가 확인되고 있다.
68)『대한일보』1967. 5. 12.

어 있는 경우도 있으며, 친일파도 창씨를 하지 않았던 경우가 있다. (예: 1급친일파인 한상용, 박홍식, 박춘금, 김대우, 윤덕용 등) 이와 반대로 본인과는 상관없이 국내에 있던 애국지사들도 창씨개명되어 있음을 볼 때 창씨개명만 가지고 친일파로 단정할 수 없다고 하겠다.[69]

또 하나 조심스럽게 지적하고 싶은 것은 창씨개명을 했다는 것이 곧바로 친일과 연결되지 않는다는 점이다. 1940년 2월 이후 본격화된 창씨개명[70]을, 어길 경우 자녀들의 상급학교 입학과 진학이 거부되었으며, 행정기관과 관련된 모든 사무가 처리되지 않았으며, 비국민 혹은 不逞鮮人으로 단정되어 갖은 박해를 당해야만 했다. 더욱이 창씨하지 않은 아동은 일본인 교사가 이유 없이 질책·구타하였기 때문에 아이들의 호소 때문에라도 부모는 창씨하지 않을 수 없는 상황이었다.[71] 이처럼 국내에서는 창씨개명을 거부하기가 매우 어려운 일이였다. 이 점은 1941년 말까지 322만 694호, 전체 호수의 81.5%가 창씨개명을 하고 있었다는 데서도 입증된다고 하겠다.[72] 이러한 관점에서볼 때, 이갑성이 창씨개명을 했다는 것만으로 그가 친일했다고 단정하기는 어려울 것으로 생각된다.

V. 맺음말

지금까지 3·1독립운동의 민족대표였던 이갑성의 생애와 민족운동

---

69) 김동호 「일제하의 창씨개명」정운현 편역, 『創氏改名』 학민사, 1994.
70) 『京城日報』 1940. 2. 11. 「오늘은 맑개 갠 창씨의 날」.
71) 양태호, 「창씨개명의 사상적 배경」, 정운현 편역, 『創氏改名』, 학민사, 1994, p.115.
72) 장미회, 「일제말기 황민화정책과 창씨개명」, 서강대학교 대학원 일본학과 석사논문, 1999.

에 대해 살펴보았으며, 그의 친일관련설이 갖고 있는 논리적 문제점을
분석해 보았다. 이를 정리하면 다음과 같다.

첫째, 이갑성은 3·1운동에 민족대표로 참가하여 서울지역 학생층
을 중심으로 적극적으로 운동에 가담하였고, 출옥 후에도 민립대학운
동과 물산장려운동에 참여하였으며, 이후에는 흥업구락부와 신간회운
동에 참여하여 1920년대 국내민족운동에서 민족진영의 중심적 인물의
한사람으로 활동했던 것으로 보인다. 뿐만 아니라 삼우구락부 강연이
나 조선문통신강습소에서의 강연활동 등을 통해 민중계몽활동에서도
일정하게 영향력을 발휘하여 활발한 문화 투쟁을 전개하였던 것으로
보인다.

둘째, 이갑성은 민립대학운동에서는 중앙집행위원으로 평양에서 개
최된 강연회에서 강연 내용에 문제가 있어 일제 경찰에게 제지를 당
할 정도로 적극적인 활동을 전개하였던 것으로 보이며, 흥업구락부에
서는 간사로, 신간회에서는 발기인으로 활동하는 등 상당히 적극적으
로 민족운동에 참여하다가 일제의 탄압으로 상해로의 망명을 결정했
던 것으로 추정된다.

셋째, 본고에서는 이갑성의 친일관련설에 대해 그 주장의 문제점들
을 정리해 보았는다. 이갑성이 1922년부터 1924년까지 조선총독부 경
무국장 丸山의 촉탁으로 활동했다는 설에 대해서는 『조선총독부직원
록』 『제등실문서』등에 이갑성의 이름이 없고 이 시기가 이갑성이 국
내의 민족운동에 가장 적극적으로 활동했던 시기였다는 섬에서 이갑
성이 丸山의 촉탁으로 활동했다고 보는 것에는 문제가 있다.

또한, 상해 망명 이후 밀정으로 활동했다는 설에 대해서는 상해 주
재 일본총영사관경찰부가 1934년까지 불란서 조계지역에 거주하고 있
던 이갑성을 감시대상의 한사람으로 그의 동향을 파악하고 있었으며,

같은 시기에 조선총독부 경무국이 발행한 자료에서도 이갑성에 대해 민족주의사상을 갖고 있는 인물이라고 파악하고 있었던 점에서 그가 '밀정노릇'이라는 적극적인 친일을 했다고 보기에는 문제가 있음을 주장하였다.

이밖에, 三菱商社 新京出張所長이었다는 설과 株式會社 株式會社 日滿産業公司 專務取締役으로 활동했다는 설에 대해서는 관련설을 입증할 만한 어떠한 자료도 발견되지 않고 있거나 제시된 자료의 신빙성에 문제가 있다는 점에서 문제가 있음을 지적하였다.

끝으로, 이갑성의 창씨개명과 관련해서는 그가 창씨개명을 했다고 하더라도 일제하 1940년대에 국내에서 창씨개명을 했다는 것이 곧바로 친일과 연결되는 것은 아니라는 점을 염두에 둘 필요가 있음을 주장하였다.

궁극적으로, 이갑성의 친일설과 관련된 주장은 논리의 비약이 지나치다는 점을 논증하고자 하였다. 전체적으로 볼 때, 이갑성의 친일문제와 관련된 연구는 보다 세밀하고 심도 있는 연구가 필요할 것으로 생각되며, 지금까지 그의 친일관련설을 주장했던 논의들은 자료의 신빙성에서부터 정치적 의도까지 다양한 형태의 문제가 있는 것으로 생각된다고 하겠다.

친일 등 독립운동 공적흠결자 규명문제는 민족정기를 바로잡고 진실을 규명한다는 차원에서 올바로 밝혀져야 하는 것은 지극히 당연한 일이다. 그러나 진위여부를 확인할 수 있는 객관적 입증자료 없이 증언이나 풍문을 가지고 성급하게 결론을 내려서는 안 되며 더욱이 정지적인 의도로 폭로성 비하를 해서도 안 된다. 모든 문제는 객관적인 자료검증과 사료 비판을 통하여 근거있게 규명되어야 한다고 생각된다.

필자는 이 글을 쓰면서 3 · 1정신의 핵심이 무엇이며, 오늘날 어떻게 그 정신을 이어가야 하는가를 생각해보았다. 3·1정신은 민족자주정신이며 민주화의 원천이라고 할 수 있다. 자유당의 독재정권을 무너뜨린 4·19혁명 정신은 바로 이 3·1정신의 승화된 모습이라고 하겠다. 군사독재하에서 민주화를 갈망하던 민주화 정신과 현재 우리의 역사적 과제인 통일이 바로 3·1정신을 계승하는 길이다. 그런데 이갑성선생의 경우 3·1운동에서 민족대표로 크게 활약하였지만, 해방 이후 이승만 독재정권과 4·19 이후 군사정권에 협조함으로써 3·1정신을 계승하는 데 미흡하였고, 노년에 보인 그의 행동으로 볼 때 그의 역사의식에 문제가 있는 것은 사실이다. 그렇다고 해서 그가 친일파로 규정되어 공적흠결자로 지탄의 대상이 되어서는 안 된다고 생각된다.

 의열투쟁의 불꽃을 피우다 / 姜宇奎

양 성 숙[*]

Ⅰ. 머리말 - 출생과 성장

단두대 위에 올라서니(斷頭臺上)
오히려 봄바람이 감도는구나(猶在春風)
몸은 있으나 나라가 없으니(有身無國)
어찌 감회가 없으리오(豈無感想)[1]

(1929년 11월 29일 서대문형무소 형장에서 강우규 의사가 순국
직전에 남긴 유시)

日愚 姜宇奎는 1859년 6월 5일 평안남도 德川郡 武陵面 濟南里

---

* 경찰박물관 학예연구사
1) 독립운동사편찬위원회, 『獨立運動史』 7, p.288 참조.

68번지에서 가난한 농가의 4남매 가운데 막내로 태어났다. 그는 일찍이 부모를 여의고 누님 집에서 소년시절을 보냈지만 어려서부터 용맹스러웠고 총기가 남달랐다.[2] 특히 친형에게 한학을 공부하고 한방 의술을 전수받아 덕천에서 한방의를 개업하였다.

그는 1883년 함경남도 홍원군 龍原面 靈德里로 이주하여 만주로 망명하기 전까지 홍원읍 남문 앞에서 한약방을 경영하여 재산을 모았고, 이를 토대로 읍내에 사립학교와 교회를 세워 신학문 전파에 힘을 쏟았다. 그리고 대한민국임시정부 국무총리를 지낸 誠齋 李東輝의 집안과 인연을 맺게 되면서부터 구국운동론에 감화되어 함경도 일대에서 민족교육과 기독교 전도사업을 통하여 독립운동의 역군을 양성하는데 앞장섰다.

특히 강우규는 1910년 8월 경술국치로 국권이 상실되자 50대의 나이에도 불구하고 독립운동에 헌신할 것을 결심하였다. 그는 1911년 봄 홍원을 떠나 북간도 화룡현 頭道溝로 건너갔고[3] 만주와 연해주 일대를 편답하면서 朴殷植·이동휘·桂奉瑀 등을 만나 독립운동 방안을 모색했다.

그 후 제정 러시아 정부의 연해주 일대의 한국 독립운동에 대한 탄압이 심해지자 강우규는 1915년 길림성 饒河縣 新興洞으로 이주하였다. 이곳은 노령 블라디보스톡과 우수리 철도로 연결되는 북만주 서북경의 벽지였으나 비교적 자유로운 신천지였으며, 후에 노령과 북만주를 무대로 활동한 독립운동의 근거지가 되었다.

그는 이곳을 개척하여 한인 동포들을 불러 모았고 東光學校를 설립하여 청소년들의 민족의식 고취를 위한 교육사업에 주력하였다. 또

---

2) 宋相燾, 『騎驢隨筆』 1955, p.277 참조.
3) 金正明, 『明治百年史叢書』 1卷 分冊, 1967, p.115.

한 교회를 세워 기독교 전도 사업을 통하여 한인들에게 동포애와 민족적 일체감을 느낄 수 있도록 이끌어 주는 한편 민족 계몽운동에도 앞장섰다.

II. 노인동맹단 가입과 사이토 爆殺의거

1919년 3월 1일 한민족의 독립의지를 표명한 3·1운동이 일어나자 국내외의 모든 한민족은 침략자인 일본 제국주의자들과 전 세계 제국주의 열강들에게 한국 독립의 정당성을 알렸다. 이 소식은 해외로도 널리 퍼져나가 만주·노령·미주·일본 등 한인 동포들이 사는 곳이라면 어디든지 만세운동이 전개되었다. 강우규 역시 한인 동포들을 이끌고 만세운동에 앞장섰으며, 블라디보스톡으로 건너가서 이동휘의 부친 이승교와 박은식 등이 결성한 老人同盟團에 가입하여 요하현 지부장을 맡아 활동하였다.[4]

노인동맹단은 1919년 金致寶를 단장으로 하여 노령 블라디보스톡 新韓村 德昌局에서 조직된 독립운동 단체로서 46세 이상부터 70세까지의 남녀노인으로 구성된 단체였다. 이 단체는 상해 대한민국임시정부의 외곽단체로서 대한민국임시정부의 사업을 지원 협조하였다.

강우규는 노인동맹단을 대표하여 조선총독을 처단하기로 결심하고 러시아 논 50투블을 주고 폭단을 구입하였다. 이 당시의 상황을 판결문의 내용에 따라 살펴보면 다음과 같다.

---

4) 在浦潮斯德總領事 菊池義郎,「鮮人의 行動에 관한 件, 1919년 4월 1일」,『東西比利亞』7, pp.59-60: 金昌洙,「姜宇奎 義士의 義烈鬪爭」,『西大門刑務所와 義烈鬪爭』(서대문형무소역사관 개관5주년 기념 학술심포지엄 논문집), 서대문구청, 2003, p.58에서 재인용.

본년(1919) 6월 말경 아편 매각을 하기 위하여 露領의 靑龍이라
는 곳에 갔을 때 한 러시아인은 동양인으로부터 폭탄을 구입해
줄 것을 청탁받고, 그 용도를 묻자 '원한 있는 자를 살해하는데
사용할 것'이라고 답변하였다. 그런데 당시 동 지방에 있어서는
금년 봄 조선에 있어서의 소요의 결과 총독의 경질을 보지 못하
였다는 헛소문이 전하고 있었으므로 신임 총독을 살해하고 이어
서 2천만 동포의 원한을 풀려고 결심하여 그 폭탄 1개를 露貨 50
원에 구입하여 …5)

이렇듯 강우규는 조선총독을 폭살할 계획을 품고 폭탄을 구입하였
고 일제의 감시를 피하기 위해 낭자(사타구니)에 폭탄을 차고 원산에
도착한 것이 동년 6월 14일이었다.6)

그는 許炯과 같이 원산항을 거쳐 동년 8월 5일 목적지인 서울에
도착하였다.7) 허형은 평남 安州 사람으로 1919년 3·1운동이 일어나
자 만세시위에 참가하여 본격적인 對日투쟁에 나섰고 朝鮮獨立靑年
團에 가입하여 활동하였다.8) 그 후 원산에서 崔子男을 만나 강우규
를 소개받았고 사이토(齋藤實) 총독의 처단하는 계획에 자신도 참여
시켜 줄 것을 요청한 것이다.

강우규는 1919년 8월 5일 서울에 도착하여 안국동 金鍾鎬의 집에
서 숙식하면서 신임 조선총독 사이토의 사진과 부임정보를 입수하였
다. 그리고 동년 8월 28일 거사를 위해 남대문역 부근의 여인숙으로
거처를 옮겨 역주변의 지형지물을 면밀히 조사하면서 본격적으로 거

---

5) 姜德相, 『現代史資料』 26, pp.121-122.
6) 姜英才, 「南大門 驛頭 姜宇奎 義士의 投彈」, 『신동아』 1969년 5월호.
7) 國家報勳處, 『獨立有功者功勳錄』8, p.124; .慶尙北道警察部, 『高等警察要史』 1934,
   p.319 참조.
8) 國家報勳處, 위의 책, p.266.

사 준비에 나섰다.

1919년 9월 2일 신임총독 사이토가 부임하는 운명의 날이 밝았다. 일제는 만일의 사태에 대비하여 남대문 역 주변은 물론, 倭城臺 총독부나 용산 총독관저에 이르는 길까지 삼엄한 경비진을 펼쳤다. 총독 일행을 태운 열차가 도착하기 전까지 신임 총독을 환영하러 나온 수많은 마차가 역전에 운집해 몰려들었다. 총독부 관리들을 비롯하여 駐朝鮮外交使節團·조선인 친일귀족들·재경 일본인 유력자들·軍高級將校 등 많은 매국 주요 인사들이 들끓었던 것이다.

강우규는 폭탄을 명주수건에 싸서 허리에 단단히 붙잡아 맨 뒤, 그 위에 저고리와 두루마기를 입어 손을 넣으면 쉽게 폭탄을 꺼낼 수 있도록 만들었고 파나마 모자에 가죽신을 신고 양산과 수건을 들고 남대문 역으로 나갔다.[9]

9월 2일 오후 5시 총독 일행을 태운 열차가 남대문 역에 도착했다. 열차에서 내린 사이토 내외와 그 일행이 환영행사를 마치고 막 관저로 떠나기 위해 쌍두마차에 오른 순간 강우규는 사이토의 마차를 향해 민족의 분노와 독립의지를 담아 폭탄을 힘껏 던졌다.

처음에는 남대문 역으로 나가 전차선로 부근의 군중 사이에 위치하여 폭탄을 던지려고 했다. 하지만 거리가 너무 멀어 적중할 것 같지 않자 강우규는 정거장 귀빈실 입구 측 인력거 置場 뒤쪽으로 돌아가 정거장 건물에 접근하여 사이토가 마차에 탑승하는 순간을 포착해 폭탄을 던진 것이다.[10]

폭탄은 마차 앞 십여 보 지점에서 폭발하였고, 천지를 진동하는 폭

---

9) 독립운동사편찬위원회, 『獨立運動史』 7, p.279.
10) 독립운동사편찬위원회, 『獨立運動史資料集』 11, 1971, p.80; 金正明, 『明治百年史叢書』 1卷 分冊, 1967, p.115.

음은 인산인해를 이루었던 군중들과 관헌들을 크게 놀라게 하였다. 그러나 안타깝게도 단지 몇 개의 파편이 사이토가 탄 마차 후면에 맞아 사이토의 혁대를 스쳤을 뿐 37명의 부상자를 내는데 그치고 말았다.[11]

그 중 경기도 순사 스에히로(末弘又二郞)가 彈片이 왼쪽 대퇴부를 관통하여 外傷性 패혈증을 일으켜 9월 11일 오후 2시 20분에 사망하였다. 그리고 오사카(大阪) 아사히신문(朝日新聞) 다치바나(橘香橘) 특파원은 파편이 복부로 들어가 복막염 및 폐렴을 일으켜 동년 11월 1일 오전 9시에 사망하였다. 또 야마구치(山口鍊男) 특파원은 오른쪽 무릎에 중상을 입었다.[12] 사망자와 부상자의 명단을 보면 다음과 같다.

「사망자」 오사카 아사히신문(大阪朝日新聞) 경성 특파원 다치바나(橘香橘), 오사카 마이니치신문(大阪每日新聞) 경성 특파원 야마구치(山口鍊男), 京畿道 警視 스에히로(末弘又二郞).

「부상자」 경성 本町 警察署長 오무다(小牟田十太郞), 同署 警部 權五衡, 同 巡査 朴貞和, 鐘路警察署 순사 야스다케(安武政一), 조선신문 기자(당시 서울서 발행되던 일본인의 일본문 신문) 朴完植, 구와다리(久渡幸太郞), 滿鐵 管理局長 구보(久保要藏), 陸軍少將 무라다(村田信乃), 경성 일보 기자(총독부 기관 일본문 신문) 다케이(竹井延太郞), 만철 철도 관리국 運輸課長 안토오(安藤友三郞), 同上 囑託 노즈(野津要太郞), 미국인 W.P 해리슨부인(동양 여행 중에 있던 미국 뉴욕시장 딸), 高陽警察署 순사 朴聖八, 車夫 成大鎬, 곤도오(近藤龜吉), 이와오(岩尾茂), 朴弘植, 嚴寅瑞, 朴在仁, 黃春燁, 李百孫, 李長龍, 총독부 屬官 이재키(井關重俊), 開城郡 南面 候石里 楊昌華, 순사 池光淵, 白殷基, 경부 金泰錫, 총독부 馬丁 가토오(加藤

---

11) 독립운동사편찬위원회, 위의 책, p.280: 蔡根植 『武裝獨立運動秘史』, 大韓民國公報處, 1947, p.45.
12) 독립운동사편찬위원회, 『獨立運動史資料集』 11, 1971, pp.598-599.

順一郎), 李王職 事務官 李源升, 총독부 雇員 니시타(西田國吉), 모
리시타(森下男), 야마우치(山內虎雄), 京城監獄授業手 노가타(野方一
三郎)13)

천지를 진동하듯 터진 폭탄은 비록 사이토를 처단하지는 못했지만
일제 당국에 큰 충격을 주었고 우국노인 강우규의 의거로 우리 민족
의 독립의지를 세계만방에 널리 떨칠 수 있었다.

일경의 눈을 피해 빠져 나온 그는 서서히 걸음을 옮겨 거사 장소를
빠져나왔다. 거사 장소를 빠져나온 후 여관에서 하룻밤을 지낸 뒤 허
형을 만나 재 거사를 계획하면서 吳泰泳의 소개로 가회동 張翊奎 집
과 간호부 吳明淑의 주선으로 사직동 林承華 집 등을 전전하였다.
그러다가 의거 16일 만인 9월 17일 일제의 주구 金泰錫에게 체포되
고 말았다.14)

Ⅲ. 서대문형무소 사형 순국

강의사의 법정에 임하는 태도는 당당하고 늠름해서 일본인 재판관
들을 위압하였다. 재판관이 처음에 자기들 버릇대로 '被告는 …' 운운
하며 해라 말을 쓰려하니 '이 죽일 놈들 …' 하며 꾸짖고 '너희들 일
본인들은 …' 등 이렇게 호령하는 식으로 일관했다. 그리고 자신의 의
거가 하나님의 정의에 입각한 것이라고 열변으로 주창하면서 일본인
들로부터 재판을 받는 것이 아니라 도리어 일본인을 재판하는 태도를

---

13) 독립운동사편찬위원회, 위의 책, p.280.
14) 國家報勳處, 앞의 책, p.124.

취했다. 그 결과 처음에 강우규를 '피고'라고 부르던 일본인 판사가 의사의 인격에 압도되어 나중에는 '강선생'이나 '영감님'으로 부르게 될 정도였다.[15]

특히 그는 "이 재판은 너희 총독이 시켜서 하는 것인가, 너희 천황이 시켜서 하는 것인가. 내가 알기로 사이토는 세계평화를 좀먹는 一大罪塊인데 왜 잡아다가 심문하지 않고 나만 이 궁지에 몰아 넣는가"하고 항의하기도 하였다.[16]

강우규는 1920년 2월 25일 경성지방법원에서 사형을 언도받고 항소하였으나 경성복심법원과 고등법원에서 기각되어 사형이 확정되었다.[17] 경성복심법원 판결 관련 보도기사를 살펴보면 다음과 같다.

> 다음에 사전검사의 장황한 론고가 있엇으니 本件은 작년 9월 2일 오후 오시에 재등총독이 南大門역에 도착할 때에 폭탄을 던짐에 군중이 모인 곳일 뿐 아니라 백주에 생긴 일인 즉 현저한 사실이라 범죄를 확실히 구성하얏고 강의 目的은 총독을 살해코저 하얏으나 총독은 죽지 아니하고 그 부근에 있던 신문기자 사진반 경관 등 삼십칠인의 중경상자를 내이어서 맛참내 대판조일 특파원 굴향굴 외에 또 한명이 죽은지라 피고 강우규가 폭탄을 던지면 군중에 피해가 있을 줄을 몰랏다 함은 다만 구실에 지내지 못함으로 강우규는 살인미수범과 살인기수범을 범하얏고 최자남은 아모리 폭탄에 대하여 모른다고 하나 경찰 검찰 예심을 거처서 제일심에서 진술한 바가 공통됨을 보면 피고의 진술은 다만 구실에 지나지 못함으로 역시 방조범으로 볼 수가 없다는 뜻으로 당황한 론고가 있은 후에 '사형 피고 姜宇奎' '징역 3년 피고 崔子

---

15) 독립운동사편찬위원회, 앞의 책, pp.284-285.
16) 『동아일보』 1920년 4월 15일자.
17) 『동아일보』 1920년 4월 15일, 4월 16일, 5월 8일, 5월 27일자 기사 참조.

男'이라는 구형을 제일심과 같이 하얐다.[18]

사형이 확정된 뒤에도 강우규는 매일 성경책을 읽고 아침저녁으로 기도를 올리며 편안한 마음으로 마지막 날을 기다리고 있었다. 또한 그는 북만 길림성 요하현 신흥동에서 서울로 와서 옥바라지에 신명을 바쳤던 아들 重建에게 다음과 같은 유언을 남기며 의기를 북돋아 주었다고 한다.

> 너 나 죽는다고 조곰도 엇지않게 알리지마라. 만일 네가 내가 사형받는 것을 싫어하는 어러석은 사람이면 나의 자식이 아니다. 내가 평생에 세상에 대하야 너무 한일이 없음이 도로혀 북그럽다. 내가 이때까지 우리 민족을 위하야 자나깨나 잇치지 못하는 것은 우리나라 청년들의 교육이다. 내가 도라다니면서 아모리 애를 쓴대야 내가 죽느니만 같이 못할 것 갓다. 즉 내가 이번에 죽으면 내가 사러서 도라다니면서 가르치는 것 보다 나죽는 것이 조선청년의 가슴에 적으나마 무슨 이상한 느낌을 줄 것 같으면 그 느낌이 무엇보다도 귀중한 것이다. 이제 내가 이만큼 애쓰다가 죽는 것은 당연한 일이 아니냐. 조선청년의 가슴에 인상만 백인다면 그만이다. 내가 죽을지라도 나의 가슴에 한되는 것은 나죽은 후에 조선청년들의 교육이다. 지금은 조선사람들 중에 매우 사람 같은 사람이 많아서 청년의 교육을 소홀히 하지 아니하겠지만은 그저 그래도 눈을 감고 앉엇으면 쾌활하고 용감히 살랴고 하는 십삼도에 널녀있는 조선청년늘이 보고싶나. 아 보고 싶다 일리주고 싶다 하시겠지요. 그리고 나더러 부탁하시기를 내가 죽으면 마즈막 유언으로 조선청년에게 주는 것이 있으니 네가 과연 나의 자식이거든 그 유언을 십삼도에 널려있는 학교와 교외에 통지하야 달라

18) 『동아일보』 1920년 4월 16일자.

고 하십니다.[19)]

1920년 11월 29일 서대문형무소에서 사형이 집행되었다. 강우규는 마지막 순간에 감상이 어떠냐고 묻는 일제 검사에게 "斷頭臺上 猶在春風 有身無國 豈無感想"이라는 遺詩를 남기고 마지막 순간까지 기개를 굽히지 않은 채 서대문형무소에서 순국하였다.[20)]

최남선이 지은 碑銘에는 강우규 거사의 의의에 관하여 '이는 곧 3월 이래의 독립만세가 그 목소리를 고쳐서 발한 것으로써 한국인의 가슴 가운데 울결해 있는 일본의 新官吏와 新政策을 근본적으로 拒斥하는 열렬한 정신이 폭발의 작렬을 빌어서 표현한 것이다'라고 했다. 즉 강의사의 남대문 의거는 일제의 정책 전환의 기만성을 폭로하고 우리 민족의 독립의사를 전 세계에 또 한 번 피로써 표명하였던 것이다.[21)]

IV. 맺음말 - 강우규 의거의 역사적 의의

강우규는 환갑의 나이에도 불구하고 노인들의 독립운동 조직인 노인동맹단을 대표하여 폭탄투척 의거를 단행하였다. 때문에 사이토 폭살의거는 당시 로스앤젤레스 타임즈에서도 이 우국노인의 의거장면을 보도삽화로 게재했을 만큼 우리 나라의 독립의지를 전 세계에 널리 알린 쾌거였다.[22)]

---

19) 『동아일보』 1920년 5월 28일자
20) 독립운동사편찬위원회, 앞의 책, p.288.
21) 독립운동사편찬위원회, 위의 책, p.290.
22) 『Los Angeles Times』 1919년 9월 4일자.

또한 강우규 의거는 3 · 1운동 이후 독립운동의 한 방법으로 정립된 의열투쟁의 효시라고 할 수 있다. 왜냐하면 일제의 국권침탈에 항거하여 침략의 원흉들을 사살하거나 침략기관을 파괴 응징했던 여러 단체의 의열투쟁에 지대한 영향을 끼쳤기 때문이다.

환갑의 나이로 폭탄투척 의거를 단행했던 강우규를 보면서 당시 젊은 청년들은 많은 것을 느꼈을 것이고 이로 인해 더욱 굳은 의지를 불태우며 독립운동 전선에 나서게 된 것이다.

강우규 의거 이후 항일비밀결사 단체인 의열단이 1920년 11월에 조직되었고 보합단 · 공명단 · 한인애국단 등 수많은 의열단체가 조직되어 단체의 힘으로 친일파를 처단하고 침략기관을 폭파하거나 군자금을 모집하는 등 의열투쟁을 전개하였다.

정부에서는 강우규 의사의 공훈을 기리어 1962년에 건국훈장 대한민국장을 추서하였다

 **한 지식인의 삶과** 水原 / 朴勝極

趙 成 雲[*]

Ⅰ. 머리말

일제하 특히 1920년대 중반 이후 1930년대의 수원지역의 민족운동을 이해하기 위해서는 박승극이라는 인물에 대한 이해는 빌수석이나. 그는 수원청년동맹, 신간회 수원지회, 수진농민조합, 수원노동조합 그리고 조선프롤레타리아예술동맹(이하 카프─인용자) 수원지부 등 1920~1930년대 수원지역 대중단체의 집행위원장 혹은 집행위원으로서 핵심적인 역할

* 경기대학교 강사

을 하고 있기 때문이다. 따라서 일제하 수원지역의 민족운동에 대한 올바른 이해를 위해서도 박승극에 대한 연구는 필요하다고 할 것이다. 그러나 일제하 수원지역사에 대한 연구과정에서 박승극에 대해 주목한 연구는 드문 형편이다.[1] 이는 그가 사회주의 활동을 전개했던 인물이었고 해방 이후에는 화성군과 수원군의 인민위원장으로서 수원지역민들에게 각인되어 있기 때문이라 할 수 있다.

그러나 필자는 역사적인 인물을 평가할 때는 시기에 따라 나누어 볼 필요가 있다고 생각한다. 특히 식민지시대사의 경우에는 더욱 그러하다고 생각된다. 왜냐하면 해방 이전과 이후의 한국사의 전개과정에서 남북의 분단과 한국전쟁이라는 특수한 현실이 있기 때문이다. 해방 이후 박승극의 행적에는 입장[2]에 따라 적지 않은 논란이 있다. 이 입장 때문에 박승극이라는 인물이 제대로 평가를 받지 못한다면 이는

---

1) 박승극 개인에 관한 연구는 그의 문학작품이나 평론에 관한 것이 몇 편이 있으나 수원지역을 중심으로 한 그의 활동에 대한 직접적인 연구는 한 편도 없다. 박승극의 문학작품과 평론에 대한 연구로는 정영진, 「「정치문인」 朴勝極의 軌跡」, 『現代文學』, 1992. 3; 曹南鉉, 「朴勝極의 실천-비평-소설」, 『韓國文化』25, 서울대학교 한국문화연구소, 2000. 6. 등이 있다.

2) 여기에서 말하는 입장이란 사상적인 입장뿐만 아니라 그와 그의 인척인 朴勝吉家와의 사이에서 있었던 폭행사건에 대한 입장까지를 말한다. 이 사건의 원인은 박승길의 부친인 朴喜陽과 정문리 입구의 술집 여주인과의 사이에서 있었던 불륜을 소재로 이를 비판적인 관점에서 박승극이 소설을 창작한 데에 있었다. 이 사건은 해방 이후 박승길이 대동청년단에 가입하고 경찰에 투신하면서 더욱 확대되었다. 즉 박승극의 소설로 인해 박승극과 박승길의 사이에는 나쁜 감정이 싹텄고 결국 해방 후 박승길이 박승극가의 일을 보아주는 농민들을 평택의 서탄면 사람들을 동원하여 테러하는 사건으로까지 이어졌다. 그리고 한국전쟁이 발발한 이후에는 박승극이 수원군인민위원장으로 내려오고 그의 부친인 박홍양이 양감면인민위원장이 되자 정문리에 피난 와 있던 박승길을 체포하여 사망하게 한 사건이 발생하였다. 이를 두고 수복 이후 박승길의 부친인 박희양은 박승극이 자신의 아들을 죽였다면서 박승극가의 사람들을 혹독하게 다룬 사건이 있었다. 그리하여 당시 박희양의 집은 마치 경찰서와 같았다고 한다(崔長植의 증언, 1930년생, 화성군 정문2리 348, 2000. 9. 24. 한편 이 사건과 유사한 내용을 갖는 소설로 「술」(『비판』, 1939. 4)을 들 수 있다. 전기철,「박승극의 자전적 소설」,『박승극문학전집』Ⅰ, 2001. 4, p.422.

수원지역사 더 나아가 식민지시대사의 연구에 큰 손실이 아니라 할 수 없다.

따라서 필자는 식민지시대 박승극의 활동에 주목하였다. 그의 활동 가운데 주목되는 것은 수원지역 민족운동의 지도자라는 점 외에도 그가 소설가로 혹은 평론가로 활발히 활동하였다는 점이다. 특히 그는 카프 수원지부의 집행위원장으로서 1930년에 한국 최초로 프롤레타리아미술전람회를 수원에서 개최하였다. 이는 지역에서 이루어진 카프 지부의 구체적인 활동을 보여주는 사례라 생각되었다. 또한 그가 남긴 문학작품을 통하여 그의 역사관을 확인할 수 있으리라 생각하였다. 여기에서 그는 청년동맹이나 신간회와 같은 실천 활동의 경험을 과감하게 작품으로 재구성[3]하였다는 점에서 당대의 독특한 존재라는 점을 강조하고 싶다.

이 글을 작성하게 된 목적은 크게 두 가지로 볼 수 있다. 첫째는 카프에 대한 기존의 연구[4]는 대개 중앙 조직을 중심으로 한 조직의 변화와 시기에 따른 지도부의 교체 및 작품 분석이 중심이 되었다. 이에 따라 카프에 대한 연구는 상당히 축적되었으나 지부의 활동에 대한 연구는 전무한 실정이었다. 따라서 수원지부의 활동을 통해서 카프의 지부의 활동과 구성원의 성격을 분석함으로써 카프의 성격을 보다 명확히 밝히고자 한다. 둘째는 위에서도 언급했지만 식민지시대 수원지역의 민족운동의 실상에 대해 보다 명확한 이해를 위해 당시 수

---

3) 曺南鉉, 「朴勝極의 실천-비평-소설」, 『韓國文化』 25, 서울대학교 한국문화연구소, 2000. 6, p.80.
4) 대표적인 저서로 권영민, 『한국계급문학운동사』, 문예출판사, 1998; 김시태, 『한국 프로문학비평연구』, 아세아문화사, 1978; 김윤식, 「한국근대문예비평사연구」, 일지사, 1976; 김재용, 『일제하 프로소설사론 연구』, 연세대학교 박사학위논문, 1992; 역사문제연구소, 『카프문학운동연구』, 역사비평사, 1989 등을 들 수 있다.

원지역의 대표적인 민족운동가인 박승극의 전모를 살피는 데 있다. 이렇게 함으로써 우리는 박승극의 삶을 통해 수원지역의 민족운동에 대한 보다 실증적이고 명확한 이해에 도달할 뿐만 아니라 한국민족운동사를 보다 풍부하게 할 수 있을 것이다.

II. 박승극의 약력과 문학론

1) 약력

박승극은 일제하 수원지역의 사회운동가로 혹은 소설가, 문학평론가로 알려진 인물이다. 그에 대해서는 많이 알려지지 않았지만 그의 약력은 그가 1960년대 초에 직접 밝혔던 것으로 보이는 약력5)과 일제의 문서6)가 전해져 오기 때문에 대체적으로는 알 수 있다. 이 기록에 따라 박승극의 약력을 재구성해 보면 다음과 같다. 박승극은 1909년 12월 14일 수원군 양감면 정문리의 농가에서 출생하였다.7) 1923년 4월 보신강습소가 설치되면서 박승극은 2학년에 입학하였으나, 여름 방학

---

5) 조선작가동맹출판사,『조선문학선집』9권, 1960, 평양; 정영진,「정치문인」朴勝極의 궤적」,『현대문학』, 1992. 3, pp.401-411에서 재인용.

6) 水警高秘 第4782號, 昭和 6年 12月 28日,「秘密結社 赤色農民組合組織計劃에 關한 件」, 김경일 편,『韓國民族解放運動史資料集』제4권.

7) 그가 스스로 농가에서 출생하였다고 한 것은 북한에서의 정치적인 필요에 의한 것으로 보인다. 일제의 문서에 따르면 그는 "매우 부유한 집"에서 태어났다고 한다. 水警高秘 第4782號, 昭和 6年 12月 28日,『秘密結社 赤色農民組合組織計劃에 關한 件』, 김경일 편,『韓國民族解放運動史資料集』제4권. 일제의 이러한 분석은 타당한 것으로 보인다. 증언에 따르면 박승극의 부친인 朴興陽은 30마지기 정도의 농사를 지었으며 정문2리(浦塘洞)의 구장을 지냈다고 한다. 박승극 역시 해방 이후까지 정문리에서 과수원을 경영하였다고 한다「韓南洙, 1930년생, 화성군 양감면 정문1리 205의 증언」.

이 끝난 후 서울의 배재학당에서 배재고보에 입학하기 위한 강습을 받기 위해 보신강습소를 중퇴하고 1924년 배재고보에 입학하였다.[8] 그리고 1928년 서울배재고등보통학교를 4년 수료한 이후 일본의 동경으로 건너가 일본대학에 입학했으나 같은 해 7월 대학에 재학하면서부터 좌익 출판물을 탐독하여 공산주의에 공명하게 되었고 이에 부르주아 교육을 혐오하여 퇴학하고 귀국하였다. 귀국 이후 그는 1928년 말 카프에 가맹하였으며, 수원에서 조선일보 수원지국을 경영하고, 이원섭, 장주문과 함께 정문리에서 신흥학당,[9] 용소리에 대화의숙,[10] 사창리에 보신강습소[11] 등을 설치하거나 무산교육기관으로 개조하여 무산교육을 실시하였다. 그리고 신간회 수원지회,[12]수원청년동맹,[13] 카프 수원지부, 수진농민조합[14] 등을 조직하거나 가입하여 활동하였다. 또

---

8) 金時中,「내가 만난 박승극 형」,『박승극문학전집』I, 학민사, 2001, pp.427-429.

9) 신흥학당은 박승극이 사재를 들여 자신의 고향인 정문리에 설치하였고 빈농층의 무산자를 교육하기 위해 설치한 야학이라 할 수 있다. 신흥학당의 교사로는 한긍수, 한중석, 장윤수 등이었는데 이들은 보신강습소 졸업생들이었다고 한다. 그리고 수원소년동맹 양감지부의 사무실이 설치되었다. 金時中, 앞의 글, 앞의 책, pp.429-430.

10) 대화의숙의 교사로는 구직회를 들 수 있다. 金時中, 「내가 만난 박승극 형」,『박승극문학전집』I, 학민사, 2001, p.433.

11) 보신강습소는 사창2리의 光山金氏 문중에서 설립하였다고 한다. 당시에 학감은 金容이었고, 3개의 교실과 운동장을 갖추고 있었다고 한다. 그러나 1929년 경제공황에 의하여 학생들의 생활이 여의치 않게되자 학생 수가 줄어들게 되어 폐교의 위기에 처해지게 되었다. 이때 김시중은 사창리의 김용찬과 함께 무보수로 학생들을 가르쳤다고 한다. 김시중, 앞의 글, 앞의 책, pp.430-431. 그리고 일제에 의하여 보신강습소가 강제로 폐지된 이후에는 金容哲이 서당을 개설하여 한문을 교수하였는데 이 당시에도 일제는 경찰을 파견하여 감시가 심했다고 힌다「金善基, 1927년생, 화성군 양감면 사창2리, 2000. 9. 24의 증언」. 그리고 김용철은 김시중의 아버지로서 이미 보신강습소에서 일본어와 산수를 가르쳤다고 한다. 金時中, 앞의 글, 앞의 책, p.428.

12) 신간회 수원지회에 대해서는 졸고,「日帝下 水原地域의 新幹會運動」,『實學思想研究』15, 16합집 참조.

13) 대화의숙의 교사로는 구직회를 들 수 있다. 金時中, 「내가 만난 박승극 형」,『박승극문학전집』I, 학민사, 2001, p.433.

한 1930년에는 수원에서 우리나라 최초로 프롤레타리아 미술전람회를 개최하여 농촌청년에 대하여 혁명의식을 교양하였다.[15] 특히 1931년 수진농민조합 사건에 관계되어 검거되어 1932년 무죄 석방된 것을 포함하여 25차례나 구금되기도 하였다.

한편 그는 1945년 해방 이후 남한에서 지하공작을 하였고, 조선문학건설본부와 조선프롤레타리아문학동맹에 참여하였고, 남조선문학가동맹 중앙상무위원이 되었다. 1946년에는 민주주의 민족전선 결성에 참여하여 경기지부 사무차장 및 선전부장, 중앙위원을 역임하였다. 그리고 1948년 8월 월북하여 조선민주주의 인민공화국 최고인민위원회 대의원으로 선출되었고, 한때 문화선전성 문학예술부장과 국립출판사 사장을 역임하였다.

그런데 박승극은 1920년대 후반부터 해방에 이르는 시기까지 한 번도 수원을 떠나지 않았다. 이는 지역을 대표하는 활동가로서의 박승극의 역사적 위상을 보여준다. 그리고 박승극에게는 勝愚, 勝浩의 두 동생이 있었는데 이들 역시 박승극의 영향을 받아 좌익활동을 하였다.[16]

다른 한편 주목되는 것은 박승극이 조선청년총동맹과 조선프롤레타리아예술동맹의 해산을 촉구하는 글을 발표하였다는 것이다.[17] 이로 보아 박승극은 수원지역의 사회운동뿐만 아니라 전국 차원의 사회운동에도 상당한 관심을 갖고 있었음을 알 수 있다. 그리하여 그는 조

---

14) 수진농민조합에 대해서는 졸고, 「日帝下 水原地域의 農民組合運動」, 『東國歷史敎育』 5, 1995 참조.
15) 김경일 편, 앞의 글, 앞의 책.
16) 韓南洙의 증언, 2000. 9. 24. 그에 따르면 박승우는 한국전쟁 당시 마포구인민위원장이었으며, 막내인 박승호는 보도연맹에 가입하여 활동하였다고 한다. 그리고 박승우는 박승극과 함께 월북하였으며 박승호는 한국전쟁 중 총살당하였다고 한다.
17) 조선청년총동맹의 해산을 주장한 글은 朴勝極, 「朝鮮靑年總同盟解消論」, 『解放』 3-3, 1931. 3 참조.

선청년총동맹의 해산활동에 깊숙이 관여하고 있는 것이다.[18]

박승극은 1929년 『조선지광』에 소설 「농민」을 발표한 이래 1970년 「밤하늘의 별들」(『조선문학』, 1970. 10)을 발표하기까지 창작활동에 정진하였다. 1932년 석방된 이후 사회운동보다는 창작 및 평론활동에 더욱 적극적이었던 것으로 보인다. 그의 창작과 평론이 주로 1932년 이후에 이루어지고 있기 때문이다. 현재 확인된 박승극의 주요 저작은 다음과 같다.[19]

　　　　<소설 및 수필>
　　「농민」, 『조선지광』, 1929. 6.
　　「재출발」, 『비판』 3~4, 1931. 7~8.
　　「풍진」, 『신인문학』, 1935. 4.
　　「그 여인」, 『신인문학』, 1935. 8
　　「색등 밑에서」, 『신인문학』, 1935. 10.
　　「화장」, 『신조선』, 1935. 12.
　　「풍경」, 『신조선』, 1936. 1.
　　「추야장」, 『신인문학』, 1936. 1.
　　「술」, 『비판』, 1939. 4.
　　「백골」, 『비판』, 1936. 9.
　　「雪」, 『신세기』, 1939. 10.
　　「생산적인 문학」, 『조광』, 1940. 1.
　　「농민문학의 옹호」, 『동아일보』, 1940. 2.
　　「江南제비 돌아오면」, 『半島の光』, 1943. 5
　　「항간사」, 『신인문학』, 1945. 12.
　　「상투와 꽃과 인민위원회와」, 『예술운동』 창간호, 1945. 12.

18) 이에 대해서는 졸고, 앞의 논문, 『한국민족운동사연구』 24, 2000 참조.
19) 박승극의 저작에 관한 자료는 박승극문학전집발간위원회의 도움에 힘입은 바 크다. 그리고 『박승극문학전집』 1, 학민사, 2001. 5이 발행되었다.

「그날 밤」,『우리문학』 창간호, 1946. 2.

「떡」,『문학』 2, 1946. 11.

「농민문학의 신과업」,『협동』 3, 1947. 1.

「길」,『문학평론』 3, 1947. 4.

「별도 성내다」,『신조선』 5, 1947. 6.

「밥」,『남선경제신문』, 1948. 10. 1~1948. 11. 6.

「제2작업반장」,『조선문학』, 1956. 7.

「어느 젊은부부의 이야기」,『조선문학』, 1957. 12.

「어머니의 품」,『조선문학』, 1962. 12.

「크나큰 길」,『조선문학』, 1963. 9.

「보리고개」,『조선문학』, 1964. 9.

「밤하늘의 별들」,『조선문학』, 1970. 10.

『다여집』, 1938.

<평론>

「조선청년총동맹해소론」,『해방』 3-3, 1931. 3.

「프로문학운동에 대한 감상」,『비판』 9, 1932. 1.

「프로작가의 동향」,『조선일보』, 1933. 9. 2~9. 5.

「창작의 기술문제」,『조선일보』, 1933. 9. 6.

「최근 문단의 일별」,『조선일보』, 1933. 9. 7.

「최근의 프로시단」,『조선일보』, 1933. 9. 30.

「최근의 창작평」,『조선일보』, 1933. 9. 30~10. 6.

「이기영, 권환, 송영 삼씨의 공저 「농민소설집」: 농민문학문제에 관련하여」,『조선일보』, 1933. 12. 10~12. 14.

「객랍 서거한 노문호 루나찰스키의 추억」,『동아일보』, 1934. 1. 13~14.

「조선에 있어서의 자유주의 사상」,『조선중앙일보』, 1934. 7. 14~31.

「문예시평」,『조선일보』, 1934. 9. 11~9. 13.

「문단신평」,『신인문학』, 1934. 11.

「문예시평」,『조선일보』, 1934. 11. 3~4.

「창작 「育つ」에 대하여」, 『조선일보』, 1934. 11. 3~11. 4.

「조선문단의 회고와 비판」, 『신인문학』, 1935. 3.

「리얼리즘소고」, 『조선중앙일보』, 1935. 3. 11~30.

「2월 창작평」, 『조선문단』, 1935. 4.

「김동인씨의 난평을 박함」, 『조선문단』, 1935. 4.

「중국 여류작가 정령에 대하여」, 『조선문단』, 1935. 5.

「조선문학의 재건설」, 『신동아』6, 1935. 6.

「예술동맹 해산에 제하여」, 『신조선』, 1935. 8.

「고이관용박사를 추억함」, 『신조선』, 1935. 8.

「문화옹호 국제작가회의 경과」, 『조선중앙일보』, 1935. 9. 8~11.

「문예시평」, 『신인문학』, 1935. 10.

「이북명시의 '초지'에 대하여」, 『조선중앙일보』, 1935. 10. 13~16.

「창작방법의 확립을 위하여」, 『조선중앙일보』, 1935. 12. 14~22.

「문예시감」, 『신조선』, 1935. 12.

「1936년을 맞은 각국 문단 개황고」, 『조선중앙일보』, 1936. 2. 25~3. 1.

「문학의 일보 전진」, 『비판』, 1936. 3.

「노동자에 서는 작가」, 『조선중앙일보』, 1936. 6. 3~7.

「문화옹호국제작가대회」, 『비판』, 1937. 2.

「금일의 문학도」, 『비판』, 1937. 2.

「퇴영과 저조의 난류」, 『비판』, 1937. 2.

「그의 인간사상과 작품 문단에 대하여」, 『풍림』, 1937. 5.

「문필가의 당면한 부분적 임무」, 『조선중앙일보』, 1937. 7. 11~13.

「지성옹호문제사건」, 『비판』, 1938. 11.

「동아일보 신인문학 콩쿨에 대하여」, 『비판』, 1939. 2.

「문예시평」, 『조선문학』, 1939. 5.

「상반기 창작계를 총결산하면서」, 『비판』, 1939. 6.

「예술은 길고」, 『매일신보』, 1940. 9. 19.

「문단 분위기」, 『매일신보』, 1940. 9. 19.

「비평시비론」, 『매일신보』, 1940. 9. 23.

「생산문학의 전망」,『매일신보』, 1940. 12. 17~24.
「전쟁과 문학」,『학생월보』, 1946. 8.

이상의 박승극의 저작을 통해 보면 그는 문학 일반뿐만 아니라 사회운동단체에 대한 해소론에 이르기까지 다양한 분야에 대한 글을 남겼음을 알 수 있다. 이는 그가 문학뿐만 아니라 우리 사회 전체에 대해 관심을 갖고 있었음을 알려 준다. 그리고 그의 이러한 문제 의식은 실천을 통하여 획득된 것이라 생각된다. 1920년대 후반~1930년대 초에 이르는 시기의 실천활동의 경험이 그의 글 속에 투영되었다고 보이기 때문이다. 한편 그는 해방 이후『샛별』이라는 잡지를 창간하였다고 한다.[20]

2) 문학론

앞에서 보았듯이 박승극은 문학에 지대한 관심을 가지고 있었다. 소설 및 수필을 다수 창작했을 뿐만 아니라 비평도 상당히 많이 남기고 있는 것이다. 그의 소설은 내용적으로 보면 「농민」, 「그 여인」, 「색등 밑에서」 등과 같이 농민이나 여급이나 버스 걸이 의식화되어 가는 과정을 그린 것, 「재출발」, 「풍경」, 「떡」처럼 주의자가 투쟁하는 모습을 구체적으로 그려낸 것, 「풍진」, 「추야장」, 「화초」 등과 같이 감옥에서 계속 학습을 하면서 조용히 미래를 대비하는 모습을 그린 것, 「항간사」처럼 사이비주의자를 그린 것 등으로 나누어 볼 수 있고, 소설 유형별로 보면 「풍진」, 「그 여인」, 「화초」, 「추야장」 등과 같은 감옥소설, 「재출발」, 「풍진」, 「추야장」, 「떡」 등과 같은 주의자소설

---

20) 韓南洙의 증언, 2000. 9. 24.

혹은 사상소설, 「재출발」, 「풍경」, 「떡」 등과 같은 노동자소설, 「농민」과 같은 농민소설, 「색등 밑에서」와 같은 여급소설, 「항간사」와 같은 사기꾼소설 등으로 분류할 수 있다.[21] 이상에서 그의 소설은 민중의 계급적 성장과 사회주의자들의 투쟁 등을 주된 관심으로 하고 있음을 확인할 수 있다.

다음으로 그의 문학에 대한 관점을 잘 알려 주는 것은 林和와 金南泉의 작품에 대한 비평[22]을 비롯한 일련의 비평 속에서 찾을 수 있다. 그는 우선 1933년 무렵 임화가 정치·경제·철학·문학의 다방면에 걸친 글을 쓰고 있는 데에 대해 부정적인 평가를 하고 있다. 즉 "그 어느 것이나 학구의 냄새가 나고 일본 직수입적 불가해의 한문 문구를 늘어놓지 않은 것이 없"고 다방면에 걸친 그의 관심은 결국 그의 작품이 매우 어려워 소위 "××××(부르주아—인용자) 인텔리겐치아도 알아볼 수 없는 정도의 글을 쓰는 데로 달음질치고 있다"고 하였다. 이는 임화가 평이하고도 쉽게 일반대중이 이해할 수 있는 작품을 쓰고 있지 않는다는 것을 비판하고 있는 것이다. 따라서 박승극은 평이하고도 쉬운 문장을 사용함으로써 일반대중도 문학작품에 쉽게 접근할 수 있어야 한다는 점을 강조하고 있다. 또한 박승극은 김남천에 대해서도 신랄한 비판을 하고 있다. 즉 그에 따르면 김남천은 소부르주아적인 생활을 영위하며 그의 작품 속에서 소부르주아 극좌적 망동을 계급적으로 엿볼 수 있다고 하였다. 따라서 박승극은 프롤레타리아적인 입장에서 창작해야 함을 강조하고 있다. 이는 다음과 같은 그의 문학관에서 기인하는 것으로 보인다.[23]

---

21) 曺南鉉, 「朴勝極의 실천·비평·소설」, 『韓國文化』 25, 서울대학교 한국문학연구소, 2000. 6, p.85.
22) 朴勝極, 「프로作家의 動向」, 『조선일보』, 1933. 9. 2-9. 5.
23) 朴勝極, 「文藝時感」, 『新朝鮮』, 1935. 12, p.71.

黨派心! 정당한 의미의 黨派心을 우리는 固守하는 바이다. 그러
기 때문에 藝術至上主義者들과는 永遠히 妥協치 못하고 또 金煥泰
씨 모양으로 덮어놓고 「文壇」, 「文學」을 擁護하는 것이 아니며 또
한 작품을 一貫한 進步的인 이데올로기를 첫째로 따지는 것이다.

이로 보아 박승극은 계급적 당파성을 견지하는 것을 문학활동의 제
1차적 의무라 생각했던 것으로 보인다. 하지만 그는 동시에 문학작품
은 조직적 통제하에 있어야 한다고 하였다.[24] 이러한 연장선상에서
그가 농민소설에 관심을 가지고 있었던 것은 당연한 결론이라 하겠다.
그는 1932년에 출간된 이기영, 권환, 송영의 『農民小說集』에 대한 비
평에서 발표되지는 않았지만 「農民文學運動과 그의 配布問題」와
「農民文學에 대하여」라는 논문과 『싹트는 곳』과 『農民組合』이라는
소설을 자신이 쓴 사실을 말하면서 자신이 농민문학에 관심이 많다는
것을 강조하였다.[25] 그리고 1936년 이후 그의 소설은 농민이 현장에
서 행동을 통해서 자각해 가는 과정을 보다 냉정하고 리얼리한 필치
로 다루고 있다.[26] 실제로 그는 앞에서도 언급했듯이 수진농민조합의
지도자로서 농민문제를 해결하기 위해 실천투쟁을 하기도 하였다. 이
는 곧 그가 이미 농민문제에 관심을 갖고 있었다는 것을 보여주며 동
시에 이 과정에서 얻은 경험은 그의 창작 및 비평활동에 어떠한 형태
로든 영향을 끼쳤을 것이라 생각된다.
다른 한편 그는 식민지라는 조선의 현실 속에서 농민문제가 가장
중요한 문제가 된다고 보았다.[27] 따라서 그에게는 농민문제를 해결하

---

24) 朴勝極, 앞의 글(상), 『조선일보』, 1933. 12. 10.
25) 朴勝極, 「Book Review 『農民小說集』 農民問題와 關聯하여」(上), 『조선일보』, 1933.
   12. 10.
26) 전기철, 「박승극의 자전적 소설」, 『박승극문학전집』 I, p.418.
27) 朴勝極, 앞의 글(2), 『조선일보』, 1933. 12. 11.

는 것이 모든 문제를 해결하는 것이라 인식되었다. 그러면 그는 어떠한 방법을 농민문제의 해결책으로 생각했을까. 그의 실천활동에서도 확인할 수 있듯이 농민조합과 같은 조직을 통해 농민문제를 해결하고자 하였다. 權渙의『목화와 콩』에 대한 평론에서 그는 "목화와 콩 栽培 奬勵 등과 共同 販賣에 대한 正體의 설명과 아지(선동—인용자), 프로(선전—인용자)적 談話로 말미암아 覺醒이 되고 단합을 해서 드디어 일을 일으켰다는 것은 자연스러운 描寫이며 ××농조××지부 경화동반이 성립되었다는 것도 필연적"[28]이라고 하였다. 이러한 그의 설명은 결국 농민조합의 조직과 그 활동을 통해 농민문제를 해결할 수 있다는 인식, 즉 투쟁을 통한 조직관을 바탕에 깔고 있었다는 점을 잘 보여준다.

이상에서 보듯이 그는 농민문학에 관심을 가졌고 문학작품은 프롤레타리아트의 계급적 관점을 견지하면서 일반대중이 알기 쉽게 써야 한다는 점을 강조하였다. 그리고 이러한 문학활동은 카프라는 조직적 틀을 유지하는 것을 전제로 하는 것이었다.

Ⅲ. 카프 수원지부의 설립과 활동

1) 설립과 조직 구성원의 성격

카프의 조직에 주도적 역할을 했던 단체는 송영, 이적효, 이호, 박세영, 김홍파 등이 주도하던 염군사와 김기진, 박영희, 이상화, 이익상, 김석송, 연학년, 안석주, 김복진 등이 주도하던 파스큘라였다. 이 두 단체는 1925년 초 염군사의 합작 요구 이후 우여곡절을 겪으면서 통

---

28) 朴勝極, 앞의 글(完),『조선일보』, 1933. 12. 14.

합하여 카프를 조직하게 된다. 그리하여 1925년 8월 17일 일본의 사회주의자요 프롤레타리아 작가로 이름 높던 나카니시(中西伊之助)의 조선 방문 환영회에서 조직 준비 모임을 갖고 8월 23일 정식 결성되었다.[29] 이후 카프는 지부의 조직에 나서 수원을 비롯하여 함흥·평양·해주·금산·개성·원산·경성·목포·의주, 안주, 동경, 간도 등지에 지부가 결성되었다.

카프 수원지부는 1929년 4월 23일 신간회 수원지회 사무실에서 조직되었으며, 서무부 朴勝極, 교양부 孔錫政, 선전 및 조사부 權舜曾을 선출한 후 1. 기관지『無産者』지지에 관한 건, 1. 文藝講演會에 關한 件, 1. 事務所에 關한 件, 1. 會費增募에 關한 件을 토의하였다.[30] 앞의 토의사항 중에서 『무산자』지지에 관한 건은 박승극으로 대표되는 수원지역의 사회주의자들이 ML파를 지지하였음을 의미한다. 즉 카프의 기관지로서 『예술운동』이 있음에도 불구하고 카프 동경지부의 조직원인 김두용, 이북만, 성자백 등이 『무산자』라는 새로운 잡지를 발간한 것은 경성의 카프 본부와 대립적 입장에 있음을 의미한다. 이는 ML파의 고경흠과 연결된 동경지부원들의 예술에 대한 인식에서 출발한다. 동경지부의 입장을 대표하는 임화는 "모든 박해와 곤란을 무릅쓰고 나아가는 영웅적 투쟁"[31]을 주장함으로써 "경성본부를 대표하는 김기진이 주장하였던 "현실에서 얻을 수 있는 조건하에서 취하는 합법적 행동"[32] 이라는 주장을 논박하였다. 더 나아가 동경지부의 이우적은 "예술동맹은 문예청년 대중을 정치투쟁으로 끌어내기

29) 조선프롤레타리아예술동맹의 결성에 대해서는 권영민, 『한국계급문학운동사』, 문예출판사, 1998 참조.
30) 「朝鮮프로藝盟 水原支部設立」, 『중외일보』, 1929. 4. 28.
31) 임화, 「김기진에 답함」, 『조선지광』, 1929. 11, p.69.
32) 김기진, 「藝術運動에 대하여」, 『동아일보』, 1929. 9. 21.

위한 중계자"[33] 라 하여 정치투쟁을 강조하고 있다. 이러한 동경지부의 입장을 대변하는 『무산자』를 지지한다는 것은 곧 수원지부 역시 이들과 같은 입장을 갖고 있었다는 것을 말한다.

그렇다면 이들의 입장이 실제의 운동과정에서 관철되었을까. 필자는 그렇지 않았다고 생각한다. 필자가 이미 살펴본 수진농민조합, 수원청년동맹의 활동을 통해 보면 이들은 최소한의 경제투쟁에 머물고 있음을 확인할 수 있다. 이는 당시 수원지역의 객관적인 운동조건과 수원지역 사회주의자들의 운동역량 때문이었다고 생각된다. 보통 군 단위의 청년동맹이 조직되는 것은 1927년을 전후한 시기인 데 비하여 수원지역에 청년동맹이 조직되는 시기는 1929년 초반으로 추정된다. 이와 같이 다른 지역보다 수원지역의 청년동맹이 늦은 시기에 조직되는 이유는 수원지역의 유지층의 영향력이 상대적으로 강했기 때문이었다.[34] 이러한 상황 속에서 수원지역의 사회주의자들이 정치투쟁을 실천할 수는 없었다고 생각되는 것이다. 이로 보아 이들이 『무산자』를 지지한 것은 선언적인 차원으로 이해해야 한다고 본다.

한편 카프 수원지부는 1929년 8월 12일 제1회 정기대회를 개최하고 박승극을 위원장에 선출하는 한편 서무부 權舜曾,[35] 교양부 孔錫政, 조직부 엄익홍, 조사부 黃應善을 선출하였다. 그리고 1. 본부대회 촉성의 건, 1. 연극공연의 건, 1. 자체 내 개량주의자 속출의 건, 1. 평양사건 상세 조사의 건을 결의하였다. 또 1929년 11월 11일에는 집행위원회를 열어 서무부위원으로 鄭光秀를 신임하고 노동조합 印工班과 공동 개최하기로 하고 본부대회의 촉진을 결의하였다.[36] 카프 수

---

33) 이우적, 「청년운동과 문예투쟁」, 『예술운동』, 1927, 11, p.36.
34) 졸고, 앞의 글, 『한국민족운동사연구』 24, pp.236-237 참조바람.
35) 권순증을 일부 연구에서는 권순회로 잘못 쓰고 있어 바로잡는다. 권영민, 『한국 계급문학운동사』, 문예출판사, 1998. p.147.

원지부의 설립 경위에 관하여서는 박승극이 남긴 글이 있다.[37] 이 글에서 박승극은 "나는 학생시대부터 문학방면에 취미를 가졌었고 또 마침 수원에 「衆星劇友會」라는 소부르주아遊閒靑年 及 妓生層을 망라한 좋지 못한 예술단체가 조직되어" 이에 대항하기 위하여 카프 수원지부를 조직하였다고 진술하고 있다.[38] 이는 결국 카프 수원지부의 결성 목적 가운데에는 소부르주아적인 예술단체 및 그 활동을 견제하고자 하는 의도가 내포되어 있다고 할 수 있다. 그런데 같은 해 5월 7일 수원경찰서에서는 카프 수원지부의 규약을 출판 허가를 받지 않고 등사하였다는 이유로 압수하였다.[39]

그리고 박승극은 카프 수원지부의 조직에 중심적인 역할을 한 인물로 자신 이외에 孔錫政·權舜曾·金鳳喜 등을 들고 있다. 이외에도 카프 수원지부의 활동에 적극적이었던 인물들은 제1회 프롤레타리아 미술전람회에 출품했던 禹聖奎, 林凡辰, 金正元, 金×來, 邊基在, 郭炳英, 黃應善, 車在化, 李×鉉 등과 집행위원이었던 엄익홍, 정광수 등을 들 수 있다. 먼저 공석정은 오산지역의 핵심적 활동가로서 오산 청년동맹, 수원청년동맹, 신간회 수원지회 등의 핵심 인물이었으나 1935년 8월경에는 "세간에 악평만 남겨 놓고 행방불명"[40] 된 인물이 었다. 권순증은 수원청년회, 수원청년동맹 등의 핵심적인 활동가였으며, 김봉희와 함께 1935년 8월 현재 일본의 東京豊多摩刑務所에 복

---

36) 「水原各團體 委員會 開催」, 『조선일보』, 1929. 11. 14.
37) 朴勝極, 「藝術同盟解散에 際하야」, 『新朝鮮』, 1935. 8.
38) 중성극우회는 민족운동에 적극적으로 참여한 단체로는 보이지 않는다. 1929년 3월 23일 신간회 수원지회의 간사인 공석정이 중선극단과의 폭행사건으로 인하여 '신간회를 위하여' 자신이 희생하지 않으면 안 되었다는 사실에서 알 수 있다. 『동아일보』, 1929. 3. 28.
39) 「水原푸로藝盟 規約全部押收」, 『중외일보』, 1929. 5. 9.
40) 朴勝極, 「藝術同盟解散에 際하야」, 『新朝鮮』, 1935. 8.

역[41] 하고 있었다. 그리고 우성규는 화성학원[42] 출신으로서 수원기자동맹, 수원청년회, 수원소년군, 삼월회 등 수원지역 사회단체의 중견인물이었다. 변기재는 오산지역의 핵심적인 활동가로서 수원청년동맹과 신간회 수원지회, 수진농민조합에서 활동하였고 오산노동야학원사건에 관련되어 수형생활을 하였다.[43] 황응선은 수원청년동맹과 수원노동조합의 집행위원을 역임하였고, 차재화는 수원소년동맹과 수원노동조합 집행위원이었으며, 해방 이후 월북하였다고 한다. 그리고 김정원은 형평사 수원지부의 집행위원장이었고,[44] 임범진은 수원노동조합의 집행위원이었다. 엄익홍은 수원청년동맹의 집행위원이었고, 정광수는 수원청년동맹의 조직과정에서 일정한 역할을 하였던 인물이다. 따라서 이들은 대부분 수원청년동맹이나 그와 관련 있는 단체의 인물들이었다. 이로 보아 가프 수원지부와 수원청년동맹 등 수원지역 사회단체의 구성원은 대개 일치하였을 것으로 보인다. 이는 곧 카프의 지부는 주로 신간회의 지회조직이나 청년총동맹의 지부 조직을 기반으로 결성되었다는 기존의 연구성과[45]와 크게 다를 바가 없다. 이러한 이유로 인하여 카프 수원지부의 구성원들이 모두 예술 방면에 취미나 재능이 있었던 것은 아니었다. 박승극이 지적하고 있듯이 공석정과 권순증은 문예 방면에 관심이 적은 편이었고, 김봉회는 열애 넘치는 문학애호가

---

41) 朴勝極, 「藝術同盟解散에 際하여」, 『新朝鮮』, 1935. 8. 권순증이 복역한 이유는 일본의 공산주의사 佐野學의 공판 때 동지탈환투쟁을 계획한 사건의 주모자로 체포되었기 때문이다. 「同志奪還劃策한 權舜曾에 八年言渡」, 『조선중앙일보』, 1934. 7. 28.

42) 화성학원에 대해서는 졸고, 「日帝下 水原地域의 私立學校의 成長」, 韓國近現代史研究會 月例發表文, 1999. 10 참조.

43) 「邊基在에 대한 判決文」, 昭和 7年 刑控 第519號.

44) 京畿道警察部, 『治安狀況』, p.453. 朴慶植編, 『朝鮮研究資料集』 6.

45) 권영민, 앞의 책, p.143.

였고 특히 박영희, 조명희의 글은 하나도 빼지 않고 다 읽은 사람이었다.[46] 이는 곧 카프 수원지부원이 모두 문학(예술)에 관심을 가지고 있지는 않았다는 사실을 보여준다. 다시 말하면 카프 수원지부의 구성원들은 카프 지부를 청년동맹이나 신간회와 같은 하나의 대중운동단체로서 생각하였다. 카프의 지부 조직이 이와 같이 대중단체로서의 성격을 갖게 된 이유는 "본 동맹은 동맹의 綱領及規約을 遵守하는 개인으로 구성함"[47] 이라는 카프의 규약을 통해서도 알 수 있다.

2) 활동

카프 수원지부는 창작활동보다는 강연회, 연극 등을 통하여 민중교양활동을 중심으로 활동하였다. 먼저 카프 수원지부의 창립 이후 수원지부는 1929년 4월 13일 창립대회에서 결정한 문예강연회를 1929년 5월 11일에 개최하였다.[48] 이 강연에 대해서는 연사로 참여했던 송영의 글이 남아 있어 당시의 상황을 상세히 살펴볼 수 있다.[49] 박승극의 사회로 시작된 강연회에 초청받은 연사는 윤기정, 박팔양, 송영, 유완희(赤駒), 김기진, 박영희 등 6명이었으나[50] 계출관계로 말미암아 윤기정(「당면의 예술활동」)과 박팔양(「근대문학사조에 대하여」)만이 강연을 할 수 있었다. 그러나 박승극과 공석정의 교섭의 결과 김기진은 개회사를, 임화는 「우리 오빠와 火爐」라는 시를 낭독하였다.[51] 이 강

---

46) 박승극, 앞의 글, 앞의 책, p.81.
47) 『藝術運動』, 1927. 11, p.53.
48) 「水原프로藝盟 文藝講演盛況」, 『중외일보』, 1929. 5. 14.
49) 宋影, 「水原行」, 『朝鮮之光』, 1929. 6.
50) 朴勝極, 「藝術同盟解散에 際하야」, 『신조선』, 1935. 8, p.81.
51) 宋影, 「水原行」, 『朝鮮之光』, 1929. 6, p.95; 「프로藝盟支部 講演盛況」, 『조선일보』,

연회에 참석한 청중은 대부분이 학생과 청년 등 인텔리들이어서 다른 강연과는 근본적으로 차이가 있었다고 한다. 그리고 이들 가운데는 남양, 오산, 양감, 진위 등지에서 온 사람도 있었다. 또한 강연회장 내의 분위기는 "그야말로 時代的 聽衆이다. 秋水같이 고요한 空氣와 群星같이 빛나는 視線들만이 場內에 가득 찬 곳"[52] 이었다. 계속해서 그는 청중들에 대해서 다음과 같이 말하고 있다.[53]

邪流, 誤流의 演士이면은 時代的 無識을 巧辭로 假葬하려는 演士이면은 近代化한 迷信을 雄辯式으로 說敎하려는 演士이면은 一齊히 일어나서 내어 쫓고도 남을 그러한 똑바른 意識과 意氣를 가진 聽衆들이다.

여기에서 우리는 이 강연회의 분위기가 매우 진지하였으며 민족적 혹은 계급적 의식을 지녔음을 알 수 있다. 그리고 카프 수원지부는 1929년 8월 24일 수원극장에서 프로연극을 공연하기로 하였으나,[54] 각본 검열이 늦어진 관계로 연기하였다가[55] 각본이 허가되지 않아 공연을 하지 못하였고,[56] 詩部집행위원이었던 정광수는 검거되어 신체검사까지 받았다. 이때 상연하고자 하였던 작품은 「荷車」, 「巡禮」, 「梁上君子」였다.[57]

특히 1930년 3월 29일과 30일 양일간 화성학원에서 사복경찰의 삼

1929. 5. 13.
52) 宋影, 「水原行」, 『朝鮮之光』, 1929. 6, p.94.
53) 宋影, 「水原行」, 『朝鮮之光』, 1929. 6, p.94.
54) 「水原프로藝盟의 프로演劇公演 오는 이십사일에」, 『조선일보』, 1929. 8. 15.
55) 「水原프로劇延期」, 『조선일보』, 1929. 8. 23.
56) 朴勝極, 「藝術同盟解散에 際하야」, 『新朝鮮』, 1935. 8, p.84.
57) 「水原프로劇 上演을 中止」, 『조선일보』, 1929. 12. 9.

엄한 감시 하에[58] 조선프롤레타리아미술전람회(이하 프로미전)를 개최하였다.[59] 출품작품은 좌익적 회화, 만화, 사진, 포스타, 조각 등이며, 미술적 가치보다 선전적 색채를 가진 것이면 정리를 한다[60]고 하여 최소한의 예술성을 요구하고 있다. 프로미전에 출품된 작품은 총 120건인데 이 중 일제의 검열에 걸려 전시를 금지시키고 주최측에 임의 제출하도록 한 것이 73건이었다.[61] 이 중에는 일본프롤레타리아미술가동맹에서 출품한 12점의 작품이 포함되어 있을 것으로 생각된다. 박승극은 일본으로부터 온 작품들은 "내 손에 쥐어 보지도 못했다"[62]고 하였다. 프로 미전에 출품한 작가는 林和(일본 동경), 金×(원산), 金××(수원), 李定鉉(해주), 金泉水(평양), 林凡辰(수원), 禹聖奎(수원), 朴勝極(수원), 金正元(수원), 邊基在(수원), 郭炳×(수원), 李相大(서울), 錢憲×(부안), 형평사 수원지부, 黃應善(수원), 姜湖(서울) 등 16명이었다.[63] 이들 중 수원 출신이 9명으로 다수를 차지하였고 모든 카프의 지부에서 출품되지 않은 것으로 보아 이 시기에는 카프 중앙뿐만이 아니라 지부 역시 침체 상태에 있었다고 보아야 할 것 같다. 결국 이로 보아 프로미전은 전국적인 규모가 되지 못했음을 알 수 있다. 또한 전시된 작품 중에도 일제의 탄압으로 제목을 달지 못한 작품도 많

---

58) 「朝鮮에서 嚆矢인 프로美術展 開幕 發表禁止 七十餘點」, 『중외일보』, 1930. 3. 31.
59) 「프롤레타리아 第一回 美術展覽會 藝術同盟 水原支部 主催로」, 『중외일보』
60) 위와 같음.
61) 水警高秘 第991號, 昭和 5年 4月 1日, 「朝鮮프롤레타리아藝術同盟 水原支部 美術展覽會 開催에 關한 件」, 『思想에 關한 情報綴』 第4册. 출품작의 수와 관련하여 박승극은 총 150점, 전시작품 60점이라 하여 작품 수에서 일제측의 기록과 차이를 보이고 있다(박승극, 앞의 글, 앞의 책). 이는 아마도 박승극이 기억에 의존하여 글을 썼을 것이기 때문에 일제측의 기록이 신빙성이 있다고 생각된다.
62) 朴勝極, 「藝術同盟解散에 際하야」, 『新朝鮮』, 1935. 8, p.85.
63) 水警高秘 第991號 昭和 5年 4月 1日, 「朝鮮프롤레타리아藝術同盟 水原支部 美術展覽會 開催에 關한 件」, 『思想에 關한 情報綴』 제4책.

왔고 이에 대하여 수원지부가 (팸플릿에) 출품자의 이름을 붙여 등사한 끝에 '全鮮 각지와 멀리 ××(일본-인용자)에서 飛來한 작품을 발표치 못하게 한 것은 유감'이란 문구를 게재한 것이 불온하다 하여 인쇄물 100여 장을 압수당한 일, 개막일 당일 사복경찰이 고등계 형사를 인솔하고 전시장에 들어와 관계자들을 모두 내쫓고 작품에 대한 평을 했다[64]는 등 프로미전에 대한 일제의 탄압은 대단하였다. 일제는 프로미전이 초유의 일이기 때문에 公安風俗을 害할 우려가 없는 정도의 작품만을 공개하도록 함[65]으로써 상당한 경계를 하였음을 알 수 있다. 그리고 프로미전의 폐막 당일인 3월 30일 주최측의 대표적인 인물인 공석정과 박승극을 검속하였다가 석방한 후 이튿날 다시 이들 외에 중외일보 수원지국의 기자였던 우성규를 검속[66] 하였다. 그러나 일제는 미술작품이 시각적으로 민중에 대해 끼치는 영향이 크지 않을 뿐 아니라 주최측의 배후에 "불온책동 또는 비밀결사 등이 존재하지 않았기 때문에"[67] 석방하였다. 이로 보아 일제는 프로미전의 배후에 공산주의 조직이 있지 않았던가 의심했던 것으로 생각된다. 한편 일제는 프로미전에 출품된 작품을 다음과 같이 분석하였다.[68]

출품물은 주로 신문 잡지의 회화 등을 오려낸 것이나 또는 그림엽서류로서 창작물은 적고 대개 階級鬪爭을 표현하였다. 작품 중에는 有産階級者가 無産勞動者의 人肉을 먹는 것 같은 말로 표

---

64) 「朝鮮에서 嚆矢인 프로美術展 開幕 發表禁止 七十餘點」, 『중외일보』, 1930. 3. 31.
65) 水警高秘 第991號, 앞의 문서, 앞의 책.
66) 「水原署 突然히 三靑年檢擧 家宅도 二三處 搜索」, 『중외일보』, 1930. 4. 3.
67) 水警高秘 第991號 昭和 5年 4月 9日, 「朝鮮프롤레타리아藝術同盟 水原支部 美術展覽會에 關한 件」, 『思想에 關한 情報綴』 第4冊.
68) 水警高秘 第991號, 昭和 5年 4月 1日, 앞의 글, 앞의 책.

현할 수 없는 그림도 있다. 그 작품들에 내포되어 있는 主義思想
을 여실히 나타내는 것도 적지 않다.

다른 한편 프로미전의 관람료는 5전이었고, 입장객은 첫날인 3월
29일에는 조선인 65명, 둘쨋날인 30일에는 일본인 5명, 조선인 57명으
로 총 127명이 관람하였다. 관람자 중에는 경성과 개성에서 온 3명이
이외에는 모두 수원지역의 신간회와 청년동맹원으로서 지역의 사회운
동단체에 관련된 사람들이었고, 진지한 자세로 관람하는 사람도 없었
다고 한다.[69]
　이로 보아 프로미전이 대중적으로 성공을 거둔 것으로 생각되지는
않는다.

3) 카프의 해체론

위에서 보았듯이 박승극은 카프라는 조직적 틀 속에서 창작활동을
해야 한다고 주장하였다. 그러한 박승극이 카프의 해체를 정면으로 제
의한 것은 1935년 6월 「朝鮮文學의 再建設—上半期 創作 及 評論
의 批判과 一斑文學問題에 關한 討究」(『신동아』, 1935. 6)라는 논문
을 통해서였다. 이 시기에는 이미 이형림과 한효에 의하여 카프의 해
소 혹은 해산이 주장되고 있었다.[70] 이 시기에 카프의 해소 문제가
발생하게 된 배경에는 1931년 조선공산주의자협의회사건에 카프의 맹
원이 다수 연루되어 구금되는 상황과 1934년 '신건설사'사건의 확대가

---

69) 水警高秘 第991號, 昭和 5年 4月 1日, 앞의 글, 앞의 책.
70) 李荊林, 「藝術同盟의 解消를 提議함」, 『신동아』, 1934. 7; 韓曉, 「1934年度의 文學
　　運動의 諸方向」, 『조선중앙일보』, 1935. 1. 11.

있다. 이 사건들은 카프의 활동을 사실상 끝나게 하였다. 더욱이 1933년 10월 7일 카프를 지도해 왔던 박영희의 카프 탈퇴는 카프의 활동을 더욱 위축시켰다.

박승극이 주장한 카프의 해소론을 이해하기 위해서는 우선 이형림과 한효의 해소론을 살피는 것이 순서라 생각한다. 이형림이 카프의 해소를 주장한 근거는 첫째, 당시의 카프가 프롤레타리아문학의 역할을 제대로 수행하고 있지 못했고 둘째, 이와 함께 카프의 조직적 전통의 중압과 천박한 정치지상주의가 오히려 조선의 프롤레타리아문학운동의 장해물이 되었으며 셋째, 객관적인 정세가 변화했다는 점이다.[71] 카프가 이와 같은 상황에 이르게 된 이유로 이형림은 카프지도부의 정치지상주의적인 입장에서 찾고 있다. 이는 곧 1929년 『무산자』의 창간 이후 카프 동경지부원을 중심으로 했던 정치지상주의에 대한 비판이었다고 할 것이다. 반면에 한효는 "카프가 대중적 신임과 그의 기초 위에 건립되지 못하였기 때문에 정당한 계급적 이익을 대표하지 못하는 것이고 또 그것 때문에 해소"[72] 되어야 한다고 주장하였다.

이와 같은 이형림과 한효의 해소론에 대하여 박승극의 해소론[73] 은 이형림과 한효의 논리를 비판하면서 제기되었다. 그에 의하면 이형림의 논리는 극히 일면적 관찰에 지나지 않는다. '정치지상주의'나 '종파적 편향'은 인정하지만 그것이 카프가 무력하게 된 근본 원인은 아니라는 것이다. 그에 따르면 카프가 무력하게 된 이유는 "정세의 급변으로 인한 일반프롤레타리아의 사업이 위축과 잠적을 한 때문에 광범

---

71) 李荊林, 「藝術同盟의 解消를 提議함」, 『新東亞』, 1934. 7 참조.
72) 韓曉, 「1934年度의 文學運動의 諸動向」(5), 『조선중앙일보』, 1935. 1. 11.
73) 朴勝極, 「朝鮮文學의 再建設」, 『新東亞』 6, 1935. 6.

한 기업과 문학층에 뿌리를 두지 못하고 소장지식층에 의하여 운전되던 결과"라는 것이다. 즉 그는 일제의 식민지 지배정책이 파쇼화한 사실을 카프가 무력하게 된 가장 큰 이유로 파악하고 있고 카프 조직원의 힘이 임화나 김남천 등 소장지식층의 종파주의적 행동을 제어할 만큼 강하지 못했던 것을 부차적인 원인으로 파악하고 있다. 다음으로 그는 한효의 논리에 대해서는 긍정적으로 보고 있다. 한효가 주장한 내용이 보다 진실에 접근했다는 것이다. 하지만 그는 한효가 "우리는 해소 후에 정당한 코스의 발견을 확실히 기하지 않는 한에 있어서 해소를 시인할 수 없는 것"이라는 주장에 대해서 '무조건적인 해산'을 주장하였던 것이다. 즉 그는 "회생시키지 못할 形骸를 즉시 해산하는 것이 장래를 보아 또는 현재의 어려운 길을 터 나가는 데 있어서 가장 유리한 책략"이라고 하면서 "카프는 오직 해산이 있어야 할" 것이라 하면서 그 방법으로 "오늘이라도 남아 있는 멤버에 의하여" 이루어져야 한다고 주장하였다.

이러한 그의 입장은 박승극이 카프의 맹원으로 활동하면서도 카프에 대해 애정 어린 '비판자'였다는 사실에서 나온다. 즉 그가 '소장지식층'이라 본 임화와 김남천을 비판하는 글[74] 속에서 그의 입장을 확인할 수 있다. 그는 김남천이 조선의 문학가들이 프로문학운동을 논의하는 것을 '鼠의 愛'에 비한 것에 대하여 비판하고 있다. 즉 김남천은 「鼠의 愛」를 통하여 쥐가 자기의 새끼를 핥아 나중에는 피가 나고 결국은 죽고 말 것이라는 논리로 당시의 일련의 비평가들이 행하고 있던 카프에 대한 비판을 비난하였다. 이에 대하여 박승극은 인간은 쥐가 아니라 의식이 있는 존재라는 점을 강조하면서 이러한 카프에 대한 비판은 카프에 대한 애정에서 나온 것임을 강조하고 있다.

---

74) 朴勝極, 앞의 글, 『조선일보』, 1933. 9. 2-9. 5.

결국 박승극의 카프에 대한 해소론의 출발은 카프의 지도부가 카프의 내외에서 제기된 카프와 카프의 활동에 대한 비판에 적극적으로 대응하지 못하고 이를 '鼠의 愛'로 의미를 평가절하하는 등의 문단 내적인 상황에 대한 분석과 일제의 지배정책이 점차 노골적으로 파쇼화하는 것에 대한 정세분석 속에서 나온 것이라 할 수 있다. 이러한 정세판단하에서 박승극은 카프의 해소를 적극적으로 지지하였다. 그리하여 그는 1934년에 카프 수원지부를 해체하였고 1935년 5월 중순 카프 중앙본부의 임화의 제의에 따라 카프의 해산에 동의하였다.[75]

그는 앞에서도 보았듯이 『무산자』를 지지하는 입장에서 카프활동을 해왔으며, 그에 따라 실천활동을 전개했다. 즉 카프 수원지부의 결성 이전부터 그는 수원청년동맹, 신간회 수원지회, 수원기자동맹, 수진농민조합, 수원노동조합 등 수원지역의 대중 단체의 지도적인 활동을 하였다. 그리고 이러한 활동의 결과 앞에서도 보았듯이 25차례에 걸쳐 일제에 검거되었던 것이다. 이는 그가 일개 문학가가 아니라 사회주의 활동가로서 현실문제의 해결에 적극적으로 뛰어들었다는 것을 의미한다. 이러한 연장선상에서 그는 대중의 의식을 계급투쟁적으로 각성하기 위하여 프로미전을 개최하였던 것이다. 또한 그가 남긴 작품 속에서도 그의 이러한 활동은 확인된다.[76]

---

75) 朴勝極, 「藝術同盟解散에 際하야」, 『新朝鮮』, 1935. 8, p.86. 이때 카프의 해소에 찬성한 지부는 7개, 반대한 지부는 2개, 기권한 지부 역시 2개였다고 그는 밝히고 있다.
76) 曺南鉉, 「朴勝極의 실천·비평·소설」, 『韓國文化』 25, 서울대학교 한국문화연구소, 2000. 6, p.86.

IV. 맺음말

이상에서 보았듯이 박승극은 수원지역의 부농 혹은 지주 출신의 인텔리겐치아로서 사회주의에 입각해 일제의 식민지 지배에 정면으로 저항한 민족해방운동가이었으며 카프의 구성원으로서 소설가, 비평가이기도 하였다. 하지만 그는 일제 시기 다른 활동가들과는 달리 해방 후 월북하기 전까지 고향인 수원지역을 떠나지 않고 활동하였다. 이는 그가 토착 활동가로서 지역사회에 강한 연고를 가지며 활동하였음을 알려 준다. 반면에 그의 문학활동은 서울을 중심으로 이루어지고 있다. 그가 발표한 소설과 비평들은 중앙 일간지와 중앙에서 발간되는 잡지들이었다. 그의 소설은 주로 노동자, 농민, 여급 등 하층민의 생활을 중심으로 이들이 의식화되어 가는 과정을 묘사하고 있다. 결국 그의 문학적 관심은 민중의 계급적 성장과 사회주의자들의 투쟁에 있음을 알 수 있다.

그리고 그는 신간회 중앙위원으로서 신간회의 해소에 찬성하였고 조선청년총동맹과 카프의 중앙위원으로서 해소를 주장하는 글을 공개적으로 발표하였다. 이는 그가 지방의 토착 활동가이었으나 중앙과 일정한 연결을 가지면서 활동하였음을 보여준다. 이러한 그의 삶은 식민지 시기 지식인의 일반적인 삶과는 다른 모습을 보여준다. 흔히 서울을 중심으로 활동하는 활동가들이 지방에 강력한 연고를 가지지 못하는 데 비하여 박승극은 지방에 강력한 연고를 가지면서도 중앙에서도 일정한 발언권을 행사하고 있기 때문이다. 즉 그가 조선청년총동맹이나 카프의 해산을 주장한 대표적인 인물이라는 것이다.

한편 박승극은 임화나 김남천 등 카프의 지도자들을 비판적으로 이해하였다. 즉 박승극은 카프가 종파주의적으로 흘러 활동이 원만하지 못하게 된 원인을 일제의 식민지 지배의 파쇼화와 함께 소장지식층 때문이라 하여 카프의 지도부를 맹비난하고 있다. 그러한 연장선상에서 박승극은 카프의 해소를 주장하였다.

다른 한편 박승극의 활동 가운데 특이한 점은 그가 카프 수원지부를 지도하면서 전무후무한 프로미전을 개최한 점에서 찾을 수 있다. 일제가 평가한 것과 마찬가지로 프로미전은 대중적으로는 성공하지 못하였으나 프로미전의 개최 자체가 당시로서는 '사건'이었다. 특히 프로미전이 개최될 당시인 1930년은 카프의 활동이 부진했던 시기였다. 이러한 시기에 지방의 지부 차원에서 프로미전을 개최했다는 점은 높게 평가받아 마땅하다 할 수 있다. 다만 프로미전에 출품한 작가와 작품 수를 볼 때 미흡한 점이 있으나 프로미전을 개최했다는 사실만으로도 박승극을 비롯한 수원지역의 활동가들의 활동이 상당히 활발했음을 알 수 있다. 그러나 이러한 활동이 정치투쟁으로까지는 발전하지 못하였고 경제투쟁의 단계에 머물러 일제에 타격을 주지는 못했던 것으로 생각된다. 이는 수원지역의 민족운동의 한계를 그대로 반영하는 것이라 할 수 있다.

# 輔國安民을 실천한 천도교 민족운동가 / 朴來源

조 규 태[*]

```
═══════════════ 목 차 ═══════════════

   Ⅰ. 머리말
   Ⅱ. 출생과 성장 및 민족적 각성
   Ⅲ. 일제시대 노동운동 참여와 6·10만세운동 추진
   Ⅳ. 해방 후 민족자주통일운동의 전개
   Ⅴ. 맺음말
```

Ⅰ. 머리말

박래원은 東學의 伏閣上疏 시 疏頭였던 朴光浩의 아들이었다. 그는 1920년대 초 노동운동을 통하여 민중의 권익을 옹호하는 활동을 벌였다. 그리고 1926년에는 權五卨과 함께 6·10만세운동을 계획하고, 선언서를 인쇄하였으며, 천도교 구파를 동원하여 6 10만세운동을 전개하려고 하였다. 4·19혁명 후인 1960년에는 朴震과 民族自主統一中央協議會를 조직하고 민족의 자주통일활동을 전개하였다. 요컨대 그는 국가의 독립과 발전, 민족의 권익·해방과 자주·통일을 이루

* 한성대학교 역사문화학부 교수

려고 한 輔國安民의 실천가였다.

민족운동에서 차지하는 그의 위상이 결코 낮지 않기 때문에 지금까지 6·10만세운동을 다루면서 그에 대한 검토가 이루어졌다.[1] 그리하여 6·10만세운동 이전의 박래원의 생애와 활동에 대한 개략적인 논급이 있었고, 조선공산당과 천도교 구파와의 제휴과정에 있어서의 박래원의 역할, 6·10만세운동시의 박래원의 선언서 등 제작 활동, 박래원과 천도교 구파 청년전위단체인 천도교청년동맹과의 관련성 등이 밝혀졌다.

그러나 지금까지의 연구는 박래원의 생애와 활동을 본격적으로 다룬 것은 아니었다. 박래원의 민족의식의 형성과 사회주의사상 수용의 배경, 1920년대 초의 노동운동, 해방 후의 민족자주통일운동에 대해서는 제대로 살펴보지 못하였다.

필자가 굳이 박래원의 생애와 활동을 다루려는 이유가 바로 여기에 있다고 하겠다. 필자는 본고에서 먼저 '박래원의 출생과 성장 및 민족적 각성'이란 장 아래에서, 박래원이 민족의식을 형성하게 된 가정적·교육적 배경을 알아보려 한다. 이어 다음 장에서는 박래원이 사회주의사상을 수용한 이유와 그것과 천도교사상을 배경으로 그가 1920년대에 벌인 노동운동에 대하여 중점적으로 살펴보고, 아울러 그의 6·10만세운동시의 활동에 대하여 약간 기술하려 한다. 그리고 마지막 장에서는 박래원이 해방 후에 전개하였던 민족자주통일운동에 대하여 알아보려 한다.

---

1) 장석흥, 『6·10萬歲運動 硏究』, 국민대 박사학위논문, 1995, 장석흥, 「天道敎 舊派의 6·10만세운동」, 『북악사론』4, 1997. 표영삼, 「천도교와 6·10만세 운동」, 『한국민족운동사연구』14, 1996. 12. 졸고, 「천도교청년동맹의 조직과 활동」, 『천도교의 민족운동 연구』, 선인출판사, 2006. 이 밖에 박래원 자신의 회고기로는 다음의 것이 참고 된다. 「햇불은 흐른다 반세기의 증언」(박래원 회고담), 『조선일보』1964. 4. 26. 박래원, 「6·10만세운동의 회상」, 『신인간』337호, 1976. 6.

II. 출생과 성장 및 민족적 각성

朴來源은 1902년 음력 11월 13일 경기도 이천군 장호원에서 밀양 朴氏 光浩와, 김해 金씨 사이에서 차남으로 출생하였다. 그의 원적은 충남 德山郡 場村面 幕洞里였다. 그의 高祖인 時永이 100년 전에 이곳으로 내려와 거주한 후 수대에 걸쳐 이곳에 거주하였다고 한다. 박래원의 堂叔인 朴寅浩는 1855년 생으로 1883년에 동학에 입교하여 德義大接主로 활동하였고, 후일 천도교의 4세교주로 활동하였다. 아버지 박광호는 1893년 2월 伏閤上訴 때에 19살의 나이로 疏頭로 활동하였다. 1894년 동학농민운동에 참여하였던 박광호는 이후 본적지에 있지 못하고 도피생활을 하여야만 하였다. 박래원은 그의 아버지가 도피 중이던 때에 출생하였다.[2]

신분적으로 보아 박래원은 잘해야 常民 집안 출신이었을 것으로 보인다. 100여년 전 그의 高祖가 덕산군 장촌면에 낙향한 후 鄕吏로 생활하기도 하였다고 한다.[3] 그런데 천도교의 4세 교주로서 박래원의 宗家 堂叔이 되는 朴寅浩가 方씨 성의 어머니에게서 출생하였던 점[4]으로 보건대 박래원의 부친도 常民이거나 그 이하였을 것으로 짐작된다.

박래원의 집안은 매우 가난하였다. 그의 아버지 박광호는 貧農 출

---

2) 박래원의 출생연월일은 자료에 따라 다르다. 왜정시대인물사료에는 1901년 5월 10일, 서대문형무소자료에는 1902년 11월 13일 생, 호적에는 1902년 3월 5일생, 박래원의 육필 원고인 「又春 自敍傳」, 「風雲中의 나의 一生」, 「宗法師 又春 朴來源 略歷」에는 1902년 음력 11월 13일 장호원에서 출생한 것으로 되어 있다. 그의 가계에 대해서는 『密陽朴氏 恩山君派 世譜』, 농경출판사, 1982 참조.

3) 「風雲中의 나의 一生」.

4) 정을경, 『일제강점기 朴寅浩의 천도교활동과 민족운동』충남대 석사학위논문, 2006. 8, p.1. 조기주 편, 『동학의 원류』, 천도교중앙총부, 1979, p.355. 『密陽朴氏 恩山君派 世譜』, 농경출판사, 1982. 박인호는 박래원의 祖父인 仁秀의 兄인 命九의 장남이다.

신이었고, 복합상소와 동학농민운동이 일어난 1893·4년 이후 20살 정도의 나이로 피난생활을 하였으므로 재산을 모을 수 없었다. 1904년의 甲辰開化運動과 1905년의 天道敎의 성립 후 포교활동이 자유롭게 되자, 박광호는 1907년 동지 李容儀와 朴容台의 도움을 얻어 충남 瑞山郡 雲山面 伽倻山 아래의 갈골로 이사를 갔다. 그곳에서 입에 풀칠을 하기는 하였으나 생활은 그리 풍족하지는 않았다.[5]

그의 나이 일곱 살 되던 1908년 1월 27일 아버지가 38세의 나이로 병사하였다. 박광호는 기아로 말미암아 병을 얻었고, 약도 제대로 써보지 못하고 세상을 떠났다. 아버지의 장례는 격식을 갖추어 치러지지 못하였다. 지게로 박광호의 시체를 매고 가 앞산에 묻고 조그만 봉분을 만든 것이 고작이었다.[6]

아버지의 사망 직후 박래원은 어머니와 형, 동생과 함께 서울로 올라왔다. 朴寅浩가 金冥培를 보내 그의 가족을 서울로 올라오게 한 것이다. 박래원은 해미의 포구에서 배를 타고 인천의 제물포에 도착하였다. 박래원은 제물포에서 마중 나온 박인호와 그의 부인 南씨를 만나, 경인철도를 타고 노량진역에서 내려, 배를 타고 강을 건너 후암동 입구의 陽洞 박인호의 집에 도착하였다. 박인호의 집에 머무른 지 얼마 되지 않아, 박래원은 명수대 밑에 있는 金顯玖의 건너방에 거주하게 되었다.[7]

흑석동에서 5, 6개월 정도 머무른 후, 박래원은 박인호의 명에 따라 伯父 相浩가 사는 경기도 용인군 陽地面 定水里로 이사를 가게 되었다. 박래원은 방 하나 부엌 하나의 초가에서 어머니와 두 형제와

---

5) 「風雲中의 나의 一生」.
6) 「風雲中의 나의 一生」.
7) 「風雲中의 나의 一生」.

함께 거주하였다. 그런데 그곳에서 박래원은 네 살 된 동생이 화로불에 타 죽는 것을 목도하는 뼈아픈 경험을 하게 되었다.[8]

남편을 잃은 지 몇 달 만에 막내 자식마저 잃은 박래원의 어머니는 큰 실의에 빠졌다. 박래원의 어머니는 막내의 무덤에 가 통곡하며 세월을 보냈다고 한다. 그렇지만 남은 자식도 길러야 하였으므로 박래원의 어머니는 남의 일을 해주거나, 산에 가서 나물을 캐어 팔아 생계를 유지하였다. 박래원과 그의 형은 산에 가서 나무를 해 팔아 생계에 보태었다.[9] 그러나 이렇게 해서 버는 수입으로는 세 식구가 먹고 살기에 턱없이 부족하였다.

박래원의 어머니는 박래원의 형을 서울에 보내었으나 그래도 호구를 해결하기 곤란하였다. 경제적인 문제를 해결하기 위해 박래원의 어머니는 박래원을 데리고 재혼하였다. 당시 박래원은 어머니의 고민과 슬픔을 도저히 이해할 수 없었고, 어머니의 재혼을 원망하였다.[10]

박래원은 1910년 자식에게 신교육을 시켜야하겠다는 어머니의 바람과 박인호의 배려로 서울로 올라와 박인호의 집에 거주하게 되었다. 서울에 올라온 그는 양자와 당질을 차별 없이 기르며 인자하게 보살펴준 堂叔母 丁씨의 사랑으로 큰 어려움 없이 지냈다. 서울에 올라온 그는 헌 옷을 벗고, 까맣게 물들인 새 옷을 입었다. 그리고 돼지꼬리처럼 딴 머리를 잘랐다. 밥도 먹을 만큼 먹을 수 있었다. 배부르게 먹고 옷도 잘 입었지만 그는 어머니를 그리워하여 어머니에게 달려가고만 싶었다.[11]

---

8) 「風雲中의 나의 一生」.
9) 「風雲中의 나의 一生」.
10) 「風雲中의 나의 一生」.
11) 「風雲中의 나의 一生」. 『日誌』, 1967. 4.17.

소학교에 다니던 1913년부터 1917년까지, 박인호의 집에는 박래원의 친형인 朴來哲(1897년 생), 박인호의 養子인 朴來弘(1894년 생) 외에도 從兄인 朴來玉(1901년 생)이 함께 거주하고 있었다. 또한 평북 벽동 출신의 유학생 金玉斌, 정주 출신의 李根培, 충남 서산 출신의 李起貞, 침모의 아들인 李鍾實(李鍾海) 등이 함께 기거하였다. 박래원은 보성중학교에 다니던 박래홍, 김옥빈, 이근배, 이기정을 따르며, 보성소학교에 다니던 박래철, 박래옥, 이종실 등과 어울리며 소학교 시절을 보냈다.12) 소학교 시절의 그의 학업성적에 대해서는 정확히 알 수 없으나 공부를 그렇게 못하지는 않았던 것 같다고 한다.13)

박래원은 박인호의 집에서 박인호, 친척 형제 및 천도교 선배와 생활하며 천도교의 인내천의 평등사상과 보국안민의 민족사상, 그리고 개벽사상 등을 배웠다. 또한 그는 일요일이면 형들과 함께 松峴洞에 있는 천도교중앙총부에 가서 侍日式에 참여하였다. 그는 손병희와 박인호, 그 외 羅龍煥, 吳尙俊, 李鍾麟, 吳知泳, 申肅, 梁漢默 등의 설교자로부터 천도교에 대한 가르침을 받았다.14)

박래원은 15살이던 1916년, 부모가 없는 堂姪을 일찍 장가를 들여 일을 시키고 싶은 박인호의 의중에 따라, 일찍 결혼을 하게 되었다. 박래원은 자신보다 두 살 위이고, 한글을 겨우 읽을 정도의 지식밖에 없으나, 얼굴이 예쁜 李干蘭과 결혼했다. 그는 부인을 사랑했다. 그런데 어떤 이유인지 이간난은 어른들의 눈 밖에 나서 결혼한 지 일 년 만에 친정으로 쫓겨났다.15) 이것은 박래원을 더욱 더 반항적으로 만

---

12) 「又春 朴來源 略歷」.
13) 후손인 박명도의 증언, 2007. 5. 1.
14) 「제목 未詳의 자서전」 2, 출생과 소년시절 관련 부분.
15) 「又春 朴來源 略歷」, 「제목 未詳의 자서전」 1, 결혼 관련 부분.

들었던 배경이 되었던 듯하다.

보성소학교를 졸업하면 천도교의 보성중학교에 들어가는 것이 일반적인 관례였으나, 박래원은 박인호에게 中央學校에 들어가고 싶다고 이야기하였다. 이러한 태도는 박래원이 박인호로부터 미움을 받게 된 원인이 되었다. 박인호는 박래원에게 보성중학교에 들어가지 않을 것이면 중학교를 다니지 말라고 하였다고 한다.[16]

다른 또래들은 검은 교복을 입고 학교를 다니는데 박래원은 집안소제와 아이보기를 하면서 지내야만 하였다. 그런데 당숙모인 丁씨가 박인호에게 "다 같은 당질들을 데려다가 키우고 가르치면서 래원이 하나만 공부를 안 시키면 그 아이가 커서 어떻게 생각하겠느냐"고 하며 그의 교육을 간청하였다. 박인호는 박래원에게 집에서 한문을 배우라고 하였다. 그리하여 박래원은 1917년부터 1919년까지 보성중학교의 元容禧 선생으로부터 하루에 두 시간 정도씩 한문을 배우게 되었다. 박래원은 맹자, 논어, 중용, 대학의 4서와 기타 내용을 배웠다. 신진학문을 배우지는 못하였지만, 그 시절 그는 학문의 기초를 닦을 수 있었다. 박래원은 개인적으로 삼국지, 수호지 등의 소설을 애독하였다.[17]

박래원은 1918년 정월 한양 趙씨 明浩의 딸로 경성고등여자보통학교를 졸업한 趙德子와 결혼함으로써 심리적으로 안정되었던 것으로 보인다. 조덕자는 경성고등여자보통학교를 우수한 성적으로 졸업하였고, 東京高等師範學校에 입학할 수 있을 정도의 재원이었다. 박래원은 뒤에 "조덕자가 자신과 결혼함으로써 명랑하고 행복스러웠을 前程이 막히게 되었음을 애석히 생각하였다"고 하였다. 그렇지만 당시는 그는 조덕자와의 결혼을 기쁘게 생각하였던 것으로 보인다. 그는 "천도

16) 「又春 朴來源 略歷」.
17) 「又春 朴來源 略歷」.

교당에서 신식으로 결혼식을 올리고 손병희가 타고 다니던 쌍두마차를 타고 서울 시내를 달려 집으로 돌아왔다"고 당시의 상황을 즐거운 추억으로 회고하였다.

그런데 1919년 3·1운동이 일어났다. 박래원은 反日感情이 맹렬히 폭발하였다. 박래원은 1919년 3월 1일 파고다공원에서 학생들이 독립선언서를 낭독하던 거사에 참여하였다. 그는 선언식 후 시내의 독립만세시위에 참여하였다. 그는 광화문, 서대문, 蛤洞 프랑스영사관, 서소문, 덕수궁 내, 조선호텔 앞, 조선은행 광장에서 시위를 전개하고 東町 2가에 이르렀다. 거기에서 일본 헌병이 선두에선 시위대원을 칼로 베며 강력히 저지하여 시위대가 해산되자, 그는 집으로 돌아왔다.[18]

일본경찰은 박인호의 집을 샅샅이 수색하여 천도교의 독립운동가를 검거하였다. 박래원은 박인호가 서대문형무소에 수감되자 자기의 부인과 함께 자주 서대문형무소를 찾아가 박인호를 면회하였다. 그리고 그에게 필요한 음식과 의복을 차입해 주는 활동을 하였다.[19]

III. 일제시대 노동운동 참여와 6·10만세운동 추진

박래원은 1919년 9월 천도교청년교리강연부에 참여하였다. 천도교에서는 독립만세운동에서 벗어나 교리의 연구와 포교에 치중하겠다는 뜻에서 천도교청년교리강연부를 설립하였다. 간부의 명단에 그가 없는 것으로 보아 그는 강연부원으로서 박래홍 등의 지도를 받아 활동하였던 것으로 보인다.

---

18) 「又春 朴來源 略歷」.
19) 「又春 朴來源 略歷」.

그는 문화주의가 유행하고, 문화운동이 대두하던 그 무렵 YMCA 야학부 영어과에 입학하였다. 1년 반 정도 영어를 배워 기초적인 것을 알 정도의 수준이 되었을 즈음, 그는 영어를 배우는 것에 대하여 회의를 가졌다. 그는 체계적으로 공부를 하지 못한 상태였기 때문에 "영어를 배워 보았자 무엇을 할 수 있을 것인가"라고 회의하였던 것이다.[20]

박래원은 1920년 서울 공평동에 있던 대동인쇄주식회사의 文選工으로 취직하였다.[21] 그는 그곳에서 일하면서 사회주의사상에 관한 서적을 탐독하였다.[22] 그는 사회주의사상에 관한 서적을 읽으면서 사회주의사상에 공감하였다. 그가 사회주의사상에 공감한 이유는 다음과 같다.

> "사회주의사상 서적을 읽는 중에 나는 사회주의사상에 同感했다. 불평등한 사회를 평등한 사회로 만들자는 사상이 우리 천도교사상과 같다. 계급을 타파하고, 빈부의 差를 없애고, 인간은 누구나 다 평등하다는 것, 모든 것이 내가 생각하는 사상과 흡사했다. 己未獨立萬歲運動이 실패로 돌아가자 그 때 조선청년들은 무언인가 새로운 것을 찾기 시작했다. 辛亥 1911년에는 大淸帝王政治가 전복되고 민주정치제도의 중화민국이 나오고, 1917년에는 帝政露西亞가 혁명이 되지 않았나. 바야흐로 세계는 革命之運이 닥쳐왔다. 우리 최수운선생은 60년 전에 벌써 구시대를 先天이라 하고 신시대를 後天이라 하며 富하고 貴한 사람 오는 시절 貧賤이요, 貧하고 賤한 사람 오는 시절 富貴라 하였으며, 사람은 본래 한울이다 귀천이 어디 있으며, 빈부가 어디 있을 수 있느냐. 사람은 차별이 없는 것이요. 사회는 계급이 없는 평등사회 곧 지상천국을 세워야 한다고 외쳤다. 그런데 중국과 로서아는 혁명이 되어 새

---

20) 「나와 勞動運動」. 「宗法師 又春 朴來源 略歷」.
21) 「宗法師 又春 朴來源 略歷 」.
22) 「나와 勞動運動」.

나라, 새 사회를 건설한다고 야단인데 우리는 최수운의 사상을 토
대로 해서 갑오무력투쟁도 해보았고, 갑진개혁운동도 해보았고,
기미독립운동도 해보았으나 다 실패로 돌아갔으니, 청년대중은 새
로운 구국운동 방법을 모색할 수 밖에 없을 때 사회주의사상이
우리나라에 불어 들어오니 이것이야말로 우리가 나갈 길이 아닌
가 생각하게 된 것이다"[23]

　　박래원은 계급의 차별과 빈부의 차별이 없음을 주장하는 사회주의
사상이 천도교의 평등사상과 유사하다고 보았다. 그리고 사회주의사상
에 입각하여 새로운 민족운동의 방략을 모색해보려고 하였다.
　　박래원은 그가 학습하여 깨달은 사회주의사상에 대하여 박래홍과
함께 토론하였다. 그 결과 그는 다음과 같은 결론을 얻었다.

　　　"천도교는 인간의 윤리, 사상, 제도를 근본적으로 뒤집어엎고
　　지상에 새로운 천국을 새우자는 개벽운동이요. 사회주의사상은 계
　　급타파, 경제개혁의 제도와 물질혁명으로써 사회를 개조하자는 것
　　이니. 천도교는 唯心 唯物 雙全을 주장하고, 사회주의는 유물사관
　　적 제도개혁으로써 사회를 개혁하자는 것이니. 두 사상이 같은 듯
　　하되 본질은 다르다.
　　　그러나 잃어버린 국권을 찾고 썩어빠진 사회를 개혁하려면 신
　　사상 풍조에 따라 대다수의 청년이 돌아가는 사회주의세력과 손
　　을 잡고 나가며 목적달성을 위해 투쟁하는 것이 옳다고 玄波 형
　　님과 합의가 되었다."[24]

　　즉, 박래원은, 계급타파와 경제개혁을 주장하는 사회주의사상은 유

---

23) 「나와 勞動運動」.
24) 「나와 勞動運動」.

물사관을 갖고 있지만 인간의 윤리·사상·제도의 근본적인 개혁을 주장하는 천도교는 唯心唯物雙全史觀을 갖고 있으므로, 두 사상이 근본적으로 다르다고 보았다. 그렇지만 그는 국권의 회복과 사회의 개혁을 위해서는 대다수의 청년이 쫓는 사회주의세력과 힘을 합쳐야 한다고 보았다.

그는 1924년 10월 동지 십수명과 함께 勇進黨이란 청년운동단체를 조직하였다. 이 단체는 박래원의 뜻과 같이 운영되지는 못하였다.[25]

박래원은 박래홍의 소개로 화요회의 주동인물인 尹德炳과 金燦을 소개받았다. 박래원은 윤덕병 및 김찬과 교유하면서 사상적인 운동보다 노동자·농민의 현실적인 문제를 해결하려 투쟁하며, 노동자·농민을 단결시켜 불합리한 자본주의적 경제적 착취에서 해방시키고, 절대 다수의 민중을 굳게 단결시켜 조선독립을 쟁취하려고 하였다.[26]

박래원은 1925년 1월 경성인쇄직공조합 집행위원이 되었다.[27] 경성인쇄직공조합은 1924년 7월 13일 인쇄직공친목회를 발전적으로 해체하여 성립되었으며, 노동자계급이 계급의식을 갖고 그들의 권익을 옹호하기 위한 화요회계의 단체였다.[28] 박래원은 경성인쇄직공조합의 집행위원으로 인쇄직공조합원 및 인쇄직공의 이익과 이 조합의 발전을 위하여 활동하였다.

박래원은 1925년 2월 9일 대동인쇄주식회사의 文選工 30여 명을 이끌고 다음의 조건을 내걸고 동맹파업을 주도하였다.[29]

---

25) 『倭政時代人物史料』 3권, p.21.
26) 「나와 勞動運動」.
27) 『동아일보』 1925. 2. 12.
28) 김경일, 『일제하 노동운동사』, 창작과비평사, 1992, p.119·121.
29) 『倭政時代人物史料』 3권, p.21. 『동아일보』, 1925. 2. 11. 『高等警察關係年表』.

1. 在來時給制는 日給制로 개정할 일.
2. 재래시급제에 1일 1圓 이상의 수입이 있던 직공에게는 원수입 액에 30전을 加給하고, 圓 이하의 수입이 있던 직공에게는 원 수입에 50전을 加給할 일.
3. 작업시간은 재래의 9시간을 8시간으로 개정할 일.
4. 회사규약에 의하여 1924년도 이하 兩期의 賞與를 즉시 지불할 일.
5. 재래 성적고사의 奇酷한 제도를 전폐할 일.
6. 견습생에 대하여는 식비를 급여할 일.

즉, 박래원은 대동인쇄주식회사원의 월급제 실시, 일급 30~50% 인상, 1일 8시간 노동제 실시, 미지불 상여금 지급, 가혹한 고과제도 폐지, 견습생에 대한 식비 지급을 요구하였다.

박래원은 1925년 2월 11일 郭仲恒과 함께 대동인쇄주식회사의 직공 대표로 자신들의 요구사항을 달성하기 위해서 회사의 책임자와 협의하였으나 소기의 성과를 거두지 못하였다. 그리고 1925년 2월 12일에는 공평동에 있는 조선노농총동맹 사무실에서 그들의 주장을 관철하기 위한 집회를 가졌다. 박래원은 2월 13일에는 대동인쇄주식회사의 과장들과 협의하였으나 양측의 의견이 서로 팽팽히 대립하여 합의를 도출하지 못하였다. 회사에서는 1925년 2월 26일 대동인쇄주식회사에서 직공 16명을 해고하는 등 강경히 대처하였다.[30]

박래원은 1925년 7월 대동인쇄주식회사를 사직하고 대동인쇄주식회사의 직원으로 하여금 동맹파업을 전개하도록 하였다.[31] 박래원은

---

30) 『동아일보』 1925. 2. 12, 13, 16, 27.
31) 『倭政時代人物史料』 3권, p.21. 「又春 朴來源 略歷」에는 박래원이 1921년 대동인쇄주식회사에서 단식파업투쟁을 하여 3일만에 퇴직당하였다고 되어 있다. 그런데 대동인쇄주식회사의 파업은 1925년에 전개되었고, 『倭政時代人物史料』에 박래원이 1925년 7월 사직하였다고 되어 있으므로 「又春 朴來源 略歷」의 기록은 착오로 판단된다.

1925년 8월 9일 오후 8시부터 견지동 시천교당에서 개최된 경성인쇄 직공조합 임시총회에서 의장에 선임되어 대동인쇄주식회사의 해고직원 복직, 인쇄공의 노동권익을 위한 회사와의 협상, 동맹파업 지속 등에 관한 회의를 이끌어 나갔다.[32]

한편 박래원은 1925년 5월 권오설의 명령을 받아 서울인쇄직공청년 동맹을 조직하고, 그 핵심적 인물로서 이를 지도하였다.[33] 그는 1925 년 8월 8일 오후 11시 신흥청년동맹회관에서 긴급위원회를 개최하고 다음과 같은 사항을 결의하였다.

一. 대동인쇄주식회사 직공동맹파업사건에 대한 원만해결을 위해 서 組合에서 교섭위원을 파견할 것. 李應鍾, 金永八, 李秉殷의 3명을 선정함.

一. 조합의 긴급총회를 개최하고 대동인쇄회사 사건에 대하여 협 의할 것. 장소는 견지동 시천교당. 일시는 9일 오후 8시. 조합 원의 소집방법과 장소차용교섭은 서무부 위원에 일임함.

一. 서울인쇄직공청년동맹집행위원회를 오는 12일 개최하기로 결 정함.

一. 한양청년연맹 조직은 신문지상에서 나타난 바에 따르면 본 동 맹도 가맹하여 있지만 우리 집행위원회에서는 이것을 인지하 지 못하는 고로 대표로서 출석한 朴來源, 閔昌植, 洪淳俊의 3 명에게 그 책임을 묻고 가맹을 취소시킬 것. 만약 취소불능의 경우에는 우리 대표는 우리 집행위원회를 무시하는 것에 대하 여 12일 집행위원회에서 모두 종사식을 할 것을 걸징함.[34]

---

32) 『시대일보』 1925. 8. 11.

33) 『倭政時代人物史料』 3권, p.21.

34) 京鍾警高秘 제8919-1호, 「서울인쇄직공청년동맹 집행위원회의 건」, 『검찰사무에 관한 기록』 2.

조사부의 책임자인 박래원은 1925년 대구청년회가 조선청년총동맹에서 제명되었을 때 서울인쇄직공청년동맹의 대표로서 재경단체와 협력하여 그 이유를 조사하였다. 또한 그는 1925년 8월 경북 예천에서 형평사원과 농민사이에 큰 충돌이 일어나자 재경 각 단체와 협력하여 그 진상을 조사하고, 권오설과 함께 현지조사를 하였다. 그리고 1925년 10월 11일 인사동의 한양청년연맹에서 개최된 서울인쇄직공청년동맹 秋期總會에서 조사부 대표로서 위의 사항을 보고하였다.[35]

그리고 박래원은 1925년 7월 8일 오후 8시 관수동의 경성인쇄직공조합 사무실에서 경성인쇄직공조합의 대표로 양말직공조합, 양화직공조합, 급수부조합, 철공조합의 대표와 함께 서울 내 직공조합의 유기적 연락을 도모하기 위하여 경성노동연맹을 조직하였다. 그리고 그는 경성노동연맹의 집행위원에 선임되었다.[36]

박래원은 서울과 지방 노동자의 조합 결성을 지원하고 권익을 옹호하기 위한 활동을 전개하였다. 박래원은 1925년 12월 3일 오후 8시 용산 大島町 용산각에서 개최된 度衡職工相助會의 창립총회에 참석하여 축사를 함으로써[37] 도형직공조합의 창립을 지원하였다. 그리고 1925년 12월 5일 서울 관수동에 위치한 경성직공조합에서 개최된 부산인쇄직공 동맹파업 동정대강연회에서 「부산파업에 대하여」라는 주제로 강연을 함으로써[38] 부산인쇄직공 동맹파업을 후원하였다.

박래원은 1925년 1월 15일 조선노농총동맹의 대표로서 광주청년회 사건을 조사하기 위하여 광주에 파견되었고,[39] 1925년 10월 전남 무

---

35) 京鍾警高秘 제11525호, 「서울인쇄직공청년동맹 秋期총회에 관한 건」, 『검찰사무에 관한 기록』 1.
36) 『시대일보』 1925. 7. 10. 『倭政時代人物史料』 3권, p.21.
37) 『시대일보』 1925. 12. 7.
38) 『동아일보』 1925. 12. 5.

안군 도초도에서 발생한 소작쟁의사건을 조사하기도 하였다. 그는 1925년 10월 도초도에 출장을 가서 도내 사립학교 여교사인 李南順의 도움을 받아서 사건의 주동자를 만나고, 실정을 조사하여 상경하였다.[40] 한편 박래원은 1925년 7월 10일 조선기근구제회에 참여하여 상무위원으로 제3대(동막, 마포)의 이재민을 구호하는 활동을 전개하기도 하였다.[41]

박래원은 이 외에도 조선노농총동맹의 중앙상무집행위원, 조선인쇄직공조합총연맹의 상무집행위원으로 활동하였다. 그리고 한양청년연맹의 집행위원, 신흥청년동맹의 회원, 신흥청년사 동인, 화요회원, 火花社 동인, 鉛友社 동인, 무산자동맹회 회원, 革淸黨 당원, 돈화청년회 회원, 정우회 회원으로 활동하였다.[42]

박래원은 1925년 4월 무렵부터 고려공산청년회의 회원으로 활동하였으며,[43] 1925년 12월 이준태의 권유로 조선공산당에 입당하였다. 그리고 그는 1926년 3월 조선공산당의 중앙집행위원회에서 경성야체이카의 제5구 책임자와 노농부와 언론기관 프락치로 선정되었다. 그리고 이후 그는 경성부 가회동 내 취운정과 선교정 등의 요리집과 경운동의 具然欽 집에서 열린 야체이카 회의에 참석하였다.[44]

1926년 3월 조선공산당의 강달영과 천도교 구파의 권동진 등은 국민당 혹은 민우회를 통하여 천도교 구파와 조선공산당이 연대하는 방안

---

39) 김준엽 · 김창순, 『한국공산주의운동사』 5권, 청계연구소, 1986, p.491.
40) 「나와 勞動運動」.
41) 『시대일보』 1925. 7. 15.
42) 姜達永 외 47명 治安維持法 事件 신문조서 중 意見書.
43) 장석흥, 『6 · 10萬歲運動 硏究』, 국민대 박사학위논문, 1995, p.131.
44) 姜達永 외 47명 治安維持法 事件 신문조서 중 意見書. 국편에서 작성한 李鳳洙 등 치안유지법 사건의 박래원 제2회 신문조서에는 박래원이 1925년 5월 조선공산당에 입당하였다고 되어 있으나 이것은 2차사료이고, 박래원은 제2차 조선공산당의 간부로 활동하였으므로, 박래원의 입당시기는 1925년 12월로 판단된다.

을 협의하였다.45) 이러한 계획은 조선공산당의 간부와 천도교 구파의 간부로 활동하였던 박래원에게 알려졌다고 생각된다. 박래원은 자신의 종형인 박래홍 등과 함께 협의하여 1926년 4월 천도교 구파의 청년전위단체로서 천도교청년동맹을 조직하였는데46) 이것은 공산주의자와의 제휴를 염두에 둔 것이었다.

제2차 조선공산당에서는 1926년 4월 경 메이데이 집회를 계획하고 있었다. 조선공산당의 당원이면서 조선노농총동맹의 간부인 박래원도 그 계획에 동참하려고 하였던 것 같다. 그러나 종로경찰서에서 박래원에게 메이데이 집회금지를 통고하였다.47)

그런데 마침 1926년 4월 25일 純宗이 사망하였다. 조선노농총동맹 사무실에서 신문사의 호외기사를 통하여 그 소식을 알은 박래원은 동대문의 常春園으로 가서 박인호, 최준모, 박래홍 등과 독립만세운동의 전개에 대하여 합의를 하였다고 한다. 그는 4월 말 연락을 받고 총독부 학무국장을 지낸바 있던 李軫鎬의 문간방에 숨어 있던 권오설을 만났다. 당시 권오설은 5월 1일의 메이데이 투쟁을 전개하자가 제의하였고, 박래원은 純宗의 인산일을 기하여 거족적인 독립운동을 전개하자고 제의하였다고 한다.48)

박래원은 1926년 5월 10일 권오설로부터 6·10만세운동에 대한 구체적인 계획을 듣고, 인쇄직공조합의 閔昌植·楊在植, 李用宰·白明天과 함께 독립선언서와 격고문을 제작하였다. 그는 이것을 개벽사와 천도교구, 천도교청년동맹 지부를 통하여 각지에 배포하려고 하였으나 사

---

45) 장석흥, 「天道教 舊派의 6·10만세운동」, 『북악사론』 4, 1997, p.289·290.
46) 졸고, 「천도교청년동맹의 조직과 활동」, 『천도교의 민족운동 연구』, 선인출판사, 2006, p.250.
47) 『시대일보』 1926. 4. 26. 『일제하사회운동사자료집』2권, p.115.
48) 박래원, 「6·10萬歲運動 回顧 51年」, 문한영 채록본, 1971.

전에 발각되어 검거되었다.[49] 그는 1928년 2월 13일 경성지방법원에서 懲役 3年(未決拘留 180일 通算)의 형을 받고[50], 서대문형무소에 복역하다가 1929년 12월 29일 아침에 가출옥하였다.[51]

출옥한 이후 박래원은 일경으로부터 특별요시찰인으로 분류되어 집중적인 감시를 받았다. 심지어 1930년 3월 박래원은 천도교청년동맹의 황명희와 함께 本町署에 검거되어 취조를 받기도 하였다.[52] 그는 일경의 방해로 직장을 얻기도 힘들었다.[53] 박래원은 1931년 5월 천도교의 주관 하에 조선노동사가 설립되자 여기에 참여하여 서무·재무부장을 맡았다.[54]

그러다가 박래원은 1932년 4월 신·구파의 재분열로 조직된 구파 천도교청우당의 대표에 선임되었다.[55] 박래원은 1932년 12월 23일 오후 2시 천도교 중앙교당에서 열린 천도교청우당의 대회에서 천도교청우당이란 명칭을 천도교청년동맹으로 바꾸었다.[56] 그리고 1933년 4월 4일 천도교청년동맹 제2회 전체대회에서는 천도교청년동맹의 중앙집행위원장에 선임되었다.[57] 박래원은 1934년 2월 경 천도교청년동맹 중앙집행위원장으로 평안남도에 출장을 가고,[58] 1934년 11월 26일

---

49) 박래원의 6·10만세운동시의 활동에 대해서는 다음의 글에서 자세히 밝혀진 바 있다. 장석흥, 「天道敎 舊派의 6·10만세운동」, 『북악사론』 4, 1997. 표영삼, 「천도교와 6·10만세 운동」, 『한국민족운동사연구』14, 1996. 12. 졸고, 「천도교청년동맹의 조직과 활동」, 『천도교의 민족운동 연구』, 선인출판사, 2006, 참조.
50) 『동아일보』 1928. 2. 14. 『중앙일보』 1928. 2. 14.
51) 『동아일보』 1929. 12. 30
52) 『동아일보』 1930. 3. 5.
53) 박래원, 「感懷文-誠德齋 趙德子의 七旬」.
54) 『천도교회월보』247호, 1931. 7, p.46.
55) 『천도교회월보』176, 1932. 5, p.88.
56) 『동아일보』 1932. 12. 27.
57) 『조선중앙일보』 1933. 4. 8.
58) 『조선중앙일보』 1934. 2. 9.

에는 함경도 지방으로 출장을 갔다.59) 이를 통하여 그는 천도교청년동
맹의 조직 확장에 매진하였다. 그는 1936년 12월 23일 천도교청년동맹
이 천도교청년회로 바뀐 후에도 회장에 선임되었다.60) 그러나 1937년
이후 그는 회장을 손재기에게 물려주고 상임간사로서 활동하였다.61)

1939년 일제의 강압으로 천도교청년회가 해체되자, 그는 청년회의
간사직을 물러났다. 그리고 천도교 중앙총부의 감사위원으로 활동하다
가, 1943년 그는 처 고종사촌 金懿淳의 주선으로 경기도 가평으로 낙
향하여 생활하였다.62)

IV. 해방 후 민족자주통일운동의 전개

해방이 되었을 때 박래원은 경기도 가평에 있었다. 그는 그곳에서
사회주의계열 신문의 지국을 운영하였다.63) 그러면서 그는 1945년 11
월 서울에서 열린 전국인민위원회 대표자대회와 그 해 12월의 전국농
민조합총연맹 결성대회에 가평군 대표로 참석하였다. 그리고 1946년
민주주의민족전선 결성대회에 경기도 대표로 참석하기도 하였다.64)

그러다가 그는 1948년 무렵 서울에 올라왔다. 서울에 올라와서 그
는 도봉산 암자에서 몇 달을 살다가 경운동 천도교본부에서 거주하였
다.65) 박래원은 1948년 무렵 천도교 구파가 1946년에 설립한 정치단

---

59) 『조선중앙일보』 1934. 11. 27.
60) 『조선일보』 1936. 12. 25.
61) 『天道敎靑年會八十年史』, 천도교청년회중앙본부, 2000, p.213.
62) 박명도, 「아버님 한평생」.
63) 박명도 증언, 2007. 4. 25.
64) 강만길·성대경 엮음, 『한국사회주의운동 인명사전』, 창작과비평사, 1996, p.184.
65) 박명도 증언, 2007. 4. 25.

체 輔國黨에 들어갔다. 그는 조직부장에 선임되었다. 그런데 박래원은 보국당 활동을 활발하게 전개하지는 않았다고 한다.[66] 보국당은 친이승만노선을 택하였는데 이것이 박래원의 정치적 입장과 달랐던 때문이라고 생각된다.

1949년 1월 18일 구파의 천도교보국당과 신파의 천도교청우당이 해산하여 '새로운 도덕과 문화를 건설하며 동족애로 단결하자'라는 구호 아래에 萬化會를 조직하자 박래원은 총무부장에 선임되어 1950년 6월 경까지 이 직무를 수행하였다.[67]

6·25전쟁이 발발하자 박래원은 부산으로 피난하였다. 그곳에서 그는 朴震이 운영하던 '운양호'의 관리를 맡았으나 배가 燒失되어 그 일을 못하게 되었다고 한다.[68] 다행히 박래원의 부인이 부산으로 피난 와서 꽃장사를 하였는데 그것이 잘되어서 생활형편은 다소 호전되었다.[69]

전쟁 후 서울에 올라온 박래원은 1953년 천도교보국연맹의 조직부장에 선임되었다. 아울러 천도교의 宗議院 의원으로 활동하였다. 그는 야채행상과 화원경영으로 생계를 꾸려 나갔다.[70]

박래원은 1950년대 후반 종의원으로 종교활동에 주력하였다. 그러나 그는 혁신계 인물과 교유하고 있었다. 그는 1959년 친목계를 통하여 朴震과 교유하고 있었고, 民主革新黨의 대표로 있던 申肅이 신국가보안법 개악반대 데모를 벌여 경찰에 연행되었다가 출옥하자 그를 위

---

66) 박명도 증언, 2007. 4. 25.
67) 『조선일보』 1949. 1. 27. 당시 만화회의 회장은 申肅, 부위원장 李應辰·金中正, 조직부장 朴陽信, 선전부장 朴震, 문화부장 宋重坤, 경제부장 崔英植이었다.
68) 박명도 증언, 2007. 4. 25.
69) 박래원, 「感懷文-誠德齋 趙德子의 七旬」.
70) 박명도, 「아버님 한평생」. 1961년 革公제131호, 判決文, 혁명재판소, 1961. 11. 17.

로하기도 하였다. 또한 李宇英의 딸이 신국가보안법 반대시위를 벌여 종로서에 체포되었다가 석방된 것에 대해 여자로서 장한 일이라고 평하였을 정도로 정치문제에 관심을 두고 있었다. 그렇지만 그는, 신숙이 民權守護聯盟의 가입을 요청하였을 때, 교회 일에 매진하겠다고 하며 민권수호연맹에 가입하지 않았다.[71) 박래원은 1950년대 후반 혁신계 인물과 교유하고 있었지만 전면에 나서서 정치적인 활동을 하지는 않았다.[72)

그런데 1960년 4·19혁명 후 7·29 총선 무렵 사회대중당, 혁신동지총연맹, 한국독립당, 사회혁신당, 한국사회당 등 혁신정당들이 통일문제를 제기하며 통일운동을 전개하였다.[73) 그러자 박래원은 1960년 8월 하순 서울시 종로구 경운동 소재 천도교의 사무실에서 民族建揚會 계통의 朴震, 文漢榮 등과 통일문제를 연구하는 단체를 조직할 것을 협의하였다.[74) 그는 9월 3일 천도교 소강당에서 朴震, 文漢榮, 咸錫熙 등 20여명과 함께 民族自主統一籌備委員會를 발기하고, 9월 15일 천도교 소강당에서 동 주비위원회 제1차회의를 개최하고 동회 명칭을 '民族自主統一中央協議會準備委員會'로 하기로 하였다. 박래원은 1960년 10월 민족자주통일중앙협의회준비위원회의 노농부장에 선임되었고, 1961년 1월 하순 동회의 총무위원장에 선임되었다. 그리고 1961년 2월 15일 민족자주통일중앙협의회(이하 민자통)의 결성대회 이후에는 동회의 상임 副議長에 선임되어 활동하였다.[75)

그가 민자통에 참여하였던 이유는 물론 그가 민족자주통일사상을

---

71) 又春, 『日誌』, 1959. 1. 7, 1.31, 2. 3, 2. 4, 12.27.
72) 박명도 증언, 2007. 4. 25.
73) 김지형, 「4·19 직후 민족자주통일협의회 조직화 과정」, 『역사와 현실』 21, 1996, p.139.
74) 장동표, 「8·15 이후 이종률의 민족건양회 활동과 민족혁명운동」, 『한국민족운동사연구』 47, 2006, p.357.
75) 1961년 革公제131호, 判決文, 혁명재판소, 1961. 11. 17.

가졌기 때문이었다. 이 외에 그가 민족건양회의 朴震과 친밀한 관계를 유지하고 있었던 것도 한 이유가 될 것이다.

박래원은 1961년 2월 25일 박진, 申仁徹과 함께 천도교회당에서 각 정당 및 사회단체 대표 1,000여 명을 모아 민자통 결성대회를 개최하고 「결의문」과 「케네디미국대통령에게 보내는 메시지」, 「전 국민에게 보내는 메시지」, 「국무총리에게 보내는 메시지」 등을 참석자 전원에게 배포하는 데 참여하였다. 결의문에는 "우리는 외세에 의존하는 사대노예들의 난무를 일체 배격하고 선건설·후통일론으로 국민을 현혹케 하여 통일을 방해하는 一切의 세력을 철저히 분쇄한다. 평화통일에 있어서 동족의 한 사람도 피해가 없도록 하기 위하여 전국결성대회 이전의 一切 범죄자에 대하여서는 평화통일된 후에는 망각법을 제정하여 一切 불문에 부친다. 완충지대에 우편국을 설치하여 남북간의 서신왕래 실시, 남북간의 경제교류 촉진, 신문기자 및 민간인시찰단 파견, 국제적 모든 경기대회에 남북간의 혼성선수단 파견" 등의 내용이 담겨 있었다. 그리고 「케네디 미국대통령에게 보내는 멧세지」에는 "「한국은 통일이 되느니 보다 분단된 채 있는 것이 났다. 왜냐하면 통일되면 적화될 우려가 있기 때문이다」라는 내용이 전하여졌을 때 민족통일을 원하는 국민대중은 그것을 비난했던 것이며 통일이면 적화된다는 것을 통일을 기피하는 이 나라 특권층들의 말 그대로를 본딴 망언이라고 밖에는 볼 수 없다"는 요지의 내용이 담겨 있었다. 「전 국민에게 보내는 멧세지」에는 "우리들은 금강산이 보고 싶고 평양 능라도의 수양버들도 그립다"라는 취지의 말이 담겨 있었다. 또 「국무총리에게 보내는 멧세지」에는 "40만 킬로와트의 전기를 쓸 수 있는 것을 거부할 이유가 어디 있습니까"라는 취지의 내용이 담겨 있었다.[76]

그런데 박래원은 민자통 준비위원회의 활동이 지나치게 정치화하는 것을 반대하고 일단은 통일을 연구하는 데에 치중하기를 희망하였다. 박래원은 민자통의 발기시부터 결성대회시까지 기회 있을 때마다 북한간첩이 민자통에 침투하지 못하도록 하자고 역설하였다. 그리고 여러 단체의 일본경제시찰단 입국 반대 등에 대하여 비판하고 통일을 연구하고 정치의 소리를 높이지 말자고 하였다.[77]

그럼에도 불구하고 자신의 주장이 받아들여지지 않고, 민자통의 다른 인물들은 계속 정치적 활동을 전개하였다. 박래원은 당시의 다음과 같은 상황에 대해 불만을 갖고 있었다.[78]

一. 원래 발기 당시에 민자통 구성인원을 종교인, 대학교수, 지금까지 정치활동을 하지 않은 양심적인 애국지사들로 구성하자고 한 것이 그렇게 되지 못하고 혁신정당계 인사들이 대다수 가입된 것.

一. 결성대회 석상에서 사회당, 혁신당, 사회대중당 인사들이 제각기 자당의 세력을 확장하여 민자통의 헤게모니를 장악하려고 이론과 난행을 하는 것을 보고 나라 통일은 그만두고 자체통일도 아니될 것을 본 것.

一. 결성대회 후 새로 조직된 간부들이 사회대중당 소속인사가 많고 전연부지의 인사들이 있기 때문에 나의 뜻대로 진행되지 않고 정당에 의해 좌우될 것이 보이는 것.

一. 민자통 헌장에 통제감찰기관을 두자고 본인과 뜻을 같이하는 천도교측 인사들이 주장하는데 불응하고 통제기관조항을 삭제하는 데서 이 단체는 장래 各自爲心으로 노려서 어떠한 사태

---

76) 1961년 革公제131호, 判決文, 혁명재판소, 1961. 11. 17.
77) 1961년 革上 제39호, 判決文, 혁명재판소 상소심판부, 1962. 1. 19.
78) 1961년 革上 제39호, 判決文, 혁명재판소 상소심판부, 1962. 1. 19.

에 이르는지 모르겠다고 본 것.79)

즉, 박래원은 혁신정당계 인사들이 참여하여 민자통이 정치화 되고, 자신의 뜻을 반영할 수 없게 된 점에 대해 유감을 갖게 되었다. 그리고 민자통 회원의 일탈을 방지하기 위한 통제감찰기관의 설치가 무산된 점에 대해서도 불만을 갖게 되었다. 그런 이유에서 박래원은 천도교인으로 민자통에 가입하였던 성북구 성북동 城北商會 주인 鄭雲彩, 중구 仁峴洞의 榮昌商會 주인 朴殷民 등과 함께 민자통의 결성대회 직후 사무총장인 박진과 조직위원장인 문한영을 찾아가 자신들을 비롯한 천도교인의 탈퇴를 통고하였다.80)

이처럼 박래원은 자신이 통일문제를 연구하기 위한 데에서 민자통의 결성에 참여하였고, 민자통이 정치화되려 하자 민자통을 탈퇴하였음을 피력하였다. 그러나 박래원은 1961년 5·16혁명 후 特殊犯罪處罰에 관한 特別法 제6조 위반으로 체포되어, 1961년 11월 17일 혁명재판소에서 징역 5년(미결구류 120일 본형 산입)을 받았다. 그리고 1962년 1월 19일에 있은 혁명재판소 상소심판부에서 공소가 기각되어 본형이 확정되었다. 그는 2년 6개월의 옥고를 치르고 1963년 12월 16일 사면령에 의하여 형집행 면제를 받고 출옥하였다.81)

출옥후 박래원은 1966년 12월 玄機室 宣道師에 선임된 후 1967년 4월에도 유임되어 활동하였다. 그리고 1969년 4월에는 수운회관 건설 사무국장에 선임되었고, 1971년 4월에는 玄機室 상임 宗法師와 천도교 유지재단 이사, 1972년 12월에는 서울교구장에 선임되어 교회활동

---

79) 1961년 革上 제39호, 判決文, 혁명재판소 상소심판부, 1962. 1. 19.
80) 1961년 革上 제39호, 判決文, 혁명재판소 상소심판부, 1962. 1. 19.
81) 박명도, 「아버님 한평생」.

에 전념하였다.[82] 그는 교리와 교사 연구, 포교활동, 동학농민운동 기념 사업 등을 활발히 전개하였다. 그리고 민족운동과 민족운동가의 기념사 업을 전개하였고, 鄭華岩, 宋南憲 등과 교유하며 통일의 염원을 달성 하기를 희망하였다.[83]

박래원은 1982년 향년 80세로 사망하였다. 그의 장례는 천도교회장 으로 치러졌고, 그의 시신은 경기도 포천군 소흘면 무봉리 선영에 안 장되었다.[84]

V. 맺음말

박래원은 1902년 伏閣上訴의 疏頭였던 박광호의 차남으로 출생하 였다. 상민의 가난한 집안에서 출생한 박래원은 7살에 아버지를 잃고, 얼마 후 어머니마저 개가하여, 당숙인 박인호의 집에서 성장하였다. 그 가 현실 사회를 비판적으로 보고 개혁하려던 심성을 가졌던 것은 이 러한 가정 환경과도 관련이 있었다.

그는 박인호의 집에서 박래홍 등의 친족과 천도교의 우수한 인재들 과 어울려 지냈다. 그리고 천도교 중앙총부에 다니면서 손병희, 박인 호, 나용환, 이종린, 신숙 등의 교회 원로로부터 가르침을 받았다. 그 는 이 시절 천도교의 평등사상과 보국안민의 민족사상, 사회변혁사상 을 형성하였다.

그는 3·1운동이 일어나자 파고다공원의 독립선언 거사에 참여하였

---

82) 『天道教會宗令存案』, 도서출판 모시는사람들, 2005, p.516·517·519·520·524.
『日誌』, 1972.12.22,
83) 『日誌』, 1971.12.30, 1972. 7.19, 1973. 6.10.
84) 박명도, 「아버님 한평생」.

고 시내를 돌면서 독립만세운동을 전개하였다. 그리고 3·1운동의 거센 불길이 지나간 후에는 박인호 등 옥에 갇힌 천도교의 원로들을 면회하여 위문하는 활동을 하였다.

3·1운동 후 천도교에서 문화운동을 추진하는 추세에 맞추어 박래원은 YMCA 야학부 영어과에서 1년 반 정도 영어를 배웠다. 그러나 그는 그것이 부질없다고 생각하고 대동인쇄주식회사의 문선공으로 들어갔다. 문선공으로 일하면서 그는 일본으로부터 들어온 사회주의사상에 관한 책을 가리지 않고 읽었다. 그리고 자기의 종형인 박래홍과 빈번히 토론하여 천도교적 사회운동가의 좌표를 설정하였다. 그는 공산주의 조직을 만드는 것보다 노동자와 농민의 권익 옹호와 이들의 변화에 관심을 가졌다.

이러한 믿음에 따라서 그는 경성인쇄직공조합의 집행위원 등으로 노동자·농민의 권익 옹호에 힘을 기울였다. 그리고 이러한 목표를 실현하기 위해서 박래원은 사회주의계 인물과 제휴하고 고려공산청년회와 조선공산당에도 가입하였다.

1926년 박래원은 화요회가 주도하는 조선공산당과 천도교 구파의 연대를 이끌어 내고, 그 바탕 아래에서 6·10만세운동을 주도하였다. 박래원은 특히 선언서의 제작과 천도교 구파의 청년전위단체인 천도교청년동맹의 조직 및 동원에 기여하였다.

6·10만세운동으로 옥고를 치른 박래원은 출옥 후 종교적인 활동에 전념하였다. 그는 천도교청년동맹의 집행위원장 등으로 활동하며 청년조직의 확대와 청년의 개조에 심혈을 기울였다.

박래원은 해방 직후 전국인민위원회와 전국농민조합총연맹, 민주주의민족전선에 간여하였다. 그리고 천도교 구파의 정치단체인 輔國黨에 참여하였다. 그러나 그는 점차 정치활동의 전면에서 물러나 종교적인 활동에 치중하였다.

1950년대에 그는 종교활동에 주력하였다. 그는 때로 박진 등 혁신계 인물과 교유하였으나, 정치단체의 직책을 맡고 활동하지는 않았다.

그는 1960년 4·19혁명 후 혁신정당에서 민족의 자주통일을 이루려는 활동을 활발히 전개하자 민족건양회의 박진 등과 함께 민족자주통일중앙협의회를 조직하였다. 그렇지만 그는 이 단체가 정치적인 활동을 하는 쪽으로 변질되자 다른 천도교인과 함께 과감히 탈퇴하였다. 그는 이 조직이 학술연구와 계몽활동의 측면에서 운영되기를 희망하였다.

그는 보국안민을 실천하려 한 천도교의 집안에서 출생하여, 천도교의 가르침을 받고 자랐고, 사회의 개혁과 민족의 독립과 발전을 위해서 자신의 피와 땀을 바쳤다. 그 대가로 그에게 돌아온 것은 두 번의 옥고와 아내의 희생이었다. 자신의 아내의 70번째 생일에 박래원은 다음과 같은 감회문을 적었다. "선물로써 나의 아내의 아내·자부·어머니로서의 그 공덕을 갚을 수 있으랴. 나는 진심으로 오늘 이 자리에서 어질고, 착하고, 인내성이 강한 나의 아내에게 10년이고, 20년이고 春風和氣 속에 살아갑시다 하는 말로 과거의 모든 것을 갚노라."

 『東亞日報』문화운동의 선봉 / 張德秀

沈 在 昱[*]

목 차

I. 머리말

현재 한국사학계에서 36년간에 걸친 일제의 식민지배가 한국현대사의 전개에 커다란 굴절을 잉태시켰음이 일반적인 인식으로 자리 잡고 있다. 특히 이를 극복하려는 과정에서 민족운동전선의 내적 분화가 이루어지고 이것이 이후 해방정국에서 민족의 분열을 야기하여, 분단과

---

* 동국대학교 강사

대립의 고착화를 가져온 1950년 한국전쟁의 내적 요인을 이루고 있다는 인식 역시 그러하다. 따라서 이 시기 민족운동에 대한 연구는 일제 식민지배에 대항하는 다양한 민족운동의 방법을 살펴보는 것임과 동시에 분단의 내적 원인·과정을 이해하는 방법으로서도 그 중요성을 지닌다. 이에 대한 연구는 1980년대부터 질적·양적으로 많은 성과가 나타나고 있으나, 주로 좌파 세력에 대한 연구에 집중되어 있다. 하지만 이 시기에 우파 세력 역시 좌파와 더불어 민족운동의 한 축을 담당하고 있었기에, 우파에 대한 연구는 일제식민통치기와 해방공간에 대한 보다 객관적이고 체계적인 고찰을 위해 반드시 진행되어야 할 부분이라 판단된다. 특히 해방 공간에서 '韓國民主黨'으로 결집을 이루어 내는 이른바 '東亞日報 그룹'이라 불리는 국내 우파 세력에 대한 연구는 좌파의 그것과 더불어 일제하 국내 민족운동전선의 분화 및 해방 이후의 좌우 대립을 이해할 수 있는 계기를 마련하기에 그 중요한 의의를 지니고 있다.[1] '東亞日報 그룹'을 중심으로 하는 국내 우파 세력에 대한 연구가 최근 들어 활발히 진행되고 있는 점은 고무적인 현상이나[2] 아직까지 국내 우파 세력을 이루는 인사들의 사상 구조 및 활동에 대한 개별적이고 집중적인 연구는 미흡한 실정이다. 이

---

[1] 현재 일제하 국내 민족진영을 분류하는 데 있어 일제 지배에 대한 타협성과 비타협성을 기준으로 '민족주의 우파', '민족주의 좌파'라 분류되고 있음은 주지의 사실이다.(박찬승, 『한국근대정치사상사』, 한길사, 1992.) 그러나 필자는 이러한 구분이 명백한 기준을 지니고 있다고는 생각되지 않기에 여기서는 이른바 '민족주의 우파'라 불리는 세력들 중 국내에 기반을 둔 일부 세력을 '국내 우파'라는 용어로 구분하여 사용하도록 하겠다.

[2] 『동아일보』 그룹을 중심으로 하는 국내 우파에 대한 연구는 심지연의 연구(『한국민주당연구』 1, 풀빛, 1982; 『한국현대정당론 - 한국민주당연구 2』, 창작과 비평사, 1984.)가 선구적이며 1990년대 들어 보다 체계적인 연구물들이 나오고 있다.(박찬승, 『한국근대정치사상사연구』, 역사비평사, 1992.; 박태균, 「해방 직후 한국민주당 구성원의 성격과 조직개편」, 『國史館論叢』 58, 1994.; 金炅宅, 「1910·20년대 동아일보 주도층의 정치경제사상 연구」, 延世大 博士學位論文, 1998.)

는 본고에서 살펴 볼 설산 장덕수(1894~1947)의 경우에도 해당된다.[3]

특히 그는 20년대 초반 『東亞日報』의 선두에서 그를 대표하며 문화운동을 전개하였고, 해방 공간에서는 국내 우파 세력의 결집을 이루는 韓民黨에서 정치·외교부장으로 활약하는 등 활동의 기반을 철저히 국내 우파 세력 중 이른바 '동아일보 그룹'이라 불리는 인사들을 배경으로 하여 전개하였다. 1920년대 초반 사회주의가 국내에 수용되는 시기에 '高麗共産黨 上海派'와 같은 사회주의 단체에도 참여하면서 이를 토대로 자신의 활동을 동시에 전개하기도 하였다. 그렇기에 그의 활동과 인식을 고찰하는 작업은 식민지 시기 우파 지식인들의 사상구조를 파악하는 것임과 동시에 '동아일보 그룹'이라 불리는 세력의 운동론을 고찰하는 것이며 한편으로 20년대 초반 국내 민족운동의 분화과정 및 초기 사회주의 운동의 특성을 파악하는 의의를 지닌다.

이상과 같은 의의를 지니는 설산 장덕수의 활동과 인식에 대하여 여기에서는 그의 인식이 형성되며 그 실현을 모색하는 시기인 1912년에서 1923년까지의 기간에 대해 고찰함으로서 일제하 국내 우파 민족운동론의 근거와 그 특징을 살피고자 한다.

---

3) 설산 장덕수에 대해서는 심지연의 연구(「설산 장덕수의 정치이념」, 『한국현대정당론』, 창작과 비평사, 1984.)가 존재하지만, 해방 이후의 정치활동에만 초점을 맞추고 있어 한계성을 지니고 있다. 한편으로 설산 주변 인사들의 회고를 바탕으로 작성된 전기(이경남, 『설산 장덕수』, 동아일보사, 1981.)와 관계 인사들의 긍정적인 측면에만 초점을 맞춘 회고(장덕희, 「張德秀 一家의 榮光과 悲哀」, 『신동아』, 1977.)가 있다. 이외에 그의 친일 성향에만 초점을 맞춘 연구(서중석, 「장덕수」, 『친일파 99인』 2, 돌베개, 1993.) 등이 존재할 뿐 그에 대한 체계적인 연구는 전무한 실정이다.

II. 초기 민족의식의 성장

1) 일본유학과 민족의식의 성장

雪山의 민족의식이 본격적인 성장의 길로 접어들게 되는 것은 그의 일본유학시절에서 확인된다. 이러한 그의 의식성장에는 유년시절의 경험과 당시의 조선 사회내의 사회적 분위기가 상당한 영향을 끼치고 있는 것으로 판단된다. 즉 雪山의 초기 사회 인식의 형성에 밑바탕을 이루는 것은 이른바 '애국계몽운동기'라 불리는 당시의 시대적 분위기가 많은 작용을 하고 있는 것으로 여겨진다. 주지하다시피 애국계몽운동기에 지식인들은 사회진화론적 인식을 바탕으로 '교육'과 '식산'의 진흥을 통한 국권회복운동을 전개하였고, 바로 이러한 시대적 분위기 하에서 설산은 당시의 改新敎 敎會와 新學校에서 사회진화론의 영향을 받았을 것이라 여겨진다.[4] 그러나 실제로 당시 개신교 교회나 신학교를 통해 설산이 유년 시절에 어떠한 방식으로 사회진화론을 받아들이고 있는지에 대해서는 사실상 알려진 바가 없다. 그러나 이 시기에 설산이 다녔던 신학교가 애국계몽운동의 교육을 통한 실력양성이라는 '교육자강운동'의 영향을 받아 만들어졌다는 점과[5] 또한 그가 다녔던 교회가 미북 장로교계의 영향 하에 있었다는 점은,[6] 이들이

---

4) 설산이 개신교회나 신학교를 다니게 된 것은 부친의 허락 하에 이루어졌다고 한다. 이경남, 앞의 책, pp.36-37, 동생 장덕희의 증언 내용 참조

5) 金英宇, 「韓末의 私立學校에 關한 研究 - 私立學校의 年度別 設置 現況」, 2-1, 『논문집』 23, 사회과학편, 공주사대 교육연구소, 1985, pp.93-105.

6) 당시 황해도와 평안도 지역에서 주로 미국 북장로교 계통이었고, 미국 개신교의 선교사 집단이 '우승열패'와 '생존경쟁'의 측면을 강조하는 사회진화론적 입장에서 미국의 제국주의적 팽창에 기여를 한 것에서 유추가 가능하다. 朱鎭五, 「獨立協會의 社會思想과 社會進化論」, 『孫寶基博士 停年紀念 韓國史學論叢』, 1988 참조.

사회진화론적 인식을 바탕으로 운동을 전개하였다는 사실로 미루어 보아 설산은 이들로부터 사회진화론에 접한 것으로 보인다. 동시에 이 시기는 일제의 한국 강점이 가속화되어 가는 시기였기에 이를 바탕으로 초보적인 민족의식의 싹을 틔웠을 것이라 판단된다. 이는 그의 중형 추송 장덕준이 '교육'의 중요성을 강조하는 '애국계몽운동'의 영향을 받아 '명신중학교'에 재학하며 '보강중학교'에서도 '반선생·반학생'의 위치에서 활동하였던 사실에서도[7] 파악이 가능하다.

동시에 설산 개인의 특수한 경험은 이상과 같은 사회진화론의 영향 하에서 '현실 극복'이라는 측면을 부각시켰을 것으로 판단된다. 그는 부친의 사망으로 인해 일본인 福井의 후견이라는 '일본인의 양자'와 같은 상황에 처하게 되는데, 이는 싹트기 시작한 민족의식과 더불어 그를 갈등케 하는 하나의 요소로 작용하였을 것으로 보인다.[8] 福井의 '후견' 아래 계속적인 노력을 통해 안정적인 생활을 누릴 수 있는 여건을 마다하고 1912년 早稻田 대학 고등예과에 입학하는 것은, '생존경쟁'과 '우승열패'라는 사회진화론적 인식을 바탕으로 설산 자신의 '현실극복'에 대한 노력과 의지가 반영된 것이라고 해도 과언은 아닐 것이다.[9] 또한 일본 유학을 단행한 설산 개인의 사회경제적 기반 역시 이와 같은 측면을 강조했을 것으로 여겨진다. 1910년대 일본 유학

---

7) 김구 저, 도진순 주해, 『백범일지』, 돌베개, p.209.

8) 이경남, 앞의 글, pp.40-41. 한편 일제 시기의 다른 자료에서는 福井이 아닌 有賀 光豊의 '小使'였으며 '次郎'이라는 이름으로 불렸다고 한다. 柳光烈, 「東亞日報副 社長 張德秀論」, 『혜성』 1권 8호, 1931년 11월, p.36.

9) 설산은 진남포 이사청의 급사로 있으면서 독학으로 '중학강의록·보통문관시험강 의록' 등을 수료하고 판임관 시험에 합격했으나, 이에 멈추지 않고 다시 독학으로 早稻田 대학 문학·정경과 강의록을 수료하여 早稻田 대학에 입학하였다.(이경 남, 앞의 책, pp.47-50; 유광렬, 앞의 글, p.37.) 이 시기 일본인과의 계속적인 관계 에서 습득한 유창한 일본어 실력은 이후 그의 생애에서 중요한 요소로 자리잡고 있다.

을 거쳐 20년대 국내 민족운동의 지도층으로 성장하는 당시 유학생 계층의 대부분은 중산층 이상의 사회경제적 배경을 지녔던[10] 반면, 설산은 이들과는 달리 안정된 경제적 기반을 가지지 못한 채 일본 유학을 하였다는 점은 그에게 '현실 극복'이라는 측면을 보다 더 강조하게 되는 상황으로 작용하였던 것으로 보인다.

이상과 같은 설산의 유소년 시절이 사회진화론적 인식에 영향을 받아 '현실 극복'에 대한 장을 제시하고 민족의식에 눈을 뜨게 하는 시기였다면, 6년여 간(1912~1917)에 걸친 그의 일본 유학 시절은 학우들과의 관계 속에서 민족의식을 보다 성숙시키는 시기임과 동시에 이후 그의 국내 활동의 이론적 기반을 제공하는 사상을 체계화하는 시기라는 점에서 그 중요성을 지니고 있다. 또한 이후의 정치·사회 활동에서 인적 기반을 이루는 여러 인사들과의 관계가 형성된다는 점에서도 중요성을 지닌다. 즉, 인촌 김성수와 고하 송진우 등과 같은 1920년대 국내 문화운동의 거점을 이루게 되는 동아일보계 인사들과의 끊을 수 없는 관계가 바로 이 시기에 형성되며, 또한 같은 시기 국내 사회주의 운동을 전개하는 데 있어 인적 배경이 되는 지운 김철수 등과의 관계 역시 바로 이 시기에 형성되기 때문이다.[11]

그러나 무엇보다도 중요한 것은 이 시기에 학우들과의 관계 속에서

10) 설산의 유학 당시 도일 유학생 중 사비생이 80% 이상을 차지하고 있는 점에서도 알 수 있듯이 1910년대 유학생들이 대부분 재정적 뒷받침이 가능한 사비유학생이었던 점에서도 확인할 수 있다. 필자 미상, 「日本留學生史」, 『학지광』 6호, 1915년 7월, pp.10-16.

11) 특히 인촌의 경우 이 시기 설산의 유학 비용의 일부분을 지원하는 등 이후 설산의 전생애에 걸쳐 그와 그의 가족을 물심양면으로 지원함으로서 그에게 절대적인 영향을 끼쳤다고 보아도 과언은 아닐 것이다.(장덕희, 앞의 글;『인촌 김성수전』 참조) 한편으로 早稲田 대학 시절, 각종 웅변대회의 1등과 모의 국회에서의 총리역 담당 등의 일화로 나타나는 그의 명성 역시 이후 많은 대중적 지지를 바탕으로 활동을 전개하는 배경을 이룬다고 할 것이다.

설산이 자신의 민족의식을 성장시킨다는 점이다. 당시 일본 유학생 사회에는 1912년 10월부터 기존의 지역별 유학생 친목단체들을 통합한 「동경조선유학생학우회」[12](이하 학우회)가 조직되고 많은 유학생들이 이를 배경으로 활동을 전개하고 있었고, 유학생회 내부에서는 학우회의 가입과 활동을 의무사항으로 여기며 이를 게을리 하는 학우들을 '일본놈의 개'로 취급하는 시점이었다.[13] 그러나 도일 직후 설산은 고학을 하면서 1년 이상의 기간 동안 학업 이외에는 별다른 활동을 하지 않았고, 오랜 일본인들과의 생활로 인하여 일어는 유창하게 하지만 한국어를 '띄엄띄엄'하는 상태였다. 이로 인해 설산은 많은 학우들로부터 '일본놈의 개'로 인식되었고 심지어는 '린치'의 대상으로 여겨질 정도로 부정적인 요소로 작용하였다.[14] 그러나 '학우회'에 가입한 이후 설산은 여러 학우들의 인정을 받으면서 본격적인 활동을 시작하였고, 그들과의 관계 속에서 보다 확고히 민족의식을 성장시키는 것으로 보인다. 여기에는 특히 인촌 김성수, 고하 송진우, 지운 김철수 등의 영향력이 상당 부분 작용하고 있는 것으로 보인다. 이는 이들이 설산보다 연배가 위일 뿐만 아니라 도일 이전에 이미 상당한

---

12) 「동경조선유학생학우회」는 회원 상호간 지·덕·체의 발달 및 학술연구와 의사소통을 도모할 목적으로, 호남다화회(전라), 낙동동지회(경상), 삼한구락부(경기·충청), 해서친목회·동서구락부(평안도), 철북친목회(함경), 영남구락부(강원) 등의 출신 지역 별 7개의 단체를 통합, 유학생의 다수를 망라하여 이후 유학생 사회의 중심 단체 역할을 하였으며(『학지광』 3호, 1914. 12. p.52. 및 『학지광』 5호, 1915. 2. p.66. 참조) 민족의식과 역량강화를 도모하기 위하여 1년에 두번 『학지광』을 발간하였다. 朝鮮總督府 警務局, 「大正5年6月朝鮮人槪況」, 金正柱 편, 『朝鮮統治史料』 7, 1971, p.634. 학우회에 대해서는 김인덕의 연구, 「학우회의 조직과 활동」, 『국사관논총』 66, 1995. 참조

13) 김인덕, 앞의 글, p.119.

14) 특히 설산은 일본인 밑에서의 오랜 생활로 인해 한국어를 잘 구사하지 못할 정도였고, 이를 미워한 김철수를 비롯한 학우들이 '린치'를 가하기 위해서 '학우회'로 끌고 왔을 정도로 당시 설산에 대한 학우들의 인식은 대단히 나빴다고 할 수 있다. 한국정신문화연구원 현대사연구소 편, 『遲耘 金綴洙』, 1999, p.174.

민족의식을 지니고 있었던 점과 이후 설산이 20년대 국내 민족운동을 전개하는 데에 있어 이들과의 밀접한 연관성을 갖고 있는 점에서 확인이 가능하다.

설산이 학우회를 통한 학우들과의 교류를 통해 민족의식을 성장시키고 있는 것은 다음과 같은 그의 인식의 변화를 통해서 확인할 수 있다. 현재까지 확인된 글 중에서 설산이 유학 시절 최초로 작성한 글로 보이는 「朝鮮靑年의 哀情」[15]은 유학 초기 그의 한일 관계 인식 및 한국 상황 인식, 그리고 독립에 대한 방법에 대한 견해를 보여주고 있다. 이 글은 당시 일본에서 민본주의 사조를 선전하던 『第三帝國』이라는 일본인 잡지에 실린 글로서 어느 정도 내용에 한계성을 지녔다고 하더라도 여기서 나타나는 그의 인식은 많은 문제점을 보이고 있다. 먼저 설산은 일본의 한국 합병을 '承認'하지 않을 수 없는 세계대세의 기정사실로 받아들이고 있다는 점이다. 그리고 그 원인을 일본의 침략성에서 찾는 것이 아니라 '조선인의 미비'라는 한국의 낙후성, 즉 '조선의 죄'에서 찾고 있다. 이러한 점은 그가 생존경쟁과 우승열패와 같은 선진국의 후진국 지배를 합리화하는 사회진화론적 인식을 바탕으로 세계질서를 인식함으로서 나타나는 문제점이라 할 것이다. 물론 설산은 이 글에서 한국의 독립이라고 여겨지는 것, 즉

---

15) 張德秀, 「朝鮮靑年の哀情」, 『第三帝國』 5호, 1914, p.17. 이 글은 「朝鮮靑年の心事」라는 주제 아래 靑邱生(金雨英)의 「朝鮮靑年の苦痛」이라는 글과 같이 『第三帝國』에 실려 있다. 김우영은 자신의 글에서 조선에서 행해지고 있는 무단통치에 대해 비판을 하고 있으나 역시 "… 뭐라고 해도 舊한국이 망한 원인은 내적인 원인이라고 할 수 있다. … 나는 明治先帝가 일본 역사상 유례없는 仁君이라고 믿는 한 사람으로서 일본합병의 精神은 확실히 한국 인민의 행복의 증진에 있는 것이라고 拜察하고 있다. …"라는 인식 상의 문제점 내지는 서술상의 한계성을 보여주고 있다. 한편 『第三帝國』에 대해 당시 한 유학생이 "新人의 부르짖는 天來의 소리"라 하는 것에 알 수 있듯이 당시 유학생들은 이 잡지에서 풍기는 민본주의적 요소에 공감하고 있었던 것을 알 수 있다. 韓世復, 「天使의 微笑 - 우리 兄弟의 깊은 同情을 求하노라」, 『학지광』 5, p.187.

'의의가 있는 생활, 자유평등한 생활'을 '죽음을 무릅쓰고'서라도 '요구'해야 한다고 주장함으로서 그 지향점은 분명히 나타내고 있다. 그러나 그가 말하는 '요구(독립)' 역시 일본에게 요구하여 이루어지는 것으로 일본이 한국의 독립을 인정하여야만 가능하여지는 것이기에 한국인 자력으로 '독립'을 쟁취하는 것이 아니라는 한계성을 보이고 있다. 또한 일본에게 '요구'하기 위해서는 먼저 한국의 '자아의 확립'이라는 낙후성의 타파가 전제 조건으로 이루어져야 하며 이를 통해 일본과 유사한 수준으로 올라선 이후에 독립을 '요구'하여야 한다는 논리 구조를 지니고 있다. 그리고 독립을 '요구'하는 방법도 먼저 침략국인 일본에 대한 '악감정을 자제'하고 '일본인과의 악수' 즉 그들과의 제휴를 통하여 '일본인의 비평심의'라는 일본의 '허락' 하에서 이루어지는 것이라 할 것이다. 이와 같은 설산의 인식은 강대국 일본의 약소국 한국 지배를 기정 사실로 인정하고 있는 문제점 외에도 '요구'가 '입헌국' 일본의 인정 하에 이루어질 수밖에 없다는 지극히 수동적이고 이상적인 논리를 지니고 있다는 데에 문제점을 지니고 있다. 그가 '요구'하는 것이 '독립'인지 아니면 '자치'인지가 명확하지 않다는 점이다. 즉 그는 "일본인의 비평심의"를 분명한 조건으로 깔고 있는데, 제국주의적 침략 및 자본주의적 팽창을 행하고 있던 1910년대의 일본이 그 가장 중요한 발판이라고 하는 식민지 조선에 대해 '독립'을 인정한다는 것은 거의 불가능한 현실이었기 때문이다. 바로 이와 같은 문제점들은 유학 초기 확고한 민족의식이 성장하지 못한 상태에서 받아들인 사회진화론적 인식을 바탕으로 한 것에서 비롯된 것이라 할 수 있으며, 金雨英과 더불어 학우들로부터 '自治派'라는 비난을 받게 되는 요소로 작용하였을 것으로 판단된다.[16]

---

16) 한편 이에 대해 김우영은 비판의 원인은 자신들이 "日語로 연설하고 日本 雜紙

그러나 이와 같은 인식의 문제점은 이후의 글에서는 보이질 않고 있는데, 이는 앞서도 언급한 바와 같이 그의 민족의식이 성장하고 있음을 나타내는 단적인 예라고 할 것이다. '학우회'에서 설산은 가입 이전의 학우들의 '선입견'과는 달리 많은 학우들의 인정을 받으면서 평의원 및 편집부장 등의 위치에서 주도적인 활동을 전개하였다.[17] 특히 『학지광』의 편집은 이전까지 학지광 발간을 담당하고 있던 古下의 전폭적인 지지하에 이루어진 것으로 보이며, 이는 설산이 학우들로부터 많은 인정을 받고 있다는 점을 반증하는 예라 할 것이다.[18] 이와 같은 「학우회」를 통해 그의 민족의식이 성장하는 것은 다음과 같은 그의 언행에서 확인할 수 있다. 그는 일제의 계속적인 탄압으로 인하여 학우회의 기관지인 『학지광』이 3회 연속으로 발행금지를 당하자 "관헌이 잡지가 발행될 때마다 차압하는 것은 우리들 청년에게 오히려 유리한 현상으로 왜냐하면 우리는 이 일 때문에 오히려 점점 각성하고 반성의 의지를 견고히 할 것"[19]이라는 견해를 토로하여 일제의 탄압이 강하면 강할수록 이에 반발하는 민족의식은 보다 더 활발히 전개되어야 한다는 인식을 보여주고 있다. 또한 1916년 학우회 주최 졸업생 웅변회에서 「青年이여 우리의 恥辱은 무엇인가」라는 演題

에 투고"했기 때문이고 이는 "유학생 중 극렬 排日論言者를 假裝한 總督府에서 파견한 密偵輩"의 책동에 의한 것이라 하고 있다. 金雨英, 『青邱回顧錄』, 新生公論社, 1953, pp.46-47.

17) 학우회에서 설산은 제4회 임원진에서 편집부장(『학지광』 5호의 편집위원)과 평의원을 맡고 있으며 『학지광』 5호, 1915년 5월, p.63, '졸업생웅변회' 1916년 4월 28일, 연제 「청년이여 우리의 치욕은 무엇인가」, '신도래학생 환영회 및 졸업생 축하회' 1917년 4월 29일, 「환영사」 등의 학우회 주최의 여러 행사에 주도적으로 참여하고 있다.

18) 『지운 김철수』, p.175.

19) 警保局保安課, 「大正5年6月調 朝鮮人概況」, p.644. 이 견해는 『학지광』 9호가 발매분포 금지 처분을 받은 것에 대해 金榮洙, 邊鳳現, 盧俊泳 등과의 대화에서 나온 것이다.

로 행한 웅변에서도 "일본인이 우리들의 부모 처자에 대해서 폭행과 치욕을 가하고 있는데 이에 대한 방어책을 강구하고 보복을 하는 것이 하늘로부터 받은 권리"[20]라 하여 당시 한국에 대한 일본의 강압정치를 분명히 인식하고 있으며 이에 대한 대응을 주장하고 있다. 또한 『학지광』에 기고한 그들에서도 다음과 같이 강조하고 있는 점에서도 그의 민족의식의 성장을 파악할 수 있다.

"… 우리 사랑하는 靑年諸君이여 吾人은 沈默할 수 없도다! 眞實로 自己中心에 泰山같은 確信과 雄大함이 蒼天같은 思想과 火山같은 熱情이 있으면 眞實로 끓는 피가 흐르고 뛰는 脈이 놀면 日月이 落下하고 天地가 動鳴할지라도 이를 막지 못하리로다. …"[21]

"… 靑年이여 靑年諸君이여 朝鮮 사람은 果然 살았는가 죽었는가? 죽었으면 그어니와 살았으면 소리하고 노래하고 運動하며 有爲하라. … 칼날 같이 찬바람도 內部로 發動하는 生命力의 衝動을 斷絶할 수 없으며 鐵板같이 굳은 찬 얼음도 春水의 膨脹力을 方遏할 수 없도다. …"[22]

이와 같은 글들에서 나타나는 설산의 인식은 이전의 글에서 나타났던 분위기와는 사뭇 다른 점을 보여준다고 할 것이며, 이러한 민족의식을 바탕으로 설산은 「학우회」 이외에[23] 여러 학우들과 더불어 민족운동 단체의 조직에 참여하고 있다. 먼저 설산은 1915년 12월 말 崔

---

20) 「大正5年6月調 朝鮮人槪況」, p.643.
21) 張德秀, 「學之光 第3號 發刊에 臨하야」, 『학지광』 3, 1914년 12월.
22) 張德秀, 「靑春을 迎하여 - 生命이 充實하고 光明이 遍在하라」, 『學之光』 4, 1915년 2월.
23) 한편으로 설산은 '학우회' 외에도 '재동경조선기독청년회'에도 관계를 맺고 있으며 특히 여기에서 당시 동경기독교청년회의 간부인 吉野作造와의 관계를 형성하고 있는 것으로 보인다. 김우영, 앞의 책, p.50.

斗善, 金良洙, 李光洙, 申翼熙 등과 같이 「조선학회」를 발기하여 이 듬해 1월 29일 조선기독교청년회관에서 제1회 총회를 통해 이를 창립 하였다.[24] 이 '조선학회'는 표면적으로는 일반 학술의 연구를 목적으로 하고 있지만, 신회원을 가입시킬 때는 회원의 연대보증을 필요로 하며 사무실을 구하지도 않았다는 점에서 실제적으로는 민족운동을 위한 학생 단체였다고 한다.[25] 여기서 설산은 그 내용은 확인할 수 없지만 "植民"에 관한 연구 발표를 李光洙, 신익희 등은 "농촌문제" 에 대한 연구 발표를 하였다고 한다.[26] 그러나 무엇보다도 주목되는 것은 학우들과 함께 '정치결사' 단체와 '신아동맹당'이라는 비밀결사 형태의 조직에 참여하고 있는 점이다. 특히 이 두 단체는 이후 설산 이 1920년대 초반 국내 민족운동을 전개하는 데에 있어 사회주의 운 동의 배경을 이루는 「사회혁명당」과 「고려공산당 상해파」의 모체를 이루고 있다는 점에서 중요한 의의를 지니는 단체들이라 할 수 있 다.[27] 먼저 '정치결사' 조직은 그 정확한 명칭은 알려진 바가 없으나 1915년에 설산이 "金綴洙, 尹顯振, 鄭魯湜, 金孝錫, 金喆壽, 金翼 之 등"과 더불어 결성한 조직으로서, "將來 四方(싱가포르, 상해, 만 주, 서백리아 등지)으로 흩어져서 獨立運動을 하자"는 맹세에서 알 수 있듯이 한국의 독립을 목표로 한 정치결사라고 할 수 있다. 그리 고 「신아동맹당」은 이 '정치결사'가 조직된 후에 崔益俊, 河相衍 등

---

24) 이 총회에서 규칙의 의정과 임원진의 선거가 이루어졌다고 한다. 「大正5年6月調
朝鮮人槪況」, p.634.
25) 鄭世鉉, 『항일학생민족운동사연구』, 일지사, 1975, p.55.
26) 「우리 소식」, 『학지광』 10호, 1916, p.58. 이 글에서는 조선학회의 목적을 "조선
사정의 연구"라 하고 있다.
27) '정치결사' 및 '新亞同盟黨'의 조직에 대해서는 여기에 주도적으로 참여한 金綴洙
의 증언이 주목되며 본고에서도 그의 증언을 토대로 하였다. 『遲耘 金綴洙』; 「김
철수 친필유고」, 『역사비평』, 1989년 여름호, pp.349-350.

의 중개로 중국·베트남 출신 유학생들과의 논의를 바탕으로 이를 모체로 하여 1916년 봄 東京 神田區의 한 중국음식점에서 결성한 단체이다.[28] 이 「신아동맹당」은 "亞細亞에 있어서 日本 帝國主義의 打倒"를 그 활동의 목표로 정하였으며, 이를 위해 "中國, 朝鮮, 臺灣 동지"로 우선 조직을 결성하고 이후에 "亞細亞 弱小民族 同志들을 加盟"시키는 것을 방책으로 하는 단체였다. 즉, 이와 같은 「정치결사」와 「신아동맹당」 등과 같은 비밀결사 조직은 '일제의 타도'라는 조국의 독립에 대한 의지를 분명히 밝히고 있는 민족운동 단체로서 이 시기 설산의 독립에 대한 의지와 그가 모색하는 독립운동의 방법을 보여주는 하나의 예라 할 것이다. 특히 그가 1917년 귀국한 이후 안정적인 생활을 보장하는 총독부 관리 취임 권유도 마다하고 곧바로 민족운동자들의 해외 집결지인 상해로 망명하여 민족운동을 전개하는 것은 바로 이러한 「신아동맹당」의 결의를 따른 것으로 파악할 수 있기에 그 의의를 지닌다고 할 것이다.[29]

2) 사회진화론적 인식의 전개

한편으로 설산의 일본 유학 시절은 이상과 같은 교우관계의 확립과 민족의식의 성장, 그리고 이를 통한 민족운동 단체의 결성 등을 이루

---

28) 여기에 참여한 인사들은 金綴洙, 崔益俊, 河相衍, 尹顯振, 鄭魯湜, 金明植, 金良洙, 張德秀, 金喆壽, 윤홍균, 김효석, 현익수(이상 한국계 학생), 黃覺(黃介民), 鄧潔民, 謝扶雅, 羅害谷(이상 중국), 彭華榮(대만) 등이다. 金綴洙, 앞의 글, pp.7-8.; 「김철수 친필유고」, pp.349-350.

29) 이상과 같은 「신아동맹단」, 「사회혁명당」과 「상해파 고려공산당」의 연원 및 관계에 대해서는 이현주의 연구가 주목된다.『국내 임시정부 수립운동과 사회주의 세력의 형성(1919~1923) - 서울파, 상해파를 중심으로』, 인하대학교 박사학위논문, 1999.

는 시기라는 점에서도 그 중요성을 지니지만, 무엇보다도 자신의 사상을 형성하는 시기라는 점에서 그 중요성을 지닌다. 특히 이 시기 사상의 형성에 있어 그는 다른 유학생들과 마찬가지로 당시 일본 사상계의 영향을 직접적으로 받고 있으며 이는 이후 그가 국내 활동을 전개할 때에 그 사상적 기반으로 작용한다고 할 수 있다. 이는 그의 20년대 국내 활동에 대해 "와세다 학창에서 배운 바 부르조아 自由主義를 專賣特許나 얻은 듯이 洋洋自得하게 東亞日報紙上에 쓰고"[30]라 평한 기록에서도 단적으로 확인된다.

즉 이 시기의 일본 사회는 1차 대전을 전후하여 자본주의가 크게 확대 · 발전하면서 정치 · 경제 · 사상적으로 격변하던 이른바 '大正데모크라시'기였다. 정치적으로는 大正政變을 전후하여 藩閥 관료세력에 반발하는 대중세력이 등장하면서 도시 중산층, 지식인, 학생층을 중심으로 참정권 확대의 요구를 본격화하기 시작하는 시기였다. 또한 사상적으로는 자유주의적 부르조아층의 요구를 대변하며, 자유 · 평등 · 정의 · 인도 · 인격 존중을 신념으로 하는 민본주의가 이 시기의 주된 사조로 등장하는 시기였다.[31] 한편으로 이를 바탕으로 문화주의 및 개조론이 등장하던 시기였다. 이런 정세 속에서 吉野作造, 大山郁夫, 福田德三 등의 지식인과 언론인들이 대중계몽운동을 전개하였고, 설산을 비롯한 여러 유학생들은 여기에 많은 영향을 받고 있는 것으로 보인다.[32] 특히 吉野作造와의 관계가 주목되는데, 당시 동경

---

30) 유광렬, 앞의 글, p.35.
31) 車基璧 · 朴忠錫 역, 『日本現代史의 構造』, 한길사, 1980.
32) 이와 더불어 그가 유학 생활을 하였던 「早稻田 大學」의 교수들에게서도 많은 영향을 받은 것으로 보이는데, 이는 모두 대정데모크라시의 사상계의 영향이라 할 수 있다. 이에 대해서는 김경택의 연구가 주목된다. 『1920년대 동아일보 주도층의 사회경제적 배경』, 연세대학교 박사학위논문, 1998.

대학교 정치과 교수였던 그는 당시 중국의 민족운동과 식민지 상태에 대하여 지대한 관심을 보였는데 1916년 3월말부터 약 3주일 동안 만주 및 한국을 여행한 이후에 기고한 장문의 글을 통해 일본의 무단적 식민 정책을 비판하기도 하였다.[33] 이러한 그의 태도는 식민지 지배 상황 하에서 유학중이던 유학생들에게 많은 호응을 얻었으리라고 생각되며 기독교도였던 그는 기독교청년회를 통해 유학생들과 접촉하고 이후 학우회의 학생들과도 연관성을 맺고 있는 것으로 보인다.[34]

바로 이러한 대정데모크라시기 일본 사상계의 영향을 받으면서 설산은 자신의 사상을 형성시켜 나가는 것으로 파악되는데, 이는 주로 『학지광』에 기고한 그의 글들을 통해서 확인할 수 있다.[35] 그리고 여기에 기고된 그의 글들은 철저히 사회진화론을 바탕으로 하여 그 논지가 전개되고 있다. 즉, 설산은 '문화 혹은 문명'을 그 사회가 이루여야 할 최고의 경지로 파악하고 있고 이러한 문화·문명은 개인의 '자기 실현'이라는 "우주의 근본 사실"을 통해 이루어진다고 보고 있

---

33) 吉野作造, 「滿韓을 視察하고」, 『中央公論』, 1916년 6월호. 이 글에 대해 한 연구에서는 "寺內正毅 총독을 다분히 칭송하는 등 일본 제국주의를 옹호하고 있는 측면도 없지 않아 吉野의 한계를 나타내는 부분도 존재하지만, 식민지 문제에 관하여 논하기가 금기시되고 있던 당시 실정을 감안한다면 세인의 주목을 받기에 족한 것"이었다고 하여 그 의의를 인정하고 있다. 李景珉, 「일본에서의 韓國民族運動 - 在日 朝鮮人 및 留學生의 民族運動」, 『竹堂李炫熙敎授華甲紀念韓國史學論叢』, 1997, p.1031.
34) 이는 당시 학우회에서 벌이는 행사에 吉野가 여러 번 참석하여 강연을 행하고 있는 것만을 보더라도 이에 대한 판단이 가능하다.(「소식」, 『학지광』 13, 1917, p.497.) 그러나 길야가 진정으로 한국의 녹립을 원했던 것으로 보기는 어렵다. 이는 "(吉野가)일반론으로서는 민족자치를 인정할 수 있으나, 조선의 자치, 특히 독립을 무조건적으로 전망한다고 말하는 것은 아니다"라고 그에 대해 평하고 있는 연구에서 파악할 수 있다. 山田昭次, 「金子文子と吉野作造の朝鮮觀 - 近代日本の朝鮮觀把握の方法の深化のために」, 『朝鮮史硏究會論文集』 36, 1998.
35) 張德秀, 「學之光 第3號 發刊에 臨하야」; 「靑春을 迎하여」; 「意志의 躍動」(『學之光』 5호, 1915년 5월.); 「卒業生을 보내노라」(『學之光』 6호, 1915년 7월.); 「社會와 個人」(『學之光』 13호, 1917년 7월.)

다. 그런데 그가 파악하고 있는 현실 사회는 '진화'와 '자연도태'가 그 진행의 원리로 자리잡고 있는 "생존경쟁, 우승열패의 場裡"이며 그 안에서 자기 실현을 이루는 과정은 "우주의 창조 작용"인 '쟁투' 즉 '생존경쟁'을 통해서 이루어진다고 파악하고 있다.[36] 다시 말해 그는 사회진화론을 "우주의 진리"로 파악하여 모든 사회에 적용되는 하나의 세계 질서로 파악하고 있는 것이다.[37] 또한 국제정세에 대해서 "20세기 오늘날에는 經濟의 싸움이 더욱 激烈하여 弱肉强食과 優勝劣敗의 原則이 極端히 發揮"[38]되는 시기라고 파악하고 있는 점에서도 확인이 가능하다.

그러나 이와 같은 질서가 관통하는 세계에서 그가 구상하는 '문화·문명'화된 사회, 즉 '優勝'한 사회가 어떠한 것인지는 분명히 밝히지 않고 있다. 다만 그가 개인과 사회는 서로 독립적인 존재가 아니라 상호관계를 이루는 존재로 파악하고 있는 점과 "정의의 근본 기초는 인격의 존중"이라 밝히고 있는 점에서 개개인의 인격이 발현되면 자연스럽게 사회 역시 "개명하고 완전한" 사회를 이루고 이것이 바로 그가 말하는 '문화·문명'화된 사회라는 것을 파악할 수 있다.[39] 그리고 현실 세계에서의 '우승'한 사회는 바로 서구 자본주의 사회였기에 설산이 이를 모델로 하였다고 파악하는 것도 큰 무리는 아닐 것이다. 이러한 '우승'한 사회로 가기 위한 방법으로, 즉 생존경쟁의 질서에서 살아남기 위한 방법으로 설산은 아래와 같이 '교육'의 주장하고 있다.

"… 物理化學을 不知하는 자는 기계사용 세계에는 패자 됨을

36) 「學之光 第3號 發刊에 臨하야」, p.3.
37) 「靑春을 迎하여」, p.7.
38) 「졸업생을 보내노라」
39) 「社會와 個人」

얻지 못하며, 지리, 경제를 不知하는 자는 乞丏됨을 不免하고 생물학을 不知하는 자는 생물의 진화와 자연도태의 얼음같이 무정한 철칙을 부지하리로다. 父母兄弟여 子弟를 敎育하라. 새해를 맞았으니 다시 힘써 敎育하라. …"[40]

여기서 그가 주장하고 있는 '교육'은 '인격의 존엄'을 이루기 위한 교육을 의미하는데, 그것은 문화를 이루는 선결 조건이 바로 '인격의 존엄'이라는 판단과 더불어 한국 사회에 대한 그의 인식에서 비롯된 것이라 할 수 있다.[41] 그는 한국 사회를 낙후된 사회 즉, "理想이 없는 사회"로 인식하고 있으며, 이의 갱생을 위해서는 '이상'인 '인격의 존엄'이 절대적으로 필요하다고 주장하고 있다. 그리고 이를 위해 그는 '인격주의'를 표준으로 삼는 3가지의 사회 조직, 즉 교화조직(cultural association)과 국가 조직, 그리고 경제조직(economical association)을 제창하고 있다. 개인의 도덕적 해방을 목표로 삼는 교화 조직을 제1의 조직으로 삼은 것은 바로 이 조직들을 통해 그가 최고의 경지로 삼고 있는 '인격주의', 즉 '자유의 실현'을 발현시킬 수 있기 때문이며 이를 시행할 수 있는 기관으로는 학교를 비롯한 기관들과 종교조직을 들고 있다. 특히 학교나 종교조직을 "우리 반도 사회의 유일광명"이라고 하여 이들을 중심으로 본 것은 당시 무단통치 하에서 학교나 종교 조직 이외에는 별다른 단체가 설립될 수 없었던 시대 상황을 분명히 인식하고 있었던 것으로 보인다. 제3의 조직인 '경제 조직'은 바로 이러한 조직의 기반으로서 그리고 당시 세계가 '경제의 생존경쟁'이 가열화되는 시기에서 생존할 수 있는 기반을 제공하기에 그

---

40) 「靑春을 迎하여」, p.7.
41) 「졸업생을 보내노라」, p.4. 이 글은 식민지 한국에 대한 설산의 인식과 그 극복 방법을 나타내는 글로서 그 의의를 지니고 있다.

필요성을 주장하고 있다. 이때 말하는 경제 조직은 '자연을 이용'[42]하는 경제조직으로 당시 한국 사회에서는 농업이 유일한 산업이라는 인식하에 '지주의 대합동'을 통한 토지의 보존을 가장 시급한 일로 파악하고 있다. 그것은 당시 진행되고 있던 '토지조사사업'을 통한 일제의 토지 침탈이 심각한 문제였기 때문으로 여겨지며, 동시에 토지에서 나오는 자본을 바탕으로 하여 농업 이외의 각 부문 산업 발전의 기초를 다짐으로서 경제 발전을 이루자는 그의 인식을 바탕으로 하고 있는 것으로도 파악된다. 이를 위해 '지주의 합동'을 통해 토지의 침탈을 막고 '소작인 조합'을 구성하자는 것이다.[43] 그러나 여기서 설산이 말하는 지주와 소작인들의 조직은 '계급투쟁'을 의미하는 것은 결코 아니다. 그는 분명하게 이 단체들을 통해 지주와 소작인 간의 관계를 "爭鬪가 아닌 和哀調協하여 우리 社會의 經濟復活을 目的할 것"이라 하여 양자 간의 협조를 강조하고 있다. 이러한 주장은 상업 부문에 있어서도 마찬가지로 '자본주 · 기업가의 합동'과 '소비자의 연합'과 역시 양자 간의 협조를 통한 '경제의 一新'을 말하고 있을 뿐이다.[44] 이렇듯 그가 지주와 소작인, 기업가와 소비자 간의 협조와 조화를 강조하는 이유는 바로 이들이 비록 다른 계층, 다른 계급임에도 불구하

---

42) 여기서 말하는 '자연의 이용'이라는 것은 '强拓'으로 '자연의 개척'을 의미하는 것이고, 이는 식민지 시기 청년 지식인들이 서구 자본주의 국가들이 선진 사회로 나아가는 데에 있어 가장 중요한 요소의 하나로 파악하고 있는 것이다. 이는 이후에 설산을 비롯한 미국 유학생들의 인식에서 잘 들어나고 있다. 「米國 留學生의 米國文明에 對한 感想」, 『우라키』 3호, 1928, pp.1-11.

43) 지주의 대합동을 통해서는 ① 토지보존, ② 금융기관장악, ③ 산출물가조절, ④ 토지개량, ⑤ 농학지식보급 등이, 소작인 조합을 통해서는 ① 기술개량, ② 친선화목 · 노동호상보완, ③ 저축장려 · 생활향상, ④ 금융제도연대이용, ⑤ 기계공동구매, ⑥ 농업지식보급 등의 결과가 기대된다고 보고 있다.(「졸업생을 보내노라」)

44) 상업 부문에 있어 기업 활동과 이에 대응하는 소비자 활동에 대해서는 특별한 인식을 보여주지는 못하고 있으며 이는 기타 공업, 광업, 수산업 등에 대해서도 마찬가지이다.

고 하나의 민족이라는 "끊을 수 없는 連鎖와 '한일'(一) 字 관계가 존재"하는 하나의 집단으로 파악하고 있기 때문이다.[45] 즉 그의 사회 진화론적 인식에서 나타나는 '생존경쟁·우승열패'라는 개념은 타국과의 관계에서 나타나는 것으로 같은 민족인 한국에서는 적용되는 않는 것이라 할 수 있다. 한편으로 이상과 같은 한국 사회의 발전을 책임질 세력으로 설산이 중요하게 여기는 것이 바로 청년이다. 그에게 있어서 청년은 바로 사회를 발전시킬 수 있는 원동력임과 동시에 기존 사회의 모순을 타파하고 사회를 "退步墮落에 빠지지 않게"함으로서 선진 사회로 나아가게 하는 세력이기 때문이다.

결국 그가 구상하는 한국 사회는 '인격의 존엄'이라는 '이상'의 확립을 통해 이루어지는 '문명화'된 사회이며, 그 내부에서는 계급·계층 간이 '민족'이라는 절대 명제 앞에 조화와 협력을 이루는 사회임을 알 수 있다. 그러나 이와 같은 그의 인식은 일제 식민지하에서의 점진적 개량이라는 것이 식민통치를 인정하는 바탕 위에서 나타날 수밖에 없기 때문에 그 한계성을 지닌다고 할 것이다. 특히 그가 '지주의 대합동'을 주장하면서도 '토지의 겸병'을 세계적 추세라 파악하고 있는 것은 이를 단적으로 나타낸다고 할 것이다. 즉 1910년대 당시 한국에서의 토지 겸병은 일제에 의한 '토지조사사업'임은 주지의 사실이고, 그로부터 토지의 보호를 위해 합동을 주장하면서도 이를 세계적 추세라고 말하고 있는 것은 일제의 침탈-일제의 지배를 인정하고 있는 부분이라 할 것이다.

그리고 이상과 같은 그의 주장 및 인식은 1920년대 자유주의·문화

---

45) 이러한 지주·소작인, 기업가·소비자 간의 조화와 협력을 강조하는 것은 당시 일본 지식인 계층에서 유행하고 있던 '勞資協調主義'에 일정 부분 영향을 받은 것이라 할 수 있으며, 이는 이후 20년대 활동에서도 그대로 나타나고 있다.

주의·인격주의를 기조로 전개하는 '문화운동'의 사상적 배경을 이룬
다는 점에서 그 중요성을 지닌다고 할 것이다.

III. 1920년대 초반 국내 민족운동 전개

1920년대 초반 설산이 국내에서 민족운동을 전개한 기간은 여운형
의 동경행에 동참하여 연금이 풀린 1919년 후반부터 사회주의자들의
공격으로 인하여 1923년 3월 미국으로 유학을 떠나기 전까지의 약 4
년(1919~23)에 걸친 짧은 시간에 불과하다. 그러나 비록 짧은 기간임
에도 불구하고 이 기간 동안에 나타나는 그의 활동은 20년대 초반 국
내 민족운동의 파악에 있어 대단히 중요한 위치를 차지한다. 그것은
이 시기에 그가 『동아일보』를 중심으로 하는 우파 진영의 민족운동인
'문화운동'에서 '선봉의 위치를 담당하고 있었고 동시에 '사회혁명당'
과 '상해파 고려공산당'에의 참여에서 나타나는 바와 같이 20년대 초
반 국내에 새롭게 등장하는 사회주의 운동에도 깊숙이 관여하고 있었
기 때문이다. 즉 이 시기 그의 활동은 우파 진영, 그 중에서도 『동아
일보』를 배경으로 하는 인사들의 운동론을 대표한다고 할 수 있으며
이는 민족운동 진영의 초기 사회주의 수용의 양상을 보여준다고 할
수 있다. 또한 이 시기 그의 활동이 사회주의자들로부터 공격을 당하
는 것은 1920년대 초반의 민족운동 전선이 '민족주의' 진영이라 불리
는 우파와 '사회주의' 진영이라 불리는 좌파로 분화되는 양상을 나타
내는 것임과 동시에 한편으로는 사회주의 진영 내부의 분화 양상을
나타내는 것이라 할 수 있다.

1) 20년대 정세 인식과 문화주의

이와 같은 특징을 지니는 1920년대 초반 설산의 국내 활동은 철저히 『동아일보』 및 그 계열 인사들을 기반으로 하고 있으며 이는 앞서 살펴 본 바와 같이 1910년대의 일본 유학 시절 형성된 인촌 김성수와 고하 송진우 등과 같은 인사들과의 인적 관계를 그 바탕으로 하고 있다. 아래의 표에서도 나타나는 바와 같이 설산은 식민지 시기 전기간 동안에 『동아일보』에서 요직을 담당함으로서 『동아일보』 및 그 계열 인사들과 밀접한 관계성을 유지하였음을 파악할 수 있다.

<표 1> 雪山 張德秀의 『동아일보』 재직 기간[46]

직책	재직 기간	비고
副社長	1921년 9월 ~ 37년 1월	
主幹(主筆)	1920년 4월 ~ 21년 9월(21년 9월~23년 4월)	직제 폐지
取締役	1921년 9월 ~ 40년 8월	
監査役	1940년 8월 ~ 43년 1월	淸算委員會
美國海外常駐特派員	1923년 4월 ~ 37년 1월	

여기서 알 수 있는 바와 같이 이 시기 국내 활동을 전개함에 있어 그의 위치는 '民族誌'를 자처하는 『동아일보』의 주간(주필)이었기에 그의 활동 및 주장은 『동아일보』의 그것이고, 『동아일보』의 주의·주장은 설산의 그것이라 해도 과언은 아닐 것이다. 그리고 여기서 나타나는 그의 주의·주장은 이 시기에 대한 일정한 인식에 그 바탕을 두고 있다. 즉 이미 살펴 본바와 같이 설산은 1910년대 중후반 일본 유학생활을 거치면서 '대정데모크라시'기의 사상적 영향을 받아 사회진

---

46) 『東亞日報社史』 1(동아일보사 編, 1969.) 참조.

화론을 보다 확고하게 체계화하였으며, 이를 바탕으로 20년대 초반 개조론적 인식을 전개하고 있는 것이다.

개조론은 1910년대 후반부터 1차 세계 대전에 대한 반성으로 나타난 것으로 국제정치에서는 비록 전통적인 '현실주의'적 국제관계가 유지되고는 있었지만, '이상주의'적인 사조가 등장하고 있었다. 윌슨의 민족자결주의, 국제연맹의 결성, 1917년 러시아 혁명, 1918년 독일혁명으로 나타나는 전제 왕조의 붕괴, 사회주의 체제의 등장, 유럽에서의 활발한 노동운동은 이러한 분위기를 나타내는 것이라 할 것이다.[47] 일본의 경우에도 이와 같은 세계 정세의 변화와 '이상주의'의 사조에 영향을 받아 '개조론'이 등장하게 되는 것이다. 일본의 지식인들은 1차 세계 대전을 기점으로 '물질적 개인주의'에서 '정신적 인격주의'로 윤리 체계로 바뀌었다고 주장하면서 새로운 가치 체계로 사회화된 개인, 사회적 연대를 바탕으로 한 새로운 '정신적 인격주의'를 강조하였다. 즉 개인의 인격이 발현되어 사회로 환원되면, 이 상태가 곧 문화라는 것으로 '문화주의=인격주의'라는 개념이 형성되는 것이다. 이러한 개조론은 1919년 말부터 천도교계와 일본 유학생을 통해 주로 소개되었고, 1차 세계 대전 이후의 세계 정세를 '이상주의'의 입장에서 바라보아 식민지 한국에도 희망적으로 적용되리라 판단하여 당시 한국 지식인들에게 민족 문제 해결의 새로운 희망으로 인식되었다.[48]

이와 같은 인식에 있어 설산 역시 예외는 아니었다. 설산의 경우에도 1차 세계 대전 이후의 정세에 대해 20년대의 세계 질서는 1차 대전 이전의 침략주의와 제국주의에서 평화주의와 인도주의로 전환하고

---

47) 박찬승, 『한국근대정치사상사연구』, 역사비평사, 1990, pp.176-178.
48) 김형국, 「1919~1921년 한국 지식인들의 '개조론'에 대한 인식과 수용에 대하여」, 『충남사학』 11, 충남사학회, 1999.

있으며, 이는 국내적으로는 자유정치와 문화창조의 실현으로 그리고 이를 배경으로 국제적으로는 정의와 인도에 바탕을 둔 국제연맹으로 나타난다고 보고 있는데, 이는 "世界 全局에 在하여는 正義·仁道를 承認한 以上"이라 하여 이미 인도와 정의가 하나의 세계 질서로서 인정되고 있는 것으로 파악하고 있는 것에서 나온 것이다.[49] 이와 같은 시대에 진행되어야 하는 것이 바로 '개조'라는 것이고 그가 주장하는 개조는 인격주의를 바탕으로 하는 것으로 이 인격주의는 바로 문화주의를 의미하는 것이다.

바로 이러한 인식을 바탕으로 하고 있는 설산 및 『동아일보』가 주의·주장과 운동론, 그리고 그들이 구상하는 사회상에 대해서는 설산이 쓴 『동아일보』의 여러 글들에서 확인할 수 있다. 먼저 창간사인 「주지를 선명하노리」에서 설산은 '조선 민중의 표현기관', '민주주의의 지지', '문화주의 제창'의 세가지를 『동아일보』의 주지로서 제시함으로서 『동아일보』가 한국 사회에서 차지해야할 위치와 한국 사회가 나아가야 할 방향 그리고 이를 위한 방법을 제시하고 있다. 특히 그 방법에 있어서는 '문화주의'를 자신들 운동의 주의·주장으로서 천명하고 있다. 즉, '문화의 낙원'이라는 '독립'을 이루기 위해서는 정치적인 분야 뿐만 아니라, 경제·도덕·종교·과학·철학예술 등의 모든 생활 분야에서의 '내적 충실'을 기해야 하고 이를 이룰 수 있는 방법이 바로 '문화주의'라는 것이다. 여기서 말하는 '내적 충실'은 설산이 유학 시절부터 계속적으로 주장해온 '문화·문명'의 경지임은 누말할 필요가 없을 것이다. 결국 이 글에서 설산은 모든 방면에서의 '생활내용의 충실'과 같은 실력양성운동의 전개를 의미하는 것이라 할 것이다. 한편 이러한 설산의 문화주의는 인격주의로도 나타나는데, 그는

---

49) 『동아일보』 1920년 4월 1일, 「주지를 선명하노라」, 창간사.

인격을 모든 개인이 계급에 상관없이 동등하게 지니고 있는 것이라 파악하면서 개인의 인격의 완성은 신성한 사회 조직을 의미하기 때문에 매우 중요하다고 여겨 사회의 문화는 바로 인격의 완성으로 나타난다고 파악하고 있다. 이때 인격의 발달에는 사람의 천성인 자유가 뒷받침되어야 한다고 주장함으로서 그의 문화주의와 인격주의가 자유주의를 표방하고 있음을 보여주고 있다.[50]

이상의 「주지를 선명하노라」가 설산과 『동아일보』가 표방하는 주의 · 주장을 나타내는 글이라고 한다면, 다음날부터 전 4회에 걸쳐 『동아일보』의 사설로 기고한 「世界改造의 劈頭를 當하여 朝鮮의 民族運動을 論하노라」라는 글은 이를 위한 방법론을 제시하는 분명히 제시하는 글이라 할 수 있다. 여기에서 설산은

> "… 吾人의 所謂 民族的 運動이라는 것은 一定한 理想을 向하여 意識的으로 하는 精神的 惑은 社會的 運動이다. … 이를 一大文化運動이라 稱하노니 그 理由를 說明하건데, 文化는 반드시 政治的 正義를 意味하거니와 政治的 獨立은 반드시 文化를 意味함이 아니라. …"[51]

고 하는 것에서 알 수 있듯이, 그는 자신이 전개하는 민족운동을

---

50) 張德秀, 「人格主義와 勞動」, 廣文社編輯部, 『時事講演錄』 제1집, 1920, pp.13-19. 이 글은 1920년 7월 6일 오후 8시 중앙청년회관에서 조선노동공제회 주최로 열린 강연회에서 설산이 행한 연설문을 기록한 것이다. 그리고 인격과 자유를 강조하는 인식은 여타의 다른 글들(「부인해방론」, 『공제』 1, 1920.: 「새시대 새사람」, 『개벽』 19, 1922년 1월.)에서도 계속 확인되고 있는데 이를 통해 볼 때 그가 구상하는 사회의 개조는 인격의 개조와 가정의 개조를 통해 결국 사회를 개조한다는 점진적인 개조·개량을 주장하고 있고 이때 그 방법으로서 교육을 강조하고 있음을 파악할 수 있다.

51) 『동아일보』, 「朝鮮改造의 劈頭를 當하여 朝鮮의 民族運動을 論하노라」(전4회), 1921년 4월 2일~7일.

332 | 제 2편 여명을 기다리는 사람들

'문화운동'이라고 분명히 칭하고 있다. 이와 같은 입장은 당시 시대적 상황에 대한 인식을 그 배경으로 하고 있다. 그는 3·1운동의 목적과 성격을 '원만한 문화의 수립'을 위해 이민족의 지배에서 탈피하기 위한 전민족의 정치운동으로 이해함으로써 '문화의 수립'을 민족이 이루어야할 최고의 경지로 파악하고 있다. 그러나 정치운동인 3·1운동이 사실상의 실패로 돌아가고 이로 인해 일제의 식민통치가 사회운동에 대해 약간의 자유만을 허용하는 '문화정치'로 전환되자 식민지 공간에서는 "이제 政治的 方法에 대하여 論할 自由가 無하거니와"라는 인식하에 민족운동의 사회적 방법을 주장하게 되는 것인데 이것이 바로 '문화운동'이라는 것이다. 그리고 이를 위해서 단체의 결성을 통한 민족의 단결, 서구 문명의 수입, 경제의 발달의 도모, 교육의 확장, 악습의 개량 등을 그 방법으로 제시하고 있다. 바로 이러한 설산의 인식과 주장은 『동아일보』외에 여러 다양한 문화운동 단체의 조직 및 활동에 참여함으로서 직접적인 행동으로 나타나고 있다.

2) 문화운동의 전개와 사회주의 단체 참여

이상에서 살펴 본 문화주의를 바탕으로 설산은 20년대 초반 여러 단체의 참여를 그의 문화운동을 전개하고 있는데, 이는 그가 앞서 민족운동의 사회적 방법들로 제시한 3가지로 나타나고 있다. 즉, 그의 문화의 창달=인격의 완성이 교육을 통해 이루어진다고 주상은 이 시기에 조선교육회, 조선교육개선회의, 중앙유치원 후원회, 민립대학기성회 등의 교육 단체들에 참여하는 것으로 나타났고, 문화주의·인격주의를 모색하는 데에 있어 먼저 '생활의 자유' 즉 생활의 기반인 경제적 안정을 선행되어야 한다는 인식52)을 바탕으로 '조선인 본위의 산업'을 주장하는 조선인산업대회에도 위원으로 참여하고 있다. 또한 그는 조선체육회의 발기 및 창립에 적극적으로 관여하고 있는데, 이러한 그의 단체 활동은 지·덕·체의 三育을 강조하는 문화운동의 전형적인 모습이라고 할 수 있으며, 이들 단체 및 사업에 대해 『동아일보』의 사설을 통해 선전·지원을 하고 있는 것은 그가 전개하는 문화운동이 『동아일보』가 주장하는 운동노선과 밀접한 관계를 이루면서 진행되고 있는 모습을 보여주는 것이라 하겠다.

그러나 그가 전개하는 문화운동에 있어 가장 주목되는 것은 「조선노동공제회(이하 공제회)」와 「조선청년회연합회(이하 청년연합회)」에의 참여 및 활동이라 할 것이다. 「공제회」는 1920년을 전후한 시기 노동문제에 대해 관심을 가지고 있는 지식인들을 중심으로 노동자 대표들과 함께 1920년 4월 11일 창립된 단체로서,[53] 여기에서 설산은 창립총회에서 의사부원, 경성 본회 예비 정기 총회에서 의사장, 제1회 연합정기총회에서는 경성본회 대표자[54] 등의 주요한 위치를 점하고 있는 것을 통해 볼 때 설산이 이 단체에 상당한 관심을 기울였음을 판단할 수 있다. 그러나 이러한 관심은 「공제회」의 초기 성격이 자신이 추구하는 문화운동과 연계되었기 때문으로 판단된다. 「공제회」는 여러 연구에서 한국 최초의 '사회주의 단체'로 규정되고는 있으나 '주지'에서 "自力으로서 自我가 衣食하는 同時에 愛情으로서 相互扶助하여 生活의 安定을 圖하며 共同의 存榮을 期함"을 표방하고 '지식계발,

---

52)「졸업생을 보내노라」;「인격주의와 노동」
53)「공제회」의 창립은 '조선노동문제연구회', '조선노동공제회발기회' 등의 과정을 거쳐 이루어졌다.(「조선노동공제회연혁대략」,『공제』1, 1920, p.166.;『동아일보』1920년 4월 6일.) 「공제회」에 대해서는 박애림의 연구(「朝鮮勞動共濟會의 活動과 理念」, 연세대학교 석사학위 논문, 1993.) 참조.
54)『동아일보』, 1920년 4월 12일: 1921년 3월 27일

품성향상, 환난구제, 직업소개, 저축장려, 위생장려, 조사연구 및 지식 전파'55)를 강령으로 제창하고 있는 것으로 보아 초기에는 실력양성론적 입장을 견지하고 있었음을 알 수 있다.56) 설산 역시 이러한 입장을 바탕으로 자신의 개조론을 전개하고 있는데, 이는 그가 「공제회」주최의 강연회에서 연설과 『공제』에 기고한 글에서 확인할 수 있다. 먼저 강연회에서 행한 연설에서 그는 노동자의 상태에 대하여 "무인 격적으로 지배를 받는 노예상태"로 규정하고 그 원인을 "노동자의 자본이 없고 학식이 부족"한 것으로 들고 있으며 이의 타개를 위한 방법으로 '노동자의 인격인정'이라는 '인격주의'를 주장하고 있다. 또한 『공제』에 기고한 글에서도 역시 '교육의 진흥'을 '인격주의'의 발현을 제창하고 있다. 이와 같은 그의 인식이 「공제회」가 전개하는 나타난다는 점은 그가 「공제회」를 하나의 문화운동 단체로 인식하고 있음을 보여주는 사례라 할 것이다.

그러나 무엇보다도 이러한 설산의 입장이 가장 잘 나타나고 있는 것은 바로 「연합회」의 활동이라 할 것이다. 「연합회」는 설산이 가장 역점을 두고 전개한 청년 운동이라 할 수 있으며 이는 그가 당시 각 지역에서 급속히 나타나고 있던 지역별 청년회를 하나의 전국적 조직으로의 통합을 주장하여 「연합회」를 설립하는데 주도적인 역할을 담당하고 있는 것에서 확인이 가능하다. 즉 그는 『동아일보』의 사설 「各地靑年會에 寄하노라 - 聯合을 要望」57)을 통해 각 지역 청년회

---

55) 朴重華, 「朝鮮勞動共濟會主旨」, 『共濟』 1호, 1920, pp.167-178.

56) 이러한 점은 「공제회」에 관한 여러 연구들에서도 인정하고 있으며, 초기 사회주의 수용의 특징으로 파악하고 있다. 박애림, 앞의 글; 권희영, 「조선노동공제회와 『共濟』」, 『정신문화연구』 51, 1993.

57) 『동아일보』, 1920년 5월 26일, 「各地靑年會에 寄하노라 - 聯合을 要望」 "··· 同會 當局者에게 希望하는 바는 全朝鮮靑年會의 聯合이라. 各地方에 散在하여 各히 團結을 堅固히 하며 活動을 充分히 함은 곧 社會의 基礎를 各地에 健實히 세움

의 통합을 주장하였다. 이처럼 설산 및 『동아일보』가 청년회의 연합을 주장하고 나선 것은 그가 일본 유학 시절부터 청년을 '사회발전의 원동력'이라 한[58] 인식을 바탕으로 하여 "一國家 一社會의 進步的 勢力"으로 인식하고 있었기 때문이기도 하다. 동시에 이들 세력의 연합에 주도적으로 참여함으로 민족운동 전선에서의 헤게모니를 장악하려는 의도가 깔려 있는 것으로 판단된다. 이와 같은 설산의 주장에 호응하여 1920년 6월 28일 '조선청년회연합회기성회'가 결성되었고, 곧이어 많은 지방 청년회의 가입 신청에 힘입어 120여개의 청년회 조직을 바탕으로 1920년 12월 1일 발기총회를 거쳐 「청년회연합회」를 창립하기에 이르렀으며[59], 설산은 기성회에서는 사교부원으로, 「연합회」에서는 집행위원으로서 그 창립에 있어서도 주도적인 역할을 담당하고 있다.[60] 이와 같은 「연합회」의 성격은 "사회의 혁신 · 세계 지식의 광구 · 건강한 사상으로 단결 · 덕의의 존중 · 건강 증진 · 산업 진흥 · 세계 문화에 공헌"이라는 그 강령에서도 나타나는 바와 같이 문화운동 단체의 모습을 보여주고 있는데 이는 설산을 비롯한 『동아일보』 계열이 전개한 문화운동을 그 이념적 배경으로 하고 있음을 나타내는 것이라 할 것이다. 한편으로 설산의 청년 단체의 활동은 「서울청년회」의 활동에서도 나타난다.

그러나 이와 같은 「연합회」와 「공제회」에서의 설산의 활동은 분명 문화운동적인 측면을 강하게 나타내고 있지만 그 단체의 성격의 조명

이니 그 善美는 勿論이어니와 各地方의 健實한 基礎를 全國에 統一하여 마치 一身의 肢體는 許多하나 그 體는 오직 '한덩어리'됨과 같이 함이 또한 아름답지 아니하뇨? …"
58) 「졸업생을 보내노라」, p.5.
59) 「聯合會彙報」, 『我聲』 1호, 1920년 3월, p.87. 「조선청년회연합회」에 대해서는 안건호의 연구(「조선청년회연합회의 조직과 활동」, 『한국사연구』 88, 1995.) 참조.
60) 『동아일보』 1920년 7월 7일.; 『我聲』 1호, 1921년 3월, pp.88-90.

과 더불어 주목할 필요가 있다. 그것은 이들 단체가 초기에는 문화운동 단체의 성격을 보이지만 이후 사회주의 운동의 중심으로 이루고 있기 때문이며, 동시에 이 시기 설산 역시 『동아일보』의 문화운동을 전개하면서 사회주의 단체에도 참여하여 사회주의 운동을 전개하고 있기 특징을 보여주고 있기 때문이다.[61]

이 시기 설산이 참여하는 사회주의 단체는 「사회혁명당」과 「고려공산당 상해파」가 주목된다.[62] 「사회혁명당」은 1920년 6월에 崔麟의 집에서 최팔용, 이봉수, 주종건, 이중림, 도용호, 김종철, 최혁, 김달호, 홍도, 엄주천, 장덕수, 김철수, 김일수, 최굉 등 30여명 정도가 참여하여 결성된 단체로서 인적 구성을 보면 일본 유학 시절 결성된 「신아동맹당」을 모체로 하여 확대시킨 것임을 알 수 있다. 그리고 「사회혁명당」은 철지히 비밀결사적인 형태를 띠고 있었으며 인적 구성에 있어서도 철저한 개인적 관계를 통해 구성원을 충원하였다.[63]

이들은 "계급타파와 사유제도의 타파, 무산 계급 전제정치와 전국 인구의 10분지 7되는 무산자들과 함께 혁명운동을 실행할 것" 등을 주장함으로서 공산주의 단체임을 표방하였으며,[64] "일본제국주의를 이

---

61) 설산이 처음으로 사회주의 사상을 접하게 된 것은 일본 유학 시절로 김철수의 영향을 받고 있는 것으로 파악된다. 『지운 김철수』, p.277.
62) 「조선청년회연합회」와 「조선노동공제회」에 대한 많은 연구들의 성격 규정과 거기에 참여하고 있는 설산의 운동노선은 분명한 차이점을 보이고 있다. 따라서 이 단체들에서의 설산의 활동을 사회주의 운동으로 구분하기에는 많은 문제점을 보이기에 여기서는 「사회혁명당」과 「고려공산당 상해파」만을 사회수의 난제도 규정하여 논의를 전개하겠다. 「공제회」및 「연합회」에 대한 설명은 후술하겠다.
63) 이러한 이유는 "… 왜놈 밑에서 비밀조직을 갖자면 극히 서로 통하는 사람이어야지. 조금이래도 괴팍한 사람하고 일을 하다가는 비밀이 탄로되면 일을 할 수가 있어? 사람으로 봐서 아깝지만 여러 가지 이유로서 이 사람 제외하고 저 사람 제외하고, 우리 내지 간부라고 하는 것은 꼭 비밀 잘 지키고 공산당 규칙 잘 지킬 사람만 뽑아 가지고 했어. …"와 같은 김철수의 증언을 통해 파악할 수 있다. 『지운 김철수』, p.7.

땅에서 몰아내고 그 다음에 사회주의 국가를 세우자는" 2단계 혁명론을 주장하여 "먼저 일본 제국주의를 구축하는 것이 선결문제이기 때문에 어디까지든지 민족운동자들과 손을 잡고 나아가야 한다는 것, 그 다음에 우리 사회주의자의 힘을 길러 사회주의 혁명을 해야한다"는 방법론을 제시하였다.[65] 그러나 이러한 폐쇄성은 이후 김철수 자신도 인정하고 있듯이 국내의 김사국으로 대표되는 다른 사회주의 세력들로부터 계속적인 공격을 당하게 되는 한 원인을 이루고 있다고 할 것이다.

이러한 「사회혁명당」은 국외 세력과의 제휴를 추진하여 1921년 5월 중국 상해에서 열린 「고려공산당 상해파(이하 국내지부)」 창립대회에 8명의 대표를 파견하고, 상해파 국내지부로 전환하게 된다.[66] 여기서도 이들은 자신들의 목표가 공산주의 사회의 건설이었음을 분명하게 제시함과 동시에 '민족의 해방'을 '사회혁명'의 전제로 파악하여 민족해방 이후에 사회주의 혁명을 달성해야한다는 인식을 보여줌으로써 「사회혁명당」의 2단계 혁명론이 수용되고 있음을 보여 주고 있다.[67] 이 「고려공산당 상해파」에서 설산은 중앙위원과 내지부 간부를 겸하고 있는데, 이는 조직 내에서 그가 차지하고 있는 비중이 상당히 중요한 것임을 보여주는 것이라 할 수 있다. 2단계 혁명론을 주장하고 '민족운동자들과의 제휴'를 모색한 그들의 인식은 문화운동의 대표적인 세력이라 할 수 있는 『동아일보』와의 지향점과 일치하여 이후 이

---

64) 『붉은군사』 2, 1921년 12월 24일, p.5.(이현주, 앞의 글, p.141에서 재인용)
65) 이 사회혁명당은 초기에는 사회주의 이념 서적을 함께 읽고 분석하는 '독서써클'의 성격을 지녔다고 한다. 『지운김철수』 p.8.
66) 「사회혁명당」의 「고려공산당 상해파」로의 전환 과정에 대해서는 이현주의 연구를 참조하였다.
67) 朝鮮總督府 警務局, 『大正11年朝鮮治安狀況』 2, 고려서림, 1989, pp.398-399.

들이 전개하는 국내 활동은 『동아일보』와의 제휴를 통하여 나타나고 있다. 한편 동아일보와의 제휴는 이러한 인식의 공통점 외에도 이들간의 인적 연관성, 즉 일본 유학 시절에 형성된 인적 관계도 중요하게 작용한 것으로 판단되며 이는 초기 사회주의 운동의 특성을 보여주는 하나의 사례라 할 것이다. 이와 같은 「국내지부」와 『동아일보』의 제휴와 그들이 추구하는 운동의 방향은 이후 김사국이 대표되는 '서울청년회'와 같은 급진적인 사회주의자들로부터 비판을 받게 되는 중요한 요인을 이룬다고 할 것이다.

3) 사회주의 노선에서의 이탈

설산을 비롯한 「국내지부」는 『동아일보』와 제휴를 통해 민족진영에서도 중요한 위치를 차지하였음과 동시에 「연합회」 내에서도 막강한 세력을 누리고 있었는데,[68] 설산이 여기에서 이탈하게 되는 것은 김사국을 비롯한 급진적 사회주의자들의 '金允植社會葬反對運動', '사기공산당' 사건 등과 같은 일련의 공격을 통해서라고 할 수 있다. 이러한 급진적 사회주의자들의 공격은 설산이 대표하는 『동아일보』 및 「국내지부」의 운동 노선에 대한 반발에서 나온 것임과 동시에 「연합회」 내에서의 이들 영향력을 축소시킴으로써, 사회주의 운동에서의 주도권을 장악하려는 시도로 파악된다.

이들이 반발하고 있는 '김윤식사회장운동'이라는 것은 1922년 1월 21일 김윤식이 사망하자 설산을 비롯한 인촌 등의 『동아일보』계 인사

---

68) 「연합회」에서의 「국내지부」 세력은 1922년 4월에 열린 연합회 3회 총회에서 신임 집행위원 20명 중의 14명, 상무집행위원 5명 중 4명을 차지할 정도로 지배적인 위치를 차지하고 있었다. 朝鮮總督府 警務局, 『大正11年朝鮮治安狀況』 2, 1989, p.429.

들과 민족주의자들이 김윤식의 생전의 공로를 표창하기 위하여 동아일보를 비롯한 언론계, 종교계, 그 밖의 사회단체의 발기로 그의 장례를 조선 최초의 사회장 개최하기 위해 벌이는 일련의 운동을 말한다. 설산과 『동아일보』는 사설을 통하여 김윤식의 사회장에 대한 건의를 하였고,[69] 이를 바탕으로 결성된 장례위원회에서 설산이 실행위원을 맡는 등 이 사회장 운동을 주도하고 있다.[70] 이 실행위원 선출 도중 朝鮮勞動共濟會의 朴珥圭 외 14,5명이 회의장에 난입하여 김윤식사회장을 결정하게 된 이유를 질문하면서 위협적인 행동을 벌인 사건 발생하였고[71] 이로 인해 사회장 문제가 사회적 이슈로 등장하였다. 특히 이에 반대하는 사회주의자들은 「김윤식사회장반대회」를 조직하여 반대결의문을 공표하고 강연회를 개최하여 격렬한 반대운동을 전개하였다.[72] 결국 이러한 반대운동을 통하여 '김윤식사회장운동'은 실패로 돌아가고 김사국을 중심으로 하는 '서울청년회'계의 위치가 보다 확고해지는 계기를 마련했다고 할 수 있다. 그런데 이때 '사회장'에 반대한 세력은 비단 이들 급진적인 사회주의자들 뿐만은 아니었던 것으로 보인다. 이는 김사국이 코민테른에서 행한 보고에서

"… 비록 우리 당의 많은 당원들이 선동의 성공에 대해 확신을

---

69) 『동아일보』 1922년 1월 23일자 「雲養先生의 長逝를 悼하노라」 이와 같은 동아일보의 사설에 대해 한 연구에서는 동아일보가 인촌, 고하, 설산의 영향력이 주도적이었던 점으로 보아 김윤식에 대한 평가가 편파적, 일방적일 수도 있으나 대체로 객관성을 많이 지니고 있다고 판단된다는 견해를 보이고 있다. 이상일, 「「김윤식사회장」 문제에 대한 일고찰」, 『죽당이현희교수화갑기념 한국사학논총』, 1997, p.389.

70) 장례위원은 위원장 박영효를 비롯 57명으로 구성되었고 9명의 실무 위원들로 위원회를 이루었다. 『동아일보』 1922. 1. 24, 1. 25.

71) 朝鮮總督府 警務局, 「大正11年朝鮮治安狀況」, 金正柱 編, 『朝鮮統治史料』 7권, p.462.

72) 「대정11년조선치안상황」, p.463.

못하였지만 악명높은 社會葬 거행의 주도자이며 격려자인 동아일
보 보이코트 선언 후 이틀 째에 이 신문의 발행 부수는 3,000부
남짓으로 떨어졌다. …"[73]

라고 말하고 있는 것처럼 그들은 자신들이 행한 반대운동이 성공하
리라는 생각을 처음부터 가지고 있었던 것으로 보이지는 않는다. 그러
나 동아일보의 "발행 부수가 3,000부 남짓"으로 떨어졌다는 것은 이들
의 주장에 많은 민중들이 공감을 하였다는 것을 보여주는 것이고 이
는 그만큼 『동아일보』의 운동노선에 대한 민중들의 반발이 존재했었
던 것으로 파악된다. 이러한 사회장의 파문 직후인 1922년 3월에는
설산은 송진우 등과 더불어 재외동포위문금품모집 환등사진순회 강연
을 주도하는데 표면적으로는 재외동포 위문금품 모집으로 되어 있으
나, 실제적으로는 급진적 사회주의 세력의 팽창에 대한 동아일보 세력
이 자신들의 입지를 강화하기 위한 하나의 선전운동으로 전개한 것으
로 판단된다. 이는 여기서 모금된 자금이 즉각적으로 집행되지 않아
이후 세인의 비판을 받게 되는 것도 바로 순회 강연회의 내면적인 성
격을 나타내는 것이라 할 것이다.[74]
이렇게 불거진 설산 계열과 김사국 일파의 「연합회」 내에서의 분열
은 1922년 4월 제3회 정기총회에서 김사국 등이 '사기공산당' 사건을
빌미로 설산을 비롯한 인사들의 제명을 요구하면서 절정을 이루었다.
이들은 제명 요구가 받아들여지지 않을 경우 연합회를 탈퇴하겠다는
청원서를 제출하였는데, 제명안은 부결되었고 「서울청년회」는 자신들

---

73) 「코민테른 집행위원회에 대한 김사국의 보고 제1호 조선내 공산주의조직의 발생
과 활동 약사」, 1924년 3월 17일.
74) 襞啞子, 「各種新聞雜誌에 對한 批判 - 東亞日報에 對한 不平」, 『開闢』 1923년 7
월호.

과 뜻을 같이 하는 8개 지방청년회와 함께 연합회를 탈퇴하였다. 그리고 두 달 뒤인 6월 13일 임시총회를 소집하여 장덕수, 김명식, 오상근, 최팔용, 이봉수 등의 5인을 '사기공산당' 관련자로 하여 서울청년회에서 제명하였다.[75] 여기서 말하는 '사기공산당' 사건이란 이동휘의 지령을 받은 韓馨權이 레닌으로부터 받은 200만 루블 중 국내에 들어온 일부를 설산을 비롯한 「국내지부」 세력이 유용을 하였다고 주장한 사건이다.[76] 결국 이러한 '김윤식사회장반대운동', '사기공산당' 사건과 같은 일련의 공격은 『동아일보』와 「국내지부」의 운동노선에 대한 반발이었고, 그 핵심에 위치한 설산이 이로 인하여 사회주의 노선에서 이탈하는 것은 민족진영과 사회주의 진영과의 분화의 모습을 나타냄과 동시에 사회주의 진영 내의 분화의 모습을 보여주는 것이라 할 것이다.

IV. 설산 문화운동의 특징

이상에서 살펴 본 것처럼 1920년대 초반 국내에서 전개된 설산의 민족운동은 『동아일보』를 중심으로 하는 우파 세력의 문화운동을 대표함과 동시에 「사회혁명당」, 「고려공산당 상해파」를 중심으로 하는 사회주의 운동을 대표하고 있음을 알 수 있다. 이러한 그의 모습은 민족운동 진영에 사회주의가 수용되는 초기의 모습을 보여주는 것이

---

75) 李江, 「朝鮮靑年運動史的考察」 中, 『現代評論』 9호, 1927, pp.22-23.

76) 이에 대해 한형권은 후일의 진술을 통해 "… 崔八鏞, 張OO(덕수-인용자) 等에게 돈을 주어 國內의 世稱 詐欺共産黨이란 것을 만들었고 …."라고 진술하고 있으나(한형권, 「혁명가의 회상록」, 『삼천리』 6호, 1948.), 실제로 자금을 국내에 가지고 들어온 김철수의 경우 설산이 받지 않아서 그 자금을 최팔용에게 전해주었다고 회고하고 있다. 『지운 김철수』, p.284.

라 할 수 있는데, 이에 대한 고찰은 세심한 주의를 요하고 있다. 그것은 비록 그가 사회주의 운동에 참여는 하고 있지만 계급투쟁을 강조하는 급진적인 사회주의 노선은 비판하고 있다는 점이다.

즉 그는 계급 투쟁을 통하여 노동자 본위의 새로운 경제 체제를 주장하는 급진적 사회주의자들에 대해 아래와 같이 비판을 가하고 있다

"… 어떤 사람은 말하기를 새 情神이 새 時代를 맞는 것이 아니며 새 社會를 現實하는 것이 아니라 새 生命의 새 關係, 換言하면 生産의 새 關係가 새 情神도 생기게 하며 새 社會도 나타나게 하며 따라서 새 時代도 오게 하는 것이라 하는 사람도 있으나 그러나 나는 이 말이 全部 옳다고는 생각하지 아니 합니다. 사람이 機械가 아니고 情神을 가진 人格者인 以上 그 必然한 關係로 自覺에 依支하여 生活이 變改되는 수도 있으며 그 外部生活의 變改에 依支하여 內部 生活이 情神이 意識이 變化될 수도 있는 것이외다. …"[77]

이러한 사회주의에 대한 비판은 『동아일보』의 사설을 통해서도 전개되고 있다. 설산은 「不良紳士를 排斥하라」[78]라는 사설에서

"… 或은 勞働主義者로 標榜하여 衆愚를 기만하고 聲譽를 唱來하며 妓樓에 出入하여 黃金을 散盡하고 學生을 호응하여 수양을 妨害하는 … 君等이 眞正한 不平이 有하면 强敵을 向하여 對抗할 것이요, 確實한 奮慨가 有하면 衆民을 合하여 團結할 것이라. …"

'노동주의자' 즉 사회주의자들을 '不良紳士'의 하나로 비판하고 있

---

77) 장덕수, 「새 시대의 새사람」, 『개벽』 19, 1922년 1월. 이 글에서 나타나는 바와 같이 설산은 개인의 인격과 정신을 강조함으로서 이 시기에도 계속적으로 인격주의를 주장하고 있는 것을 단적으로 파악할 수 있다.
78) 『동아일보』 1922년 2월 15일 사설, 「不良紳士를 排斥하라 - 社會發展의 第一步」

으며 동시에 "共産을 力說"하는 것을 '망상가설'이라 하여 사회주의 노선을 비판하고 있다. 또한 사회주의자들에게 자신들이 아닌 일본에게 대항할 것을 촉구하고 있는데 이는 김윤식 사회장 무산에 대한 것임을 파악할 수 있다.

이와 같은 입장은, 비록 그가 급진적 사회주의 세력의 공격으로 미국 유학을 떠나게 된다는 정황이 분명히 존재하지만, 미국 유학 시절에 쓴 논문들에서도 계속적으로 계급투쟁을 강조하는 급진적인 사회주의 노선을 비판하고 있는 것을 통해서도 확인되고 있다. 먼저 그 내용이 확인되지 않고 그 존재만 알려진 「마르크스의 국가관념 비판」[79]이라는 논문은 그 제목만을 통해서 보더라도 그가 사회주의 노선을 비판하고 있음을 알 수 있다. 또한 「산업 평화에 있어서의 영국적 방법 - 노동쟁의의 민주주의와의 연관성 연구」[80]라는 영국의 산업정책 및 산업평화를 다룬 또 다른 논문에서도

" '최후의 계급 투쟁'이라는 마르크스주의적 의미가 근대 영국 정치사에서는 널리 보여지지 않고 있다는 점이 주목할 만하다. 압박 받는 공장노동소년들의 원인은 토리와 휘그당 뿐만 아니라 노동자들 자신에 의해 처리되었다."

---

79) Chang Duk Soo, *A Critical Examination of Marxian Conception of the State*, M.A., Columbia University, 1925. 이 논문은 유광렬에 의해 "통과되지 못한 박사학위논문"(유광렬, 앞의 글, p.38.)으로 흔히 알려져 있으나, 당시의 미국 유학생들의 기록(「北美留學生博學士論文題一覽」, 『우라키』 4, 1930, p.209.; 『The Korean Student Bulltin』 No4., Vol.Ⅶ, December, 1929, p.3.)을 통해 볼 때 설산은 이 논문으로 석사학위를 취득했음을 확인할 수 있다.

80) Chang Duk Soo, *British Method of Industrial Peace - A Study of Democracy in Relation to Labor Disputes*, Columbia Univ. Press, 1936. 이 글은 설산의 박사학위 논문으로서 심사를 담당한 교수들로부터 호평을 받았으며 대학 당국으로부터 출판 제의를 받아 단행본으로 출판되었다.(「Personal Note」, 『The Korean Student Bulletin』, No.1, Vol.ⅩⅤ, October-November, 1936, p.8.)

라고 하여 '계급투쟁'이 아닌 자본가와 노동자들 간의 조화와 협력을 영국 산업 사회 발전의 특징으로 제시하고 있는 점에서 급격한 사회 혁명 보다는 사회 구성원간의 조화와 협력을 강조하고 그를 바탕으로 전개되는 점진적인 개혁·개량을 주로 모색하였음을 알 수 있다. 결국 이러한 내용들을 살펴 볼 때 설산은 앞서 『동아일보』의 창간사 및 기타의 여러 글에서도 확인되는 것처럼 '문화주의·인격주의'를 자신의 민족운동의 이념으로 설정하였고, 이를 바탕으로 하여 문화운동을 전개한 것으로 파악할 수 있다. 그럼 「사회혁명당」과 「국내지부」에서 중요한 위치를 점하는 것으로 나타나는 그의 사회주의 운동은 어떻게 평가할 것인가?

그것은 다음과 같은 점이 주목된다. 즉 이들 단체들이 '민족해방을 이루고 사회주의 혁명을 이루자는' 2단계 혁명론을 제시하고 있다는 점이다. 물론 이들 단체들은 앞서도 살펴 본 바와 같이 '계급타파와 사유제도의 타파, 무산 계급 전제정치, 혁명운동의 실행'을 주장함으로서 공산주의 단체임을 표방하고 이를 최종 목표로 삼고 있다. 그리고 여기에 참여한 설산 역시 이러한 입장을 전혀 인식하지 못했다고는 파악하기 힘들다. 그렇지만 그의 글에서도 나타나는 바와 같이 그는 분명하게 '계급투쟁'과 그를 통한 급격한 혁명에는 찬동하고 있지 않고 '문화주의'를 제창하고 사회 구성원간의 조화와 협력을 통한 점진적인 개조를 추구하고 있는 설산의 입장은 이들의 주장과는 확연한 차이점을 보여주는 것이라 할 것이다. 이를 통해 볼 때, 설산이 이들 단체를 통해 사회주의 운동에 참여하는 것은 이들 혁명론의 첫단계 즉 '일제 타파'에 공감하여, 자신이 주된 운동방법으로 제시하고 있는 문화운동으로 이들 세력을 포용하여 민족운동을 확대·전개하려는 입장에서 나타나는 것이라 판단된다. 이러한 설산의 모습은 그의 민족운동과 사회주의 운동 인식의 특징을 나타내는 것이라 할 것이다.

　그러나 이 시기 설산의 활동 및 인식은 분명히 한계성도 지니고 있다. 그것은 『동아일보』의 지면이나 다른 잡지들을 통해 계속적으로 주장하고 있는 '문화주의 · 인격주의'를 통한 점진적인 개조 · 개량이라는 것은 일제의 식민지배라는 현 상황을 인정하고 진행될 수밖에 없다는 점이 바로 그것이다. 물론 문화운동을 통하여 실력을 양성함으로서 독립을 얻고자 하는 나름대로의 지향점은 분명하다고 할 수 있다. 그러나 일제의 침략성을 생각할 때, 이러한 운동이 과연 민족의 독립이라는 성과를 이끌어 낸다는 것은 불가능한 일이었고, 결국 이들이 주장하는 '독립'의 요구는 '자치'의 요구로 나타날 수 밖에 없는 현실을 지녔다는 점에서 그 한계성은 더욱 선명해진다. 이는 비록 그는 미국 유학으로 인해 참여하고 있지는 않지만, 민립대학설립운동이나 물산장려운동과 같은 문화운동자들이 추진한 대표적인 민족운동이 민족전선의 분화 및 일제의 방해로 실패로 돌아간 후 설산과 대단히 밀접한 관계를 갖는 인촌이나 고하 등과 같은 인사들이 '연정회' 논의로 나타나는 자치론을 전개했다는 점에서 확인이 가능하다.[81] 그리고 바로 이러한 점으로 인해 식민지 지배 세력인 총독부 경무부장이 설산에 대해 "조선 민족의 장래의 운명을 담당해야 하는 권위자로서 우리들이 기대하는 바 크다"[82]라는 부정적인 평가를 받게 되는 것이라고도 할 수 있다.

---

81) 역사에서 '만약'이라는 설정은 필요하지 않다는 점이 분명하지만, '만약' 설산이
　　미국 유학을 가지 않고 국내에서 계속적으로 활동하였다면 그 역시 이러한 논의
　　에 참가했을 것으로 판단된다.
82) 千葉了, 『朝鮮獨立運動秘話』, 帝國地方行政學會 刊, 1924, p.138.

V. 맺음말

이상에서 살펴 본 장덕수의 활동과 인식은 다음과 같이 정리된다.

먼저 그의 일본 유학시절은 첫째 김성수·송진우 또는 김철수 등과 같은 1920년대 초반 그의 활동 전개에 있어 중요한 인적 기반을 이루는 인사들과의 관계를 형성하는 시기이며, 둘째 『학지광』에서 나타나는 당시의 글들에서는 '자강론'적 입장의 나타내지만 실제 '정치결사'와 같은 직접적인 행동을 보이는 것을 볼 때 자신이 전개할 민족운동의 형태를 모색한 시기였다. 셋째, 그의 글들에서 나타나는 '문화주의·인격주의' 등의 내용은 당시 일본 지식인들과의 관계를 통해 받은 소위 '대정 데모크라시' 시기 일본 사상계의 영향을 받은 것이며 이는 1920년대 그의 활동의 인식 기반으로서 작용하였다는 점이다.

다음으로 1920년대 국내에서의 활동은 첫째 『東亞日報』및 소위 '동아일보 그룹'이라 칭할 수 있는 그 관련 인사들을 그 기반으로 하고 있다는 점이다. 즉 『東亞日報』의 主幹으로서 자신과 '東亞日報 그룹'의 주의·주장을 전개하였기에 보다 많은 영향력을 행사할 수 있었고, 이러한 그의 활동은 '東亞日報' 그룹의 운동론을 대표한다고 할 수 있다. 둘째 동시에 그는 김철수 등과 더불어 '사회혁명당' 및 '고려공산당(상해파) 국내지부'에 참여함으로서 초기 사회주의운동에도 주도적으로 관여하였다는 점이다. 그리고 이를 통해 그는 '문화운동' 및 사회주의의 대표적 단체의 접합섬임과 동시에 양단체를 대표하는 인물로 부각되었다. 셋째 그러나 그의 사회주의 단체 참여는 사회주의를 개조론의 하나로 인식하여 전개한 것으로 파악된다. 이는 그가 '민족독립'이 '계급혁명'보다 선행되어야 한다는 점을 주장한 점에서 파악할 수 있으며 이것이 김사국 등과 같은 급진적인 사회주의자들의 공격으로 미국 유학을 떠나게 됨으로서 1920년대 국내 민족운동에서 이탈되는 원인을 이룬다고 할 것이다.

결국 이 시기에 나타나는 장덕수의 활동은, 당시 최고 지식계층이라 할 수 있는 일본 유학생들의 인식 구조 및 운동양상, 『東亞日報』를 중심으로 하는 인사들의 운동론, 초기 사회주의의 수용양상, 그리고 민족주의 진영과 사회주의 진영의 분화 및 사회주의 진영 내의 분화를 보여주는 1920년대 초반 국내 민족운동의 특성을 보여주는 한 사례라 할 것이다.

한국민주당의 중경임시정부절대지지론자 / 송진우

김 인 식[*]

목 차

Ⅰ. 머리말

해방정국에서 최초의 중요한 논쟁은 중경의 대한민국임시정부(앞으로 「중경임정」으로 줄임)를 '정부'로 추대하는 문제로 일어났다. 해방을 맞은 한민족에게 절대명제이었던 민족통일선선은 이를 둘러싼 논전으로 결렬되고 말았다. 이로써 이데올로기의 지형이 아직 확정되기 전에 「중경임정」을 지지하는 여부는 실천논리에서 좌우를 나누는 첫

---

* 중앙대학교 교수

번째 가름점이 되었다. 「중경임정」을 규정하는 시각의 논점은 민족통일전선을 결성하는 방법론의 차이에서 제기되었지만, 크게 보면 정부 수립-국가건설의 주체를 설정하는 주도권의 문제가 본질이었다. 이러한 논쟁점을 제공한 사람은 宋鎭禹이었다. 이후 그가 주도하는 「한국민주당」(「한민당」으로 줄임)은 「조선인민공화국」(「인공」으로 줄임)을 타도하기 위하여 '중경임시정부 절대지지'를 내세우며 출발하였다.

「중경임정」이 귀국하기 앞서, 이미 국내에는 유력한 우익 정당인 「한민당」·「국민당」이 '임정법통론'을 근거로 「중경임정」을 '정부'로 '추대'하겠다고 선언하고 있었다.[1] 국내에 조직기반이 없는 「중경임정」은 「인공」에 대항하여 「중경임정」을 '정통정부'로 지지하는 우익 세력들의 열망을 지반으로 입국하였다. 김구를 비롯한 「중경임정」의 요인들이 '개인자격'으로 귀국하였음을 여러 차례 밝히면서도, 사실에서는 「중경임정」을 '정부'로 자임하고 정권을 행사하려 한 행보는, 자신들이 신봉하는 '임정법통론'에 근거를 두었지만, 이와 같은 국내의 정치 분위기가 뒷받침하였기에 가능한 일이었다. 식민지 통치 아래 오랫

---

1) 8·15해방 직후 우익 세력들이 일치하여 「중경임정」을 지지하는 실천논리를 대체로 '臨政奉戴論'이라는 말로 표현하였다. 그러나 당시 '봉대'라는 말은 그다지 일반화된 말이 아니었다. 1945년 12월 16일 「국민대회준비회」에서 「중경임정」을 환영하면서 '國民大會 附議事項'으로 '大韓民國臨時政府奉戴에 關한 件'을 상정하는 예 정도가 보인다. 『東亞日報』 1945년 12월 18일자 「國史編纂委員會, 『資料大韓民國史』1, 1968, p.607. 앞으로 이 책을 『資料』로 줄임'. '봉대'라는 말은 1947년 들어 「중경임정」 계열이 띄워 올린 말이다. 1947년 2월 들어 金九가 정국의 주도권을 장악하기 위하여 「비상국민회의」 등 3개 단체를 통합하여 「국민의회」를 발족시키고, 또 3월에 제2차 반탁운동이 다시 격렬하게 전개되면서 '봉대'라는 말이 일반화되었다. 3월 1일 「獨立促成國民會」는 「국민의회」에, 대한민국임시정부가 법통정부이므로 이 정부를 '봉대'해야 한다고 건의하였다. 『京鄕新聞』·『東亞日報』 1947년 3월 2일자 『資料』4, 1971, p.357. 이후 「중경임정」은 5월 6일 「大韓臨政奉戴推進委員會」(위원장 金承學)을 조직하여 '임정봉대운동'을 주도하였다. 『서울신문』 1947년 5월 7일자 『資料』4, p.650. 그러나 「중경임정」을 중심으로 '임정봉대운동'이 일어날 때는 8·15해방 직후 '임정추대론'을 내걸었던 유력한 두 우익 정당인 「한민당」·「국민당」이 이를 거두어들인 상태였다.

동안 자신의 정부를 가져 보지 못한 민중들이 「중경임정」에 거는 기대와 지지, 또 이를 명분으로 「인공」을 해체·타도하려는 우익 세력들의 정략은 '개인자격'으로 입국할 수밖에 없었던 「중경임정」의 사실상의 역량과 영향력을 뛰어넘어 이를 민족통합의 구심점으로 내세웠다. 이것이 「중경임정」을 곧바로 정통정부로 추대하자는, 또는 「중경임정」을 중심으로 과도정부를 세워 정식정부를 수립하자는 '중경임시정부 추대론'(앞으로 '임정추대론'으로 줄임)이었다.

「중경임정」이 스스로 '정부'를 자임하고 執政하려는 의지는 미국의 대한정책이 「중경임정」의 위상을 어떻게 규정하느냐, 또 민중과 정당·정치세력들이 얼마나 일관성을 가지고 「중경임정」을 추대하느냐에 현실의 발판을 가질 수 있었다. 남한에서 '유일정부'임을 선언한 미군정은 「중경임정」을 정부로 인정하지 않았으므로 「중경임정」이 집정하는 정부수립은 애초 불가능하였다. 또 '임정추대론'을 내걸었던 유력한 두 우익 정당이 정치노선을 수정함으로써 「중경임정」이 집권할 국내의 지반도 사실상 무너졌다.

이 글에서는 8·15해방을 앞뒤로 하여 송진우·「한민당」이 제기하였던 '중경임시정부 절대지론'(앞으로 '절대지지론'으로 줄임)을 살펴보고자 한다. 먼저 송진우의 '절대지지론'이 식민지시기 끝 무렵 그가 시국에 대처하는 방안이었던 '無策論'에서 출발하였음을 확인하였다. 이어 8·15해방 전후 그가, 여운형·안재홍이 제안한 민족통일전선을 거부한 근본 이유가 '연합국 직접 상대론'이라는 현실주의에서 나왔으며, 이와 같은 노선에 따라 「한민당」·송진우가 정치세력화하는 과정을 서술하였다. 끝으로 「한민당」이 미군정의 여당으로 자리잡으면서 '절대지지론'를 내세우는 논리와 내용을 살펴보았다. 이로써 해방공간에서 좌우를 가른 '임정추대론'의 허와 실을 검증하고, '임정법통론'이

좌절된 한 원인을 지적하고자 한다.

II. 송진우의 '對策無策論'

송진우·「한민당」이 「중경임정」을 추대하는 논리를 '중경임시정부 절대지지론'이라 이름 붙일 수 있다. 식민지시기 끝무렵 송진우가 시국에 어떻게 대처하였는가 살핌으로써 '절대지지론'이 어떤 배경과 계기에서 제기되었는지를 확인해 본다.

1943년 들어 송진우는 일제가 패망하리라 확신하였다. 그는 이때부터 '日帝必亡論'을 주위 사람들에게 이야기하였다. 1943년 어느 날, 송진우는 그의 최측근인 金俊淵과 일제가 패망한 뒤의 질서회복과 사태수습 문제를 의논하였다. 그는 김준연에게 '일제필망'을 강조하면서 일제는 형세가 악화되면 '자치'라는 미끼를 던져 독립을 준다고 유혹할 터이므로 "독립을 준다고 해도 응해서는 안되오. 이때가 가장 위험한 때이니까"라고 충고하였다. 그리고 "對策은 無策이오"라고 말하였다.[2]

송진우는 1945년 7월을 일제필망의 날로 예측하기도 하였다.[3] 그는 '신념화한 일제필망론'의 '7월 예측'이 빗나가자 8월 들어 "수심과 초조의 빛을 감추지 못했다." 이 때문에 그는 '예언에 대한 자신'마저

---

[2] 古下先生傳記編纂委員會 編,『古下宋鎭禹傳記』, 東亞日報社, 1990, pp.415-416. 앞으로 『古下宋鎭禹傳記』를『傳記』로 줄임. 김준연은 '일제필망론', "獨立을 준다고 하는 때에 決코 나서서는 안된다"는 말을 송진우에게서 "數百番 들었다." 金俊淵, 「政界回顧一年」,『東亞日報』1945년 12월 2일자 「金俊淵,『獨立路線』, 興韓財團, 1947, pp.4-5」. 김준연은 '일제필망론'을 따로 떼어 회고할 만큼 이를 강조하였다. 金俊淵, 「古下宋鎭禹先生을 追慕함-日帝必亡論과 東亞日報 때의 이야기」,『新太陽』1957년 12월호 「古下先生傳記編纂委員會 編,『古下宋鎭禹關係資料文集』, 東亞日報社, 1990, pp.232-241」. 앞으로『古下宋鎭禹關係資料文集』을『文集』으로 줄임.

[3]『傳記』, pp.419-422.

잃었지만, 정작 문제는 이 예언이 빗나간 데 있지 않았다. 『傳記』도 지적한 바와 같이 송진우는 1940년 8월 10일 『동아일보』가 강제폐간 당한 뒤부터 8·15해방 당일까지 "병을 핑계하고" "자택에서 만 5년 간 거의 두문불출의 세월을 보냈다."[4] 송진우는 '일제필망'을 확신하면서도 독립을 위한 '명백한 대책'을 세우기는커녕 '아무 대책 없이' 해방을 맞았으며, 王兆銘·페탕·라우렐로 몰리어 지탄받지 않도록 운신할 뿐이었다. 여기에 한민족의 진로가 엇갈리는 민족문제가 있었다. '대책이 무책'이라는 말은 명망 있는 민족지도자가 민족현실을 외면한 無責論이었다.

1944년 7월 안재홍은 송진우를 찾아가 시국 대책을 협의하였다.[5] 이때 협의한 내용은 '절대지지론'이 출발하는 논거가 되므로 좀더 깊이있게 살펴볼 필요가 있다. 안재홍에 따르면, 그는 송진우에게 일제가 패망한 이후에 대비하여 민족주의 진영을 '主流力量'으로 삼는 조직을 결성하자고 제안하였다. 안재홍은 자신이 의도하는 바를 분명하게 설명하였다. 일제가 붕괴함은 시간문제로 다가왔다. 이때 조선인과 일본 군대 사이에 쓸 데 없는 '流血慘劇'이 생길 수 있는데, 이를 미리 방지해야 한다. 또 일제가 패망한 뒤 각각 국제세력을 배경으로 삼는 민족주의와 공산주의 진영 사이에 대립·항쟁이 올지도 모른다.

---

4) 『傳記』, p.423.

5) 이 협의 내용은 安在鴻, 「民政長官을 辭任하고」, 『新天地』 1948년 7월호 「安在鴻選集刊行委員會 編 『民世安在鴻選集』2, 知識産業社, 1983, p.261·268; 『傳記』, pp.417~418; 『文集』, p.371에 실려 있다. 「앞으로 『民世安在鴻選集』을 『選集』으로 줄임」. 안재홍에 따르면, 1944년 가을 그가 "民族主義者의 一重鎭인 某氏와 時局對策을 논"하였으며, 『傳記』는 사이판도에서 일본이 전멸하였다는 소식이 전해지던 무렵인 1944년 7월 平澤의 振威에 疏開해 있던 안재홍이 송진우를 찾아갔다고 기술하였다. 안재홍이 찾아간 '민족주의자의 일중진'은 송진우가 틀림없다. 『選集』·『傳記』의 두 자료는 서술 내용에 차이가 있지만, 안재홍이 송진우에게 '무슨 운동'을 제안하였다는 점에서 일치한다.

이에 대비하여 국내에 있는 '양심적인 부대의 주류역량'을 결성하여 시국을 구하는 대책을 세워야 한다. 안재홍은 해방 공간의 혼란을 막고 민족주의 세력이 시국을 주도하여 나가기 위해서는 민족주의 진영을 중심으로 하는 조직체가 필요하다고 역설하였다.

그러나 송진우는 이 제의를 거절하였다. 그는 전후 미국 중심으로 세계체제가 재편되리라고 전망하며, 「중경임정」이 환국하여 집권하면 민족문제는 쉽게 해결되리라고 낙관하면서 안재홍이 제안하는 바를 단호하게 잘라 버렸다. 송진우는 다음과 같이 정세판단하였다. 현정세는 미국이 전세계를 영도하고 있다. 소련은 미국이 요청하자 코민테른도 해산하였고 세계혁명운동도 폐기하였으며, 전후의 국가재건을 위해서 앞으로도 미국에 협조함이 분명하다. 또 「중경임정」은 연합국 여러 나라의 정식승인을 이미 얻었고, 10만의 독립군을 거느리고 있으며, 미국과 10억 불의 차관 교섭을 성립시켜 놓았다. 「중경임정」이 국내에 들어와 친일파 거두 몇 명만을 처단하고 行號施令하면 모든 문제가 해결된다.[6]

---

6) 정병준은, 송진우가 동아일보 기자이었던 洪翼範을 통해 전해 들은 중경 단파방송에 근거하여 위와 같은 정세 판단을 하였다고 보았다. 鄭秉峻, 「李承晩의 獨立路線과 政府樹立 運動」, 서울大學校 大學院 國史學科 博士學位論文, 2001, pp.176-182. 그러나 송진우가 무엇을 판단 근거로 삼았는지는 여전히 의문이 남는다. 당시 단파방송사건으로 옥고를 치른 宋南憲에 따르면, 홍익범·송남헌·楊濟賢 등이 단파방송 내용을 전달한 곳이 서울 청진동에 있는 許憲·李仁·金炳魯의 합동 변호사 사무실이었는데, 여기에는 송진우 뿐 아니라 趙炳玉·尹潽善·안재홍·朴讚熙 등이 "거의 매일 드나들다시피 했다." 우사연구회 엮음, 심지연 지음, 『송남헌회고록-김규식과 함께 한 길』, 한울, 2000, pp.37-44. 송진우와 함께 단파방송의 내용을 전해 들은 안재홍을 비롯한 다른 이들은 송진우와 같이 「중경임정」을 과대평가하지 않았다. 더욱이 안재홍은 이 당시 해외의 독립운동 세력들이 분립하였음을 알고 있었다. 단파방송 등으로 국제정세를 판단한 여운형도 「중경임정」을 객관성 있게 평가하였다. 단파방송이 선전을 목적으로 하였으므로 과장된 면이 있다 하더라도, 송진우가 「중경임정」을 과대평가한 시각은 단파방송에 근거하였다기보다는 자신의 논리를 뒷받침하기 위하여 부풀리었을 가능성도 있다. 사실 8·15해방 후 「한민당」은 「중경임정」을 지지하면서, 이 같은 과장법에 근거한 우익 데마고

『傳記』에 따르면, 안재홍이 조선인의 피값을 받기 위하여 "무슨 운동을 일으켜 다소의 권리라도 얻어야 하지 않겠소?" 라고 제의하자, 송진우는 "긴박한 시국에는 오직 침묵밖에는 … 만일 우리가 움직이면 움직일수록 일본의 손아귀 속에 끌려 들어갈 뿐이오." 하며 거절하였다. 안재홍이 반론하자 그는 "피는 딴 사람이 흘리고, 그 값은 당신이 받는단 말이오?"하고 노기를 띠면서 끝내 거절하였다. 안재홍과 논쟁을 벌인 날부터 송진우는 약병을 머리맡에 놓고 이불을 펴고 드러누워서 중병을 가장한 채 두문불출하였다. 그의 '절대지지론'은 이 같은 그의 시국 대처방식에서 출발한다. 그리고 이는 그의 '無策論'의 연장이었다.

민족주의 진영을 주류역량으로 삼는 조직을 결성하자는 안재홍의 주장은 1920년대 송진우가 지녔던 운동론과 형식논리가 일치한다. 송진우는 '民族의 團結'을 밑받침으로 '中心勢力의 確立'을 주장하였다. 그는 1925년 7월 하와이에서 개최된 범태평양회의에 참석한 뒤, 8월 귀국하여 『동아일보』에 「세계대세와 조선의 장래」라는 장편의 논설을 연재하였는데, 이 글에 당시 그의 생각이 압축되어 있다. 이 논설은 "日·美의 衝突이 生할 時에는 美國의 勢力下에서 朝鮮의 解放을 希望하며, 或은 日露·日中의 衝突을 豫期하여 露·中 兩國의 援助下에서 民族의 自由를 囑望"함은 조선민족 전통의 정신인 '自主的 精神'에 배치된다고 비판하였다. 그리고 "自由는 어디까지든지 自主的 行動이며 自力的 解決"임을 전제하면서 "外勢의 波動보다 他力의 援助보다, 中心勢力의 確立과 自體勢力의 解決을 絶叫力說"하였다.[7]

기의 실례를 보여 주었다.
[7] 宋鎭禹, 「世界大勢와 朝鮮의 將來」, 『東亞日報』 1925년 8월 28일-9월 6일자 『文集』,

이처럼 송진우도 1920년대 민족문제의 자주해결론을 주장하였다. 그의 논리는 자치론을 해법으로 구상하였다는 점에서[8] 안재홍과 질에서 크게 다르지만[9] 미·중·소와 같은 외세의 원조가 아닌 '중심세력의 확립'으로써 민족문제를 '자주적 해결'하려는 원론에서는 일치한다. 그러나 송진우는 1930년대 모든 형태의 정치운동을 포기하고 문화운동을 펴다가 1940년대 들어서는 은둔하였다. 그의 '運身방법'은 '침묵'이었다.[10] 이 시기 송진우는 1920년대의 자치론에서조차 크게 후퇴하였으므로 그에게 민족주의자들의 운동 조직을 결성하자는 제의는 단지 동포들의 '피값'를 이용한 권력욕 정도로 치부되었다. 그의 시국대처 방안은 오직 '대책무책론'이었다. 송진우의 '절대지지론'은 그의 '운신방법'인 '대책무책론'에서 출발한다. 송진우가 안재홍이 제의하는 바를 거절함으로써 민족주의 세력을 중심으로 한 조직체는 결성되지 못하였고, 민족주의 계열은 '민족역량'을 결집할 아무런 조직체도 준비하지 못한 채 8·15해방을 맞았다.

pp.31-49」.

8) 송진우의 자치론은 李昰珩, 「'保守·右翼' 指導者들의 建國思想-李承晩·金九·宋鎭禹를 中心으로」, 慶熙大學校 大學院 政治學科 博士學位論文, 1995, pp.78-83; 沈在昱, 「古下 宋鎭禹의 思想과 活動 硏究」, 東國大學校 大學院 史學科 碩士學位論文, 1997, pp.30-43; 윤덕영, 「고하 송진우의 생애와 활동」, 한국정신문화연구원 편, 『한국현대사인물연구』2, 백산서당, 1999, pp.118-138을 참조. 송진우가 자치론을 명확히 제시하지는 않았지만, 동아일보 계열은 에이레의 신 페인당이나 인도의 국민의회와 같은 자치운동을 전개할 '정치적 중심세력의 형성'을 생각하였다.

9) 안재홍은 절대독립노선에 서서 자치운동을 '관제적 타협운동'이라고 비판하였다. 이 점은 박찬승, 「일제하 안재홍의 신간회운동론」, 한국사연구회 편, 『근대 국민국가와 민족문제』, 지식산업사, 1995, pp.314-317; 김인식, 「植民地時期 安在鴻의 左翼民族主義運動論」, 『白山學報』제43호, 白山學會, 1994, pp.173-175을 참조.

10) 『文集』, p.371.

Ⅲ. 안재홍의 민족대회소집안과 송진우의 거부

전세가 점차 불리해지자 총독부측은 시국을 비관하면서도 이를 '回轉'시키기 위하여 1944년 봄부터 '非協力 指導人物'로 안재홍·여운형·송진우[11]·홍명희·曺晩植 등을 이용하려 하였다. 더욱이 여운형·안재홍에게는 마지막까지 끈질기게 '협력'을 요구하였으므로 두 사람은 일제와 접촉하면서 '相應한 對策을 講究'하였다.[12] 안재홍·여운형은 8·15해방을 앞두고 총독부 측과 여러 차례 시국수습을 위한 협의를 가졌다.

일제가 초조함을 감추지 못하고 '협력'을 요청하는 상황은 여운형·안재홍에게 일제가 곧 패전하리라 확신하고 다가올 '해방'을 준비하는 계기가 되었다. 8·15해방 직전 국내에서 '해방'을 준비하는 움직임으로 「조선건국동맹」(「건맹」으로 줄임)이 지하조직되었음은 잘 아는 바이다. 이와 달리 표면운동으로 안재홍이 발상하여 여운형과 함께 추진하였던 민족대회소집운동이 있었다. 이는 1945년 5월 이후 內鮮一體에 반대하여 '민족자주'를 모토로 내걸고 표면화시켜 진행하였으나 발단은 좀더 시간을 거슬러 올라간다.

앞서 본 대로 안재홍은 1944년 가을 무렵 민족주의 진영을 '주류역량'으로 삼는 표면단체를 결성하려고 구상하고 송진우에게 동참을 요

---

11) 패망하는 긴박한 상황에서, 총녹부의 수뇌부는 일본인의 생명을 보장하는 치안유지를 가장 염려하였고, 민중을 지도하여 치안을 유지할 적임자로 여운형·안재홍·송진우를 고려하였다. 森田芳夫, 『朝鮮終戰の記錄·米ソ兩軍の進駐と日本人の引揚』, 巖南堂書店, 1964, pp.67-69.

12) 안재홍이 총독부측과 접촉하는 과정은 특별히 전거를 밝히지 않으면, 「八·一五 당시의 우리 政界」, 『새한민보』 1949년 9월 「『選集』2, pp.467-472」에서 인용하였다. '상응한 대책을 강구'하는 이 과정이야말로 「조선건국준비위원회」(앞으로 「건준」으로 줄임)가 출현할 수 있었던 중요한 배경이었다.

구하였다. 이때 안재홍은 일제가 '협력'을 요청하는 합법공간을 이용하여 민족주의 세력을 결집하여 해방을 준비하려 하였다. 1944년 12월 상순 안재홍은 일제 관원과 단독으로 시국을 협의하는 자리에서 일본이 퇴각할 때 예상되는 유혈을 방지하기 위한 방안으로 민족자주 · 互讓協力 · 마찰방지의 3원칙을 제시하면서 "우리들 一派에게 일정한 言論과 行動의 自由를 달라"고 요구하였다. 그는 '민족자주'를 내걸고 민족대회를 소집하려고 추진하였다. 일제가 곧 패망을 앞두었다고 확신한 이때, 안재홍은 여운형이 지하조직한 「건맹」에 가담하지 않고, 표면운동이라는 합법의 방식으로 민족자주를 내세워 민족세력을 결집하려는 분명한 생각을 지니고 3원칙을 제시하였다. 그는 일제가 협력하라고 요청하는 합법 공간을 적극 逆用하여 민족대회를 소집하는 방식으로 민족역량을 결집 · 강화하려 하였다. 이와 같이 민족대회를 소집하여 건국운동을 추진하려는 구상은 안재홍에게서 나왔다.

1945년 5월 하순 안재홍은 여운형과 함께 경무국장 西廣忠雄을 비롯한 총독부 관원과 만났다. 이 자리에서 두 사람은 다시 '민족자주'를 내걸고 "우리들 少數의 意思만으로 결정할 수 없는 일이므로" 경성에서 민족대회를 소집하여 결의를 밟은 후 민족자주의 공작을 추진할 수 있도록 허락하라고 촉구하였다. 일제는 패망을 눈앞에 둔 8월 10일경 다시 여운형 · 안재홍에게 회견을 요청하였고, 안재홍이 내거는 3원칙에 공감하였으나 민족대회소집을 허락하지는 않았다. 여운형 · 안재홍은 민족대회[13]를 소집하기 위하여 동아일보 계열의 송진우 측과도 협력하기로 합의하였으며, 나아가 이들을 포함하는 민족통일전선을

---

13) 안재홍은 이 '민족대회안'을 '建準 出現의 裏面'으로 지적하였다. 지금까지 「건준」을 언급하는 연구에서는, 「건맹」이 「건준」의 모체가 되었음을 강조하였지만, 표면운동으로 추진된 민족대회소집안과 「건준」이 출현한 상관성을 언급하지는 않았다.

구상하였다.14) 일제는 패망하는 날까지 민족대회를 허가하지 않았고, 8월 15일 곧바로 민족대회를 소집할 수도 없었으므로 여운형·안재홍은 '표리' 두 갈래의 건국운동을 합류·통합하여 8·15당일 「건준」을 출범시켰다.

송진우·「한민당」의 '절대지지론'을 살피려면, 8·15해방 직전 여운형·안재홍 등이 민족대회소집을 위하여 송진우측에게 협력하자고 제의한 사실을 먼저 검토하여야 한다.15) 이들은 우익으로서는 "송진우 파를 연결하기로 협의"하고, "人民의 保安과 民生問題와 建國準備를 爲하여 協力하기를 協議하였다. 8월 12·13일 이틀 사이에, 여운형 측에서 정백, 송진우 측에서는 김준연이 만나 '민족역량 총집중'의 문제를 비밀 속에 교섭하였으나, 양측의 의사가 대립하여 결렬되고 말

---

14) 속칭 장안파 공산당 계열인 鄭栢은 조선공산당이 조직된 경과를 보고하는 문건에서, "表面運動으로는 呂運亨·安在鴻·鄭栢 等이 敗退하여가는 總督府 敵陣의 最後發惡인 迫害와 陰謀를 逆用하면서 內鮮一體 反對 民族自主를 高調하야 民族大會召集을 運行하다가 敵의 沮止를 밧고 말엇다."고 지적하였다. 이와 같이 鄭栢은 자신도 민족대회소집 운동에 관여하였다고 보고하였고, 8월 12일 이후 자신이 송진우측과 몇 차례 회합·접촉한 일도 '民族大會關係의 呂運亨·安在鴻'과 8월 12일 '協議'하였음을 밝혔다. 鄭栢, 「八月 十五日 朝鮮共産黨 組織經過 報告書」, 翰林大學校 아시아文化硏究所 編, 『朝鮮共産黨文件資料集(1945~46)』, 翰林大學校 出版部, 1993, pp.6-7. 정백이 8·15해방 바로 직전 송진우측과 교섭한 사실은 여운형 개인의 구상이었다기보다는 민족대회를 소집하려는 표면운동의 연장이었다. 民主主義民族戰線 編輯, 『朝鮮解放年譜』, 文友印書館, 1946, p.79은 "敵의 迫害와 싸우면서 民族獨立의 機運을 醞釀促進하든 呂運亨氏를 中心한 一聯의 革命勢力은 表裡兩面으로 敗退의 敵을 追窮하야 「內鮮一體」의 政策을 「民族自主」의 旗幟로 對抗하면서 民族統一戰線을 結成하였으니 그 中心勢力으로 呂運亨·安在鴻·鄭栢·趙東祐 等을 헤일 수 있다. 그들은 한시끔 더 니기서 右翼으로서 宋鎭禹派를 連結하기로 協議하였든 것이다."고 기술하였다. 좌익의 집결체이었던 「민주주의민족전선」은 「건준」의 小史를 기술하면서, 8·15해방 전 '표리 양면'의 운동이 있었음을 지적하는 대목은 눈여겨보아야 한다. 이면운동이 「건맹」을 가리킴이 분명하듯이, 표면운동은 바로 안재홍이 제안하여 "내선일체의 정책을 민족자주의 기치로 대항"한 민족대회소집안을 의미함도 분명하다. 당시 좌익계열들은 이를 「건준」으로 통합되는 민족통일전선의 한 갈래로 인정하였다.

15) 여운형측과 송진우측이 협의한 내용은 앞의 『朝鮮解放年譜』, pp.79-80.

았다. 양측 사이에 협동이 결렬된 안짝에는 바로 「중경임정」의 문제가 걸려 있었는데, 「중경임정」을 바라보는 시각의 틈새는 너무도 컸다. 여운형측은 ① 일제는 「포츠담 선언」에 따라 무조건항복이 이미 결정되었으니 조선민족이 '自主自衛的'으로 당면한 보안·민생 문제를 비롯하여 '主權確立'에 매진하자, ② 국내에서 일제와 대항하던 인민대중의 혁명역량을 중심으로 하여 내외의 혁명단체를 총망라하여 독립정부를 세우자고 주장하였다. 반면에 송진우측은 ① 왜정이 완전히 철폐될 때까지 그대로 참고 있어야 한다. 총독부가 연합군에게 '朝鮮政權'을 인도하기 전까지는 '독립정부'를 허락하지 않을 터이므로 敵과 투쟁할 수 없다. ② "在重慶金九政府를 正統으로 歡迎推戴"하자고 주장하였다.

양측의 협의가 결렬된 겉의 이유는 바로 「중경임정」을 '추대'하는 문제이었다. 「건준」이 조직된 8월 15일 이후에도 양측의 교섭이 몇 차례 시도되었으나 송진우 측이 '임정추대론'을 내세움으로써 또 다시 결렬되고 말았다. 송진우는 여운형에게 "경거망동 말라"는 충고도 있지 않았다.[16) 여운형은 국내에서 일제와 대항하던 혁명역량을 중심으로 해외의 혁명역량을 포용하자고 주장하였고,[17) 송진우 측은 '임정추대론'을 들고 나와 응수하였다. 여운형은 「중경임정」이 민족해방투쟁에서 차지하는 의미를 인정하였지만 배타성을 띤 '임정법통론'에는 동의하지 않았다.

「중경임정」을 정통정부로 추대하자고 주장한 송진우는 미군이 38도

---

16) 송진우는 끝끝내 "輕擧妄動을 삼가라. 重慶政府를 지지하여야 된다."며 합동을 거절하였다. 李萬珪, 『呂運亨先生 鬪爭史』, 民主文化社, 1946, p.204.

17) 여운형이 「중경임정」을 어떻게 보았는가는 金大商, 「8·15直後의 政治現象」, 安秉直 外著, 『變革時代의 韓國史』, 東平社, 1979, pp.270-272; 정병준, 『몽양 여운형 평전』, 한울, 1995, pp.114-115.

선 이남에 진주한다는 소식을 알기까지는 '임정추대'를 위한 아무런 준비도 하지 않았다. 총독부 측의 협조 요청을 거부한 논리, 또 미군 진주설이 사실로 확인된 시점에서 움직이기 시작한 송진우의 정치행태는 그의 '절대지지론'의 본질을 말하여 준다.

8·15해방 직전 총독부측이 송진우에게 협조를 요청하였을 때,[18] 그는 일본이 이렇게까지 빨리 항복할 줄 몰랐으므로 총독부측의 진의를 의심하면서 이를 거부하였다.[19] 여기에는 자신이 중국의 王兆銘, 불란서의 페탕, 필리핀의 라우렐이 되어 버려 일본이 물러간 뒤 조선 민족에게 발언권이 없어질까 염려하는 마음도 있었다.[20] 침묵을 지키

18) 총독부측이 송진우에게 치안유지 또는 정권이양을 위촉하는 교섭을 하였느냐는 사실의 문제가 논쟁이 되었다. 그러나 당시의 정황으로 보아 총독부가 어떠한 형태로든 송진우와 교섭하였음은 분명하다. 송건호는 일제가 여운형·안재홍과 교섭하기 이전에 송진우에게 '하급관리'를 보내어 교섭하였음을 설득력 있게 설명하였다. 이에 따르면, 조선 민중들에게 더 큰 영향력을 가진 여운형·안재홍을 제쳐 놓고, 정무총감 遠藤이나 경무국장 西廣은 모습조차 나타내지 않고, 총독부가 송진우에게 '하급관리'를 보내어 집요한 공작을 편 데에는 송진우의 대일관과 관계가 있었다. 총독부 당국자는 여운형·안재홍·송진우 세 사람 가운데 송진우를 가장 만만하게 보았다. 총독부에게 송진우는 자치론을 주장하고 신문으로 일본에 협력해 온 가장 '우호적인 知日家'이었다. 총독부는 송진우를 앞장세워, 가능하면 자기들의 요구를 다른 강경론자들이 받아들이도록 설득하고, 만약 용납이 되지 않는다 해도 이러한 과정에서 강경론을 중화시켜 보려하였다. 송진우를 접촉한 데에는 이와 같은 일제의 특유한 책략이 숨어 있었다. 宋建鎬,『韓國現代史論』, 韓國神學研究所出版部, 1979, pp.420-421.
19) 8·15해방 당일 급히 상경하여 오후 송진우를 찾아간 이인에 따르면 송진우가 총독부의 협력 요청을 거절한 이유를『傳記』와는 전혀 다르게 회고하였다. 이인은 송진우에게서 '8월 11일인가' 경기도지사 生田淸三郎가 송진우를 초청하여 협력을 요청한 사실을 들었다. 李仁,「解放前後 片片錄」,『新東亞』1967년 8월호, p.360; 李仁,『半世紀의 證言』, 明知大學出版部, 1974, pp.144 145. 송진우가 협조를 거부한 이유는 대체로 세 가지였다. 우선 송진우는 生田의 제안이 '高等偵探'이 아닌가 의심하였다. 둘째, 당시 일본이 焦土戰術로 최후까지 항전한다고 장담하였으므로 그렇게 속히 물러가리라고는 생각하지 않았다. 셋째, "설사 그렇다고 해도 물러갔으면 그 뒷일은 우리의 할 일인데 이것을 그 자신들이 하라마라 할 것 못된다는 심정으로" '목하 治療중'임을 핑계로 거절하였다.
20)『傳記』, pp.423-434에는 송진우가 '일축한 정권 이양 교섭'을 서술하였고, 金俊淵,『獨立路線』, pp.2-5에서도 이를 자세히 기술하였다. 여기에도 진실의 일면이 담

며 은둔하였던 송진우는 해방 뒤 정치의 전면에 나서 해방정국을 주
도할 요량으로 협조를 거부하는 치밀함을 보였다. 그는 총독부의 요청
을 거절한 명분을 그대로 내세워 「건준」에 참여하지 않았으며, 오히
려 「건준」을 조직한 여운형·안재홍 등을 王兆銘·페탕·라우렐에
비유하며 민족반역자로 비난하였다. 송진우·「한민당」은 "倭政權으로
부터 政權을 받는 것이 不可"하며, "重慶에 있는 우리 政府를 否認
하고 여기서 새로 政府를 樹立하는 것이 不可"하다고 주장하였다.
이러한 논리로 '在重慶 우리 臨時政府絶對支持運動'으로서 국민대
회준비운동을 전개하였다.21)

　　그러나 송진우·「한민당」의 '절대지지론'은 「건준」·「인공」을 비난
·견제하며 연합국이 진주할 때까지 대처하려는 한시 용도용 수단이
었다. 송진우의 정치감각은 다가올 정국에 정확히 예측하며 현실성 있
게 대응하였다. 해방이 되자 '물밀듯이' 송진우를 찾아든 그의 '동지
들' 가운데는 그가 총독부측의 정권 인수 교섭을 받아들이지 않아 여
운형에게 세력을 빼앗겼다고 분노하며 그를 '힐난'하는 사람도 있었
다.22) 이에 송진우는 일본 세력이 아직 남아 있는 때에 그 세력을 이
용해서 정권을 세운다면 이는 "일본 세력의 연장이며, 일본이 잘못한
것을 일본의 뜻을 받들어 뒤치다꺼리하는 데 불과한 것"이라고 설명
하면서 페탕·라우렐 정권을 예로 들었다. 이때 그는 아주 중요한 시
국대처 방안을 다음과 같이 제시하였다. "연합군이 상륙하고 일본이

겨 있다. 송진우는 일제가 패망한 뒤에 조선민족에게 발언권을 갖아야 한다는
점을 의식하고 시국에 대처하였다.
21) 金俊淵, 「國民大會의 發端」, 『東亞日報』 1945년 12월 2일자『『獨立路線』, pp.11-14.
22) 8·15일 당일 이인은 송진우를 찾아간 자리에서 '치안 담당'을 거부한 내용을 듣
고, "古下의 情報의 暗昧했음과 또 同志들의 한마디의 상의조차 없이 독단으로
生田의 말을 拒絶했던 것이 실수라고 느낀 대로 얘기했다."

정식으로 항복한 후에 연합국과 논의해서 건국을 한다 해도 조금도 늦을 것은 없는 것"이므로 "미구에 연합군도 들어오고 해외에 있는 선배 동지들도 귀국하게 될 것이니 그때까지 마음의 준비와 현상 유지를 하면서 기다립시다."23)고 하였다. 이 말속에 송진우가 해방정국에 대처하는 방안이 들어 있다. 이는 미군정에 밀착하는 그의 정치행태와 그대로 일치한다. 8·15해방 전후 그는 결코 정세를 '관망'하지 않았다.24) 오히려 연합국의 정책이 확인되는 날을 자신이 활동할 기점으로 다짐하면서 연합군이 상륙하기를 '待望'하였다.

위에서 보았듯이 송진우는 연합국의 대한정책을 전혀 알 수 상황에서 총독정치로 현상을 유지하면서 연합국이 진주하여 정책의 방향이 결정되면 그때 가서 연합국을 직접 상대하여 정국의 주도권을 장악하겠다는 분명한 시국 대처 방안을 구상하고 그의 측근들에게 제시하였다. 송진우·「한민당」은 「중경임정」을 추대하는 방식으로 「중경임정」의 정통성을 자신들과 동일시시켜 정당성을 확보하고,25) 이로써 「건준」·「인공」을 괴뢰정권으로 비난하면서 이들을 견제하였다. 1940년대 들어 자치운동과 같은, 일제와 타협한 정치운동마저 포기한 송진우에게, 국제정세가 변동하는 기회를 이용하여 해방을 주도할 '중심세

---

23) 『傳記』, pp.445-446.
24) 김준연의 『獨立路線』과 같이, 송진우를 추모하여 평가하는 회고류는 물론, 그를 연구한 논저들에서 송진우의 시국대처 방식과 관련하여 가장 많이 나오는 말은 '관망'이라고 생각한다. 그러나 '관망'이라는 표현은, 『傳記』를 비롯하여 송진우를 회고한 글들이, 그를 극찬하는 '예리한 판단력'과 너무 상충한다. 이 시기 송진우가 시국을 '관망'하였다고 보는 논자들은, 위에 인용한 구절을 눈여겨보지 않거나, 그가 연합군 상륙만을 기다렸다는 정도로 해석하였다.
25) 식민지시기 이렇다 할 투쟁경력이 없는 「한민당」은 "애국적인 독립 영웅이나 독립단체와 자신을 동일시할 필요"가 있었다. Chi Young Pak, *Political Opposition in Korea 1945-1960*, Seoul National University Press, 1980, p.35. 「沈之淵, 「古下 宋鎭禹」, 韓國史學會 編, 『韓國現代人物論』 I, 乙酉文化社, 1987, p.113·137에서 다시 인용」.

력'은 서 있지 않았다. 그는 연합국의 대한정책이 결정되는 기회를 자신이 정국을 주도할 계기로 인식하고 총독정치의 현상유지를 주장하였다. 다만 「중경임정」을 중심세력의 간판으로 내세웠을 뿐이다. 송진우의 현실주의는 정확히 정세를 꿰뚫어보아 '연합국 직접 상대론'을 제기하였다.

IV. 한국민주당 · 송진우의 정치세력화

송진우가 일제와 협상을 거절하고, 여운형이 요청하는 협력마저 거부하였으므로 정국의 주도권을 「건준」에게 빼앗겼다고 위기감을 느낀 우익 세력의 일부는 이인을 앞세워 여운형 · 안재홍과 교섭하는 한편,[26] 「건준」 안에서 세력을 펴기 위하여 조직의 기반을 다졌다.

「조선민족당」을 창당(1945년 8월 28일)하는 이인 계열은 「건준」에 참가하여 우익 세력을 확장할 목적으로 8월 17일 「연합군환영준비회」와 「임시정부환영준비회」를 동시에 조직함으로써 100여 명의 세력을 시급히 규합하였다.[27] 이것이 8 · 15해방 뒤 우익 세력이 최초로 결성한 정치조직이며, 「한민당」으로 귀결되는 보수우익 정당의 첫걸음이었다. 「건준」에서 소외되었다는 위기의식, 또 「건준」안에 세를 뻗어야 한다는 대립의식에서 출발한 이 단체는 미군을 환영하고, 「중경임정」을 지지하는 명분으로 「건준」에 맞서려 하였다. 이는 이후 모든 우익

---

26) 이러한 시도는 「건준」 안에서 민족주의 세력이 주도권을 장악하도록 우익 세력을 끌어들이려는 안재홍의 의도와 맞물려 진행되었다. 김인식, 「해방후 安在鴻의 民共協同運動」, 『근현대사 강좌』제10호, 한국현대사연구회, 1998, pp.51-54.

27) 李仁 등이 「한민당」을 창당하기까지 과정은 李仁, 「解放前後 片片錄」, pp.360-364; 李仁, 『半世紀의 證言』, pp.142-154을 참조.

계열이 질러나간 정치노선의 방향타가 되었다. 미군이 남한에 진주한 다는 사실이 확실하게 되자 우익 계열은 일매지게 이를 반겨 환영하 며「건준」에 대항하여 '중경임정 지지'를 내걸었다.

한편 이인 계열은 이미 조직되어 있는 연합국환영회를 기반으로 삼고「중경임정」을 정부로 추대하는 방법으로「건준」에 맞설 정당을 추진하면서 독자의 정치세력화를 꾀하는 일도 병행하였다. 이들은 정당을 발족하려고 서두르면서 이인 · 김병로 · 白寬洙 3인의 합의로 당명을 '한국민주당'으로 결정하였다.[28] 이에 앞서「건준」의 구성을 못마땅하게 여긴 元世勳은 8월 18일 우익 진영으로서는 최초의 정당인 동시에 최초로 사회민주주의를 강령으로 내세운「고려민주당」을 결성해 놓았다.[29] 金若水 등 공산주의자 일부와 8월 20일 당의 간판을 뗀「고려민주당」이 '한국민주당'을 창당하려는 이인 계열에 합류하여 8월 28일 발기인 대회를 갖고「조선민족당」을 발기 선언하였다. 이 당은「건준」을 반대하는 우익 세력 가운데 약간의 '진보적인 구성 요소'도 참가하여 '중경임시정부 절대 지지'를 당의 노선으로 결정하였다.[30]

---

28) 한국의 野黨史에 김성수 · 송진우 등이「한민당」을 발기 · 창당하였다고 쓰여 있음에 강한 불만을 느끼는 이인의 회고는 저간의 사정을 반영한다. 조직이 없어「건준」에게 무시당한다고 생각한 이인은 8월 19일 밤에 자다가 깨어 조병옥에게 새 정당을 창당하자고 처음 제안하였다. 조병옥은 국가도 정부도 없는데 정당을 어떻게 만드느냐고 반문하였다. 이에 이인은 "臨時政府가 목하 歸國準備라는 風聞"이 있으니, "그것을 政府로 삼을 작정하고 政黨을 만들어 團結力을 발휘해야지" 하며, 이미 조직되어 있는「연합군환영회」를 기반으로 삼자고 방안을 내었다.

29) 宋南憲,『解放三年史』I, 까치, 1985, pp.117 118.

30)「조선민족당」의 발기에 참가할 인사들의 선정 기준은 "일제 시 항일운동에 참가한 경력이 있고, 투옥중이거나 석방된 후 일제에 협력하지 않은 인사"로 엄격하게 규정하였다. 宋南憲,『解放三年史』I, pp.118-120. 뒤에 결성되는「한민당」은 구성원을 '지주 · 자본가의 집단'으로 일률로 말할 수 없는 다층성이 있는데, 바로 원세훈 · 이인 · 김병로 등의「조선민족당」계열이「한민당」안에서 진보성을 주도하였다.「조선민족당」계열은 김성수로 대표되는「한민당」의 주류 계열들과 4당공동코뮤니케 · 좌우합작 등에서 정치노선을 달리 하였다.

「조선민족당」과는 달리 張德秀·許政을 중심으로 하는 세력들이 8월 29일 윤보선의 집에서 창당준비위원회를 갖고 당명을 '韓國國民黨'으로 결정하였으나[31] '민족 세력의 대동단결'을 명분으로 다른 우익 정당과 통합하기로 합의한 끝에 발기총회를 미루었다. 이들은 다른 계열과 협의하여[32] 9월 4일 4파의 대표 82명이 모인 가운데 '한국민주당'으로 당명을 개칭하여 발기총회를 열고 김병로를 대표로 선출하였다. 장덕수·허정은 「한국국민당」을 준비하면서 역시 "대한민국임시정부를 法統上의 근간으로 하여 정식정부를 구성한다"는 방침을 내세웠다.[33]

「조선민족당」·「한국국민당」 계열은 8월 15일 직후부터[34] 「건준」에 맞설 정당을 구상하였고, 또 이를 실행에 옮기면서 송진우를 끌어들이려 하였다. 그러나 송진우는 정당을 결성하자는 모든 제안을 거부하였다.[35] '오랫동안 沈默'을 지키던 송진우는 "八月末에 와서야 겨

---

31) 李敬南, 『雪山 張德秀』, 東亞日報社, 1981, pp.302-303; 許政, 『내일을 위한 證言』, 샘터사, 1979, pp.99-100. 안재홍은 창당준비위원회에 참석하여 발기인으로 서명까지 하였으나, 李昇馥·趙憲植 등이 이 당이 지주·자본가의 집단이라고 만류하였으므로, 朴容義·明濟世 등과 함께 9월 1일 「조선국민당」을 따로 결성하였다. 平洲李昇馥先生 望九頌壽紀念會, 『三千百日紅』, 1974, p.207, pp.245-246.

32) 이인에 따르면, 8월 말경 안재홍·金度演·허정·윤보선 등이 찾아와 '합류'하자고 제의하자, 發起小委員會(김병로·백관수·조병옥·원세훈·이인)에서 토의한 끝에 '민족진영의 단결'이란 관점에서 받아들이기로 하였다.

33) 이들이 「한민당」을 창당하는 과정은 許政, 『내일을 위한 證言』, pp.95-113; 李敬南, 『雪山 張德秀』, pp.296-308. 8·15해방 다음날인 8월 16일 허정은 장덕수를 찾아가 정당 조직을 의논하였다. 두 사람은 일찍부터 상해 임시정부의 정통성·합법성을 역설하였으므로 새로운 정당은 "임시정부를 맞이할 기반을 닦는 준비기관적 역할을 수행하는 것으로 만족"하고, 정부를 수립하는 첩경은 "우선 임시정부를 유일한 합법정부로 인정하는 길 뿐"임을 함께 인식하였다.

34) 조병옥은 "八月 十六日부터 韓國民主黨 創黨하는 데 參劃"하였다고 주장하였다. 趙炳玉, 『나의 回顧錄』, 民敎社, 1959, pp.144-146.

35) 이 점에서는 「한민당」에 참여한 인사들의 증언이 일치한다. 장덕수는 송진우에게 민주정당을 조직하라고 적극 건의하였으나, 송진우는 원칙으로는 찬성하면서도, "문제는 그 時機"라며 유보하는 반응을 보였다. 이인에 따르면 송진우·김성

우 활동을 開始[36]하였다." 그는 9월 1일 「대한민국임시정부 환국환영준비회」를 조직하면서 움직이기 시작하였고, 이를 「국민대회준비회」로 발전시켰다.[37] 9월 4일 송진우는 「대한민국임시정부 및 연합군환영준비위원회」를 조직하고 위원장에 權東鎭, 부위원장에 김성수·허헌을 위촉하였다. 이어 이 조직을 확대개편하여 9월 7일 「국민대회준비회」를 결성하고 위원장을 맡았다. 송진우가 국민대회를 준비한 목적은 미군이 진주한 뒤 정권을 인수할 요건을 갖추고 이를 전국민의 의사를 통합·대변하는 일종의 국민의회로 발전시키려는 데 있었다. 그는 정치성을 띤 정당보다는 전국민의 의사를 기반으로 삼은 형태도 대표성·순수성을 드러내려 하였다.[38] 송진우는 「건준」·「인공」이 공산당의 母體라 보고, 국민대회로써 민족진영의 모체 구실을 하고, 聯合軍政에 국민의 대변을 담당하고자 하였다. 이 대회는 「중경임정」을 '절대지지'하며 연합국에 감사를 표명하였다.[39] 송진우가 의도한 바와 달리 「국민대회준비회」는 자신의 측근 세력을 조직하는 데 그치고 말았지만[40] 그는 이로써 목표하던 바를 실천하여 정국의 주도권을 장악하려

수 등 동아일보측은 사태를 관망하면서 「중경임정」을 기다린다는 태도로 적극 반응 없이 發黨에 이르렀다. 장덕수와 함께 「한국국민당」을 조직한 김도연에 따르면, 송진우는 '政黨의 時機尙早論'을 들고 나왔다가 9월 1일에야 활동을 시작하였다. 金度演, 『나의 人生白書』, 康友出版社, 1968, p.156.

36) 송진우는 8월 30일에 와서야, 미군이 9월 7일에 京城에 들어온다는 말을 듣고 '急速히 計劃을 進行'시켰다. 金俊淵, 「政界回顧一年」『獨立路線』, p.7·13]: 李起夏, 『韓國政黨發達史』, 議會政治史, 1961, p.54.

37) 韓太壽, 『韓國政黨史』, 新太陽社, 1961, p.59.

38) 『傳記』, p.451. 이인에 따르면, 송진우는 8월 하순경 이인에게 "國家가 建立되자면 國會가 있어야 하지 않겠소? 나는 國會開設準備로 각층을 망라한 國民大會準備會를 發起할까 하오." 하며, 협력을 요청하였다. 李仁, 「解放前後 片片錄」, p.363. 송진우는 분명 정당보다 더 큰 구상을 하고 있었다.

39) 金俊淵, 「國民大會의 發端」『獨立路線』, pp.11-14; 『傳記』, pp.451-457.

40) 이인에 따르면, 국민대회의 구성원은 송진우의 측근과 동아일보 관계자들 30여 명으로 국한되었다. 이는 송진우가 8·15해방 후 '능동적'으로 움직이지 않아 추

하였다. 이와 같이 「건준」에 대항하는 모든 우익 세력들은 미군진주설을 사실로 확인한 뒤 모두 '중경임정 절대지지'를 표방하면서 정치세력화를 꾀하였다.

8월 말경 들어 미군이 남한에 진주한다는 사실을 확인한 우익 계열들이 정치세력화를 시도하는 가운데, 「건준」 역시 미군 진주에 대처하는 방안으로 9월 6일 전국인민대표대회를 급조하여 「인공」을 조각하였다. 이것은 각 계열로 창당 준비를 하던 우익 계열을 「한민당」으로 결속시키는 계기가 되었다. 앞서 보았듯이 9월 4일 겨우 발기총회를 연 「한민당」은 「인공」이 출현한 데 위기감을 느끼고, 창당도 하기 전인 9월 8일 발기인 6백여 명의 명의로 「인공」을 배격·규탄하는 성명을 발표하였다.[41] 이 성명은 「인공」과 「중경임정」을 界線으로 해방정국의 정치세력을 적대하는 이분법으로 나누는 가름점이 되었다. '점잖지 못한 표현'으로 여운형·안재홍과 「인공」에 적대감을 드러낸 「한민당」은 "우리는 독립운동의 결정체이요 현하 국제적으로 승인된 대한민국임시정부 외에 소위 정권을 참칭"하는 「인공」을 '단호 배격'하기로 결의하고, 「중경임정」을 맞이하여 완전한 자주독립정부가 되도록 '지지 육성'하자고 주장하였다. 그리고 여운형·안재홍을 '조선의 라우렐', "피를 흘리지 않고 정권을 탈취하겠다는 야망을 가지고 나선 일본 제국의 주구들"로 격렬하게 매도하였다.

남한에 미군정이 실시되자 군정의 방침[42]을 확인한 송진우는 공산

종자가 멀어졌고 "급격히 파동하는 時間과 機宜를 파악하지 못한 탓"이었다.
41) 이 성명은 宋南憲, 『解放三年史』 I , pp.121-123.
42) 1945년 9월 7일 발포하여 9일에 공포한 '태평양 미국육군 총사령부(맥아더사령부) 포고 제1호' 「朝鮮住民에게 布告함」은 미군정의 성격을 명백히 공표하였다. 「포고 제1호」는 미군이 일본을 대신하여 38도 이남의 지역을 '점령'하여 이 지역과 주민에게 군정을 실시함을 알리면서, 1조에 "朝鮮 北緯 三八度 以南의 地域과 同住民에 대한 모든 行政權은 當分間 本官의 權限下에서 施行함"이라고 못

당에 대항하는 강력한 우익 정당을 결성할 필요성을 느끼고 「한민당」을 창당하는 데 「국민대회준비회」를 참가시켰다.43) 이로써 9월 16일 「조선국민당」·「한국국민당」·「국민대회준비회」가 통합하여 「한민당」을 창당하였고, 송진우는 수석총무로 선임되었다. 「한민당」은 창당 선언문에서 '광복'이 「중경임정」을 비롯한 무수한 혁명동지들의 '血汗의 결정' 임을 상기하면서 "중경의 대한임시정부를 광복 벽두의 우리 정부로서 맞이하려 한다."44)고 선언하였다. 「건준」과 박헌영 등 공산측과 정면 대결하여 이들 세력을 '분쇄'하는 목표로45) 당수 없이 총무제로 발족한 「한민당」은 대안 전술로 '중경임정 절대 지지'를 내걸었다.

송진우는 「한민당」이 창당되었는데, 「국민대회준비회」를 해체하지 않고 그대로 존속시켰다. 그는 이를 "해외의 망명동지들이 환국한 다음에 완전 독립의 총협의체로 재편성하여 활용할 심산"46)이었다. 송진우는 「중경임정」이 귀국하면 이 대회를 근거로 이들을 추대 또는 흡

박았다. 『資料』1, pp.72-73. 「포고 제1호」는 38도선 이남의 모든 행정권이 미군 정하에 시행됨을 분명히 하여, 조선인 스스로 행정권 또는 주권을 행사하려는 어떠한 의도·기도도 인정하지 않았다. 미군은 진주한 뒤 '軍政廳' 조직을 완료하였고, 9월 20일 미군정은 "군정청은 … 38도 이남의 한국 지역을 통치·지도·지배하는 연합군 총사령관 아래서 미군에 의하여 설립된 임시정부인 것이다. 군정청은 남한에 있어서 유일한 정부"라는 요지의 담화를 발표하여 군정의 성격을 다시 분명히 밝혔다. 宋南憲, 『解放三年史』I, p.100. 미군과 협의할 주체로 급조한 「인공」은 물론, 「중경임정」도 행정권을 행사하는 '정권'으로 인정받을 수 없었다.

43) 『傳記』, p.458. 군정이 실시되면서 국내정세는 '백팔십도의 전환'을 가져왔고, 미 군정의 성격과 정책방향을 확인한 송신우는 '징덩시기 上조론'을 거두들이고 정치활동을 본격화하였다.

44) 宋南憲, 『解放三年史』I, pp.123-127.

45) 李仁, 「解放前後 片片錄」, p.264. 조병옥도 "韓國民主黨의 첫 事業은 解放 直後 재빠르게 結成한 建國準備委員會와 同年 九月 六日에 左翼分子를 中心으로 組織한 所謂 朝鮮人民共和國을 去勢하는 데 있었던 것"이라고 아주 솔직하게 「한민당」이 출현한 이유를 들었다. 趙炳玉, 『나의 回顧錄』, pp.144-146.

46) 『傳記』, p.460.

수하려는 의도를 가지고 있었다.[47] 그는 좌파연합조직인 「인공」에 대응하기 위해서는 우파의 역량을 최대한 결집할 필요성을 느꼈는데, 이는 정당 형태로는 충족될 수 없음을 알았다. 또 송진우는 「국민대회」를 밑받침으로 '중경임정 지지'를 내세워 「인공」에 대항하여 우파 세력을 연합시키는 동시에 장차 「중경임정」이 귀국하면 이와 연합할 수 있는 정치 기반을 만들려 하였다. 이러한 구도 아래 송진우는 각 정치 세력을 결속하는 매개체로 「국민대회준비회」를 적극 활용하였다.[48]

V. 미군정의 여당화와 '중경임시정부 절대지지론'

1) 미군정의 여당화

8·15직후부터 진주한다던 미군이 9월 6일 인천에 상륙하여 서울에 입성하자 송진우는 동아일보 사옥에서 "미국 진주의 광경을 會心의 미소로 맞이[49]했다." 그는 미군정의 기본 방침을 확인하자 정치무대의 전면에 나섰다. 그는 「한민당」과 「국민대회준비회」를 정치 기반으로 삼아 정국의 주도권을 장악하기 위하여 양면전술을 구사하였다. 송진우·「한민당」은 「인공」을 저지·제압하기 위하여 우선 미군정에 적극 접근하여 밀착하였으며, 또 한편으로는 '중경임정 절대 지지'라는 카드를 적절히 활용하였다. 「중경임정」을 '절대 지지'하면서 미군정의 권력에 편승하는 행태는 논리상으로 모순이지만, 「중경임정」을 '정부'

---

47) 沈之淵, 「古下 宋鎭禹」, pp.108-109.
48) 윤덕영, 「고하 송진우의 생애와 활동」, pp.144-145.
49) 『傳記』, p.462.

로 인정하지 않는 미국정부와 미군정의 대한정책에도 원칙에서 어긋나는 일이었다. 그러나 뒤에 보겠지만 송진우·「한민당」의 이러한 양수걸이는 초기 미군의 점령정책과 정확하게 부합하는 현실주의 노선이었다.

1945년 9월까지 G-2의 정보보고서들이 「한민당」의 주요간부인 송진우·김성수·장덕수·徐相日 등의 정보를 집중 인용할 정도로 「한민당」은 미군정에 재바르게 접근하였다. 9월 10일 조병옥·윤보선·尹致暎은 「한민당」의 대표로 미군정을 방문하여 '여운형이 부일협력자이자 정치모리배'이며 '인민공화국은 친일파집단'이라고 주장하였다. 또 같은날 하지도 참석한 한 만찬에서 李卯黙은 여운형·안재홍을 친일파로 비난하며 「인공」을 공산주의 조직으로 규정하는 8쪽짜리 보고서를 제출하였다.[50] 군정장관 아놀드 등 미군정의 고위 관계자와 자주 접촉한 장덕수는 이들에게 8·15해방 후 「건준」의 독주에서 시작된 남한의 정세와 「인공」의 '허구성'을 이론정연하게 설명해 주었다.[51] 任永信·장덕수가 분주히 주선하여 하지를 만난 자리에서[52] 송진우는 군정의 성격부터 물어 확인하였다. 또 공산계열이 벼락치기로 날조한 「인공」을 '不認定'하고, 미군정을 보좌하고 자문에 응할 한국인 지도자들을 선정하여 고문으로 추대하는 일이 급선무라고 제안하였다.

이와 같이 「한민당」이 미군정에 접근하여 최초로 주력한 일은 「건

---

50) 鄭秉峻, 「남한진주를 전후한 주한미군의 對韓정보와 초기점령정책의 수립」, 『史學研究』第51號, 韓國史學會, 1996, p.154.

51) 李敬南, 『雪山 張德秀』, p.313.

52) 『傳記』, pp.462~464; 李敬南, 『雪山 張德秀』, pp.308-315. 하지가 정당·사회단체의 지도자들을 초청한 9월 8일부터 '수일 후'에 송진우가 임영신 등에게 회견을 주선하라고 지시하였고, 이것이 빨리 이루어지지 않아 초조해 한 시간 등을 고려하면, 이 면담이 이루어진 때는 9월 중순께로 보인다.

준」·「인공」을 공산주의 조직으로 비난하고 여운형·안재홍 등을 '친일파'로 매도하는 일이었다. 「한민당」은 '중경임정 절대 지지'를 내세웠지만 「인공」을 제압하고 정국을 주도하기 위하여서는 '중경임정'의 권력이 아니라 '미군정'의 현실 권력이 필요하였다. 이들은 미군정에 '협력'하는 차원을 넘어 미군정을 사실상의 정부로 적극 인정하였다. 이는 미군정에 협력하자고 주장한 조병옥이 "당시의 國際情勢에 비추어 보아 韓國은 軍政段階의 訓政期를 거치지 않고서는 治安維持를 할 수 없고, 또 全韓半島의 赤化를 免치 못할 것"[53]이라고 말한 데에서 단적으로 알 수 있다. 「한민당」은 「중경임정」과 미군정을 배경으로 좌파 세력을 저지하는 데 제1의 목적을 두었고, 민족운동의 과제를 실천하는 일은 '부차적 문제'로 여겼다.[54]

조병옥은 「한민당」 수뇌부가 '臥薪嘗膽의 格'으로 미군정과 협력하기로 결정하였다고 하였지만 이 말이 무색할 정도로 「한민당」은 미군정에 밀착·유착하였다. 그들은 「인공」을 타도하기 위하여 미군정의 권력을 일부 떼어내 장악하였다. 송진우가 하지와 면담하는 자리에서 한국인으로 구성되는 고문회의를 제안한 데에서 보듯이 「한민당」은 미군정이 「인공」을 분쇄하기를 요청하는 데 그치지 않고, 자신들이 '고문'으로 군정에 참여하여 군정의 인사행정 등에 영향력을 행사하여 사실상 정국을 장악하려고 치밀하게 기도하였다. 「한민당」은 고문회의를 송진우 개인의 차원에서 제의하는 데 머물지 않고, 이를 당론으로 뒷받침하여 미군정에 다가섰다. 9월 22일 「한민당」 중앙집행위원회에서는 "행정과 인사에 공정을 기하기 위하여 군정당국은 조선인 중 명망과 식견을 구비한 인사로서 중앙위원회를 조직하여 행정과 인사에

53) 趙炳玉, 『나의 回顧錄』, p.146.
54) 崔相龍, 『美軍政과 韓國民族主義』, 나남, 1988, p.146.

자문케 할 것"[55])을 결의하여 미군정에 건의하였다. 이 같은 사실을 고려한다면, 고문회의는 미군정이 점령정책의 효율성을 높이려는 필요성에 따라 제기되었지만, 한국에 관련한 정보가 부족한 미군정의 한계를 짚어 군정의 권력에 참여하려는 송진우·「한민당」의 현실주의노선이 의도하여 추구한 결과이기도 하였다.

「인공」을 인정하지 말고, 고문회의를 설치하라는 송진우의 제안에 미군정은 10월 5일 11명의 고문관을 임명하여 고문회의(Advisory Council)를 구성한 데 이어, 10일 「인공」을 부인하는 성명을 발표하는 순으로 응답하였다. 이것이야말로 "미군이 남한에 진주한 이래 1개월만에 한국민주당이 쟁취한 최초의 凱歌"였다. 이로써「한민당」은 자당의 의견을 군정에 반영할 수 있는 '현실적인 파이프 라인'을 설정[56])하는 데 성공하였다. 군정장관 아놀드는 이 고문회의(위원장 김성수)가 '솔직하면서도 당파를 떠난 기초'(an honest non-partisan basis) 위에 선출되었다고 하였지만[57] 「한민당」조차 인정할 정도로[58] 한민당원 일색으로 치나진 당파성을 띠었다.[59] 송진우는 기꺼이 미군정의 고문이 되고 미군정에 협력하기로 결정하였다. 그리고 정부를 수립할 때 필요한 행정·사법·입법의 민주주의 절차를 배운다는 명분으로 당원들에게 '군정 참가'를 적극 지지하고 후원하였다.[60] 이렇게 「한민당」은 일반행정

---

55) 沈之淵, 『韓國民主黨硏究』Ⅰ, p.138.
56) 李敬南, 『雪山 張德秀』, pp.315-316.
57) U.S. Department of State, "The Political Adviser in Korea(Benninghoff) to the Acting Political Advider in Japan(Atcheson)", *Foreign Relations of the United States 1945*, vol.Ⅵ The Far East(Washington, United States Goverment Printing Office, 1971), p.1069. 앞으로 위의 책을 *FRUS*로 줄임.
58) 李敬南, 『雪山 張德秀』, p.315.
59) 이 고문회의는 정병준, 「남한진주를 전후한 주한미군의 對韓정보와 초기점령정책의 수립」, pp.174-177: 신복룡, 「해방정국에서의 민주의원 연구」, 『政正』제10집, 건국대학교 대학원 정치학과, 1997, pp.2-5.

· 경찰 · 사법과 금융계에 적극 참여함으로써 미군정의 집권세력으로 기반을 굳혀 갔다.[61] 8 · 15해방 직후 현상을 유지하고 연합국을 직접 상대하여 건국운동에 나서겠다는 송진우의 현실주의 구상은 미군정 아래서 이와 같이 실현되었다.

2) '중경임시정부 절대지지론'

그러나 '미군정의 여당'이 되는 현실주의 노선은 미군정이 유일한 정부인 현실에서 '임정추대론'이라는 명분과 결코 양립할 수 없었다. 송진우 · 「한민당」은 미군정이 유일한 정부인 군정 아래서 어떻게 「중경임정」을 '정통정부'로 지지하여 추대할까 하는 방법을 진지하게 모색하지 않았다. 그들은 「인공」을 제압하고 군정의 권력을 떼어내 장악하는 데 주력하였다. 「한민당」은 미군정이 「중경임정」을 망명정부로서 인정하지 않는다는 방침을 알았을 때 사실상 '절대지지론'을 벗어 던졌다. 만약 「한민당」이 진실로 「중경임정」을 정부로 '추대'하려 하였다면 「중경임정」이 비록 개인자격으로 귀국하였더라도 「중경임정」을 무시하고 군정을 유일정부라고 표방한 미군정의 여당 구실을 할 수 없는 일이었다.[62]

---

60) 『傳記』, pp.463-464.
61) 孫世一, 『李承晩과 金九』, 一潮閣, 1970, p.165. 「한민당」은 당세를 확장하는 데 절대 필요한 물리력을 갖추기 위하여 무엇보다 경찰권을 장악하였다. 조병옥은 군정의 요직 가운데 가장 중책인 경무부장에, 장택상은 수도경찰청장에 취임하였다. 미군정 아래 한민당원이 등용되는 현황에 대해서는 沈之淵, 「韓民黨과 美軍政과의 관계」, 『韓國現代政黨論』, pp.55-59.
62) 송건호는 이를 '主體性 없는 政治勢力의 등장'이라는 시각에서 비판하였다. 宋建鎬, 「八 · 一五 後의 民族主義論」, 宋建鎬 · 姜萬吉 編, 『韓國民族主義論』, 創作과 批評社, 1982, pp.167-168; 宋建鎬, 「탁치안의 제의와 찬반탁 논쟁」, 변형윤 외, 『분단시대와 한국사회』, 까치, 1985, pp.44-45.

「중경임정」은 귀국하기 앞서 이미 9월 3일, 자신들의 '법통'을 전제로 하여 「臨時政府의 當面政策」을 발표하고 '과도정권'으로 집정하겠다는 의지를 내밝혔다.63) 유일한 정부인 미군정과 임정법통론이 양립할 수 없다면 '절대지지론'도 정부수립의 방안이 될 수 없었다. 이를 철회하는 일은 단지 시간의 문제이었다. 그런데도 「한민당」이 '절대지지론'을 공식으로 거두어들이지 않은 까닭은 「중경임정」으로 자신들의 정통성을 포장하고, 「인공」을 제압하는 방편이 된다는 유용성도 있었지만 '절대지지론'이 「중경임정」의 간판을 활용하려는 미군정의 한동안의 방침과 일치하였기 때문이다.

다 아는 바와 같이 「중경임정」은 국제사회, 무엇보다 미국에게서 승인을 얻고자 하였으나 이를 달성하지 못하였다.64) 임시정부 자격으로 환국할 수 없는 정세에서 김구는 「중경임정」을 최소한 '비공식 혁명과도정권'으로 인정 받아 귀국하려 하였으나 미군정이 실시되는 상황에서 이러한 요구는 실현될 수 없었다.65) 미국정부는 전후 대한정책으로 신탁통치를 구상하고 있었으므로 「중경임정」을 승인할 수 없었다.66) 「중경임정」은 개인자격으로 입국하였다. 그러나 미국의 대한정책의 기조가 신탁통치안이었으므로 「중경임정」을 승인할 수 없었다 하더라도 미군정은 「중경임정」의 간판을 활용하고자 하였다.67) 미군정

---

63) 『資料』 1, pp.46-48.
64) 「중경임정」의 대미외교와 미국의 임정 불승인 정책은 鄭容郁, 「해방 이전 미국의 對韓構想과 對韓政策」, 『韓國史研究』83, 韓國史研究會, 1993, pp.104-114.
65) 沈之淵, 「大韓民國의 光復과 臨時政府의 正統性」, 『정치외교사논총』 제14집, 韓國政治外交史學會, 1996, p.141
66) 정용욱·박진희, 「해방 전후 미국 대한정책의 변화와 임정의 대응」, 『역사와 현실』 제37호, 한국역사연구회, 2000, pp.213-214
67) 하지의 정치고문인 베닝호프가 국무장관에게 보낸 9월 15일자의 전문은, 하지가 맥아더에게 제출한 건의사항을 언급하였는데, 4번째에 「중경임정」을 활용하는 방안을 제안하였다. 이에 따르면 연합국의 후원 아래 중경의 망명정부를 임시정

은 고문회의에 「중경임정」의 요인을 가담시키거나, 미군정 아래 '자문 행정기구'를 창설하여 「중경임정」을 활용하려 하였다. 이것이 현실정 치 속에서 구체화한 형태가 「독립촉성중앙협의회」이었다.[68]

송진우·「한민당」은 이러한 미군정의 정책과 호흡을 맞추어 「인공」 을 제압할 목적으로 「중경임정」을 활용하는 '절대지지론'을 내걸었다. 미군정이 고문회의를 구성하는 10월 5일, 민족통일전선을 결성하기 위 하여 각 정당 수뇌의 간담회가 열렸다. 이 날 송진우는 "結局 問題 는 人民共和國이냐 重慶政府"에 있다고 전제하면서 「중경임정」을 '支持하야 마자드리'어 '臨時政府 信奉下에 나가자'는 논리를 전혀 다른 각도에서 제기하였다. 그는 국내에서 혁명군이 일어나 조선총독 을 쫓아내고 국내에 정부를 세웠다면 연합국도 이것을 승인하였을 터 인데, 한민족이 일본제국주의를 '自主力'으로 쫓아내지 못하였으므로 「중경임정」를 지지하여야 한다고 주장하였다. 그는 국내에 있던 사람 은 감옥 안에 갇혀 있었거나 병치료 하던 사람뿐으로 비밀결사는 있

부로 환국시켜, 점령기간 동안과 선거를 실시할 수 있을 만큼 한국민이 안정될 때까지 '간판'(figureheads)으로 활용하는 방안을 검토해야 한다고 제안하였다. "The Political Adviser in Korea(Benninghoff) to the Secretary of State", FRUS 1945, vol. VI, pp.1049-1053. 하지의 정치고문인 랭던은 신탁통치안이 한국의 현실에 맞지 않음을 강력하게 주장한 뒤, 대안으로서 「중경임정」을 정치의 구심체로 삼는 '행정위원회'를 제안하는 하지의 구상을 보고하였다. 이에 따르면, 김구가 중심 이 되어 미군정 안의 몇몇 정치 그룹을 대표하는 '협의체'(council)를 구성하게 하 여, 한국의 정부형태를 연구하여 마련하고, '행정위원회'(Governing Commission)를 조직한 뒤, 미군정은 이에 시설·조언·운영자금을 제공하려 하였다. "The Acting Political Adviser in Korea(Langdon) to the Secretary of State", FRUS 1945, vol.VI, pp.1130-1131.

68) 정병준, 「주한미군정의 '임시한국행정부'수립 구상과 독립촉성중앙협의회」, 『역 사와 현실』 제19호, 한국역사연구회, 1996. 미군정의 임정활용정책은 김구와 임 시정부가 갖는 상징성을 극대화하여 혁명세력에 대처하고, 나아가 38도선 이북 지역까지 포괄할 정통성을 지닌 정부를 미국 점령지역에 조직한다는 계산이 깔 려 있었다. 이승억, 「임시정부의 귀국과 대미군정 관계」, 『역사와 현실』 제24호, 한국역사연구회, 1997, pp.95-102.

었으나 '적극적 항쟁'은 없었다고 지적하였다.[69] 송진우는 「중경임정」이 '자주력'으로 일제를 쫓아내지 못하였는데도 국내투쟁이 전무하였다는 이유를 들어 「중경임정」을 지지하여야 한다는 논지를 폈다. 그는 자신이 병을 핑계로 시국에 대처하지 않은 '무책론'을 확대하여 국내의 다른 인사들도 적극 항쟁하지 않았음을 꼬집으면서 「인공」이 정국을 주도하는 무모함을 비난하였다. 달리 보면 송진우의 '절대지지론'은 국내투쟁이 공백이었고 무력하였음을 지적하면서 자신의 '무책론'을 합리화하는 방편이기도 하였다. 어쨌든 송진우가 간담회에서 주장한 '절대지지론'은 「한민당」이 「중경임정」의 법통성을 주장하는 명분상의 교리[70]와는 사뭇 달랐으며, 공격성을 띠고 자기를 변명하는 현실론에 근거를 두고 있었다.

　「중경임정」 요인들이 제1차 환국(11월 23일)한 뒤, 11월 27일 송진우는 김구와 요담하였다. 안재홍에 따르면 같은 날 함께 회견하였던[71] 송진우는 안재홍이 발언을 끝내자 김구에게 다음 3가지를 주장하였다. ① 민족주의 일색으로, 異流를 허용하지 말고 사상통일을 力圖할 것, ② 「중경임정」을 개조한다면 獵官者類가 이에 참여하려고 계획하여

---

69) 「新朝鮮 建設의 大道」, 『朝鮮週報』 1권 1호, 1945년 10월 15일, 「夢陽呂運亨先生全集發刊委員會 編, 『夢陽呂運亨全集』 1, 한울, 1991, pp.219-231」.

70) 「한민당」은 「중경임정」이 3·1민족해방운동의 법통을 계승하였다, 미·영·소 정부에게서 승인을 받았다고 주장하였다. 「한민당」의 제시한 「중경임정」의 정통성의 근거는 沈之淵, 「大韓民國의 光復과 臨時政府의 正統性」, p.146을 참조.

71) 이 날 김구는 오전부터 오후까지 「국민당」 대표 안재홍, 「한민당」 대표 송진우, 「인민당」 대표 여운형, 「인민공화국」 대표 허헌과 회담하였다. 장순하에 따르면, 안재홍이 오전 10시 30분경, 송진우가 오전 11시 40분경 도착하여 김구와 개별회담하였다. 張俊河, 「白凡 金九 선생을 모시고 六個月」(二)·(三), 『思想界』 1966년 9월호·10월호, pp.157-158·122-135. 그러나 안재홍에 따르면, 그는 송진우와 함께 김구를 공동회견하였다. "三人이 테이블을 隔하여 鼎坐"한 채, 안재홍은 "先着한 관계도 있어 먼저 發言"하였고, 송진우가 이 發言 直後 세 가지를 '進言'하였다. 회담 내용은 「民政長官을 辭任하고」, 『選集』 2, p.265; 「白凡 政治鬪爭史」, 『新太陽』 1949년 8월호『選集』 2, pp.436-437」.

한갓 분규만 있을 뿐이므로 자기들로서는 삼천만과 함께 중경임정봉대의 국민운동을 견지할 터이니 중경 당시의 각원들을 조금도 변동함이 없이 그대로 정부로서 존속할 것, ③ 수천만 원의 애국성금을 모집한 후 適宜한 인물들을 友好列國에 특파하여 한국의 독립을 지지 · 원조하도록 외교공작을 일으키라.

그런데 이 날 회담에 배석한 바 있는 장준하가 회고한 바에 따르면, 송진우는 김구와 단독회담한 자리[72]에서 다음 5가지를 요청하였다. ① 이번 2차 대전은 민주주의 대 팟쇼의 대결이었다. 승리를 이끈 연합국가의 기치 아래로 우리도 나아가야 하므로 국가가 통일되어 민주국가를 완성하는 데 최선을 다해야 한다. ② 가급적 속히 최선을 다하여 몇 개 조의 친선사절단을 조직하여 김구의 친서를 가지고 각 연합국을 방문토록 한다. 사상통일이 되어 자주독립을 할 만큼 실력이 양성되었음을 선전하여 연합국이 독립을 승인하도록 獨立促成을 기해야 한다. ③ 재정 문제에서 국내외 유지들의 희사를 받아야 한다. ④ 집무 계통의 사무 조직을 하루속히 완비시킴이 최선책이다. ⑤ 하루바삐 광복군을 모체로 국군을 편성해야 한다.[73] 이는 이후 송진우

---

72) 그런데 이 중요한 회담을 『傳記』는 전혀 언급하지 않았다. 사실 『전기』는 8 · 15 해방을 앞뒤로 하여 송진우가 '절대지지론'을 내걸었다는 주장을 드러내서 서술하고 있지 않다. 『傳記』에서 송진우가 '임정추대론'을 정치노선으로 내걸었음을 가리려는 이유는, 「중경임정」이 환국한 뒤 「한민당」과 여러 가지로 불화하여, 송진우가 '종전과는 다른 臨政觀'을 갖게 되었기 때문이다. 『傳記』, pp.475-477. 논리의 일관성 문제로 『傳記』는 '절대지지론'을 서술하기 어려웠다.

73) 張俊河, 「白凡 金九 선생을 모시고 六個月」(三), pp.123-126 · 132-133; 장준하는 송진우를 '강인한 民族主義者'로서 "社會主義사상에 대한 절대적인 배척을 신조"로 하는 인물로 평하였다. 장준하는 송진우의 발언 내용을 분석하여 송진우가 「중경임정」을 '절대 지지'하며 '복종'하는 사람임을 알았다. 무엇보다 "人民共和國 打倒를 외쳤던 기개가 살아 있음을 목격"하였다. 이 당시 「인공」을 적대하는 눈으로 보았던 장준하가 "저으기 마음이 든든"할 정도로, 송진우는 「인공」에 적대감을 가지고 있었다.

·「한민당」이 주장하는 바와 같다.

연합국을 상대로 한 사절단을 파견하고, 집무 계통을 완비하며, 광복군을 모체로 국군을 편성하는 주체는 바로 「중경임정」이다. 이를 언급함은 「중경임정」을 이미 정부로 추대하였다는 뜻이다. '김구의 친서' 운운은 김구를 정부의 수반으로 '무조건 지지'하겠다는 뜻이며, 재정문제에서도 「한민당」이 '국내외의 성금'을 모아 「중경임정」을 '무조건 지지'하겠다는 의사를 밝히면서 재력 있는[74] 「한민당」의 역량과 제휴하자는 암시도 내비쳤다.[75]

12월 4일 송진우는 담화를 발표하여, 임시정부 개조론은 정권욕에 급한 사람들의 의견이며, 국가체제를 갖추어 열국의 승인을 받기까지는 그냥 그대로 직진해야 한다고 주장하였다.[76] 12월 6일 「한민당」 중앙집행위원회는 '중경임정 절대 지지'를 다시 다짐하였다. 이 날 회의

---

74) 8 · 15해방 직후 국내에는 '독립금' · '애국금' 등의 명칭으로 불린 우익 진영의 정치자금이 「중경임정」이 환국한 때를 전후하여 조성 · 유통되었다. 「중경임정」의 재정부장 趙琬九가 요청하여 1945년 12월 23일 송진우 · 김성수 · 張澤相 등 70여 명이 「愛國金獻金會」를 조직하였다. 이 단체는 뒤에 「愛國金獻誠會」로 통합되어 「인공」에 대처하기 위하여 조직된 「국민대회준비회」 내에 본부를 설치하였다. 김구는 입국한 직후 「애국금헌성회」와 개인들에게서 최소 1천 5백만 원에서 2천만 원에 이르는 '애국금'을 헌납받았다. 鄭秉峻, 「1945~47년 우익진영의 '愛國金'과 李承晩의 정치자금 운용」, 『韓國史硏究』109, 韓國史硏究會, 2000, pp.189-198.

75) 송진우는 「중경임정」이 귀국하기를 고대하며, 10월 20일 「한민당」의 간부급들을 중심으로 「환국지사후원회」를 조직하여 제1차로 금융단 · 실업계 인사에게서 9백만 원을 모금하여 두었다. 「중경임정」이 귀국한 뒤인 11월 말, 그는 국민대회준비회의 대표자격으로 장택상을 대동하고 임정요인들을 성식예방하면서 후원회의 기금을 전달하였다. 그런데 임정요인들 가운데 이 돈에 '淨財아닌 돈'이 들어 있다며 시비하자, 이 깨끗하지 못한 돈'을 처리하는 문제를 의논하기 위하여 임정 측이 주최가 되어 국민대회준비회의 사무실에서 회의를 열었다. 회의는 격론이 벌어졌고, 폭언과 폭설로 수라장이 되었다. 『傳記』, pp.475-476. 이 일은 송진우의 심기를 건드렸고 그의 자존심을 크게 상하게 하였다.

76) 「臨時政府의 機具 그대로 推進」, 『東亞日報』 1945년 12월 5일자, 「沈之淵, 『韓國民主黨硏究』 I , pp.171-172」.

는 '국민운동 전개에 관한 토의'로 "우리 임시정부를 절대 지지하는 전
국민운동을 하야 국제승인을 촉진할 것"을 결의하였고, 또한 "내정에
관한 모든 기관을 임시정부에 위양하여 정부의 위신을 보지케 하고 치
안유지와 경제조정의 근본 방침을 발휘케 할 것"[77]을 주장하였다.

그런데 「중경임정」을 지지하는 국민운동은 그렇다 하더라도, 내정
을 위양하라는 결의는 매우 커다란 문제를 안고 있는 사안이었다. 이
는 사실상 미군정을 부정하고 군정의 정권을 「중경임정」에 이양하고,
「중경임정」은 정부로 집권하라는 뜻으로 이해될 수 있다. 12월 말 반
탁운동이 거세게 일어날 때, '정부'를 자처하면서 미군정을 접수하려
는 「중경임정」 방식의 반탁운동에 대하여 송진우는 만일에 군정을 부
인하고 임정의 이름으로 독립을 선포하면 반드시 큰 혼란이 일어난다
고 경계하였다.[78] '내정 위양'을 운운하는 주장은 송진우의 평소 견해
와 크게 다르며, 또 미군정의 여당인 「한민당」으로서는 상상할 수도
없는 바였다. 뒷날 「중경임정」이 반탁운동을 전개하면서 '國字 포고'
를 공포한 기도를 미군정이 쿠데타로 단정하였듯이 이러한 결의는 쿠
데타의 성격을 지니고 있었다. 미국이 「중경임정」을 결코 정부로 승
인하지 않는다는 방침을 알고 있는 「한민당」이 왜 이렇게 위험하고도
무모한 결의를 하였을까.

「중경임정」이 귀국하기 전 미군정은 여러 경로를 통하여 김구측에
게 개인 자격으로 입국하고, 입국한 뒤에는 고문단 또는 「독립촉성중
앙협의회」(앞으로 「중협」)에 참가하라고 요청하였다.[79] 당시 「중협」에
참여하고 있던 장덕수 · 송진우 · 허정 등은 미군정과 이승만이 「중협」

---

77) 「「臨政」 支持를 爲한 國民運動 展開를 決意」, 『東亞日報』 1945년 12월 7일자, 「沈
    之淵, 『韓國民主黨研究』 I , pp.172-173」.
78) 『傳記』, pp.479-484.
79) 鄭秉峻, 「남한진주를 전후한 주한미군의 對韓정보와 초기점령정책의 수립」, p.173.

에서 의도하는 바를 정확하게 읽고 있었다. 이들은 「중협」이 장래의 한국정부가 되며 행정권을 이양받는다는 '최고기밀'을 알고 있었다. 이승만은 「중경임정」이 공인될 수 없기 때문에 김구 이하 몇몇 요인들을 「중협」에 끌어들여 「중협」을 강화하는 수밖에 없다고 강조하였다.[80] 사실 위의 「한민당」의 결의는 결코 실현될 수 없으며, 선언 이상의 의미를 가질 수 없는 주장이었다. 그렇다면 이는 정략성을 띤 포석이 분명하다. 「중경임정」이 귀국하기 전, 이승만과 송진우는 「인공」을 타도하기 위하여 '임시정부정통론'을 적극 내세우되 「중경임정」이 일단 귀국하여 정국이 다소 질서가 잡히고 나면 「중경임정」을 해체하고 새로이 독립정부를 세워야 한다는 데 이미 합의하여 놓은 상태였다.[81] 어쩌면 '내정 위양'을 운운함은 「중경임정」을 「중협」에 합류시키려는 포석이었는지도 모른다.

「한민당」은 '절대지지론'을 공언하였지만 「한민당」을 움직이고 있던 송진우의 현실주의 정치노선과 「중경임정」 세력들이 고집스럽게 내세우는 '임정법통론'은 충돌할 수밖에 없었다. 양자의 관계는 「중경임정」의 요인들이 귀국한 이후 악화일로를 걸었다.[82] 사실 송진우는 「건준」에 대항하기 위하여 '임정추대론'을 주장하고 있다가 임정요인들이 개인 자격으로 귀국하자 「중경임정」을 무시하는 태도를 취하였다.[83] 송진우·「한민당」은 12월 들어 「중경임정」을 대하는 태도를 바꾸었으며, 12월 31일 송진우가 살해되는 사건 이후는 서로 대립하는

---

80) 정병준, 「주한미군정의 '임시한국행정부'수립 구상과 독립촉성중앙협의회」, pp.167-168.
81) 孫世一, 『李承晩과 金九』, p.201. 손세일은 이승만의 비서였던 윤치영·尹錫五와 면담하여 이 부분을 서술하였다.
82) 박태균, 『현대사를 베고 쓰러진 거인들』, 지성사, p.34.
83) 송진우를 살해한 한현우의 재판 과정에서 피고인측의 증인으로 출석한 안재홍은 송진우가 「중경임정」을 대한 태도를 이렇게 지적하였다. 韓賢宇, 「古下 宋鎮禹被擊事件 公判廷」, 『世代』通卷148號, 1975年 11月號, pp.325-326.

관계로 나아갔고, 뒤에 「한민당」이 단독정부를 추진하면서는 적대관계
로 악화되었다.[84]

VI. 맺음말

'절대지지론'은 「인공」과 대립·대항하는 상황에서 '임정법통론'을
근거로 「중경임정」을 건국운동의 주체·구심점으로 내세웠다. 송진우
·「한민당」은 「인공」을 타도하고 정국의 주도권을 장악하려는 적대성
과 정파성에서 「중경임정」을 전술로 요청하였다.

'절대지지론'은 8·15해방 직전 송진우가 시국에 대처하는 행동양식
이었던 '무책론'에서 출발한다. 1943년부터 '송진우는 '일제필망'을 확
신하면서도 '아무 대책 없이' 해방을 맞았으며, 8·15해방 뒤에도 王
兆銘·페탕·라우렐로 몰리어 지탄받지 않도록 운신할 뿐이었다. 또
그는 국내투쟁이 전무하여 '자주력'으로 해방을 달성하지 못하였음을
'절대지지론'의 논거로 제시하였다. 이 점에서 '절대지지론'은 '無策
論'을 합리화하는 免避論이었다.

'절대지지론'의 내용을 보면, 우선 '엽관욕'을 방지한다는 이유를 들
어 「중경임정」을 개조하자는 주장에 반대하여 중경 당시의 각원을 조
금도 변동 없이 그대로 정부로서 '추대'하자는 '무조건 지지'를 표방

---

84) 김준연은 『한국민주당소사』의 서문에서, 「한민당」이 5·10선거를 실천·완수하는
중추세력이었음을 자부하였다. 그에 따르면, 「한민당」은 "인민공화국을 분쇄하고
신탁통치를 말살함"에 큰 공을 세웠으며, "확고한 신념하에 좌우합작세력을 일
축하고 소위 남북협상파와 싸워서" 5·10총선거를 완성하였다. 韓國民主黨宣傳
部, 『韓國民主黨小史』, 1948, 「沈之淵, 『韓國現代政黨論』, pp.270-271」. 김준연은
대한민국을 세우는 과정에서 政敵을 위의 네 가지로 설정하였는데, 남북협상을
추구한 「중경임정」도 단독정부 수립을 위하여 싸워야 할 정적이었다.

하였다. 그러나 이는 전혀 실현성이 없는 주장이었고, 선언 이상의 의미를 갖지 못하는 정략이었다. 또 「인공」을 완전히 타도하기 위하여 '임정법통론'을 내세웠으므로 좌익 계열을 철저하게 배제하고, 우파 세력만으로 사상통일 등의 단결을 꾀하여 정국을 주도해야 한다고 주장하였다. '절대지지론'에는 민족통일전선이라는 시대정신이 전혀 없었다. 이러한 한계는 식민지시기까지 거슬러 올라간다. 송진우는 식민지시기에도 '전민족의 단결'을 주장하면서도 사회주의 계열을 돌려내었다. 그는 해방정국에서 사회주의자들과 대결노선을 취하였다.[85] 송진우는 식민지시기부터 민족협동전선을 부정하였으므로 안재홍·여운형이 합작을 제의하여도 이를 거부하였다.[86] 송진우는 좌익과 「인공」을 적대하여 타도하고자 하였다.

가장 근본되는 문제로 '절대지지론'의 진실성과 일관성을 지적할 수 있다. 송진우·「한민당」은 「중경임정」을 '절대 지지'할 의사가 없었다. '절대지지론'은 「중경임정」과는 다른, 새로운 임시정부가 수립될 때까지 하나의 과도정권으로서 「중경임정」의 주도권을 인정해야 한다는 전술에 불과하였다.[87] 「중경임정」이 귀국하기 전, 이승만과 송진우는 새로운 독립정부를 세우기 전까지 '임정법통론'을 이용하는 데 합의하였다. 남한에 미군정이 실시되고 미국의 대한정책을 확인한 송진우·「한민당」은 미군정에 적극 협착하여 군정의 여당으로 자리잡으면서 사실상 '절대지지론'을 폐기하였다. '절대지지론'은 정략 차원의 '꽃놀

---

85) 沈在昱, 「古下 宋鎭禹의 思想과 活動 研究」, pp.40-43.
86) 서중석, 『한국현대민족운동연구』, pp.203-204.
87) 「한민당」은 창당선언에서 「중경임정」을 추대하였지만, 「중경임정」 자체를 하나의 기정사실화된 정부로 추대하지는 않았다. 이 점에서 「한민당」의 '절대지지론'은 "한민당의 세력확장을 위한 임정추대의 인상을 짙게 풍기고 있다." 沈之淵, 『韓國民主黨研究』 I, pp.62-63.

이패'[88])에 불과하였으므로 「한민당」은 이를 선언하는 이상으로 실천하지 않았다. '절대지지론'은 연합국을 직접 상대할 때까지의 용도이었으나, 일정한 시기까지 「중경임정」의 정통성과 자신을 일치시키고 「인공」을 저지·분쇄하는 유용한 전술이었다.

---

88) 정병준, 『몽양 여운형 평전』, p.156.

제 3 편

조국의 하늘을 그리는 마음

# 북만에서 쓰러진 항일무장투쟁의 거인 / 김좌진

황 민 호[*]

Ⅰ. 머리말

백야 김좌진 장군은 일제하 만주지역 항일무장투쟁사에서 있어서 청산리 대첩을 승리로 이끈 대표적인 항일투쟁의 지도자로 유명하며, 따라서 백야가 활동했던 청산리대첩과 신민부, 한족총연합회 등에 대해서는 일정하게 제세적인 연구가 이루어져 있다. 그리고 백야의 가계와 국내에서의 항일독립운동과 관련해서도 일정정도 구체적인 연구 성과가 발표되고 있다.

그러나 여전히 김좌진과 공산주의세력과의 구체적 관계 및 신민부

* 숭실대학교 사학과 교수

의 對民活動과 정의부 및 참의부 등 만주지역에서 활동했던 여타의 다른 독립운동단체들과 신민부, 혹은 김좌진과의 관계에 대해서는 보다 세밀한 연구가 필요한 것으로 보인다. 뿐만 아니라 김좌진과 청산리대첩에 대해서도 보다 정확한 사실과 이를 바탕으로 한 객관적인 복원작업이 필요할 것으로 생각된다.[1]

그리고 이러한 문제에 대한 보다 다양한 접근을 위해서는 일제측 자료는 물론, 국내 언론자료나 증언 등에 대한 보다 치밀한 검토가 필요할 것으로 생각된다. 따라서 본고는 이러한 문제의식을 바탕으로 우선 1920년대 후반 이후 만주지역에서의 백야의 활동을 그가 활동했던 단체별로 구분하여 정리해 보고자 하며, 가능한대로 『동아일보』나 『중외일보』 등의 기사를 통해 백야의 활동에 대한 몇 가지 사실들에 대한 국내언론의 보도 경향에 대해 검토해 보고자 한다.

따라서 본고의 이러한 논의는 1920년대 후반 이후 백야의 항일독립운동과 그 노선 변화의 일면을 보다 깊이 있게 이해하는데 기여할 수 있을 것으로 생각된다.

II. 신민부의 결성과 김좌진의 활동

청산리대첩 이후 북만에서 활동하기 시작한 백야는 1925년 1월에

---

1) 김좌진장군에 대한 연구로는 다음과 같은 것들이 있다. 박영석, 「白冶 金佐鎭將軍 研究」, 『국사관논총』 51, 국사편찬위원회, 1994. 신용하, 『한국민족독립운동사연구』, 을유문화사, 1985. 박환, 『만주한인민족운동사』, 일조각, 1991. 박창욱, 「김좌진장군의 신화를 깬다」, 『역사비평』 계간, 24호, 역사비평사, 1994, 봄호. 박환, 『대륙으로 간 혁명가』, 국학자료원, 2003. 조규태, 「김좌진장군의 항일독립운동의 연원」, 『백야 김좌진장군』, 백야김좌진장군 기념사업회, 2000. 8. 이밖에 연변에서의 연구가 일부 있다.

개최되었던 '夫餘族 統一會議'를 통해 동년 3월 10일 寧安縣 寧安城 내에서 결성된 신민부에 주도적 인물로 참여하였다. 이 과정에서 김좌진은 남성극, 崔灝, 朴斗熙 등과 함께 대한독립군단의 대표로 참석했던 것으로 보이는데 회의에는 대한독립군단 이외에도 대한독립군 정서 및 16개 지역의 民選代表, 10개의 국내단체 대표 등이 참석하였던 것으로 나타나고 있다.[2]

한편 신민부의 결성에 대해서는 국내 언론에서도 다음과 같이 보도하고 있었다.

北滿統一機關 新民府組織, 「大韓獨立軍團」 代表 金佐鎭 等, 부여족통일회의를 개최, 세력단례로 신민부조직, 中央組織은 委員制. 이번 남북만주에 있는 대한독립군단 대표 김좌진, 남극 등은 대한독립군의 김혁, 조선환 등과 중동선교육회장 윤우현 및 조선 內地단체 ○○○○의 최○○등 각 단체의 주뇌자 되는 약 38명이 북만주 穆陵에 모여 부여족 통일회의를 개최하고 부여족 전부를 규합하여 큰 세력을 만든 뒤에 모 중대사업을 실행하리라고 신민부를 조직하였는데 그 부의 행정구역은 남으로 安圖縣 으로부터 북으로 遼河縣에 이른 다고하며 … 더욱 이때 회의에 참석한 조선 내지 대표 두사람은 현금 3천원을 義捐하였고 또 장래로도 계속하여 사업유지비로 많은 돈을 내리라고 公言하였다는데 …[3]

위의 내용은 『동아일보』 1925년 4월 28일자에 게재되었던 김좌진 장군관련 기사 내용의 일부인데 이 내용을 통해서 보면 당시 국내언론에서는 신민부 결성에 '대한독립군단의 대표 김좌진'이 참여하고 있

2) 국사편찬위원회, 『한국독립운동사』 4, 1968, p.808.
3) 『동아일보』 1925년 4월 28일.

음을 머리 기사로 보도함으로써 신민부의 결성과정에 백야가 참여했다는 사실이 상징적인 의미를 갖고 있음을 나타내고 있었던 것으로 보인다.

또한 이 기사에서는 신민부의 행정구역이 안도현에서 요하현에 이르는 방대한 지역에 미치고 있었다는 것과 부여족통일회의에 참여했던 2명의 국내 단체 대표가 신민부의 활동을 위해 거금 3천원을 義捐했으며, 앞으로도 많은 돈을 낼 것이라고 공언했다는 내용을 기사화하고 있는데 이는 국내의 일반인들에게 신민부와 김좌진의 위상을 강화하는데 큰 역할을 했을 것으로 생각된다.

한편 부여족통일회의를 통해 결성된 신민부에서 김좌진은 중앙집행위원회의 군사부위원장과 총사령관의 직책을 맡았는데 이는 청산리대첩을 승리로 이끈 항일무장투쟁가로서의 그의 경력을 인정받았기 때문으로 보인다.[4] 이밖에 신민부의 간부로는 고종황제의 시종무관을 지냈던 김혁, 민사위원장에는 최호, 참모부 위원장에는 나중소, 외교부 위원장에는 조성환, 실업부 위원장에는 李一世, 심판위원장에는 金墩, 교육부 위원장 겸 선전위원장에는 許聖黙 등 임명되었다. 그리고 김좌진의 지휘 하에 白鍾烈, 吳祥世, 文宇天, 朱赫, 張宗哲 등이 각각 무장부대를 거느리고 있었던 것으로 보이는데, 이 보안대와 별동대 및 제1대대, 제1대대, 제3대대, 제4대대, 제5대대로 편성된 이 무장부대는 친일파 숙청과 마적으로부터의 재만한인사회 보호, 중국당국의 횡포에 대한 견제, 국내진격작전의 전개 활동하고 있었던 것으로 보인다.[5]

신민부가 결성되자 백야는 목릉현 小秋風에 城東士官學校를 설립하여 독립군 간부의 양성에 주력하였는데 당시 백야는 부교장으로 교

---

4) 앞의, 「白冶 金佐鎭將軍硏究」, p.201.
5) 앞의, 『한국독립운동사』 4, pp.810-811.

장인 김혁을 도와 열악한 조건하에서도 약 500명의 청년들에게 항일 군사교육을 실시했던 것으로 나타나고 있다. 이 사관학교의 교관으로 는 오상세, 박부희, 백종렬 외 5인이 있었으며, 고문으로는 이범윤, 조 성환 등이 활동하였다고 한다.6)

이밖에도 김좌진은 17세부터 40세 미만의 청장년을 대상으로 軍區 制을 실시하여 軍籍을 갖추고자 했던 것으로 보인데, 이것이 하얼빈 주재 일본 영사관의 방해로 어려워지자 다시 농번기에는 농사를 짓고 농한기에 군사훈련을 실시하는 둔전제를 실시하고자 하는 등 신민부 의 군사력 강화를 위해 적극적으로 노력했던 것으로 보인다.7)

실제로 신민부에서는 密山과 安圖 등 여러 지역에서 둔전제를 실 시한 바 있었으나 이러한 노력은 일제의 방해와 마적의 습격, 그리고 현지 기독교인들의 반발 등으로 인해 본격적인 성과를 거두지는 못했 던 것으로 보인다.8)

또한 이 시기의 『동아일보』에서는 백야가 신민부 군대의 무기제작 을 위해 '勞農勞國'의 技士까지 채용하였으며,9) 군자금을 확보하기 위해 총독부가 만주로 보내는 돈 약 6,000을 '奪取' 했던 것으로 보 도하고 있었는데 이러한 내용들은 모두 김좌진 장군이 신민부 결성 이후에도 여전히 항일무장투쟁의 전개를 위해 꾸준히 노력하고 있었 음을 보여주는 예인 것으로 생각된다고 하겠다.10)

6) 崔衡宇, 『海外朝鮮革命運動小史』, 東方文化社, 1945, p.76

7) 채근식, 「징병제 실시」, 『抗日武裝獨立運動秘史』, 대한민국 공보처, 1948, pp.109-110. 실제로 북만주에서 활동하던 김좌진 휘하의 독립군들은 평상시에는 농사를 짓거나 생계를 위해 취업활동을 하였던 것으로 보인다. 국가보훈처, 「오항선」, 『독립유공자 증언자료집』 I , pp.184-191.

8) 앞의, 「白冶 金佐鎭將軍研究」, p.202.

9) 『東亞日報』 1927년 9월 18일자, '勞農技師 招聘 軍器製作說, 노농 로국 기사 초빙 군긔 제작설, 新民府의 新計說'.

실제로 백야는 1927년 8월 국내진격 작전의 일환으로 金重三 등의 특수공작대를 국내로 파견하여 함경도, 강원도, 전라도, 경상도 지역의 주재소의 위치를 파악하게 하였으며,[11] 그 이전인 1925년에도 姜某 등의 신민부원에게 齋藤實 총독의 암살의 명령했던 것으로 나타나고 있다.[12]

이밖에 김좌진은 북만지역에서 활동하고 있던 친일단체인 보민회, 조선인민회, 권농회, 시천교 등에 대한 강력한 공격을 시도하였던 것으로 보인다.

> 지난 9월 26일 중국 동지선 영고탑에 근거를 두고 활동하는 ㅇ ㅇ단 新民府員이 哈爾賓 朝鮮人民會를 습격하야. 마침내 조선인민회는 습격되었다함은 긔보한 바어니와 … 이제 조선인민회를 습격한 자세한 전말을 듣건데 … 문을 걸고 전선을 차단한 후 민회의 중요 서류 기타를 압수하고 일주일 안에 민회를 해산하라 만약 듣지 않으면 최후의 수단을 취하겠다고 위협한 사실인 바 …[13]

위의 내용을 통해서 보면 신민부 단원들은 하얼빈 지역에서 활동하던 친일단체인 조선인민회를 급습하여 친일세력에게 조선인민회를 일주일 안에 해산할 것과 이를 어길 경우 최후의 수단을 강구할 것임을

---

10) 『東亞日報』 1926년 5월 26일자, '總督府公金 新民府가 奪取, 총독부에서 만주로 보내는돈 中東鐵道연선에서 신민부원 金佐鎭이 軍資에 쓰랴고 빼아서, 奪取된 金額은 六千圓'
11) 채근식, 앞의 책, pp.115-116.
12) 총독부경무국 도서관, 『諺文新聞差押記事輯錄』, 1932, p.103, 박영석, 앞의 논문, p.202 재인용.
13) 『東亞日報』 1927년 10월 25일자 이 신문기사에 따르면 조선인 민회를 습격하는 과정에는 日本人도 포함되어 있었다고 하며, 이후 이들은 일제에 의해 체포되어 대련 지방법원에서 强盜, 公務執行, 傷害罪의 명목으로 처벌되었다고 한다.

경고하고 있음을 볼 수 있는데 이는 강력한 항일무장투쟁노선을 견지하고 있던 백야를 중심으로 북만지역의 한인사회를 이끌었던 신민부로서는 당연한 투쟁노선이었던 것으로 생각된다.

실제로 1920년대 후반 이후 만주지역 독립운동단체들은 대부분 만주지역의 친일단체들에 대한 처단활동에 힘을 기울이고 있었던 것으로 보이는데, 남만지역에서 활동하고 있던 국민부의 경우도 1929년 6월 조선혁명군의 李雄을 총사령관으로 하고 梁世奉을 부사령관으로 하여 이 지역에서 활동하고 있던 친일단체 鮮民府에 대한 대대적인 공격을 결정하였다. 그리하여 양세봉은 장옥성·장도백 등과 함께 通化에 있는 鮮民府 총본부를 공격하였으며, 이러한 사실은 '국민부의 무장단이 선민부와 최후의 결말을 짓고자 활동하고 있다'는 내용의 기사로 국내 언론에 보도되기도 하였다.[14]

따라서 이상의 내용을 종합해 보면 1920년대 후반 북만지역에서 조직된 신민부에서 군사 활동을 주도했던 김좌진은 사관학교의 설립과 군구제·둔전제의 실시 및 무기제조 등을 통해 신민부 군대의 무장력 강화를 위해 노력하였던 것으로 보인다. 그리고 국내와 만주지역에서 일제에게 결정적 타격을 주거나 친일세력으로부터 재만 한인사회를 보호하는데 도움이 될 수 있는 무장투쟁을 전개해 나갔던 파악된다.

그러나 신민부의 이러한 활동에도 불구하고 신민부의 주요 활동지역이 압록강과 두만강을 사이에 둔 국경지대에서 멀리 떨어져 있었던 점을 감안한다면 신민부의 항일무장투쟁 활동은 그 내용면에서 일정한 한계를 가질 수밖에 없었을 것이라고 생각된다.

---

14) 『中外日報』 1929년 10월 30일자, 이 당시 선민부는 韓僑同鄕會로 명칭을 변경하여 활동하고 있다. 자세한 내용은 황민호, 『在滿韓人社會와 民族運動』, 1998, 국학자료원, pp.150-157을 참조할 할 것.

한편 김좌진은 북만지역 한인사회의 안정을 위해서도 노력하였는데 이러한 노력은 주로 한인들의 사업과 교육을 활성화하는 방향에서 이루어졌던 것으로 보인다.

신민부의 수뢰 김혁과 김좌진은 5월 중순 중국과 러시아 국경 最要地帶 杜們河를 시찰하고 모방면으로 돌아갔는데 그 지대는 興安嶺山脈 4-5천리의 삼림평원인 바 그 중부지대에 큰 촌락이 있음으로 그 지대는 군사상 요지로 정하고 외각 지방에는 산업과 교육기관을 설치하야 자치제도를 실행 중이라더라.[15]

위의 내용은 신민부가 결성된 직후 김좌진과 신민부의 활동에 대해 알려주고 있는데 대체로 백야와 신민부는 만주지역에서 군사 활동을 강화한다는 방침 이외에도 산업과 교육기관을 설치하고 자치제도를 실시하여 보다 안정적으로 한인사회를 운영하고자 했던 것으로 보인다. 그런데 백야와 신민부의 이러한 활동은 신민부가 단순한 항일무장투쟁 기관이 아니라 한인사회의 안정을 위해 보다 다양한 활동을 전개하고 있던 민족진영의 대표적인 독립운동단체였음을 나타내고 있는 것이라고 하겠다.

실제로 신민부에서 한인 자제들의 교육문제 해결에 힘을 기울이고 있었는데 우선 1927년 8월 1일에 海林에서 '北滿韓人敎育大會'를 개최했던 신민부에서는 한인자제들에게 독립정신을 교육하여 장래에 대비할 것을 결의하였으며, 이를 위해 珠河, 穆陵, 密山, 饒河, 敦化 등 15개 지역에 50여개의 소학교를 설치하고자 했던 것으로 보인다.[16] 뿐만 아니라 아래의 『동아일보』 기사 내용을 통해서 보면 신민

---

15) 『東亞日報』 1926년 6월 21일자. '新民府의 新政策, 군사계획과 산업교육긔관'
16) 국가보훈처, 『국외독립운동사적지 실태조사보고서』, 2001, p.181.

부에서는 재만한인 자제들의 교육을 위해 대단히 적극적으로 노력하였음을 알 수 있다고 하겠다.

> 재만 新民府의 義務敎育 실시 불완전한 학교는 합병해 북만 교육 면모 一新 … 북만주 이주동포의 공평한 부담으로 종래에 있었던 불완전한 학교 넷씩, 다섯씩을 병합하여 6년제의 시설 완전한 本校를 두고 각처에 支敎를 두어 만 7세 이상 14세 이하의 남녀 … 최근 중동선 부근에 있는 다섯 곳의 학교도 합병하야 해림 신창학교를 본교로 하고 나머지는 지교로 하여 校舍를 신축하고 지난 25일에 성대한 개교식이 있었다는데 이로서 귀의할 곳을 모르고 유리하는 동포 자제들도 배울 곳을 얻게 되었다더라.[17]

위의 내용을 통해서 보면 신민부에서는 북만지역 한인 자제들에 대해 義務敎育을 실시하는 한편, 이를 위해 1927년 10월 25일 북만 해림에 6년제의 완전한 시설을 갖춘 신창학교를 개교 설립하였으며, 각처에 支校를 두는 형태로 7세 이상 14세 이하의 한인자제들을 교육하고자 했던 것으로 보이는데 이는 신민부의 교육활동이 북만지역 전역에서 보다 조직적인 형태로 진행되고 있었음을 보여주는 것이라고 하겠다.

그러나 북만지역 한인사회를 중심으로 활발한 활동을 전개해 오던 신민부는 1927년 12월 25일 石頭河子에서 개최된 총회에서 군정파와 민정파로 양분되면서 갈등을 겪기 시작하였는데 분열의 시작은 그해 2월 중앙집행위원장 김혁과 경리부 위원장 유정근 및 金允熙, 朴敬順, 韓慶春, 南重熙, 李正和, 南極 등이 체포되면서 시작되었다.[18]

---

17) 『東亞日報』 1927년 10월 31일자. '在滿新民府 義務敎育實施, 불완전한 학교는 합병해, 北滿敎育面目一新'

사건이 발생하자 신민부에서는 이러한 희생을 계기로 보다 적극적인 무장투쟁을 전개하자는 김좌진 장군을 중심으로 한 군정파와 우선 재만한인의 교육과 산업을 발전시켜야 한다고 주장하는 민사부의원장 崔灝를 중심으로 한 민정파로 나뉘어 대립하게 되었으며, 양측의 불신은 상당히 과격한 양상을 나타내기도 했던 것으로 보인다.[19] 상황이 이에 이르자 김좌진은 1928년 12월 신민부를 해산하고 민족진영 단체의 새로운 통합을 위한 3부통합 운동에 참가한 후 革新議會라는 새로운 조직을 잠정적으로 결성하고 활동하였던 것으로 보인다.

Ⅲ. 민족진영의 통합운동과 김좌진

신민부가 군정파와 민정파의 갈등으로 문제를 야기하고 있을 때 민족진영의 독립운동 단체 내에서는 정의부, 참의부, 신민부를 통합하여 보다 강력한 항일독립운동을 전개하고자 했던 3부통합운동이 전개되고 있었으며, 김좌진은 이 운동에 적극적으로 참여하였던 것으로 보인다.

3부 통합회의는 정의부가 1928년 7월 참의부와 신민부에 회의의 개최를 통보하고 대표를 파견해 줄 것으로 요청하자 참의부에서는 이에 동의하여 곧바로 대표를 파견하였으며, 신민부에서는 군정파와 민정파의 대립으로 대표의 파견이 늦어지기는 하였지만 대표를 파견한다는 것에 동의함으로써 회의가 열릴 수 있게 되었다.

---

18) 『東亞日報』1927년 1월 28일자, 2월 1일자.
19) 박환, 앞의 논문, pp.46-48. 1928년 8월 15일 신민부 중앙군정위원회에서는 민정파의 중심인물인 김돈, 송상하는 등 3명을 혁명의 敵探, 공인위도, 공금절취 등의 명분을 내세워 이들에 대한 처단은 府令 제4호로 공고하고 그들의 죄상과 인상착의를 구체적으로 묘사하였다고 한다.

한편, 이보다 앞선 1928년 4월에는 정의부의 金東三과 金元植은 三府統合問題를 논의하기 위해 신민부를 방문하였는데, 이 자리에서 金東三은 3부통합의 필요성에 대해 다음과 같이 역설하기도 하였다.

光復의 第一要인 血戰의 숭고한 使命앞에는 各團의 意見과 固執을 버려야 할 것이며, 獨立軍이 武裝하고 入國하여 光復戰을 수행하기 前에 三團軍部가 合作하지 않으면 안된다 合作은 至上命令이니 如何한 障害가 있더라도 合作하여야 한다고 역설하여 강력한 무장투쟁의 전개를 위해 三府의 軍部가 연합해야 한다.[20]

즉 김동삼은 독립군이 무장하고 입국하여 광복의 第一要인 숭고한 血戰을 감행하기 위해, 혈전의 숭고한 사명 앞에서 3부가 통합해야 한다고 역설하였던 것으로 보인다.

따라서 이러한 분위기 하에서 1928년 9월 길림성 新安에서 3부통합회의가 개최되었으며, 백야도 3부통합회의에 적극적으로 참여하였던 것으로 보인다. 3부통합회의 참여했던 각 단체의 대표는 다음과 같다.

정의부: 김동삼, 혁익철, 최동오, 김이대, 김원식
신민부: 김좌진, 김동진 김칠돈, 이연, 송상하, 황학수, 여호림
참의부: 심용준, 김소하, 임병무[21]

그러나 이 회의는 정의부의 주노권 행사에 대한 신민부와 참의부의 불만 및 신민부 군정파와 민정파간의 대립, 참의부 대표 김소하에 대한 참의부 내의 불신 등이 겹치면서 효과적인 회의의 진행이 어려운

---

20) 蔡根植,『武裝獨立運動秘史』, p.147.
21) 蔡根植,『武裝獨立運動秘史』, 대한민국 공보처, 1948, p.147.

상황이었다.[22] 더욱이 3부통합회의를 눈치 챈 일경이 파견한 밀정이 경비 활동을 전개하던 마을 청년들에게 붙잡혀 살해되는 사건이 발생하자 민족진영의 인사들은 더 이상 회의를 진행하기 어려운 상황에 빠지게 되었으며, 결국 1928년 11월 3부통합회의도 더 이상 진행되지 못하고 결렬되고 말았다.

3부통합회의가 무산되자 김좌진을 중심으로 한 신민부 군정파와 참의부의 주류 및 정의부에서 이탈한 김동삼·이청천 등은 만주지역의 새로운 민족운동 단체로 1928년 12월 혁신의회를 조직하고 활동에 들어갔다. 그리고 혁신의회를 조직할 당시 이 조직에 참여했던 인물은 다음과 같다.

> 신민부 대표 : 김좌진, 황학수, 정신
> 참의부 대표 : 김승학, 김소하, 박창식,
> 정의부 대표 : 김동삼, 이관일, 이청천(촉성회측)
> 東滿僑民代表: 전성호, 김동진
> 北滿僑民代表: 이응서
> 상해임정대표: 홍 진
> 住中靑總代表: 金尚德[23]

한편, 혁신의회에서는 만주지역의 독립운동세력을 통합하기 위한 民族唯一黨在滿策進會를 조직하고 3부통합회에 이어 독립운동 진영의 통합을 위한 노력하였는데 김좌진은 在滿策進會의 위원으로 활동하였던 것으로 나타나고 있다.

---

22) 황민호, 「만주지역 민족유일당운동과 3부통합운동」, 『爭點 韓國近現代史』 4, pp.48-49.
23) 金承學, 『韓國獨立史』, 1965, pp.362-363. 이 회의에는 약 25명의 대표자들이 모였다고 한다.

또한 혁신의회에서는 수행해야할 당면한 중요과제로 1) 大黨促成에 積極的 幇助, 2) 軍事善後 및 敵侵入의 防止, 3) 合法的 中國自治機關(同鄕會)의 組織, 4) 殘務處理 등으로 정했으며, 실제로 혁신의회는 만주지역 친일세력에 대한 공격과 합법적 자치권 획득을 위한 운동의 전개를 위해 노력하였던 것으로 보인다.[24]

그리고 혁신의회는 합법적 자치권 획득운동은 김좌진과 함께 재만 책진회의 집행위원으로 활동하던 전성호에 의해 주도되었는데 그는 '延邊地方墾民代表'로서 중국당국과 교섭하여 재만 한인들의 합법적 자치권을 획득하기 위한 노력하고자 했던 것으로 보인다.[25]

1) 東三省 行政 기타 각 기관의 大革新을 당해 韓族問題를 강구할 기관의 특설 방법을 要望 할 것.

2) 各縣에 同鄕會를 속히 설치하고 재만한인의 自治運動을 조직적으로 일으켜서 이로써 民意를 당국에 上申할 것.

3) 재만한인에 대한 歸化手續은 간편을 期하고, 각 同鄕會로써 귀화를 권유케 하여 公民權을 획득케 할 것.

4) 公民權을 취득한 자에게는 중국인과 같이 參政權을 治하고, 대체로 公權을 부여해 줄 것을 당국에 요망할 것.

5) 延邊지방에 거주하고 있는 조선인은 中·日 官憲의 二重制裁를 받고 있는 현상임으로 이를 근본으로 부터 개혁하는 수단으로서 직접·간접으로 領事裁判權의 撤廢에 노력할 것.[26]

위의 내용은 1929년 1월 1일 길림에서 전성호가 각 현에서 와 있

24) 혁신의회는 鮮民府와 韓僑同鄕會 등 친일단체에 대한 공격에서 일정한 성과를 거두었다고 한다. 앞의, 『武裝獨立運動秘史』, pp.151-152,

25) 황민호, 「在滿韓國獨立黨의 形成過程과 活動에 寬限 硏究」, 『崇實史學』 12, 1998. p.75.

26) 朝鮮總督府警務局, 『在滿鮮人ト支那官憲』, pp.330-331.

던 10여명의 한인 대표들과의 회의를 통해 결정한 합법적 자치운동의 전개와 관련한 결의 사항이었다. 그런데 이 내용을 통해서 보면 혁신의회에서는 첫째, 만주 행정당국과의 직접적인 교섭을 통해 일제의 영향력을 배재한 가운데 재만 한인들의 합법적인 자치권을 획득하고자 했던 것으로 보인다. 그리고 그 방법으로는 주로 재만한인들의 귀화수속 절차를 간편하게 하고 동향회를 통해 조직적으로 귀화운동을 전개하여 중국정부로부터 공민권과 참정권을 획득함으로써 한인들에 대한 중·일의 이중적 억압에서 벗어나고자 하였던 것으로 생각된다.

둘째, 혁신의회에서는 직접·간접으로 영사재판권의 철폐에 노력함으로써 궁극적으로 재만한인들이 일제의 정치적 간섭에서 완전히 벗어날 수 있도록 하고자 했던 것으로 보인다.

셋째, 이밖에도 혁신의회에서는 연변지방에 일제의 금융기관에 대항하여 금융기관을 설치하여 한인농민에게 低利資金을 대부해 줄 것을 요청하고자 했던 것으로 보이는데 결과적으로 이러한 노력들은 모두 혁신의회가 재만 한인들의 합법적 자치운동을 항일독립운동의 일환으로 발전시키고자 했음을 보여주고 있는 것이라고 하겠다.[27]

따라서 이상의 내용을 통해서 보면 김좌진은 신민부가 내부 분열로 그 위상과 조직력에 문제가 발생하자 3부통합운동의 전개와 혁신의회의 결성을 통해 민족진영의 독립운동단체를 재정비하기 위한 노력에 힘을 기울였던 것으로 보인다. 그리고 3부통합운동과 혁신의회기에 그의 주변 인물들의 동향을 통해 보면, 이 시기의 백야는 여전히 강력하게 단결된 독립군이 국내로 진격하여 숭고한 '血戰'을 감행해야 한다는 무장독립운동 노선을 견지하고 있었으며, 중국당국과의 긴밀한 협조 속에서 한인회의 안정과 그에 바탕을 둔 독립운동의 지속적인

27) 위의 책, 『在滿鮮人ノ支那官憲』, pp.330-331.

전개를 위해 노력하고 있었던 것으로 보인다.

그러나 이와 같은 활동을 전개했던 혁신의회는 1929년 4월 남만에서 국민부가 새롭게 결성되어 이 지역에서의 적극적인 활동에 문제가 있었으며, 만주 각지에서 모인 간부들이 오래 동안 근거지를 이탈할 수 없었기 때문에 김좌진 등은 북만으로, 이청천은 五常縣으로, 김승학, 박희곤 등은 남만주로 돌아갔으며, 혁신의회의 활동도 중단될 수밖에 없었던 것으로 보인다.[28]

IV. 한족총연합회의 조직과 김좌진의 투쟁 이념

혁신의회의 활동이 부진한 가운데 북만으로 돌아온 김좌진은 1929년 7월 21일 신민부 간부 16명과 함께 石頭河子에서 북만인민대표대회를 개최하여 혁신의회를 해체하고 새로운 독립운동단체로 한족총연합회를 조직하였다.[29] 김좌진은 한족총연합회는 무정부주의를 단체의 이념으로 수용하고 있었는데 김좌진으로서는 북만지역에서 세력을 확장하고 있었던 공산주의 세력에 대항하고[30] 한인사회 내에서의 민족진영의 권위를 강화하기 위해 새로운 이념이 필요했던 것으로 보인다.

실제로 신민부의 영향권 하에 있었던 穆陵縣의 지도급 인물이었던 黃公三은 "남북만주에 솟발 형세로 설치되어 있는 3부가 마치 旣成國家에서 統治階級이 被治者에게 대하는 것처럼 행동하는 적품을 지향하고 모두 민중 속으로 들어가서 같이 호흡하고 고락하는 作風을

---

28) 황민호, 위의 논문, p.80.
29) 李乙奎, 『是也金宗鎭先生傳』, 1963. pp.86-87.
30) 황민호, 『在滿韓人社會와 民族運動』, 국학자료원, 1998, pp.122-123 참조.

만들라"31) 고 하여 기존의 독립운동 단체들에 대해 불만을 표시하고 있었던 것은 당시의 상화을 반영하는 一例였던 것으로 생각된다.

뿐만 아니라 1929년부터 1930년 4월까지만 보더라도 만주지역에서는 북만 哈爾賓 荒山의 소작쟁의, 阿城縣 海溝 농민들의 한인구축반대투쟁, 寧古塔 농민들의 토지쟁의, 額穆縣 농민들의 토지쟁의 등을 비롯하여 만주지역 각지에서 한인 공산주의진영의 주도하에 한인 농민들의 투쟁이 전개되고 있었다.32)

특히 북만지역에서의 농민항쟁은 주로 조선공산당 만주총국 화요파에 의해 주도되고 있었는데 한인공산주의자들의 이러한 활동은 만주지역 한인사회 내에서 그들의 입지를 강화해 가는데 크게 기여하고 있었던 것으로 보인다.33)

그리고 이러한 상황에서 김좌진은 무정부주의사상을 수용했던 것으로 보이는데 그에게 무정부주의 사상을 소개한 것은 族弟인 金鍾鎭과 柳林이었던 것으로 나타나고 있다.34) 처음에 김좌진은 무정부주의 이념을 수용하여 북만지역 민족진영 단체를 개편하는 것에 대해 신중한 자세를 보였는데 특히 그는 특정 이념을 수용한다는 점에서 보다 신중한 입장을 보였던 것으로 생각된다. 즉 김좌진은 주의에는 주의로 맞설 필요가 있다고 생각하고는 있으나 어떠한 주의가 궁극적인 목적

---

31) 李康勳, 『抗日獨立運動史』, 1985, p.116.

32) 현용순 외, 『조선족백년사화』 1, 요녕인민출판사, p.73.

33) 梶村秀樹·姜德相 編, 『現代史資料』 29, pp.679-680. 특히 1930년 3월 아성현 해구에서 전개된 한인구축반대 투쟁은 북만지역의 화요파 공산주의자들에의 해 주도되었는데 당시 농민들은 일본인 지주가 높아진 田租에 대해 前納을 강요하자 한인농민들이 이를 거부하고, 가을에 납입할 수 있게 해 줄 것을 요구하면서 시작되었다. 이에 대해 일본인 지주는 한인농민들의 요구를 거부하고, 관청과 결탁하여 농민들을 '引致'하고 그들의 가산을 파괴하는 등 적극적인 탄압으로 일관함으로써 한인농민들을 자극하였다

34) 앞의, 『是也金宗鎭先生傳』, 1963. pp.77-78.

이 될 수는 없으며, 남의 이론을 수용할 것이 아니라 우리의 특수한 처지에 알맞은 적합한 이론을 틀을 만들어야 한다고 생각했던 것으로 보인다.[35]

아울러 김좌진은 새로운 이념의 도입이 자칫하면 민족진영 자체의 분열을 가져올 수도 있는 문제이기 때문에 보다 신중하게 생각해야할 필요가 있을 것으로 생각했던 것으로 보인다.[36] 한족총연합회를 결성한 김좌진은 1929년 8월 「강령」과 「사업정강」을 발표하여 이후의 운동방향이 무정부주의적 이념을 바탕으로 전개될 것임을 분명히 하였다.

「강령」
1. 본회는 국가의 완전한 독립과 민족의 철저한 해방을 도모한다.
1. 본회는 민족의 생활안정을 도모하고 동시에 혁명적 훈련의 철저를 기한다.
1. 본회는 혁명 민중조직 완성의 실현을 기한다.

「사업정강」

▷ 혁명
1. 파괴, 암살, 폭동 등 일체 폭력운동을 적극적으로 진행한다.
1. 일반 민중을 혁명화하고 혁명은 군사화 할 것.
1. 내외를 불문하고 합법운동과 기회주의룰 박멸한다.
1. 파벌을 청산하고 運動線을 완전히 통일할 것.
1. 運動線 全局面에 友誼團體와의 親善을 도모할 것.
1. 세계사조와의 보조를 동일히 할 것
1. 세계혁명분자와 친선적 연락을 계획하고 상호운동의 정세를 선전할 것.

---

35) 박환, 앞의 논문, pp.53-54.
36) 앞의, 『是也金宗鎭先生傳』, 1963. pp.86-87.

▷ 산업
1. 주민의 유랑생활 방지
2. 토지 공동租得 장려.
3. 共農制의 적극적 실시
4. 산업에 대한 기능 보급
5. 부업장려

▷ 행정
1. 지방자치체 확립
2. 각 지방자치체와의 상호 연락
3. 민중의 被治的 노예적 습성 개선
4. 指導階級專制 행동방지

▷ 교육
1. 실생활에 적합한 교육정책 실시
2. 교육자격 선택
3. 중등교육기관 적극 설치
4. 교과서와 학제통일
5. 여성과 청년운동의 지도 장려
6. 비현대적 인습티파

▷ 경제
1. 공동판매, 공동소비조합설치의 적극장려
2. 농촌식산금융조합설립
3. 농민창고 설립[37]

그런데 위의 내용을 통해서 보면 한족총연합회의 경우 적어도 강령

37) 『外務省警察史』, 만주부, pp.205-4 12826-12830.

에서는 무정부주의적 특징이 발견되지 않고 있으며, 오히려 '국가의 완전한 독립과 민족의 철저한 해방을 도모한다고 함으로써 백야의 민족운동에 대한 이념과 노선이 완전한 조국의 독립과 민족의 해방에 초점이 맞춰져 있음을 알 수 있다고 하겠다.

그러나 '사업정강'에서는 공동, 호조, 지방자치 같은 무정부주의적 색체를 띤 사상이 선명하게 들어나고 있음을 볼 수 있다고 하겠다. 특히 지방 자치의 경우 종래 신민부하의 통치형태가 다분히 중앙집권적 경향을 타나내고 있었다고 한다면, 지방자치제의 강조는 기존의 통치형태와는 상당히 다른 부분이 있음을 나타내고 있었던 것으로 보인다.[38]

그리고 백야는 공산주의사상에 대해서는 '강권적이며 노예적인 사대주의적 독재사상'으로 평가하였던 것으로 보이는데 이러한 정황을 종합해 보면 우선 백야에게 있어서 무정부주의의 수용은 재만 한인사회 내에 퍼져가고 있던 사회주의 사상을 배격하기 위한 새로운 이념 체계의 도입이었다는 측면이 강했던 것으로 보인다고 하겠다. 그리고 강령의 내용을 통해서 보았을 때 이 시기에도 백야는 특정 이념보다는 국가의 독립과 민족의 해방을 최우선시 했던 민족주의적 성향을 여전히 나타내고 있었다고 하겠다.

한편 한족총연합회가 결성된 이후 백야의 활동이 활발해 지는 가운데 1929년 음력 12월 25일 고려공산청년회 및 재중한인청년 동맹 소속의 한인공산주의자 朴尚實에게 암살당하였는데 박상실의 배후 인물로는 金鳳煥(金一星)이 지목되고 있었으며,[39] 이 사건에 일제의 하얼빈영사관과 화요파공산주의 세력이 개입되어 있었던 것으로 파악되고 있다.[40]

---

38) 한국독립유공자협의회 역음,『中國東北地域 韓國獨立運動史』, 집문당, pp.484-486.
39) 박환, 앞의 논문, p.57.

<표 1> 『동아일보』와 『중외일보』의 김좌진 장군 추모 관련 기사[41]

신문	날짜	기사 제목	비고
동아일보	1930.2.4	幼年부터 武藝絶人 豪膽과 俠氣의 四十平生 어릴때부터 아이모아 전쟁작난 오십여호 노복 도 자유해방 햇다	故白冶 金佐鎭 種種挿話 (一)
동아일보	1930. 2.15	庚戌政變에 不平품고 光復團 朴尙鎭과 關係 밥은 통으로 술은 대접으로 먹엇스며 탑동공원 뒷문도 문나히 뛰어 넘엇다고	故白冶 金佐鎭 種種挿話 (二)
동아일보	1930.2.16	川營月下摩刀客鐵塞風外秣馬人 눈싸힌 북간 도 벌판에서 혈전 계속 밤에 잠 한잠 자지안흔 절륜의 정력	故白冶 金佐鎭 種種挿話 (三)
동아일보	1930.2.18	國際共産黨도 聯絡 實力養成의 屯兵田 공사 와 사사를 확연하게 구별하야 우애깁흔 동생도 잘못하면 엄벌해	故白冶 金佐鎭 種種挿話 (四)
중외일보	1930.215	幼時의 理想도 武將, 40년간 東馳西驅, 어려 서부터 말타기, 진치고 놀기, 15세에 집안의 종 들을 자유해방.	長逝한 김좌진 일생(1)
중외일보	1930.2.16	이창양행을 설립, 만주 웅비의 서막, 십오살에 사립호명학교를 설립, 십팔살에 조직적 계획에 착수해.	長逝한 김좌진 일생(2)
중외일보	1930.2.17	「창검을 비켜 들고 광야에 나서보니 …」, 부호 십이명 살해한 광복단 사건 후 표연히 만주로 목숨을 가지고 도망.	長逝한 김좌진 일생(3)
중외일보	1930.2.18	군정사 창립, 군사운동의 기초, 기미년 만주로 망명한 동지와 악수, 놀라운 소식을 전하던 운 동의 기초.	長逝한 김좌진 일생(4)

---

40) 『外務省警察史』 만주부, pp.205-4, 12973. 박상실은 김봉환에 사주로 백야를 암살 한 것으로 나타나고 있으며, 김봉환은 일제의 하얼빈 총영사관과 연결되었다고 한다.

41) 본 기사 내용의 발췌는 국사편찬위원에 홈페이지에 탑재되어 있는 『동아일보』와 『중외일보』의 내용을 기준으로 하였다.

동아일보	1930.2.13	兇報를 確傳하는 白冶 金佐鎭計音 北滿○○ 運動者의 巨頭 四十二歲를 一期로, 復團 組織 新民府統率 해외풍상은 십년이 넘엇다. 波瀾重疊한 그 一生, 同志 等 發起로 葬儀籌備會 社會葬擧行을 決議, 七十老母와 膝下엔 幼子뿐 가족의 의지할 곳도 업다 養子는 安城에 居住,「怪力과 大飮大食 九尺長身의 巨人」열장정이 들지도 못하는 두껑을 혼자서 어렵지 안케 들고 노코해 長姪 金弼漢氏 夫人談, 兇報듯고 愕然失色 養子 金文漢氏 평소성격은 매우 원만했다 反對派 狙擊은 虛傳인 듯
동아일보	1931.2.11	故金佐鎭氏 追悼會禁止(元山)
동아일보	1931.9.11	故 金佐鎭氏 下手人 朴尙實에 死刑 判決, 阿城縣 護路軍에게 逮捕되어 執行次로 奉天에 押送
중외일보	1930.2.24	배후에서 권총으로 김좌진에 하수한 金一星, 어려서부터 불량한 성질의 소유자, 비열하게 등 뒤로부터 권총을 발사, 성행 불량한 그의 내력
중외일보	1930.4.22	고 자야 김좌진 사회장 성대 거행, 중국 관공서 대표와 각 단체 참석, 중동선 산시점에서

그런데 백야가 사망하자 국내에서 발행되던 『동아일보』와 『중외일보』에서는 김좌진을 추모하는 내용의 기사를 여러 차례 보도하고 있는데 그 내용을 정리하면 <표 1>와 같다.

즉 위의 <표 1>에서 보면 백야가 사망하자 국내의 대표적 언론이었던 『동아일보』와 『중외일보』[42)]에서는 그의 죽음을 애도하는 추모기사를 반복적으로 게재하였는데 우선 『동아일보』는 백야가 고향에서

---

42) 『중외일보』 1930년 2월 19일자에는 「長逝한 김좌진 일생(5)」가 들어있는 것으로 되어 있으나 확인하지 못하였다.

'노복을 해방하였으며, 눈 싸인 북간도 발판에서 '혈전'을 감행하였고, 공사를 확연히 구분하여 '우애 깊은 동생도 잘못하면 엄벌'하였다고 강조하고 있음을 볼 수 있다. 또한 『중외일보』의 경우에도 백야가 사립 호명학교를 건립하였다는 사실과 집안의 종들을 해방한 일, 그리고 국내에서 광복단에서 독립운동을 전개하다가 만주로 망명하여 운동 초기에 '놀라운 소식'을 전해 주었다고 하고 있음을 볼 수 있다.

이밖에 『동아일보』에서는 암살범 박상실이 阿城縣 護路軍에게 체포되어 사형판결을 받았다는 기사를 보도하고 있었으며, 『중외일보』에서는 백야를 직접 암살한 것이 '金一星'이라고 하는 보도기사와 함께 김좌진 장군의 장례식이 사회장으로 중국관공서 대표와 각 단체가 참여한 가운데 중동선 산시에서 성대하게 거행되었음을 보도하기도 하였다.

따라서 이상의 내용을 종합해 보면 국내언론의 이러한 보도 경향은 '백야 암살사건'이 국내외의 일반인들은 물론 각 독립운동세력들에게 커다란 충격을 주는 사건이었으며, 당시 백야에 대한 대중적 관심과 존경 그리고 영향력의 크기를 확인할 수 있는 부분인 것으로 생각된다고 하겠다.

V. 맺음말

지금까지 본고에서는 국내언론 특히 『동아일보』와 『중외일보』에 나타난 백야와 신민부의 활동 및 '백야 암살사건'이후 국내 언론에 나타난 보도 기사의 경향 분석을 통해 1920년대 북만지역에서의 김좌진 장군의 독립운동에 대한 이해의 폭을 넓히고자 노력하였다.

그 내용을 정리하면 다음과 같다. 첫째, 대첩 이후 신민부를 결성하고 북만지역에서의 본격적인 항일독립운동을 시작하였던 백야의 활동은 우선 항일 무장투쟁에 그 무게 중심이 실려 있어서 독립군 간부의 양성과 군비의 확충 및 친일파에 대한 공격과 국내 진격 작전 등을 적극적으로 추진하고 있었던 것으로 보인다. 뿐만 아니라 백야는 한인사회의 안정을 위해 적극적인 교육활동을 전개하기도 하였는데 1927년 10월 25일 신창학교의 개교는 이러한 상황의 반영이었던 것으로 생각된다.

둘째, 백야는 신민부가 군정파와 민정파로 나뉘어 내부 분열을 겪게 되자 3통합운동과 혁신의회의 결성을 통해 민족진영의 독립운동세력을 규합하고 이를 바탕으로 강력한 항일독립운동과 재만 한인사회의 안정을 위해 노력하고자 했던 것으로 보인다. 그러나 이 시기의 김좌진의 활동은 구체적으로 나타나지 않고 있으며, 다만 그의 주변의 인물 통해서 김좌진의 활동의 내용을 추축할 수 있는 뿐인 것으로 보인다.

셋째, 한족총연합회기에 김좌진은 아나키즘을 수용하고 있는 것으로 보이는데 이는 민족진영의 위상이 크게 약화되는 가운데 공산주의진영과의 이념적 대립과정에서 전략적으로 새로운 이념의 수용이 필요했기 때문인 것으로 보이며, 김좌진은 여전히 국가의 독립과 민족의 완전을 해방을 가장 중요한 강령으로 체택하고 있는 민족주의자였던 것으로 파악된다고 하겠다.

넷째, 백야가 암살당한 후 국내언론에서는 그를 주모하는 득집기사와 그의 암살과 관련된 다양한 보도기사를 게재하고 있었던 것으로 보이는데 당시 국내의 언론은 백야의 죽음을 가장 강력한 항일무장투쟁을 전개했던 민족지도자의 죽음으로 인식하고 크게 애도하는 분위기를 반영하고 있었던 것으로 나타나고 있음을 알 수 있다고 하겠다.

# 대만에서 일제의 심장을 겨눈 항일투사 / 조명하

김 주 용[*]

목 차

Ⅰ. 머리말

1928년 5월 14일 이른바 '臺中義擧'라고 일컫는 趙明河의 久邇宮 척살 사건은 대만에서 전개된 의열투쟁의 좋은 본보기이다. 이 의거는 일제에게도 큰 충격을 주었으며 이에 따라 의거에 대한 일제의 언론 통제가 철저하게 이루어졌다. 언론 통제가 해제된 후 당시 수상인 田中義一은 바로 대국민 성명을 발표하여, 일본 국민들에게 사선에 대한 진상 규명과 사건의 신속한 처리를 약속하기에 이른다. 이렇듯 조명하의 의거는 그 경과 및 성격, 반향 등에서 보아 의열투쟁의 전형이라고 할 수 있다.

* 독립기념관 한국독립운동사연구소 연구원

조명하 의거는 1920년대 이후 일제에 의해 채택되었던 내지연장주의가 지닌 허구성을 대만인들에게 보여주는 것이었다. 그리고 대만인이 아닌 같은 식민지인인 조선인에 의해 의거가 일어났다는 것은 대만총독부를 비롯한 일제 당국을 더욱 곤혹스럽게 만들었다.

이처럼 조명하 의거는 일제뿐만 아니라 대만에도 커다란 타격을 주었음에도 불구하고 그 중요성에 비해 연구는 거의 진척되고 있지 않다.[1] 다만 조항래[2]와 신운용[3]에 의해서 본격적인 연구가 진행되었다고 할 수 있다. 전자는 조명하의 일생과 渡日, 渡灣 시기 조명하의 항일운동 준비와 의거 실상을 주로 증언 등에 의존하여 규명하였고, 후자는 일본육군성의 입장을 대변했던 『密大日記』를 이용하여 조명하 의거를 분석하였다. 하지만 이들 연구는 조명하 의거를 둘러싼 객관적인 배경 및 의거 자체를 지나치게 부각시켜 무리하게 논지를 전개한 측면이 있으며, 또한 일제측 자료에 대한 무비판적 인용으로 조명하 의거의 실체를 명확하게 규명하는 데는 한계가 있다.

본고에서는 선행연구를 바탕으로 조명하 의거가 일어났던 대만의 식민통치 실상과 조명하 의거 배경, 경과 및 성격과 의의를 규명하고자 한다. 이를 통해 조명하 의거를 단순히 개인적 차원의 우발적인 사건으로 폄하시키고자 했던 일제의 의도를 규명함으로써 의열투쟁이 가지는 역사적 위상을 재검토하고자 한다. 자료는 주로 『密大日記』와 『臺灣日日新報』의 「판결문」 등을 이용하였다.

---

1) 일제시기 조명하 관련 자료로는 趙素昻, 『遺芳集』 등이 있으며, 해방 후 宋相燾의 『騎驢隨筆』에서도 엿볼 수 있다. 하지만 이들 자료는 사실관계에 있어 신빙성에 의심이 가는 부분이 많아 주의를 기울이면서 인용해야 할 것이다. 한편 증언자료집 형태로 趙景來, 『趙明河義士略傳』, 趙明河義士紀念事業會, 1989이 출간되었다.
2) 趙恒來, 「趙明河의 臺灣義擧와 그 意義」, 『韓國學研究』 2, 淑明女子大學校 韓國學研究所, 1992.
3) 신운용, 「趙明河研究의 再檢討」, 한국민족운동사연구발표문, 2004. 3.

II. 의거 배경

일제강점기 한인들의 대만 이주는 당시 다른 해외 지역에 비하여 미미한 수준에 머물렀다. 그 이유는 무엇보다도 대만과 식민지 조선간의 교통편 그리고 경제적인 원인이 크게 지배하고 있었기 때문이었다. 한인들은 대만에 가려면 도항에 필요한 법적 수속이 복잡하였으며 이는 만주나 연해주처럼 육로로 이동하는 것 보다는 상당한 어려움에 처할 수밖에 없었다.[4] 그렇지만 1920년대 물동량의 증가는 여러 회사들이 직항로 개설을 요구하는 데 결정적인 계기가 되었다.[5] 대만과 조선을 연결하는 항로가 개설되기 이전까지 대만에 도항하는 한인은 대만총독부의 명령항로로 1926년 개설된 北支那線[6]을 이용하거나 1922년 4월 조선총독부의 명령항로로 개설된 芝罘(烟台)-인천선 또는 1925년 조선총독부의 명령항로로 개설된 인천-상해선을 이용하여야만 하였다.[7] 이렇듯 1920년대 한인들의 대만 도항은 중국을 경유하지 않고서는 거의 불가능하였다.

현재 연구된 바에 따르면, 1930년까지 대만으로 도항한 한인은 약 400명 정도였고 수적으로는 크지 않았지만 나름대로 한인사회를 형성하고 있었다.[8] 그 후에도 대만 한인사회는 양적으로 급격하게 팽창하지 않고 서서히 그 규모가 확대되어 갔다. 당시 대만 한인사회의 특징은 상업종사자가 많으며 지리적 특성상 수산업에 종사하는 자가 많

---

4) 金泳信, 「日帝下 韓人의 臺灣移住」, 『國史館論叢』 99, 2002, pp.190-192.
5) 김영신, 위의 글, pp.192-194.
6) 支那는 일제가 중국의 근본을 부정하는 의미에서 사용된 용어였다. 하지만 본고에서는 당시 통용되었던 용어를 그대로 사용하고자 한다.
7) 김영신, 앞의 글, pp.193-194.
8) 臺灣總督府 總務局, 『臺灣人口動態總計』, 1943. 10, pp.258-259; 김승일, 「臺灣韓僑의 역사적 遷移 상황과 귀환문제」, 『한국근현대사연구』 28, 2004, p.287 재인용.

고, 노동자는 상대적으로 적은 편이었다.

대만 한인사회가 점차 확대되어 가던 1920년대 후반 일제와 대만사회를 경악시킨 사건이 1928년 5월 14일 발생하였다. 이른바 '대중사건'이라 일컫는 '조명하 의거'이다. 조명하 의거는 당시 일제가 안정적으로 대만통치를 자임하던 시기였기에 그 충격은 더욱 컸다. 물론 이 의거는 일제에 의해 철저하게 보도가 통제되어, 대만총독부에서는 한 달 동안 보도를 통제하기까지 하였다.[9]

먼저 조명하 의거를 살피기 전에 그에 대한 간단한 이력을 보기로 하자. 조명하는 1905년 4월 4일 황해도 松禾郡 下里面 長泉里 310번지에서 출생하였으며 1922년 4년제 楓川보통학교를 졸업하였고,[10] 그 해 4월 송화보통학교로 轉校하여 1924년 졸업하였다.[11] 조명하가 본격적으로 사회 생활을 시작한 것은 1924년 송화군에서 한약방을 경영하는 조용기 집에 근무하면서부터이다. 이후 信川군청 임시직을 거쳐 도일하게 된다.

조명하가 일본에 가게 된 이유는 식민지 청년에게 새로운 세계와 꿈을 찾기 위해서였다. 1926년 10월 17일 고향을 출발한 조명하는 10월 22일 오오사카에 도착하였다. 그렇지만 그가 왜 일본에 가게 되었는지에 대한 분명한 이유는 현재까지 정확히 드러나지 않고 있다. 기

---

9) 『臺灣日日新報』, 1928년 6월 15일, 「台中不敬事件」. 일제의 철저한 보도통제로 홍콩에서 발행된 『華字日報』도 1928년 6월 15일에 비로소 조명하 의거를 보도하였다.

10) 조항래, 앞의 글, p.140에 의하면, 조명하가 풍천보통학교 4학년 재학중 담임인 高益均에게 많은 감화를 받았다고 하였는데 이를 뒷받침할 만한 구체적인 자료는 없다. 특히 이 문제를 확대해석하여 조명하의 의거를 고익균과 연결하려는 시도는 지극히 감상적이라 할 수 있다.

11) 조명하의 학력에 대해서는 趙景來의 『趙明河略傳』에는 14살에 보통학교를 졸업하고 이후 6년제도 졸업하였다고 한다. 하지만 조명하의 일부 신문내용과 판결문 등을 종합하여 볼 때 조명하는 1924년에 6년제를 졸업하고 바로 생활전선에 투입된 것 같다. 『臺灣日日新報』, 1928년 7월 19일 「判決文」.

존 연구에 의하면 조명하의 항일의식과 독립운동의 실현을 위한 준비 무대였다는 점과[12] 경제문제 및 학업문제에 초점을 맞춘 견해가 있다.[13] 하지만 조명하의 진술에서 渡日이 독립운동의 준비단계라는 점을 입증할 만한 구체적인 증거가 보이지 않는다.[14] 조명하의 도일은 그후 대만에서의 의거로 이어진다는 것으로 보아 일정 정도 준비적인 성격이 있었다고 보아야 한다.[15]

조명하의 일본에서의 생활은 가혹했던 것 같다. 노동과 학업을 병행하였지만 신체적 무리와 민족적 차별을 맛보았다.[16] 그 때문에 그는 대만행을 결심한 것 같다.「판결문」에서도 분명히 나타나는 바와 같이 조명하는 일본에서 당한 민족적 차별과 경제적 곤란함을 극복하고자 대만행을 택하였던 것이다.[17] 이에 대해 일제측 자료에는 대만행의 동기를 민족적 차별과 경제적인 면에 큰 비중을 두면서 조명하 의거를 단순 또는 우발적인 측면으로 몰고가려는 인상이 짙다.[18] 그렇지만 우리측 자료라고 할 수 있는 『유방집』에 보이듯 '적괴 암살'을 위하여 일본행을 택하였다는 것도 무리인 것 같다.[19] 그리고 강렬한 항일의식과 민족의식으로 무장하여 도일을 선택하였고 더 나아가

12) 조항래, 앞의 글, p.145.
13) 신운용, 앞의 발표문, p.5.
14) 『臺灣日日新報』, 1928년 7월 19일, 「판결문」.
15) 『密大日記 昭和3年』 第4卷―臺中事件ニ關スル軍部ノ立場ニ就テ(이하 『密大日記』), 「久邇宮殿下ニ危害ヲ加ヘントシタル兇漢ニ關スル件報告」, 特檢제37호-1, 1920년 5월 20일.
16) 『密大日記』, 「久邇宮殿下ニ危害ヲ加ヘントシタル兇漢ニ關スル件報告」, 特檢제35호, 1920년 5월 15일.
17) 『臺灣日日新報』, 1928년 7월 19일, 「判決文」.
18) 『密大日記』, 「久邇宮殿下ニ危害ヲ加ヘントシタル兇漢ニ關スル件報告」, 特檢 제35호, 1920년 5월 15일.
19) 趙素昂, 『遺芳集』, 1933 참조.

상해임정과의 연계를 위해서 중국으로 가기 위한 전단계로 도일하였다는 설명도 현재로서는 근거가 없다.[20]

조명하가 상해임정으로 갈 계획이었다는 설명은 한반도에서 대만으로 이동하기가 어려웠다는 점으로 보아 설득력이 약하다. 중국 본토와의 이동루트는 인천-상해가 1925년 이미 조선총독부의 명령항로로 운용되고 있었기 때문에 상해로 가는 길은 오히려 대만보다는 수월하였던 것 같다.[21] 북지나선과 남지나선이 중국 내부의 정쟁 등의 영향으로 영업에 큰 타격을 입자 대만총독부는 상선회사들의 영업 이익을 고려하여 1927년 말 두 노선을 폐지하고 기존의 高雄-대련선 항로를 대신하여 近海郵船會社에 매년 2만원의 보조금을 지불하는 대만-조선-만주 명령항로를 신설하였다. 이로써 조선과 대만간의 항로가 열리기는 하였으나 운항 개시 후 수년간 이 항로를 통해 대만과 왕래한 사람은 없고 화물만 운송되었다.[22]

---

20) 조항래, 앞의 글, p.141 · 147. 하지만 이 주장에 대해서는 재론의 여지가 있다. 예컨대 조명하의 언어능력이 우수한 것은 그가 일본으로 떠날 때 별 무리 없이 적응한 데서도 알 수 있다. 그러나 상해임시정부에서 독립운동을 전개하고자 굳은 의지로 일본과 대만을 거점으로 삼았던 조명하가 중국어를 습득하지 않았다는 것은 수긍하기 어렵다.

21) 조명하가 대만으로 건너간 것을 어떻게 설명할 것인가. 과연 상해로 가기 위한 하나의 방편이었나 아니면 생활상의 이유로 건너간 것인가. 기존 연구에서 특히 조항래는 조명하가 대만으로 간 것은 상해 임정으로 가기 위한 중간 기착지 였다는 점을 강조하고 있다(조항래, 앞의 글, p.149). 하지만 오오사카에서 상해로 갈 수 있는 길은 얼마든지 열려 있다. 배편이나 당시 조명하의 지식 수준으로 보았을 때 가능하고도 남음이 있다. 따라서 상해로 가기 위한 기착점에 대해서는 재고해야 할 것이다. 또 신운용은 생활고 때문에 대만으로 갔다는 일본측 자료만을 인용하고 있다. 하지만 조명하의 일본 생활에서의 인식변화 등에 대해서는 언급하지 않고 오로지 일본측 자료만을 인용하여 서술한 것은 무리가 따른다. 조명하가 대만으로 갔을 때 그는 이미 일본에서 1년 정도 생활을 하였고 식민지 조선인으로서 상당한 차별과 민족적 멸시를 직간접으로 느꼈을 것이다. 이러한 인식의 변화가 조명하를 대만으로 향하게 했을 것이다.

22) 김영신, 앞의 글, p.194.

따라서 조명하가 일본과 대만을 택한 것은 독립운동을 위해 상해로 가기 위한 중간점이라기 보다는 오히려 생활상의 이유가 더 타당하다고 할 수 있다.[23] 상해로 가기 위해 당시 교통사정상 일본과 대만을 경유하였다는 것은 조명하의 일본행과 대만행을 지극히 영웅적인 것으로 해석한 결과가 아닌가 한다. 실제로 몇 가지 사료에 근거해 보면 조명하의 가정형편은 매우 어려웠고 그는 경제적인 문제[24]와 자신의 미래에 대한 투자를 위해서 일본과 대만행을 선택하였던 것이다.

일본과 대만 생활을 경험한 조명하는 식민지 지배 아래 차별과 고통으로 신음하고 있던 식민지인의 시대상을 온몸으로 껴안고 있었다.[25] 특히 노동자로서 일본인과 차별을 받을 때[26] 식민지인의 현실을 절감하였다. 조명하는 이렇듯 일제의 식민통치가 교묘하게 시행되었던 1920년대의 굴곡진 모습을 고스란히 받아 들였다.

또한 조명하가 의거를 단행할 즈음 대만의 항일투쟁은 일제의 가혹한 탄압과 회유정책이 병행되던 시기였다.[27] 식민지 초기부터 1902년까지 일제의 식민통치에 저항하다가 살해된 대만인이 11,950명에 달

---

23) 조명하의 도일과 도만의 가장 주요 원인은 지금까지 사료상으로는 경제적인 것으로 보아야 함이 가장 타당하다고 할 수 있다. 『密大日記』, 「久邇宮殿下ニ危害ヲ加ヘントシタル兇漢ニ關スル件報告」, 特檢 제37호-1, 1920년 5월 20일.
24) 『遺芳集』 조명하 전에도 조명하의 가세는 빈한하였으며 성품이 강직하였다고 기술하였다.
25) 『臺灣日日新報』, 1928년 7월 19일, 「判決文」.
26) 『密大日記』, 「久邇宮殿下ニ危害ヲ加ヘントシタル兇漢ニ關スル件報告」, 特檢제35호, 1920년 5월 15일.
27) 대만통치의 근간을 마련한 고타마는 무장세력에 대해 회유와 토벌을 동시에 전개하는 이른바 무초겸시 전략을 실시하여 한편으로 경찰체제를 개편하고 경찰력을 확충하면서 다른 한편으로는 비도형벌령을 공표하였다. 목적이 무엇이든 폭력이나 협박을 통해 대중을 모으는 자는 비도죄가 구성된다고 규정하였다. 또한 비도형벌령과 함께 보갑조례를 제정하여 이 조례를 근거로 장전단을 조직하여 항일인사들에 대한 대토벌전과 학살을 자행하였으며 토비초항책을 제정하여 항일인사들을 회유하고 투항을 권고하였다. 김영신, 앞의 책, pp.271-272.

할 정도였고,[28] 1910년대 크고 작은 항일투쟁에 대하여 일제는 철저하게 탄압함으로써 대만을 공포의 땅으로 몰고 갔다. 1920년대 들어와 대만총독이 문관으로 바뀌면서 내지연장주의에 입각한 정책과 함께 대만인의 항일투쟁은 점진적 문화운동으로 전환되었다. 조명하의 의거가 일어나기 전해인 1927년 7월 타이쭝에서 창당대회를 개최함으로써 대만역사상 최초의 정당이 탄생하게 된 것이다.[29] 비록 4년에 걸쳐 존속하였지만 대만민중당은 총독전제정치를 반대하거나, 보갑제도 철폐 등을 주장하면서 체제 내의 항일운동을 전개하였다.[30]

한편 타이중에서 불기 시작한 농민·노동자 운동이 조명하에게 어떠한 영향을 미쳤는가에 대해서는 구체적인 자료가 없어 밝히기 어렵다. 그렇지만 식민지 조선인으로서 민족 차별을 강하게 느꼈던 조명하로서는 대만인들의 움직임이 예사롭게 보이지 않았을 것이다.[31] 비록 노동자 신분이었지만 조명하는 한인 노동자들의 처지를 절감하였을 것이다.

당시 대만에서 한인 노동자들은 보호받지 못하는 '불법체류자'와 같은 신분이었다. 1927년 당시 조명화와 같은 황해도 출신으로 대만에

---

28) 林德政, 앞의 글, p.180.

29) 葉榮鐘, 『日據下臺灣大事年表』, 晨星出版, 2000, pp.246-251.

30) 대만민중당의 항일운동 가운데 가장 중요한 것은 아편신특허 반대운동이었다. 또한 독가스를 사용하여 항일투쟁을 탄압한 우서사건 진상규명이었다. 1929년 말부터 대만민중당은 대만총독부가 아편신특허를 공포하여 음성적인 아편흡입자들이 양성화할 수 있는 길을 열어주자 신특허 신청자 수가 25,000명에 달했다. 이로써 점진적 아편 금지제도의 허점이 노출되었으며 이에 극력 반대하며 총독부에 직접적인 반대의사를 전달했고 일본 총리대신에게도 전보를 발송하고 국제연맹에도 이 사실을 통보하여 국제연맹이 직접 현지조사를 결정하는 결과를 끌어냈다. 林德政, 앞의 글, pp.198-199.

31) 조명하는 신문 등을 통하여 정세를 파악하고 있었다(『密大日記』, 「久邇宮殿下ニ危害ヲ加ヘントシタル兇漢ニ關スル件報告」, 特檢 제37호-1, 1920년 5월 20일. 특히 濟南사건 등에 대한 소견을 당시 일본과 중국 정세를 명확하게 꿰뚫고 있다고 할 수 있다.

간 한인은 9명으로 파악되고 있으며 전체 한인 가운데 '북선' 출신 비율은 30%였다. 이 시기 한인 노동자들은 일본인과 비교하여 차별적인 대우를 받게 되었으며 이것은 일제 식민지 어디에나 적용되고 있었다. 특히 대만의 경우 한인 노동자들은 자신들의 권익을 지켜줄 노동단체도 없었으며, 또 노동단체를 조직하기에는 세력이 너무 미약하였다.[32] 심지어 대만인들이 임금차별에 항의하여 파업하는 경우 같은 노동자를 편드는 것이 아니라 일본인 자본가들의 편을 드는 경우도 발생하였다. 이와 같은 상황 속에서 한인 노동자들은 대만인 노동자들에게 배척당하는 이중 삼중의 고통을 감내해야만 하였다.

이처럼 조명하는 노동자의 한 사람으로서 민족적 차별과 식민통치의 모순을 절감하였다.[33] 조명하는 '이등공민'에 대한 차별과 모순의 연속이라고 인식하였고, 때문에 이에 대한 극복 차원에서 이루어진 것이 타이중 의거였다.

Ⅲ. 전개과정과 일제의 반응

일제는 대만지역이 중국대륙과 인접해 있기 때문에 항일운동의 연결고리로서 상당히 민감한 지역이라고 인식하였다. 홍콩, 싱가포르 등과 함께 식민지 네트워크를 연결할 수 있는 중요한 지점이기도 하였다. 때문에 일제는 대만지역 통치시스템의 안정성을 중시하였고 이는 경제적인 투자 활성화로 나타나기도 했다.[34] 1923년 당시 황태자였던

---

32) 김영신, 앞의 글, pp.207-208.
33) 『臺灣日日新報』, 1928년 7월 19일, 「판결문」.
34) 羅吉甫, 앞의 책, pp.112-113.

裕仁가 대만을 순방한 것도 같은 맥락에서 이해될 수 있다.[35)

대만에서 이주한인들의 생활은 앞서도 보았듯이 이중적인 처지였다. 따라서 대만총독부에서도 이주한인에 대해서는 특별히 단속을 강화하여 감시와 감독에 주의를 게을리 하지 않았다. 예컨대 1920년 11월경 대만에 폭탄 사건이 발생하였을 때 이를 '不逞鮮人'의 행위로 간주하여 한인들에 대한 감시가 더욱 심해지기도 했다.[36) 이는 대만총독부가 한인들의 움직임에 예의주시할만큼 식민통치의 안정성에 균열이 발생하였음을 역설적으로 증명해주는 예이기도 하다. 또한 1923년 의열단의 渡灣 소식은 裕仁의 순방과 때를 같이하고 있었기 때문에 대만총독부를 긴장시키기에 충분하였다.[37)

이렇듯 대만에서의 한인들의 활동은 대만총독부의 중요한 관심사였으며, 특히 한인독립운동가들의 활동에 대해서는 항상 촉각을 세우고 있었다. 즉 대만에 대한 식민지 안정성이 강조될수록 이에 저항하는 집단에 대한 통제와 탄압은 '바늘과 실'처럼 따라다니게 되어 있었다.

조명하는 1927년 11월 7일 대만 基隆항에 도착한 후 타이뻬이(臺

---

35) 郭明亮 · 葉俊麟, 『1930年代的臺灣』, 臺灣閱覽室, 2004, p.20. 1923년 4월 12일 裕仁이 일본을 출발하여 4월 16일 기륭항에 도착하였다. 이들 일행은 타이뻬이에서 新竹을 경유하여 19일 타이쭝에 도착하였으며 다시 타이난, 까오슝, 펑호도 등을 시찰하였다. 이들 일행이 가는 곳마다 육해군들이 도열하여 철저한 경계태세를 갖추었으며 각종 산업시설도 둘러보았다. 이들이 대만 전역을 돌면서 선전한 것은 대만통치의 성과와 양호한 치안유지 및 대만총독에 대한 지원과 신뢰였다(末光欣也, 앞의 책』, p.194). 이보다 앞서 田 대만총독은 4월 3일 裕仁이 순방할 장소를 미리 점검하는 세심한(?) 배려까지 하였다. 『臺灣日日新報』, 1923년 4월 4일 「台南で田總督」.

36) 朴潤元, 「臺灣에서 生活하는 우리 兄弟의 狀況」(『開闢』 13호, 1921년 7월 1일), pp.79-80.

37) 1923년 4월 4일자 『臺灣日日新報』에 의열단 관련 기사는 당시 대만총독부에서 한인 독립운동가들의 활동을 예의주시하고 있음을 여실히 보여주는 단적인 예이다. 또한 김원봉이 대만으로 건너간다는 소식이 전해지면서 대만 당국은 잔뜩 긴장하였다. 『東亞日報』 1923년 4월 14일, 「金元鳳 臺灣行」.

北)를 거쳐 타이중에 정착하였다.[38] 타이중 직업소개소의 소개로 그해 11월 14일부터 일본인이 경영하는 富貴園[39]이라는 茶店에서 근무하게 되었다. 적은 월급을 받으면서 일제의 또다른 식민지 대만에서 생활하게 되었다. 노동자의 현실적 지위, 일본 본국인과의 차별대우 등에 대해서는 일본에서와 마찬가지로 인식하였다. 조명하가 1928년 5월 14일 의거를 단행하고 일본인 경찰관의 취조과정에서 진술한 내용을 보면, "취직 후 6개월 동안 아직 급료를 올려 주지 않아 향리를 떠나 벌써 2년이 지났는데 금의환향하지 못하고 매일 낙심하고 있었다"[40]라고 하였다. 그만큼 식민지하의 차별이 광범위하게 존재하고 있음을 절실하게 느끼고 있음을 알 수 있다.

일제의 「판결문」은 주의해서 볼 필요가 있는데, 「판결문」의 전체적 기조는 조명하의 의거를 단순한 개인적 불만으로 축소시키고자 하는 의도가 있다는 점이다. 식민지 체제 하에서 불만을 품고 있던 지극히 평범한 조선의 청년이 개인적인 원한으로 久邇宮邦彦을 살해하고자

---

38) 조명하가 정착한 타이중은 대만의 중심부에 위치하며 이전에는 大墩街로 불렸다. 대중시는 일본인이 계획한 가장 이상적인 도시로서 내륙과 해안을 잇는 중요한 곳이었다. 대중주의 행정구역은 1909년 그 근간이 마련되었으며 1920년 마무리되었다. 타이중시의 행정중심은 타이중 서구로서 시정부, 시의회, 의원, 도서관, 문화국 등이 들어서 있다. 黃秀政, 『臺中縣海線開發史』, 臺中縣立文化中心, 2001, p.191.

39) 조경래의 글에는 臺中市 繼光路 52번지라고 하였다(조경래, 앞의 책, pp.35-37). 이는 대중시 榮町 2번지를 찾았기 때문이다. 하지만 영정 2번지는 없으며 榮町 ２丁目 10번지가 부귀원의 정확한 주소이다. 이에 대해서는 추후 보강할 필요가 있지만 실태조사에서 확인한 바는 아래와 같다. 조명하는 대중시 영정 2정목 10번지 부귀원에 거주하였다. 현재 대중시 繼光街 10번지로 바뀌었다. 이에 대해서는 방위연구소 소장 자료 「대중사건」을 통해서 확인하였으며, 현지 조사 때 대중시 지적공사에서 확인하였다. 조명하 의거 이후 부귀원은 華生園으로 상호를 변경하였으며 신문광고에도 다시 게재하는 등 활동을 지속하였지만, 여러 가지 원인으로 매상이 절반으로 떨어져 地田은 가솔을 이끌고 일본으로 갔다(『臺灣日日新報』, 1928년 6월 15일, 「富貴園主內地へ引揚ぐ」).

40) 『臺灣日日新報』, 1928년 7월 19일, 「判決文」.

대만에서 일제의 심장을 겨눈 항일투사 / 조명하 | 421

하였다는 점을 포장하는데 주력하였다.

예컨대 조명하가 직장 생활 특히 급료가 적은 것에 불만을 품었다는 점을 강조하면서 이것이 촉발되어 '대중사건'을 단행하였다고 한 것은 대만총독부가 이를 다분히 우발적이며 '치기 어린' 사건으로 몰고가려했음을 알 수 있다.[41]

1928년 5월 14일 오전 9시 54분 조명하는 특명검열사 久邇宮邦彦가 육군을 검열하기 위해 대중주 지사 관저를 출발하여 대중역으로 가는 도중 당시 臺中州立圖書館 앞에서 그를 척살하고자 단독으로 의거를 단행하였다.[42] 당시 일제는 5월 11일 濟南을 점령함으로써 산동반도 출병의 결과를 챙기고 있었다.[43] 아울러 중국에서는 일제의 침략행위를 규탄하고 日貨排斥運動이 전국 각지에서 벌어지고 있었다.[44] 중국 본토에 대한 침략을 본격적으로 추진하던 일제는 대만 육

---

41) 판결문에 보이는 조명하의 자살 의지와 실행 과정을 보면, 먼저 외국생활에서 오는 외로움과 비참함이 자살동기였으며, 1928년 4월 21일경 단도를 구입하여 그날 대중공원으로 가 자살을 시도하였지만 현세에 대한 집착이 커 집으로 돌아왔으며, 5월 초 타이난으로 가기 위해 주인에게 급료 잔액을 받으려고 했으나 여비가 없어 떠나지 못하였고, 또 5월 14일 아침 자살을 단행하기 위해 단도를 미리 소지하고 몰핀을 휴대하여 대중시 수원지 부근에 도착하여 자살하려고 했지만 우연히 구이궁이 타이뻬이로 떠나기 위해 대중역으로 가는 도중, 구이궁을 죽이고 자신도 죽으려고 했다는 것이다(『臺灣日日新報』, 1928년 6월 15일, 「判決文」). 하지만 조명하 의거에 대하여 일제가 지나치게 소심한 인간이 저지른 우발적인 사건으로 결론을 내린 상황에서 발표된 판결문이기 때문에 액면 그대로 받아들이기에는 곤란한 점이 있다. 또한 『密大日記』에서도 조명하의 의거 동기에 대하여 미리 계획된 사건이었음을 인식하고 있었다. 그 예로 1개월전 단도를 준비한 점, 5월 12일 鄭福집에서 조선으로 편지를 보낸 점 등을 들어 구이궁 척살이 계획적이었다는 데 무게를 두고 있다.

42) 『臺灣日日新報』, 1928년 7월 19일, 「判決文」.

43) 『臺灣日日新報』, 1928년 5월 12일, 일제는 제남사건의 외교적 해결을 구실로 중국에 보상을 요구하였다.

44) 제남 사건 이후 외교적 교섭에 미온적 태도는 일화배척운동으로 연결되었으며 중일무역액이 2백만원 이상 감소되기도 하였다. 『東亞日報』, 1931년 9월 14일, 「對日外交 武器는 日貨排斥運動」.

군의 검열을 강화하여 식민지 대만에 대한 강력하고 안정적인 정책 수행의지를 다시 한번 확고하게 확인하기 위해 久邇宮으로 하여금 대만군에 대한 검열을 하도록 하였다. 나아가 久邇宮의 군 사열을 통해 일제는 대만통치의 자신감과 확고함을 드높이기 위한 목적도 있었다.45) 하지만 조명하 의거는 그동안 일제가 강조해온 대만통치의 안정성 직격탄을 날린 거사였다.

조명하는 거사를 단행하기 전에 久邇宮이 1928년 5월 12일 타이중에 와서 군 검열을 마치고 5월 14일 타이뻬이로 귀환한다는 신문기사를 보았다. 그리고 조명하는 5월 14일 타이중시 大正町 一丁目 2번지 타이중주립 도서관 앞에서 의거를 거행하였다. 타이중 주지사 관사에서 도서관까지는 1km가 채 못되는 거리였다. 직선에서 곡선으로 바뀌는 도서관 앞에서 久邇宮을 척살하려는 조명하의 계획은 치밀하였다.46) 하지만 환영인파와 거리 측정, 속도와의 관계 설정이 미숙하여 척살하는 데는 실패하였다.47) 즉 久邇宮의 자동차가 타이중주립 도서관을 통과할 때 단도를 들고 자동차에 올라타려고 했으나 속도가 빨라 久邇宮에게 위해를 가하지 못하였던 것이다. 이후 바로 단도를 久邇宮에게 던졌으나 운전수의 손에 상처만을 입혔다.48) 조명하는 바로 현

45) 『臺灣日日新報』, 1928년 5월 13일, 「久邇宮殿下 阿里山」.

46) 조명하의 의거를 폄하하려는 대만총독부에서는 기생 설순란과의 관계를 집중 조명하여 조명하 개인의 인격적 결함과 그로 인한 살해 충동의 발로가 구이궁 척살이라는 등식을 세워놓은 인상이 짙다. 이는 조명하가 타이난으로 가기보다는 이미 고향으로 돌아갈 계획을 세우고 이러한 바탕 위에 구이궁을 치단히려 했음은 1928년 5월 11일 薛順蘭에게 작별인사를 고하고, 고향의 부모 앞으로 편지를 보낸 사실에서도 엿볼 수 있다. 『密大日記』, 「久邇宮殿下ニ危害ヲ加ヘントシタル兇漢ニ關スル件報告」, 特檢 제37호-1, 1920년 5월 20일.

47) 『密大日記』, 「久邇宮殿下ニ危害ヲ加ヘントシタル兇漢ニ關スル件報告」, 特檢 제37호-1, 1920년 5월 20일.

48) 2차 척살도 실패한 조명하는 대중주립도서관 반대방향으로 달려갔으나 경비중에 있던 대만인 鄭有弟와 蔡福, 대중여자공학교 훈도 內田賢吉에게 피체되었다. 『密

장에서 체포되어 타이중경찰서로 압송되었다.[49] 이곳에서 5일간 취조를 받고 5월 19일 대중형무소 미결수 방 독방에 27일간 갇혀 있었다.[50]

久邇宮을 처단하려 했던 조명하에 대한 정치적 활동 관련 사료는 눈이 띠지 않는다. 다만 시사문제 등에 대해서는 문장 해독능력이 탁월하기 때문에 관심을 가지고 있었다는 정도만 알 수 있다. 대만총독부에서는 조명하의 이러한 점, 특히 그가 정치적이지 않고 '위험한 사상'을 가지고 있지 않다는 점에 주목하였다.[51] 이는 조명하 의거를 단순화 시켜 체제 안정을 도모하기 위한 작업의 하나로 이용하기 위함이었다.[52] 그만큼 조명하의 久邇宮 척살 의거는 대만 사회에 큰 반향을 일으켰다. 上山 대만총독은 의거가 일어나자 桃園까지 구이궁을 마중나갔으며 바로 경무국장, 교통국장 등을 소집하여 사건의 실상 및 대중시 경비상황을 점검하였다.[53] 타이중시는 이 사건이 터지자 거의 공황상태에 빠진다. 휴교령이 내려졌으며, 시협의회를 소집하여 근신 각서를 받는 등 도시 전체가 어수선한 상태였다. 심지어 모든 노래와 춤, 음악, 연극 등이 금지되었다.[54]

조명하는 체포되어 5일간 타이중경찰서에서 취조를 받았다. 하지만

大日記』, 「不敬事件」, 1928년 5월 16일.

49) 조명하가 현장에서 체포되었을 때 의열투쟁의 일반성에서 보이듯 그도 '대한독립만세'를 외쳤다고 하였다는 견해(조항래, 앞의 글, p.154)와 현장에서 별다른 저항없이 체포되었다는 견해(신운용, 앞의 발표문, p.16)이 있는 데 전자는 의열투쟁을 강조한데서 나온 결론 같고, 후자는 일본측 자료에만 의존한 것 같다. 그렇다고 조명하가 체포되면서 아무런 행위도 하지 않았다는 것은 의거의 의미를 퇴색킬 수 있기 때문에 좀더 보완이 필요하다.

50) 『臺灣日日新報』, 1928년 6월 15일, 「凶犯人趙明河身柄を臺北へ」.

51) 『臺灣日日新報』, 1928년 7월 19일, 「判決文」.

52) 『臺灣日日新報』, 1928년 6월 15일, 「臺中の不敬事件」

53) 『密大日記』, 「今回事件ニ對シテハ屬員一同恐懼」, 1928년 5월 16일.

54) 『臺灣日日新聞(漢文版)』, 1928년 6월 15일, 「臺中市民謹愼」.

조명하가 몰핀을 종이와 함께 삼킨 탓에 첫날부터 취조가 원활하게 진행되지 못했다. 4일간 조명하는 혼수상태에 빠져 있었으며 19일 상태가 호전되어 타이중형무소 독방에 수감되었다.[55] 이러한 가운데 대만총독부에서는 주모자와 연루된 공모자를 찾기에 혈안이 되었다. 5월 15일 새벽 1시경 몰핀을 삼켜 정신이 혼미했던 조명하는 취조 과정에서 고향 친구들인 吳斗植과 金炳烈을 공모자로 지목하였다. 이에 따라 대만총독부에서는 조선총독부에 협조를 요청하여 조명하의 고향에 연루자를 찾기 위해 경찰을 파견하기도 했다. 또한 대중시 初音町 5 町目 2번지 이주 한인 崔承翰 집을 가택수색하여 연루자의 흔적을 찾고자 했지만 무위로 끝났다.[56] 조명하의 진술에 신빙성이 없고 나아가 그의 고향 인물 가운데 특이할 만한 사람이 없다고 판단하여 연루자가 없다는 쪽으로 결론이 났다.[57]

한편 "황족에 대한 경비는 군인이 우선해야 한다"는 원칙하에 구이궁 척결 사건에 자유롭지 못했던 육군은 자신들의 책임소재를 명확하게 하기 위하여 의거 발생 시간 이후 바로 본국에 자세한 사항을 보고하였다. 대만군사령관인 松本 중장은 급박하게 육군대신 白川에게 시시각각 조명하 의거와 조사 진행사항을 보고하였다. 이것은 대만육군참모장이 육군성에 보낸 전보에서 황후의 '상태'를 염려한데서 알 수 있듯이[58] 사건 결과의 경중 보다도 일어난 그 자체가 더욱 문제시

<hr>

55) 『臺灣日日新報(漢文版)』, 1928년 6월 15일, 「瑪琲天罰吐出」.
56) 『密大日記』, 「久邇宮殿下ニ危害ヲ加ヘントシタル兇漢ニ關スル件報告」, 特檢 제37호 -1, 1920년 5월 20일.
57) 대만의 보안과장 小林光政이 조명하의 고향인 황해도 송화군에 파견되어 조명하가 의거 직후 체포되어 취조를 받을 때 연루자라고 진술하였던 김병렬과 오두식에 대하여 조사하였지만 별다른 성과를 거두지 못하고 관련자가 없는 것으로 결론을 내렸다. 『東亞日報』, 1928년 6월 13일, 「臺灣保安課長出張」.
58) 『密大日記』「暗號電報ヲ要スル件」密 323, 1928년 5월 14일.

된 것 같다. 그만큼 조명하 의거는 대만총독부는 물론 일본 조야에까지 큰 영향을 미쳤던 것이다.

IV. 의거의 성격

한국독립운동사의 의열투쟁은 대부분 단독투쟁이 많다. 하지만 이러한 투쟁은 조직과 인적 구성면에서 완전한 단독투쟁이라고 볼 수 없는 점도 있다. 즉 비록 단독투쟁이라고 할지라도 어떠한 조직에 몸담고 있는 경우가 많았다. 이렇듯 의열투쟁은 조직과 개인이라는 유기적인 틀에서 행해졌으며 그 파괴력은 식민통치자들에게 큰 충격을 줄만큼 컸다. 이는 식민지 경영의 안정성을 누차 강조해온 일제에게는 큰 부담으로 작용하였으며 이에 대한 법률적 근거가 지속적으로 개정, 또는 제정되기도 하였다.[59] 이러한 면에서 조명하의 대중의거는 어찌보면 한국독립운동사에서 돌출된 부분 가운데 하나이다. 일제는 조명하 의거에 대하여 조직과 그에 따른 연루자를 찾는데 혈안이 되었지만 결국 단독 의거로 규정하였다.[60] 이렇듯 조명하는 치밀한 계획하에 당시 일본 천황의 장인이라는 상징성을 오히려 이용하여 일제 침략자에게 식민통치의 근본적인 반성을 이끌어 낼만큼 큰 충격을 안겨주었다.[61]

또한 조명하 의거는 지역적으로 대만에서 일어났다는 데 그 특징이 있다. 대만지역은 앞서 언급했듯이 1920년대 들어와 일제의 한인에 대한 감시가 더욱 심해졌다. 조명하 의거는 일제가 식민지 체제의 치

---

59) 대만에서는 63법, 31법 등이 그것이다.
60) 『臺灣日日新報』, 1928년 7월 19일, 「判決文」.
61) 『臺灣日日新報』, 1928년 6월 15일, 「國民は充分戒心すべし」.

안과 안정성에 자신감을 표출하던 시기에 전개된 것으로 일제 당국을 당혹스럽게 하기에 충분했다. 특히 일제가 조명하 의거가 있기 일주일 전에 위폐사건으로 잔뜩 긴장하고 있던 상황에서 벌어졌기 때문에 철저히 보도 통제를 하게 되었다. 이에 대해서는 부귀원 동료 점원 林海波의 조서 과정 상황을 보면 알 수 있다.

問: 산동출동 또는 위조위체 등에 대해 무엇인가를 들을 적이 있었는가.
答: 위조위체에 대해서는 전혀 듣지 못하였지만 濟南事件에 대해서는 "중국인은 바보이기 때문에 열명이 일본인 하나를 제압하지 못한다"라고 하였다.[62]

위폐사건은 1928년 5월 8일 단재 신채호가 기륭항에 도착하였을 때 위폐 2천원을 지니고 체포된 사건이다.[63] 단재 신채호는 1926년 재중국조선무정부주의자연맹에 가입하면서 무정부주의운동을 시작하였으며, 1927년 9월 조선, 중국, 일본, 대만, 베트남, 인도 6개 민족대표가 광동에서 무정부주의동방연맹을 조직하자 대만인 林炳文의 안내로 이필현과 함께 조선인 대표로 참가하였다.[64] 1928년 4월 북경에서 무정부주의자 동방연맹 북경회의를 개최하고 이 회의에서 폭탄제조소를 만들기 위해 외국환을 위조하기 위해 대만으로 떠날 것을 결의하였다.[65] 4월 22일 타이뻬이 우체국에 4백원짜리 5장이 위폐로 드러나자

---

62) 『密大日記』, 「久邇宮殿下ニ危害ヲ加ヘントシタル兇漢ニ關スル件報告」(特檢 제37호-1, 1920년 5월 20일). 林淸池에게도 같은 질문을 한 것으로 보아 신채호 사건과의 연관성에 무게를 둔 것 같다.
63) 『臺灣日日新報(漢文版)』, 1928년 5월 12일, 「僞宣傳陰謀費 僞造郵便爲替」.
64) 김형배, 「신채호의 무정부주의에 관한 일고찰」, 『신채호의 사상과 민족독립운동』, 형성출판사, 1987, pp.449-450.
65) 『臺灣日日新報』, 1928년 5월 12일, 「僞宣傳陰謀費 僞造郵便爲替」.

대만 전 우체국에 이 사실이 통고되어 1만원의 위폐사실이 알려졌다.[66] 대만총독부에서는 위폐의 규모, 동방무정부주의자들의 동향, 대만을 비롯한 중국과 조선의 동향 등에 촉각을 곤두세우고 있었다.[67] 단재는 한달 가까이 대만에서 취조를 받은 후 대련으로 압송되었다.[68] 이와 같은 신채호 위폐사건이 나름대로 치안을 자부하던 대만총독부에 큰 타격을 준 상태에서 조명하 의거가 터지자 항일투쟁 전반에 대한 재검토에 착수하게 된 것이다. 따라서 조명하 의거가 지니는 파괴력의 배가를 방지하고 철저한 진상을 규명한다는 대만총독부의 방침 아래 보도통제가 이루어졌다.[69] 보도통제 하에서 육군은 본국과의 교신을 통해 조명하 의거의 진상을 파악하기에 주력하였으며, 우발적이며 비조직적 의거로 규정하기에 이른다.[70]

하지만 조명하 의거는 발굴된 자료를 종합해 볼 때 일제가 주장했던 것처럼 우발적이며 개인적인 치기로 단정하기에는 여러 가지 의문점을 가지고 있다. 먼저 자살을 시도했다는 점인데, 이에 대해서는 일본인들 가운데도 의문을 가지고 있었다. 그 이유로 1개월전에 이미 흉기를 구입한 점, 5월 12일 오후 9시경 대중시내 鄭福 집에서 초 10

---

66) 『臺灣日日新報』, 1928년 5월 12일, 「僞宣傳陰謀費 僞造郵便爲替」.

67) 『臺灣日日新報』, 1928년 5월 13일, 「宣傳無政府主義之鮮人逮捕詳報」.

68) 신채호 사건에 대해서도 언론 통제가 이루어졌으며, 심지어 대만인 신채호로 알려지기도 했다. 신채호는 대련경찰서에서 취조를 받았으며 대련법원에 송치하였다. 특히 신채호는 동방연맹주의자로 활동하였으며 劉文祥, 윤인원, 옥조숭, 왕국금이란 가명을 사용하기도 했다. 재판에서 신채호는 임병문 등 동방연맹주의자와의 활동을 강조하고 의열단과의 연계를 부정하였다(『東亞日報』, 1928년 7월 20일, 「國際爲替事件으로 법정에선 申采浩」).

69) 『臺灣日日新報』, 1928년 6월 15일, 「臺中の不敬事件」.

70) 『密大日記』「台中事件調査」(密 323-7, 1928년 5월 17일). 이 문건은 조명하가 타이중 경찰서에 수감된 직후의 문건인데 당시 조명하가 가지고 있는 민족정신, 항일투쟁, 의열투쟁에 관련된 사항은 엿볼 수 없다. 특히 조명하의 의거가 우발적이며 발작적인 사건이었다고 치부하고 있다.

개를 구입하여 다섯 개씩 소포를 싸 한반도로 편지를 보낸 점 등을 들어 조명하가 구이궁을 처단하고 자살하고자 한 것은 여러 가지 정황상 석연치 않다고 하였다.[71]

또한 薛順蘭과의 관계를 밝혀 조명하의 파렴치한 측면을 강조하려고 하였다. 설순란은 경북 경출 출신의 대중시 初音町 기생으로 조명하와 몇 차례 만난 것으로 알려졌다.[72] 대만 당국에서 조명하와 설순란의 관계를 부각시킨 이유는 식민지 조선 청년이 생활고에 빠져 또는 방탕한 생활에 빠져 우발적으로 久邇宮을 처단하려 했다는 점을 강조하기 위함이었다.

한편 일제는 조명하 사건을 신속하게 처리하기 위해 재판과정을 최소화하였다. 이는 의열투쟁의 대부분이 그러하듯 일제가 그 반향을 줄이기 위한 조처였다. 의거 직후 체포된 조명하는 타이중 경찰서로 바로 연행되어 취조를 받은 후 타이중 형무소에 수감되었다. 대만 법정에서는 6월 13일 5명의 법관이 사건 심리를 끝내고 결정 서명하였으며 5월 14일 사건 실상이 발표되었다.[73] 6월 14일에는 山上 대만총독을 비롯하여 後藤 총무장관, 田中 군사령관의 담화가 잇따라 발표되었다. '대중사건'의 주역인 조명하에 대한 공판은 7월 18일에 타이뻬이고등법원에서 '虎の門事件'과 마찬가지로 방청이 금지된 상태에서 진행되었다.[74] 이날 재판부는 조명하에게 형법 제75조「황족에 대하여 위해를 가한 자는 사형에 처하고 위해를 가하려고 한 자는 무기징

---

71) 『密大日記』,「久邇宮殿下ニ危害ヲ加ヘントシタル兇漢ニ關スル件報告」(特檢제37호 -1, 1920년 5월 20일).

72) 『密大日記』,「久邇宮殿下ニ危害ヲ加ヘントシタル兇漢ニ關スル件報告」(特檢제37호 -1, 1920년 5월 20일).

73) 『臺灣日日新報』, 1928년 6월 15일,「不敬事件의 公判開廷은 이르면 本月末」.

74) 『臺灣日日新報』, 1928년 7월 19일.

역에 처한다」라는 조항에 의거하여 사형을 언도하였다. 이에 따라 조명하는 1928년 10월 10일 타이뻬이 형무소에서 짧은 생애를 뒤로하고 순국하였다.[75]

조명하 의거가 지니는 중요성은 당시 대만 총독이었던 山上이 물러날 만큼 컸으며,[76] 이 의거로 인해 山本 경무국장 등 5명 등이 감봉처분되기도 하였다.[77] 또한 당시 일본 수상이었던 田中義一은 대국민 성명을 통해 久邇宮에 대한 조명하의 위해 사건과 구이궁의 무사함을 강조하면서 국민들에게 주의를 촉구하였다.[78] 이는 조명하 사건이 일본국민들에게 큰 충격으로 다가갔으며, 이에 따라 식민지 통치에 안정화를 꾀하기 위해서는 대국민담화가 유리하게 작용할 것이라는 판단에 기초한 조처였다.

한편 조명하 의거 이후 久邇宮은 '무사히' 임무를 마치고 일본으로 귀환하였다. 久邇宮은 조명하 의거 후 8개월만인 1929년 1월 27일 사망하였다.[79] 그의 죽음이 조명하의 의거와 전혀 무관하다고는 볼

---

75) 『臺灣日日新報』, 1928년 10월 11일, 「趙明河死刑執行」.

76) 趙中孚 · 張存武 · 胡春惠, 『近代中韓關係史資料彙編』 제6책(國史館, 1987), p.399. 『臺灣日日新報』, 1928년 6월 15일, 山上 총독은 조명하 의거 이른바 '대중사건'에 깊은 책임을 느껴 자발적으로 사표를 제출하였으며 이에 대하여 田中 일본 수상이 수리하였다. 후임으로는 川村竹治가 결정되었다. 조항래, 앞의 글 참조. 신운용 앞의 글, p.18에서 조명하 의거로 대만총독이 사퇴하지 않았다고 하지만 이는 명백한 오류이다. 조명하 의거 다음날 산상 총독은 사퇴의사를 밝혔고 이를 본국에서 수리하였다. 따라서 조명하 의거의 파괴력은 다시 한번 입증된 셈이다.

77) 문관 고등징계위원회에서는 山本 이하 5명에 관한 징계수위를 놓고 토론에 들어갔으며(『臺灣日日新報』, 1928년 7월 8일, 「臺中事件責任者」), 결국 7월 16일 애초 제기되었던 징계선에서 징계가 마무리되었다. 이 과정에서 대만총독부는 관대한 조처였음을 애써 강조하였다(『臺灣日日新報』, 1928년 7월 18일, 「臺中事件減俸處分に對し」).

78) 『臺灣日日新報』, 1928년 6월 15일, 「國民は充分戒心すべし」.

79) 日本防衛廳 防衛研究所, 『大日記乙輯-久邇宮殿下薨去ニ關スル件』, 「久邇宮邦彦殿下薨去ニ關スル件」(제177호, 1929년 1월 27일). 조항래는 조명하가 던진 단검의 독이 퍼져 구이궁이 사망하였다고 하지만 독은 중추신경계를 다치게 하는데 장

수 없다. 비록 사망의 직접 원인이 복막염이었지만 조명하 의거로 인한 심적인 부담감은 항상 짊어지며 살았을 것이다. 이렇듯 조명하 의거는 당시 식민통치의 정점에 있었던 상징적 인물에 대한 척살을 통하여 의열투쟁의 전형을 보여주었다고 할 수 있다.

V. 맺음말

의열투쟁은 인류보편적 가치의 실현에 그 목적이 있다. 물론 그 성과가 직접 도출되지 않을지라도 의열투쟁은 피압박 민족의 울분과 억압된 자의식의 표출이었다. 조명하의 '대중의거' 역시 이 범주를 크게 벗어나지 않는다. 특히 대만이라는 지역적 특성을 등에 업고 실행되었다는 점이 일제 당국을 당혹스럽게 만들었다. 즉 의열투쟁의 특수성과 일반성이 그대로 나타난 의거였다. 따라서 조명하 의거는 위에서 살펴보았듯이 일제가 주장하고 판결을 내린 것처럼 한 개인의 우발적인 사건으로 처리하기에는 그 과정과 성격, 영향 등에서 수긍할 수 없는 점이 너무 많다. 본 논문은 조명하 의거를 전후한 식민지 대만의 통치형태와 조명하 의거의 배경, 과정 및 영향을 규명하려고 하였다. 이를 정리하면서 결론에 대신하고자 한다.

첫째, 조명하가 도일했던 것은 상해임시정부로 가기 위한 사전 정지작업 차원은 아니며, 식민지 소선 청년이 처해 있었던 현실문제가 가장 중요한 원인이었다. 유학생활을 통하여 자의식이 더욱 성숙되었으며 식민지의 처절한 현실을 온몸으로 체험하고 느꼈을 것이다. 다만

기가 손상된 구이궁의 사망과 연계하는 것은 지나친 추론 같다. 또한 구이궁 가계의 평균 수명이 60세 전후 인점을 보더라도 구이궁의 죽음에 독을 끌어들이는 것은 무리인 듯하다.

도일에 대한 구체적인 조명하 자료가 확보되어 있지 않은 상태에서 함부로 추론할 수 없지만, 현재로서는 상해임시정부와 연결하는 것은 무리인 듯 싶다.

둘째, 조명하의 구이궁 척살 의거는 사전에 치밀하게 준비되었다는 데 그 특징이 있다는 점을 들 수 있다. 이는 그가 구이궁이 대만에 군검열을 하기 위해 왔다는 소식을 접하면서 척살 계획을 면밀하게 세웠음을 의미한다. 즉 조명하가 거주했던 곳과 거사지점이었던 타이중주 도서관의 거리가 짧았으며, 특히 곡선차선에서 자동차의 속도가 느려진다는 점을 미리 숙지한 것은 일제가 주장하듯 우발적이며 무계획적 사건이 아님을 증명한다고 할 수 있다.

셋째, 의열투쟁이 갖는 속성 가운데 하나가 단절성이다. 이는 조직이나 다른 개인과의 연계를 철저하게 부정한 상태에서 전개된 경우가 대부분이다. 조명하의 거사도 여기에서 크게 벗어나지 않는다. 일제가 한달 동안 보도통제를 하면서까지 조명하 의거를 다른 각도에서 규명하려 했던 것은 신채호 체포 사건과의 연관성에 주목했기 때문일 것이다. 신채호는 무정부주의동방연맹의 조직원으로 활동하고 있었기 때문에 불과 일주일 뒤에 발생한 조명하 의거와 연결시키려고 한 것도 무리는 아니었다. 하지만 일제로서는 신채호 사건과 조명하 의거를 별개의 사안으로 인식하고 이를 마무리하려고 한 것 같다.

넷째, 일제는 조명하 의거를 단순하고 치기어린 사건으로 몰고가려고 했으며 형집행도 신속하게 진행하였다. 특히 조명하의 개인적인 성격과 사생활을 들어 식민지 청년의 우울한 모습을 스케치하여 이를 각인시키는 작업을 진행하였던 것이다. 또한 조명하의 사형집행에서 알 수 있듯이 이 사건을 통하여 일제는 조급성과 불안정성을 그대로 노출시키고 말았다. 예컨대 법 조항에 명시된 것 조차도 다르게 적용한 것으로 보아 조명하 의거의 영향을 최대한 줄이고 애써 희석시키려는 의도로 파악된다. 이렇듯 조명하 의거는 山上 대만총독이 사임하고 田中 일본 수상이 이에 대하여 대국민담화를 발표할 정도로 그 영향력이 컸다. 식민지통치 시스템의 안정성을 강조해온 일제에게는 한인 저항의 지역적 확대를 경험한 중요한 계기가 되었으며, 이를 통해 조명하는 식민지배의 부당함과 억압성을 각국에 알리고 독립운동에 대한 희망의 메시지를 전하고자 하였다.

 # 한 · 중 연대의 국제주의자 / 유자명

한 상 도[*]

===== 목 차 =====

I. 머리말

　무정부주의 南華韓人靑年聯盟 간부, 南京 東流鎭 東流農場 기사, 키는 158㎝정도, 앞니 두 개가 금니, 남경에 거주하며 南翔 立達農學院 교사로 봉직하여, 월 3 · 4회 왕래하고 있다.[1]

---

* 건국대학교 사학과 교수
1) 社會問題資料硏究會 편, 『思想情勢視察報告集』 9, 京都: 東洋文化社, 1974, p.121.

위의 기록은 상하이 주재 일본총영사관 경찰부 제2과에서 조사한 -1937년 12월 12일 현재- 유자명의 신상에 관한 내용이다.

柳子明(1894. 1. 13~1985. 4. 17)은 대한민국임시정부의정원 의원· 의열단 단원·조선혁명자연맹 대표·조선민족전선연맹 이사·조선의용 대지도위원회 위원 등으로 활동한, 중국관내지역 독립운동의 대표적인 지도자 중의 한 사람이었다.

1919년 上海로 건너가 독립운동에 투신한 그는 근대사회과학 지식 을 수용하여, 자신의 민족운동관을 체계화해 갔고, 중국의 진보적 지 식인들과 폭넓게 교류하였다. 그리하여 중국관내지역 한인독립운동 진 영을 대표할 수 있는 이론가의 한 사람이 되었다.

특히 1937년 中日戰爭이 일어난 후에는 한인독립운동 진영의 통일 운동을 이끄는 한편, 중국항일전쟁을 민족해방과 조국독립을 위한 절 호의 기회로 파악하고, 한·중 연합 공동항일의 이론적 근거를 제시하 였다.

그의 면모는 志士적인 풍모를 보여준 인품과 농학자 및 사회과학 도로서의 수준 높은 지식과 학자적인 탐구자세 등이 뒷받침되었기 때 문에 가능한 일이었다.

일반적으로 중국대륙에서 활동한 대다수의 독립운동가들이 중국어 에 능통하지 못하고, 중국인사회 속의 외국인으로서 고립적인 삶을 살 아갔던 데 반하여, 유자명은 중국어 회화와 문장에 능숙하였고, 중국 인 친구 및 동지들과 국적을 초월하여 인간적인 신뢰를 나눌 수 있었 다. 程星齡·巴金 등 거물급 인물들과의 우정과 신뢰는 외국인이라는 제약을 딛고 중국사회 내에서도 지도적인 역할을 할 수 있는 힘이 되 어 주었다.

이러한 유자명의 중국사회 적응력은 눈여겨보아야 할 대목이다. 아나키즘과의 만남, 중국측 인사들과 교류하고 그들과의 활동에 적극 동참함으로써 자신의 활동공간을 넓혀갔던 사실, 일제 패망 후 중국사회에서 새로운 자신의 삶의 궤적을 남길 수 있었던 사실 등은 자신의 앞길에 펼쳐지는 새로운 상황에 적응하며 이를 앞질러 나가려 하기까지 한 그의 진취적이고 적극적인 세계관의 반영으로 해석될 수 있다. 이같은 유자명의 면모는 '세계화·국제화' 시대로 일컬어지는 오늘의 우리에게 새롭게 다가오고 있다.

II. 독립운동 투신

1) 성장 과정

유자명은 1894년 음력 1월 13일 충주군 利安面 三洲里(현재의 영평리 이류면)에서 부친 柳種根과 모친 李綺魯의 삼남매 중 막내로 태어났다. 어릴 때 이름은 興甲이며, 학생 때의 이름은 興湜이었다. '자명'이란 이름으로 널리 알려져 있는데, 호는 友槿이었다. 友生·李淸·興俊·興根이란 이름도 사용하였다.

1910년 11월 李蘭永과 혼인하였다. 슬하에 기용·기형 형제를 두었고, 손주 인광·인호·경자·인탁·인상·영희·인각 인문·인구·근식을 두었다. 1911년 충주공립보통학교(현재의 충주교현초등학교)를 졸업하고 서울의 硏精學院을 거쳐 1912년 水原農林學校에 입학하였다. 1916년 졸업 후 충주간이농업학교(현재의 충주농업고등학교) 교원으로 취직하여, 보통학교 4학년 농업과 담임을 맡았다. 3·1운동이 일어나자 만세운동을 계획하였으나 충주경찰서에 탐지됨에 따라 보통학교 동창 黃仁性의 도움을 받아 서울로 피신하였다.

1919년 6월 신의주를 거쳐 상하이로 건너가 呂運亨의 소개로 新韓 靑年黨 비서로 활동하였다. 그는 申采浩의 「임진왜란과 이순신 장군에 관한 역사」강연을 듣고 크게 감명 받고, 이후 신채호를 존경하며 친밀한 관계를 유지하였다.[2]

또 크로포트킨(Pierre. Kropotkine)의 『相互扶助論』, 『한 혁명가의 회억』, 『러시아 문학의 현실과 이상』 등을 읽으면서 아나키즘에도 공감되었다. 그는 크로포트킨의 상호부조론이 일제침략에 반대하는 근거가 된다고 생각하였으며, 당면한 한국사회는 계급모순보다 민족모순이 우선적이라 생각하였다.

2) 의열단 활동 참여

1922년 4월경 그는 北京으로 가서 신채호 · 李會榮 등과 교유하였으며, 그해 겨울 영어를 배우기 위해 天津으로 갔다. 이 곳에서 의열단의 金元鳳 · 李鍾岩과 인연을 맺게 되었다. 그는 『義烈團簡史』를 저술하여 의열단의 정체성 확보에 일조하는 한편, 통신연락 및 선전활동을 주관하였다.

이 시기 유자명의 의열단 활동에 대해 金星淑은 "김원봉은 앞에 내세운 사람이고 실제 일을 한 사람은 그 사람"이라고 회고하였다.[3]

---

2) 그는 「朝鮮的愛國歷史學者申采浩」, 『世界史硏究動態』 1981년 제2기에서, "신채호는 역사를 연구하는 것이 애국주의사상을 드높이는 중요한 지름길이라고 생각"했으며, "개개인이 자기조국의 찬란한 역사를 인식하여야 비로소 애국주의사상을 발양할 수 있다고 강조하였다"고 평가하였다.

3) 이정식 면담, 감학준 편집 · 해설, 『혁명가의 항일회상』, 민음사, 1988, p.80.

鄭華岩도 이 무렵 의열단에서 발표한 문건은 대부분 유자명이 작성한 것이라고 증언함으로써[4] 유자명의 역할과 영향력이 지대했음을 지적하였다.

그는 "일제가 한국을 식민지화하고, 인민을 탄압·학살함에 있어서는 국가권력에 대한 반대는 일제에 대한 반대를 의미하며, 일제 침략 원흉의 암살과 일제 통치기관의 폭파는 곧 반일 애국행동"이라는 논리로 의열단의 투쟁노선을 정당화하였다.

유자명은 의열단원의 진보적인 사고 형태를 아나키즘적인 것으로 이끌었다. 이는 「朝鮮革命宣言」을 통해 그 일단이 드러난다. 1922년 겨울 김원봉은 베이징의 신채호를 방문하여, 의열단의 행동강령 및 투쟁목표를 성문화해 주도록 요청하였다. 김원봉의 신채호 방문은 유자명의 조언이 주효했던 것으로 알려진다. 유자명은 신채호의 「조선혁명선언」 집필도 도왔다.

1924년 1월 중국국민당이 제1차 전국대표대회를 개최하고, 김원봉이 廣東省에서 의열단원의 黃埔軍官學校 및 中山大學 입학을 모색하던 무렵에는 그가 의열단의 의열투쟁을 주도하였다. 1925년 3월의 일제밀정 金達河 처단과 1926년 12월의 羅錫疇義擧는 그의 지도 하에 결행되었다.

3) 중국국민혁명 체험

「廣州를 떠나면서」(二)(三)[5]에 따르면, 그는 1924년 1월 중국의 제1차 國共合作의 성립과 그 소산으로 설립된 黃埔軍官學校의 개교에 기

---

4) 위의 책, p.281.
5) 『조선일보』 1927년 6월 5·6일, 夕.

대감을 가졌다. 그는 "北伐을 시작한 뒤로 혁명군이 일사천리의 勢로 長江 이북까지 승승장구하고, 강남 각지에 靑天白日旗가 휘날리며, 도처에서 민중이 환호하게 된 것은 북벌군이 '황포정신'을 발휘한" 결과라고 평가하였다.

그는 황포정신을 "죽기를 무서워하지 않고, 돈을 사랑하지 않고, 사람을 강제로 징발하지 않고, 군량미를 징수하지 않고, 민가에 들어가지 않고, 하나로써 백을 대적하는 정신"이라고 설명하였다.

그러나 1927년 4월 12일 국민당 우파세력이 좌파 및 공산당 세력을 제거하는 정변을 일으키고 南京國民政府를 수립하자 당시 金元鳳과 함께 廣州에 머물던 그는 "맑게 개었던 하늘에 돌연히 검은 구름이 감돌고, 천지가 암흑으로 변하는 것을 본 나는 비통한 감정을" 품었다고 하였다. 또 "어제 날의 동지가 오늘은 원수로 변하고, 어제 날의 혁명자가 오늘은 반혁명자로 되었다"[6]고 국공합작의 파국과 중국국민혁명의 동족상잔을 안타까워하였다.

"계엄은 연일 계속되고 백색테러는 날로 농후하여진다. 계엄사령부의 포고와 公安局(경찰국)의 포고는 하루에도 두 세 번씩 갈아 붙고, 신문지·게시판·벽·전주·가로수에는 '타도 공산당' '숙청 공산당'의 표어·구호가 '타도 장작림' '타도 제국주의'의 표어·구호에 대체되고, 어느 대학 기숙사에서는 학생이 얼마 잡히고, 어느 工會(노동조합)에서는 工人(노동자)이 몇십명·몇백명이 죽었고, 어느 농민군은 반항을 어떻게 하고, 四川에서는 공산당을 어떻게 숙청하고, 九江·南昌에서는 공산당을 어떻게 처치하였다는 소식이 날마다 들린다."

"중국의 혁명은 이것이 正히 위기에 있다. 어제에 공동 협력하여

6) 류자명, 『나의 회억』, 심양: 료녕민족출판사, 1988, p.98.

적을 대하던 혁명군은 오늘 벌써 서로 반혁명으로써 죄를 가하게 되고, 총부리를 서로 마주대게 된다."[7]는 소회처럼 국민당 우파의 공산당 탄압을 목도한 그는 심한 좌절감과 비통함을 느꼈던 것같다.

기대가 컸던만큼 실망도 컸으리라. "혁명세력이 정당으로써 분할되는 때에 혁명 그것은 좌절되고, 정권을 잃은 정당은 구세력 아래에서 보다도 더욱 慘禍를 당하는 것은 역사가 가르치는 사실이다"[8]라는 지적은 동족상잔의 현장에서 느낄 수 있는 센티멘탈리즘을 뛰어넘어 '혁명이 곧 정치'였다는 사실을 일깨워 주는 듯하다.

그의 비통함은 중국국민당에 대한 신랄한 비판으로 이어졌다. 그러하기에 "국민당에 들어가는 것으로 일종의 陞官發財의 길로 삼고, 三民主義를 문무관 시험의 하나의 과제로 학습하는 당원이 다수인 것은 사실이다. 지도자의 列에 있는 자까지도 혁명이 어떠한 것인지를 모르고, 민중을 위하고 혁명을 위한다는 구실 하에서 기실은 민중과 혁명을 자기의 이익을 위하여 희생시키려는 자가 있는 것이다"[9]라고 분노하였던 것이다.

4) 중국의 이상촌 건설운동 참여

이후 그는 武漢으로 이동하였는데, 1927년 여름 우한에는 유자명·김원봉·李儉雲·權晙·安載煥 등의 외연단원 및 진보적 인물들이 집결해 있었다. 그는 중국·인도·한국의 반제·반일민족운동가들이

---

7) 廣東에서 柳子明,「赤色의 悲痛: 明十五日 以後 事實」上,『조선일보』1927년 5월 12일 夕.
8) 위와 같음.
9) 위와 같음.

결성한 東方被壓迫民族聯合會에, 金奎植·이검운과 함께 '한국대표'로 참가하였다.

南昌蜂起와 廣州蜂起의 피바람을 피해 南京으로 옮긴 다음에는 중일전쟁 때까지 난징·상하이·泉州 등지를 무대로 아나키즘운동의 일환으로서 중국의 '理想村 건설활동'에 몰두하였다.

1929년에는 중국인 친구 袁紹先의 요청으로 韓復炎烈士紀念農場에서 농업생산을 지도하였고, 1930년에는 陳範豫의 요청으로 福建省 취앤저우의 黎明高中에서 생물학을 가르치는 한편, 취앤저우지방의 열대식물에 대하여 연구하였다.

1930년부터 1935년까지 중국의 유명한 교육자인 匡互生이 설립한 상하이 立達學院에서 농업과목과 일본어를 가르쳤으며, 이후에도 동류실험농장·복건원예시험장·廣西省의 靈棗農場 등지에서 농업 기술원으로 근무하는 한편, 원예작물에 대해 연구하였다.

입달학원 시기 그의 모습을 전하는 내용으로 「파금과 '머리칼의 이야기'」에는 다음과 같은 대목이 있다.

> 입달학원 농촌교육과 학생들은 나를 '신비한 사람'이라고 하였다. 특히 나는 머리칼이 일찍 희어져 사람들은 나를 '백발청년'이라고 불렀다. 나를 동정하는 학생들은 아무래도 내가 일제놈들의 압박을 너무 받고 간고한 생활을 하였기에 머리칼이 일찍 흰 모양이라고 하였다.[10]

1930년 1월 입달학원에서 근무할 때, 유자명은 柳基石·鄭海理·安恭根 등과 함께 남화한인청년연맹을 결성하였다. 유자명은 남화한

---

10) 『나의 회억』, p.159.

인청년연맹의 의장 겸 대외책임자로 선출되었다. 1931년 11월 중순에
는 동방무정부주의자연맹 간부 王亞樵와 華均實의 제안으로 결성된
抗日救國聯盟에도 참가하였다.

1934년 봄 그는 쾅후성의 친구이자 국민혁명군 胡宗南부대 참모장
인 張性伯로부터 난징근교 靑龍山에 있는 第一農場 관리를 요청받
고, 입달학원 고등학교 교육과정의 농촌청년과 3학년생 5명을 데리고,
1년여 동안 제일농장에서 농사를 지었다. 이때 청룡산에서 훈련 중이
던 의열단이 운영하는 朝鮮革命軍事政治幹部學校 입교생들을 상대로
강연을 하기도 하였다. 1935년 입달학원을 떠나 國民黨政府建設委員
會의 東流實驗農場으로 옮겨 원예를 지도하였다.

Ⅲ. 중일전쟁기 독립운동과 한·중 연대활동

1937년 7월 7일 중일전쟁이 발발하자 한인들은 이를 민족해방과 조
국광복의 '好機'로 판단하였다. 그들은 중국의 승전이 한국의 독립을
담보해 줄 것으로 믿었다. 한인독립운동 진영에서는 중국 측에 대해
항일투쟁의 성과 및 혁명역량 등을 선전하며, 한·중합작의 항일투쟁
을 역설하였다. 같은 시기 국민당정부측에서도 중일전쟁의 확대와 장
기화에 대비하여 한인들의 항일투쟁 역량을 수용하기로 결정하였다.

한인 진영 내부에서는 협동과 단결의 통일운동이 시도되었고, 새로
운 협동전선의 조직을 추진한 결과, 朝鮮民族革命黨·朝鮮民族解放同
盟·朝鮮革命者聯盟의 좌파 민족주의자그룹은 12월 초순 漢口에서
朝鮮民族戰線聯盟을 창립하였다. 같은 시기 韓國國民黨·'재건' 韓
國獨立黨·朝鮮革命黨 등 우파 민족주의자그룹은 韓國光復運動團體

聯合會를 결성하였다.

유자명은 자신이 쓴 조선민족전선연맹 창립선언문에서 "조선혁명은 민족혁명이고, 그 전선은 '階級戰線'이나 '人民戰線'이 아닐 뿐 아니라 프랑스나 스페인의 이른바 '國民戰線'과도 엄격히 구별되는 … 民族戰線"[11]임을 천명하고, 한·중 연합을 통한 항일투쟁역량의 집중, 국제적 반일세력과의 연대를 강조하였다.

조선민족전선연맹의 최고기구는 이사회였는데, 김원봉이 자금과 지휘를 맡았고, 유자명(선전부)·韓斌(정치부)·李春岩(경제부) 등이 중심역할을 하였다. 또 중국군사위원회 정치부 인원 4명과 조선민족전선연맹 대표 김원봉·김학무·김성숙·유자명으로 구성된 朝鮮義勇隊指導委員會의 일원으로서 조선의용대 활동 전반에 대해 기획하고 결정하였다.

그는 독립운동세력 간에 반목·대립하는 현실을 지적하여 "혁명운동의 확대에 수반되는 이러한 현상도 점차 감소할 것으로 확신한다. 다만 이 같은 과도기적 현상이 전혁명에 미치는 영향이 적지 아니하므로 이 과도기를 단축시키기에 노력해야 할"[12] 것이라고 촉구하며, 그 자신 민족협동전선운동에 적극 참여하였다. 그리고 이를 위한 방안으로써 한·중 연합에 기반한 항일역량의 집중, 국제적 반일세력과의 연대를 강조하였다.

『조선민족전선』「창간사」의 "조선민족의 문제도 또한 전세계 문제의 일환이다. 더구나 중·일 양국간과 러·일 양국간의 국제관계에서 이는 특별하고도 중요한 지위를 차지하는 것이다. 1894년의 중일전쟁 및 1904년의 러일전쟁은 모두가 조선 문제가 도화선이 되었다. 그리

---

11) 「朝鮮民族戰線聯盟創立宣言」, 『朝鮮民族戰線』 창간호, 1938. 4. 10, p.14.
12) 위의 글, p.15.

고 중국과 러시아의 패배는 조선이 일본에게 병합되는 결정적인 조건이 되었다."[13]

"중국의 항전이 만약 실패한다면, 조선민족의 해방은 기대할 수 없을 정도로 막막하게 될 것이고, 조선민족의 노력 여하도 또한 중국민족의 최후 승리에 영향을 줄 것이다. 과거 중국과 조선 양 민족이 받은 치욕과 손실은 반드시 우리들이 공동으로 책임져야 하므로 공동의 적을 타도하고 동아시아의 평화를 정립시켜야 하는 것도 중국과 조선 양 민족의 공동적인 사명이다"라는 내용은 그의 국제정세 인식의 일단을 보여준다.

중국·일본·러시아로 대표되는 동북아시아 강대국 간의 이해관계가 '朝鮮問題' 즉 한반도의 정치상황과 밀접한 관계가 있음을 간파한 그의 식견은 성리학적 지식체계에 기반한 지식인이나 농학자의 면모를 뛰어넘고 있다.

제국주의 침략 및 강대국 간의 영토 분할이라는 국제질서의 기본이치를 깨닫고 있었던 그는 중국항일전쟁 승리를 한국의 해방과 독립을 담보해줄 수 있는 결정적인 요인으로 설정하였다. 따라서 한·중연합의 공동항일 투쟁노선에 입각한 한인 진영의 통일과 중국항일전쟁에의 적극 참여는 곧 중일전쟁 이후 일제 말기 재중 한인독립운동이 나아가야 할 방향이었던 것이다.

이와 함께 "절대로 이 연맹을 조선 혁명대중의 상위 영도단체로 만들려는 것이 아니고, 단지 연맹을 가장 완선하고 만족할만한 통일전선의 한 출발점으로 만들 생각이며, 이로써 장차 전선의 통일운동에 더욱 노력하고자 하는 것이다. 그리하여 가장 원만한 통일전선을 실현하기를 기대하는 것이다."[14]

---

13) 「創刊辭」, 『조선민족전선』 창간호, 1938. 4. 10, p.1.

"다른 하나는 우리는 이러한 통일전선이 일본제국주의를 타도하는 투쟁과정 속에서 지지를 얻어낼 수 있다고 깊이 믿을 뿐만 아니라 장차 독립 · 자유 · 행복한 국가를 건립할 때, 또한 각당 각파의 공동노력이 필요하다고 본다. 왜냐하면 이렇게 함으로써 비로소 조선민족의 진정한 자유와 행복한 생활을 가져올 수 있다고 보기 때문"[15)]이라는 견해는 협동전선운동관의 핵심을 잘 보여주었다.

독립운동세력의 단결과 협동은 일본제국주의를 물리치고, 자주적인 민족국가를 건설하기 위한 關鍵과도 같은 조건이었던 셈이다.

1940년 3월 유자명은 중국인 아내 劉則忠과 得櫓(1939년생, 북경과학기술대학 재료물리학과 교수 정년퇴임) · 展輝(1942년생, 호남대학 건축학과 교수 정년퇴임) 두 아이를 데리고, 沈仲九 등 중국인 친구들이 있는 福建省으로 갔다. 그리하여 푸젠성정부 農業改進處의 원예시험장 원예과 주임으로 근무하였다.

1941년 12월 重慶의 復旦大學 교수 馬宗融으로부터, 回敎救國協會에서 농업기술원을 양성하기 위해 桂林의 산지를 개간하여 靈棗農場을 만들려 하는데, 이를 지도해달라는 요청을 받고, 꿰이린으로 갔다. 이후 충칭을 무대로 전개된 독립운동에도 참여하였다.

1944년 가을 푸젠성정부의 초청으로, 가족을 데리고 다시 푸젠성 永安으로 이사하였다. 당시 국민당정부 비서장 程星齡이 康樂新村을 각지에 개설하여 福安縣 溪柄農場을 '제2촌'으로 삼고, 유자명을 그 준비처 주임으로 임명하였다. 당시 주민들의 기억에 의하면, 누구도 유 선생이 화를 내거나 한 마디라도 큰 소리 치는 것을 본 적이 없다. '焱'이라는 이름의 어린아이가 있었는데, 일찍이 유 선생의 방문

---

14) 위와 같음.
15) 「朝鮮民族戰線聯盟結成經過」,『조선민족전선』창간호, 1938. 4. 10, p.2.

을 두드리며 '할아버지, 할아버지'(당시 유 선생의 머리는 이미 전체가 은실과 같아서 아이들은 습관적으로 그를 그렇게 불렀다)하고는 부르면 그는 문을 열고 어린아이를 안고 들어가 요람에 뉘였다. '할아버지 흔들어 주세요' 하고 재촉하면, 유 선생은 '허허' 웃으며 흔들어 주었다. 그는 언제나 아이들을 그렇게 대하였다.

또 사람들은 그의 부인 류저중을 '사모님'이라고 불렀고, 아이들은 그녀를 '큰 사모님'이라고 불렀다. 그녀는 광동인으로 유 선생과 함께 동분서주하였다. 어릴 때부터 그녀는 아주 민첩하고 꼼꼼하게 일하였다. 그녀와 유 선생은 모두 순박하게 손님들을 맞이하였는데, 오래동안 만나지 못했던 친구가 찾아오면 친히 향기롭고 달콤한 케익을 만들어 대접하였다.[16]

유자명은 고상한 인격의 소유자로서 늘 성실하였으며, 인도주의 정신으로 중국인민을 사랑하였고, 그 또한 중국 인민의 사랑을 받았다.

IV. 일제 패망 후 원예학 연구와 망향의 세월

1945년 8월 유자명은 푸안현에서 광복을 맞이하였다. 그때의 심정을 "나는 비록 동포들과 한자리에서 해방의 기쁨을 나누지 못하였지만 서울에서, 나의 고향에서 해방의 기쁨을 이기지 못하여 감격의 눈물을 흘릴 나의 동지들, 나의 동포 형세들을 생각히면 가슴이 뜨거웠다"고 회고하였다.

1978년 沈克秋에게 보낸 편지[17]에서 그는 "일본이 투항할 때 중경

---

16) 謝眞, 「深切懷念柳子明先生」, 載蔣剛 · 王江水 主編, 『懷念集選編』, 泉州平民中學, 民生農校校友會, 1995, p.66.

의 동포들과 함께 귀국하지 못했습니다"라고 하면서, 자신이 모국으로 돌아가지 못하였슴을 가슴 아파하였다. 일제패망 시 그는 푸젠성에 있었기 때문에 귀국 노선을 찾을 수 없었고, 부득불 동지들과 함께 臺灣으로 떠났던 것이다.

1946년부터 1950년 6월까지 대만성 농림처 기술실주임 · 합작농장관리소 주임 등으로 근무하면서 대만의 농업개혁 방안을 모색하였다. 이 시기 그는 「합작농장과 농업합작의 여러 가지 형식」[18] 등의 논문을 발표하였다. 타이완 체류 시절 유자명은 대북한국영사관 총영사 閔石麟(민필호)과 자주 접촉을 가졌고, 1950년 1월 정화암과 함께 귀국 신청을 하였다. 하지만 원적이 '南京'으로 되어있는 관계로, 반년 후에야 비자를 발급받을 수 있었다.

공교롭게도 한국전쟁은 그의 귀국을 가로막았다. 조국과 고향을 가슴속에 묻을 수 밖에 없었고, 천신만고 끝에 후난성 부성장으로 있던 청싱링의 도움으로 長沙로 가서, 호남농학원 교수로 새로운 삶을 시작하기에 이르렀다.

이후 농학자로서 유자명은 다방면에서 연구성과를 거두었다. 그의 '벼의 기원에 대한 연구'는 세계농학계의 인정을 받았다. 1972년 그는 농학부와 원예학부 교수들을 거느리고 창사 馬王堆漢墓에서 출토한 벼의 종자를 고증하는 한편, 중국 벼 재배의 기원에 대하여 여러 측면에서 분석하였다.

그는 또한 저명한 원예전문가였다. 1942년에는 「항일전쟁과 원예」[19]란 글을 발표한 바 있었고, 「중국의 장미와 세계의 장미」[20]에서는 중

---

17) 유자명 자료집 간행위원회 편, 『유자명 자료집』 1, 독립운동편, 충주시 · 충주 MBC, 2006, p.175.
18) 「合作農場與農業合作的種種形式」, 『臺灣農林』 제1기.
19) 「抗戰與園藝」, 『福建農業』 1942.

국장미의 유럽전파, 중국장미와 유럽장미의 교잡 과정 등에 대하여 논술하였다. 또한 그는 중국의 남방은 포도를 재배할 수 없다는 견해를 극복하고자 심혈을 기울여 놀라운 성과를 거두었다. 그가 재배한 포도는 베이징박람회에서 호평을 받았고, 우수한 품종으로 뽑혔다. 그의 연구성과에 따라 포도 생산이 중국남방의 여러 지역에 보급되었고, 특히 후난성 지역에서는 대단위 재배를 시작하여 경제발전에 이바지하였다.

하지만 나이가 들수록 고향에 대한 그리움은 더하였다. 1979년 5월 8일 심극추에게 보낸 편지에서 그는 "3·1운동 그 해에 나라를 떠나서 이젠 60년이 됩니다. 집이 남조선에 있기에 줄곧 고향에 편지를 못해 봅니다. 만일에 남북이 민족 대단결 회의를 열게 되면 나도 돌아가서 참가하고 싶습니다"[21]라고 적었다. 그의 딸 유득로의 회상에 의하면, 명절이 되면 술을 한잔 마시고 혼자서 '아리랑'을 조용히 불렀다고 한다.[22]

1983년 2월 25일 그의 90세 생일날 호남농학원에서 성대한 축하잔치가 열렸으며, 후난성의 주요 지도자들이 참석하였다. 호남성인민정부 부성장·제5기 인민대의원·호남성정치협상회의 주석이며, 유자명의 生死之交인 청싱링은 "유자명의 숭고한 애국주의 정신과 국제주의 정신은 영원토록 우리의 훌륭한 본보기가 될 것이다"라고 칭송하였다.

중국 중앙국제방송국에서 이 사실을 뉴스로 방송하였는데, 이 소식을 들은 한국의 후손들이 방송국에 유자명의 연락주소를 문의하였다

20)「中國的薔薇和世界的薔薇」,『中國園藝學報』제3권 제4기, 1964.
21)『유자명 자료집』1, p.176.
22) 위의 책, p.368.

고 한다. 이리하여 그는 한국의 후손에 대해 알게 되었다. 그때 그는 집에서 안절 부절하며, 한국에 가야겠다고 자주 말했다고 한다.

1977년 그는 심극추에게 보낸 편지에서 "나는 조국을 사랑하고 중화인민공화국을 사랑합니다. 우리 집의 네 식구 중에서 나 혼자 국제우호인사이고, 자식들과 외손자는 모두 중국인민입니다"[23]라고 하였듯이 그는 끝내 중국국적을 갖지 않고 '조선인'으로 살았다.

1985년 4월 17일 호남성 창사에서 일생을 마쳤다. 1968년 대한민국 정부는 대통령 표창을 수여하였고, 1991년에는 건국훈장 애국장을 추서하였다. 북한정부도 1978년 3급 국기훈장을 수여하였다.

V. 중국인들의 마음 속에 살아있는 유자명

그에게는 중국인 知己가 많았다. 저명한 교육자 匡互生 · 馬宗融 · 陳範豫 등과 정치가 程星齡 · 沈仲九, 작가 巴金 · 羅世彌, 제자 粟同 · 李毓華 등을 꼽을 수 있다.

특히 바진과 유자명은 60여년 동안 우정을 나누었다. 늘 서로의 속마음을 얘기하였고, 서로를 보살피며 지냈다. 沈容澈(심용해의 동생)은 "유자명과 바진의 교류가 비교적 많았던 시기는 1930년부터 1935년 사이였다. 그 무렵 자명은 南翔 입달학원 농촌교육과에 있었고, 마종롱 · 뤄스미와 교사 숙소에서 함께 지냈다. 바진 역시 마종롱과 뤄스미의 친구로 늘 상하이에서 立達에 왔다. 자명과 바진은 무릎을 맞대고 이야기를 나누는 기회가 많았다"[24]라고 회고하였다.

---

23) 위의 책, p.172.
24) 沈容澈(克秋),『我的回顧』, 미출간.

바진은 "난징 부자묘의 어느 찻집에서 점심 겸 뭘 조금 먹었다. 모인 사람은 다섯이었는데, 상해전쟁의 앞날에 대한 얘기에 이르자 나와 한국인친구는 격렬하게 논쟁을 시작하였다. 이 논쟁은 나로 하여금 주위의 모든 것을 잊어버리게 만들었다"[25]고 하였다.

또 다른 작품에서는 "내가 작은 배에 나는 듯이 올라탔을 때, 우연히 옆에 정박해 있는 목선의 남색 중국옷을 입은 중년남성이 눈에 띄었다. 그 사람은 내 친구와 몹시 닮았다. … 그는 지금 한국인 친구들과 함께 활동하고 있다고 하였다. 그 목선에는 여러 명의 한국인 남녀의 그림자가 보였다. … 나는 몸을 흔들거리며 작은 배에 서서, 놀랍고 기쁜 마음으로 친구의 이름을 불렀다. 식사를 하고 있던 사람들은 모두 놀란 것 같았다. 중년부인 한 사람이 대나무 의자에서 일어나며, 깜짝 놀라며 '바진!'하고 외쳤다. 그녀는 그 친구의 아내였다"[26]고 적었다.

위의 두 대목에서 말하는 한국인 친구는 유자명을 가리킨다. 또

"이 친구는 성이 柳이고, 원예가이고 수십 년이래 여러 학교와 농장에서 일하고, 중국을 위하여 많은 원예가를 길렀다. 그는 당시 한국인 流亡客 가운데에서도 위엄과 인망이 있었다. 내가 상하이나 꿰이린 · 충칭 · 타이베이에 있을 때, 늘 그와 만났다. 지금도 (1980년 1월 딩시) 연락이 끊어지지 않고 있다. 그는 湖南農學院에서 가르치고 있으며, 때때로 사람을 시켜 나에게 호남의 명산물을 보내준다.

나는 40수년전 그가 일본인의 추격이 엄하여 상하이에 오면 언

---

25) 「從南京回上海」, 1932.
26) 「民富渡上」, 1938.

제나 마종롱의 집에 은거하였는데, (이러한 불안한 생활을 하는 것이) 여러 달 지남에 따라 그의 머리카락은 완전히 하얗게 되어 버렸다고 생각하고 있다. 그 집의 주부가 나중에 단편소설「生人妻」를 발표한 작가 羅淑이다. 항전초기 뤄수가 병으로 죽어 우리들이 궤이린과 충칭에서 만났을 때, 함께 죽은 친구를 그리워하였다. 나는 그가 몇 번이나 머리를 숙여 눈물을 닦는 것을 보았다.

친구 유는 이미 80세를 넘겼지만, 그는 아직 長沙에서 일을 하고 있다. 나는 그의 은발 머리가 태양 아래에서 번쩍번쩍 빛나고 있는 것을 보는 것 같다.[27]

고 회고하였다. 1983년 유자명은 그의 자서전에서 "지금까지 나와 바진 사이의 통신연계는 그칠 사이가 없었다"라고 적었다.[28] 그런가 하면 바진은 늘 유자명을 형님으로 모셨다. 유자명은 자신의 한문 회고록을 바진에게 보내 수정을 부탁했으며, 바진은 열심히 읽고 수정의견을 제시하였다. 유자명이 타계하자 바진은 즉각 조문을 보내기도 하였다.

이와 함께 문화대혁명 시기 학생 및 제자들이 유자명의 집 방문에 '國際友人 유자명 선생 댁이므로 들어가 소동을 피우지 말라'는 표어를 붙여놓았던 사실이나 1983년인가 84년인지 중국의 '人民作家'로 추앙받는 巴金이 베이징에 왔을 때, "아버지가 그 얘기를 듣고 바진 선생한테 전화를 했대요. '네가 북경에 왔으니까 내가 당연히 너를 찾아 보겠다' 했더니, 바진 선생님이 그러셨대요. '내가 동생인데, 어떻게 형이 우리 집에 올 수 있겠느냐' 그러면서 직접 찾아 왔대요"[29]하는 딸의 얘기를 통해서는 중국인사회 속에서 당당하게 살아 갈 수 있

---

27) 「關於火」, 1980.
28) 『나의 회억』, p.163.
29) 『유자명 자료집』1, p.371.

었던 그의 人望을 헤아릴 수 있을 것이다.

또 "굉장히 엄격한 아버지셨어요. 하지만 때리거나 욕설을 하지는 않았어요. 굉장히 엄격하셨어요. 그러한 엄격한 중에서도 성장의 기틀을 마련해 주셨어요. 어렸을 때, 장난감같은 것을 사준 적은 없어요. 아버지가 외출을 하시면 가는 데가 서점 밖에 없었어요. 서점에서 돌아오실 때에는 책을 몇 권씩 사다주신 기억이 납니다"[30]라는 딸의 말로 미루어 보면, 그는 영낙없는 한국의 아버지였다.

아들 유전휘는 한국이 광복한 이후에도 항상 부친이 조국과 고향에 대해 그리움같은 것을 지니고 있었고, 그리고 분단된 조국이 언젠가는 꼭 통일되기를 바라는 마음뿐이었다고 하였다.

호남농과대학의 제자인 羅澤民은 "유자명 선생은 농업은 입으로 말만하는 것이 아니라고 했습니다. … 선생님이 수업하실 때는 말하는 학생이 한 명도 없었고, 결석하는 학생도 없었습니다. 유자명 선생이 학교에서 강의하시는 것은 얻기 어려운 기회였고, 진실되었습니다."

"선생님은 비교적 낡은 한국어로 된 지도를 갖고 계셨습니다. 지도를 가리키면서 저에게 알려주셨습니다. 그때 평양의 상황은 별로였고, 부산이나 대구보다 못하다고 하셨습니다. 저는 왜 여러 해 동안 한국으로 안돌아 가시냐고 물었습니다. 나는 한국인이지만 우매한 중국을 사랑한다고 하셨습니다"[31]라는 증언은 중국 국적의 취득을 거부하고 끝내 '한국인과 조선인'으로 살았지만, 중국인보다 더 중국을 사랑한 '외국인 선생님'의 교육에 대한 열정과 조국사랑을 전해준다.

끝으로 오랜시간 유자명의 곁에서 그의 회고와 증언을 듣는 기회를 가졌던 유자명의 전기(『훈장을 단 원예학자』) 작가[32]의 "유자명 선생

---

30) 위의 책, pp.373-374.
31) 위의 책, p.230.

은 자기감정을 쉽게 표현하지 않았지만, 애국열정이 넘쳐났습니다. 선생님이 감격하셨을 때는 목소리는 평범하시지만 얼굴이 붉어졌습니다. 그는 항상 지나간 생각을 더듬으셨는데, 제가 살며시 문을 열고 들어갔을 때, 창가에 서서 멀리 바라보시면서 고향생각을 하신다는 것을 저는 압니다. 때로는 선생님께서 가족들을 생각하시면서 눈물을 머금으실 때도 있으셨습니다"[33]라는 증언은 조국과 고향에 두고 온 얼굴들을 남몰래 떠올리며 한평생을 살다간 '민족주의자이며 국제주의자'의 참모습을 알려주는 것일게다.

VI. 맺음말 - 유자명 민족운동관의 현재적 의미

첫째, 유자명에게 있어서 '민족'은 그가 존경했던 신채호나 의열단 등의 예에서 보이는 것처럼 자신의 삶을 담보해주는 가장 근원적인 가치였다. 즉 민족이라는 울타리가 무너진 상황에서 울타리(즉 민족)를 되살리고 지켜 나가는 일은 곧 자신의 생존과 삶의 가치를 지켜나가는 일이 되는 것이다. 때문에 민족의 해방과 자유의 확보는 다른 어느 것과도 바꿀 수 없는, 반드시 도달해야 하는 최고의 최후의 목표였던 것이다.

그리고 유자명의 민족관은 폐쇄적이고 고립적인 가치로 한정되지 않았다. 일반적으로 아나키즘은 민족이라는 개별성을 부정하는데 반해, 그는 민족의 가치를 지키고 다듬어 나가는 방편으로써 아나키즘을

---

32) 安奇, 『戴勳章的園藝學家 - 柳子明傳』, 中國農業出版社, 1994.
33) 『유자명 자료집』 1, p.304.

수용하였다.

둘째, 그는 전통적인 중화관념의 틀을 뛰어넘어 우리민족의 독립과 해방을 도와줄 수 있는 유력한 국제적 동반자로서 중국과 중국민족을 바라보았다. 즉 한·중 관계를 서로 보탬이 되고, 도움을 줄 수 있는 동반자적인 관계로 파악하였다.

청싱링 후난성 부성장과의 우정이나 유명한 소설가 바진이 그를 소재로 한 소설을 쓴 사실 등은 중국인들이 유자명을 어떻게 평가하였는지 뒷받침해 주고 있다.

셋째, 그의 항일역정은 "國際主義와 더불어 걸어 간 民族主義의 길"이라고 할 수 있다. 요컨대 민족주의라는 감성적이고 방어적인 닫힌 공간을 뛰어넘어 한·중 양 민족의 우호협력 나아가 동아시아 피압박민족의 국제적 연대를 통해 새로운 근대한국사회를 건설하기 위해 진력하였다고 평가할 수 있을 것이다.

1948년 한신교육투쟁과 빛나는 조선인 / 김태일과 박주범

김 인 덕[*]

Ⅰ. 머리말 - 해방 공간 재일조선인과 한신교육투쟁

獄裡愁多夢不成(옥중의 쓸쓸함, 많은 꿈은 이루어지지 않고)
光風霽月照荊城(맑은 하늘의 달은 형무소를 비추는구나.)
山腹村在雲生突(고향의 하늘에는 구름이 일고)
羽口樹高日掛枝(나뭇가지에서 우짖는 새, 세월의 흐름을 가늠하도다.)
寧死不貧時富貴(차라리 지금 죽을지라도, 부귀를 탐할 수는 없고)
苦生莫道世怨聲(옥중의 몸속에는 분노의 소리가 세상에 넘치는구나.)

* 성균관대학교 동아시아학술원 연구교수

教育鬪爭四二四(4 · 24 교육투쟁!)
年々歲々難忘心(세월이 흘러도 그 마음 잊기 어렵구나.)[1]

　일본이 일으킨 태평양전쟁이 끝나자 남한에 돌아온 정충해는 해방의 감격을 다음과 같이 기록하고 있다.[2]

　　라디오 앞에서 무조건 항복을 한다고 하는 천황의 방송을 듣고 있던 우리 한국인들은 내심 날뛸 듯이 기뻤다. 그러나 지금 이 장소에서는 기뻐할 수도 없고, 그렇다고 하여 슬퍼할 수도 없는 미묘한 입장이었다. 눈을 감고 우리들에게 이제부터 펼쳐질 여러 가지 일을 상상하면서 그리운 고국의 산과 강, 꿈에도 잊지 못한 부모님 형제들과 처자식을 눈앞에 그리며, 저 무시무시한 전화 속에서도 목숨을 지켜 무사했기 때문에 이제 안심해도 좋다고 마음으로 외쳤다. 곧바로 뛰어서 돌아가겠다. 이제 돌아갈 수 있다. 우리들에게 때가 온 것이다. 자유세계의 자유로운 몸. 튼튼한 사슬로 꽉 매어 있던 몸이 일시에 풀어난 것 같다. 이 순간의 환희, 어떻게 필설로 나타낼 수 있을까.

　일본의 패전은 식민지 본국에 살고 있던 재일조선인의 삶에도 큰 변화를 가져왔다. 고향에 가고 싶고, 또 가서 사는 것이 낫다고 생각한 재일조선인은 과감하게 일본 땅을 떠나려 했다. 수십만의 조선인들이 下關, 仙崎, 博多 등의 항구로 쇄도했으나, 언제 승선하여 귀국할 수 있을지 불확실한 상황이 계속되었다. 항구 주변의 숙소는 언제나 만원이어서 급조한 판잣집이나 창고, 마구간 등을 임시숙소로 사용했다.

---

1) 이 시는 박주범이 옥중에서 쓴 것이다. 『解放新聞』, 1948년 11월 30일.
2) 鄭忠海 著, 井下春子 譯, 『朝鮮人徵用工の日記』, 河合出版出版社, 1990, p.151.

그리고 일본에 남은 사람과 고향에 살려고 갔다고 다시 일본으로 돌아온 사람들은 새로운 삶을 시작했다. 그러한 이유로 일본 각지에서는 수많은 재일조선인 단체가 자생적으로 만들어졌다. 이들 단체는 대부분 귀국대책, 실업대책, 민족적 단결의 강화, 동포의 생명과 재산의 보호, 생활이 곤란한 동포의 구제, 통일정부의 수립과 원조 등을 목표로 내세웠다. 당시 결성된 큰 단체만 손꼽아보더라도 300여 개가 훨씬 넘었다.

1945년 9월 10일 관동대표와 관서대표 14개 단체 대표와 참관인 60명이 東京에 모였다. 그리고 중앙결성준비확대위원회를 개최하고, '재일본조선인연맹 중앙준비위원회'를 구성했다. 東京都 본부가 설치된 것을 시작으로 전국적으로 각 부 현 본부가 결성되었다. 그리고 1945년 10월 15일에는 日比谷公會堂에서 준비위원회 대표 약 5,000명이 참가하여 대회를 개최하고 정식으로 재일본조선인연맹[3]을 결성했다.

한편 사회주의자의 주도권 장악으로 조련에서 배제된 우파는 같은 해 11월 조선건국청년동맹[4]을, 다음 1946년 1월에는 신조선건설동맹[5]을 조직했다. 두 단체는 1946년 10월 해방 전 무정부주의 운동 지도자였던 박열을 단장으로 하여 재일본조선거류민단[6]을 결성했다. 이에 따라 건동은 해산되었지만 건청은 1950년까지 존속되었다.[7]

---

3) 이하 소련이라 약칭한다. 결성대회에 대해서는 다음의 글을 참조한다. 김인덕, 「해방공간 재일본조선인연맹의 결성에 대한 연구」, 『한일민족문제연구』 (10) 2006. 6.
4) 이하 건청으로 약칭한다.
5) 이하 건동으로 약칭한다.
6) 이하 민단으로 약칭한다.
7) 해방공간 재일조선인 단체의 움직임은 다음의 글을 참조한다. 김인덕, 「재일동포가 걸어온 두 갈래 길, 민단과 조총련」, 한일관계사학회 편, 『한일관계 2천년 보이는 역사, 보이지 않는 역사』, 경인문화사, 2006.

해방 공간 조련의 최초 활동 중 가장 활발했던 것은 귀국운동이었다. 조련은 지방 본부에 수송부를 두고 귀국 명단 작성, 귀환 증명서 발행, 수송 열차·선박 확보 등의 활동을 했다. 일본 정부도 조선인의 귀국에 관해서는 조련의 활동을 인정했다.

귀국운동과 병행하여 주력한 것은 민족교육 사업이었다.[8] 당시 이것은 재일조선인 사회에서 또 다른 중요한 문제였다. 그것은 민족교육이 재일조선인 자녀들에게 민족의 고유한 문화와 전통을 습득시키고 '동포사회'에서 민족성을 지켜 나가는데서 매우 중요한 역할을 하기 때문이다. 해방 직후부터 재일 조선인은 국어강습회 등의 명칭으로 서당식 교육을 하고 있었다. 해방으로 귀국이 가능해진 상황에서 일본에서 자라난 조선인의 아이들이 우리 말을 못했기 때문이다. 조련은 1946년경부터 귀국의 흐름이 일단락되자 각지에 있는 교육 기관을 통합해서 학교 정비를 체계적으로 진행시켰다. 1947년에는 6·3제 초·중·고등학교와 사범학교를 마련하고, 이와 함께 '교육 규정'을 정하여 학교 운용에 관한 전국 공통 기준을 만들었다.

이러한 조련 계통의 학교는 1946년 10월에 현재 초등학교만 525교, 학생 수는 4만 2,182명에 달했다. 이들 학교에서는 조련이 편찬한 교과서를 쓰고, 한국어나 한국 역사·지리를 중심으로 민족적 자각을 높이는 교육이 실시되었다. 1948년 4월에는 학교가 600여개, 학생은 58,000여명에 이르렀다. 당시 조련의 좌익화에 반발하여 민단이 설립되어 있었으나 대부분의 학교는 조련에 의해 만들어졌다. 기반이 약했던 민단계의 학교는 소수에 지나지 않았다.

---

8) 민족교육과 관련하여 별도의 주가 없으면 다음의 글을 참조한다. 김인덕, 「재일조선인 민족교육 운동에 대한 연구-재일본조선인연맹 제4·5회 전체대회와 阪神교육투쟁을 중심으로-」, 『사림』(26), 2006. 12.

그런가 하면 재일조선인의 민족학교에 방관적이었던 연합군사령부[9]는 1947년 10월 일본 정부에 재일조선인의 학교도 일본 문부성의 지시를 받도록 지시했다. 그리고 일본 문부성은 1948년 1월 교육령을 내려 모든 어린이는 법적 기준에 합당한 학교에 취학할 것과 교사는 일본 정부가 정한 기준에 합당한 사람만이 가능하도록 했다. 그리고 일본인 학교 건물을 빌려 쓴 조선인 학교는 거기에서 철수할 것, 교과내용은 학교 교육법에 따라 모두 일본어로 교육하고, 한국어는 과외로 학습할 수 있다고 규정했다.

여기에 반대하여 재일조선인은 조선인교육대책위원회를 결성하여, 요구 조건을 발표하고 계속 항의했다. 그럼에도 불구하고 일제히 일본 전역에서는 조선인학교 폐쇄령이 내려졌다. 격분한 재일조선인은 각지에서 시위투쟁을 일으켰고, 大阪과 神戸 등지에서 조직적으로 전개되었다. 이것을 阪神교육투쟁[10]이라고 한다.

이 한신교육투쟁은 1948년 4월 재일조선인이 神戸와 大阪을 중심으로 일본 전역에서 민족교육을 사수하기 위해 일어난 거족적인 투쟁이었다. 이 교육투쟁은 어느 날 갑자기 생긴 일이 아니었다. 그것은 GHQ와 일본 정부의 정책적인 준비 아래 전개되었던 것이다.

본고는 이 한신교육투쟁과 투쟁의 과정에서 희생된 大阪의 김태일, 그리고 神戸투쟁을 주도했던 박주범에 대해 주목하고자 한다. 이들의 희생으로 재일조선인의 민족교육은 지켜졌고, 지금도 계속 되고 있다.[11]

---

9) 이하 GHQ로 칭한다.
10) 일반적으로 '4·24한신교육투쟁'이라고도 하는데, 이하 한신교육투쟁으로 줄인다.
11) 본고의 작성에는 김경해선생님의 교시가 큰 힘이 되었다.

II. GHQ와 일본 정부의 탄압

일반적으로 알려져 있듯이 한신교육투쟁은 GHQ의 재일조선인에 대한 왜곡된 정책 때문에 시작되었다. GHQ가 최초로 재일조선인의 지위에 대해 언급한 것은 1945년 11월 일본점령 및 관리를 위한 연합국최고사령관의 기본 지령이었다. 여기에서 GHQ는 대만 출신의 중국인과 조선인은 군사상의 안전이 허락되는 범위 안에서 '해방 인민'으로 처우하나 필요한 경우에는 적국의 국민으로 취급할 수 있다고 했다.[12]

이어 GHQ는 1946년 11월 송환을 거부하고 일본에 거주하기를 선택한 재일조선인은 교육을 포함한 모든 면에서 일본 법률에 따라 대우받아야 했다. 이 지령 이후에도 재일조선인의 생활과 활동은 일본 당국에 의해 규제받지 않았다. 거의 무간섭이거나 방임 상태였다고 할 수 있다. 아울러 조선인의 자주적인 교육에 대해 어떤 말도 없었다. 그리고 어떤 지역에서는 교실 등의 시설을 빌려주었다.

또한 일본 문부성 학교교육국장의 1947년 4월 12일자 통지는 재일조선인이 각종학교를 신설하는 경우에 각 부 현에서는 이것을 인가해도 무방하다고 했다. 이것을 받아들인 東京都 교육국은 같은 해 10월 초에 조선의 소·중학교, 신제고교에 대해 갑종 학교로서 설립을 인가한다고 통지했다.

그런데 재일조선인의 민족교육에 대해 방관적이었던 GHQ는 1947년 10월 재일조선인의 학교도 일본 문부성의 지시를 받도록 명령했다. GHQ는 조선인 학교는 정규 교과 추가 과목으로 한국어를 가르치는

---

12) 이하 2장의 내용은 별도의 주가 없으면 다음의 책을 참조. 김경해 저, 정희선 외 역, 『1948년 한신교육투쟁』, 경인문화사, 2006.

것을 허락하는 예외를 인정하는 것 이외에는 일본의 모든 지시를 따르도록 일본 정부에 지령했다. 이 내용은 여러 가지 의미를 띠고 있었는데, 한국어를 정규과목으로 하지 않고 추가 과목으로, 즉 과외로서 가르친다면 '조선인학교'[13]를 예외로 인정한다는 내용이었다. 이것은 과외 과목의 경우 조선어 이외는 일본 문부성의 지시에 따르라는 의미였다.

이상과 같은 GHQ와 일본 정부의 움직임에 대해 1947년 12월 조련 중앙은 교섭을 진행했다. 여기에 대해 일본 당국자는 반응하지 않았다. 그리고 민족학교의 폐쇄는 자신들의 생각이 아니라, GHQ의 지령에 따른 것이라고 변명했다.

1947년 12월 8일 문부성 교육국 총무부장은 GHQ가 민족학교도 일본 정부의 인가를 받아서 일본 교과서를 사용하고, '조선어교육'은 과외로 해야 한다고 했다. 이렇게 되자 조련은 일본 당국과 교섭하고 동시에 GHQ의 담당부서인 CIE[14]와 협의했다. 그러나 이들은 성의 없는 대답으로 일관했다.

마침내 1948년 1월 24일 일본 문부성 학교교육국장은 재일조선인의 자주적인 민족교육을 억압하는 정책을 공식적으로 표명했다. 그 내용은 다음과 같다. 첫째, 조선인의 자녀일지라도 학령에 해당하는 자는 일본인과 같이 市町村立 또는 사립소학교나 중학교에 취학하지 않으면 안 된다. 둘째, 사립소학교의 설치는 학교교육법이 정한 바에 따라 都道府縣 등 감독청인 지사의 인가를 받아야 한다. 셋째, 학령 아동 또는 학령 학생의 교육을 위한 갑종 학교의 설치는 인정하지 않는다. 그리고 사립소학교 및 사립중학교의 설치 및 폐지, 교과서, 교과내용

---

13) 필자는 '민족학교'라는 용어와 함께 사용한다.
14) 미국의 일본 점령군 민간정보교육국의 약칭이다.

등에 대해 학교교육법의 총칙 및 소학교와 중학교에 관한 규정이 적용되었다. 넷째, 조선의 정치, 사회에 대해 가르치는 것은 교육기본법의 정치교육 조항에 저촉된다. 다섯째, 조선어 교육은 과외 시간에 한하여 실시하는 것을 허용한다.

이것이 이른바 제1차 민족학교 폐쇄령이다. 이 민족학교 폐쇄령은 조선인의 자유로운 학교 설치를 허용하지 않았고, 민족학교를 폐쇄하도록 유도했다. 그리고 재일조선인 자녀에게 일본교육을 의무적으로 수용하도록 강요했던 것이다.

III. 민족학교 폐쇄에 대한 조련의 대응

GHQ와 일본 당국에 의해 민족학교 폐쇄가 확실하게 되자 조련 중앙은 1948년 2월 16일 재일조선인의 민족교육에 일본의 법률을 무리하게 적용하는 것은 역사와 현실을 무시한 비상식적인 일이라고 규정했다.[15] 그리고 森戸문부대신 앞으로 반박문을 보내,[16] 당분간 재일조선인의 국적이 일본이라는 말은 재일조선인이 일본의 사법권 내에 있다는 것을 의미하는 것으로 아동의 교육까지 일본의 법령에 복종해야 하는 것은 아니라고 했다. 그리고 재일조선인은 일본에 재류하고 있는 외국인으로서 그에 따라 지식을 갖추기 위해 사회교육에 주의하고 있다면서 일본 당국도 재일조선인이 경영하는 소학교와 중학교를 특수 학교로 인정하여, 기계적으로 '교육규정'을 적용하는 태도를 포기

---

15) 3장에서 별도의 주가 없으면 자세한 내용은 다음의 글을 참조한다. 김인덕,「재일조선인 민족교육 운동에 대한 연구-재일본조선인연맹 제4·5회 전체대회와 阪神교육투쟁을 중심으로-」,『사림』(26), 2006. 12.
16)『解放新聞』, 1948년 3월 1일.

할 것을 천명했다. 더 나아가 조련 중앙은 3월 6일, 6개 항목의 결의 문을 森戸 문부대신에게 제출했다. 즉, 재일조선인의 역사적 특수성을 인정하여 그 자녀에게 민족교육의 자주성을 보장할 것과 일본 정부는 그에 따라 역사·도의적 책임을 다해야 한다고 요구했던 것이다.[17]

그리고 조련 중앙은 1948년 3월 23일 교육대책위원회를 구성하고,[18] 민족교육을 지키기 위한 대책을 세웠다. 그 대책은 다음과 같다. 첫째, 일본의 정부·민주단체와 GHQ와 대일이사회를 대상으로 재일조선인 교육의 자주성을 확보하고, 교육비, 교재, 급식 등을 일본 정부에 부담시키도록 설득하고 투쟁한다. 둘째, 재일조선인 학교를 통합·정비하고 시설에 충실을 기한다. 셋째, 산하 단체의 조직을 강화하고, 민족의식을 고양하며, 일본 민주단체에 협력을 요청한다. 넷째, 각 지역에서 인민대회를 개최하여 항의와 진정운동을 전개하고, 일본인들에게 팜플렛을 만들어 배포한다는 내용이었다.

IV. 阪神교육투쟁

재일조선인 민족교육의 탄압, 즉 민족학교 폐쇄에 대해 최초로 반대투쟁이 크게 일어났던 곳은 山口縣이었다. 당시 山口縣에는 귀환하려는 조선인 1만 명 이상 모여 있던 곳으로 山口縣 지사는 1948년 3월 31일까지 학교를 폐쇄한다고 동고했다. 여기에 대해 1만 명이 넘는 조선인이 현청 앞에 모여 대표 교섭과 철야 시위투쟁을 전개했다.

---

17) 『朝聯第5回全體大會提出活動報告書』, 朴慶植 編, 『在日朝鮮人關係資料集成(前後編)』 (1卷), 不二出版社, 2000, p.353.
18) 『朝聯第5回全體大會提出活動報告書』, p.353.

결국 현 당국은 통첩의 철회를 인정하게 되었다. 이후 4월에 들어서는 廣島, 岡山, 兵庫, 大阪 등지에서 투쟁이 진전되었다.[19]

大阪의 경우, 1948년 4월 23일 大阪 부청 앞의 大手前공원에서 민족학교의 탄압에 반대하는 인민대회가 열려 교섭과 집단시위 투쟁이 전개되었다. 화가 난 조선인은 布施와 東成 등의 각지에서 집회를 갖고 부 청사 앞에 모여, 大阪府 당국과 교섭했다. 大阪府 당국에서는 大塚 부지사와 浜田 교육과장 등이 참석했는데, 결국 협의는 결렬되었다. 이 때 주모자는 심야에 검거되어 大阪 시내의 경찰서에 분산 유치되었다.

4월 23일 검거된 사람들의 석방을 요구하며, 24일 아침부터 검거자를 유치하고 있던 大阪 시내의 경찰서 앞에서 파상적인 데모가 일어났다. 여기에서 또 다시 조선인 검거자가 속출했다. 이에 大阪의 교육대책위원회는 다시 한 번 동포를 대거 동원하여, 시위투쟁을 하면서 府 당국과 교섭에 들어갔고, 4월 26일에 조선인학교의 탄압에 반대하는 인민대회를 大手前공원에서 열었다. 여기에 대해 해산 명령과 발포 명령이 내려졌고, 16세의 소년 김태일이 죽었다.[20]

그런가 하면 神戸시에서는 4월 7일 민족학교 폐쇄가 발령되었다. 神戸시 당국은 이것을 집행하고자 했다. 여기에 대해 西神戸조선초등학교에 모인 학부형들은 교문을 막고 항거하여, 이를 저지시켰다. 그리고 4월 20·21·23일에는 다음과 같은 일이 계속 일어났다.

---

19) 한신교육투쟁은 다음의 연구 성과를 참조한다.(조선대학교 민족교육연구소,『재일동포들의 민족교육』, 학우서방, 1987, 김경해 저, 정희선 외 역,『1948년 한신교육투쟁』, 경인문화사, 2006, 김인덕,「재일조선인 민족교육 운동에 대한 연구-재일본조선인연맹 제4·5회 전체대회와 阪神교육투쟁을 중심으로-」,『사림』(26), 2006. 12.
20) 김태일 소년의 죽음에 대해 자세한 내용은 후술한다.

4월 20일 : 현의 각 조선인학교 교섭위원이 현지사와 면담, 일방
　　　　　적으로 회의 종료
4월 21일 : GHQ와 현 지사의 지시에 따라 神戸시장 교사명도 가
　　　　　처분 신청
　　　　　(4월 23일 오후 4시에 집행 예정)
4월 23일 : GHQ와 현·시 당국 시내 각 조선인학교에 MP와 경관
　　　　　대를 배치, 학교 폐쇄 시작

　　결국 4월 24일 분노한 재일조선인 수천 명이 兵庫 현청을 에워싸
고 지사와 집단교섭을 벌였다. '동포'들은 현·시 당국이 요구를 받아
들이고 불합리한 학교 폐쇄령을 철회할 것이라는 기대를 갖고, 대답을
들을 때까지 기다렸다. 여기에 대해 일본의 여러 민주단체 대표들도
격려했다. 그 사이 현·시 당국은 MP들의 보고로 자신들을 구출하기
위해 미군이 와 줄 것이라고 기대하고 교섭을 길게 끌었다. 그렇지만
미군은 좀처럼 나타나지 않았다. 4시간에 걸친 교섭은 종결단계로 들
어갔다. 이 교섭에서 재일조선인 대표들이 내놓은 요구는 다음과 같
다. 첫째, 학교폐쇄 명령을 철회할 것, 둘째, 조선인학교를 특수학교로
서 인정할 것, 셋째, 쌍방 간 위원을 뽑아 협의 결정할 때까지는 현재
학교를 인정할 것이었다.

　　마침내 학교 폐쇄 명령은 취소되었다. 4월 24일 재일조선인 측의
요구를 지사가 문서로 전면 수용함으로써 4시간에 걸친 교섭은 타결
되었다. 조인된 4개 조항은 첫째, 학교폐쇄령은 일시 중지한다. 둘째,
차용하고 있는 일본학교는 그대로 계속 한다. 셋째, 15일에 피검된 63
명은 즉시 석방한다. 넷째, 본일 교섭회장에 대한 책임은 조선 측에
부과하지 않는다.

　　이것으로 한신교육투쟁이 끝난 것은 아니었다. 문제는 남았다.

GHQ와 일본 정부가 계속 탄압을 자행했던 것이다. 4월 24일 오후 11시 30분 미군 神戸 베이스캠프에서 神戸 기지사령관에 의해 神戸 기지 관내에 비상사태가 선언되었고, 이후 모든 경찰관은 헌병사령관의 지휘 아래 있게 되었다. 이러한 비상사태 선언은 미군의 일본점령 기간에 유일한 일이었다. 神戸시경과 兵庫縣 경찰본부는 25일 미명인 3시 50분에 관내의 모든 경찰관에 비상소집 명령을 내렸다.

4월 25일 첫 새벽부터 검거 선풍이 불었다. 무차별 검거에 의한 체포자는 兵庫縣에서만도 1,732명에 달했다. 검거자 총수는 3천 76명, 기소자 212명, 1948년 조사 현재 수형자 36명이었고, 총 동원자는 1백3천명, 부상자 150명, 사망자 1명 등이었다. 물질적 손해는 당시 돈으로 약 4천만 원이었다. 특히 4월 말부터 5월 초는 神戸의 재일조선인에게는 암흑과 무법의 나날이었다. 문제는 이 과정에서 구타와 약탈이 자행되었고, 비상사태의 선언이 구두로 발령되었던 점이다. 결국 수천명의 체포자 중 A급은 9명으로 군사위원회 재판에, B급 12명은 일반 군사 재판에, C급 52명은 지방재판소의 재판에 회부되었다. 神戸에서는 조련 兵庫縣 위원장인 박주범이 군사법정에서 유죄판결을 받은 후 형무소에서 고초를 당하다가 가출옥 후에 사망했다.[21]

한편 1948년 7월 20일에서 28일까지 열린 제15회 중앙위원회에서 조련은 4월 24일, 이날을 우리 말, 우리글을 지킨 '교육투쟁 기념일'로 정했다.

---

21) 박주범에 대해서는 후술하며 다음의「『むくげ通信』(165), 1997. 11. 23」에 관련 기사가 실려 있다.

V. 大阪의 소년 김태일

전술했던 것 같이 4월 23일 인민대회에 이어서 26일 오후에도 大阪 부청 앞 大手前公園에서 약 3만 명이 참가한 민족학교 폐쇄를 반대하는 인민대회가 열렸다.[22] 대표들은 8항목의 요구조건을 제출하여 赤間부지사와 교섭을 진행하고, 그 회답을 기다리면서 집회를 계속해 갔다. 오후 4시경 鈴木榮二 大阪府 경찰국장은 미군의 명령이다고 위협하면서 "5분 이내로 즉시 해산해라! 이에 응하지 않을 때는 경찰은 실력을 행사하여 해산시킨다"고 교섭 대표자들에게 통고했다.

이에 대회 주최측은 경찰과의 정면충돌을 피하기 위해 즉시 폐회를 선언하고 해산했다. 그런데 경찰은 참가자들이 빨리 해산하지 않는다고 소방차로 물을 뿌리기 시작했다. 동시에 계속 증원된 수천 명의 경관대가 대회장을 완전히 포위해 버렸다. 해산은 했지만 돌아갈 길이 없게 되었다. 더군다나 정면에서 물을 쏘아댔다. 조선인 학부형과 동포들은 우왕좌왕 했다. 이렇게 혼란에 빠졌을 때, 마침내 鈴木榮二는 권총 발사를 명령했다.

재일조선인을 포위한 경관대는 사격자세를 취했다. 재일조선인 학부형과 동포들은 실탄을 쏘지 않을 것이라고 생각했다. 그리고 쏜다고 해도 공포발이든지 위협사격 정도일 것이라고 생각했다. 그러나 잠시 후 "사람이 죽었다!"는 울부짖음이 들렸다. 이후 일본 경찰은 회의장뿐만 아니라 上本町 二丁目 교차점 부근까지 트럭으로 쫓아와서 동포들을 사정없이 곤봉으로 내리쳤다. 이렇게 해서 사망자 1명, 중상자 8명의 희생자가 발생했다. 사망자는 권총으로 사살된 16세의 김태일

---

22) 이하의 내용은 별도의 주가 없으면 다음의 책을 참조한다. 김경해 저, 정희선 외 역, 『1948년 한신교육투쟁』, 경인문화사, 2006, pp.95-100.

소년이었다. 『解放新聞』에는 다음과 같은 기록이 있다.[23)]

지난 6월 5일 오후 2시, 기자는 김태일 군의 유족을 방문했다. 布施市 자유상인시장의 한 구석에 있는 판자집에서 故 김태일 군의 조부와 모친 그리고 형제들을 만났다. 기자의 조문 인사를 조용히 듣고 있던 어머니는 목이 멘 목소리로 호소하며 소매로 눈물을 훔쳤다.

"저 아이는 정말로 불쌍합니다. 6살 때 아버지가 세상을 떠나 공부도 제대로 시킬 수 없었고 … "

"학교는 어디까지 다녔습니까?"

"학교 말입니까? 소학교 4년까지 다니다가 도중에 그만두고, 그 날부터 7명 가족의 끼니를 책임지기 위해 공장에 다니거나 담배를 팔러 돌아다니고 아침부터 밤중까지 계속 일만했지요."

"그 날 아침은 …"

" '오늘 인민대회에 가는 거냐?'라고 물었더니, '안가요.'하고 나를 안심시켰습니다. 자신의 친구들에게는 '또 녀석들이 우리들의 학교를 없애려고 하고 있기 때문에 오늘 인민대회에서는 누가 희생되더라도 투쟁하자.'라고 말했다고 하는데 …"

"태일 군은 부모에 대한 효행으로 생각이 꽉 차 있었고, 나라를 진정으로 사랑하는 젊은이였군요."

"훌륭하게 죽었는지도 모르겠습니다. 백 살이 되어도 대단한 일 한번 하지 못하고 사는 것도 어쩔 수 없기 때문에 …"

"태일군은 우리들의 가슴에 깊이 계속 살아가고 있습니다."

결국 김태일의 죽음은 일본 국회에서도 문제가 되었다. 5월 1일 일본 중의원 본회의에서 鈴木 법무총재는 16세 소년을 사살한 것은 대

---

23) 『解放新聞』 1948년 6월 15일.

단히 유감이다면서, 경찰의 보고에 따르면 고의로 겨누어 쏜 것은 아니라고 변명, 책임을 회피했다. 이러한 鈴木의 보고에 대해 野坂参三 의원은 당일의 상황을 다음과 같이 설명했다.

해산하고 있는 군중을 향해 호스로 물 공격을 하는 동시에, 그 호수 바로 옆에 이름도 확실히 알고 있습니다만 경부보가 있었고, 이 경부보가 나무 밑에서부터 겨누어 쐈다.

이 총탄을 맞은 자가 16세 아동이었던 것이다. 여기에 나는 사진을 가지고 있습니다만, 확실하게 이것은 위협을 주기 위해서도 또한 공포를 발사한 것도 아니다. 위로 향해 쏜 것도 아니고, 아래를 향해서 쏘고 있다. 이 사진에서 확실히 보여주듯이 그는 뒤에서 맞아 앞의 눈이 총탄으로 뚫렸다. … 이것은 확실히 鈴木 총재가 언급한 것과는 다르다. 확실히 이것은 군중을 향해 쏘고 있었다.

이 大阪사건은 상당히 계획적으로 행해졌다. 26일 아침, 大阪경찰학교에서 어느 교관이 경찰 학생에게 이렇게 말했다고 합니다. "오늘은 조금이라도 뭔가 불온한 상태가 나타나면 철저하게 한다." 또한 이 회의장의 경관이 신문기자에게 오늘은 발포하기 때문에 너희들도 주의해라. … 이것으로 확실히 경찰 측에서 처음부터 어떤 계획적인 의도를 가지고 행했다는 것을 충분히 이해할 수 있다.

김태일 소년의 죽음은 여론의 비난을 받고, 大阪지검도 취조할 수밖에 없었다. 大阪지검은 7월 15일이 되어서야 경관을 불기소 처리했다. 이에 조련 중앙위원회는 "조선인학교 교육문제에 대해 일본경찰 당국은 권력을 남용하여 사태를 확대하고 대량 검거하여 투옥했을 뿐만 아니라 특히 군중을 상대로 사격하고 소년 김태일을 사살한 일은 중대한 인권유린 사건이다. 살해자에 대한 엄격한 법적 재판이 행해지지 않는다면 사태는 국제, 국내적으로 중대한 문제가 될 것이다"라고 大阪지검에 항의했다.

조련 大阪본부는 김태일의 장례를 인민장으로 8월 3일에 大手前의 每日會館에서 열었다. 3,000여명의 동포와 학생들이 장례에 참여했다.

그런데 김태일의 죽음으로 여론의 비난을 받으면서도 GHQ는 鈴木 경찰국장 명의로 다음과 같이 포고를 발령했다.

1. … (다) 또한 오늘부터 大阪에서 옥외나 도로 위의 데모는 일체 금지한다. 또 내일(4월 28일)부터는 中之島公園 이외에서는 일체 데모 행위를 금지한다.
2. (가) 집회와 데모 진행은 경찰의 승인을 요한다. … (나) 大手前의 관공청 부근의 데모를 금지한다. … (다) 집회와 데모 행진은 집회 전에 행할 수는 있지만, 집회 종료 후는 할 수 없다. (라) 관공청과 교섭하는 경우에는 경찰 승인을 받고, 경찰은 출입인 수를 제한할 수 있다. 위반한 경우에는 책임자를 체포하고, 점령군에게 넘길 것이다.

김태일의 죽음과 大阪전역에서의 집회, 시위 등의 기본적인 권리를 금지한 이 포고는 GHQ와 일본 정부의 합작품이었다.

VI. 神戸의 동지 박주범

앞에서 살펴 본 것처럼 大阪에서의 투쟁과 함께 神戸에서도 재일 조선인은 민족학교 폐쇄에 대항했다. 결국 수천 명의 체포자가 재판에 회부되고, 30일 神戶의 조선인학교는 미군의 군화발에 짓밟히고 폐쇄되었다. 이때 박주범도 재판에 회부되고, 수형생활을 했다.

1948년 말 해방운동구원회[24]의 중앙사무국장 일행은 일본 각지에서 전개되고 있는 무죄 석방운동의 상황을 알리고 수형자를 격려하기 위해 神戶형무소를 방문했다. 그 내용은 다음과 같다.[25]

> 봄. 남들은 꽃구경할 때 60만 동포가 피흘리고 싸운 교육투쟁의 봄. 그 봄으로부터 벌써 8개월. 우리 아이들은 아무런 근심 없이 우리말을 우리 학교에서 배우고 자라나고 있는 동안에 옥중 동지들은 옥중에서 더운 여름에도, 또 가을을 그리고 지금, 이 엄동설한의 겨울을 콘크리트의 차가운 철창 안에서 맞이하고 있다. …
> 동지들의 발언 중에는 질문이 많았다. … 면회가 끝나고, 우리들은 병실로 박주범 동지를 방문했다. 박주범 동지는 신체가 매우 쇠약했지만 때때로 옥중 심정을 시로 지어 '문 뒤'에 붙이고 있었는데, "나는 나이가 들었기 때문에 언제 죽어도 한이 없네. 다만 위대한 인민공화국의 영광스러운 날을 볼 수 없다는 것이 한일세. 젊은 동무들의 분투를 바라네."라고 오히려 우리들을 격려하여 주었다. 이것은 무겁게 울리는 철문의 철장.

이렇게 박주범은 형무소 내 병실에 있었다. 그는 체포되기 전부터 건강이 나빠 재판에는 한 번도 출정할 수 없었다. 더욱이 옥중 생활은 그의 건강을 한층 악화시켰다. GHQ는 죽기 직전인 1949년 11월 25일 오후 8시에 석방시켰다. 박주범은 석방 후 4시간 만인 오전 0시경에 타계했다.[26]

---

24) 약칭하여 '해구'라고 한다. 피검거자의 구원이나 가족원호 활동을 한 조련의 산하단체이다.
25) 『解放新聞』, 1948년 12월 3일.

박주범은 1885년 경상북도 의성군 사곡면 오상동에서 태어나서, 18세에 대구에 나가 측량기사 일을 했다. 1925년 그 직에서 해임되어, 1927년 일본으로 건너가서 芦屋에서 살았다. 다음 해인 1928년 처와 자식을 불러서 생활을 시작했다. 그는 武庫郡 本山村 森시장의 북쪽 공터에서 10여동의 가건물을 세워 조선인마을을 만들었고, 조선인 노동자 합숙소를 열었다.[27]

1930년대 초에는 이곳에 김영철을 맞아들여 교회를 열었고, 함께 신자를 모으면서 교리 해설과 계몽운동을 전개했다. 1932년 武庫郡 深江阪神 국도를 따라 本山시장 남쪽으로 이전하여 조선인을 상대로 잡화점을 열고 조선 인삼도 판매했다. 또한 여기에 조선일보 지국을 두어 독자 확대에도 진력했다.

동시에 그는 阪神소비조합 설립에도 참여했다. 그리고 1933년 제3회 대회에서 자격심사위원, 1935년 제5회 대회에서 부의장을 역임했다. 다음해인 1936년 박주범은 이사로 취임했고, 1942년에는 이사장이 되었다. 재일조선인 사이에서 신망이 두터웠던 그는 1937년 5월 마을의회선거에 입후보해서 53표로 당선되었다. 1942년 6월에는 재선되었다. 이러한 박주범은 처음에는 조양친목회 소속이었다. 그리고 1941년 新井組를 설립하여 토목업을 경영했다.

해방 후인 1945년 박주범은 조련 阪神지부장이 되었고, 2년 후에 같은 兵庫縣 본부위원장이 되었다. 그는 취직 알선, 일시 귀국의 신분보증 등의 일을 맡았으며, '동포'들의 재판에 솔선수범했다. 마침내 투쟁위원장으로 한신교육투쟁을 지도했던 것이다.

---

26) 『解放新聞』, 1949년 11월 28일.
27) 박주범의 행적은 다음의 내용을 참조한다. 김경해 저, 정희선 외 역, 『1948년 한신교육투쟁』, 경인문화사, 2006, pp.237-240.

그의 추모식은 조련 西神戸초등학원에서 있었다. 兵庫縣의 조선인 학부형과 동포들은 박 동지가 고령에도 불구하고 아픈 몸을 채찍질하며 조련을 지도하고, 특히 한신교육투쟁의 선두에 서서 투쟁한 것을 기억하며, 동시에 그의 유지를 받들어 투쟁해 나갈 것을 결의했다. 이후 참석자들은 청년들이 멘 관을 따라서 현청 앞을 통과하여 靑谷까지 동행해 갔다. 현재 그의 묘는 대구시 교외에 있다.

VII. 맺음말 - 한신교육투쟁과 김태일 · 박주범

한신교육투쟁은48년 4월 재일조선인이 神戸와 大阪을 중심으로 일본 전역에서 민족교육을 사수하기 위해 일어났던 거족적인 민족투쟁이었다.

재일조선인의 민족학교에 대해 방관적이었던 GHQ는 1947년 10월 재일조선인의 학교도 일본 문부성의 지시를 받도록 했다. GHQ는 조선인 학교가 정규 과목에서 조선어를 가르치는 것을 허락하는 것 말고는 일본의 모든 지시를 따르도록 지령했다. 그리고 일본 정부는 1948년 1월 재일조선인의 자주적인 민족교육을 억압하는 정책을 공식적으로 표명했다. 이것은 제1차 민족학교 폐쇄로 이어졌다.

1948년 2월 재일조선인의 대표적인 조직이었던 조련 중앙은 여기에 대해, 재일소선인의 민족교육에 일본의 법률을 무리히게 적용하는 것은 역사와 현실을 무시한 비상식적인 일이라고 규정하고, 대책위원회를 결성하며 전국적으로 맞대응했다. 투쟁으로 나갔던 것이다. 일반 재일조선인의 실제적인 움직임은 山口縣을 비롯해서 廣島, 岡山, 兵庫, 大阪 등지에서 일어났던 것이다. 특히 神戸와 大阪에서는 조직적으로 움직였다.

분명 한신교육투쟁의 직접적인 계기는 민족학교 폐쇄라는 탄압이었다. 그러나 단순히 역사적 사건을 한 가지 요인으로만 설명할 수는 없다. 한신교육투쟁은 바로 준비된 조직 역량과 민족적 열망, 그리고 일본정부와 GHQ의 탄압 때문이었다. 특히 여기에는 미국의 극동 전략이 작용하여 보다 조직적인 탄압이 자행되었다.

이 과정에서 김태일과 박주범이 죽었던 것이다. 그들의 죽음은 한신교육투쟁을 단순히 민족학교 폐쇄에 대해 반대한 것만이 아니었다는 것을 입증하는 것이라고 할 수 있다.

김태일은 여섯 살에 아버지도 여의고 布施시 자유상인시장의 한 구석에서 살며 초등학교 4학년 때부터 가족의 생계를 책임지고 살던 소년이었다. 가족들에게는 인민대회에 안 간다고 안심시켜 놓고, 친구들에게는 누가 희생되더라도 투쟁하자고 말하며 적극 나섰던, '민족 소년'이었다.

그런가 하면 박주범은 1927년 일본으로 건너가서 芦屋에서 살면서 조선인 사이에서 신망이 두터웠던 인물이었다. 新井組를 설립하여 토목업을 경영했고, 해방 전에는 마을회의 의원을 두 번이나 지냈으며, 해방 후인 1945년 조련 한신지부장으로 2년 후에 兵庫縣 본부위원장으로 활동했다. 그는 '동포'들의 재판에 솔선수범했던 인물로 한신교육투쟁을 지도했던 민족의 지도자였다.

필자는 한신교육투쟁과 두 사람의 '동포'를 통해 해방 공간 재일조선인 사회의 분출하는 힘을 느낄 수 있었다. 이들의 투쟁이 새롭게 우리 역사 속에서 자리매김될 날을 기대해 본다.

제 4 편

신앙과 민족의 경계에 서서

# 황해도 출신 기독교 독립운동가 / 黃昌五

박 환[*]

I. 머리말 - 황창오의 집안과 민족의식의 형성

황창오는 1896년 4월 6일 황해도 해주군 東雲面 三井里 1117번지에서 출생하였다. 족보명은 黃仁吉이다.[1] 그가 태어난 동운면은 황해도 벽성군의 동북단에 위치한 곳으로 면적 110.05㎢, 인구 8,499명(1942년 현재)이며, 면 소재지는 덕달리이다. 본래 이 면은 東大坊과 雲谷坊 지역이었으나 1914년 행정구역 개편 때 두 시역을 병합하여 동운면으로 개칭한 후 해주군에 속하게 되었다가 1938년 해주읍이 해주시로 승격되면서 나머지 지역은 신설되는 벽성군으로 편성됨에 따

---

* 수원대학교 사학과 교수

1) 장수황씨 열성공파세보 권지2.

라 벽성군의 관내로 되었다.

　면의 동북부에는 멸악산맥이 뻗어 있고, 북쪽에 雲達山(600m)이 솟아 있어 북부는 산간지대로 되어 있으나 이 산지에서 발원하는 어사천이 면의 중앙을 남류하면서 동남부에 비교적 넓은 평야 지대를 형성하였다. 하천을 이용한 황해·연해 저수지는 일대 연백평야의 관개용수로 이용되고 있다. 주요 농산물은 쌀·보리·조·콩·과일 등이다. 광공업으로는 덕달광산과 屛巖鑛山에서 금·은이 채굴되며, 공수리에 주물 공장이 있다. 도로는 해주~연안 간의 3등도로가 면의 중앙을 동서로 가로지른다. 유적으로는 영정리에 1387년 이색이 건조한 半歸亭이 있다. 교육기관으로는 초등학교 1개교와 그 밖에 간이학교 1개교가 있다. 그리고 德達·雲陽·沙洞·半亭·周山·斗洞·公須·參井 등 8개 리가 있다.2)

　황창오는 부친 黃允祚(족보 鳳淵)와 어머니 申永信의 장남으로3) 출생하였다. 그가 출생할 당시 황창오의 집안은 고향에서 농사를 짓는 자작 및 소작농이었다. 황창오의 장남 黃勝一(1919년생, 黃根夏)은 해주의 지주 최형연의 소작농이었다고 회고한다. 1927년 당시 일본측이 작성한 황창오 가출옥 문서「身上票」에 따르면,

　　　본인은 재산이 없지만 실부의 재산은 가옥 1동과 밭(실가격 600원)이 있고, 아버지는 자작 및 소작농으로 일하고 있으며, 보통생활을 하고 있다.

라고 기록되어 있다.

---

2) 민족문화대백과사전 황해도 벽성군 동운면 항목.
3) 황창오 가출옥서류 신상표에 따르면, 황창오의 형은 어려서 사망하였다. 황창오의 부인은 李景彌이며, 장인은 李太奎이다. 농업에 종사하고 있다.

황창오의 부모님은 어려운 가정환경 속에서도 자식에 대한 열정이 대단하였던 것 같다. 9세시 한문사숙에 보내어 그에게 한문공부를 시키셨던 것이다.[4] 대대로 농업에 종사하던 황창오의 집안에 변화가 생긴 것은 고향에 기독교가 전래되면서부터였던 것 같다.

황해도 선교는 감리교 서지방회와 북지방회가 관활하였다. 서지방회는 연안과 해주를 중심으로, 그리고 북지방회는 신계를 중심으로 선교활동을 전개하였다. 해주지역은 선교초기부터 장로교와 감리교가 모두 중요한 곳으로 생각하였던 곳이지만 해주지역은 1909년 선교구역 분할시 미감리회 관활구역으로 넘겨졌다. 1909년 선교구역 분할까지만해도 황해도 지역의 교회는 평양지방회의 관할 하에 있었다. 그러다가 1911년에 이르러 해주구역회가 해주지방회로 승격되면서 황해도 남부지방을 담당하였다. 미감리회는 해주를 중심으로 의료선교에 상당한 노력을 기울였다. 대표적인 병원으로는 1910년 설립된 해주구세병원이 있었다.[5]

삼정리 율곡(밤나무골)에 살던 황창오의 부친 황윤조는 기독교 감리교 선교사들이 전도에 의해 기독교를 신앙하게 된 후 고향에 율곡교회를 신축하는데 주도적인 역할을 할 정도로 기독교를 독실이 신앙하였다. 부친의 기독교 신앙은 아들 황창오를 해주에 있는 기독교 학교인 懿昌학교[6]에 입학하도록 하였다.[7]

의창학교는 1904년 황해도 해주시 남육동에 설립된 감리교계 초등학교이다. 미 감리회 선교사 노블(W.A.Nobel, 魯普乙)의 6명의 설립사

---

4) 가출옥문서.
5) 이만열,『북한교회사』, 한국기독교역사연구소, 1996, pp.147-148.
6) 3 · 1운동에 주요한 역할을 한 박희도(1889년생)도 의창학교를 졸업하였다.
7) 동아일보, 1938년 5월 8일자.

가 발기하여 설립하였으며, 1907년 구한국정부 학부대신의 정식인가를
받았고, 1917년에는 보통학교로 지정되었다. 학제는 보통과 4년, 고등
과 3년으로 편제되었다.[8]

삼정리에서 50리 정도 떨어진 이 학교에 황창오는 입학하여 기숙사
생활을 하며 보통학교 수준의 교육과 근대적인 기독교 교육을 받았다.
황창오는 이 학교를 14세부터 18세까지 다녀[9] 고등과를 1912년 3월
졸업하였다.[10] 특히 1910년 8월 재학시절 일제에 의해 조선이 강점되
자 그는 이에 크게 분개하여 기회만 있으면 독립운동을 전개하고자
굳게 결심하게 된다.[11] 아울러 그의 신앙심도 학교 재학 시 더욱 깊
어졌으며 민족의식도 학교교육과 교우관계를 통하여 더욱 형성되었
다.[12] 졸업 후 총기가 있었던 황창오는 삼정리에서 지주 최형연의 마
름으로 일하면서 학교친구들 및 지역 인사들과 유기적인 연대관계를
맺고 있었다.[13]

II. 고향 동운면 삼정리에서의 3·1운동 참여

1919년 3월 1일 서울에서 만세운동이 전개되었다. 그리고 이 만세
운동은 황해도 지역으로까지 파급되었다. 해주에서는 3·1운동 전인 2
월 20일 이미 서울에서 朴熙道·崔聖模 등이 보낸 金明信에 의해

---

8) 『기독교대백과사전』, 「의창학교」.
9) 가출옥문서.
10) 황창오비문, 화성시 태안읍 배양리 소재.
11) 조선일보 1921년 7월 3일자.
12) 가출옥문서 중 「범죄의 원인」.
13) 황승일(황창오의 장남, 1919년생)과의 면담에서 청취.

독립선언서 300장과 최성모의 서신이 해주읍 南本町의 기독교회 목사 吳玄卿에게 전달되었다. 오현경은 그날 밤으로 黃鶴巢·林容夏·李東赫·崔明鉉·金昌鉉 등과 만나 독립만세운동에 대해 협의하여, 거사 계획을 세우는 한편 각 교인들에게 비밀리에 연락하였다.

3월 1일 오후 2시경 남본정 교회에서는 기독교인 180여 명이 모인 가운데, 오현경목사 주재로 독립선언식을 거행하였다. 그 뒤 3월 9일 奉永華를 비롯한 기독교인들은 읍내 南旭町 장터에서 다시 만세운동을 크게 일으키기로 계획하였으나 사전에 누설되어 예정대로 진행되지 못하였다.

그러나 10일 옹진군의 천도교인 수 백명이 '조선독립만세'라고 쓴 큰 기를 들고 해주읍내로 대거 진입하여 만세시위를 전개하였다. 이에 전날 만세운동을 일으키지 못했던 기독교인과 李成龍을 비롯한 읍내 주민들은 기다렸다는 듯이 이에 합세하게 되면서 만세시위대열은 해주읍의 큰 거리를 뒤덮었다. 그러나 출동한 일본 기마헌병에 의해 70여 명이 붙잡히고 시위군중은 해산되었다. 한편, 읍내의 기생 일동도 4월 1일 손가락을 깨물어 흐르는 피로 그린 태극기를 들고 나와 독립만세시위행진을 벌였다. 그런데 여성들의 궐기는 민중에게 다시 용기를 북돋아주어 사방에서 많은 사람이 호응하여 인원은 3,000명이 넘었다.

그밖에 3월 9일 崔溥殷의 주동으로 석동면에서 만세운동이 있었고, 10일에는 서변면, 12일에는 추화면 靑丹 장터에서 600여 명의 군중이 모여 만세시위를 전개하였다. 17일에는 청룡면 영양리에서 李起峰 등의 주동으로 200여 명의 군중이 만세시위를 전개하였다. 4월 3일에는 가좌면 취야리 장터와 서변면 문정리, 4월 6일 장곡면 죽천리, 7일 동운면 삼정리, 8일 운산면 백정리 등지에서 각각 독립만세 운동이 전

개되었다.[14)

특히 7일 저녁에는 다시 황창오 등 70여 명의 주민들이 동운면 삼정리 주재소 부근 산중에서 대한독립만세를 부르며 기세를 올렸다. 황창오의 장남 황승일은 부친으로부터 "동고개에서 10리 떨어져 있는 원벌 주재소를 향해 만세를 불렀다"는 증언을 수차 들었다고 알려주었다. 그리고 부친으로부터 황학소란 이름을 자주 들었다고 언급하였다.[15) 황학소는 해주 지역의 3·1운동을 주도하였다가 2년형을 받은 인물이므로, 그의 만세운동은 황해도지역의 기독교와 황학소와 밀접한 관련이 있는 것으로 판단된다.

3·1운동 당시 황해도지역 감리교는 중요한 역할을 담당하였다. 3·1운동 당시 서명자 가운데 기독교측 16명 가운데 10명이 감리교측 인사들이었다. 감리교측 서명자 가운데 황해도 교회와 관련있는 인사로는 서울출신으로 해주 남본정 교회 목사 최성모, 해주출신으로 서울 기독교청년회 간사일을 본 박희도, 해주출신으로 서울 종로교회 목사 오화영 등이 있었다.[16) 당시 감리교 신자였던 황창오의 만세운동은 감리교 교단과 밀접한 관련이 있었던 것이 아닌가 추정된다.

Ⅲ. 황창오의 대동단 참여와 황해도지역에서의 군자금 모금 활동

3·1운동 이후 황창오는 일제의 검거망을 피해 새로운 독립운동을

---

14) 『독립운동사』 2(독립운동사편찬위원회, 1971), 『독립운동사자료집』 5, 독립운동사 편찬위원회, 1972, 황해도지역 3·1운동 부분 참조.
15) 황창오의 아들 황승일과의 면담, 2006년 6월 24일.
16) 『북한교회사』, pp.148-149.

전개하고자 상해로 망명한 것으로 보인다. 장손인 황무길목사(1942년생)는 할아버지께서 생전에 "불조계에서 활동했다"는 말을 여러 번 들었다고 증언하였다.[17]

상해로 망명한 황창오는 1920년 초 상해에서 대동단 총재 金嘉鎭을 만나 대동단에 가입하여 항일투쟁을 전개하였다.[18] 당시 대동단은 3·1운동이후 한민족의 민족역량을 결집하여 민족적 대동단결과 실력양성을 표방하고 민족운동의 구심적 역할을 담당할 것을 목적으로 全協, 崔益煥 등이 주도한 비밀결사였다. 동단은 황족, 유림, 종교, 상공, 노동, 청년, 군인, 부인, 보부상 등 전 사회 각 계층의 인사들을 규합하려던 조직으로서 주로 각종 인쇄물의 인쇄, 배포 등을 통한 독립사상의 고취와 동단의 선전 및 군자금 모집 활동을 전개하였다. 또한 대동단은 義親王을 상해로 망명시켜 망명정부를 세우고 제2의 만세운동도을 추진하고자 하였다.[19] 이에 황창오는 대동단의 명령을 받고 군자금을 모금할 목적으로 국내로 귀국하였다.

국내로 돌아온 황창오의 활동은 1920-1921년 황해도 해주군 및 연백군일대에서의 군자금 모금활동으로 대표된다고 할 수 있겠다. 그의 활동은 지역을 기반에 두고 있으며 아울러 그의 동지들과의 구체적인 연관관계는 파악할 수 없으나 감리교 및 의창학교 등 그의 신앙 및 출신학교와 밀접한 관련을 갖고 있는 것으로 판단된다. 그의 군자금 모금 활동을 살펴보면 다음과 같다.

귀국한 후 황창오는 친구인 梁仁煥, 南積熙 등을 찾아가 자신의 뜻을 밝히고 함께 독립운동을 추진할 것을 논의하였다. 그리하여

---

17) 황창오의 손자 황무길과의 면담, 2006년 6월 24일.
18) 국가보훈처 홈페이지, 독립유공자공훈록, 황창오.
19) 장석흥, 「조선민족대동단연구」, 『한국독립운동사연구』 3, 독립기념관, 1989, pp.258-260.

1920년 5월 25일경 해주군 秋花面 瑞德里 安仁宅의 집을 찾아가 군자금 모금을 추진하였다. 그는 우리들은 상해임시정부의 특파원이니 군자금을 낼 것을 요청하고 만일 불응하면 사형에 처하겠다고 하였다. 이에 현금 560원을 징수하여 그중 180원을 상해임시정부로 송부하였다. 그리고 그는 상해에서 대동단 총재 金嘉鎭으로부터 大同團의 가입 증서와 군자금모집 특파원이라는 임명장을 받은 후 더욱 군자금 모금에 매진하였다.[20]

추화면은 군의 동남단에 위치한 면이고, 면적은 80.77㎢, 인구는 1만 631명(1942년 현재)이며, 면 소재지는 약현리이다. 본래 秋伊坊과 花陽坊 지역으로 1914년 행정구역 개편 때 각각 面으로 되어 해주군에 속하였으나 1938년 해주읍이 해주시로 승격되고 나머지 지역이 벽성군으로 편성되면서 두 면을 합하여 추화면이라고 개칭하여 이 군에 속하게 되었다. 이 면은 넓은 평야 지대로, 남쪽에 馬龍山이 있으며 높은 산은 없다. 동부에는 삼탄천이, 서부에는 어사천이 남류하여 연해 저수지의 수원이 되므로 하천 유역에 비옥한 靑丹平野가 형성되었다.

주산업은 농업이며, 주요 농산물은 쌀과 그 밖에 보리·조·콩·감자·면화의 생산도 적지 않다. 특산물로는 泥炭이 면 전역에서 채굴되며, 옹기와 주물을 생산한다. 서해에 연한 남쪽 해안은 갯벌이며, 해안선이 멀고 얕아 어업이나 해운에 이용하기에 부적당하다. 해주~토성을 잇는 국도와 철도가 면의 중앙을 동서로 가로지르며, 청단에 역이 설치되어 있어 교통이 편리하여 상업의 주요 지대가 된다. 교육기관으로는 초등학교 1개교와 그 밖에 간이학교 1개교가 있다. 藥峴·鰲川·香山·晩松·新旺·瑞德·鶴南·馬龍·順明·月鶴 등 10개 이가 있다.[21]

---

20) 황창오 판결문, 국가기록원 소장.

대동단에 가입한 후 황창오는 더욱 활발하게 군자금 모금 활동을 전개하였다. 1920년 8월 10일경에는 단독으로 연백군 石山面 墨花里 薛相浩집에 찾아가 군자금 모금을 추진하였다.[22) 석산면은 군의 중앙부에 위치한 면이고, 면적은 35.11㎢(1937년 현재), 인구는 5,954명(1944년 현재)이며, 면 소재지는 용동리이다. 1914년 행정구역 개편 때 배천군의 석산면을 그대로 받아들여 오늘에 이른다.

서북단에 용각산, 북쪽에 해월산이 있으며, 대체로 구릉성 평야를 이루고 있다. 이들 산에서 발원한 크고 작은 하천이 구릉성 평야 사이를 서남류하며 나진포천의 상류를 이룬다.

주요 농산물은 쌀·콩·밀·조 등이며, 특히 쌀은 품질이 좋기로 유명하다. 부업으로 양잠·양돈·양계 등이 활발하며, 광산물로 토탄이 채굴된다. 면내에 철도는 없으나 토해선의 연안역과 홍현역이 가까이 설치되어 교통은 편리하다. 유적으로 용각산에 활인봉이 있으며, 산록에 운암사지가 있다. 용동리·월암리·문창리에서는 수십 기의 고인돌과 토광묘가 발견되었다. 교육기관으로는 국민학교 1개교가 있다. 龍東·月巖·文昌·墨花·九山·壽福 등 6개 里가 있다.[23)

1920년 11월 중에는 文聖甲과 함께 掛弓面 葛巖里에 거주하는 부호 李文夏 집 찾아가 하룻밤 숙박하고 그 다음날 이문하에게 군자금 5천원을 낼 것을 요청하였다.[24) 괘궁면은 서북부에 위치한 면이다. 면적은 58.97㎢(1937년 현재)이고, 인구는 8,149명(1944년 현재)이며, 면소재지는 우번리이다. 1914년 행성구역 개편 때 연안군의 弓下面과

---

21)『민족문화대백과사전』, 벽성군 추화면 조.

22) 황창오 판결문.

23)『민족문화대백과사전』, 벽성군 석산면 조.

24) 황창오 판결문.

方下面을 합하고 용도면과 해주군 화양면의 일부를 편입하여 괘궁면이라 하였다. 동북쪽의 藥山(273m)과 해룡면과의 경계를 이루는 臨海山(155m)을 제외하면 일반적으로 낮은 평지이며, 대체로 동고서저의 지형을 이룬다. 벽성군과 경계를 이루는 강으로 화양천이 구암저수지를 거쳐 연해수리조합 제1저수지를 지나 서해로 유입되며, 이 군의 젖줄 구실을 한다.

또한 금산면·봉북면계의 禪雲峰을 발원지로 한 양지천이 약산에서 발원한 龜灘과 함께 한정리 하누멀에서 합류하여 鳩巖貯水池로 흘러간다. 하천 유역의 평야는 토지가 비옥하여 이곳에서 산출되는 쌀은 품질이 좋기로 유명하다. 주요 농산물은 쌀·보리·조·밀·기장·메밀·콩·팥 등이며, 특산물로 누에고치·명주·담수어와 산나물이 채취된다. 서울에 가려면 용도면의 천태역이나 벽성군의 청단역을 이용해야 하며, 연안~탁영대 간의 도로가 고포리와 관동리를 지난다. 이 밖에도 우번리-해룡면-봉서면-연안읍에 이르는 도로가 있다. 명승지로 구암저수지와 해월산 冷井이 있다. 교육기관으로는 국민학교 1개교가 있다. 羽潼·桃城·葛巖·生金·華川·鳩巖·鳳峴·山斗·寒井·冠洞·古浦 등 11개 이가 있다.[25]

또한 1921년 1월 중순에는 申鉉弼을 찾아가 대동단에 가입하도록 하고 그와 함께 1월 20일경 연백군 龍道面 淸溪里 李德弘을 찾아가 군자금을 요청하였다.[26] 용도면은 군의 서부에 위치한 면으로 면적은 55.76㎢(1937년 현재)이고, 인구는 1만3857명(1944년 현재)이며, 면 소재지는 천태리이다. 1914년 행정구역 개편 때 연안군의 龍天面·道隆面을 합하여 용도면이라 하였다.

---

25) 『민족문화대백과사전』, 괘궁면 조.
26) 황창오 판결문.

산지는 거의 없고 기름진 평야가 대부분을 차지한다. 서쪽에 연백군과 벽성군의 경계가 되는 화양천이 흐르고, 중앙에 천태천이 흐르며, 남쪽은 황해에 접하고 있다. 주요 농산물은 쌀·보리·밀·조·콩·피·감자 등이며, 수산물은 조기·새우·굴·장어·조개류 등이다. 철도는 토해선이 동서로 횡단하며 천태·심계역이 있다. 국도가 토해선에 병행하며, 삽다리를 중심으로 괘궁·목단·해룡, 그리고 벽성군 청룡면에 이르는 도로가 있다. 원모루와 去來浦는 고려 이후 조선 말까지 어항과 漕運의 두 기능을 갖고 있었으나 육로가 발달되면서 어촌으로 변모하였다. 유적으로 현암리 원모루 뒤에 있는 소래산 烽燧臺址와 옥야리에 99칸 古家가 있다. 교육기관으로는 국민학교 1개교가 있다. 天台·淸溪·雲中·安井·松鶴·沃野·大坪·深桂·玄巖·鉢山·蘭溪 등 11개 里가 있다.[27]

또한 1921년 1월 12일경 동군 용도면 大坪里 張致彦집에 가서 동인에 대하여 본인은 상해임시정부로부터 군자금 모집을 위해서 왔는데 500원을 제공하지 않으면 죽이겠다고 하고 현금 90원을 모금하였다.[28] 이처럼 황창오는 1920~21년 동안 해주군, 연백군 등지를 중심으로 활발한 군자금 모금 활동을 전개하여 상해 임시정부에 자금을 송부하여 독립운동을 활발히 전개할 수 있도록 하였다.

IV. 맺음말 - 황창오의 투옥과 화성 배양동 정착

황해도지역을 중심으로 군자금 모집활동을 활발히 전개하던 황창오

---

27) 민족문화대백과사전 용도면 조.
28) 황창오 판결문.

는 밀고에 의하여 촉각을 곤두세우고 있던 해주경찰에 체포되었다. 그는 체포과정에서 일경과 총격전을 전개하였으며 그 와중에 다리에 크게 총상을 입게 되었다. 손자인 황무길 목사는 할아버지께서 비오는 날이면 총상 입은 곳이 아프다고 종종 말씀하셨다고 회고하였다.[29]

황창오는 1921년 해주지방법원에서 징역 15년형을 언도받았다.[30] 그러나 그는 이에 불복·평양복심법원에 공소하였으나, 동년 7월 11일 징역 12년형이 확정되어 해주형무소에서 옥고를 치렀다.[31]

해주형무소에 복역 중인 남편을 만나기 위해 황창오의 부인 이경필은 어린 아들 황승일을 데리고 면회를 가곤하였다. 면회를 갈 당시의 눈물겨운 상황들을 회고하며 아들 황승일은 필자 앞에서 하염없이 눈물지었다.

해주형무소에서 1927년 11월에 가출옥한 황창오는 고향에서 농사를 지으며 지냈다. 일제의 감시가 심하여 어떠한 행동도 할 수 없었던 것이다. 당시 상황을 묻는 필자에게 황승일은 "누구도 우리를 개돼지 이상 생각하지 않았다. 이 멸시와 천대는 이루 말할 수 없었다"며 눈물을 글썽였다.

1950년 6·25발생 이후 1·4후퇴 때 용매도, 연평도, 전남 여수를 거쳐 황해도 연백인들이 피난촌이었던 배양동에 정착한 황창오는 이곳을 제2의 고향으로 여기며 과수원을 경영하며 말년을 보냈다.[32]

아울러 그는 1970년 기독교 대한감리회 배양교회 권사로 일하다가, 1982년 4월 21일 86세의 일기로 서거하였다. 슬하에 5남 3녀와 24손

---

29) 황무길과의 면담.
30) 조선일보 1921년 7월 3일자.
31) 가출옥 문서.
32) 황승일과의 면담.

6명의 증손을 두었다. 현재 화성시 배양동 그의 묘 터에는 비석만이 홀로 남아 황창오지사의 애국정신을 보여주고 있다. 그는 유훈으로서 경천애인, 성실애국, 형제우애를 남기었다.[33)]

---

33) 황창오 비문, 경기도 화성시 태안읍 배양동 소재.

면담자: 박 환(수원대 사학과 교수)
구술자: 황승일(황창오의 장남)
       황무길(황창오의 장손)
면담장소: 수원대학교 동고학연구소
면담일시: 2006년 6월 14일

면담자: 오늘은 2006년 6월 14일입니다. 오늘은 황해도 해주지역의
       대표적인 독립운동가인 황창오 선생님의 장남이신 황승일
       장로님과 손자이신 황무길 목사님을 모시고, 황창오선생님
       의 항일운동에 대하여 듣도록 하겠습니다.
       먼저 황승일 선생님은 몇 년도생이십니까
구술자: 1919생입니다. 그리고 우리 아들 황무길은 족보상은 1940
       년생이지만, 사실은 1941년생입니다. 이북에서 내려와서 가
       호족을 만들다보니 그렇습니다.

면담자: 선생님이 큰 아들이세요
구술자: 예

면담자: 부친께서는 1896년 4월 6일생이지요? 족보에 나오는 대로.
       비문에도 그렇게 나옵니다. 그런데 보훈처에서 발행한 『독
       립유공자공훈록』에는 1886년 4월 5일생으로 되어 있습니
       다. 어느 것이 맞습니까?

구술자: 그래요? 1896년 4월 6일생입니다

면담자: 출생지는 어디시지요
구술자: 출생지는 황해도 벽성군 동운면 삼정리 율몰동. 밤나무꼴입
니다. 1117번지에서 출생하였습니다.

면담자: 벽성군은 당시는 해주군이지요?
구술자: 예 맞습니다. 그 뒤 행정구역이 개편되었지요

면담자: 밤나무꼴에서, 삼정리에서 부친이신 황윤두씨는 농사를 지
었나요
구술자: 예, 소작입니다. 해주에 있는 최형연이라는 분의 소작농이
었지요.

면담자: 1912년에 부친께서 의창학교 고등과를 졸업하신 것으로 되
어 있는데요
구술자: 예. 해주시에 있는 의창학교 다녔지요. 할아버지가 기독교
대한감리교회를 받아들여서, 즉 봉연 할아버지가 율목교회
를 동네 분들과 함께 지으셨어요. 아버지도 그때 교회에
다니시다가 배워야 하겠다는 생각으로 해주 의창학교 기독
교학교에 나녔습니다.

면담자: 선교사 홀이 해주에 만든 학교지요
구술자: 예

면담자: 의창학교는 비문에는 옳을 義자를 쓰셨던데 懿자가 맞지요

구술자: 아 그래요. 예 그렇습니다. 그때 할아버지부터 우리는 개신
교이지요. 아버지도 그렇고 오늘날까지 5대가 기독교입니다,

면담자: 그런 인연으로 의창학교를 다니셨군요. 아버님이 의창학교 다
니실 때, 율목에서 걸어다니셨읍니까. 아니면 기숙사생활을?

구술자: 율목에서 당시 50리 거리예요. 멀어요. 기숙사에서 생활하
셨습니다.

면담자: 태안읍 배양동에 있는 황창오선생님 비문을 보면, 1912년
3월에 학교를 졸업하신 것으로 되어 있던데요.

구술자: 예 그래요

면담자: 학교 졸업 후 부친은 무슨 일을 하셨나요

구술자: 시골에 오셔서 농사 지으셨지요. 동네어른들 이야기가 아버
지가 배웠으니까 만세운동시 이래서는 안 되겠다고 하여,
나라를 찾아야겠다고 하여 지역의 사람들을 동원해서 만세
운동을 하셨어요. 당시 원벌에 주재소가 있었어요. 돌고개
꼭대기에서 10리 떨어져 있는 원벌 주재소를 향해 만세를
불렀지요. 그 당시 주동 역할을 하셨지요

면담자: 보훈처에서 간행한 독립운동사에는 산정리에서 김창오가
중심이 되어 70여명이 만세를 불렀다는 기록이 있는데. 김
창오가 아마도 황창오인 모양이지요

구술자: 글쎄요. 정황으로는 그런데요. 그때 경찰들이 얼마나 악랄

한지 사람들을 칼로 내려치고 하였어요. 위엄을 보이느라구요. 그 잔인성은 이루말로 표현할 수 없을 정도였다고 해요.

면담자: 1919년 4월 7일에 부친이 만세운동을 하신 것 같네요. 기록에 나오는 것처럼. 당시 삼정리는 인구가 어느 정도였지요?
구술자: 상당히 넓었어요. 만세운동시는 삼정리뿐만 아니라 그 근처 은정리 등 여러 마을에서 모였어요.

면담자: 만세운동 후 부친의 행로는 어떠하셨나요
구술자: 양인환이란 친구를 만났데요. 부친께서는 그 분이 해주형무소에서 옥사했다고 하더군요. 부친이 돈이 필요했던 모양이예요. 도망하시려니까요. 그래서 지주에게서 돈을 빌렸데요. 그리고 만주 봉천으로 가셨데요. 그 다음에 상해로 가셨지요. 그리고 거기서 김가진 장군의 부하가 되셨지요. 대동단에서 말이지요.

면담자: 그 말씀은 어디서 들으셨지요
구술자: 부친께서 항상 말씀하셨어요

면담자: 지주라년은 누구를 말하시는 것이지요
구술자: 아까 말씀드린 최형연이요. 부친이 최형연의 마름이었데요 (황승일의 아들 황무길의 증언)

면담자: 부친의 3·1운동에 기독교의 영향이 컷겠네요

구술자: 예. 율목교회에 오시는 분이 그 주변에서 많았어요. 그 분들이 거의 만세운동에 참여했지요

면담자: 그렇군요
구술자: 부친께서 또 황학수에 대하여 말씀하시드라구요

면담자: 황학수가 아니라 황해도에서 3·1운동에 참여한 기독교인 황학소이겠지요
구술자: 그런가요. 부친께서 항상 "황학수 황학수" 해서 우리는 그런가 했지요

면담자: 황학수는 만주와 중국본토에서 주로 활동하신 분인데 시기적으로 보아도, 나이로 보아도, 황창오 선생님하고는 좀 다른 것 같습니다.
구술자: 예. 그래요

면담자: 김가진선생님 관계는 부친께 들으셨어요
구술자: 예

면담자: 1927년 가출옥하신후의 활동에 대하여 좀 말씀해주세요
구술자: 8년 6개월 감옥에 계신 후 나오셨어요

면담자: 그 후에는 무엇하셨어요
구술자: 농촌에 계셨어요

면담자: 해방이 될 때까지 무엇하셨어요
구술자: 별로 한일 없어요

면담자: 해방후에는
구술자: 해방후 연백군 청룡면으로 나오셨어요. 처음에는 벽성군이
　　　　었지요.

면담자: 무슨 인연으로
구술자: 제가 청룡면에 있었지요. 제가 일본에서 가시하라에서 2년
　　　　동안 학교에 다녔어요. 그 후 해주에서 양복점 견습생으로
　　　　들어갔지요.

면담자: 언제 화성 배양으로 오셨어요
구술자: 황해도 청룡면 용매도로 피난왔다가 연평도로 가서 미국함
　　　　대타고 전라도 여수로 피난와서 그때는 1.4후퇴 때이지요.
　　　　황창오 할아버지는 피난민정책으로 연백마을이 있어 이곳
　　　　에 정착했지요.

면담자: 배양리에서 1982년에 돌아가시기 전까지 무엇을 하셨나요
구술자: 배양교회 권사를 하셨지요. 할머니도요

면담자: 기타 하실 말씀은?
구술자: 선교사 영국선교사 팔로 부인의 도움을 많이 받았어요. 저
　　　　희 집에 계셨어요. 아버님이 감옥에 가셨었을 때에요. 팔로
　　　　부인이 우리 할머니 이경필을 딸처럼 예뻐하셨어요.

면담자: 또 하실 말씀은?

구술자: 그때는요. 우리 식구가 사람 취급을 못받았어요. 면사무소 직원들 한국사람들 조차도 우리를 개돼지 취급했구요. 아버지를 15리 떨어진 주재소에 삑하면 잡아갔구요. 그래서 우리는 아무 일도 할 수 없었어요.

면담자: 오늘 소중한 말씀 감사합니다. 저희도 앞으로 좀더 조사 연구를 하도록 하겠습니다.

구술자: 예 고맙습니다.

海形秘 제135호

昭和 2年(1927년) 12月 14日

해주형무소장

조선총독 殿

가출옥 집행처리의 건 보고

지문번호: 좌 26766 우 15869, 징역: 7년 3월 13일 黃昌五(당 34세)

허가서 일자: 昭和 2年(1927년) 12月 13日

허가서 도착 연 월 일 시: 昭和 2年(1927년) 12月 14日 오후 3
시 40분

상기와 같이 보고함

海刑秘 제135호

昭和 2年(1927년) 12月 8日 해주형무소

조선총독 殿

가출옥의 건 상세 보고

하기의 자는 獄則을 준수하고 개전의 정이 있어 이후 재범하지 않을 자로 사료되므로 가출옥을 허가해 주길 바라며 관계서류를 함께 첨부, 다음과 같이 상세 보고함.

본적, 입감 전 주소, 신분, 성명, 생년월일: 黃海道 海州郡 東雲
　　面 參井里 1117
평민, 농사 황창오
개국 503년(1894년) 4월 6일(당 34세)

죄명, 전과 및 입감 수: 大正 8年(1919년) 제령 7호 위반, 강도미
　　수, 강도공갈미수, 초범 1회

刑名 刑期: 懲役 7年 3月 13日(大正 13年 칙령 제10호에 의거,
　　징역 12년을 징역 9년으로 변경, 昭和 2年 칙령 제12호에 의해
　　징역 9년을 변경)

刑期 起算日: 大正 10年(1921년) 7月 11日 상고권 포기

刑期 終了日: 昭和 3年(1928년) 10月 23日

刑期 3분의 1 相當日: 大正 12年(1923년) 12月 15日

집행 종료 기간: 6年 4月餘

殘刑其間: 10月餘

범죄의 원인: 야소교 일파가 경영하는 사립학교 재학 시부터 이 종
교를 믿었으며 점차 그 신앙심이 깊어져 신도로서 참여, 그 동안
배양된 나쁜 사조를 받아들여 동년배와 서로 모의, 경솔하게 결
국 범죄를 감행하기에 이르렀음

입감 후 품행: 입소 후 점차 범행을 깊이 반성 후회하여 獄則을
준수하고 작업에 성실, 품행을 삼가하는 등 개전의 정이 크므로
昭和 2年(1927년) 1月 12日 傷表 1개를 수여하였으며 이후에
도 품행이 선량함.

출옥 후 보호자의 주소, 성명, 직업, 소행, 생활 상태 및 보호자와
본인과의 관계:
黃海道 海州郡 東雲面 參井里 1117
농민 실부 黃允祚(당 64세)
보호자는 가족 4인과 생활하며 자작 및 소작농으로서 근면하고
생활의 안정을 유지, 모범 인물로서 里民의 신망이 두터움

출옥 후 생계: 보호자와 동거하며 농업에 협력 종사함으로써 생계를 영위, 장차 본수형자가 가계를 이어갈 목적이라고 함.

피해자 및 일반의 감정: 범죄 시 마침 소요사건의 와중이었고 그 후 상당한 세월이 흘러 금일에 이르러서는 거의 잊어버려 특별히 나쁜 감정은 없음

범죄관계: 申鉉弼(징역 1년 6월) 大正 11년(1922년) 5월 23일 경성형무소에서 가출옥 허가 출감
文聖甲
南積熙 범죄 후 도주 불명

비고:
一. 판결 초본과 연령의 차이는 호적 등본에 따름.
一. 大正 10년(1921년) 9월 11일 구금 상태로 평양형무소에서 해주형무소로 이감되었음

제 886호

집 행 지 휘 서

형명 형기: 징역 12년
피고 씨명: 황 창 오
재판 확정연월일: 大正 10년(1921년) 7월 11일
형기기산일: 大正 10년(1921년) 7월 11일
비고: 제1심 大正 10년(1921년) 4월 28일 해주지방법원
　　　동년 7월 7일 當院 취소
　　　동년 7월 1일 상고권 포기

상기자는 별지 판결 초본대로 재판이 확정되었기 때문에 즉시 집행
을 가함.

大正 10년(1921년) 7월 12일
평양복심법원검사국
조선총독부검사 韓 溶

평양감옥
조선총독부 典獄 中橋正吉 殿

大正 10년(1921년) 刑控 제460호

판 결

黃海道 海州郡 東雲面 參井里 栗洞
농사 황창오(당 35세)

同道 延白郡 鳳北面 韶成里
농사 신현필(당 36세)

上記의 大正 8년(1919년) 제령 제7호 위반 및 강도 피고 사건부
大正 10년(1920년) 4월 28일 해주지방법원에서 언도한 유죄 판결에
대한 피고의 공소 주장에 의해 당원 조선총독부 검사 한용의 입회하
에 재심리를 마치고 다음과 같이 판결함.

주문
원판결을 취소함
피고 황창오를 징역 12년, 피고 신현필을 징역 1년 6월에 처함.

이유
제1, 피고 황창오는 조선 독립을 희망하여 독립자금을 모집, 중국
상해에 있는 조선독립 假政府에 보내기 위해 동지 梁仁漢, 南積熙
등과 함께 大正 9년(1920년) 5월 25일 경 黃海道 海州郡 楸花面 瑞

德里 安仁宅의 집에 이르러 동인에 대하여 자신들은 上海 가정부에서 특파한 군자금 모집원이므로 군자금을 제공해야 하며 만일 응하지 않으면 가정부는 당신을 사형에 처할 것이라고 하면서 소지하고 있던 玩具 拳銃을 발사하며 동인에게 위협을 가하고 현금 5백4십원을 강탈하였다. 피고는 그곳을 나와 上海로 달아난 후 상기 금액 중 180원을 상해 가정부내 대동단 총재 金嘉鎭에게 전달하고 동단에 가입, 동인에게서 군자금 모집 특파원 신임장을 받아 이를 휴대하고 다시 조선으로 돌아옴.

제2, 피고 황창오는 상기 신임장을 기초로 다시 군자금을 모집하기 위해 大正 10년(1921년) 1월 중 피고 신현필 집을 방문하여 동 피고에게 상기 취지를 말하고 독립자금을 함께 모집할 것을 모의하였다. 피고 신현필은 그 취지에 찬동하고 상기 자금 모집을 함께 할 것을 서약하고 동월 20일경 함께 同道 延白郡 龍道面 淸溪里 李德弘을 찾아갔으나 동인 부재로 그의 장남 李景得에게 부친이 돌아오면 군자금 오백원을 마련해 두라고 말한 후 떠났다. 동월 24일경 피고 황창오 단독으로 동리 趙乃洪집에서 이덕홍과 만났으나 도주하려하자 동인을 사로잡아 자신은 上海 가정부 특파원으로서 군자금을 모집하고 있기 때문에 군자금을 제공해야 하며 만일 응하지 않으면 죽임을 당할 것이라고 협박하였다. 동인이 그 자리에서 도주하였기 때문에 군자금을 강제로 빼앗을 수 없었음.

제3, 피고 황창오는 동지 文聖甲과 함께 大正 9년(1920년) 11월 중 同郡 掛弓面 葛岩里 李文夏집에서 숙박을 하고 그 다음날 동인에게 자신등은 상해 가정부의 특파원으로서 군자금 모집을 위해 왔으며 금

5천원을 제공해야 하며 이에 응하지 않으면 죽임을 당할 것이라고 협박하고 즉시 동인에게서 금 이십원을 강탈하였다. 이어 동년 12월 23일 피고 단독으로 다시 이문하를 찾아가 동인에게 군자금 오십원의 제공을 강요하고 응하지 않으면 죽임을 당할 것이라고 하면서 품속에서 흉기를 꺼낼 듯이 하며 협박하였으나 이문하의 거절로 상기 군자금을 강제로 빼앗을 수 없었음.

제4, 피고 황창오는 大正 10년(1921년) 1월 1, 2일경 同郡 龍道面 大坪里 張致彦을 찾아가 동인에게 자신은 上海 가정부에서 군자금 모집을 위해 왔으므로 금 오백원을 제공해야 하고 만약 응하지 않으면 죽임을 당할 것이라고 협박하고 즉시 동인에게서 현금 구십원을 강탈하였음.

제5, 大正 9년(1920년) 8월 10일경 피고 황창오는 同郡 石山面 墨花里 薛相浩집에 도착하여 그의 장남 薛泰東에게 자신은 上海 가정부에서 군자금 모집을 위해 파견된 신임원이며 당신은 금 오백원을 내야 한다고 말하고 응하지 않으면 죽임을 당할 것이라고 암시하고 동인을 공갈하였으나 동인의 거절로 상기 목적을 이루지 못하였음.

증거설명은 생략함.

법률에 의거하여 判示한 피고 신현필의 행위 및 피고 황창오의 행위인 안녕질서를 방해한 점은 大正 8년(1919년) 제령 제7호 제1조 제1항에 해당하고 피고 신현필에 대해서는 징역형을 선택, 동 피고를 징역 1년 6월에 처한다. 피고 황창오의 강도에 대해서는 형법 제226

조 제1항, 강도미수는 동법 제243조 제236조 제1항에, 공갈미수는 동법 제250조 제249조 제1항에, 각 조에 해당하는 안녕질서방해, 강도, 강도미수, 공갈미수는 하나의 행위로서 여러 종류의 죄명에 저촉한 경우이므로 동법 제54조 제1항, 제10조에 따르고 원고 안인택에 대한 강도죄는 형벌에 따라 피고를 징역 12년에 처할 것을 판결함.

그런데 원판결에서 피고 신현필에 대해 강도미수의 사실을 인정 법률에 의거하고 피고 황창오에 대해서는 판시 제5의 사실을 강도미수 죄로 물어 헤아린 것은 잘못 처리한 것이다. 피고 양명에 대한 과형은 지나치게 무거워 각 피고의 공소는 이유 있는 것이므로 형사소송법 제 261조 제2항에 따라 주문과 같이 판결함.

대정 10년(1921년) 7월 7일
평양복심법원 형사부
재판장 조선총독부 판사 五味逸平
      조선총독부 판사 長谷部光
      조선총독부 판사 富渡榮治

조선총독부 재판소 서기 渡辺國次

상기 원본에 의해 초본을 작성한 것임
昭和 2년(1927년) 11월 28일
평양복심법원
조선총독부 재판소 서기 岡爕男

身上票

昭和 2년(1927) 12월 조사

성명 황창오

1. 출생 및 경력

적출자

어렸을 때부터 부모의 손에서 성장하여 9세경부터 한문 사숙을 다니고 14세부터 18세까지 海州懿昌學校(보통학교 정도)에서 수학한 이래 부모의 곁에서 농업에 종사함

2. 성격, 품행

성격은 담백 솔직, 품행 보통임

3. 음주의 양 및 주벽의 유무

음주함

4. 종교 및 소속사원, 교육의 정도

기독교, 보통

5. 재산 유무 및 생활상태

본인의 재산은 아니지만 실부의 재산으로서 가옥 1동 및 畑 등(가격 약 6백원)을 소유하고 있으며 부친은 자작 및 소작농에 종사하고 보통의 생활을 함.

6. 호주 본인 가정의 상황 및 중요한 친척 연고자

호주 황윤조(당 68세) 생존, 모 申永信(당 64세) 생존

처 李景弼(당 31세) 생존

장남 昌年(당 9세) 생존

가족 4인과 살며 농업에 종사, 근면하여 보통의 생계를 유지함

본 수형자의 실형은 어렸을 때 사망(씨명불상)

실제 黃昌年(당 26세)는 처와 함께 같은 동리에 분가 독립 생계를 꾸림.

처 실부 李太奎(당 62세)는 같은 동리에 거주하며 농사에 종사함

7. 본인 또는 본인의 가족, 친척, 옛 친구 및 이웃과의 교제상황

교제 보통임

8. 출옥후의 거주지 및 인수인

인수인에 대해서는 성명 외에 본인과의 관계된 주소, 직업 생활의 상황, 품행 등

黃海道 海州郡 東雲面 蔘井里 1117

농민 실부 황윤조(당 64세)

보호자는 자작 및 소작에 부지런히 힘써 생활 안정을 유지하고 모범적인 인물로서 주민의 신망이 두터움

9. 전과

없음

10. 기타 참고 사항

없음

		성명: 황창오
行狀, 審定期間	大正 15년 1월 11일에서 大正 15년 7월 10일(정)	人正 15년 7월 11일에서 昭和 2년 1월 10일(정)
獄則 및 기율에 관한 사항	본 기간 동안 특별히 違令 犯行없이 獄則 紀律을 준수하고 언어 동작을 삼가하였으며 타 죄수와 화합하여 태도 양호함	옥칙을 준수하고 명령을 잊지 않고 생각이 깊으며 생각과 행동이 같고, 타죄수와의 화합도 양호함

친족 및 친구에 관한 사항	접견 2, 발신3, 수신 2 사려 깊음	접견2, 발신3, 수신2 사려 깊음
교화 및 교육에 관한 사항	느끼고 반성하고 있음, 보통교육을 받고 자습할 생각이 있음	좌동
작업에 관한 사항	작업은 천 감기로서 매우 성실함	좌동
위생에 관한 사항	주의 보통	좌동
품행에서 특별한 주의를 야기하는 사항	없음	없음
상벌	없음	없음
査定	품행 양호하며 개전의 정이 있음 大正 15년 7월 12일	품행 선량, 개전의 정 현저, 상표 1개 부여 결정, 昭和 2년 1월 12일
行狀, 審定期間	昭和 2년 1월 11일에서 昭和 2년 7월 10일(定)	
獄則 및 紀律에 관한 사항	규율, 명령을 준수하고 언어동작을 삼가하며 타죄수와의 화합 양호함	
친족 및 친구에 관한 사항	접견2, 발신7, 수신4 사려 깊음	
교화 및 교육에 관한 사항	느끼고 반성하는 모습이 뚜렷함 보통교육을 받아 자습할 생각이 있음	
작업에 관한 사항	작업은 소제부 및 이발부에 소속되어 매우 성실함 昭和 2년 12월말 작업 상여금 정산액 77원 50전	
위생에 관한 사항	주의 깊음	좌동
품행에 현저한 주의를 야기하는 사항	없음	없음
상벌	상표 1개 있음	없음
査定	품행 선량, 개전의 정 현저 昭和 2년 7월 11일	

 광야에서 희망을 노래한 선지자 / 김창제

김 권 정[*]

Ⅰ. 머리말

개화기부터 일제시대에 이르는 한국근현대사의 격동의 시대를 살았던 金昶濟(1880~1947)는 '교육'과 '신앙' 측면에서 활발하게 활동하였던 인물이었다. 그는 일평생 청년운동에 관심을 가지고 청년층을 대상으로, 그들을 각성시키기 위해 강연과 저술을 통하여 활동하였던 청년

* 숭실대학교 기독교학과 겸임교수

계몽의 교육운동가였다. 또한 '기독교적 세계관'을 기초로 하여 한국 교회를 대상으로 기독교 신앙의 가치를 추구하는 '신앙운동'을 전개한 인물이기도 하였다.

교육가로서의 그의 활동과 더불어 빼놓을 수 없는 것이 아마도 YMCA에서의 활동일 것이다. 그는 1910년대부터 매년 주최되던 YMCA 강연회에 정기적인 강사로 참여하였다. 특별히 그는 최초의 지역 YMCA인 '함흥 YMCA'를 조직하여 지역 청년운동이 활성화되는데 큰 공헌을 하였다. 이러한 활동은 1920년대 이후의 기독교청년회운동에 초석을 놓는데 많은 역할을 담당하였다.

그의 사상을 알 수 있는 글과 활동은 1920년대 이후가 되어서야 구체적으로 등장한다. YMCA의 기관지인 『청년』를 비롯하여 『新生命』, 『眞生』, 『新生』등의 기독교계의 잡지와 당시 기독교계의 대표적인 신문이었던 『基督申報』등에는 물론, 일반 신문이나 잡지 등에 활발하게 글을 발표하여 당시 한국사회 및 한국기독교계가 지향해야 할 여러 측면에 대한 문제제기와 대안들을 제시하였다.

그런데, 이처럼 활발한 활동과 많은 글을 남겼음에도 불구하고, 金昶濟에 대한 연구가 거의 없을 정도로 일천한 상태이다. 金昶濟에 대해서는 단지 YMCA의 일요강화와 강연회에서 가장 명성이 높은 연사로 YMCA에서 활동하였거나 청년문제에 관심을 갖고 교육활동에 관심을 쏟았던 인물정도로 알려져 있을 뿐이다.[1] 게다가 1920년대 전반만 해도 사회주의에 대해 호의적인 동시에 기독교의 '民衆化'를 역설하는 등 긍정적 측면이 있었으나, 1930년대에 이르러서는 '唯心主義' '人道主義的 基督敎'를 제창하는 등 자신의 사상적 노선을 '개량적' 방면으로 수정하는 인물로 평가될 뿐,[2] 그에 대한 행적이나 사

---

1) 전택부, 『토박이 신앙산맥』, 1977, pp.107-108; 『基督敎大百科辭典』의 「金昶濟」편.

상에 대해서 더이상 구체적으로 밝혀져 있지 않다.

따라서 이 글에서는 기존의 연구를 바탕으로 하여 그의 생애와 활동을 통해 신학문과 기독교의 수용과정을 알아보고, 그리고 이것이 그의 사상에 어떻게 연결될 수 있는지를 살펴보고자 한다. 나아가 그의 사상적인 특징과 지향의 논리가 무엇이었으며, 이것이 지닌 역사적 의미들은 어떤 것인지 생각해보고자 한다.

II. 김창제의 생애

1) 신학문과 기독교 수용

김창제[3]는 19세기 말 조선사회가 대내외적으로 일대 격변에 직면하고 있던 시기인 1881년[4]에 충청남도 보령에서 태어났다. 격변의 시대적 배경에서 출생한 김창제는 유년시절부터 청소년기에 이르기까지 과거에 대비하여 私塾에서 전통적인 유교적 교육을 받았다. 그러나 시대가 변하고 개화물결이 거세어지는 한말의 상황 속에서 그는 1899년 19세가 채 못되던 해에 서울로 올라와 官立 漢城師範學校에 입

---

2) 강원돈 「일제하 사회주의운동과한국 기독교」, 『일제하 한국기독교와 사회주의』, 1992, p.47.

3) 현재 안동교회에는 김창제의 일기가 전해져 오고 있으며 교회 차원에서 이를 정리하여 영인본으로 출간할 계획이라고 한다. 필자는 일기문을 보지는 못했지만, 이 일기문이 발간되면 그의 행적과 활농무문이 지금보다 十제석으로 밝혀실 것으로 기대된다.

4) 金昶濟의 출생년도에 대해 전택부는 1877년으로 표기하고 있으나, 그 자신이 여러 글 가운데서 밝히고 있듯이 한성사범학교에 입학할 당시 1899년에 나이가 19세가 채 안된 나이였고, 또 1927년 7월 2일자 『동아일보』 사업 · 행사란에서 밝히고 있는 김창제가 당시 48세로 표기되었으며, 또한 1933년 金東煥이 펴낸 『朝鮮思想家總觀 · 半島財産家總覽』에 그의 출생년도가 1881년으로 나오는 것으로 보아서 기록상으로 '1881년' 출생년도가 타당하다고 생각된다.

학하여 신학문을 접하게 되었다.[5]

당시 官立 漢城師範學校는 1895년 4월 칙령 제79호로 공포된 漢城師範學校官制에 의해 세워진 학교로,[6] 1895년 4월 설립되어 大韓帝國期에 있어서 최고학부였으며, 최초의 近代式 新學制로 서울 校洞에 세워졌다.[7] 학교 편제는 本科와 速成科를 두고 수업 연한은 본과가 2년, 속성과가 6개월이었으나, 1899년 김창제가 이 학교에 입학한 해에는 본과의 수업연한이 4년으로 개정되었다.[8]

이 학교는 「敎官을 養成하는 處로 함」, 「敎員에 應用할 학원을 養成함」이라 하여 근대식 교육을 담당할 敎育者의 養成을 주요한 목적으로 삼고 있었다.[9] 이에 대해서는 1896년 기포드가 "이 학교는 일본인 교사 한 사람과 한국인 교사 두 사람 밑에서 지도되었고, 교과목은 한국역사·만국사·초보수학·지리·한문·한국어 작문과 한문고전 등이었으며, 입학 희망자는 한문을 읽고 써야 하였고, 학생의 연령은 18세부터 25세까지였으며, 정원은 50명으로 국비로 숙식을 담당하였다"[10]고 하는 글에서도 잘 나타나 있다.

이처럼 그가 新學問을 접하게 된 것이 교육자를 양성하는 官立의 師範學校였다는 점은 졸업 이후 그의 활동이 주로 교육분야에서 이뤄졌다는 것을 통해서 볼 때, 이 시기의 경험과 지식들이 김창제의 활동과 사상에 크게 작용하였던 것으로 생각된다.

---

5) 『朝鮮日報』, 1937. 1. 9, 1939. 6. 23.
6) 師範學校官制는 敎育官制 중 가장 먼저 公布된 것으로, 정부의 개화정책 속에서 시작된 것이었다. 당시 소학교를 널리 보급시킬 목적을 갖고 있던 정부에게 어떠한 학교보다도 師範學校의 設立이 필요하였다.
7) 李元浩, 『開化期敎育政策史』, 文音社, 1983, p.92.
8) 『官報』, 제1334호, 光武 3年(1899) 7. 23.
9) 孫仁銖, 『韓國開化敎育硏究』, 一志社, 1980, pp.123-125.
10) D.L. Gifford, "Education in Capital of Korea", The Korean Repository, June 1896, p.284.

김창제가 한성사범학교에 재학하고 있을 무렵, 당시 학교의 교사들 중에는 개화파 지식인으로서 크게 활동하며 『皇城新聞』의 주필이었던 개명유학자 출신의 박은식과 미국선교사로 한국어에 능통하였을 뿐만 아니라 한국의 사정에 누구보다도 정통하였던 헐버트 선교사 등이 교사로 재직하고 있었다.[11]

박은식은 개화지식인층을 대표할만한 인물이었고 헐버트는 개화지식인들과 친밀한 관계를 갖고 있었다. 김창제는 4년 동안의 교육과정을 이수받으면서 이들 교사들을 통하여 새로운 신학문을 배우고 그와 동시에 새로운 사고와 새로운 사상들에 접하였던 것으로 보인다.

특별히 그는 한말의 국가적·민족적인 어려움 속에서 이에 대해 무관심한 채 한성사범학교에서의 지식 습득에만 만족하지 않았다. 그는 韓末風雲에 當하여 애국사상을 품고 당시 개화 지식을 전달하던 『皇城新聞』을 애독하고, 밤이면 興和學校에 나가 영어와 측량학을 배웠다. 또 토요일이면 흥화학교에서 열리는 토론회겸 연설회에 나가서 당시 정치부패를 비판하고 정치변혁을 고취하기도 하였다.[12]

즉 그는 『皇城新聞』을 통하여 현실문제에 대해 깨닫게 되었고, 이것을 토대로 하여 흥화학교 토론회 등에 적극적으로 참여하여 웅변과 연설로 열렬하게 자신의 주장을 표현하였던 것이다. 따라서 한성사범학교 시절 습득했던 지식과 함께 이 당시 익혔던 웅변과 연설 및 교육자적 태도는 이후 김창제로 하여금 민중을 계몽하고 청년을 이끄는 지도자로서의 토대를 형성하는데 큰 영향을 미쳤던 것이다.

요컨대 그는 한성사범학교 시절 풍전등화 같은 나라의 위기 속에서

---

11) 金昶濟, 『三千里』, 1932. 1, p.17-20.
12) 金昶濟, 위의 글, p.18.
　　漢城師範學校 時節 그는 文科보다는 理科에 속하는 과목, 즉 物理·地理·化學 등에 관심이 많았다고 한다.

새로운 신학문을 받아들이게 되었고, 그러한 과정에서 나라의 실력양성은 민중의 계몽에서 시작되며 특히 청년의 각성이야말로 나라의 운명을 결정짓는 중요한 요소임을 깨닫게 되었던 것이다. 이러한 자각은 이후 그가 교사로서, 그리고 청년계몽운동가로서 일평생 동안 지속적으로 활동하는데 결정적인 계기가 되었던 것으로 판단된다.

한편, 김창제는 한성사범학교를 1903년 1월에 졸업하였다. 그리고 그 해 5월부터 1907년 1월까지 함경북도 鏡城에 있는 공립경성보통학교의 교원 겸 교장으로 근무하였다. 1905년에는 사립 경성보성중학교와 사립 경성함일학교 및 기타 학교에서 4년간 교원으로 재직하기도 하였다. 그가 咸鏡北道 鏡城에서 학교교원으로 재직하던 이 시기에 바로 정식으로 세례를 받는 사건이 발생하였다.

그는 1908년 성탄절에 함경북도 경성에 세워진 鏡城敎會에서 캐나다 선교사 具禮善(R.G. Grierson)선교사[13]로부터 세례를 받고 동시에 同 敎會 영수직에 임명되었다. 당시 그의 나이는 29세였다. 그는 세례를 받는 당시의 내적인 신앙상태에 대하여 '敬虔의 感'이 스스로 나왔으며 세례 받은 이후 신앙생활도「주의 은혜는 나에게 족하였다」라고 표현하였다. 그리고 훗날 그는 당시의 상황을「겉사람은 날로 후패하나 속사람은 날로 새롭다」는 바울 사도의 증언을 인용하여 그 때

---

13) 그는 1898년 9월 7일에 캐나다장로교 선교사로 한국에 입국하여 함경도 지역의 선교를 담당하였고 1899년 2월경에 원산에 정착하여 1901년 5월에 함경북도 성진에 선교지부를 설치하였다. 그러다가 1905년에는 함흥에 선교지부를 설치하여 각 지방에 교회의 창설을 주도하였고 제동병원을 설립하고 보신여학교를 세우기도 하였다. 또한, 초기부터 만주및 시베리아 지역에 대한 선교에 눈을 떠서 블라디보스톡, 연해주, 간도에까지 전도인을 파송하였다. 이처럼 함경도를 주 무대로 활동하던 구례선 선교사와 함남 鏡城에서 교편생활을 하던 김창제와의 만남은 이 시기에 자연스럽게 이루어진 것으로 보인다.
김승태 · 박혜진, 「구례선」『내한 선교사 총람(1884~1984)』, 한국기독교역사연구소, 1994 참조.

의 내적인 신앙상태를 고백하기도 하였다.[14] 우리는 여기서 그의 신앙의 모습이 상당히 깊이가 있고 초신자의 수준을 뛰어넘고 있다는 사실을 발견할 수 있을 것이다. 즉, 그가 기독교를 믿자마자 곧 세례를 받은 것이 아니라 이미 상당기간 동안 기독교에 대한 지식과 신앙이 다져진 뒤에 세례를 받았음을 알 수 있다.

이러한 점은 그가 세례를 받기 이전에 이미 기독교라는 종교에 대해 어느정도의 지식이 있었으며, 기독교인사들과의 접촉이 활발하였을 뿐만 아니라 기독교인들과 같이 활동을 하고 있었다는 사실에서도 잘 나타난다. 그는 1903년 황성기독교청년회가 창립될 때에 참여하였으며, 그와 동시에 YMCA의 교육부 간사를 바로 맡았던 것이다.[15]

그런데 이렇게 1903년을 전후로 하여 기독교활동을 하고 있으면서 왜 세례를 받지 않고 약 5~6년간을 그대로 있었던 것일까? 그것은 그가 기독교를 알고 그것을 쉽게 무의식적으로 맹종하여 받아들였다기 보다 주체적인 '자의식'을 갖고 결단하는 가운데 신앙을 받아들였으며, 약 5~6년간의 긴 과정을 통해 세례를 받기로 결심하였던 데서 비롯된 것이 아닌가 생각된다. 어떤 이유였는지 분명하지는 않지만, 여기서 우리는 그가 기독교를 수용하는데 있어서 대단히 '主體的'인 自意識을 갖고 있었다는 점을 발견할 수 있을 것이다.

이러한 그의 주체적인 신앙의 모습은 1909년에 한석진 목사, 박승봉 장로 등과 함께 서울의 '안동교회'를 창설하는 데 큰 역할을 하였다는 점에서 상징적으로 나타난다. 안동교회는 한국의 초대교회 중에서 독특한 성격을 지니고 있었다. 당시 한국교회 대부분이 외국선교사에 의해 창설되거나 지도되고 있던 것에 반해서 이 교회는 처음부터

---

14) 金昶濟, 「一九二八年을 보내면서」, 『靑年』, 1928. 12, p.4.
15) 전택부, 『한국기독교청년운동사』, 정음사, 1978, pp.60-61.

한국인이 창설하여 한국인 목회자가 담임하였으며, 또한 예배당도 선교사들의 원조를 전연 받지 않고 한국교인들의 힘으로 지었다는데 그 특징이 있었다. 이 창설의 과정에 바로 김창제가 참여하고 있었고, 그의 집에서 안동교회의 첫 예배가 공식적으로 시작되었다.16)

요컨대 그의 신앙의 수용과정은 구한말 풍전등화의 나라와 민족의 위기 앞에 민족운동의 한 방편으로 기독교를 받아들이고 있던 인물들과 대조적으로 구별될 수 있을 것이다.17) 그의 신앙의 동기에 대해서 분명히 밝혀진 것은 아니지만, 그가 기독교를 '이념'으로서 뿐만 아니라 '종교적 신앙'으로서까지 내면화하고 있었다는 점이 그의 기독교 수용과정에서 주목되는 큰 특징으로 생각된다.

김창제의 1910년대 행적 중 일본에 건너가 修學했던 것을 빼놓을 수 없을 것이다. 1910년대 이후 조선의 많은 젊은이들이 새로운 세계, 새로운 지식을 찾아 해외로 나가고 있었으며, 그러한 나라들 중의 하나가 일본이었다. 김창제 역시 그러한 젊은이들 중의 한사람이었다. 1912년 10월 그는 동경 와세다대학교 정치경제과(學外生)에 入學하였으며 1915년 수료하였다. 이후 1917년 오사카 정신과학회에 들어가서 7월 경에 實知實驗을 위한 '정신의학사'라는 칭호를 부여받았다. 또한, 그는 동년 8월1일부터 동월 8일까지 동경제대 학위공명강습회에서 이노우에 박사의 동양윤리학사개설과 상목 박사의 칸트의 현대철학을 강습 받기도 하였다.

그런데, 일본에서의 修學 중 주목되는 점은 당시 일본의 대표적 기

---

16) 전택부, 위의 책, pp.107-108.

17) 대체로 구한말의 지식인들은 '기독교'를 서구 근대화 내지 실력양성의 한 통로로 이해하고 있었고, 이러한 인식 아래 기독교에 대해 호의적이었을 뿐만 아니라 상당수가 일제의 침략이 노골화되는 가운데 '정치적' 동기 내지 '민족적' 의식을 품은 채 기독교에 입교하는 일이 발생하였다.

독교사상가이며 무교회주의자였던 우찌무라와의 만남이 이루어진다는 것이다.[18] 1917년 8월 15일에 우찌무라를 한번 방문한 김창제는 우찌무라가 지방강연이 미리 예약되어 있었기 때문에 겨우 15분간의 짧은 면담밖에 가질 수 없었다.

그러나 그는 우찌무라와의 짧은 만남이었지만, '어떤 일이 있어도 주님을 버리지 말라'는 우찌무라의 말을 듣고 신앙적으로 큰 감화를 받았다. 김창제는 우찌무라를 만나기 이전에 이미 우찌무라가 일본에서 간행하고 있던 『聖書之硏究』를 통하여 그를 알고, 평소에 그의 인품과 신앙에 대한 존경심을 갖고 있었다. 이것은 그가 이 잡지를 통하여 '영혼에 새로운 활력'을 찾고 있었으며 그의 신앙 성숙에 큰 도움을 받았다고 하는 고백 속에서 더욱 드러난다.[19] 이후 김창제와 우찌무라와의 만남은 이후 일본에서 다시 이루어졌다. 1927년경에 그는 사립 중등학교 교원 일본 학사 시찰단 단장으로 일본에 갔다 오기도 하는데,[20] 그때에 우찌무라를 다시 만나기도 하였다.

2) 교육활동과 YMCA운동

김창제는 1920년부터 1924년까지 사립 송도고등보통학교와 사립 호수돈여자고등보통학교 교원으로 몸을 담고 있다가 1924년부터 이화여

---

18) 서정민, 「內村鑑三와 韓國人들」,『연세교회사학회』 2호, 1994, p.20.

19) 김창제가 우찌무라의 사상에 어느 정도로 공감하고 있었으며 이를 어떻게 수용하고 있는지에 대해서는 명확하지는 않다. 그는 우찌무라에게 호감 차원을 넘어서 존경의 마음까지 갖고 있었던 것이 분명한 것 같다. 金昶濟, 「內村先生의 一言」,『聖書之硏究』제 319호, 1927. 2.

20) 1927년 봄에 시찰단 단장으로 일본에 건너갔던 김창제는 우치무라를 만나기 위해 그의 집으로 방문하였다. 거의 10년만에 우치무라를 만난 김창제는 여기서 우치무라로부터 "일본에는 참 크리스찬이 없는데, 조선인 중에는 참 크리스찬이 많이 있는 줄 안다"는 칭찬을 받기도 한다.

자고등보통학교에 교편을 잡고 일제시대 말까지 재직하였다.[21] 그는 여기서 국어 과목을 담당하여 학생들을 가르쳤으며, 학생들에게 뿌리 깊은 민족의식을 심어주기 위해 노력하였다. 이러다가 그는 교편에서 은퇴하는 1939년까지 이화여자고등보통학교에서 교편을 잡았던 것으로 보인다.

이처럼 그는 일생동안 학교 교사로서 활동하였을 뿐만 아니라 YMCA와 뗄래야 뗄 수 없는 밀접한 관계를 갖고 있었으며, 그의 주요한 청년운동가로서의 활동도 바로 YMCA라는 무대를 중심으로 펼쳐졌다.

먼저 그는 YMCA가 창립되는 데 크게 공헌하였다.[22] 1899년에 150여명이나 되는 상류층의 청년들이 YMCA의 설립을 강력히 요구하였다. 그러다가 1903년 교회밖의 청년들, 즉 정부고관과 지식인층 인사들의 자제로서 영어학교·덕어학교 등의 외국어 학교와 민영환씨가 설립한 홍화학교 배재학당 등 사립학교와 한성사범학교·한성고등학교 등의 관립 학교 학생들 등이 중심이 되어 황성기독교청년회라는 이름으로 YMCA가 창립되었다. 여기에 바로 당시 한성사범학교 졸업생이었던 김창제가 참여하였던 것이다. 그는 이해 한성사범학교를 졸업하자 곧 YMCA의 교육부 간사로 들어와 활동하기 시작하였다.

그 뒤 그는 1910년 9월부터 1915년까지 황성기독교청년회 학관 중학과에 교원 겸 학감으로 근무하면서 국어와 역사를 가르쳤다. 그는 기독교청년회 주관으로 개최된 1910년 제1회 학생하령회에서 부터 시작하여 주요 강사로 참석하여 강연과 기도회를 주관하였던 등 이후 거의 빼놓지 않고 매년 참여했던 것으로 보인다.

또한 김창제는 1918년 지역 최초의 YMCA를 조직하는데 큰 기여를

---

21) 이화100년사편찬위원회, 『이화 100년사』, 이화여자대학교출판부, 1994, p.132.
22) 註) 15와 같음.

하였다. 그는 1915년 4월부터 함경남도 함흥 영생중학교의 교원 겸 학감으로 부임하여 同 學校의 학생운동을 적극적으로 지원하였다. 이 러한 기독교학생운동에 지원 결과로 동교 안에 학생 YMCA가 창설되 었다. 이것을 기반으로 하여 그는 학생 YMCA의 회장이었던 현원국, 교사 이순기, 캐나다 선교사 馬具禮(D.M. McRac) 등과 함께 1918년 3 월 25일에 함흥 YMCA을 조직하였다.[23] 이는 지역에서의 최초 YMCA 창립이었다.[24] 아마도 김창제라는 인물이 아니었으며, 지역 최초로 YMCA가 창립되기에는 현실적으로 어려움이 많았을 것이다. 즉, 이전 의 YMCA에서의 그의 활동경험이 1918년 YMCA가 지역에서 최초로 함흥에 조직될 수 있었던 밑거름이 되었던 것으로 보인다.

1920년에는 조선기독교청년회 연합회의 정기대회에서 김창제는 구 자옥·이상재·윤치호 등과 함께 만기 위원 개선에 위원으로 당선되 었다.[25] 여기서 그는 도시청년회와 학생청년회의 발전을 연구하고, 각 지방 청년회의 순방과 기관지를 발행하며, 대구와 평양에 시청년회를 설립하는 일 등을 추진하는 일 등을 다른 위원들과 함께 담당하여 활 동하였다.

한편, 1925년에 접어들면서 YMCA는 사업의 중점을 농촌사업에 두 고 이를 본격적으로 추진해 나가기 시작했다.[26] 그것은 종래 상류층 중심의 엘리트주의적 성격을 탈피하고 도시사업과 학생사업을 중심으 로 하던 방향에서 전환하여 당시 전체 인구의 80%가 사는 농촌 속에 대중적 기반을 마련하기 위한 노력의 결과들이었다.[27] 그리하여 1925

---

23) 李舜基,「咸興基督敎靑年會의 經過」,『靑年』, 1921. 4, p.16.
24) 전택부, 위의 책, pp.267-268.
25)『東亞日報』1920. 9. 16.
26) 전택부, 위의 책, pp.337-358.
27) 장규식,「1920~30년대 YMCA 농촌사업과 전개와 그 성격」,『한국기독교와 역사』

년 YMCA는 기구 개편을 단행하였다. 이 해 11월에 YMCA 연합회 내에 농촌부와 도시부를 신설하고 각 위원회에 5인씩의 위원을 선임했다.[28] 김창제는 유성준·박동완·이순기·변영서 등과 함께 농촌부 위원으로 선임되어 서울을 중심으로하여 선천·함흥·교남·광주·신의주 등 6개 도시의 YMCA와 학생YMCA등이 농촌운동을 전개하는데 활동하였다.

또 YMCA는 농촌지도와 사업 추진을 위하여 각종 출판물을 발간하고 있었다. 여기에도 그는 적극적으로 참여하였다. 그는 글을 통해서 농촌운동의 이론과 실제 행동이 일치해야 한다고 주장하였다. 특히 그는 「농촌과 기독교」[29]라는 글에서 농촌 개발의 정신을 환기시킬 필요성을 제기하고, 기독자신이 농촌을 배경으로 성장하였기 때문에 진정한 기독교의 정신은 농촌을 사랑하는 것이 필연적임을 강조하였다. 또 이러한 맥락에서 그는 "우리가 농촌을 개발한다고 하여 도시의 폐풍을 전파하기 쉬우며 양복입고 자동차타고 농촌에 가서 남의 책 몇 페이지 번역하여 들려주는 것이 과연 무슨 효익이 있을까 생각하여 볼 것이다"[30]고 하여 기독교농촌운동이 농촌의 구체적 현실을 무시하고 '이론'과 '말'에 그치고 있다는 한계를 지적하고, 농촌운동자들이 보다 구체적인 농촌의 삶의 현장을 중요하게 생각해야 한다고 주장하였다.

한편, 당시 YMCA에서 활동하던 상당수의 기독교인들은 물산장려운동이나 민립대학건설운동 등 민족주의우파 진영의 사회·경제·문화 운동의 단체에 적극적으로 참여하고 있었다.[31] 그런데 이러한 기독교

4, 한국기독교역사연구소, 1995, pp.207-267 참조.

28) 전택부, 위의 책, pp.342.

29) 金昶濟, 「農村과 基督敎」, 『靑年』 1926. 8, pp.22-24.

30) 金昶濟, 「一九二九年을 迎하면서」, 『基督申報』 1929. 1. 9.

31) 신주현, 「1920년대 한국 기독교인들의 민족운동에 관한 一考察 - 社會經濟運動

계 지식인들의 활동 속에 김창제의 이름이 발견되지 않는 것을 보아 그는 이러한 사회·경제적 운동에 직접적으로 관련되어 있지는 않았던 것과 같다.

그러나 그렇다고 YMCA를 제외한 다른 단체에서 전혀 활동을 안했던 것은 아니었다. 1925년에 서울에서 김창제는 李甲成, 玄信德, 邊成玉 등의 기독교계 지식인들과 더불어 표면상은 도덕적 자각을 촉구할 목적으로 '時事俱樂部'를 조직하였다. 이 단체는 표면상의 목적과는 달리 실제에는 사회주의 조직에 대항하기 위해 만들었던 것으로 알려지고 있다[32]. 이것은 1920년대 전반기부터 기독교와 사회주의관계에 대해 여러 편의 글을 기독교 잡지에 게재하던 것과 무관하지 않았던 것으로 보인다.[33] 이는 김창제가 글을 통해서 뿐만 아니라 실제 단체활동을 통해 사회주의에 대처하려고 하는 등 그의 실천성을 그대로 보여주는 것이라 생각된다.

1929년 2월 경에 경성조선중앙기독교청년회 제26회 연회에서 김창제는 처음으로 신임이사에 선정되었으며,[34] 1935년 2월 제32회 연회에서 이사직에 재선되기도 하였다.[35] 그러나, 이사로써 그의 활동은 그렇게 활발하거나 두드러진 것은 아니었던 것으로 보인다.

을 중심으로」, 『韓國基督敎史硏究』 14호, 1987 참조.

32) 金昌順·金俊燁, 『韓國共産主義運動史』, 1986, p.10 에서는 이 단체가 1924년 12월이래 경성에 있는 기독교계 인물들 중에 일부가 사회주의 단체를 경계하는 논의를 거듭하다가 이 조직을 결성하였다고 한다.

33) 김창제는 '기독교와 사회주의'라는 주제의 글들 속에서 무조건적으로 사회주의를 배척하거나 비판하는 것은 아니었다. 그는 사회주의 사상을 통해 기독교 문제를 지적하고, 사회주의를 기독교적 관점에서 적극적으로 수용할 뿐만 아니라 사회주의와 기독교와의 차별성을 부각시켜 기독교적 정체성을 부각시키려고 노력하였다.

34) 「地方靑年會活動」, 『靑年』, 1929. 3, p.42.

35) 「會務一般」, 『靑年』, 1935. 4, p.11.

그는 1920년 중반 이후부터, 즉 이화여자고등보통학교에 교원으로 재직하면서부터 1939년 교직에서 은퇴할 때까지 왕성한 저술 활동을 전개하였다. 그의 대부분의 글들은 이 시기에 발표되었다. 그는 1939년 이화여자고등보통학교에서 은퇴한 뒤 즉, 신사참배가 강요되고 열악해져 가던 일제말기 어떤 행위의 궤적을 남겼는지 분명하게 나타나고 있지 않다. 그런데 흥미로운 점은 1940년에 그가 YMCA의 사회부 위원장에 선임되었는데, 다른 임원들 대부분이 창씨개명을 하였으나 오긍선·장덕수·윤치소·유억겸 등과 함께 아직 창씨개명을 하지 않고 있었다는 점이다. 이는 일제 말기의 그의 모습을 추적하는데 하나의 단서가 되지 않을까 생각된다. 8·15 해방 이후 그는 1947년경에 세상을 떠났다.

Ⅲ. 기독교사회사상의 구조

1) 교육개혁론

김창제의 교육개혁사상은 어디에서부터 출발하고 있으며, 이러한 문제제기가 나오게 된 동기는 무엇일까?

김창제는 1920년대이래 기독교를 '자본주의 수족', '제국주의의 첨병'으로 공격하는 사회주의에 대해 큰 경계를 보인 것이 사실이다. 이와 더불어 그는 청년들의 반기독교적 분위기, 특히 청년들의 반기독교적 반발과 물질주의, 향락주의에 빠져가는 침체된 청년들의 무기력함 역시 큰 문제라고 인식하고 있었다. 그것은 나라와 민족의 역군이 될 청년들이 자신의 입지를 갖지 못하고 사회주의의 사조에 휩쓸려 다니거나36) 물질만능주의와 무사안전제일주의에 빠져 장래를 준비하지 않고 오직 눈앞의 이익만을 쫓고 있다37)는 위기감 때문에 더욱 그러하였던 것이다. 그리하여 그는 청년들이 사상적으로 뿐만 아니라 종교적으로 신앙을 거부하고 배척하는 무신론적 태도를 보이고 있음도 큰 문제라고 지적하여 당시 청년들의 문제가 '유물론'과 '무신론'에 기초하고 있다고 지적하였던 것이다.

그래서 김창제는 청년의 유물론적이고 무신론적인 태도가 바로 교육 문제에서 비롯되고 있으며 이러한 교육의 문제를 해결하는 것이 급선무라고 강조하였다. 그러나 이러한 교육의 문제를 해결하여야 할 학교는 오히려 '샐러리맨 양성소화' 되었고 現代教育은 인재를 양성하는 것이 아니라 기계를 제조하는 것에 불과하여 학교에서 제조하여 낸 '기계인'들도 그 제조된 년한과 공정에 따라서 가치를 부여받는 등 교육의 기능을 이미 상실하고 있다고 비판하였다.38) 이와 더불어 이같은 고등교육을 받은 청년들은 지적인 교육에만 치우쳐 인격상 기형이 날로 증가함에 따라 '高等遊民'39)이란 것으로 나타나 사회에 이익을 주기보다는 병폐만을 조장하고 있다고 주장하였다.

그는 이러한 문제의 근저에 "現代思想이 비록 自己를 發見하였다 하면서 無神論을 主張하는데 이것은 自己의 正體를 보고자 하면 神을 보아야 하고, 거울을 통해 自身의 얼굴을 쳐다보듯 神을 향한 信仰을 통해 自己를 볼 수 있다"40)고 하여 '종교적 결여'가 있다고 주

---

36) 金昶濟, 「現代 思想問題에 對하야」, 『青年』, 1923. 1, pp.9-12; 「青年의 煩悶」, 『青年』, 1931. 9, p.9.

37) 金昶濟, 「危險과 安全」, 『眞生』, 1925. 11, pp.2-3; 「獨學自修」, 『眞生』, 1927. 9, pp.21-22.

38) 金昶濟, 「卒業生을 보내면서」, 『青年』, 1928. 3, pp.2-4.

50) 金昶濟, 「危險과 安全」, 『眞生』, 1925. 11, p.2.

40) 金昶濟, 「二十世紀의 大發見」, 『青年』, 1926. 1, p.8.

장하였다. 그러한 이유로 그는 유물론적이고 무신론적인 청년문제를 해결하기 위해 기독교적 정신에 입각한 교육이 필요하며 교육의 가장 깊은 곳에 기독교 신앙이 놓여져야 한다고 강조하였던 것이다.

그러면, 그는 청년의 유물론적이고 무신론적인 태도와 삶과 지식이 일치하지 않는 '便知的'인 경향에 대해 기독교신앙의 관점에서 어떻게 해석하고 있었고, 이를 어떻게 극복할 수 있다고 보았는가?

먼저, 김창제는 교육목표로서 '體·心·靈'을 중요하게 생각하였다. 이를 '三育主義'로 표현하였다. 당시 교육의 문제로서 교육자체가 너무 지나칠 정도로 지식적인 부분에 빠져 있다고 지적하였다. 이에 대한 대안으로서 그는 '便知的'으로 흐르는 교육 문제들을 해결하기 위해 '기독교적'인 교육의 이념이 필요함을 강조하였다.[41] 그는 이러한 기독교적 교육이념은 '삼육주의'로 표현하였다.

그가 정의한 '三育主義'는 도덕보다 더 높은 개념인 '기독교의 靈'의 개념을 도입하고 있는 것으로, 그는 바로 이 '靈에 대한 각성'과 이에 대한 '충실'하려는 것이 없기 때문에 오늘의 교육문제가 발생하고 있다고 하였다. 즉 김창제는 교육의 문제가 단순히 제도나 형식들을 고치거나 이를 개선한다고 해서 해결되는 것이 아니라, 근본적으로 교육의 토대가 될 수 있는 영적인 부분을 자각하고 이를 굳건히 세우는 것이 중요하다고 파악했다.

김창제는 1920년대 중반 이후 각 학교, 특히 '미션학교'에서 발생하고 있던 '同盟休學'에 대하여[42] 언급하기도 하였다. 그는 이를 해결

---

41) 『東亞日報』, 1927. 7. 2.

42) 1920년대 들어서면서 '반일적' 차원에서 각 학교의 '동맹휴업'이 진행되었고, 이 것은 1920년대 학생운동의 주요한 특징이 되고 있었다. 당시 주요 슬로건으로 "조선인 교육은 조선인 본위로!" "보통학교장을 조선인으로!" "보통학교 용어를 조선어로!"라는 구호가 대두되었다. 기독교계의 미션학교에서도 역시 동맹휴업이

하기 위해서 '師弟間의 愛를 實現''학교 행정기관에 학생 참가''교장
은 교원의 실력과 성의를 검찰·감시''萬事가 민주화하고 있는 시대
에 순응'해야 한다고 하였다[43]. 또한, 미션학교의 종교적 지도를 철저
히 할 것과 동시에 학교 문제에 해결에 있어 민주적 절차와 절대 평
등의 원칙 하에 자율적으로 이루어져야 한다고 보았다.

그리고 그는 외국선교사들을 향하여 "개인주의와 자본주의의 권화한
미주사람이라기 보다 현대물질문명의 귀동이들이 그 의식주로부터 일
상생활의 형식이 아주 우리와는 딴판인 저네들이 우리네 가난뱅이의
자녀 가족주의 속에 자란 이들에게 어떤 감화를 주는가?"[44]라고 비판
하면서 조선인의 교육은 조선인이 해야 할 것이라고 강조하고, 외국 선
교사들은 교육하기 전에 먼저 '朝鮮人'이 되어야 한다고 역설했다.

그리하여 그는 미션학교의 '同盟休學' 문제 해결을 하기 위해서 무
엇보다도 미션학교의 행정 절차나 관리 등의 구조적 문제의 개선, 특
별히 이것들 중에서도 재정과 교육을 장악한 외국선교사들이 '조선인
본위'의 교육을 실시하여야 한다고 주장하였다. 또한 외국선교사들을
비롯하여 교육을 담당하는 자들이 그저 내용없이 형식적으로 말로만
예수를 내세우지 말고 오히려 보다 근본적으로 철저한 교육의 구체적
현장에서 예수의 교훈을 실천하는 속에 진정한 교육이 이루어질 수
있다고 역설하였다.

요컨대 그는 사회를 개혁하기 전에 먼저 교육을 혁신하여야 하며,
이러한 혁신의 시삭은 바로 기독교성신이 구현뇌는 예수의 교훈과 성
신, 그리고 영의 각성이 일어나는 것에서 출발하여야 한다는 신념을

진행되었는데, 주로 학교 책임자이던 외국선교사들에 대한 민족적인 반발에서
비롯된 것이 많았다.
43) 金昶濟, 「學校 스트라이크에 對하여 그 解決策이 如何?」, 『靑年』, 1927. 11, pp.1-2.
44) 金昶濟, 「미슌스쿨改良問題에 對하야」, 『基督申報』, 1928. 12. 31.

갖고 있었다. 또 기독교학교에서의 동맹휴학사태에 대해 그는 교육을 담당하는 교육자들 특히 외국선교사들이 자신들의 중심에서 학교를 운영하고 가르칠 것이 아니라 조선인들의 중심에서 그리고 보다 철저한 예수의 정신에 입각해야 할 것을 촉구하였다.

한편 김창제는 위에서 살펴 본 청년 교육의 문제인 '便知的'경향을 해결과 함께 유물론적이고 무신론적인 태도를 극복하기 위해서 물질과 마음이 일치하는 '基督敎 新理想主義'가 필요하다고 주장했다.

그는 "現代敎育이란 곧 便知的이어서 도저히 완전한 人格 즉 완전한 생활의 기초를 지을 수가 없기 때문에 新理想主義를 주장하게 되는 것으로 現代文明의 결점인 唯物主義를 배척함과 동시에 고대 唯心主義적 非現實的 隱遁的 生活을 否認하는 것이다"[45]라고 밝히면서, "人生은 犬馬보다 知識으로 조금 優勝할 뿐이요 그 實質에서 아무 다를 것이 없다는 唯物論에는 도저히 滿足할 수가 없다. 그렇다고 現世의 慾望을 전연 無視하고 오직 來世의 행복을 追求하는 禁慾主義的 人生觀으로도 도저히 期할 수 없는 것이다. 사람은 떡으로만 살수도 없는 동시에 말로만 살수도 없는 것이다."[46]라고 주장하였다.

그리하여 유물론적 자본주의 관점과 유심론적 관념주의 양자를 다비판하면서 이 양자가 결합된 것이 바로 기독교 신이상주의라고 그는 주장하였다. 이것은 물질과 마음이 일치된 '物心一如'의 一元論的 基督敎 人生觀에 기초한 것이었다. 이를 통해 김창제는 교육의 '便知的'인 결함을 해결할 수 있다고 보았던 것이다.

그가 주장한 기독교 신이상주의는 사람이 떡으로만 살지 못하는 동

---

45) 金昶濟, 「基督敎의 新理想主義」, 『靑年』, 1932. 1, p.4.
46) 金昶濟, 「人生觀」, 『靑年』, 1931. p.4.

시에 말로만 살지 못함을 인식하는 것이었다. 즉 양복 입고 자동차 타고 농촌에 가서 도시의 弊風을 전파하거나 남의 책 몇 페이지 번역하여 들려주는 것이 아니라[47] 농촌의 고향에 돌아가 자기네의 父兄들과 땀을 같이 흘릴 수 있는 것이었다.[48]

요컨대 그의 기독교 신이상주의는 현실의 문제를 단지 지식적 또는 이론적으로만 이해하는 것에 그치는 것이 아니라 현실의 구체적 삶 속에서 행하여 자신의 처한 상황과 조건에서 자기의 지식을 일치시키는 것을 의미하는 것이었다. 따라서 김창제는 바로 이 '物心一如'의 一元論的 人生觀에 기초한 기독교 신이상주의만이 청년의 '便知的' 경향과 유물론적이고 무신론적인 청년의 태도를 개선하는데 큰 역할을 할 수 있다고 보았던 것이다.

2) 사회개혁론

1917년 러시아의 볼세비키 혁명 이후 세계 도처에서 유행하게 된 사회주의 사상이 일제의 '문화정치'라는 식민지 정책 변화와 더불어 지식인들에게 확산되었다. 특히 청년 지식인들에게 더욱 '요원의 불길'[49]처럼 번져 갔다. 그리하여 "입으로 사회주의를 말하지 아니하면 시대에 처진 청년같이 생각"[50]하게 될 정도로 청년 지식인들에게 짧은 기간에 급속도로 확산되었다.

그런데, 사회주의 사상을 받아들이는 과정에서 당시 청년 지식인

---

47) 金昶濟, 「一九二九年을 迎하면서」, 『基督申報』, 1929. 1. 9.
48) 金昶濟, 「이번 夏期休暇는 이런 뜻으로 지내자」, 『眞生』, 1930. 7, p.41.
49) 尹致昊, 『尹致昊日記』 8, 國史編纂委員會, 1986, p.305.
50) 羅景錫, 「空京橫事」, 『朝鮮之光』, 1927. 5, p.76.

중심의 사회주의자들은 유물론과 무신론에 입각하여 모든 종교를 배척 대상으로 규정하고 있던 사회주의 사상의 반종교적 논리도 사회주의의 세계관 및 가치관으로서 자연스럽게 받아들였다.[51] 이러한 논리를 바탕으로 사회주의자들은 당시 국외의 반종교운동의 영향을 받으며 기독교를 "제국주의 수족", "자본주의 주구", "羊而狼心의 기독교" 등으로 주장하고,[52] 성탄절을 '반기독교데이'로 정하는가 하면[53] 김익두 목사와 같은 부흥사들을 '고등무당'[54]이라고 비판하면서 반기독교운동을 전개하였다.[55]

이와 더불어 새로운 과학사상이 홍수처럼 밀려오고 이런 상황에서 발생한 일부의 외국선교사들의 비행 등은 일반 사회 여론이 반기독교적 분위기로 형성되는데 큰 영향을 미쳤다. 이같은 반기독교적 분위기는 한국 기독교계로서는 위기였으며, 특히 조선의 기독교 지식인들에게는 물리적 위기가 아니라 사상적, 종교적 위기였던 것으로 파악하였다.[56] 그리하여 조선의 기독교지식인들은 사회주의자들의 반기독교운동과 일반사회의 반기독교적 분위기에 대해 새로운 모색을 통하여 이를 해결하고자 시도하고 이를 자신들의 활동의 근거로 삼고자 하였다.

그러면 이러한 위기적 상황 속에서 김창제의 입장은 무엇이었는지를 알아보자. 그는 당시 사회의 주요사조로 등장하던 사회주의에 대해

---

51) 일제하 사회주의자들이 사회주의 사상을 수용하는 과정에서 반종교적 논리 또한 자연스럽게 받아들였고, 이런 선상에서 기독교에 대한 인식은 대체로 부정적이었지만 그렇다고 해서 적대적인 것은 아니었다. 김권정, 「1920~30년대 기독교인들의 사회주의 인식」, 『한국기독교와 역사』 5, 한국기독교역사연구소, 1996, pp.78-116 참조.

52) 『東亞日報』 1925. 10. 25.

53) 『東亞日報』 1926. 1. 5.

54) 「金益斗迷妄聲討演說」, 『東亞日報』 1926. 5. 21.

55) 金權汀, 『日帝下 社會主義者들의 反基督敎運動』, 崇實大 史學科 碩士學位論文, 1995 참조.

56) 김권정, 「1920~30년대 기독교인들의 사회주의 인식」, pp.84-85.

어떤 인식을 갖고 있었으며, 이러한 것들을 극복하기 위해 제기한 사회개혁의 문제중 주된 관심의 대상은 무엇이었는지 그리고 이를 어떻게 인식하고 있었으며, 어떠한 논리로 이를 해결하려고 하였나?

김창제는 대체로 사회주의에 대해 부정적으로 인식하고 있었고, 이를 비판하는 입장을 보였다.

첫째로 그는 사회주의의 본질에 대한 비판보다는 주로 사회주의의 건설 방법에 대해 비판하였다. 그는 "위선 親子의 愛로부터 人類의 進化는 始作한 것이다. 爲我生存競爭으로가 아니라 爲他 生存競爭으로 因하야 上進것이다. 故로 萬事에 暴力으로만 競爭을 試하는 者는 畢竟 失敗할 것이오 最後의 勝利를 取할 者는 愛의 力이라 할 것이다."[57]라고 하여 폭력혁명에 의한 사회개혁에 반대하였다.

둘째로 그는 기독교와 사회주의가 그 이념과 실천이 모두 다르기 때문에 양자가 서로 '常用'할 수 없다는 입장을 밝혔다. 그는 사회주의자들이 "階級鬪爭說을 주장하고 따라서 그 주의를 실현하는 手段方法으로 同盟, 結束, 暴力 … 실로 「手段을 不擇한다」"고 보고, "社會主義는 基督敎와 理論의 基礎가 反對되고 實行의 手段이 反對되기 때문에 基督敎와 도저히 常用할 수 없다"고 하여 폭력적 혁명에 의한 계급혁명을 부정하는 태도를 보였다.[58]

셋째로 김창제는 사회주의가 종교적 신앙을 배척하는 무신론을 담고 있다고 비판하였다. 즉 '종교자유'라는 입장에서 사회주의를 인식하였나. 그는 "「우리는 神에게서부터 解放되어야 하겠다」고 神의 信仰없이 自由를 얻겠다는 思想은 「領土없이 國家를 建設하겠다」는 것보다 妄誕한 것이다"[59]라고 인식하고, "今日 思想界는 混沌하여

---

57) 金昶濟, 「愛의 力」, 『靑年』, 1926. 11, p.4.
58) 金昶濟, 「社會主義와 基督敎」, 『新生命』, 1923. 9, p.25.

그 歸趨할 方向을 잡기가 어렵다. 우리의 信仰을 根本的으로 빼앗으려고 하는 氣勢가 있다. 이 風潮에 흔들리지 않기가 과연 어려운 것이다. 昨日까지 熱烈한 傳道者로서 今日 극단의 無神論的 過激主義者가 되는 것을 많이 目擊한다"[60]고 하여, 그는 사회주의자들의 무신론적인 반종교적 인식론과 태도들을 비판하였다.

이처럼 김창제는 당시 YMCA 내에서 함께 활동하던 기독교인들 중 사회주의에 대해 긍정적 태도를 보였던 일부의 논자들과[61] 달리 부정적으로 인식하였던 것이 사실인 것 같다. 그러나 그는 사회주의자들의 공격에 대해 무조건적으로 부정적으로만 인식하였던 것은 아니었다. 오히려 이를 적극적으로 수용하여 기독교개혁론의 차원으로까지 나아가고 있었다.

이러한 모습은 그가 예수를 "民衆解放運動의 首唱者"[62]로 보았던 것이나, 오늘의 현 시대를 "사회민중의 시대"[63]로 인식하고, 교회가 너무나 '부르조아적'이라고 비판했던 것[64]에서 볼 수 있다. 또한 이같은 입장은 그가 "吾人은 基督敎人이라 맑쓰가 別人이 아니요 레닌이 別人이 아니라 彼等의 眞槪念은 곧 安全한 勞動主義에 不過하다 … 그러나 基督은 이미 勞動主義를 提倡하였으니"[65]라고 하는 인식에서 보인다.

따라서 그는 사회주의자들의 반기독교적 논리를 기독교의 자기 비

---

59) 金昶濟, 「現代思想問題 對하야」, 『靑年』, 1923. 1, p.10.

60) 金昶濟, 「夏令會에 對하야」, 『靑年』, 1931. 7 · 8, p.3.

61) 자세한 내용에 대해서 노치준, 「일제하 한국 YMCA의 기독교 사회주의사상 연구」, 『일제하 한국기독교와 사회주의』, 한국기독교역사연구소, 1992, pp.59-101 참조 .

62) 金昶濟, 「民衆의 宗敎」, 『靑年』, 1926. 2, p.12.

63) 金昶濟, 「現下 朝鮮基督敎運動의 方向은 어디로(續)」, 『基督申報』, 1932. 1. 12.

64) 金昶濟, 「敎會의 反省을 求함」, 『靑年』, 1928. 5 참조.

65) 李大偉, 「第九會朝鮮基督敎學生夏令會記」, 『靑年』, 1922. 9, p.57.

판의 계기로 삼고자 했을 뿐만 아니라 이에 더욱 나아가 예수가 사회주의 이전에 이미 민중 중심의 인식과 관점을 갖고 있었다고 강조하였다. 그리하여 기독교적 원리와 정신 속에서 사회주의적 요소를 적극적으로 끌어내는 작업을 통해 사회주의를 극복하고자 하였던 것이다. 이같은 입장은 그가 "吾人은 基督敎人이라 맑쓰가 別人이 아니요 레닌이 別人이 아니라 彼等의 眞槪念은 곧 安全한 勞動主義에 不過하다 … 그러나 基督은 이미 勞動主義를 提倡하였으니"[66]라고 하였던 것에 보이듯이 기독교와 사회주의의 유사성을 주장하는데서 찾을 수 있다고 생각된다.

한편, 김창제는 사회주의 뿐만 아니라 자본주의에 대해서도 비판적 입장을 견지하고 있었다.

첫째로 그는 오늘날의 자본주의가 '반기독교적'이며 인간의 참된 모습을 해치고 있으며, 이것은 기독교의 정신과는 근본적으로 반대되는 것이라고 지적하여, 이러한 자본주의의 불합리한 구조 속에서 이윤을 챙기는 자본가들의 착취성을 비난하였다.

그는 "小數의 資本家는 多數의 勞動者들을 농락하여 資本家는 勞動者의 工價가 低落하여 一落千丈일수록 좋아함으로 富者는 益富하고 貧者는 益貧하여 畢竟 勞資兩級間에 大血戰이 生케 되었다"[67]고 하여 자본가들이 잉여가치의 착취를 통해 부를 더욱 증식시킴에 따라 빈자인 노동자들은 더욱더 가난해지고 결국에 자본가와 노동자 사이의 계급투쟁을 불러일으킨다고 비판하였다.

또한 유물주의에 빠진 자본가들에게 향하여 "現代唯物論者들이여! 諸君이 現世에서는 諸君自身의 能力으로써 幾分의 滿足을 얻을 수

---

66) 李大偉, 위의 글.
67) 李大偉, 위의 글.

있다 하여도 最終에는 慰安을 줄 者는 現世에는 一個 없다"[68]고 하여 그들도 결국 종교적 심판의 대상임을 지적하였다. 그리고 자본주의의 황금만능주의에 대해 "現代唯物主義의 害毒이야말로 酒·色·財보다도 尤甚하다 할 것이다. 아니 모든 慾心이 根源이 다 物質에서 나아 오는 것이다. … 예수는 「神과 財를 兼하여 섬기지 못하리라」하시고 돈을 貪함이 萬惡의 根本이라고 하셨다. 그런데 現代人은 金卽神이라고 한다. 聖書에는 神은 愛라고 하였지마는 現代人은 뒤집어서 愛卽神이라고 한다"[69]고 밝히고, 이것은 인간성을 해치는 것으로 기독교의 정신과는 반대되는 것이라고 주장하였다.

둘째로 자본주의는 기독교의 민중적 중심의 전통을 빼앗아 버렸고 기독교를 가진 자를 위한 종교로 만들었다고 주장하였다. 그는 "17세기 産業革命 이후로 資本主義化 하고 말았다. 그 制度와 形式이 도로 貴族的이오 有閑階級의 消遣的이오 도리어 舊敎의 謹嚴과 神秘美까지 없어지려 한다."[70]라고 하여 '민중 중심'의 기독교를 '자본가 중심'의 가진 자의 종교로 만들어 버렸으며, 이로 인해 기독교의 '민중적' 전통이 상실되게 되었다고 비판하였다.

이처럼 김창제는 사회주의와 자본주의 양자를 비판하면서 자신의 사회개혁의 논리를 전개하였다.

첫째, 사회를 개혁하기 전에 자신부터 먼저 개혁되어야 함을 강조하였다. 그는 "社會를 救援코자 하면 먼저 個人을 救援할 것이오 個人을 救援하려면 또한 그 社會를 돌보지 아니할 수 없는 것이다. 만일 한 사람이 救援을 얻는다 하면 그만큼 社會는 救援을 얻는다

---

68) 金昶濟, 「信仰과 能力」, 『靑年』, 1926. 10, p.8.
69) 金昶濟, 「人生의 三大誘惑」, 『眞生』, 1929. 7. p.23.
70) 金昶濟, 「民衆의 宗敎」, 『靑年』, 1926. 2, p.13.

한사람이 墮落하면 그만큼 社會는 腐敗한다. 君은 먼저 自身의 改造를 圖하라 基督의 福音은 個人的 福音인 동시에 社會的 福音됨이 분명한 것이다."[71]라고 하여 사회개혁과 개인의 개혁은 불가분의 관계이며, 한 사회의 구조나 제도, 형식 등을 개혁하는데는 한계가 있으므로 사회개혁 이전에 개인이 먼저 개혁되어야 한다고 밝혔다.[72]

그리하여 이같은 논리의 연장 선상에서 그는 당시 전개되고 있던 사회·경제운동에 대해 "근일 일어나는 諸般運動이 다 훌륭하다 民立大學도 훌륭하고 創文社도 훌륭하고 經濟會도 훌륭하고 自作會가 더욱 훌륭하고 각처에서 蜂起하는 斷煙同盟會, 禁酒會는 더욱 훌륭한 것이다. … 自給의 生活을 다만 物質的으로만 救하거나 새 절에 抱泥될 것 같으면 필경 自家撞着에 빠지고 말 것"[73]이라고 언급하여 물질적인 운동도 중요하지만 그에 따른 정신의 진보도 중요함을 강조하였다.

둘째, 김창제는 개인과 사회를 개혁함에 있어서 기독의 정신 중에서 무엇보다도 기독교의 '사랑'과 '정의' 두 정신을 중요하게 생각했다. 그는 "人類는 愛의 法則에 依據하여 進化向上하는 것은 엄연한 事實로서 萬事에 暴力으로만 競爭을 試하는 者는 畢竟 失敗할 것이오 最後의 승리를 취할 자는 곧 愛의 力이라 할 수 있다. … 國際問題도 人種問題도 내지 社會問題도 이 앞에서도 다 머리를 숙이고 말 것이다"[74]라고 하여 기독교적 정신의 우월성을 강조하였다.

또한 그는 "사람들이 愛의 神은 말하면서도 義의 神을 말함은 싫

71) 金昶濟, 「貧者의 福音」, 『靑年』, 1931. 11, pp.3-5.
72) 金昶濟, 「깨여라 靑年들」, 『靑年』, 1929. 3, pp.1-2.
73) 金昶濟, 「精神부터 自己것을」, 『靑年』, 1923. 3, pp.12-13.
74) 金昶濟, 「愛의 力」, 『靑年』, 1926. 11, pp.4-6.

어한다. 基督의 말을 들어라 愛가 만일 義를 移하면 腐敗하여 淫佚과 放肆에 빠진다 現代人은 愛만 알고 義를 모르기 때문에 모든 汚染과 羞恥가 생긴다. … 義人으로써 世에 處함은 사회의 防腐劑가 될 것이다. … 즉 正義의 力이 없으면 人類社會는 아무 進步도 없고 向上도 없으며 禽獸의 社會와 별 다를 것이 없을 것이다."[75]라고 하여 개인과 사회를 개혁하는데 있어서 '사랑' 뿐만 아니라 거기에는 '正義'가 있어야 올바로 이루어 질 수 있고, 이것이 없다면 어떠한 진보도 기대할 수 없는 것이라고 주장하였다. 즉 그는 기독교의 이념 중 사랑과 정의를 다 같이 강조하고 이 두 정신이 온전히 지속되고 견고해질 때 비로소 개인과 사회의 개혁이 실현될 수 있다고 보았다.

여기서 우리는 김창제가 사회적 윤리를 담고 있는 '정의'의 정신을 동일하게 강조하고 있다는 사실이 주목된다. 김창제의 이러한 주장은 1920년대와 30년대에 '사랑'의 개인윤리와 함께 '정의'라는 사회윤리를 강조하는 것이었다. 이것은 사회 개혁의 범위를 개인문제 뿐만이 아니라 사회문제에까지 확장시키고 개혁의 지평을 설정하였다는 데 그 역사적 의의가 있을 것이다.

셋째, 그는 이러한 활동에 있어서 기독교청년회의 역할이 어떤 단체의 역할보다 중요하다고 보았다. 이러한 인식은 그가 YMCA에서 오랫동안 활동하였다는 사실과 무관한 것이 아니었던 것으로 보인다.

그는 기독교청년회의 할 일에 대해 크게 "都市靑年들을 聖潔하고 健全한 人物로 指導하고 農村을 위해 犧牲的으로 일해야 할 것"[76]으로 나누고, "우리가 社會的 動物로써 社會를 떠나서 存在치 못하는 以上 基督敎靑年會人들도 역시 社會思潮의 영향을 받지 않을

---

75) 金昶濟, 「正義의 力」, 『靑年』, 1926. 12, p.13.
76) 金昶濟, 「基督敎靑年會의 使命은 何」, 『靑年』, 1935. 12, pp.2-3.

수 는 없지만 우리 基督敎靑年會는 언제든지 靑年指導가 되어 社會의 모든 問題를 聖書로써 解釋하고 祈禱로써 解決하고 信仰으로 善戰으로"[77] 나아가며, "眞理·正義를 위하여 奮起한 것이라면 義와 愛와 信으로써 武器를 삼어 正正堂堂하게 싸울 것이다"[78]라고 주장하였다. 김창제는 개인과 사회 개혁에 있어서 기독교청년회가 '前衛' 역할을 담당할 조직임을 강조하면서 이를 중심으로 하여 기독교 청년들의 개인과 사회의 개혁운동이 전개되어야 한다고 보았던 것이다.

요컨대 김창제는 사회문제가 개인의 문제로 해결될 수 있는 성질의 것이 아님을 파악하고 있었다. 그는 진정한 개혁이 이루어지기 위해서 개인의 개혁문제가 늘 선행되어야 한다고 강력하게 주장하면서도 여기에 머무르는 것이 아니라 바로 사회개혁까지 확장되어 나가는 것이야말로 한국기독교와 기독교인들이 지향해야 할 사회개혁의 근거임을 확신하고 있었던 것이다. 따라서 김창제의 사회개혁론은 최근 한국 기독교가 '사랑'만을 강조함으로써 모든 문제를 개인적 윤리의 문제로 보는 까닭에 기독교의 사회적 기능에 소홀하다는 비판을 받고 있는 상황에서 새롭게 재조명되어져야 할 필요가 있을 것이다.

3) 민중종교론

3·1운동 이후 한국기독교는 대내외적으로 심각한 도전에 직면하였다. 대외적으로 일제는 표면적으로 유화적 제스처를 취하면서도 속으로 기독교계의 민족의식과 민족주의자들을 말살하려는 지배정책을 실시하였다.[79] 또한 사회주의자들이 '종교는 아편'이라는 전제아래 한국

---

77) 金昶濟, 「夏令會의 今昔」, 『靑年』, 1929. 6, pp.1-3.
78) 金昶濟, 「基督敎靑年會의 使命」, 『靑年』, 1935. 5, p.2.

기독교를 공격하였다. 대내적으로는 사회사조에 영향받은 교회내의 청년들이 공공연히 반기독교운동을 전개하거나[80] 기성세대에 대해 반발하는 일들이 속출하였다.[81] 따라서 이러한 대내외적인 도전들은 식민지 지배정책아래 교회의 '정체성'도 유지하기 힘들었던 한국기독교에 엄청난 큰 충격을 가져다주었다.[82]

한국 기독교는 사회주의자들의 공격이 있기 전 이미 일반 사회의 여론으로부터 비판을 당하고 있었다. 1917년 이광수는 「今日 耶蘇敎會의 缺點」[83]이란 글을 통해 한국교회와 교인들의 문제점에 대해 한국기독교의 계급주의, 교회지상주의적 태도, 교역자의 무식 등을 지적하고, 이는 현실보다는 내세를 중시함으로 인한 '現實遊離'에서 비롯된 것이라고 비판하였다.[84]

그런데, 이광수의 '기독교 시비론'은 그가 밝히고 있듯이 "교회와 사회의 충정"에서 나왔던 것으로 반기독교적인 의도에서 나온 것이라기 보다는 기독교의 對 사회적 기능에 대한 지적이었다. 이같은 문제들은 교회 내에서도 문제점으로 대두되고 있던 부분이었다.[85]

그런데 문제는 1920년대에 들어서면서 사회주의자들의 반기독교운동과 함께 이에 영향을 받은 사회 일반의 기독교에 대한 반기독교적

79) 姜東鎭, 『日帝의 韓國侵略政策史』, 한길사, 1980, pp.388-393.
80) 「反基督敎運動何其多」, 『開闢』, 1926. 4; 묵 봉, 「反宗敎運動과 이에 對한 基督敎會의 態度를 回顧하는 나의 所見」, 『靑年』,1927. 2, pp.115-117.
81) 金昶濟, 「問題는 愛에 있다」, 『基督申報』, 1928. 1. 4.
82) 한국기독교사연구회, 『한국 기독교의 역사II』, 기독교문사, 1990, pp.47-51; 민경배, 『韓國基督敎會史』, 대한기독교출판사, 1982, pp.332-340.
83) 李光洙, 「今日 朝鮮耶蘇敎의 缺點」, 『靑春』, 1917. 11 참조.
84) 이광수의 기독교계에 대한 비판에 대해서 채현석, 「李光洙의 基督敎是非論」, 『韓國基督敎史研究』 5호, 韓國基督敎史研究會, 1985, p.21-22.
85) 社說, 「今日朝鮮敎會에 對한 問題」, 『神學世界』, 1916. 5, pp.5-7; 孔韋亮, 「牧師의 思想的 生活」, 『神學指南』, 1918. 1, pp.82-94.

분위기가 형성되고, 이것이 한국 기독교의 정체성을 위협하는 커다란 요인이 되고 있었다는 점이었다.[86]

한국 기독교에 대한 신랄한 일반 여론의 혹평은 이 당시 일반 사회가 한국기독교에 대해 가지고 있던 인식을 그대로 드러내는 것으로, 이같은 사회의 부정적인 인식은 한국 기독교에 큰 충격을 주기에 부족함이 없는 것이었다. 한국 기독교의 존립가치와 정체성이 타격을 받고 있는 상황 속에서 김창제의 교회에 대한 문제점의 지적과 더불어 개혁사상이 나오고 있는 것이 주목된다.

김창제는 한국교회를 향하여 "教會堂의 建築과 裝飾, 信條의 態度, 一般的 經營方式등이 民衆的으로 改善할 점이 없는가?"[87]라고 질문하면서, "근일 基督敎敎會는 점점 俗化되어 가려고 한다 … 우리의 生活은 非基督敎人보다 얼마나 聖別되어 있는가? 주의 기뻐하심을 입을 자가 될 만한가?"[88]라고 반문하면서 한국교회는 결코 그렇지 못하기 때문에 이를 반성할 필요가 있다고 주장했다.

그리하여 그는 한국교회가 자본주의화하고 속화된 원인으로 "基督敎會의 最近 二十年間의 方向이 점점 上層階級으로 들어갔고, 이는 基督敎內 門閥, 財閥, 學生 등 상당한 인물이 들어오게 된 것이 큰 원인으로 基督敎가 지금까지 전개한 文化運動은 어디까지나 資本主義의 文化運動을 한"[89]것에 불과하다고 비판하였다. 그는 한국 기독교 성격이 '부르주아적'이라고 전제하고 이러한 이유로 최근 수십년 동안 교회 신사구성이 하층세급에서 상승세급으로 이동한 것이

---

86) 堅志洞人, 「『에루살렘의 朝鮮』을 바라보면서」, 『開闢』, 1925. 7, pp.55-61.
87) 金昶濟, 「教會의 反省을 求함」, 『靑年』, 1928. 5, pp.1-2.
88) 金昶濟, 「크리스마쓰의 際하야」, 『靑年』, 1929. 12, pp.1-2.
89) 金昶濟, 「現下 朝鮮基督敎運動의 方向은 어디로」, 『基督申報』, 1932. 1. 12.

가장 큰 원인으로 지적하였다.

이러한 맥락에서 그는 당시 활발하게 전개하고 있는 "문화운동에 대해서도 소부르조아지 이상 계급의 상층계급을 위한 자본주의 문화운동에 불과"한 것이며 "기독의 정신을 결한 문화운동은 結局 교세확장과 단체적 경쟁이 되고 말 것"이라고 하여 아무리 훌륭한 조건과 인재들이 기독교운동을 시작한다 하더라도 예수의 정신이 빠진 그 어떤 운동도 일반의 운동과 다를 바가 없을 것이라고 지적하였다.[90]

그리고 그는 한국교회의 교역자들 중에 현대를 이해할만한 식견과 신앙을 겸비한 자가 너무 부족하며, 파당적 분쟁과 교세확장에만 치우쳐 교회의 내적 발전에 무관심한 채 외적인 면에 몰두하고 있음을 강력하게 비판하였다. 그는 내적인 성장과 질적 발전을 도모하지 않고 오직 "외래문명의 형식과 제도만 쫓는 우리교회가 지금에 난처하게 된 것은 당연한 결과"[91]라고 평가하였다.

그리고 "오늘 우리교회가 아니 신자들이 不振한 것은 根本精神이 없어진 까닭이다. 먹기 위하여 傳道하고 月給 많이 받으려고 說敎를 잘 준비하고 求道者數를 많이 보고한다. … 黨派的 紛爭과 敎勢擴張에만 漸漸 熱中하여가는 상태는 실로 目睹할 수밖에 없다. 이것이 基督의 참 精神을 잃었다는 것을 雄辯으로 證明하는 것이다."[92]라고 하여 기독교가 시간이 갈수록 제도화하고 교역자들의 태도가 직업화함에 따라 예수의 참된 헌신과 소명을 상실하고 있다고 질책하였다. 이와 함께 그는 "今日의 信者는 너무도 利害打算에 怜悧하야 畢竟은 小貪大失이 되고 만다. 말만하고 行치 아니하는 僞善者가 된다."[93]

---

90) 金昶濟, 「朝鮮基督敎文化運動의 觀見(1)」, 『基督申報』, 1933. 1. 1.

91) 金昶濟, 「初代敎會로 돌아가라」, 『基督申報』, 1933. 9. 20.

92) 金昶濟, 「義務敎役者와 現敎會制度」, 『基督申報』, 1934. 3. 7.

고 하여 물질주의에 종속되어 신자의 삶을 망각한 채 이중적 모습으로 살아가는 기독교인의 문제점을 날카롭게 지적하기도 하였다.

그러면, 사회주의자들과 사회 일반의 비난, 그리고 김창제 자신이 지적한 한국 기독교와 기독교인들의 문제점에 대한 해결방법으로 그가 제시하고 있던 것은 무엇이었으며, 그것을 행할 방법은 어떤 것들이었나?

김창제가 한국기독교의 개혁의 관점으로 제시한 것을 한마디로 표현한다면 '民衆宗敎論'이라고 말할 수 있을 것이다. 그는 1926년 『청년』에 실린 「民衆의 宗敎」[94]라는 글을 통해 한국 기독교를 '민중종교'의 역사적 바탕 위에 다시 세워야 함을 강조하였다. 그는 이 글에서 기독교 역사의 고찰을 통해 초대기독교의 시작이 바로 민중을 중심으로 하여 비롯되었다고 파악하고, 기독교의 민중적인 전통을 오늘날 다시 복원하는 것이 한국 기독교가 지향해야 할 방향이며 현재의 문제점을 해결할 수 있는 관점임을 강조하였다.

그는 "人間事의 모든 文化가 다 民衆을 背景삼아 일어나는데, 現代人들이 民衆生活을 부르짖으면서도 무슨 이유인지 宗敎만은 민중종교를 提唱치 아니하는 것이 큰 疑問으로 理想的 社會를 成立하려면 組織의 分子된 各 個人이 新生하여야 하며 民衆時代에는 民衆的 宗敎가 절대로 必要하다"[95]는 '民衆宗敎論'의 필요성을 제기하였다.

또한, 그는 "固有한 民衆的 宗敎는 現代人들이 排斥하는 基督敎로써 基督敎를 貴族的 宗敎, 資本主義 擁護者, 民衆을 愚弄하는 痲醉劑라고 排斥하지만 基督敎의 根本義를 생각해보면 基督은 본

---

93) 金昶濟, 「隨感隨錄(二)」, 『基督申報』, 1930. 1. 8.
94) 金昶濟, 「民衆의 宗敎」, 『靑年』, 1926. 2, pp.12-14.
95) 金昶濟, 위의 글, p.12.

래 貧寒한 木工의 집에서 태어나 民衆解放運動의 首唱者가 되었으며, 猶太敎의 返逆者로서 貴族的·律法的·形式的·專制的인 猶太敎에서 民衆的·心靈的·自由的으로 解放하려 하였으니, 때문에 基督은 民衆의 眞理的 指導者로서 民衆을 위하여 犧牲이 되었다"[96]고 하여 민중종교의 기초에 예수가 있음을 지적하고 예수의 희생이 곧 민중을 위한 것이었다고 파악하였다.

그러면서 그는 이렇게 "民衆의 宗敎로 시작한 基督敎가 民衆의 손에서 皇帝와 貴族과 僧侶에게 넘어가 본래의 精神을 喪失하였다가 宗敎革命이 일어나 다시 民衆의 손으로 넘어왔으나, 이것도 잠시 17세기 産業革命 이후로 基督敎는 다시 資本主義化 하고 말았으며 그리하여 基督敎가 民衆의 敵으로"[97] 불려지게 되었다고 보고, 원래 민중을 위해 시작된 기독교가 오늘에 와서는 민중이 배제된 채 자본가를 중심으로 하는 가진 자를 위한 종교로 전락되었기 때문에 비판을 받고 있다고 지적하였다.

그러면 김창제의 개혁론은 무엇에 토대하고 있었던 것일까? 그는 항상 예수와 예수의 정신에 그의 개혁의 관점을 설정하고 있었다. 그는 "종교적 조직은 배척할 수 있어도 그 중심이 되는 기독은 배척할 수 없는 것으로 기독은 결코 屈從的 無抵抗主義者·妥協的 平和論者가 아니라 正義와 眞理에 對하여 건전고투한 勇士이기 때문에 먼저 基督의 精神에 立脚하여야겠다."[98]라고 하였다. 이것은 그가 한국 기독교의 '民衆化'를 강조하면서도 그의 교회개혁의 중심에는 근본적으로 기독과 함께 기독의 정신이 자리잡고 있음을 보여주는 것이다.

---

96) 金昶濟, 위의 글, pp.12-13.

97) 金昶濟, 위의 글, p.13.

98) 金昶濟, 위의 글, p.14.

즉 그는 '기독교'라는 종교적 조직이 역사적 조건에 따라 변할 수 있지만, 예수는 역사적 조건을 초월하여 불변한다고 파악함으로써 기독교와 예수를 분리하여 인식하였던 것이다.

이러한 인식을 바탕으로 그는 民衆을 위해 일하였고 그들을 위해 희생되었던 예수를 중심으로 하는 교회개혁의 기준을 확립하였다. 따라서 이 기준에서 김창제는 제도화된 '기독교'라는 종교조직에 대한 개혁적 작업이 예수의 정신에 따라 언제나 가능하다고 하는 관점을 설정할 수 있었던 것이다.

김창제는 기독교가 민중종교로 실현될 수 있는 방법으로 다음과 같이 주장했다. 먼저, 그는 "종교개혁이 제국주의의 종교를 평민화하였으나 금일의 종교는 자본주의적 종교로 된 것이 사실"이라고 보고, 루터가 왕궁에서 종교를 민중에게 끌어낸 것처럼 "자본주의 손에서 무산대중에게로 끌어내어야 한다"[99]라고 강조하였다. 그는 한국 기독교의 방향이 민중적으로 사회적으로 전향하는 작업이야말로 자본가를 위한 종교에서 민중을 위한 종교로 전환하는 실제적 방법임을 천명하였다. 그는 이것이 실제적으로 실천되지 못할 경우 기독교의 시대적 가치조차 상실할 것이라고 경고하기도 하였다.

다음으로 그는 지금까지의 기독교문화운동이 소부르조아지 이상의 계급에 국한된 것으로 민중이 철저하게 배제되어왔음을 비판하고, 이제부터의 '基督教文化運動'은 民衆을 중심으로 하여 전개되어야 한나고 역설하였다. 그래서 민중을 위한 전도, 교육, 의료 기관이 확충되어야 하며, 학문, 예술, 도덕, 정치, 경제 각 방면에 걸쳐 기독교의 정신을 불어넣는 것이 진정한 기독교문화운동이라고 지적하였다. 그렇게 될 때 비로소 기독교는 어떤 계급의 사유물이 아니라 민중의 소유

---

99) 金昶濟, 「宗敎의 現代的 價値」, 『靑年』, 1931. 3 · 4, pp.1-2.

가 될 수 있다고 보았다.[100] 또한 한국 기독교가 교회당의 건축이나 교역자의 태도, 교회 경영방식등이 더욱더 '社會主義的 敎會'[101]로 전환되어야만 민중을 위한 종교로서 실제적으로 자리잡을 수 있다고 보았다.

요컨대, 1920년대~30년대 한국 기독교의 정체성이 위협받는 상황 속에서 그는 한국 기독교의 위기를 물리적 위기인 동시에 사상적·종교적 위기로 인식하고 있었다. 이같은 위기 속에서 그는 '고난받는 민중들'을 위해 예수가 희생되었으며, 이러한 예수의 희생 위에 민중들로부터 초기 기독교가 시작되었음을 지적하여 한국기독교역사상 새롭게 '민중'을 발견하였던 것이다. 따라서 그는 한국 기독교가 자본가와 권력가가 포함된 상층계급을 위한 기독교가 아니라 민중을 중심으로 하며, 민중을 위한 '민중의 종교'로 그 성격을 전환시켜야 한다고 강력하게 역설하였던 것이다.

IV. 맺음말

필자는 이제까지 김창제의 생애와 활동, 그리고 사상의 특징을 1920년대와 30년대를 중심으로 살펴보았다. 이제까지 잘 알려지지 않았던 그의 생애와 사상적 특징을 통해 그가 지향했던 것이 무엇이었는지를 다소나마 이해하게 되었다. 여기서는 부족하지만 그가 지녔던 '사상의 성격'을 살펴보는 것으로 이 글을 맺고자 한다.

첫째로 김창제의 基督敎改革論은 1920년대이래 일제의 기만적인

---

100) 金昶濟, 「朝鮮基督敎文化運動의 觀見(1)」, 『基督申報』, 1933. 1. 1.
101) 金昶濟, 「問題는 愛에 있다」, 『基督申報』, 1928. 1. 4.

'문화통치'의 식민지 지배정책인 분열·회유정책과 사회주의자들의 반기독교운동 및 일반 사회여론의 반기독교적 분위기, 이와 더불어 사회·경제의 어려움 속에서 한국 사회와 한국 기독교의 '정체성'이 위협받는 상황 가운데 형성된 것이었다. 또한 그러한 위기적 상황에서 한국기독교가 이에 대한 대안을 만들고 개혁해 나가기 보다는 시간이 갈수록 더욱 보수화 자본주의화하고 있으며, 이에 따라 그가 청년의 교육문제와 기독교의 위기를 물리적 위기인 동시에 사상적·종교적 위기로 인식하였던 데서 비롯되었다.

둘째로 김창제의 사상은 유교의 비판을 통해 그의 기독교적 가치관과 세계관을 더욱 공고히 하였다. 그렇다고 그가 기독교를 맹종하고 동양의 정신적 구조의 토대라고 할 수 있는 유교를 무조건적으로 배격하였던 것은 아니었다. 그는 유교의 본질에 대한 비판이라기 보다는 유교의 對 社會的 역할에 대해 비판하였다. 이같은 인식은 기독교가 당시의 조선 사회와 개인의 변화에 유교보다는 월등하게 기여할 수 있다는 인식에서 비롯된 것이었다. 따라서, 전통적 유교적 교육과 근대 교육을 다 같이 습득했던 김창제는 유교에 대한 비판과 극복을 통해 기독교를 신앙의 대상으로서 뿐만 아니라 근대적인 사회개혁의 이념으로서 수용하고 이를 확신하였던 것이다.

셋째로 그는 당시의 교육의 문제가 인간의 덕성과 영성을 개발시키고 이를 양성하기 보다 지식에 편중된 편지적 교육에 있다고 파악하고, 교육에 있어서 종교적 인식의 필요성을 제기하였다. 그는 '三育主義'라는 기독교적인 독특한 관점을 확립하여 수많은 청년과 지도자들에게 영향을 미쳤다. 그는 교육의 문제가 물질주의, 향락주의가 팽배에서 비롯된 것으로, 학교가 '高等遊民'을 양성하는 장소가 되어 고등교육을 받은 청년들이 지적인 교육에만 치우쳐 인격상 기형이 날로 증가함에 따라 사회에 이익을 주기보다는 병폐만을 조장하고 있다고 주장하였다. 이에 대한 해결책으로 그는 유물론적 자본주의 관점과 유심론적 관념주의 양자를 다 비판하면서 이 양자가 결합되어 있는 基督敎 新理想主義論을 강조하였다. 이것은 지식과 행위가 분리된 것이 아니라 이를 하나로 일치시킬 수 있는 교육개혁론이었다.

넷째로 그는 사회주의에 대해 대체로 부정적으로 인식하고 이를 비판하였으며, 자본주의가 가진 문제 또한 날카롭게 지적하여 그의 독특한 사회개혁론을 주장하였다.

먼저 그는 사회주의의 건설 방법으로 폭력혁명에 의한 사회개혁에 반대하였으며, 기독교와 사회주의가 그 이념과 실천이 모두 다르기 때문에 양자가 서로 '常用'할 수 없다고 보았다. 또 사회주의가 종교적 신앙을 배척하는 무신론을 담고 있다고 비판하여 사회주의자들의 무신론적인 반종교적 인식론과 태도, 그리고 이로 인한 기독교계의 충격과 혼란을 가중시키고 있다고 비판하였다. 그러나 그는 사회주의자들의 반기독교적 논리를 기독교의 자기 비판의 계기로 삼고자 했을 뿐만 아니라 이에 더욱 나아가 예수가 사회주의 이전에 이미 민중 중심의 인식과 관점을 갖고 있었다고 사회주의를 극복하고자고 하였다.

또한 김창제는 사회주의 뿐만 아니라 자본주의에 대해서도 비판적 입장을 견지하고 있었다. 그리하여 그는 자본주의가 '반기독교적'이며 인간의 참된 모습을 해치고 있으며, 이것은 기독교의 정신과는 근본적으로 반대되는 것이라고 지적하였다. 또한 자본주의는 기독교의 민중적 중심의 전통을 빼앗아 버렸고 기독교를 가진 자를 위한 종교로 만들었다고 주장하였다.

이처럼 김창제는 사회주의와 자본주의 양자를 비판하면서 자신의 사회개혁의 논리를 전개하였다. 그는 사회를 개혁하기 전에 자신부터 먼저 개혁되어야 함을 강조하여 사회의 구조나 제도, 형식 등을 개혁하는데는 한계가 있기 때문에 사회개혁 이전에 개인이 먼저 개혁되어야 한다고 밝혔다. 그러나 그는 개인과 사회를 개혁함에 있어서 기독교의 '사랑'과 '정의' 두 정신을 중요하게 생각하여 한국기독교와 기독교인들이 궁극적으로 지향해야 할 것은 바로 사회개혁임을 강조하였다.

다섯째로 그는 기독교를 개혁하기 위한 民衆宗教論을 주장하였다.

김창제는 한국기독교역사 속에서 새롭게 '민중'을 발견하고 고난받는 민중들과 함께 하는 예수 위에서 기독교가 시작되었음을 지적하였다. 그는 한국 기독교가 자본주의화, 물질화, 부르조아지화 하였다고 파악하고, 심지어 기독교가 추진하는 운동조차 엘리트화하고 상층계급을 위한 것이었다고 비판하였다. 그리하여 그는 예수의 희생이 민중을 위한 것이었으며 초기 기독교의 형성에 있어서도 민중이 토대가 되었다는 사실에 주목하였다. 그리하여 그는 기독교계가 민중을 위하는 기독교로 그 성격을 전환시켜야 한다고 강력하게 주장하였다. 나아가 한국교회가 민중종교가 되기 위해서는 교회의 제도, 건물, 교역자 태도, 운동의 방향 등에서 현실적으로 이를 적극적으로 수용한다고 역설하였다. 이러한 그의 주장은 오늘날에도 시사하는 바가 크다고 생각된다.

요컨대 김창제는 일반 학교의 교사와 더불어 YMCA의 주요연사로 왕성한 활동을 전개하였던 인물이었다. 특히 1920~30년대 사회주의자들의 반기독교운동과 일반사회의 반기독교적 분위기 속에서 그는 글과 강연을 통해 한국 기독교의 정체성 확립과 청년문제를 둘러싼 기독교개혁론을 역설하였다. 그는 각종 청년회 집회 및 강연회, 토론회 등의 주요 연사로 초청되었으며, 그의 거침없는 논리와 정열의 웅변적 강연은 세속적 물질만능에 물들고 사회현실에 낙담한 기독교청년들 뿐만 아니라 일반청년들에게까지 많은 감동과 희망을 주었다. 따라서 이러한 그의 활동과 사상은 암울한 일제 식민지하에서도 한국 기독교와 청년들에게 새로운 미래에 대한 희망을 주었다는데 그 역사적 의미가 있는 것으로, 오늘날 새롭게 다시 부각되어야 필요가 있을 것이다.

'신화'의 장막에 가려진 기독교민족운동가 / 최흥종

한 규 무[*]

Ⅰ. 머리말

五放 崔興琮(1880~1966) 목사는 한국근현대사 연구자들에게도 그다지 익숙한 인물이 아니다. 하지만 그는 한국기독교사에서는 일찍부터 주목받아온 인물이다. 특히 광주·전남 근현대사를 다룰 때는 그를 빼놓을 수 없다. 국채보상운동·3·1운동·신간회운동 등 민족운동을 비롯하여 나환자·고아·빈민들을 위한 구제활동, 교육활동·농촌사업

* 광주대학교 교수

· 노동운동(노동공제회 광주지회장) 등에도 적지 않은 관심을 보였으며, 해방 직후 전남건국준비위원회 위원장을 맡는 등 건국운동 등에 참여했기 때문이다. 여기에 목사로서의 종교활동까지 더한다면 그의 관심과 활동의 영역은 거의 모든 분야에 걸쳐 있었다고 해도 과언이 아니다.[1] 1966년 그가 죽었을 때 장례가 '광주시민장'으로 치러진 것도 지역사회에 끼친 그의 공헌을 짐작케 한다. 그의 항일활동에 대해 『독립유공자공훈록』에는 다음과 같이 나와 있다.

> 최흥종(1880. 5. 2~1966. 5. 14) 광주 사람이다. 1919년 3월 2일 광주에서 서울에 상경하여 3월 5일에 일어난 학생단체의 제2의 독립만세시위에 찬동하고 동일 8시경 남대문 역전에서 벌어진 대시위에 참가하여 시위하던 중 인력거에 올라서서 『新朝鮮新報』와 독립정신을 고취하는 인쇄물을 배포하고 대한문 앞에서는 인력거에 올라서서 조선독립이라 쓴 대형 태극기를 높이 흔들어 시위군중을 선도하며 지휘하다가 피체되었다. 이로 인하여 1919년 11월 6일 경성지방법원에서 소위 보안법 위반으로 징역 1년형을 언도받아 공소하였으나 1920년 2월 27일 경성복심법원에서 기각되어 옥고를 치렀다. 1920년 9월 1일 조선노동공제회의 광주지회장을 역임하였고, 1927년 10월 29일 신간회 광주지회장을 역임하면서 항일운동을 전개하였다. 정부에서는 고인의 공훈을 기리어 1990년에 건국훈장 애족장(1986년 대통령표창)을 추서하였다.

위의 내용에는 오류가 보이지 않는다. 따라서 이것만 갖고도 그는 '민족운동가'라 불리기에 손색이 없다. 특히 광주·전남 민족운동계에서 그의 위치는 독보적이었다. 당시 1920~30년대 광주·전남의 '사회

---

1) 최근에는 최흥종이 중국에서 추앙받는 한국인 음악가 정율성의 외삼촌이었으며, 그의 성장기에 영향을 주었을 것이라는 이유로 조명을 받기도 한다.

주의계열'을 서정희[2]가 대표했다면, 그는 '민족주의계열'을 대표할 만한 인물이다.

그러나 그에 대한 논저는 지명도에 비해 그리 많지 않다. 우선 소설가 문순태는 최흥종의 측근이었던 이영생의 증언을 토대로 하여 『永遠한 自由人-五放 최흥종 목사의 생애』(광주YMCA, 1976: 이하 『영원』)라는 전기를 썼으며, 이를 다듬어 다시 『성자의 지팡이』(다지리, 2000: 이하 『성자』)를 펴냈다. 이어 오방기념사업회에서는 그에 대한 여러 글들을 모아 『화광동진의 삶』(광주YMCA, 2000: 이하 『화광』)을 내놓았다. 여기서 특히 문제가 되는 것은 전기류인 『영원』과 『성자』다. 역사적 요소와 문학적 요소가 뒤섞여 있는 이 책은, 최흥종에 대한 대부분의 글에서 인용되고 있을 뿐 아니라 많은 이들이 그 내용을 그대로 믿고 있기 때문이다.

한편 차종순은 「호남교회사에 있어서 복음적 사회운동에 대한 연구-오방 최흥종 목사의 생애와 사상을 중심으로」(계명대 박사학위논문, 1998)와 이를 축약한 「호남교회사에서 복음주의적 사회운동에 대한 연구-오방 최흥종 목사의 생애와 사상을 중심으로」(『한국기독교와 역사』 11, 한국기독교역사연구소, 1999)에서, 그를 역사신학적 입장에서 살펴보았다. 이 논문은 최흥종 연구에 새로운 전기를 마련해준 역작이지만, 『영원』과 『성자』에 나오는 '신화'적 내용들을 대부분 그대로 따르고 있다.

물론 『영원』과 『성자』는 증언에 바탕하여 지어진 깃이기 때문에 상당 부분이 사실일 것이다. 그러나 전기류 성격을 띠다 보니 상식적으로는 이해되지 않는 과장·미화도 적지 않다. 비록 그 내용들의 진위가 최흥종에 대한 기존의 평가를 바꿀 만한 것은 아니라 할지라도,

2) 서정희에 대해서는 이성규, 『서정희(상·하)』, 지식산업사, 2006 참조.

이런 부분들을 하나하나 검증해 나가는 것이 그에 대한 연구의 첫걸음이라 생각한다. 소설이라 해도 좋을 이 책을 역사가의 입장에서 비판하는 것이 과연 옳은 일일까 하는 회의도 들지만, 최흥종에 대한 이해나 연구에서 이 책이 차지하는 비중을 생각하면 그럴 필요도 있다고 여겨진다.

이 글은 기독교계 및 광주·전남에서 회자되는 그의 '신화'적 내용들을 다른 사료들과 비교하며 다시 살펴보려는 것이다. 그것은 '신화'의 장막을 거둬내는 작업이다. 그 결과 우리가 알고 있던 것과 다른 부분이 드러날 수도 있고, 기존의 통념이 객관적 자료로써 다시금 확증될 수도 있다. 결과를 놓고 보면, 최흥종에 대한 이런저런 '신화'적 내용들은 그 근거가 전혀 없는 '허무맹랑'한 것은 아니다. 그렇다고 그 내용을 온전히 믿어도 될 만한 것도 아니다. 즉 '날조'나 '창작'이라기보다는 '윤색'과 '과장'에 가깝다는 것이 필자의 견해다.

최근 들어 한국기독교사 연구가 학문적으로 눈부신 발전을 이뤘지만, 인물사 연구에 있어서는 아직도 '위인전' 수준에 머물고 있지 않은가 하는 생각이 든다. 어떤 인물에 대한 상식을 넘어서는 '신화'적 내용은 다시금 꼼꼼히 살펴봐야 한다. 그래서 '神話'를 '史實'로 만들어야 한다. 이 글을 통해 필자가 말하고 싶은 요점은 바로 이것이다.

II. 일제의 순검으로 있으며 의병을 풀어주었는가

최흥종 '신화'는 그가 대한제국기 일제의 순검으로 있으면서 붙잡힌 의병들을 몰래 풀어주어 달아나게 했다는 데서 시작한다. 다음은 그에 대한 『성자』의 서술이다.

A. ① 영종은 순검이 된지 일년만에 화순지방의 의병소탕작전에 출동하게 되었다. 보성지역 의병대장인 안규홍의 부하들이 화순관아를 습격한다는 정보를 입수하고, 인근의 순검들까지 총출동했다. … 경찰들은 묘치고개 아랫마을을 샅샅이 수색한 결과 12명의 수상한 남자들을 포박했다. 그들이 숨어 있던 물레방아간에서 화승총 두 자루와 철환 20발도 찾아냈다. 이들은 보성 의병대장 안규홍의 부하들이었음이 밝혀졌다. … 영종은 다른 순검 한 명과 같이 체포된 의병 12명을 화순으로 압송하라는 명령을 받았다. … 영종은 계속하여 일본 경찰의 기분을 띄워주며 술을 권했다. 조금 있자니 일본 경찰이 소변을 보러 화장실에 다녀오겠다며 자리에서 일어났다. 일본 경찰이 비틀대며 화장실로 들어가는 모습을 확인한 영종은 재빨리 자리에서 일어나 의병들의 포승을 풀어주었다. "나헌테 재갈을 물리고 어서 이 포승줄로 나를 감나무에 묶으시오. 자, 어서."(『성자』, pp.89-93) / ② 그러나 영종은 그로부터 몇 달 후에도 순창에서 그와 비슷한 방법으로 총살 직전의 의병 6명을 살려주었다. 그때는 포로들을 압송하다가 풀어준 것이 아니고 한밤중에 의병들이 감금되어 있는 유치장 문을 열어준 것이었다.(『성자』, p.94). / ③ "… 얼마 전 보성 안규홍 의병장의 부장인 임창모·이백래 등이 도마산 전투에서 붙잡혀 왔을 때도 윗사람 몰래 사식을 넣어주고 가족들에게도 소식을 전해준 일을 나는 알고 있다네 …" 영종은 유치장 창살 안으로 손을 넣어 백낙구의 손을 잡았다. 영종은 백낙구 노인이 얼마 전에 임창모와 이백래가 유치장에 갇혔을 때 따뜻하게 돌봐준 것을 잊고 있는 것에 놀랐다.(『성자』, p.101)

이와 더불어 최흥종의 측근이었던 김천배의 글에서도 의병 관련 내용이 나온다.

B. ① 잠복 중인 의병장 蔡基文을 체포하라는 명을 받고는 출동
　　전에 미리 내통하여 그를 도망치게 하였고, ② 체포된 寶城의
　　義兵將 朴「林」昌模의 부하 10여명은 僞計를 써서 이를 살려
　　보내기도 하였다. ③ 閔妃를 시해한 三浦라는 자를 죽이려다
　　실패하고 잡힌 의병장 白樂九와는 감방 안에서 남의 눈을 피
　　해서 부둥켜 안고 통곡하였다.[3]

　우선 체포된 의병 12명 또는 10여 명을 압송 도중에 달아나도록
도와주고(A-①, B-②), 투옥된 의병 6명이 감옥에서 빠져나가게 했는
데도(A-②) 그가 무사할 수 있었다는 것이 쉽게 믿기지 않는다. 그렇
다고 이를 전적으로 부정하기도 어렵다. 실제로 이들 의병들이 활동
한 시기와 지역이 최흥종이 순검으로 있던 시기 및 지역과 크게 벗
어나지 않는다.

　이같은 내용의 진위를 가리는 것은 현재로서는 쉽지 않다. 호남의
병에 대한 종합적·체계적인 연구는 이뤄져 있지만,[4] 자료에 따라 이
들의 행적이 다르게 나타나기 때문이다. 또 백낙구·임창모·채기문
등에 대한 개별적 연구가 없는 것도 아쉽다.

　A-①의 사례는 정황으로 미루어 안규홍 의병부대와는 관련이 없는
것 같으며, 차종순은 고광순 의병부대와 관련된 것으로 보기도 한다.
또 최흥종이 백낙구·임창모·채기문 등과 이전부터 알고 지냈을 가
능성도 있다고 한다. 광주의 탐진최씨들은 전남 광산군 비아면 산월리
에 집성촌이 있었으며, 조선후기에 만들어진 『瑞石三班案』을 보면
다수가 衙前으로 나온다. 만약 최흥종의 집안 역시 마찬가지였다면,

---

3) 김천배, 「물이'포도주'되어」, 『화광동진의 삶』, p.160.
4) 대표적 연구로는 홍순권, 『한말 호남지역 의병운동사 연구』, 서울대 출판부, 1994
　와 홍영기, 『대한제국기 호남의병 연구』, 일조각, 2004 등이 있다.

아전 집안 출신인 백낙구·임창모·채기문 등과 교류가 있었으리라는 것이다.[5]

『성자』를 보면 최흥종의 상관인 정석돌 총순은 시종 그를 의심하는 것으로 나오는데, 과연 이같은 행동이 가능했을까. 그가 붙잡힌 의병들을 돌보며 편의를 제공할 수는 있겠지만, 수차에 걸쳐 의병을 놓치고도 문책받지 않고 그대로 순검을 할 수 있었던 점은 쉽게 믿기지 않는다.

III. 국채보상운동 때문에 순검을 그만두었는가

통감부시기 순검으로 일하던 최흥종은 1907년 순검을 그만두었는데, 그 계기는 다음과 같이 국채보상운동 때문이었다고 한다.

> C. 광주의 국채보상운동은 '대동의무소'가 그 모체였다. 대동의무소는 취지문을 만들어 주민들의 동참을 호소하기까지 했다. 취지문과 함께 최성기는 직접 자기 집에 '국채보상운동 전남지회'라는 간판까지 붙이기도 했다. 이 일로 광주경찰부가 발칵 뒤집혔다. 그 불똥은 곧바로 영종에게로 떨어졌다. 평소 영종을 의심하던 정석돌 총순은 경무고문의 허락을 받아 이 사건의 해결을 영종에게 떠맡긴 것이었다. "당장 가서 그 주모자를 잡아오고 간판을 떼어와!" ··· 영종은 마음 속으로 울부짖다시피 하며 복도 바닥에 무릎을 꿇었다. 그리고 간절한 마음으로 기도를 올렸다. 그때였다. 복도 끝 유치장 쪽에서 누군가가 말했다. "어이, 영종, 왜 우는가?" 그는 바로 구례 지방의 의병대장 백낙구 노인이었다. ··· '국채보상운동 전남지부' 간판을 떼어오고

---

5) 순천대 사학과 홍영기 교수의 조언.

주동자를 체포하라는 명령을 받은 다음날 아침 영종은 순검 사
직서를 써서 경무고문 책상에 올려놓았다(『성자』, pp.98-104).

당시 신문에 광주의 국채보상운동[6])과 관련하여 나오는 단체는 「全
南·光州 大東廣文支會」(『황성신문』 1907. 03. 02), 「全南·光州 國
債報償義務會」(『대한매일신보』 1907. 03. 19), 「大同義償會」(『황성신
문』 1907. 03. 29), 「광주부 國債報償期成會」(『대한매일신보』 1907.
07. 05) 등이며, 「대동의무소」라는 것은 보이지 않는다. 아마도 「대동
의상회」의 오기가 아닐까 짐작된다.

그런데 최흥종은 처음부터 국채보상운동에 처음부터 적극 참여하고
있었다. "光州郡에서 徐丙冀·崔興琮氏等 八人이 大同義償會를 發
起ᄒ얏더라"(『황성신문』 1907. 03. 09)는 기사에서 보듯이, 그는 1907
년 3월에 조직되었을 것으로 추측되는 「대동의상회」의 발기인이었으
며, 광주대동의상회 회원으로서 40錢을 의연하기도 했다(『황성신문』
1907. 04. 18). 따라서 최흥종은 「대동의상회」를 만들어 국채보상운동
에 그 자신이 앞장선 '주모자'였던 셈이다.

그런데 당시 경찰이나 군인이 국채보상운동에 참여하기도 했다. 광
주·전남 의 경우만 보더라도, 무안의 경무서 權任 金錫老를 비롯한
모든 순사들이 합동으로 20원을 의연했으며(『대한매일신보』 1907. 03.
12), 광주의 副尉 崔學哲이 60전을 의연했고(『대한매일신보』 1907. 03.
01), 화순의 五衛將 박영일이 10원을 의연했다(『대한매일신보』 1907. 11.
14). 이 지역에서는 아니지만, 헌병대에서 의연을 한 사례도 있다(『대한매

---

6) 광주에서의 국채보상운동에 대해서는 『광주시사(1)』, 광주광역시, 1992, 제6장 제4
   절 「國債報償運動과 光州·全南」과 金淇周, 「광주·전남지방의 國債報償運動」,
   『全南史學』 10, 全南史學會, 1996 참조. 국채보상운동에 대한 당시 신문기사는 김
   기주의 논문을 통해 확인하였다.

일신보』1907. 04. 07). 즉, 경찰이나 군인이라 해서 국채보상운동을 막는 데만 급급했던 것은 아니었다.

이같은 신문기사를 통해 우리는, 최흥종이 광주의 국채보상운동에 깊이 관여하고 있었던 점을 확인할 수 있다. 하지만 그가 순검을 그만둔 것이 "간판을 떼어오고 주동자를 체포하라는 명령" 때문은 아니었음도 분명하다. 물론 이미 국채보상운동에 참여하고 있던 최흥종에게 이런 명령이 내려지자 순검을 그만두었다고 짐작할 수는 있다. 어쩌면 그가 순검을 그만둔 뒤 국채보상운동에 적극 참여하게 되었는지도 모른다. 이 문제는 그가 순검을 사직한 정확한 시점이 밝혀지면 자연히 풀릴 것이지만, 『성자』의 내용은 재고의 여지가 있다.

IV. 서울에서의 3·1운동에 우발적으로 참여했는가

최흥종과 3·1운동의 관계에 대해서는 『성자에』 다음과 같이 나와 있다.

> D. 이 때, 전라노회 회장을 역임했고 기독신보 편집주간 및 주필로 있는 김필수 목사가 2월 말 독립운동 준비의 밀령을 받고 광주에 와서 흥종과 김철을 만났다. 김필수 목사는 먼저 흥종을 만나 거사에 동참해 줄 것을 요청했다. … 흥종과 김철은 다음날 새벽 송정리에서 호남선 열차를 타고 상경했다. 두 사람은 일본 유학생이었던 김봉열씨의 주선으로 청량리 근처의 산기슭에서 광주 출신인 유학생들과 여러 청년들을 만나 광주 거사를 협의했다. 회의 끝에 광주는 흥종과 김철이 총 책임을 맡기로 했다. 광주 거사는 큰 장날인 10일 하오 2시 정각, 부

동방장터에서 모이기로 했다. 치밀하게 광주 거사의 협의를
마친 홍종과 김철은 곧장 광주로 내려오다가 서울의 3·1운동
에 참여하기 위해 그대로 머물러 있었다. 역사적인 3월 1일,
홍종은 파고다공원으로 가기 위해 서둘러 인력거를 탔다. …
오후 2시, 두 사람을 태운 인력거가 서울역 앞을 지나 시청
쪽으로 향하고 있을 때였다. 남대문 쪽에 많은 사람들이 웅성
거리고 있었다. 홍종은 인력거를 세우고 잠시 남대문 쪽을 바
라보았다. 남대문 앞에 모여 있는 군중들을 이끌고 파고다공
원으로 가야겠다고 생각한 홍종은 인력거에서 내려 남대문을
향해 걸어갔다. … 「최홍종」은 반달음으로 남대문 앞에 이르
렀다. … 홍종은 두 손을 입에 대고 나팔을 만들어 군중을 향
해 목청껏 소리쳤다. 그 소리에 얼추 이삼백 명쯤 되어 보이
는 군중들이 숨을 죽인 채 긴장된 얼굴로 홍종을 향해 시선을
집중시켰다. … 그는 맨 앞장을 서서 파고다로 향했다. 얼마
후 일본 경찰들이 그를 덮쳤다(『성자』, pp.150-155).

광주에서의 3·1운동을 말할 때 흔히 인용되는 내용이다.[7] 이대로
라면 최홍종은 3월 1일 이전에 서울에 올라가 광주 출신 유학생들을
만나 광주에서의 거사를 협의하고 김철과 함께 인력거를 타고 3월 1
일 남대문을 지나다 그곳에서 벌어진 만세시위에 우발적으로 참여했
다가 붙잡힌 것이다.

그러나 이는 사실과 다르다. 최홍종이 만세를 부르다가 붙잡힌 일
자는 3월 1일이 아닌 3월 5일이었고, 남대문 역전에서 인력거 위에
올라가 「新朝鮮新聞」이라는 유인물을 나누어주며 '민족자결주의'에
대한 연설을 한 뒤, 대한문 앞으로 자리를 옮겨 역시 인력거 위에 올

---

7) 예컨대 『광주시사(2)』, 광주광역시, 1993의 '3·1운동' 부분에서도 이 내용을 거의
   그대로 옮겨놓았으며, 이는 광주의 3·1운동에 대한 여러 논저에서도 마찬가지이다.

라가 '조선독립'이라 쓰여진 기를 흔들며 시위를 선동했다는 것이다. 언도받은 형량도 '보안법' 위반으로 징역 1년이었다. 그에 대한 다음의 판결문을 보면 그 점이 분명해진다.

A. 경성지방법원 예심종결문 (1919년 8월 30일)	B. 경성지방법원 판결문 (1919년 11월 6일)	C. 경성복심법원 판결문 (1920년 2월 27일)
「3월 5일」… 피고 최흥종은 남대문 역전에서 인력거 상에서 『新朝鮮新聞』이라고 題하고 조선독립사상을 고취함과 같은 불온인쇄물 수십매를 철포하고 자기 신변에 집합한 다수의 군중에게 개하여 민족자결주의를 述하고 독립사상을 고취하는 연설을 하려고 하여 그 冒頭를 述키 시작하자 군중은 독립만세를 고창한 고로 이에 창화하여 함께 대한문 전에 이르러 同處에서 인력거 상에서『조선독립』이라고 大書한 기를 흔들며 군중에 솔선하여 시위운동의 勢를 부조함으로써 각 피고는 정치의 변혁을 목적하고 불온한 망동을 해서 치안을 방해한 사실이더라.	피고 최흥종은 장로파에 속하는 야소교 전도사인 바, 대정 8년 3월 2일 경 마침 광주지방으로부터 경성에 와서 이태황 전하(고종 황제)의 국장을 당하여 많은 군중이 경성에 모인 것을 기화로 위의 군중에게 대하여 조선독립운동을 할 것을 고취함으로써 그 목적을 관철하려고 하던 차 대정 8년 3월 5일 학생단에서 위의 시위운동이 있음을 듣고서 알게 되자 크게 그 취지에 찬동하였으며 … 피고 최흥종은 인력거 위에서『新朝鮮申報』라 제한 조선독립을 고취하는 불온한 인쇄물 수십매(중 제114호와 동일한 것)를 선포하고 대한문 앞에 이르자인력거 위에서『조선독립』이라 크게 쓴(중 제115호)「것」을 휘저으며 군중을 지휘하여 시위운동의 기세를 도움으로써 각 피고는 치안을 방해하였다.	「3월 5일」… 동 운동의 취지에 찬동한 피고 최흥종 및 전시한 이병주·최강윤·김종현·채순병은 전시한 기 및 적포를 흔들면서 군중과 함께 조선독립만세를 고창하였으며 …
『독립운동사자료집』 13, p.107	『독립운동사자료집』 5, pp.102-103	『독립운동사자료집』 5, p.163

문제는 최흥종이 이 시위에 계획적으로 참여했는가 우발적으로 참여했는가 하는 점이다. 신문조서를 그대로 믿는다면 前者였을 것 같은 생각이 든다. 우선 인력거 위에서 전단을 뿌렸다고 해서 인력거를 타고 가다가 내렸다고 볼 수는 없다. 그는 이미 『신조선신문』 수십매와 '조선독립'이라 크게 쓰여진 赤布를 갖고 있었으며, 남대문에서 대한문까지 시위대의 선두에 섰다. 계획적인 성격이 짙게 나타난다. 이 점은 다음의 신문조서를 통해서도 유추된다.

E.
문: 조선 내에서 독립운동의 계획이 있다는 것을 안 것은 언제인가.
답: 현대시대는 무력이 해제되고 각국 평등의 권리를 받기로 되어 있는데, 조선에도 조만간 독립운동이 일어날 것이라고 확신하고 있었다. 그렇지만 우리 2,000만 동포에게 독립사상을 고취하지 않으면 안되니 나는 남쪽에서부터 북은 義州까지 독립사상을 고취하기 위해 유세할 작정이었다. 그런데 마침 국장이 있게 되어 있으니 시골에서 많은 사람이 오기 때문에 서울에서 독립사상을 고취할 연설을 하면 각도를 유세하는 것과 같은 결과를 얻을 것이니, 그래서 국장구경을 겸해 독립사상의 고취를 위한 연설을 하기 위해 3월 2일 서울에 왔던 것이다.
…(중략)…
문: 3월 5일 西大門 역전에서 제2회 독립운동을 할 때 피고는 독립사상을 고취하는 연설을 하기 위해 간 것이 틀림없는가.
답: 그렇다.
문: 그 전말을 말해 보라.
답: 3월 5일 독립운동이 있다는 것을 알고 간 것은 아니다. 3월 3일이나 4일도 도저히 독립사상을 고취하는 연설을 할 기회를 가질 수 없었으므로, 기어코 3월 5일에는 그 연설을 하기 위해

南大門역을 그 장소로 선정한 것이다. 그것은 당시 기차의 승객이 많으므로 그곳에서 연설하면 시골에 돌아가는 자는 나의 연설을 듣고 시골에 돌아가 타인에게 말할 것이니, 나의 목적을 달성하기 용이한 까닭이다. 3월 5일 아침 南大門역에 가니 많은 사람들이 모여 있었다. 그 가운데 혹자가 신조선신문이라고 제한 인쇄물을 배부하고 있었으므로, 그것을 주워보고 그 신문이란 것을 알았다. 그런데 그자가 많은 신문을 가지고 있었으므로 내가 동인으로부터 그것을 받아 인력거 위에 올라가 뿌렸더니 많은 사람들이 모여 주워갔다. 그리고 목적한 연설을 하기 시작하여, 동포에게 하고 싶은 말이 있다. 지금의 세계는 정의 인도에 기초한 민족자결주의라는 데까지 연설을 하였는데, 인력거에 탄 2명이 다가왔고 군중이 일제히 독립만세를 불렀다. 그 만세소리가 떠들썩하기 때문에 더 이상 연설은 할 수 없었다. 그 후 두 사람이 선두에 서고 군중을 지휘하면서 南大門으로 향하였다. 그때 나는 조선의 독립이라는 것에 대해 힘쓰고 있는 사람이 많은 것을 알고 든든하게 생각하고, 연설을 중지한데 대해서는 아무런 생각이 없었다. 나도 독립운동에 찬동하여 군중에 가담하여 독립만세를 부르면서 南大門까지 가니 경관이 체포하기 시작했다. 나는 그때까지 정의 인도에 입각한 민족자결주의에 의하여 독립운동을 하는 것이 결코 구속당하는 것 같은 일은 없으리라고 믿고 있었는데, 타인이 구속당하는 것을 보고 나도 독립사상을 고취하고 돌아다니면 자연히 구속될 것이기 때문에 목적을 달성할 수 없겠다고 생각했다. 그리고는 군중과 함께 大漢門이 있는 곳끼지 갔다가 고통을 느꼈으므로 인력거를 타고 앞에 말한 대로 체포당할 것이라고 생각하고 자수하기 위해 가는 도중에 체포당했던 것이다.[8]

---

8) 「최흥종 신문조서」, 경성지방법원, 1919. 06. 25;『韓民族獨立運動史資料集(三一運動 Ⅶ)』17, 국사편찬위원회.

물론 그가 3·1운동 이전에 상경했다거나 김철 등과 협의했다는 등의 내용은, 재판과정에서 굳이 밝힐 필요가 없기 때문에 의도적으로 감추었을 수도 있다. 그리고 그가 3월 2일 상경했다는 말은 꾸며낸 것일 수도 있다. 하지만 적어도 그가 3월 1일 '우발적'으로 "인력거에서 내려 남대문을 향해 걸어"가 연설을 한 것은 아니었다.

V. '救癩行進'은 정말 있었는가

최흥종의 생애에서 가장 극적인 사건은 1933년에 있었다는 나환자들의 상경시위행진, 이른바 『구라행진』이다. 다음은 이에 대한 『성자』의 서술이다.

> F. 흥종은 환자들을 모아놓고 말했다. 모든 환자들이 함께 가겠다고 했다. 이렇게 해서 나환자 서울 도보행진이 시작되었다. 흥종은 그 행진을 『아름다운 救癩行進』이라 불렀다. 얼굴이 찌그러지고 코가 문드러지고 손가락이며 팔이 없는 2백 명의 나환자들이 길게 줄을 지어 새벽에 광주를 떠났다. … 서울까지 함께 걸어온 환자 수는 5백20명이나 되었다. 그들은 곧장 총독부로 향했다. 수많은 경찰과 헌병들이 그들을 에워쌌지만 속수무책이었다. 5백명이나 되는 나환자들을 잡아다 가둘 수도 없는지라 멀찌감치 서서 바라만 볼 뿐이었다. … 그들은 총독부 정문 앞에 연좌하고 총독의 면담을 요구했다. 그러나 총독은 그들을 만나주지 않았다. … 연좌를 시작한지 일곱 시간만에 총독이 면담을 해주겠다고 하여 흥종과 서서평이 총독부로 안내되어 들어갔다. … 총독은 흥종의 제안을 심도있게 생각하는 것 같았다. 그는 간부들과 잠깐 대책회의를 갖고 나서는 흥종

의 요구를 받아들이겠다고 했다. 총독은 앞으로 소록도에 수용된 환자의 생계는 정부에서 책임지겠다고 했다(『성자』, pp.243-254).

이는 워낙 대단한 사건이라 완전히 허구일 것 같지는 않다. 그런데 최흥종이 뒷날 『호남신문』 1960년 3월 17~20일자에 연재한 글에는, 이 중요한 '구라행진'에 대한 언급이 없다.

> G. 소록도 자혜의원에서는 기시 약 100명 정도의 환자 수용을 보다 더 확장하여 더 많은 환자를 입원·치료케 하도록 당국에 건의하였고 나는 또 회가 조직된 그 동안에 서울을 중심으로 유랑배회하는 나환자 30여명을 모아 여수애양원에 입원시키려고 월슨 단장에게 연결하여 승낙까지 얻었는데 서울에서 여수까지 데리고 갈 경비 약 삼천환이 없어 매우 난처하다가 할 수 없이 기부금 허가를 받아 당시 총독부 출입기자이던 서범석씨를 앞세우고 먼저 경무국장 池田이란 사람과 보안과장 西龜奎三이란 사람을 면회하고 설명하여 금일봉씩을 얻었습니다. 西龜는 나중 일제말기에 갱생원장에 취임하였던 자입니다. 금융단을 찾아다녀 가까스로 소요경비를 마련하기에 이르렀습니다. 기차 한 간을 특허 전용하여 광주까지 다리고 왔더니 경찰부장이란 자가 노발대발하여 타지방 환자를 다려왔다고 나를 호출하고 사전허가도 없이 나병자들 대량으로 끌고와서 어쩌니 저쩌니 호통을 치며 처벌 운운하기에 본부 경찰국장의 승인을 얻어 한 일이라고 對句하였더니 다시는 그렇지 않겠다는 시말서를 쓰라고 하였으나 끝내 거절하고 나와버렸습니다. 여러 사람의 협조로 서울에서 다리고 온 30여명의 나환형제들을 다시 여수애양원까지 무사히 移送入하였습니다.[9]

---

9) 최흥종, 「救癩사업 50년사 개요」; 『화광동진의 삶』, p.304에서 재인용.

그 내용인즉, 최흥종이 소독도 자혜의원의 확장을 위해 당국에 건의했으며, 서울의 나환자 30여 명을 여수 애양원까지 데리고 올 경비를 얻기 위해 총독부 '경무국장 池田'과 '보안과장 西龜'를 만나 자금을 얻어 그들과 함께 광주로 내려왔다가 다시 그들을 여수 애양원으로 옮겨주었다는 것이다. 최흥종의 증언이니 믿을 만 할 것인데, 여기에는 '구라행진'이 전혀 언급되어 있지 않다. 만약 정말로 '구라행진'이 있었다면 그가 이 대단한 사건을 기억하지 못했을 까닭이 있을까.

그런데 다음 기사를 보면 정말로 '구라행진'이 있었을지도 모른다는 생각이 들기도 한다.

> H. 긔보한 바와 가티 池田 경무국장의 발긔로 癩病豫防協會를 조직하야 각도에 산재한 문둥병환자를 구제코저 하는 중 이병구호를 압두고 全南에 잇는 癩病患者共濟會에 수용된 △백八십여명과 大邱에 잇는 뢰병상조회에 수용된 환자 七백명, 부산에 잇는 상조회에 수용된 七백여명들이 최근에 련합대회를 열고 다음과 가튼 결의를 하야 총독부 당국에 진정케 되엿는데 전남의 崔興琮 목사가 十일 총독부로 지전 경무국장 西龜 위생과장을 방문하고 장시간 진정하얏다.
> 一. 無依託한 患者 先着收容의 件.
> 二. 患者收容募集을 △△△에 依託募集 할 것.
> 三. 未收容△△ 患者 臨時救濟及治療△ 할 것.
> 四. 患者看護에는 患者를 使用 할 것.
> 五. △康한 小兒는 特別教育△ 할 것.
> 六. 家庭生活患者와 獨身生活患者를 區別收容할 것[10]

---

10)『朝鮮中央日報』1933. 04. 11,「癩病者聯合大會 當局에 六條項陳情」.

이를 보면 1933년 4월 10일 최흥종이 총독부를 방문하여 경무국장 池田 및 위생과장 西龜와 면담한 것은 사실이나 총독과도 면담했다는 내용은 없다. 전남·대구·부산의 나환자 수백명이 서울로 올라왔다는 왔다는 대목도 없다. 문제는 기사에 나오는 '연합대회'가 무엇이었나 하는 점이다. 시간·장소·인원 등이 나와 있지 않으며, 『동아일보』·『조선일보』·『매일신보』등에서도 관련 기사를 찾을 수 없어 아쉽다. 만약 '연합대회'가 열린 장소만 나와 있어도 문제가 쉽게 풀릴 텐데, 이를 알려주는 자료도 아직은 없다. 하지만 『성자』에 나오는 '구라행진'은 분명히 과장·미화된 것이며, '구라집회'였는지 '구라행진'이었는지도 알 수 없다. 특히 이들을 대표하여 최흥종이 총독을 만나 담판을 지었다는 것은 믿을 수 없다.

VI. 광주에 내려온 총독을 만났는가

'구라행진'을 마치고 광주로 돌아온 최흥종은 얼마 지나지 않아 광주를 찾은 宇垣一成 총독을 만났다고 한다. 총독이 내려오기 전 미관상 좋지 않다는 이유로 걸인들의 천막촌을 철거했는데, 이에 최흥종은 걸인 200여 명과 함께 먼저 도지사를 찾아가 따졌지만 뜻을 이루지 못했다고 한다. 그 후 총독이 내려오자 최흥종은 '구라행진' 때 안면이 있는 그를 만나 담판을 지었다는 것이다(『성자』, pp.255-258).

우가키 총독이 1933년 10월 광주에 내려온 것은 사실이다. 그러나 다음 기사들을 보면, 그가 최흥종을 만날 시간이 있었을 것 같지는 않다.

I. 지난 8일 오후 10시경 光州署는 대활동을 개시하야 시내 각△
의 주의청년 20여 명을 속속 검거하야 동서에 류치하얏다는데
그 내용인즉 근일 宇垣총독이 광주에 오게됨에 따러 경계을 세
운 동서는 부랑배회하는 자는 물론 평시에 요주의 인물을 예비
검속하야 총독 來光에 하등 △△이 업도록 그와갓티 검속한 것
이라 한다.11)

J. 전번 풍수해의 南鮮地方 시찰차로 예정에 오른 宇垣 총독은
矢野 비서 대동으로 △△과 가티 지난 11일 오후 3시 반 정읍
으로부터 순창에 도달한 △ 동지까지 출영한 矢島 본도지사
△生 경찰부장을 선두로 담양을 시찰한 후 동일 오후 6시 20
분 자동차로 來光하야 다수 관민 환영리에 萬屋여관에 들어
여장을 끌느고 곳 동 7시에 在光 신문긔자를 회견하고 익일인
12일은 극락면 방면을 시찰한 후 南△로 순천 방면에 향하리
라 한다.12)

이 기사들만을 놓고 보면 우가키 총독이 최흥종을 면담할 만한 시
간적 여유는 거의 없었을 것 같다. 그런데 총독이 내려오기 전에 광
주서에서는 '요주의 인물'들을 검속하여 만일의 사태에 대비하였다.
이 '요주의 인물'에서 과연 최흥종이 빠져 있었을까.

또한 총독이 내려오기 10여 일 전인 9월 28일 110여 명의 나환자
들이 전남도청에 몰려가 자기들도 소록도에 수용하여 달라고 도지사
에게 요구한 일이 있었다.

K. 금년도 뢰환자의 소록도 수용△은 이미 각지의 △△를 맛치고

---

11) 『조선중앙일보』 1933. 10. 11, 「要視察人物 二十餘名 檢擧」.
12) 『조선중앙일보』 1933. 10. 19, 「南鮮視察次 宇垣總督 來光」.

예정대로 1회분 백十명은 무사히 수송하야 수용하얏스나 아즉
도 전남도내에는 無住浮浪徘徊하는 환자가 약 四백명이요 주택
이 잇고도 △△하는 △ 五六백에 달하는 다수의 혼자가 남아
잇서 광주시내는 물론 도△△△에서도 실노 두통거리가 되어
왓스며 더욱 도청소재지인 광주에는 다수 류입하야 지면은 △
△△는 형편으로 … 지난 29일 △△시 전남도청에서는 백수十
명의 뢰환자가 △△하고 … 知事 경찰부장에게 소록도에 수
용하야 달나 △△하기를 … 광주서의 서장 이하 각지 대표자
와 癩共濟會長인 목포 박창식 등을 소환하고 그 주장을 들은
후 각지 경찰과 연락하야 우선 본적지나 전거주지로 회송하야
라△ 되엿다는데 …13)

나환자들의 전남도청 앞 시위에 대해서는 어떤 책에서도 언급이 없
다. 이 때 시위의 선봉에는 틀림없이 최흥종이 있었을 것이다. 그가
도지사와 면담을 했는지는 알 수 없지만 그랬을 가능성이 크다. 어쩌
면 수백명의 나환자들이 '구라행진'을 벌이고 총독부 앞에서 시위를
했으며, 최흥종이 총독과 담판은 벌었다는 것도, 바로 이 사건이 '침
소봉대'된 것인지도 모르겠다. 어쨌든 불과 10여 일 전에 시위에 앞장
섰던 최흥종이 사전검속에서 제외되고, 광주에서 1박 2일도 채 안되
는 짧은 일정을 보낸 총독과 면담을 가졌다는 것은 믿기지 않는다.

VII. '五放'이란 호는 언제 붙였으며 그 뜻은 무엇인가

최흥종이 호를 '오방'이라 지은 때는 1935년 이후로 알려져 있다.

---

13) 『조선중앙일보』 1933. 10. 01, 「癩患者 百數十名, 再擧 全南道廳에 殺到, 小鹿島에
收容하여 달라고, 光州는 癩患者 天地」

그것은 "1935년 3월 17일 이후, 나 오방 최흥종은 죽은 사람임을 알리는 바입니다. … 가정에 대하여 오만한 자, 사회에 대하여 放逸者, 사업에 대하여 방종자, 국가에 대하여 방기자, 종교에 대하여 방랑자, 소위 오방을 제창하면서도 명실이 불합한 가면극이 왕왕 연출되어 양심상 사이비한 생활을 절실히 참회하고 … 1937년 1월 오방 최흥종 謹告"라는 이른바 그의 「사망통지서」(『성자』, pp.277-278, 『화광동진의 삶』, pp.273-274) 때문이다.

그런데 『東光』 36(1932.8)에 실린 「五放先生 崔興琮氏」라는 기사에는 다음과 같이 나온다.

> L. 나병환자 구제를 위해서 京鄕으로 출입하며 남달은 애를 태우는 木浦의 崔興琮씨는 최근 아호를 「五放」이라 지섰는데 그 뜻을 무르면 如左하다고 - 가정은 放漫, 회사에서는 放逸, 정치방면으로는 放免, 종교생활로는 放浪, 권문세가에서 볼 때는 放恣.

즉 최흥종이 아호를 『오방』이라 지은 것은 1932년 8월 이전이 되는 셈이다. 그렇다면 '五放'의 정확한 내용은 무엇일까. 이 역시 자료마다 엇갈려 단정하기 어렵다.

주위 사람들 (『성자』, p.272)	이영생 증언 (『성자』, p.273)	사망통지서 (『성자』, p.278)	「오방선생 최흥종씨」 (『동광』, p.36)
색 욕	가사에 방만	가정에 대하여 오만	가정은 放漫
식 욕	사회에 방일	사회에 대하여 방일	회사에서는 放逸
명예욕	경제에 방종	사업에 대하여 방종	정치방면으로는 放免
물 욕	정치에 방기	국가에 대하여 방기	종교생활로는 放浪
생명욕	종교에 방랑	종교에 대하여 방랑	권문세가에서 볼 때는 放恣

이들 중 관심을 끄는 것은 '정치에 방기' 또는 '국가에 대하여 방기', '정치방면으로는 방면' 부분이다. 실제로 3·1운동으로 옥고를 치른 뒤 최흥종에게서 정치적 의미에서의 항일성은, 다음과 같은 일제의 보고에서처럼, 별로 나타나지 않는다.

> M. 右者「는」 耶蘇敎 牧師로서 本籍地에 在한 仝敎의 布敎에 從事 中 … 大正 8年「1919」京城에서 騷擾事件에 參加하여 保安法 違反으로 懲役 1年에 處하여져 服役中 大正 9年「1920」6月 恩赦出獄하여 大正 10年「1921」1月 甲種 要視察人에 編入되어 視察 … 爾來 漸次 思想이 穩健에 赴하여 最近에는 何等 容疑点 … 今回 耶蘇敎 宣敎師로서 露領 浦潮(貴地)에 赴하여 仝地에서 布敎에 從事 … 海外旅券의 下付를 受하여 本月 16日 浦潮로 向하여 出發 …14)

그가 1927년 신간회 초대 전남지회장을 지낸 점을 들어 그의 항일성을 내세우기도 하지만, 그가 신간회 지회장으로서 한 활동은 거의 보이지 않는다. 그나마 1년도 채 안되어 목회를 위해 제주도로 떠났다. '정치에 방기' 또는 '국가에 대하여 방기'라는 대목은, 적어도 항일성을 띤 정치적 활동과는 그가 의도적으로 거리를 두었던 점을 보여주는 것은 아닐까. 이와 관련하여 다음의 기록이 참고된다.

N.
문: 장래에도 독립운동을 할 것인가.
답: 나는 독립이 될 것으로 믿고 있으며, 어쨌든 나로부터 독립사상은 사라지지 않을 것이다.15)

14) 「요시찰인의 동정에 관한 건: 不逞團關係雜件-在西比利亞(13)」, 全南警高 제2966호, 1922. 03. 18.

O.

문: 예심에서는 독립사상은 그만둘 수 없으므로 장래에도 한다고
  했는데 지금도 같은 생각인가.

답: 정의 · 인도에 의하여 조선독립은 가능하다고 생각하여 했던
  것이나 장래에는 전도에만 전념하여 종사하고 정치에는 관계
  하지 않겠다.[16]

여기서 우리는 3 · 1운동 이후 최흥종의 항일성은 다시 검토해 볼
여지가 있다. 또 그의 활동은 지속성이라는 점에서도 문제가 있다. 그
가 이런저런 여러 단체에서 맡은 직책은 허다하지만, 그 직책을 1년
이상 유지한 경우는 매우 드물다. 목회만 하더라도 광주에서만 그가
옮겨 다닌 교회가 한둘이 아니다. 이런 점들을 단순히 그가 '자유인'
이었다는 점으로만 설명해도 좋은 것일까. 소외된 이들에 대한 불변의
애정과 일관된 활동을 예외로 돌린다면, 그의 생애는 도무지 종잡을
수 없는 즉흥적 행보로 가득 차 있다. 그런 점에서 '오방'은 그 스스
로의 행보에 어떤 기준이나 원칙을 두지 않겠다는 선언인 것은 아니
었을까.

VIII. 맺음말

이상에서 최흥종의 생애에 대한 몇 가지 문제들을 살펴보았다. 하
지만 아쉽게도 분명히 진위가 가려진 것은 하나도 없다. 의문만 제기

---

15) 「최흥종 신문조서」, 경성지방법원, 1919. 06. 25; 『韓民族獨立運動史資料集(三一運
  動 Ⅶ)』 17, 국사편찬위원회.

16) 「공판시말서」, 경성지방법원, 1919. 10. 18; 『韓民族獨立運動史資料集(三一運動 Ⅷ)』
  18, 국사편찬위원회.

했을 뿐 뚜렷한 해답은 제시하지 못했다. '심증'만 갖고 있을 뿐 '물증'을 확보하지 못했다는 점에서 한계를 절감한다. 그저 그의 생애에서 '신화'라 불려지는 몇 가지 통설을 다시 검토해야 할 필요가 있다는 점을 지적하는 데 그치고 말았다.

최흥종에 대한 연구는 그 자체로서 중요한 의미가 있다. 광주·전남의 근현대사를 설명하는 하나의 단초이기 때문이다. 아울러 인물사 연구에서 나타날 수 있는 오류를 얼마나 극복할 수 있는가 하는 점에서도 흥미가 있다. 차종순의 연구를 제외하면, 그에 대한 글이나 책들은 '위인전' 수준을 넘지 못한다. 비록 그것들이 애당초 학술적 성격의 논저가 아니라 하더라도, 사실 여부를 상식적·논리적으로 따져보려는 노력이 배어 있지 않기 때문이다.

필자는 최흥종을 '성자'라 부르는 데 이의를 제기하지 않는다. 평생을 빈민과 병자를 위한 그의 헌신적 삶을 볼 때 그렇게 불릴 충분한 자격이 있다. 또 1930년대 이후 그가 직접적인 '항일운동'에 참여하지 않았다 해도 그는 끝까지 일제와 타협하지 않는 '민족운동가'임에 틀림없다.

끝으로 덧붙이자면, 1920~30년대 광주의 민족운동·사회운동계에서는 이른바 '민족주의계열'과 '사회주의계열'의 갈등과 대립이 다른 지역에 비해 그리 두드러지지 않았으며, 이는 해방 정국과 한국전쟁 기간에도 마찬가지였다. 여기에는 '민족주의계열'의 거목 최흥종과 '사회주의계열'의 거두 서정희의 중재와 역할이 크게 작용했다고 한다. 이념적으로 이질적인 기독교인들과 사회주의자들의 마찰 또한 별로 드러나지 않는다. 비록 활동기간은 짧았지만, 기독교 목사인 최흥종이 신간회 광주지회장, 조선노동공제회 광주지회장, 전남건국준비위원회 위원장 등을 역임했다는 것도 예사롭지 않다. 이처럼 그는 광주·전남에서 이념과 계열, 계층을 떠나 모두에게 추앙을 받았던 인물이다. 비록 그를 둘러싼 '신화'의 장막이 거둬진다 해도, 그에 대한 긍정적 평가가 크게 달라지지는 않을 것이다.

 신사참배를 거부한 여성항일운동가 / 최덕지

윤 정 란[*]

목 차

I. 머리말
II. 최덕지의 민족적 여성운동
  1) 민족적 여성의식의 형성
  2) 민족적 여성의식의 강화와 민족적 여성운동
III. 최덕지의 신사참배반대운동
  1) 신사참배반대운동에 나서게된 배경—이용도가
    끼친 영향
  2) 옥외·옥중에서의 신사참배반대운동
IV. 맺음말

I. 머리말

한국여성운동은 1927년 근우회를 창립하면서 많은 발전을 이루게
된다. 그러나 이 여성단체는 1년도 못가서 민족주의 여성들과 사회주
의 여성들간의 갈등으로 결국 민족주의 여성들이 대거 탈퇴하게 되고
침체의 길로 빠져들었다. 이후 어떤 대안도 없이 1931년 일제의 강압

---

* 숭실대학교 사학과 강사

에 못 이겨 해체를 하고 말았다.

그 이후 여성운동가들은 나름의 길을 각각 모색하였다. 민족주의 여성들 중에서 기독교 여성들은 농촌여성운동, 절제운동에 주력하면서 민족적 여성운동을 전개하였다. 하지만 1937년 중일전쟁 이후 일제의 한국민에 대한 강압은 극에 달하여 어떠한 운동도 할 수 없었다. 이러한 과정에서 많은 여성운동가들은 일제의 정책에 순응하기도 하고 다른 한편으로 저항하기도 하였다.

그런데 문제는 일제의 정책에 순응한 여성들에 대해 이들 대부분은 '부르조아민족주의 여성'들이었다고 주장하면서, 자신들의 출신 배경 때문에 순응을 할 수 밖에 없었다고 평가한다. 이미 1920년대부터 부일협력으로 귀결될 수밖에 없었던 여성운동을 했다는 것이다. 거의 불모지에 가깝다고 할 수 있는 한국 근대 여성사를 대표적으로 가장 잘 정리하고 있는 한국여성연구회 여성사 분과에서 펴낸 『한국여성사』에서 일제의 정책에 순응한 이들은 "1920년대 이래 주로 부르조아민족주의 여성운동을 한 인물들이었다"고 주장하고 있다.[1] 이후 이러한 논조에 따라 대부분 한국여성사를 연구하는 연구자들은 이 논리에 그대로 따르고 있는 형편이다.

그러나 순응한 여성들 중에서는 민족주의 여성들이 있었던 반면 사회주의운동을 했던 여성들도 있었다. 그리고 일제 말기 부일협력을 했던 여성들중에 기독교여성들이 많았던 반면 저항을 했던 여성들도 대부분 기독교인들이었으며, 저항을 한 여성들 중에 1920년대 『한국여성사』에서 주장하고 있는 '부르조아민족주의 여성운동'을 했던 여성들도 있다. 이러한 부분에 대해서는 어떤 관심도 두지 않고 있다. 단지 일제말기 저항을 했던 여성들에 대해서는 종교적인 차원으로 치부해

---

1) 한국여성연구회 여성사분과 편, 『한국여성사』, 풀빛, 1992, p.295.

버리기도 한다. 이런 식으로 평가를 한 것은 그동안 일제강점기를 살았던 여성들에 대한 말걸기가 너무 부족했기 때문이라고 할 수 있다. 일제강점기 여성사를 제대로 평가하기 위해서는 이러한 여성인물들에 대한 말걸기가 계속 이루어져야 할 것이다.

따라서 본고는 일제강점기 기독교인으로서 민족적 여성운동과 신사참배반대운동을 했던 최덕지를 통해 이러한 부분을 고찰해 보기로 하였다. 최덕지는 1901년 경남 통영에서 출생하여 일제강점기 이 지역 여성지도자로서 많은 활동을 했으며, 해방 이후 교회에서 여성들의 지위향상에 공헌을 했던 인물이다.

이를 위해 이 논문은 다음과 같이 구성될 것이다. I 장에서는 최덕지가 민족적 여성운동을 하게 되는 배경과 민족적 여성운동에 대해 다룰 것이다. 지금까지 이 부분에 대해 대략적으로 살펴볼 수 있는 전기 형태의 글이 있긴 하지만 대부분 구술에 의해 이루어졌기 때문에 사실적인 정확성에서는 약간의 오차가 있을 수밖에 없다. 그래서 본고에서는 전기 형태의 글을 기준으로 삼아 직접 1차 자료를 발굴해서 이 부분들을 규명하였다. II 장에서는 I 장의 연장선상에서 1920년대 민족적 여성운동을 전개하던 최덕지가 어떤 배경하에 신사참배반대운동에 앞장서게 되었는지에 대해 살펴보았다. 지금까지 신사참배반대운동에 대한 연구는 주로 일제의 신사참배정책, 이에 대한 기독교계의 대응양상 등에 초점을 맞춰 진행되었다.[2] 그렇게 하다 보니 한국

2) 대표적인 연구로는 다음과 같다. 김승태, 「1930년대 일제의 기독교계 학교에 대한 신사참배 강요와 폐교 전말」『한국근현대사연구』 14, 한국근현대사학회, 2000; 山口公一, 「전시기조선총독부의 신사정책-"국민운동"을 중심으로-」『조선사연구회논문집』 36. 조선사연구회, 1998; 주명준, 「순천노회 박해사건의 역사적 의의」『전주사학』 3, 1995; 김승태, 「1940년대 일제의 종교탄압과 한국교회의 대응-전남 순천노회 박해사건을 중심으로-」『서암조항래교수 화갑기념 한국사학논총』, 1992; 구라타 마사히코, 『일제의 한국 기독교 탄압사』 기독교문사, 1991; 김승태 엮음, 『한

기독교 내부적인 문제들에 대해서는 관심을 갖지 못했다. 즉 신사참배 반대운동을 했던 인물들이 1920년대 후반에서 1930년대 한국기독교계에 대해 어떠한 사고 혹은 비판을 했는지 등에 대한 연구가 부족하다고 할 수 있다. 이러한 부분까지 충분히 규명되어야 한국 근현대사 속에서의 신사참배반대운동을 올바로 자리메김할 수 있을 것이다. 이 장에서는 이 부분에 초점을 맞춰 연구를 진행하였다.

이러한 연구과정을 통해 일제강점기 최덕지라는 여성인물이 어떤 이유로 민족적 여성운동을 전개했는지 그리고 일제말기 신사참배반대운동에 왜 그토록 적극적으로 앞장섰는지 등에 대해 밝힐 수 있을 것이다. 그리고 이를 통해 일제강점기 한국여성운동사에서 사실적 자료에 기초하지 않고 선입관을 가지고 평가했던 부분들에 대해 다시 점검할 수 있는 기회가 되리라 본다.

II. 최덕지의 민족적 여성운동[3]

1) 민족적 여성의식의 형성

최덕지는 1901년 음력 6월 25일 경남 통영군 吉野町(현재 항남동)

국기독교와 신사참배문제』 한국기독교역사연구소, 1991; 한석희, 「전시하 조선의 신사참배 강요와 기독교의 저항」『일제말기 파시즘과 한국사회』 청아출판사, 1988; 손정목. 「조선총독부의 신사보급, 신사참배 강요정책연구」『한국사연구』 58, 한국사연구회, 1987.

3) 일제강점기 여성운동을 현재 사회주의여성운동과 민족주의여성운동(부르주아여성운동) 등으로 크게 구분하고 있는데 식민지라는 역사적 상황에서 당시 여성운동가들은 민족운동과 여성운동을 함께 생각하지 않을 수 없었다. 이러한 역사적 의미에서 일제강점기 여성운동을 본고에서는 민족적 여성운동으로 본다.

에서 출생했다.[4] 경주 최씨인 부친 익문(겸)[5]과 김해 김씨인 모친 처녀 사이에서 무남독녀로 성장했다. 부친 최익문은 통영에서 갓일에 종사하였으며, 그가 만들었던 통영갓은 통영자개, 통영장롱, 통영장석, 통영소반, 통영발 등과 함께 전국적으로 유명한 최상품이었다.[6]

통영갓은 조선조 제14대 선조 37년(1604) 두룡포에 삼도수군통제영과 함께 공방이 설치되면서 만들어지기 시작했다. 이후 이곳에서 관급 기능공을 양성하여 갓을 군, 관, 민에게 보급하게 된 것이다.[7] 조선말기 양반의 증가와 함께 고종 32년(1895)에 천인층에게도 갓을 쓸 수 있도록 함으로써 갓의 사용이 보편화되자 전국적인 특산품으로 대량 제작되었다.[8] 따라서 갓일에 종사하는 사람들은 장인으로서 우대를 받았으며 부수적으로 경제적인 안정도 누렸다. 따라서 최덕지는 부친이 공방에 속해 있었기 때문에 어린시절 경제적인 어려움은 없었던 것으로 보인다.

이처럼 비교적 안정된 가정에서 어린시절을 보내던 최덕지가 민족적 여성의식을 형성하게 된 계기는 무엇이었을까? 최종규의 『이 한목숨 주를 위해』에서는 마산 의신여학교에서 이러한 의식을 가지게 된 것으로 기록되어 있다. 그러나 이 학교에 입학하기 전인 통영에서 최덕지는 민족적 여성의식을 지니게 된 것으로 볼 수 있다. 그것은 그가 출생한 지역, 어린시절 받아들인 기독교 그리고 진명학원에서의 교육 등과 밀접한 관련을 가지고 있었다.

---

4) 최종규, 『이 한목숨 주를 위해-최덕지 목사 전기-』, 최덕지목사전기출판위원회, 1981, p.18.
5) 위의 책에는 '최익문'으로 표기되어 있으나 통영 충무교회(구; 대야정교회)에서 소장하고 있는 「세례명부」자료에는 '최익겸'으로 기록되어 있다.
6) 김일룡, 「통제영 12공방」『제32회 한산대첩기념제전 제2회 학술발표회』사단법인 한산대첩기념제전위원회, 1993, p.27.
7) 통영시사편찬위원회, 『통영시지』하, 1999, p.658.
8) 위의 책, p.656; 장경희, 『갓일』화산문화, 2001, p.56.

최덕지는 일본인들이 가장 많이 거주하고 유곽이 형성되어 있던 곳에서 출생하고 성장하였다. 전술한 바와 같이 그는 길야정에서 1901년 출생하여 이곳에서 지내다 大和町(현; 문화동)으로 이주했는데 그 시기가 언제인지는 확실하지 않다. 1914년 6월 21일 통영 대화정교회에서 세례를 받을 당시 거주 지역이 길야정으로 되어 있다.[9] 적어도 1901년에서 1914년까지 즉 14년 동안 길야정에서 거주했다는 사실은 틀림없다.

최덕지가 어린시절을 보냈던 길야정은 청루가 있던 곳으로 일제 강점기 유곽이 형성되어 있던 지역이었다.[10] 지금도 이곳을 청노골목이라 부른다.[11] 유곽이 형성된 것은 언제인지 확실하지 않으나 통영에 거주하는 일본인들이 증가하면서 만들어졌던 것으로 보인다. 통영에 일본인들이 들어오기 시작한 것은 1900년부터였다. 다음의 <표 1>은 1900년부터 1915년까지 일본인들의 통영 거주수이다.

<표 1>과 같이 1905년 을사조약 체결 이후 1906년 3월말 현재 일본인 수가 약 2배로 증가하였으며, 그 이후 계속 2배로 증가하고 있다. 이러한 일본인의 증가와 함께 길야정의 청루가 서서히 형성된 것으로 보인다. 1920년대에 들어서면서 이 일대에 많은 술집이 들어서

---

9) 「세례명부」 1922 통영 충무교회 소장.

10) 2003년 9월 19일 현재, 아직도 일제강점기 공창으로 운영되던 건물이 그대로 보존;『동아일보』1929년 4월 1일자의 기사를 통해 유곽이 길야정에 형성되어 있었다는 것을 알 수 있다. 그 기사의 내용을 보면 다음과 같다. 즉 경남 통영우편국 사무원 黑川政雄은 항상 공창폐지론에 공명하여 기회만 있으면 통영 유곽을 전부 전소시켜버릴 계획을 가지고 있었다. 어느날 길야정에 있는 일복관에 가서 일원이란 창기와 동침하다가 미리 준비해간 휘발유를 침구에 뿌리고 불을 부친후 달아나다 통영서에 검거되었다는 것이다. 1916년 총선총독부 경무총감부령 제4호 '대좌부창기취체규칙(貸座敷娼妓取締規則)'에서 매춘하면 창기, 매춘하지 않으면 예기, 작부로 명칭을 분명히 했기 때문에 길야정의 창기는 공창이었다(송연옥, 「일제 식민지화의 공창제 도입」 서울대학교 국사학과 석사학위논문, 1998, p.59).

11) 『통영시지』 하, p.1352.

게 되는데,[12) 그 이유는 1912년 8월 16일 경상남도 경무부령 제1호 '요리점 및 음식점 영업 취체 규칙', 1916년 '총독부경무총감부령' 제4호「貸座敷娼妓取締規則」공포 때문이었다.[13). 이 총감부령은 각도 경찰서장이 지정한 장소에서만 공창 영업을 할 수 있도록 규정한 것이다. 따라서 통영에 일본인들이 이주해오면서 이곳 일대를 중심으로 서서히 형성되던 유곽이 1920년대에 들어서면서 집창지역화한 것으로 볼 수 있다.

<표 1> 통영 일본인 거주 수[14)

연월	호수	남	녀	계
1900년 12월말	1	1	0	1
1901년 12월말	2	2	0	2
1902년 12월말	6	7	2	9
1903년 12월말	11	16	5	21
1904년 12월말	25	34	26	60
1905년 3월말	29	43	31	74
1906년 3월말	43	78	57	135
1907년 3월말	77	121	110	258
1908년 3월말	127	258	208	439
1909년 3월말	215	358	325	710
1910년 3월말	335	687	636	1,323
1911년 3월말	367	725	698	1,423
1912년 3월말	395	763	732	1,495
1913년 3월말	408	789	754	1,543
1914년 3월말	471	806	806	1,611
1915년 3월말	574	1137	990	2,127

최덕지는 이처럼 일본인들이 많이 거주하고 유곽이 형성되던 지역

---

12) 『통영시지』 하, 1999, p.1352.
13) 송연옥, 앞의 논문, pp.57-58.
14) 『통영군안내』 1916, p.92.

에서 성장했던 것이다. 당연히 그는 피부로서 민족적인 문제, 여성의 문제를 느꼈던 것이다. 평생 그의 기도 제목이 '인신매매 공창폐지'[15]였다는 사실은 그가 길야정에서 무엇을 느끼며 성장했는지를 단적으로 보여주는 증거라고 할 수 있다. 이러한 성장 배경으로 인해 그는 민족적 여성운동에 적극적으로 뛰어들 수 있었으며, 해방 이후 교회에서 여성 장로, 여성목사 제도를 확립시킬 수 있었다. 두 번째로 그의 민족적 여성의식 형성의 배경이 된 것은 기독교의 만남과 기독교회에서 민족적 인물들과의 교유 등이었다. 최덕지가 기독교를 만나게 된 계기는 조모 서씨에 있었다. 조모 서씨는 40세 때 기독교를 받아들여 며느리이자 최덕지의 모친인 김처녀를 개종시켰다.[16]

기독교가 통영군에 들어온 것은 1894년이었다. 1894년 부산에 도착한 호주장로교선교회 소속의 내한선교사 손안로(A.Adamson)[17]와 1892년 내한한 무어(E.S.Moore)[18]에 의해 기독교가 전파되었다. 손안로는 부산 초량을 근거지로 경남지역을 선교구역으로 삼으면서 통영으로 들어왔으며, 무어도 1892년부터 지방순회를 하다가 1894년부터 통영지역을 정기적으로 방문하였다. 그리하여 1894년부터 손안로와 무어에 의해 통영에 기독교가 들어오게 된 것이다. 호주장로교선교회는 북장로교와 함께 부산을 거점으로 선교활동을 하였으나 1909년 양 교파간에 협정이 이루어져 북장로교가 호주장로교에게 부산지역을 양도함으로써 이 지역은 호주장로교에서 담당하게 되었다. 그 후 호주장로교에서 부산,

---

15) 최종규, 앞의 책, p.38.

16) 위의 책, p.18.

17) 손안로는 6년간 영국성서공회 파송으로 중국에서 선교활동을 한 후 1894년 호주 빅토리아주 청년신우협회의 파송으로 내한, 부산 초량에서 호주선교사 감독으로 활동하였다. 자세한 것은 한국기독교역사연구소 김승태 · 박혜진 엮음, 『내한선교 사총람 1884-1984』 한국기독교역사연구소, 1994, p.135 참조.

18) 위의 책, p.386.

마산, 진주, 거창, 통영, 김해 등 경남 전지역을 점유하였다.[19]

최덕지의 조모 서씨가 기독교를 받아들이게 된 것도 손안로와 무어 선교사가 통영에 방문한 1894년부터 1902년 사이였을 것으로 추정된다. 그것은 손녀와 조모간의 나이 차이로 계산해 보건대 대략 이 시기였을 것이다. 이와 같이 일찍부터 기독교를 받아들인 조모와 모친 덕분에 최덕지는 모친의 품에 안겨 교회를 다녔다.[20]

그가 다닌 교회는 통영군에서 최초로 설립된 대화정교회였다. 이 교회는 1905년 선교사 손안로에 의해 설립되었다.[21] 최덕지는 자신의 의지보다는 집안의 분위기에 의해 자연스럽게 기독교를 받아들이게 되었다. 그는 교회를 다닐 때 누구보다도 열심히 전도에 앞장섰다. 전도에 앞장섰던 것은 남에게 지기 싫었기 때문이었다.

그것은 집안의 분위기와도 연관이 깊었다. 최덕지의 부친 최익문은 1남2녀중의 1남으로서 가계를 계승해야 할 입장이었다. 이러한 집안에서 최덕지는 여자지만 남자 못지않게 좋은 모습을 보여줘야 한다는 생각을 했을 것이다. 그래서 교회에서도 누구보다 더 잘하는 모습을 보여줬던 것이다. 최덕지는 경제적으로 넉넉하고 남녀차별이 없는 집안에서 자유로운 개인으로 성장하였다. 이러한 자유로운 가정에서 성장한 최덕지에게 민족의식을 형성시킨 배경은 통영 대화정교회에서 민족적 인물들과의 교유였다. 최덕지는 일제강점기 민족운동에 투신했던 인물들 즉 朴奉杉, 권남선, 문복숙, 김순이, 양성숙, 진평헌, 박중한, 좌봉선, 상상은, 박얼순, 최상림 등을 이 교회에서 만났다. 이들의 약력을 <표 2>로 나타내면 다음과 같다.

---

19) 한국기독교역사연구소, 『한국 기독교의 역사』 기독교문사, 1989, p.215.

20) 최종규, 앞의 책, p.18.

21) 한국기독교역사연구소, 『조선예수교장로회사기』 상, 2000, p.140.

<표 2> 최덕지가 대화정교회에서 친분을 가진 민족적 인물들[22]

이름	약력
박봉삼	대화정교회에서 최덕지보다 4개월 더 빠른 1914년 2월 21일에 왕대선 (Watson, Robort D.) 선교사에게서 세례를 받았다.[23] 왕대선선교사는 호주에서 출생하여 1910년 내한하여 경남 부산선교부에 부임한 후 동래, 울산, 김해, 밀양 등의 지방선교에 종사하였으며, 1913년에 통영선교부로 전임하였다. 박봉삼은 1915년 통영기독교청년회장에 선출되어 각종 강연회, 기도회 등을 통해 통영군민들에게 민족의식을 자각시켰으며, 1919년 3월 13일 45세의 나이가 되던 해에는 만세운동사건에 참여하였다. 1921년 7월 통영청년단을 조직, 초대회장에 피선되어 많은 활동을 하다 1929년 통영신간회 회장으로 선출되었다.[24] 이러한 이력을 가진 박봉삼과 함께 대화정교회에 다닌 최덕지는 자연스럽게 민족의식을 가질 수 있게 되었다.
권남선	통영군 통영면 대화정에서 출생하여 이발사로 일하였으며, 1918년부터 대화정교회에서 기독교청년회장으로 활동하면서 신앙을 통해 청소년들에게 민족의식을 심어주었다.[25] 그리고 1919년 3월 13일 만세의거미수사건 주모자로 1년간 옥고를 치르기도 하였다. 대화정교회에서 세례는 1921년 4월 17일 31세 되던 해에 받았다.[26] 그 후 일본 東京정치학교와 물리학교에서 수학한 후 다시 청산학원을 졸업하고 귀국, 목사로 일하면서 후진양성에 진력한 인물이었다. 권남선 또한 최덕지에게 많은 영향을 끼친 인물이었다.
문복숙	문복숙은 경남 동래군 금사동에서 출생하였으며, 1917년 3월 부산진일신여학교 고등과를 제5회로 졸업하고 김순이와 일신여학교 3년 선배인 양성숙과 함께 통영 진명유치원 교사로 부임하였다. 그는 1919년 3월 13일 최덕지의 지원을 받아 김순이, 양성숙 등과 함께 만세운동을 전개하기 위해 태극기를 만들어 배포한 일이 일경에게 발각되어 체포 구금되었다. 부산감옥에서 6개월간 수감되었다.

---

22) 문복숙·김순이에 대한 내용은 대한예수교장로회초량교회, 『초량교회 100년사』 1994, p.498 참조.

23) 「세례명부」, 1922, 통영 충무교회 소장.

24) 『충무시지』, 충무시지편찬위원회, 1987, p.180; 박봉삼은 신간회 회장을 맡은 이후 일본경찰의 감시가 심한 것에 분개하여 해상생활을 하기 위해 가출, 1936년 통영군 원량면 읍덕리 해안에서 61세의 나이에 익사체로 발견되었다.

25) 충무시지편찬위원회, 앞의 책, p.178.

26) 「세례명부」, 1922, 통영 충무교회 소장.

이름	약력
김순이	문복숙, 양성숙과 함께 부산진일신여학교 고등과를 1917년 5회로 졸업한 후 통영진명유치원에서 교사로 활동하던 중 1919년 3월 13일 통영만세사건을 주도하였다. 이 사건으로 부산 감옥에서 6개월간 수감되었다.
양성숙	문복숙, 김순이과 함께 부산진일신여학교 고등과를 1917년 5회로 졸업한 후 통영진명유치원에서 교사로 활동하던 중 1919년 3월 13일 통영만세사건을 이끌었다. 이 사건으로 부산감옥에서 6개월간 수감되었다.
진평헌	22세의 나이가 되던 1917년 9월 2일 대화정교회에서 왕대선교사에게 세례를 받았다.[27] 배재학당을 졸업하고 세브란스의전을 나와 의업을 생업으로 활동해오던 중 1919년 3월 1일 경성에서 독립만세운동에 참여한 후 통영으로 돌아온 그는 권남선, 김형기, 양재원, 배익조, 모치전, 강세제, 이학이, 허장완 등의 18인과 함께 만세의거를 계획하였으나 미수에 그쳐 1년간의 옥고를 치렀다. 출옥 후 항일비밀결사대를 조직하기 위해 계획을 세웠으나 일경에게 발각되어 1923년 서대문형무소에서 또 1년간의 옥고를 치뤘다.
박중한	1909년 7월 30일 14세의 나이로 대화정교회에서 세례를 받았으며[28] 기독교민족운동에 깊이 관여했다. 호주멜버런대학과 뉴욕오븐대학에서 수학한 후 목사가 되었다.
최봉선	1918년 6월 16일 대화정교회에서 세례를 받았다. 마산의신학교 박순천의 제자로 3·1운동 당시 마산에서 독립만세운동에 참여하였으며, 최덕지의 요청에 의해 통영 동부유치원에서 교사로 활동했다. 1927년 통영 제2의 만세운동이라 할 수 있는 '김기정 망언 사건' 때 최봉선은 이를 탄핵하는 시위대열에 참가하여 검속되기도 하였다.
강상은	1911년 5월 21일 17세의 나이로 대화정교회에서 세례를 받았으며, 1910년대 항일비밀운동단체인 혈성단에서 활동했다[29]
박열순	통영 민족운동가 서상환의 아내이며 박중한의 누이이다. 1918년 10월 22일 대화정교회에서 세례를 받았으며[30], 최덕지와 함께 1910년대 말 상해 독립단 원조회에서 활동하였다.
최상림	경남 동래군 기장에서 출생, 1916년 대화정교회 조사로 선임,[31] 1919년 통영 혈성단원으로 활동, 1933년 남해읍 교회에 부임, 1937년 제40, 41회 경남노회장에 선출, 신사참배를 반대하다가 옥중에서 1945년 6월 사망

---

27) 「세례명부」, 1922, 통영 충무교회 소장.
28) 위의 자료.
29) 최종규, 앞의 책, p.28.
30) 「세례명부」, 1922, 통영 충무교회 소장.
31) 「통영대화정사기」, 통영 충무교회 소장.

<표 2>에 나타나 있는 인물 이외에도 많은 인물들과 대화정교회에서 교유하면서 최덕지는 민족의식을 지닌 인물로 성장하였다.

세 번째로는 통영 대화정교회에서 운영하던 진명학원에서의 교육을 들 수 있다. 길야정에서 어린시절을 보내던 최덕지는 1912년 12세의 나이가 되던 해에 통영진명학원에 입학하였다.[32] 이 학교는 1910년 12월에 내한한 와트슨(R.D Watson)선교사에 의해 설립되었다.[33] 이 학원은 1914년 '사립학교령'에 따라 1915년 보통학교로 등록하려 했으나 거절당했다. 그 후 1921년 진명강습소로 개칭하여 주간부, 야간부, 산업반 등을 두어 통영 여성들에게 근대적인 교육을 제공하였다. 그후 많은 여성 졸업생들을 배출하고 1933년 현재 120명의 학생을 수용하고 있었다.[34] 최덕지도 이 학원이 설립되자 마자 입학하여 4년동안 내한선교사로부터 근대적인 교육을 받았다.[35] 이러한 과정속에서 자연스럽게 민족적인 여성의식이 형성될 수 있었다. 지금까지 살펴본 바와 같이 이러한 세 가지 요인에 의해 최덕지는 통영의 민족적 여성지도자로 성장할 수 있었다.

2) 민족적 여성의식의 강화와 민족적 여성운동

최덕지는 1916년 진명학원을 졸업한 후 마산의신여학교 고등과에 입학했다. 마산의신여학교는 1913년에 설립되었다. 1911년 당시 28명의 여학생들이 창신학교에서 교육받는 것을 본 아담슨 선교사는 여학

---

32) 최종규, 앞의 책, p.185.
33) 이 학교는 1941년 선교사들이 본국으로 돌아가면서 폐교되었다.
34) 『동아일보』 1933년 3월 18일자.
35) 최종규, 앞의 책, p.185.

생을 위한 학교가 필요하다는 것을 절감하고 의신여학교를 설립한 것이다.[36] 한국인으로서 이 학교는 마산의 민족지도자이며 창신학교 설립자인 이승규의 주도에 의해 설립되었다. 그는 마산 여성들에게 근대적인 교육이 필요하다는 것을 절감하고 의신여학교를 세웠다. 의신여학교는 민족적 여성교육을 위해 설립되었기 때문에 학생들에게 주로 이러한 방향으로 가르쳤다. 1919년 3월 22일 마산에서 독립만세운동이 일어났을 때 의신여학교는 창신학교와 함께 주도적인 역할을 하였다.

1917년에 입학한 최덕지는 졸업 반년을 남겨두고 통영으로 돌아왔다. 2년 6개월간 학교를 다니면서 그의 민족적 여성의식은 더욱 강화되었다. 민족적 분위기가 강한 이 학교에서 최덕지는 교사인 박순천의 영향을 많이 받았다. 박순천은 원래 이름이 박명련이며, 1898년 9월 10일 경남 동래에서 무남독녀로 출생하였다. 1917년 3월 동래 일신여학교를 5회로 졸업하고 마산 의신여학교의 교사로 활동하면서 학생들에게 민족의식을 불어넣어주었다. 그는 1919년 3월 22일 만세운동 관련자로 일경에 체포된 후 풀려나오자 신분을 감추기 위해 박순천으로 개명하였다.[37] 이처럼 마산의신여학교를 다니면서 학교의 방침, 그리고 박순천의 영향을 받아 민족적 여성의식이 더욱 강화되었던 것이다.

이러한 과정을 거쳐 민족적 인물로 성장한 최덕지는 1919년 3월 13일 통영 만세사건을 계기로 직접적인 민족운동을 전개하였다. 경남지역에서 1919년 3월 만세운동은 3월 11일 부산에서부터 시작되었다. 3월 13일 동래, 창녕, 밀양, 통영, 3월 14일 의령, 3월 17일 함안, 3월 18일 합천, 진주, 하동 등으로 이어졌다.

---

36) E.A. Kerr · G.Anderson공저/이원호 · 김성혜 공역, 『호주장로선교회의 부산 · 경남지역 종교 및 교육활동』 광명출판사, 1995, p.80.
37) 동래학원100년사편찬위원회, 『동래학원 100년사』 1995, p.39.

통영에서는 3월 13일 통영장날을 기해 만세운동이 일어났다. 박봉삼의 자문을 얻어 진평헌, 양재원, 권남선, 김형기, 배익조, 모치전, 강세제, 이학이, 허장완, 서상호, 최천, 박중한, 김종원, 신수동 등이 만세운동을 주도하였다. 이들은 3·1 독립선언문을 구하지 못했지만 진평헌이 '동포에게 격(檄)하노라'라는 격문을 직접 작성하여 만세운동을 위한 만반의 준비를 갖추게 되었다.[38] 그러나 사전에 발각되어 주도자들이 전부 체포되고 말았다. 만세운동 주도자중 이학이는 고문으로 인해 사망하고 허장완은 마산감옥의 감방에서 독립만세운동을 외치다 고문으로 옥사하였다.[39]

많은 사람들이 검거된 상황에서도 3월 13일 통영 진명유치원 교사들에 의해 만세운동이 계획대로 진행되었다. 유치원 교사였던 문복숙, 김순이, 양성숙 등은 진평헌, 이학이 등에게서 3월 13일 만세운동을 함께 일으키자는 연락을 받았다. 이들은 모두 호주선교회 통영지부와 깊은 관계를 맺고 있었기 때문에 대화정교회를 다니면서 자연스럽게 최덕지를 알게 된 것으로 보인다. 최덕지는 만세운동 전개시 필요한 태극기 만드는 작업을 이들에게 지원하였다.[40] 세 사람은 최덕지에게 지원받아 만든 태극기를 통영민들에게 배부하고 3월 13일 장날 문복숙외 신호로 태극기를 흔들며 만세운동을 주도하였다. 이 만세운동사건으로 문복숙, 김순이, 양성숙은 일경에게 체포되어 징역 6월을 선고받고 부산감옥에 수감되었다.[41] 최덕지가 만세운동에 참여했는지의 여부에 대한 기록은 남아 있지 않으나 태극기 만드는 작업을 지원했기

---

38) 통영시사편찬위원회,『통영시지』상, pp.329-333.
39) 초량교회 100년사 편찬위원회, 앞의 책, p.499.
40) 위의 책, p.498.
41) 위의 책, pp.498-450.

때문에 참여했을 확률이 높다.

그가 통영만세운동에 참여한 것은 기독적인 신앙의 동기가 있었기 때문이다. 선교사들은 한국인들에게 구원이란 죄와 죽음으로부터의 구원이라고 했지만 한국인들은 이를 개인과 민족의 구원으로 받아들였던 것이다. 통영만세운동의 주도자였던 진평헌이 '기독교가 바라는 것은 조선의 독립이요. 조선민족은 죽기로 각오하여 조선독립을 쟁취할 것이다'[42]고 주장한 것처럼 최덕지도 바로 이러한 신앙의 동기에서 민족운동에 참여하게 되었다고 할 수 있다.

그후 최덕지는 졸업을 6개월 앞두고 학업을 정리한 다음 통영으로 돌아왔다. 학업을 못 마치고 돌아온 이유는 부친의 병구완을 하기 위해서였다. 그러나 얼마 못가 부친은 사망하고 최덕지는 고아가 되었다.[43] 그 이후 최덕지의 삶은 민족적 여성운동을 위한 것이었다.

1920년대에 들어서면서 최덕지는 민족적 여성운동에 적극적으로 참여하였다. 당시 통영의 여성운동계는 다른 지역에 비해 매우 낙후되어 있었다. 다음 글은 당시 통영 여성 일반의 상황을 잘 보여주고 있다.[44]

> 통영청년단 활동사진대가 각지로 순회하는 중 통영여자계가 너무도 낙오되얏슴은 유감으로 思하야 그들이 귀통하는 즉시로 김태우, 강진호씨는 여자교육기관 조직을 창도하는 동시에 당지 강형로 하시원 양기언 이성우 등 제씨의 찬조를 득하야 최초 6개월 속성의 예정으로 제반 준비를 了하얏스나 한갓 장소가 예정대로 진보(최초 당지에 在한 目下 비어 잇는 第七日 안식교 전도실을 장소에 충하기로 예정하고 청도까지 가서 교섭한 결과 기 장소에

---

42) 거제기독교선교100주년기념사업회, 『거제기독교백년사』 한섬, 1999, pp.156-157.
43) 최종규, 앞의 책, p.24.
44) 『동아일보』 1921년 11월 1일자.

서 배우는 학생은 전부 안식교인이 될 조건부로 하면 승낙하겠다 함으로 여러 가지 형편상 그곳은 부득이 파의)치 못하야 이래 발기자측에서는 장소의 구득에 주야 분주중이던 바 금반 통영청년 단장 임철규씨 소개롯 당지 정량리 학계와 교섭한 결과 기 학계의 소유인 역낙제를 무료 제공하고 매년 이백원식의 경비를 보조하겠다 하얏슴으로 발기인측에서는 최초의 목적이든 주간의 유치원제와 주간의 부녀교수제를 병행하기로 하고 불원간 가옥수리에 착수하야 지하야도 십일월초에는 교수를 시작하리라는대 이 기관의 발전이 현상과 여히 잘 진행되면 장래 통영여자계를 위하야 완전한 교육기관을 설립하는데 다대한 호영향이 유하리라 하야 일반인사는 다대한 희망으로써 이 부녀야학 실현을 갈망한다더라

이 기사와 같이 당시 통영 여성계를 이끌만한 여성지도자가 많이 부족하였다. 여성야학도 남성들이 주도할 정도로 여성지도자가 부족하다는 사실을 알 수 있다. 이러한 통영에서 최덕지는 교회 조직을 통한 여성과 어린이 교육, 유치원 설립과 야학을 통한 민족적 여성교육운동, 항일운동단체와 여성운동단체를 통한 민족적 여성운동 등을 전개하였다.

첫째로 최덕지는 교회, 유치원, 야학을 통해 기독교 정신에 입각한 민족적 여성교육운동을 전개하였다. 그가 이처럼 민족적 여성교육운동에 적극적이었던 것은 남녀가 평등해지고 독립이 되기 위해서는 교육을 받아야 한다고 생각했기 때문이다.[45] 최덕지는 대화정 교회에서 교회조직을 활용하여 통영의 여성들과 어린이들에게 근대 문화를 접할 수 있도록 하는데 주력하였다. 대화정교회는 전술한 바와 같이 그가 모친과 함께 다닌 교회로서 1905년에 설립된 통영군에서 가장 오

---

45) 최종규, 앞의 책, p.29.

래된 교회였다.

이 곳에서 최덕지는 1922년 4월에 대화정교회 집사로 임명되었으며, 1922년 4월 여전도회 회장으로 피선되었다. 1925년 4월에는 기독교 청년회 회장으로 선출되어 많은 활동을 벌였다.[46] 그리고 오전에는 통영 여성들을 위해 부인반에서, 오후에는 유년반에서 교사로 활동하였다. 1922년 9월 9일 제 17회 당회에서 주일 오후 유년반 회장으로 선출되었다. 1923년 1월 25일 제22회 당회에서 주일 오후 유년반 임원으로 피선되었으며, 1924년 4월 18일 제27회 당회에서 유년주일학교 선생으로 임명되었다.[47]

그가 유치원과 야학을 통해 민족적 여성교육운동을 벌인 것은 마산에서 통영으로 돌아온 직후였다. 최덕지는 가장 먼저 진명유치원[48] 교사로 재직하면서 교육운동에 매진하였다. 이 유치원에서는 1919년에서 1925년까지, 1930년에서 1931년까지 이 두 시기 동안 교사로서 활동하였다. 진명유치원은 1911년 12월에 내한한 와트슨(Bair.A.Watson)여선교사에 의해 설립되었다. 와트슨여선교사는 1910년 12월에 내한한 와트슨(Robert D. Watson)의 부인으로서 여성교육에 많은 관심을 가지고 이를 실천에 옮겼다. 최덕지가 4년동안 근대교육을 받았던 진명학

---

46) 최종규, 위의 책, p.30.

47) 「통영 대화정교회 당회록」 1권, 충무교회 소장 자료.

48) 진명유치원은 「통영대화정교회 사기」에 의하면 1918년도에 설립된 것으로 기록되어 있다. 그러나 통영사립기독교유치원 제15회 졸업기념사진(「통영사립긔독교유치원 세15회 쫄입긔념」 1931년 3월 1일(음), 2003년 10월 현재 통영시에 기주하는 박형균선생이 소장하고 있는 사진; 박형균의 누이가 1931년 유치원 교사로 있던 최덕지와 함께 촬영한 사진) 촬영년월일이 1931년 3월 1일로 된 것으로 보았을 때 1916년에 설립되어 1917년 1회 졸업생이 배출된 것으로 계산된다. 그리고 부산진일신여학교를 1914년 3월 2회로 졸업한 양성숙이 1916년 첫 교사로, 1917년 3월 5회로 졸업한 문복숙과 김순이는 1917년 혹은 1918년경에 교사로 부임한 것으로 보인다. 즉 진명유치원을 설립하자 마자 호주장로회 통영지부에서 양성숙을 첫 교사로 임명했던 것이다.

원을 설립한 후 와트슨여선교사는 유치원 개설권을 최초로 선교위원회에게 요청하였다. 그는 자신의 집에서 8세까지의 소년, 소녀들을 위한 유치원을 열고, 두명의 교사에게 각각 11엔, 4엔의 수당을 지급하겠다는 예산서를 선교위원회에 제출했다. 그러나 선교위원회에서는 교사를 복음활동에 투입시키는 것이 더 필요하다고 여겨 이 요청을 거절했다.[49]

와트슨 여선교사는 선교위원회의 거절에 좌절하지 않고 1916년에 직접 유치원을 설립하여 자비로 경영했던 것 같다.[50] 그래서 1914년 부산진일신여학교를 졸업한 양성숙을 첫 교사로 임명하여 유치원을 운영했던 것이다. 그 이후 1918년 선교부 교육위원회에서 유치원은 가능하면 어느 곳이든지 설립해야 되는 것으로 결정했다. 이러한 결정으로 최덕지도 진명유치원 교사로 부임하게 된 것이다.

1925년에서 1929년까지는 도천리와 대화정에서 유치원과 야학운동을 벌였다. 도천리 유치원은 대화정교회에서 통영 서부지역에 위치한 도천리에 기도소를 설치함으로써 시작되었다. 기도소는 그 지역 여성들을 위한 쉼터의 역할을 하던 곳이었다. 마땅히 집 외에는 갈 곳이 없었던 당시 여성들은 기도소에 모여 서로 정보도 교환하고 쉬기도 하였다. 그리고 경제적으로 어려운 여성들이 많이 찾아드는 곳이기도 하였다.[51] 대화정교회에서는 여러 지역에 이러한 기도소를 마련해 놓고 모여드는 여성들에게 기독교를 전하였다. 최덕지는 1925년 2월 10일 대화정교회 제41회 당회에서 도천리 구역 권찰로 임명되었던 것이

---

49) E.A.Kerr · G.Anderson 공저, 앞의 책, p.103.
50) 호주장로교 계통에서 설립한 최초의 유치원을 1917년 진주 맥라렌 여선교사로 기록되어 있으나 와트슨 부인이 이보다 1년 빠른 1916년에 설립했기 때문에 호주장로교계통에서 최초로 설립한 유치원은 통영의 진명유치원이라고 할 수 있다.
51) 통영시 충무교회 장유수 장로의 구술

다.[52] 이러한 결정에 의해 도천리 권찰로 있던 최덕지는 이곳에서 1926년부터 유치원과 야학[53]을 경영하였다. 1928년에는 대화정교회에서 아동 10명으로 동부유치원을 설립하였는데,[54] 이곳도 최덕지가 책임지고 소년, 소녀와 자모들의 교육에 힘썼다.

유치원과 야학에서 최덕지는 한글, 산수, 역사, 노래 등을 가르쳤다. 그는 민족적 여성의식을 가지고 가가호호 방문하면서 여성도 배워야 인간 구실을 할 수 있고 또한 여성이 교육을 받아야 일제 강점에서 한국이 독립된다는 것을 주장하였다. 최덕지는 유치원 교육이 끝나면 가가호호 방문하면서 여성들에게 기독교를 전하고 민족의식을 고취시켰다. 그리고 밤에는 야학에서 여성들을 지도하였다.[55]

두 번째로 최덕지는 기독교인들이 아닌 일반 통영민들과 함께 항일운동단체와 여성운동단체를 통해 민족적 여성운동에 주력하였다. 최덕지는 통영에서 조직된 대부분의 여성운동단체에 가담하여 활동을 전개하였다.

최종규의 기록[56]에 의하면 최덕지는 상해독립단 통영원조회에 가입해서 활동했다고 한다. 통영에서 항일비밀단체로 혈성단과 상해독립단 통영원조회가 조직되었는데, 이중 혈성단은 남성중심적인 항일비밀단체였으며, 상해독립단 통영원조회는 여성 중심적인 항일비밀단체였지만 남녀가 혼성되어 있었다. 혈성단원은 거의 백여명에 육박했으며, 강상은, 최상림, 배익조 등이 대표적으로 활동했다. <표 2>에서 살펴

---

52) 「대화정교회 당회록」 I, 통영 충무교회 소장 자료.
53) 「도천리야학을 떠나며」 김성완(통영시지편찬위원) 소장 사진자료.
54) 「통영대화정사기」 통영 충무교회 소장; 동부유치원이 시작된 곳은 대화정청년회관이었으며, 현재 통영문화원이 위치해 있는 곳이다.
55) 최종규, 앞의 책, p.29.
56) 최종규는 최덕지 항일운동관련에 대해 강상은의 증언에 의해 이루어졌음을 밝히고 있다(최종규, 앞의 책, 서문).

본 바와 같이 강상은은 통영 천리 출신으로 대화정교회에서 1911년 5월 21일 17세 때 세례를 받았다. 그후 통영 욕지면 전도사로 활동하였다.[57] 최상림은 1916년부터 대화정교회에서 전도사로 시무하였다.[58] 배익조는 통영군 통영면 출신으로 향리에서 한문을 수학하다 기독교에 입교하였으며, 1919년 통영만세운동 사건으로 징역 6월을 선고받고 대구감옥에 수감되었다. 그 후 목사가 되어 민족운동을 전개하였다.[59] 혈성단원들도 대부분 통영의 기독교인들이었으며 최덕지와 교유가 있는 인물들이었다.

최덕지는 여성들로 박열순, 김순이, 문복숙, 남성들로 허장완, 이학이 등과 함께 상해독립단 통영원조회에서 활동하였다. 이 단체의 구성원들은 모두 12조로 나뉘어 통영, 하동, 사천, 고성, 김해, 양산 등의 각 지역을 분담하여 활동했다고 한다. 모집된 군자금은 통영 김필애, 김해 이갑성 편으로 임시정부에 송금했다고 한다.[60] 그런데 최종규의 기록에서 문제는 허장완과 이학이가 등장한다는 점이다. 이 두사람은 1919년 3월 13일 통영만세사건으로 투옥되어 이학이는 고문 후유증으로 가석방되자 마자 사망했으며, 허장완도 고문으로 1919년 10월 9일 21세의 나이로 옥사하였다. 따라서 이 두사람이 상해독립단 통영원조회에 가담했다고 한다면 1919년 3·1만세사건 전후인 것으로 추정된다. 혈성단과 상해독립단 통영원조회는 전후사정을 고려해보았을 때 임시정부와 관련이 있는 것보다는 신한청년당과 관련이 깊었던 것으로 보인다.

---

57) 「세례명부」 1922, 통영 충무교회 소장.
58) 「통영대화정사기」 통영 충무교회 소장.
59) 충무시지편찬위원회, 1987, p.181.
60) 최종규, 앞의 책, p.28.

1920년대에 들어서면서 최덕지가 가담하여 활동한 단체로는 통영여자청년회, 근우회 통영지회, 통영부인회였다. 통영에서 조직된 거의 모든 여성단체에 가담하여 활동했던 것이다.

최덕지가 1920년대에 가장 먼저 가담해서 활동한 단체는 1926년 1월 2일에 조직된 통영여자청년회이다. 이날 1시부터 대화정 청년회관에서 임시총회가 열렸으며, 회장 권순이의 개회사, 경과보고가 있은 다음 부산에서 개최된 경남청년연맹 발기회에 참석했던 박영자의 보고 등을 듣고 임원 사임의 건, 통영총운동동맹 가맹의 건, 사업 진행 방침 등을 토의했으며, 1월 5일 통영청년동맹과 연합하여 신년대강연회를 개최하기로 결정했다. 임원 선거시 최덕지가 서기로 선출되었다.[61] 토의사항에 나와 있는 통영총운동동맹은 언제 조직되었는지 기록을 찾을 수 없으나, 1925년 11월 7, 8일 양일간 통영군 대화정 청년회관내에서 통영, 고성, 사천, 남해 4군 연합 사상운동자 간담회를 개최한 사실이 있다. 간담회 토의사항은 노농운동에 관한 건, 여성운동에 관한 건, 형평운동에 관한 건, 소년운동에 관한 건, 교양문제에 관한 건, 사회운동 전국면에 관한 건, 무산계급 노동교육에 관한 건, 연합기관에 관한 건, 기타 등이었다.[62] 이러한 내용을 보았을 때 통영총운동동맹은 사회주의적 색채가 강한 단체라 할 수 있다.

추측컨대 통영여자청년회에서는 초기에 통영총운동동맹에 가입하지 않았으나 1926년 8월 9일 오전 10시에 개최된 통영여자청년회의 제1회 성기총회 이후 사회주의적 성격으로 바뀐 것으로 보인다. 성기총회

---

61) 이 강연회는 1월 8일에 개최되었다. 강연회에는 회장 권순이의 개회사로서 시작되었다. 1927년 1월 8일에도 청년동맹회와 연합하여 대강연회를 개최하였는데, 연사와 연제는 진평헌의 「현대와 여성관」, 김기영의 「조선부인도 사람이다」 등이었다.

62) 『시대일보』 1925년 11월 14일자.

때 최덕지는 임원으로 선출되지 않았다. 이것은 통영여자청년회가 점차 사회주의 운동의 방향으로 나아간 것이 그 원인이라 할 수 있다. 1926년 이 날 토의된 안건은 무산부녀 야학개최의 건, 남녀유학생 토론회 개최의 건, 중앙협의회가맹의 건 등이었다. 당시 통영지역 사상 단체인 '정의단'에서 1926년 8월 당시 서울파에서 추진하고 있던 사회 단체협의회인 조선사회단체 중앙협의회 및 사상단체의 통일적 지도기관인 '조선사상총동맹'에 가입할 것을 결정하고 있었다.[63] 통영여자청년회에서 토의된 중앙협의회가맹의 건이라 함은 곧 조선사회단체 중앙협의회를 가리키는 것이었다. 통영여자청년회는 1927년 2월 11일 오전 10시 불교포교당에서 개최된 '통영사회운동자 간담회'에 가입하였다. 결국 이러한 관계로 최덕지는 통영여자청년회와의 관계가 소원해진 것으로 보인다. 이후 최덕지는 기독교 여성중심으로 결성된 통영부인회에서 활동하였다. 이 단체는 1919년 100여명의 회원으로 조직된 통영여성운동단체였다. 1920년 5월 28일 오후 8시에 대화정유치원에서 부회장 박덕실의 사회하에 강연회를 개최하기도 했는데, 이 날 고문 송정택과 서기 박덕순이 연사로 나와서 열변을 토하였다. 통영여성들은 이 강연회에서 많은 영향을 받았다고 한다.[64] 이와 같이 이 여성단체는 창립 이래 2년 동안 풍속개량에 대한 대강연회 개최와 여성교육운동의 일환으로 여자야학회를 개최하는 등 여성지위향상과 관련된 많은 활동을 하였다. 그 후 일경의 탄압과 회원들의 소극적인 태도로 인해 이 단체는 부진상태를 면하지 못하였다. 그 후 9년만인 1928년 8월 24일 오전 10시 대화정유치원(진명)에서 위원 30여명의 출석으로 총무 김마리아의 사회로 임원회 및 부흥총회를 개최하였다.[65]

---

63) 『조선일보』 1926년 8월 14일자.
64) 『동아일보』 1920년 6월 11일자.

이 날 고문 서상권의 규약낭독과 통과보고가 끝난 후 규약개정, 진행
방침, 임원을 개선하였다. 이 때 최덕지는 서기로 임명되어[66] 통영부
인회 활동에 전력하였다.

1929년부터 최덕지는 근우회 통영지회의 설립과 활동에 중추적인
역할을 담당하였다. 이 당시 최덕지는 통영에서 여성지도자로 이미 부
상되어 있었던 것이다. 근우회는 민족유일당 정신에 따라 1927년 5월
24일 민족주의 여성운동진영과 사회주의 여성운동진영이 한국 여성들
의 문제를 해결하기 위해 이념을 초월하여 창립한 전 조선여성단일운
동단체였다. 근우회는 창립된 후 1년 동안 여성지도자 훈련을 위한
프로그램 마련, 재정마련을 위한 기부금 모금 및 자체 수익사업, 지회
설립을 통한 전국여성단일단체로서의 정비 그리고 민족운동의 지원
등이었다.[67] 이중 근우회에서 가장 주력한 사업이 지회설립을 통한
전국여성단일단체로서의 정비라고 할 수 있다. 근우회 지회는 전주지
회를 출발로 1928년 임시대회 시점에 39여지회가 설립되었다. 이러한
사정을 감안해 보았을 때 근우회 통영지회의 설립은 조금 늦은 감이
있다고 할 수 있다. 그럼에도 불구하고 통영 여성운동은 나름의 지역
적인 특수성속에서 전국적인 여성운동과 그 맥을 같이 하고 있었다.

근우회 통영지회가 설립된 것은 1919년대말부터 시작된 통영여성운
동단체의 운동, 여성교육운동 등이 있었기 때문이었다. 앞서 살펴본
바와 같이 이러한 단체와 교육운동에 최덕지는 적극적으로 가담해서
활동했던 것이다. 그의 적극적인 민족적 여성운동은 근우회 통영지회

---

65) 『동아일보』 1928년 8월 28일자.
66) 『중외일보』 1928년 8월 29일자; 이날 선출된 임원은 회장 김마리아, 부회장 高順
伊, 총무 朴烈順, 金舜今, 金武載, 회계 李亞羅, 서기 崔德智, 權順伊, 간사 李今
守, 崔一, 崔福得 등이었다.
67) 윤정란, 『한국 기독교 여성운동의 역사』, 국학자료원, p.112.

가 설립되는데 중요한 기반이 되었다고 할 수 있다.

근우회 통영지회는 1929년 5월 12일 통영의 지도급 여성들이 준비
위원회를 개최한 후[68] 6월 7일 설립대회 후 조직되었다. 이 날 오후
2시 대화정 청년회관에서 회원, 방청객 백여명이 모인 가운데 지회
설립대회가 개최되었다. 이 날 최덕지의 개회사가 있은 후 근우회 중
앙본부 박호진의 인사가 있었다. 근우회 중앙본부에서는 전국을 4대로
나누어 지회소재지 및 지회가 발기 중인 지역을 장기에 걸쳐 순회 강
연을 했는데, 경부선방향을 박호진이 담당했던 것이다.[69] 이런 관계로
통영 지회가 설립되자 박호진이 순회 강연을 하기 위해 온 것이다.
그 다음 순서로 회원점검, 경과보고, 취지설명, 축전축문 낭독, 위원선
거가 있었으며, 마지막으로 여자야학원 통영의 건, 본회 유지의 건에
대해 토의하고 경제 □絆에 관한 건, 인습적 벽 제거에 관한 건, 문
맹퇴치의 건 등을 건의했다.[70] 최덕지는 이 날 근우회 통영지회의 집
행위원장과 대의원으로 선출되었다.[71]

근우회 통영지회가 설립될 당시 임시사무소로 최덕지는 자신의 집
을 사용하였다. 이처럼 적극적이었던 최덕지는 1929년 11월 11일 오
후 2시에 개최된 근우회 통영지회 제2회 임시대회에서 선출된 임원에

---

68) 『동아일보』 1929년 5월 30일자.
69) 박용옥, 『한국여성항일운동사연구』, 지식산업사, 1996, p.360.
70) 『동아일보』 1929년 6월 11일자.
71) 『조선일보』 1929년 6월 12일자; 이 날 선출된 임원은 다음과 같다.
　　집행위원장 崔德智
　　상무위원; 趙又奉, 위원; 徐德支, 崔又順
　　정치문화부; 상무위원 金必連, 위원; 金學連, 辛ㅇ順
　　조직선전부; 상무위원 催德守, 위원; 金孟秀
　　조사연구부; 상무위원 權順伊, 위원; 黃富允
　　검사위원장; 朴一有, 위원; 高鳳愛, 趙奉連
　　대의원; 최덕지, 조우봉, 김필연

포함되어 있지 않다.72) 이 때부터 근우회 통영지회 성격이 사회주의 운동으로 전환해 간 것으로 볼 수 있다. 이 날 토의사항 혹은 슬로건을 살펴보았을 때 사회주의적인 성격이 강하다. 예를 들어 슬로건 중에 노동부인을 적극적으로 획득하자, 우리는 국제부인데이를 적극적으로 지지하자 등이다.

최덕지가 근우회 활동에 소극적이었던 이유는 당시 근우회 통영지회의 활동이 일제의 탄압으로 활발하지 못한 것과 이 단체가 사회주의적 성격으로 전환해간 것 등에서 찾을 수 있다. 1929년 7월 12일 근우회 통영지회 제1회 사무집행위원회에서 야학경영방침, 본부에 제출할 건의안 작성, 각지 유학생 환영회 개최, 소인연극 개최 등에 대해 결의하고73), 여자야학강습회와 소인연극을 개최하기 위해 한 달 전 부터 통영경찰서와 교섭하였으나 불온하다는 이유로 금지당했다.74) 이러한 관계로 근우회 통영지회는 일제 당국의 감시로 제대로 활동을 할 수가 없었다. 그래서 통영지회가 제대로 활동하지 못하고 침체되어 가자 1930년 11월 근우회본부에 있는 정종명이 방문해서 부흥대회를 개최하려 했으나 일제 당국의 제재로 하지 못하고 말았다. 결국 최덕지가 통영지회 활동에 소극적이었던 것은 일제 당국의 감시로 활동이 부진한 것과 점차 사회주의화해갔기 때문이라고 할 수 있다.

이와 같이 최덕지는 통영에서 여성지도자로 부상하여 적극적으로 여성운동을 전개하였으나, 사회주의적 경향으로 기울어진 여성운동단체원들로 인한 통영경찰서 감시 강화 등으로 인해 여성운동이 침체를 면하지 못하자 다른 길을 모색하기 시작하였다.

---

72) 『조선일보』 1929년 11월 17일자.
73) 『동아일보』 1929년 7월 16일자.
74) 『동아일보』 1929년 8월 19일자.

Ⅲ. 최덕지의 신사참배반대운동

1) 신사참배반대운동에 나서게 된 배경-이용도가 끼친 영향

통영에서 여성지도자로서 민족적 여성운동을 활발하게 전개하던 최덕지가 신사참배반대운동으로 나아가게 된 직접적인 계기는 이용도 때문이었다. 최덕지가 처음으로 이용도를 만나게 된 것은 그가 1931년 통영 대화정교회의 부흥 집회를 주관하기 위해 방문했을 때였다.[75]

당시 최덕지는 통영 진명유치원에서 교사로 있으면서 민족과 통영의 현실에 대해 많은 고민을 하고 있었던 것으로 보인다. 1920년대부터 그는 본격적으로 통영 여성운동을 위해 많은 활동을 했으나, 1920년대 후반부터 통영의 여성운동은 통영경찰의 감시와 탄압, 여성운동가들의 소극성 등으로 침체에 빠져 있었다. 그리고 통영민 및 주변지역인들의 생활은 갈수록 악화되고 있었다. 1928년과 1931년 계속되는 한발로 통영부두에는 부산을 거쳐 일본으로 가려는 사람들이 매일 100여명씩 모여들었다고 한다.[76] 이러한 상황에서 최덕지는 기독교인으로서 어떠한 삶을 살아야 할지에 대해 많은 고민을 했을 것으로 보인다.

이럴 즈음 이용도가 부흥회를 개최하기 위해 통영 대화정교회를 방문했던 것이다. 이용도는 1931년 10월 6일부터 1주일 동안 통영 대화정교회에서 부흥 집회를 개최하였는데,[77] 이 때 최덕지는 그에게서 깊은 감화를 받았다.

---

75)「통영대화정교회사기」통영충무교회 소장자료.
76)『동아일보』1929년 9월 16일자.
77) 공덕귀·한국여신학자협의회편,『나 그들과 함께 있었네』, 여성신문사, 1994, p.33.

이용도는 1901년 출생으로 최덕지와 같은 나이였다. 1919년 3·1운동, 1920년 기원절사건, 1921년 불온문서사건, 1922년 태평양회의사건 등에 깊이 관여하면서 민족운동을 전개하였다. 그 후 그는 1924년 협성신학교에 입학, 1928년 졸업 한 후 목사가 되면서 교파를 초월하여 침체되어 있는 한국교회의 부흥에 앞장섰다.[78]

1929년부터 시작된 이용도의 부흥회는 1931년에 이르자 거의 절정에 달했다. 평양중앙교회, 재령동부교회, 경남거창교회, 북간도용정교회, 국자가 교회, 투주거우교회, 평양남문밖교회, 함남 영무수양회, 황해도 은율교회, 선천남교회, 북교회, 아현성결교회, 경남통영교회, 사천교회, 충북진천교회, 서울삼청동교회, 중앙전도관, 인천내리교회, 개성남부교회, 화천교회, 평양명촌교회, 산정현 교회 등 가는 곳마다 새로운 바람을 일으켰다.[79] 그는 암울한 식민지 한국의 상황에서 한국 기독교가 나아가야 할 방향에 대해 온몸으로 주장했던 것이다. 이용도가 1주일 동안 대화정교회에서 집회를 끝낸 후 경남 사천으로 갈 때 최덕지는 그곳까지 그를 따라 갔다. 공덕귀는 그 날의 상황을 다음과 같이 회고했다.[80]

한 주일의 집회가 끝나고 이 목사는 사천으로 떠났다. 많은 분들이 그를 따라 사천으로 갔다. 그 중에는 저 유명한 최덕지 선생도 끼어 있었다. 나도 어른들 틈에 끼어 따라 나섰다

이러한 당시의 상황을 볼 때 이용도가 어느 정도 최덕지에게 영향을 주었는지 알 수 있다. 최덕지가 이용도에게 감화를 받은 것은 그

---

78) 『기독교백과사전』 12, 기독교문사, p.1370.
79) 이영헌, 『한국기독교사』 컨콜디아사, 1978, p.178.
80) 공덕귀·한국여신학자협의회편, 앞의 책, p.33.

의 민족을 위한 철저한 기독교 신앙 때문이었다. 이용도는 한국의 기독교에 대해 다음과 같이 철저하게 비판하면서 어떤 방향으로 나아가야 하는지를 주장했던 것이다.

> "현대의 교인은 '괴이한 예수를 요구하매 현대 목사는 괴이한 예수를 전한다. 참 예수가 오시면 꼭 피살될 수밖에 없다. 참 예수는 저희들이 죽여버리고 말았구나. 그리고 죄의 여구대로 마귀를 예수와 같이 가장하여 가지고 선전하는구나. 화 있을진저 현대 교회여! 저희의 요구하는 예수는 육의 예수, 榮'의 예수, 富의 예수, 高의 예수였고, 예수의 예수는 辱의 예수, 賤의 예수, 貧의 예수, 卑의 예수니라"[81]

그가 주장하는 한국의 기독교는 현재의 권위에서 내려와 민중들과 함께 해야 한다는 것이었다. 그리고 언(言)을 버리고 행(行)에 살자고 하였다. 한국 기독교는 잔말, 말질, 평론, 돈만 모으려는 생각, 게으름, 시기, 투쟁, 비겁, 공포, 불평, 근심걱정, 분열, 탐욕, 이기심, 가정불안 등만 있다고 비판하면서 기도, 개인전도, 열심, 사랑, 용기, 감사, 찬송, 협동, 경제공부, 구도심, 봉사, 가정기도 등이 있어야 한다고 주장했다.[82] 즉 그만큼 한국의 기독교가 민중들과 동떨어져 있다는 것을 비판한 것이다.

한국 기독교가 민중들과 점차 멀어져 간 것은 1920년대에 들어서면서였다. 이러한 현상에 대해 민족주의와 사회주의 양세력들로부터 기

---

81) 「이용도 일기」 1930년 2월 20일자; 차성환, 「1920-30년대 기독교신비주의 운동의 역사적 의의-이용도의 대중 종교운동을 중심으로-」『기독교사상』 423, 1994, p.110 에서 재인용.

82) 송길섭, 「강의노트」 감리교신학대학 선교대학원, 1980; 우완용, 『비운과 섭리의 민족교회사』 목양서원, 1992, p.189에서 재인용.

독교는 거센 비판을 받았다.『동아일보』는 1922년 1월 7일자 사설에서 '종교가여 가도에 出하라'는 제목으로 기독교계 지도자들이 교회 울타리안에 정착하여 찬송부르고 기도하며 설교만 할 뿐이지 자신들이 믿고 있는 예수가 번민하고 투쟁한 일들을 외면하고 있다고 지적하였다.

사회주의자들은 1925년부터 기독교가 자본주의제도를 옹호하고 대중의 계급적 해방을 방해하기 때문에 철저하게 그 정체를 폭로하여 대중들이 그 마수에서 벗어나도록 해야 한다고주장하였다.[83] 이들은 노골적으로 기독교인들의 집회를 방해하기 시작했다. 1925년 10월 21일 서울에서 약 3천여명의 기독교인들이 모여 제2회 조선주일학교대회를 열 예정이었는데, 이 대회를 기회로 삼아 사회주의자들은 반기독교운동을 전개하려 하였다. 이후에도 신흥청년동맹의 반기독교대회, 한양청년동맹의 반기독교데이 결정, 함남의 북청청년연합회의 반종교운동 등이 있었다.[84] 기독교계에서는 이러한 안팎의 도전에 직면하자 새로운 대안을 찾기 시작하였다.

그 결과 1929년 모트의 내한을 계기로 개최된 조선예수교연합공의회 대회에서 기독교의 실제화로 나타났다. 이 대회에서 한국사회문제, 농촌문제, 농촌사업의 발전, 사회의 기독교화 등에 대한 토론이 이루어져 연합공의회내에 사회사업위원과 농촌사업위원 등이 신설되었다.[85] 한국교계의 기독교 실제화와 민중화를 위한 실천은 당시 사회문제에서 최대의 현안이던 농촌문제의 해결에 집중되었다.[86] 그러나

---

83) 김창순 · 김준엽,『한국공산주의운동사』2, 청계연구소, 1986, pp.282-283.

84) 김권정,「일제하 사회주의자들의 반기독교운동」숭실대석사학위논문, 1995, pp.23-24.

85) 장규식,「제1차 세계대전 이후 기독교 사회 선교의 새로운 모색-The Christian Mission in Problems 해제」,『The Christian Mission in Problems』한국기독교역사연구소, 1999, pp.308-309.

86) 기독교 농촌운동에 관해서는 한규무,『일제하 한국기독교 농촌운동 -1925~1937-』한국기독교역사연구소 참조, 1997.

이것은 미봉책에 불과하였다.

그러나 여전히 한국교계의 내부적인 갈등이 내재해 있었다. 그것은 교권을 장악하고 있는 서북지역 인사들의 폐쇄성 때문이었다. 서북지역 인사들에 대한 남한지역 교회의 반발, 미국에서 유학을 마치고 귀국한 젊은 신학자들간의 갈등과 대립, 여권문제 등이 발생했을 때 기존 교계에서는 이를 제대로 수용하지 못하였다. 이러한 내부적인 갈등과 함께 외부적인 도전으로 한국교계는 다시 한번 위기에 직면하였다. 1928년 중반 이후 사회주의자들은 제2차 반기독교운동을 전개한 것이다. 이들은 ① 종교본질을 사회과학적으로 분석하여 '종교존재의의'를 근본적으로 부정하고, ② 반종교투쟁을 정치투쟁의 일환으로 전개한다는 것이며 ③ 프롤레타리아 계급 투쟁에서 반종교운동도 그 대상이 되어야 한다는 등의 논리로서 기독교에 대한 반대운동을 전개하였다.[87] 이러한 반기독교운동의 논리에 당시 기독교계에서 전면적으로 전개하고 있던 농촌계몽운동에 대해 가차없는 비판을 가하였다. 이들은 농민들이 궁핍하게 된 것은 일본제국주의와 민족개량주의자들 때문인데 기독교인들은 단지 '무지'와 '기독교적 사랑'의 결핍을 내세움으로써 실제 원인을 호도하고 있다고 하면서 기독교인들의 농촌계몽운동은 일제의 지배구조와 조선의 계급적 모순 구조를 더욱 강화, 고착시키는 결과를 가져오고 있다는 것이었다.

1928년 중·후반부터 기독교계는 이러한 안팎의 재도전으로 위기가 가중되고 있었다. 다음의 글은 1920년대 말의 교계 상황이 어떤한지를 엿볼 수 있게 한다.

교회에 대한 신망은 3·1운동 이후 교회가 보수화되고 내향화

---

87) 김권정, 앞의 논문, pp.34-36.

되면서 더욱 급속히 떨어졌다. 그러한 결과로 많은 젊은이들이 교회를 떠나게 되었다. 1920년대말에 와서는 한국교회의 청년운동의 거의 사라졌다. …"정치적 경제적 희망이 무기한 지연되는 상황 속에서 사고는 점점 더 사회주의 쪽으로 편향되어 갔다" 교회에 대한 비판은 날로 심해졌다. 젊은 사회주의자들은 교회가 특권층의 편에 서고, 또 가난한 사람들에게 희망을 안겨주지 못하고 있다고 공격하였다.[88]

이러한 상황에서 이용도가 등장한 것이다. 그는 전술한 바와 같이 교계의 부정과 비리를 비판하고 기독교 원래의 초심으로 되돌아가자고 주장하였다. 그것은 일제의 식민지 지배하에서 신음하는 민중과 함께 하자는 것이었다. 한국 민족이 자유를 얻기 위해서는 철저한 기독교 신앙을 가져야 한다는 것이었다. 최덕지는 이러한 이용도의 주장에 크게 공감을 하고 그를 따라다녔던 것이다.

이러한 상황에서 최덕지는 민족을 위해 자신도 좀 더 신앙의 확고함이 필요하다는 것을 느꼈을 것이다. 그렇게 하기 위해서는 신학 공부가 더 필요하다는 것을 절감하고 한국 민족의 장래를 위해서는 기독교를 보다 더 널리 전파하고 철저하게 신앙을 지키는 것이라고 생각했다. 그래서 1932년 최덕지는 호주장로회 여선교사인 愼愛美(A.M.Skinner)의 추천을 받아 평양여자고등성경학교에 입학했다. 이 학교는 1923년 3월 평양 경창리에 설립된 장로교 여성신학교육기관이었다. 1931년 당시 입학 자격 조건은 중학교졸업 정도의 여자로 교역에 뜻을 세운 자들이었다. 교육 과정은 목회학을 제외하고 평양신학교와 같았다.[89] 목회학을 제외한 것은 교장을 맡고 있던 배귀례선교사의 학교 운영

---

88) 차성환, 앞의 논문, p.103.
89) 김인서, 「여자고등성경학교방문기」『신학지남』 제13권 제1호, 1931, p.43.

정책 때문이었다. 배귀례는 여성들이 목사와 장로가 되는 것에 철저하게 반대했던 것이다.[90] 그것은 진실한 신앙이 아니라 지위나 명예를 구하는 일이기 때문에 안 된다는 주장이었다.

이러한 환경에서도 최덕지는 여성지도자로서의 면모를 유감없이 발휘하였다. 이 학교에서 학우회 회장을 맡고 있던 1933년 장로교에서 이용도를 이단으로 단죄하는 사건이 일어났다. 누구나 이용도를 이단시하며 배척하였지만 최덕지만은 그의 진실한 삶을 믿고 변호하였다. 결국 이용도는 기독교를 주도하고 있던 세력들에 의해 면직 당하고 1933년 해주에서 여러 교인들의 돌을 맞고 원산에서 치료하다가 생애를 마쳤다.[91]

최덕지는 학교를 다니면서 평양 산정현교회로 파송을 받아 장년반 주일학교를 담당하였다. 성경학교의 방침이 학기 중에 학생들을 각 교회로 파송, 전도관에서 전도, 각공장을 순회하며 여직공들에게 전도하는 일을 규정해 놓고 있었다. 이러한 방침에 따라 최덕지는 평양 산정현교회에서 봉사를 했던 것이다. 이후 신사참배반대운동을 전개할 때 산정현교회와 연결된 것은 최덕지가 이곳에서 봉사활동을 했기 때문이다. 이러한 과정을 거쳐 최덕지는 1935년 22회로 이 학교를 졸업할 때까지 철저한 기독교 신앙을 배웠다. 철저한 신앙만이 민족과 자신을 구원해줄 것이라 믿었기 때문이다. 이처럼 확고하게 신앙의 체계를 세운 최덕지는 일제 당국이 신사참배를 강요할 때 철저하게 반대운동을 전개할 수 있었던 것이다.

당시 여성교역자가 된다는 것은 굶어죽을 각오를 해야 한다고 했다. 김인서는 1931년 이 학교를 방문하면서 "조선천지에 복음을 들고

---

90) 위의 글, p.42.
91) 『이용도서간집』 p.213; 민경배, 『한국기독교회사』 연대출판부, 1972, p.439.

나서랴면 몬저는 굴머죽을 覺寤를 세우지안니치 못할 금일에"[92]라고 표현했다.

이처럼 최덕지가 이 학교에 입학한 것은 개인의 일신을 위해서가 아닌 민족의 독립을 위한 것이었다. 민족이 독립되기 위해서는 보다 더 철저하게 기독교의 가르침을 몸으로 실천해야 한다고 생각했다. 그의 입학 이유는 철저하게 신앙을 조직하고, 체계를 세우며 증명하기 위한 것이었다.[93] 한국이 일제의 식민 지배하에서 벗어나지 못하는 것은 철저한 기독교의 실천이 부족했기 때문이라고 생각했다. 그는 이 학교에 다니면서 철저하게 양심에 따라 움직였다. 최덕지는 자신을 지배할 수 있는 존재는 하나님뿐이라고 여겼다.

이 학교에서 최덕지는 전국각지에서 모여든 많은 학생들과 친분을 쌓고 기숙사생활을 통해 자신의 기독교 신앙을 더욱 더 확고히 다져 나갔다. 졸업 후 최덕지는 마산선교부로 파송받아 선교사들과 함께 마산지방 83개 교회를 돌보는 전도사가 되었다.

마산선교회에서는 이술연, 이복순, 박경애 등과 같이 활동했는데, 나중에 김영숙, 한상동 목사의 부인도 여기에 참여했다고 한다. 주로 호주선교부 마산지구 산하의 함안군, 창원군, 김해군, 의령군 일대에 흩어져 있는 83개의 교회를 순회하면서 믿지 않는 자의 전도와 교인 심방, 가난한 아동들의 교육 등을 담당했으며, 특히 학교에 못가는 농촌아이들을 위해 각 교회에 임시학교를 만들어 일주일 동안 그 교회들을 순회하면서 가르쳤고 여름에는 각 교회늘의 여름성경학교를 도왔다고 한다.[94]

---

92) 위의 글, p.44.
93) 최종규, 앞의 책, p.43.
94) 김승태 엮음, 『증언-어둠의 권세를 이긴 사람들』 다산글방, 1993, p.248.

그 후 최덕지는 1936년 12월 9일 조선예수교장로회 경남노회에서 경남여자성경학원 이사로 임명되었다.[95] 그만큼 그의 열정을 경남노회에서 인정해주었던 것이다. 이 학원은 호주장로교선교회와 조선장로교 경남노회가 함께 경영했다. 호주선교회에서 이사 2명, 경남노회에서 이사 2명, 경남노회가 선택한 경남노회의 여전도인 2명, 여자성경학원 원장 1명 등 총 7명의 이사가 이 학원을 운영하였다.[96] 경남여자성경학원에서는 이사로서, 교사[97]로서 활동하였다. 그의 전도사로서 역할은 이후 신사참배반대운동을 하기 위한 조직화 작업에 많은 도움을 주었다.

2) 옥외 · 옥중에서의 신사참배반대운동

1937년 중일전쟁 이후 일제 당국은 기독교계에 대해 공식적으로 신사참배에 따라줄 것을 강요했다. 신사참배는 일제당국이 1910년 강점 이후 지속적으로 한국인들에게 요구한 것이지만 기독교계에 대해서는 미온적인 태도를 취했었다. 그러다 1931년 만주침략 이후 기독교 사립학교에 대해서도 압력을 가했으며, 이에 따르지 않는 학교에 대해서는 폐교도 불사하겠다는 방침을 세웠다. 1938년 2월 총독부의 「기독교에 대한 지도대책」발표 이후 기독교회에 대한 신사참배 압력이 더욱 강경해졌으며,[98] 이에 따라 1938년 이후 내한선교사들 중 남북장로교, 호주장로교 계통에서는 신사참배 불가 입장으로 기독교계 사립

---

95) 「조선예수교장로회 경남로회 뎨 三十八회 회록」1936년 12월 9일자.
96) 「조선예수교장로회 경남로회 뎨 四十회 회록」대한예수교 장로회 경남노회, 1938.
97) 최종규, 앞의 책, 사진자료
98) 김승태, 1992 앞의 논문 참조.

학교를 자진 폐쇄시켜 버렸다.

　이근삼은 신사참배에 대해 "조선총독부에서는 신사참배란 종교의식이 아니라 국가의식에 지나지 않는다고 하면서 이를 강요했던 것이다. 이러한 논리는 일제 당국이 신사신도를 비종교화하기 위한 것에 지나지 않았다. 즉 신도를 신사신도와 교파신도로 구분하여 전자는 종교가 아니고 국가의식이며 후자는 교주, 종교적인 행사, 포교 등을 하기 때문에 종교라는 것이었다. 그래서 신사는 내무성 신사국 소관이고 교파신도는 문부성 소관으로 구분하였다. 이와 같이 이분법을 사용하여 구분한 것은 일본이 신교의 자유를 허용하는 문명국가임을 인정받고 대내적으로는 신도 이념으로 천황을 중심하여 국민의 일치단결을 목적하는 것이었다"[99]라고 정리하였다.

　이러한 일제의 논리에 따라 1938년 9월 9일부터 16일까지 개최된 장로회 제 27차 총회에서 9월 10일 평양노회장 박응률이 '우리는, 신사는 종교가 아니며 또 기독교의 교리에 위배되지 않는다는 참뜻을 이해할 뿐 아니라 애국적 국가 의식임을 자각한다. 따라서 솔선수범하여 신사참배를 행하고 자진하여 국민정신총동원운동에 참가함으로써 비상 시국하에서의 총후 황국신민으로서 충성을 다하도록 한다'는 성명서를 총회 이름으로 발표해야 한다고 긴급동의를 하자 한국인 참가자 전원이 이를 찬성, 가결시켰다.[100]

　장로회 총회와 각 노회에서 신사참배를 결의한 이후 부일협력은 극에 달하였다. 기독교인들은 싱병제, 성신내 독려 인실 등뿐 아니라 1943년 6월에는 조선군사령부에 육군환자용 자동차 3대의 기금으로 2

---

99) 이근삼, 「신사참배 거부에 대한 재평가」『한국기독교와 신사참배문제』 한국기독교역사연구소, p.11.

100) 김승태 편역, 『일제강점기 종교정책사 자료집-기독교편, 1910~1945-』 한국기독교역사연구소, 1996, p.240.

만3천2백21원28전을 헌납하고,[101] 9월 20일 장로회 총회 소속 목사들은 다음 기사와 같이 '조선장로호'라는 이름으로 비행기 헌납 기념식을 거행하였다.[102]

> 항공일의 의도깊은 九月 二十일 오후 한시부터 해군대신 대리 板垣 해군소장을 맞이하여 멀리 북으로 朔州 金谷一淸목사, 海州 新森一雄 목사, 載寧 金洛泳장로, 元山 安東義奉목사, 남으로 群山 李昌珪목사, 南原 金鍾大 목사, 京城 咸台永 목사, 全弼淳목사, 車光錫목사, 白樂濬목사, 朴勝準목사, 結城弘範목사 외 팔십여명 장로회 대표들이 열석하고 군관민 다수 내빈 五천여명이 모인 가운데 경성운동장에서 엄숙히 거행되었다 … 보국호의 命名을 『朝鮮長老號』라 한다.

경남노회에서도 신사참배 문제를 둘러싸고 호주선교회와 노회간에 대립이 격화되고 있는 와중에 통영 대화정교회의 목사 이정심은 적극적으로 부일협력에 앞장섰다. 이 교회에서는 1937년 9월 5일 오후 목사 이정심의 사회로 임시 재직회를 개최하였는데, 이 날 결정된 안건이 '현시국 국방 출정군인을 위하여 연보하는 것에 대하여 전일에 연보한 4원5십9전외에 당회에서 15원 41전을 보태서 이십원을 당국에 지출'하기로 한 것이었다.[103] 총회와 경남노회에서 신사참배를 결정하기도 전에 통영 대화정교회에서는 부일협력에 앞장섰던 것이다.

당시 통영민들의 생활은 날이 갈수록 악화되어 가고 있었으며, 자유노동자들은 계속되는 한발과 수재로 인해 너무나 참담한 생활을 영

---

101) 『기독교신문』 1943년 11월 18일자; 헌납식은 1943년 11월 12일에 이루어졌다.
102) 『기독교신문』 1943년 9월 23일자.
103) 통영대화정교회당회록』 3권, 통영의 충무교회 소장자료.

위하였다. 1937년 중일전쟁이 일어나면서 이러한 어려운 생활은 더욱 가중되어 다음 기사와 같이 자살하는 사람들이 나오기 시작했다.

> 쪼들리는 생활난에 참고 견디다 못하야 사랑하는 젓먹이 어린 애를 업은 그대로 투신자살한 가엾은 젊은 어머니가 잇다 … 지난 二十五일 새벽에 통영읍 명정리 전기회사발전소 뒤에 잇는 우물가에 임자없는 여자 고무신 한 커레가 노혀 잇는 것을 발견하고 수상히 녀겨 우물안을 살펴본 즉 어린애를 업은 시체가 떠 잇어 즉시 경찰에 급보하였다. 조사한 결과 그는 대화정 명정리 정인섭의 처 박달막으로 남편이 로동을 하여 수입되는 5, 6전을 가지고 간신히 그날그날을 지내어 오든 바 요사이는 그나마도 버리가 없어서 굶어 왓엇다고 한다[104]

이러한 상황에서 통영 대화정교회는 1937년부터 헌금을 부일협력 자금으로 바치고 있었던 것이다. 더 나아가 이정심은 1938년 11월 통영지역 기독교 대표 남녀 30여명, 山下 통영서장, 거제서장, 신문기자단 일행들과 함께 '황국신민'임을 자처하고 통영 신사참배를 하기에 이르렀다.[105] 당시 진명학원장이던 신애미 선교사도 이를 묵인해 버렸던 것이다.[106]

통영지역에서 이와 같이 적극적으로 신사참배를 실천으로 옮기자 진주, 남해지역에서도 잇달아 선언했다. 경남노회는 이러한 과정에서 호주선교회와의 마찰도 있었지만 결국 1938년 12월 신사참배를 결의

---

104) 『동아일보』 1937년 7월 28일자.

105) 『부산일보』 1938년 10월 14일자.

106) 『부산일보』 1939년 4월 24일자; 일제당국이 진명학원 학생들에게 신사참배를 하도록 요구하였을 때, 호주통영선교부에서는 신앙과 상관없다며 이를 허락하였다; 거제기독교선교100주년역사편찬위원회 엮음, 앞의 책, p.289 재인용.

하고 말았다. 신사참배 결의는 곧 일제에게 정신적, 물질적으로 철저하게 협력하는 것이었다.

최덕지는 이와 같이 기독교회가 제 역할을 하지 못하는 것을 지켜보고 있었다. 많은 한국인들이 일제의 억압에 죽어가고 있어도 이를 외면하고 일제에게 협력하기 바쁜 기독교인들에 대해 그는 온 몸으로 경고장을 보냈다. 그는 민족이 자유를 찾기 위해서는 철저하게 회개하고 기독교의 성경 말씀을 지키는 것이라고 여겼다.

민족이 일제에게 강제로 점령당해 식민지인으로 살아가는 것은 기독교를 철저하게 지키지 못하고 기독교회의 주도권자들이 교인과 일반 사람들에 대하여 지적, 문화적, 사회적 우월감을 가지고 이들에게 군림하려는 태도를 가지고 있기 때문이라고 생각했던 것이다.[107] 그래서 그들은 한국의 기독교를 개혁하고자 하는 안팎의 도전에 대해 그 어떤 것도 용납하지 않고 기득권 유지에만 바쁜 나머지 일제 당국이 신사참배를 강요했을 때 자신들을 기만하면서 국가의식이라는 논리로 결국 굴복하고 말았다.

최덕지는 더 이상 한국민들에게 아무런 역할도 하지 못하는 한국 기독교계에 대해서 신사참배반대운동을 철저하게 펼침으로써 경고장을 보냈다. 일제에 대한 항거이자 부일협력을 하는 기독교인들에 대한 경고장이었다. 즉 성경말씀은 모두 사실이며 반드시 예언은 이루어진다고 믿었다. 그리고 하나님만이 유일한 신이며, 천황은 하나님의 피조물인 아담과 하와의 후손으로서 불완전한 인간에 불과하다는 것이다. 일본제국의 천황이라 하더라도 여호와 하나님에게서 통치권을 부여받았기 때문에 이 또한 박탈당할 수 있는 것이라고 생각했다. 따라서 천황이 자의적으로 같은 인간을 지배할 권리는 없다는 것이며 그

107) 박정신, 『근대 한국과 기독교』 민영사, 1997, pp.80-81.

것은 오직 하나님만의 권한이라는 것이다. 성경의 예언처럼 멀지 않아 그리스도가 재림하여 일본제국을 포함하여 세계 모든 국가의 국가제도를 파괴하고 이 지상에 그리스도 교회를 통치제도로 하여 죄악, 차별, 압박이 없는 절대 평화스러운 이상적인 지상에 하나님의 나라 소위 천년왕국을 건설한다고 생각했다.[108]

최덕지는 신사참배를 하는 것은 기독교적 정신에 어긋날 뿐 아니라 전쟁에 찬성하는 것이며 일제의 식민지 지배를 인정하는 것이라고 생각했다. 경남지역 신사참배반대운동을 위해 회계를 담당했던 조수옥은 "참배한 교회에는 헌금을 하지 않는 것이었습니다. 헌금을 안한다라고 하면 이상하게 들릴지 모르지만, 교회 운영을 못하게 하려는 의도는 아닙니다. 당국은 교회에 애국심을 달아보기 위하여 국방헌금을 요구해 왔습니다. 내지않으면 국가에 대해 반역하는 비애국자가 되니까 울며 겨자 먹기로 교회는 연보를 거출하지 않을 수 없었지요. 그러나 하나님께 드린 헌금이 사람을 죽이는 무기 구입에 사용되면 안되니까 우리는 헌금을 할 수 없었다는 말입니다"[109]라고 밝혔다. 이와 같이 신사참배를 한다는 것은 전쟁에 찬성한다는 것이며 신사참배반대운동은 반전운동이라고도 할 수 있다.

그런데 한국기독교계에서는 이러한 일본제국과 협력하여 한국민들을 차별하고 압박했던 것이다. 최덕지는 이렇게 비인간적인 일본제국에 대해 항의하고 철저하지 못한 한국기독교계에 대해 경고장을 신사참배반대운동으로서 보냈던 것이다.

이러한 의식하에 최덕지는 옥외와 옥중투쟁으로 신사참배반대운동

---

108) 남영환역, 1991 『일제수난성도의 발자취』 영문, p.33 · p.97.
109) 와따나베 노부오 목사 기록 · 김산덕 목사 옮김, 『신사참배를 거부한 그리스도인-조수옥증언』, 엘맨출판사, 2002, p.95.

을 전개하였다. 첫째 옥외투쟁은 세단계로 이루어졌는데, 첫단계는 경
남부인전도회 장악을 통한 합법적인 각 교회 순회 활동, 두 번째 단
계는 교회와 학교를 중심으로 한 조직화작업, 세 번째 단계는 전조선
으로 이러한 운동을 확대하는 것이었다.

첫단계의 경남부인전도회 조직 활용은 다음과 같았습니다. 첫 단계
는 목사 한상동이 최덕지를 찾아오면서 이루어졌다. 1939년 12월 경
남 밀양 출신의 전도사 이인재가 평북 평남의 신사불참배운동을 밀양
교회에서 임시로 시무하고 있던 목사 한상동에게 전하자, 그는 1940
년 1월 1일 최덕지를 찾아와 신사참배반대운동을 조직적으로 전개할
것을 의논하였다.[110] 당시 최덕지는 마산 상남동 제비산 소재의 호주
장로회선교부에서 거주하고 있었다. 이 날 다음과 같이 운동을 전개하
기로 결정하고[111] 최덕지는 경남지역의 여성들을 담당하기로 하였다.

  (1) 신사참배한 현 노회를 해체토록 한다
  (2) 신사참배한 목사에게 세례받지 않는다
  (3) 신사불참배주의 신도들만의 산노회를 조직한다
  (4) 신사불참배 동지의 상호원조를 목적으로 한다
  (5) 신사불참배 그룹예배를 드리고 동지획득에 노력한다

최덕지는 이 운동을 조직적으로 하기 위해 먼저 경남부인전도회를
이용하기로 결정하였다. 1940년 3월 5일 부산 항서교회에서 경남부인

---

110) 한상동의 '옥중증언기'에 나오지 않지만 주남선의 옥고기에 1940년 1월 3일 이
    인재와 한상동이 찾아와 신사참배거부운동이 평양에서 일어나고 있다는 소식을
    들었다는 것이다. 이러한 정황을 보았을 때 1940년 한상동이 경남지역의 여러
    인물들을 찾아다니며 신사참배거부운동을 조직적으로 전개하려 했음을 알 수
    있다. 김승태 엮음, 앞의 책, p.136.
111) 최종규, 앞의 책, p.76.

전도회 회집시 임원 선출 사실을 알고, 3월 1일부터 조직적으로 선거운동을 전개하였다. 3월 1일 염애나, 한상동 등과 회합하여 진주, 부산 지역은 한상동, 김해지역은 염애나, 마산지역은 최덕지가 담당하기로 하였다. 한상동은 1928년부터 경남부인전도회에서 전도인으로 활동하였다.[112] 이러한 관계로 한상동은 자신이 전도사로 혹은 목사로 시무하던 진주, 부산 지역을 담당했던 것이다. 최덕지는 3월 3일 마산 문창교회 여성 기독교인들을 회합하여 마지막으로 설교를 하고, 1940년 3월 5일 개최된 경남여전도회 회합에서 회장으로 선출되었다. 이 것은 교회내에 최덕지를 지지하는 층이 상당했다는 것을 증명하는 것이기도 하다.[113] 최덕지는 이러한 교회내 지지층을 기반으로 경남지역 교회를 돌면서 신사참배반대운동을 벌여나갔다.

두 번째 단계는 교회와 성경학원을 중심으로 한 조직화 작업이었다. 최덕지는 경남부인전도회 회원을 중심으로 경남일대의 교회와 경남여자성경학원 학생들을 중심으로 조직화작업에 주력하였다. 경남일대에서는 주로 마산, 진주, 통영, 고성 등을 중심으로 신사참배반대운동을 전개하였다. 마산은 최덕지가 거주하던 지역이고, 진주는 계모 김성심이 거주하고 있었으며, 경남여자성경학원이 있었기 때문이다. 그리고 통영은 최덕지의 주 활동지역이었으며 고성은 시댁이 있어서 이러한 연고로 이 지역들을 중심으로 활동하였다.

활동 방법은 호주선교회본부를 거점으로 삼아 각 지역 교회를 순회하는 것이었다. 그래서 최덕지는 이술연, 이복순, 염애나, 빅경애 등과 함께 전술한 지역들의 각 교회를 순회하며 1주일 혹은 10일씩 부흥회

---

112) 그후 1933년 평양신학교에 입학하여 1936년 졸업하였다. 졸업한 후에 부산 초량교회, 마산교회 등에서 시무하다가 신사참배반대를 주장하다 사임하고 1939년 8월부터 조직적으로 신사참배운동을 벌이기 시작했다.

113) 와따나베 노부오 기록, 김산덕 목사 옮김, 앞의 책, p.80.

를 열고 신사참배반대운동을 벌였다.[114] 그리고 다시 태매시 선교사 집으로 돌아와 3일에서 5일간씩 준비기도로 신앙을 다지고 지역교회를 돌았다고 한다.[115]

그는 각 교회를 돌면서 비밀리에 매주 수요일마다 모임을 가지도록 독려하였다. 최덕지는 모임에서 신사참배를 반대해야 하는 이유를 설명하고, 그가 선창하면 모두 따라서 다음과 같이 기도를 하였다.

(1) 신사에 참배하는 신도들이 속히 뉘우치고 올바른 길로 돌아오 도록
(2) 천황을 비롯하여 1억 국민이 속히 기독교도가 되도록
(3) 평양옥중에 구금중인 신사참배반대의 동지들이 속히 승리를 얻어 석방되도록

그리고 최덕지는 그 지역 교인들에게 이러한 기도모임을 통해 지속적으로 신사참배반대운동을 전개하도록 하였다. 마산부에서 1941년 11월 중순 이곳을 떠날 때 이술연에게 그 역할을 담당하도록 했다. 최덕지가 이곳을 떠날 때부터 같은 해 12월 중순까지 십여회에 걸쳐 이 모임을 가졌다고 한다.[116] 이처럼 빈번하게 모임을 가짐으로써 개인적인 고민에 빠져들지 않도록 서로를 격려했다.

또한 경남여자성경학원 학생들을 대상으로 기도모임을 가졌다. 이 학원에 대해 조선총독부에서 인가가 안 되어있다는 구실로 수업을 못하게 했으나, 1940년 4월 초순 최덕지는 이를 거부하고 개학을 하였

---

114) 김승태 엮음, 앞의 책, p.248.
115) 위의 책, p.249.
116) 「수용자신분장(1945년-32호)」 대구교도소 서무과, 정부기록보존소 소장, 자료번호 CJA0025306, p.30.

다. 학생들에게 신사참배의 부당성, 장로 박관준이 일본 제국의회에 참가한 이야기 등을 해 주면서 이들을 독려하였다. 일요일에는 학생 30여명과 함께 학원 뒷산인 옥봉산[117]에서 기도모임을 가졌다.[118] 이와 같이 최덕지는 각 지역의 교회와 학원을 중심으로 조직화 작업을 하면서 신사참배반대운동을 전개하였다.

3단계는 이 운동을 조선 전역으로 연합, 확대하는 것이었다. 이 제안은 이인재로부터 나왔다. 이인재는 평양 산정현교회와 경남지역을 연결하는 역할을 하였다. 그는 1940년 3월 28일 밀양군 상남면 마산리에서 한상동과 회합하여 '이 운동은 반국가적인 운동이므로 경남지방만은 효과가 적다. 목적달성을 위해서는 마땅히 全鮮的인 규모라야 한다'고 주장하여 의견일치를 하고 평양 산정현교회의 주기철이 석방되었다는 소식을 듣고 경남과 평안 남북도를 연결하여 전선적으로 이 운동을 확대하기로 결정하였다. 그래서 1940년 5월 이들은 최덕지를 찾아와 박경애 집에서 선교사 태매시 등과 함께 남북간에 이 운동의 방침을 협의하여 북선지역과 같이 행동하기로 하였다. 그래서 이 운동은 조선 전역으로 확대하기로 한 것이었다. 최덕지는 이처럼 3단계를 밟으면서 신사참배반대운동을 적극적으로 전개해 나갔다.[119]

둘째는 옥중에서 신사참배반대운동을 들 수 있다. 최덕지는 1940년부터 4차에 걸쳐 검속을 당했다. 1차 검속은 1940년 4월 9일 경남여자성경학원에서 학생들에게 신사참배의 부당성을 가르치고 있을 때였다. 17일 동안 감방에서 지내다 마산경찰서에서 4월 26일 풀려나왔다.

117) 이 산을 기도의 산이라 불렀다고 한다; 최종규, '기도의 산에서', 사진자료, 1939년 5월 18일자.

118) 최종규, 앞의 책, p.79; 남영환역, 「출옥성도의 예심종결문」『일제수난성도의 발자취, 』영문, 1991, p.99.

119) 남영환, 위의 책, pp.83-85.

2차는 1940년 6월 23일 진주부 봉래정 101번지 1호에 거주하는 계모 김성심 집에서 박내복, 강신애, 문경업 등 10여명의 기독교인들에게 신사참배를 반대해야 하는 이유에 대해 설교하는 도중 밀고자에 의해 진주경찰서에 검속되었다. 3차는 1941년 1월 중순 재차 검속되었다가 4월 중순경 금식기도로 몸이 쇠약해져 석방되었다. 그 후 4차는 1941년 8월 검속되어 도경찰서로 넘겨졌으며, 1943년 정월 초순에 평양감옥으로 옮겨졌다.

감옥이라는 곳은 인간의 존엄성을 빼앗아 지배 권력에 굴복할 수밖에 없도록 사정이 좋지 않았다. 조수옥은 감옥의 실상에 대해 '일부러 더러운 그대로 놔두게 해서 유치장속에 한번 처넣어지면 인간으로서 살아갈 용기도 자존심도, 의욕도 잃고, 생존 그 자체를 포기해 버리거나 인간이기를 포기하고 인격이나 신념, 그 어떤 정신 같은 것을 잃어버리기를 기대하며 그토록 더럽게 해 놓았던 것 같아요'라고 밝혔다.[120]

이러한 상황에서 최덕지는 조금도 동요하지 않고 옥외에서 전개한 신사참배반대운동을 옥중에서도 그대로 계속했다. 주로 금식기도와 예배를 통한 싸움이었다. 금식기도는 감옥에서 일제의 폭력에 견디지 못해 변절하는 사람들을 위한 것이었다. 21일 동안 금식기도를 했는데, 이것은 성경의 「다니엘서」에서 다니엘이 조국을 위해 21일간 기도를 했기 때문이었다.

김두석은 최덕지의 금식기도에 대해 "최덕지 선생은 금식이 주식이 되었으며 굶은 것을 무기로 삼아 감방 문 기둥 사이로 다른 사람이 잘 보이게끔 오른편 무릎을 세우고 왼쪽 무릎은 꿇은 채 두 손을 모아 합장한 후 뼈만 남은 앙상한 몰골로 3일이고 4일이고 일주일이고

120) 와따나베 노부오, 앞의 책, p.101.

10일이고 금식기도로서 아침 궁성요배와 정오 묵도시간을 끝내 이기고 많은 동지들의 신앙을 이끌어 나가고 있었다"고 증언했다.[121]

그리고 최덕지는 예배시간을 철저하게 지켰다. 하루에도 4차례씩, 새벽, 오전 11시, 오후 3시, 저녁 등이었다. 성경에는 다니엘과 이스라엘 민족이 조국을 위해 낮에는 12시에 예배를 드렸는데, 최덕지가 이를 따르지 않았던 것은 이 시간에 일본신을 위한 기도가 있었기 때문이다. 최덕지의 옥중에서 신사참배반대운동은 함께 검속되어 있는 많은 기독교인들의 본보기가 되었고 민족과 개인의 종교 자유를 위해 정신적으로 이러한 상황을 이겨낼 수 있게 만들었다.

IV. 맺음말

지금까지 최덕지의 민족적 여성운동과 신사참배반대운동을 살펴보았다. I장에서 살펴본 바와 같이 최덕지가 민족적 여성운동을 하게 된 배경은 자신이 성장한 통영 길야정이라는 지역적 특수성, 그리고 기독교와의 만남을 통한 민족적 인물들과의 교유, 통영진명학원을 통한 근대 교육 등과 밀접한 관련을 가지고 있었다는 것을 알 수 있었다. 이러한 요인에 의해 민족적 여성의식을 형성하게 된 최덕지는 마산의 신여학교를 통해 그의 이러한 의식은 더욱 강화되었다. 기독교 신앙에 바탕을 둔 민족적 여성의식이었다.

즉 선교사들은 한국인들에게 구원이란 죄와 죽음으로부터의 구원이라고 했지만 한국인들은 이를 개인과 민족의 구원으로 받아들였던 것이다. 최덕지도 마찬가지였다. 이러한 기독교 신앙을 가지고 최덕지는

---

121) 김승태 엮음, 앞의 책, p.73.

1920년대 통영에서 여성운동지도자로서 많은 활동을 하였다. 1920년대 후반 통영 여성운동은 통영경찰의 감시와 탄압, 그리고 사회주의 경향으로 기울어진 여성단체 등으로 인해 발전을 하지 못하고 침체상태에 빠지게 되었다.

이러한 상황에서 최덕지는 통영민들의 생활난 등을 지켜보면서 기독교인으로서 많은 고민을 했던 것으로 보인다. 이럴 때 통영 대화정교회로 이용도가 부흥사로 찾아온 것이다. 최덕지는 이용도에게 많은 감화를 받아 통영에서 경남사천까지 그를 따라갔다.

이용도는 교계의 부정과 비리를 비판하고 기독교 원래의 초심으로 되돌아가자고 주장하였다. 그것은 일제의 식민지 지배하에서 신음하는 민중과 함께 하자는 주장이었다. 한국 민족이 자유를 얻기 위해서는 철저한 기독교 신앙을 가져야 한다는 것이었다. 최덕지는 이러한 이용도의 주장에 크게 공감을 하고 그를 따라다녔던 것이다.

이러한 상황에서 최덕지는 민족을 위해 자신도 좀 더 신앙의 확고함이 필요하다는 것을 느끼고 신학 공부가 더 필요하다는 것을 절감하였다. 한국 민족의 장래를 위해서는 기독교를 보다 더 널리 전파하고 철저하게 신앙을 지키는 것이라고 생각했다. 그래서 1932년 최덕지는 호주장로회 여선교사인 愼愛美(A.M.Skinner)의 추천을 받아 평양 여자고등성경학교에 입학했다. 이 학교에서 기독교에 대해 연구하고 배움으로써 그의 신앙은 더욱 굳어졌다. 이러한 바탕에서 최덕지는 신사참배반대운동에 나설 수 있었던 것이다.

그가 이처럼 신사참배반대운동에 적극적으로 나설 수 있었던 것은 민족의 독립이 곧 하나님의 뜻이고 또한 민족의 독립을 위해서는 하나님의 뜻에 따라 그대로 실천해야 한다는 사고 때문이었다. 최덕지의 신사참배운동은 민족운동이었다고 할 수 있으며, 1920년대 민족적 여성운동의 연장선상에 있었던 것이다. 단 1940년대 전후의 운동양상이 달랐던 것은 일제의 식민지 정책 변화 때문이었다. 따라서 최덕지는 일제강점기 기독교인으로서 민족과 여성의 문제를 외면하지 않았던 것이다. 서론에서 문제를 제기한 것처럼 1920년대 '부르조아 여성운동'을 했다고 해서 반드시 부일협력을 한 것은 아니라고 할 수 있다. 이것은 한 개인이 민족과 여성을 위해서 그리고 기독교인으로서 얼마나 철저하게 실천을 하며 살았는가에 따라 달랐던 것이다.

 교회사의 시각에서 본 신앙인 / 張勉
- 『작은 형제회 사기』(1966)의 장면 평가에 대한 현재적 성찰 -

허 동 현[*]

I. 머리말

요한 장면은 생후 15일이 지난 1899년 9월 12일 명동성당에서 鍾峴本堂 박신부(Rev. Victorr Poisnell)의 집전으로 受洗하고 10세 되던 1908년 성 바오로성당에서 뮈텔(閔德孝, Bishop Gustave Mute, 1854~1933) 주교에게서 堅振聖事를 받은 어렸을 때부터 "천주교가 골수에 배인" 신자였다. 또한 그는 일제하에서는 교육자, 해방 이후 건국기에는 외교관,

---

* 경희대학교 교수

이승만 독재 체제하에서는 야당 지도자, 4·19혁명 이후에는 제2공화
국 국무총리, 그리고 5·16 군사쿠데타 이후에는 정치활동이 금지된
"구정치인"으로 영욕이 교차하는 삶을 살았다. 이처럼 시대와 정국의
변화에 따라 그의 세속적 지위나 위치는 부침하였지만, 태어나 생을
마칠 때까지 그는 신앙인으로 일관된 삶을 살았다. 따라서 그는 1951
년 5월 교회 발전에 공헌한 공로를 인정받아 교황청 훈장(Knight
Commander of the Order of St. Sylvester)을 받았으며, 미국 유학중이던
1921년 8월 28일 뉴욕시 카프친회 세례자 요한 성당(St. John Baptists)에
서 한국인으로서는 최초로 성 프란치스코 삼회 着服을 한 이래의 신앙
활동을 높이 평가받아 선종을 한달여 앞둔 1966년 4월 16일 작은형제수
도회 일회(Primus ordo)에 편입되는 영예를 누린 한국의 천주교회를 대표
하는 지식인이었다.[1]

그러나 최근까지 장면에 관한 기왕 연구들은 제2공화국 국무총리
(재임: 1960. 8. 19~1961. 5. 19)였던 그의 정치가로서 업적 평가에 집
중되어 있었으며,[2] 그에 대한 교회사적 평가는 프란치스코 일회에서

---

1) 허동현, 『건국·외교·민주의 선구자 장면』, 분도출판사, 1999, pp.19·36·195.
2) 종래 연구에 보이는 정치가로서 장면에 대한 평가는 好惡와 肯否가 엇갈린다. 먼
   저 부정적인 평가를 내리는 연구성과로 대표적인 것은 다음과 같다.
   Sungjoo Han, The Failure of Democracy in South Korea(Berkley, Los Angeles, London,
   University of California Press, 1974); 차기벽, 「4·19, 과도정부, 장면 정권의 의의」,
   『(성균관대학)사회과학』 13, 1975; 유영준, 「장면 정권의 정치적 리더십」, 한승주
   편, 『리더십 이론과 한국정치』 3, 민족지성사, 1988; 金浩鎭, 「장면의 정치이념과
   리더십」, 동아일보사 편, 『現代史를 어떻게 볼 것인가』 3, 동아일보사, 1990; 백영
   철, 「제2공화국의 의회정치」, 백영철 편, 『제2공화국과 한국민주주의』, 나남출판,
   1996; 지병문 등, 「제2공화국과 민주주의의 실패」, 『현대한국정치의 展開와 動學』,
   博英社, 1997; 유병용, 「장면정권의 성립과 붕괴」, 한국정신문화연구원 현대사연구
   소 편, 『한국현대사의 재인식』 5, 오름, 1998; 김일영, 「정계의 영원한 초대받은 손
   님: 장면론」, 『황해문화』 제3권2호, 1995; 유병용, 「5·16 군사쿠데타, 군정 그리고
   미국」, 『국제정치논총』 41집 2호, 2001; 김세중, 「2공 민군관계 역전의 구조와 과정
   -국내적 행위자의 책임을 중심으로」, 『한국민족운동사연구』 34, 2003.
   긍정적인 평가를 보이는 주요 연구들은 다음과 같다.

펴낸 『작은 형제회 史記(Acta Ordinis Fratrum Minorum)』의 기록만을 찾아 볼 수 있을 뿐이었다.[3]

역사란 항상 새롭게 쓰인다 했던가. 냉전의 붕괴와 함께 새로운 시대가 다가오면서 천주교회의 역사 인식에도 변화의 바람이 불기시작하였다. 2000년 12월 3일 대희년을 맞아 한국 천주교 주교회의는 "지난날의 잘못을 참회하고 자신을 정화하는" 「쇄신과 화해」라는 참회문을 공포한 바 있으며,[4] 이러한 변화의 추이에 맞춰 최근에 들어 정치가로서 장면의 부침과 가톨릭 교회의 상관관계를 밝힌 김녕의 연구(2000),[5] 정계 진출 이전 장면의 신앙인과 교육자로서의 삶을 살펴 본 졸고(2001),[6] 교회사가로서 장면의 역사인식을 조명한 조광의 연구(2001),[7] 그리고 장면의 내면세계를 규율한 가톨릭 신앙이 정치가로서

조광, 「한국 현대사에서 제2공화국 민주당 정권의 의미」, 『21세기 한국 사회와 종교』, 가톨릭출판사, 1996; 이용원, 『제2공화국과 장면』, 범우사, 1999; 졸고, 「장면의 치적과 정치사상에 관한 연구—부정적 장면상에 대한 비판적 검토를 중심으로—」, 『한국민족운동사연구』 23, 1999; 김기승. 「민주당 정권의 경제정책과 장면」, 『한국사학보』 7, 1999; 이완범, 「장면과 정권교체—미국의 대안고려와 그 포기과정을 중심으로, 1952-1961」, 『한국민족운동사연구』 34, 2003; 정대성, 「제2공화국 대일외교의 전개과정 연구」, 같은 책; 조광 외, 『장면총리와 제2공화국』, 경인문화사, 2003.

3) Acta Ordinis Fratrum Minorum, AN. LXXXV FASC. V, Septembris-Octobris, 1966, 『작은 형제회사기』 85년 제5권 1966. 9~10, pp.451-452.

4) 한국천주교주교회의, 「쇄신과 화해」, 2000년 12월 3일.

5) 김녕은 "장면이 지녔던 신앙관과 정치관을 분석해 그의 '종교적 이상'이 본의 아니게 '교회권력-국가권력 관계'라는 '정치적 현실'에 매몰되어 버렸지만, 그가 통치의 정당성을 교회와 시민사회로부터 추구한 신앙의 정치인이었음"을 밝혔다. 김녕, 「장면과 가톨릭교회, 그리고 시민사회: 이상과 현실」, 『가톨릭사회과학연구』 12, 2000, 조광 외, 위의 책, pp.355-405에 재수록.

6) 허동현, 「정계진출 이전 장면(1899~1966)의 삶과 활동에 관한 연구」, 『경희사학』 23, 2001, pp.453-497.

7) 조광은 1931년 장면이 집필한 최초의 한글 한국천주교회사인 『朝鮮天主敎公敎會略史』에 보이는 장면의 역사인식을 분석하여, "그가 가톨릭적 보편주의 내지는 세계주의와 충돌하지 않으면서도 조선교회의 자부심을 충족시켜 줄 수 있는 방안으로 '문화적 민족주의'"에 입각한 역사인식을 갖고 조선교회사를 서술한 한국인으로는 최초의 교회사가였음을 밝혔다. 조광, 「일제하 장면의 역사인식과 조선교

그의 정치사상에 어떠한 영향을 주었는지를 살핀 임기환의 연구(2001)가 나온 바 있다.[8]

그러나 냉전이 한참이던 1966년에 쓰인 『작은 형제회 사기』(이하 『사기』로 약칭)의 장면에 대한 평가는 민족의 화해와 일치를 지향해야 하는 오늘의 시대정신이 비추어 볼 때 균형을 잃은 평가라는 비판을 받을 소지가 있다 또한 최근의 연구들도 아직 일제하 장면의 친일문제와 해방 후 보수적 정치활동을 둘러싼 평가에서 肯否가 교차하고 있으며, 정치가이기 이전에 한국 천주교회를 대표하는 지식인·평신도 운동을 주도한 종교 운동가·教會史家·신학이론가였던 장면의 전 생애에 걸친 종교 활동을 본격적으로 究明한 연구는 찾아 볼 수 없는 실정이다.

따라서 본 연구에서는 먼저 『사기』에 보이는 신앙인 장면에 대한 평가를 현재적 입장에서 재조명해 보려한다. 다음으로 본 연구에서는 교회사적 입장에서 장면의 종교활동을 살피되 학계의 평가가 엇갈리는 일제하 친일문제와 해방 후 보수적 정치활동을 중점적으로 알아봄으로써 한국 천주교회의 역사에서 장면이라는 인물이 점하는 위치를 재조명 해보려 한다.

회사 서술」, 『경기사학』 5, 2001, pp.83-105.

8) 임기환은 민족문제와 가톨릭 신앙이라는 두 가지 관점을 갖고 장면의 정치사상을 살펴 "가톨릭 신앙이 민족문제에 있어 보다 유연한 입장을 갖지 못하게 하였지만, 그는 그리스도 정신의 실천도 궁극적으로 국가와 민족의 번영으로 이어질 때 완성된다고 보는 정치사상을 피력해 이제까지 정치와 종교의 분리를 주장해 온 가톨릭 교회에 대해 간접적인 비판"을 가한 자신의 가톨릭 신앙을 정치에 투영·실천하려 한 정치가였음을 밝혔다. 임기환, 「장면의 정치사상과 가톨릭신앙」, 『경기사학』 5, 2001, 조광 외, 위의 책, pp.407-444에 재수록.

II. 『작은 형제회 사기』의 장면 평가

장면의 선종 직후에 나온 『사기』(1966)는 "제삼회 회원이 일회에 편입, 영예롭게 장례 지내다"라는 題下에 장면의 삶에 대해 다음과 같은 평가를 내리고 있다.[9]

> 대한민국 전 부통령과 총리를 지낸 프란치스코 삼회원으로서 최근 작은형제수도회 일회에 편입된 張勉 요한은 1966년 6월 4일 선종, 무수한 군중이 운집한 가운데 이른바 국민장이라는 명예로운 형식으로 장례를 지냈다. 장면 공은 1899년 8월 28일 생으로 고국과 미국에서 학업을 이수하고 여러해에 걸쳐 교회의 善益을 위해 힘썼다. 1925~1931년간에는 메리놀 신부들이 평양 監牧區를 세우는 일을 도왔으며, 이어서 1947년까지는 서울의 한 중·고등학교 교장을 역임했다. 이 학교는 당시 신학생들도 다녔기 때문에 그는 한국의 성직자 대부분의 교육자이기도 하였다.
>
> 한국 독립 선언을 맞아 천주교신자들도 공화국 정치에 참여하기를 원하던 서울 「노기남」 代牧區長의 권유에 못 이겨 장공은 썩 내키지 않는 정치생활에 입문하였다. 국회의원에 선출된 지 얼마 안되어 「제3차」 유엔 「총회」에 대표단장으로 파견되었다. 이 임무를 능숙하게 수행한 그의 역할로 많은 나라들의 적어도 한국의 남반부는 자유 독립한 것으로 승인하게 되었다. 얼마 후 1950년 공산 침공을 당하여는 다시금 미국 주재 대사로서 미국과 아울러 유엔을 설득하여 개입하도록 함으로써 침략자들이 실제로 격퇴당하게 하였다. 그 뒤로 국무총리와 부통령을 역임하였으나 정부에 만연한 부정에 맞서 결연히 사퇴하였다.
>
> 1960년 「4·19」 학생 궐기에 이어 또다시 국무총리에 취임하였으나 이듬해 군부가 정권을 찬탈하고 군정을 수립하자 공직에서

---

9) 『작은 형제회사기』, pp.451-452.

물러났다. 그러나 모든 이로부터 매우 높이 평가되고 존경받았으니, 이는 그의 청렴결백 때문만이 아니라 인권과 정치 및 종교자유 수호 그리고 온갖 부정부패 척결에 있어서 그의 강인함 때문이기도 하였다. 그가 모든 직무수행과 행실에 있어, 어느 쪽에도 치우침이 없이, 그리스도적 원칙이라는 신념과 동기로 일관하였다고 서울 대주교가 추도사에서 증언한 것은 옳고 마땅한 일이었다.

철저한 가톨릭 신자로서 매일 미사에 참례하고 성체를 배령하던 그는 자신의 표양으로 아직 대부분이 믿지 않던 이 나라의 많은 사람들을 천주교 신앙으로 이끌었다. 그러던 그가 일생을 마칠 무렵 한 가지 위안을 받았으니 그의 내각에서 장관을 지내던 이들 대부분이 천주교에 귀의하게 되었던 것이다. 이에 더하여 아들 다섯 중 하나는 이미 사제직에 들고 또 하나는 사제직을 예비하고 있으며 두 딸 중 하나는 자신을 하느님께 서원으로 바치는 것도 그는 보았다.

복되신 우리 사부 프란치스코를 충실히 따르던 그는 1921년 8월 28일 그가 유학 중이던 뉴욕시 (카푸친회) 세례자 요한 성당에서 三會 着服을 하였으며 그 이듬해에는 같은 성당에서 서원을 하였다. 그 이래 그는 훌륭한 프란치스코 회원으로서 한결같이 모범을 보여왔다. 정치의 고위 중임을 지고서도 힘닿는 대로 형제회의 모임에 참석하였고 어디서나 늘 삼회를 권장하였으며 삼회 회칙을 한국어로 옮기고 프란치스코 삼회에 관한 여러 편의 글도 썼다. 군사 변고를 당한 후 한동안 투옥되어 있으면서 책을 한 권 지어서 펴내었는데, 그리스도와 일치하여 당해야 하는 고난에 관한 것이었다.

그는 한국에서의 一會 설립을 크게 도왔으며, 특히 선교사들을 위한 학원 창립에 힘을 보태주었다. 그는 이 학원을 이름하여 明道院, 즉 길을 밝힌다는 뜻으로, 한국 초기교회에서도 쓰였던 이 이름을 이제 우리의 "선교연수원"에도 붙이도록 제안하였다. 뿐더러 프란치스코 신학원을 마련하는 일에 있어서도 조언과 조력으

로 우리를 도왔다. 마침내 1962년부터는 한국내 삼회의 전국회장
이 되어 1965년 서울에서 열린 프란치스코 삼회 전국대회를 주재
하기도 하였다.

이미 병든 몸으로 그는 본회의 총대리(Vicarius Generalis)가 발급
한 증서로써 일회에 편입되었다. 총장의 위임(Delegatus Generalis)을
받은 아폴리나리스 반 레원(Apollinaris Van Leeuwen) 신부가 5월 1일
이 문건을 그에게 전달하자 그는 매우 감동하여, 이 편입이 나라
의 대통령에 피선되는 것보다도 더 큰 기쁨과 영예를 안겨 주는
것이라는 말을 거듭 하였다. 그 이후 그는 희생과 기도생활로 우
리 영적 형제회 안에 더욱 더 깊이 들고자 힘썼다.

이 훌륭한 분이 귀천하자 프란치스코 수도복을 입고 누워 있는
그의 시신을 수천 명의 조객이 여러 날 동안 바라보았으며, 그 곁
에는 라틴어와 한글로 쓰인 편입증서가 놓여 있었다.

오년선 그를 배척했던 바로 그 정부도 백성의 압력에 밀려 "국
민장" 거행을 그에게 허용할 수 밖에 없었다. 그렇게 됨에 따라
노천에서 대미사를 드리고 종교계와 관·군 대표들을 비롯해 수
십만, 아니 어쩌면 백만 시민이 지켜보는 가운데 수도 한 가운데
대로를 거쳐 운구를 하였다. 국립「동대문」운동장에서는 여러 대
표인사들이 애도와 극찬으로 그를 추모하였다. 그 중에는 대통령
의 이름으로 나온, 자신도 신자인, 국회의장도 있었고, 불교 큰스
님도 나와 고인이 모든 사람에게 보인 관용과 애덕을 기리었다.

살아서 우리 회에 그토록 큰 공로를 세우고 다년간 마치 선교
사처럼 교회봉사에 헌신한 이 겸손한 그리스도신자는, 공생활에
있어 말과 모범으로 낳은 이들에게 그리스도를 알리고 온갖 신분
의 사람들을 교회로 인도하였듯이, 죽어서도 신자 비신자를 막론
하고 온 국민을 이렇듯 감화한 것이다. 그가 우리들을 위하여 간
단없이 바치는 기도와 희생이 수도회에는 많은 성소의 열매를 맺
어 주고, 우리의 천사적 사부 프란치스코의 정신이 날로 한국 교
회 안에 널리 번져 그리스도신자들의 마음에 더욱 깊이 뿌리내리

기를 바라 마지않는다.(「 」는 역자 삽입)

『사기』에 보이는 장면이 "프린치스코 삼회원으로서 작은형제수도회 일회에 편입"될 만큼 교회 발전에 끼친 공적은 다음과 같다. 첫째, 일제하 1925~1931년간에 메리놀회 신부들이 평양 監牧區를 세우는 일을 돕는 등 선교사업에 대한 봉사와 일제하에서 신학교 역할을 수행한 동성학교의 교장을 맡아 성직자들을 길러낸 교육자로서의 활동이다. 둘째, 해방후 천주교계를 대표하는 정치인으로 정계에 진출한 이래 유엔의 한국승인과 6·25전쟁시의 유엔군 파병을 이끌어 낸 외교관으로, 그리고 이승만 독재에 맞서 민주주의를 신장시킨 정치가로서의 활동하면서 "직무수행과 행실에 있어, 어느 쪽에도 치우침이 없이, 그리스도적 원칙이라는 신념과 동기로 일관"한 점이다. 셋째, 삼회 착복이래 저술활동과 회장으로서의 봉사, 명도원과 프란치스코 신학원 설립 지원 등 일회의 발전을 위해 쏟은 노력, "공생활에 있어 말과 모범으로 많은 이들에게 그리스도를 알리고 온갖 신분의 사람들을 교회로 인도"한 모범적 신앙생활과 전도활동, 그리고 자녀들을 하나님께 봉사하는 성직으로 인도한 점이다.

Ⅲ. 현재적 관점에서 본 신앙인 장면

1) "복음적 표양"으로서의 신앙생활

『사기』가 꼽은 교회와 프란치스코회의 발전을 위해 쏟은 그의 노력과 저술 및 전교활동에 대한 평은 공정한 것인가를 살펴보자. 장면은 프란치스코 삼회에 입회 후 자신의 세속적 지위가 어떻게 변하던 간에 주위 사람들에게 "복음적 표양"이 되었다.

특히 그는 신앙의 전파를 최대의무로 생각했으며, 자신이 몸담고 있는 곳에서는 언제나 이를 충실히 실천하였다.[10] 일례로 그는 미국 유학시절 도미한 동생 장발을 삼회에 입회시켰으며, 귀국 후에는 한국 최초의 삼회인 서울 형제회를 만들어 그의 부친 장기빈과 부인 김옥윤, 동생 장발·장정혜·장정순 등 가족을 비롯해 경향신문 사장을 지낸 한창우와 성 루가 병원을 열어 의료 봉사활동을 전개한 박병래, 『가톨릭청년』을 함께 발행한 정지용·이동구 및 『한국 천주교회사』의 저자 류홍렬 등을 삼회원에 입회시키는 등 주변 인물들에게 천주교 신앙을 전파하는데 게을리 하지 않았다.[11] 그는 실각 후에도 교회에 봉사하는 삶을 살았으며, 지위와 나이를 가리지 않고 주변 인물들을

---

10) 장 요한(면), 「복음전파는 삼회원의 최대의무」, 『발자취』 4, 1963, pp.9-10.
　　"우리 한국에 삼회가 창설되기는 25년전 서울 혜화동 성당에서 수십명이 입회한 것으로 시작되어 그간 일제치하에서 발전이 뜻과 같이 못하더니 해방후부터 활기를 띠기 시작하여 오늘에 와서는 전국에 약 이천명의 회원을 가지게 되었다. 이제부터 앞으로의 삼회원의 비약적 활동이 크게 기대되며 특히 전교방면에 전력을 기우려 동포 구령사업에 획기적 신기원을 이룩하기 바라는 바이다. … 복음전파가 우리 삼회원의 최대 의무인 만치 현재 이천명회원이 오천명 만명으로 늘어 각기 전교활동에 노력한다면 우리 조국의 정세는 얼마나 명랑하여질 것이며 그리스도의 평화와 사랑이 전국동포의 마음속에 깃드는 날에는 우리 조국 강산에 새 천지가 이룩될 것이다."
　　장면, 「삼회원은 평신도 사도직에 앞장서야 한다」, 『발자취』 6, 1964, p.3
　　"사람의 영혼을 천주님께로 인도하는 성스러운 직무는 성직자에게게만 부과된 것이 아니고 모든 교우들에게도 의무적으로 부과된 것인 이싱 이를 신부님들만의 직분인양 그릇 인식하고 나 하나만 구령하면 그만이라는 천박한 생각에서 전교에 힘쓰지 않는 과오는 용납되지 못하는 것이다. 누구나 견진성사를 받은 교우로서는 마땅히 전교할 의무가 있음을 깨닫고 이를 실천해야 할 것이며 더욱이 수도의 성소를 받은 삼회원들은 일반 평교우보다도 더 큰 의무가 부과된 사실을 절실히 느끼고 이 성스러운 사도직 수행에 앞장서야 할 것이다."
11) 재속 프란치스꼬 한국 연합회, 『평화의 사도』, 재속 프란치스꼬 한국 연합회, 1988, pp.22-30.

상대로 신앙을 전파하였다.[12] 이는 그의 『친필연보』에 보이는 기록―
1963년 9월 29일(조재천씨등 저명인사 13명 영세), 동년 10월 23일(고
희동. 이용민 등 명사 10명 집단 영세), 그리고 동년 11월 24일(청년
남녀 90여명 영세)을 통해 알 수 있다.[13]

이 밖에도 그는 일생 동안 꾸준히 집필과 번역 활동을 게을리 하지
않은 문필가이자 신학이론가 내지는 교회사가이기도 하였다. 그는 『영
한교회용어집』(*The Summary of Religious Terms*, 1929), 『교부들의 신앙』
(1944), 『젬마 갈가니』(1953), 『나는 왜 고통을 받아야 하나』(1962),
『성 원선시오』(1964) 등의 역서와 『구도자의 길』(1930), 『조선천주공교
회약사』(1931), 『한 알의 밀이 죽지 않고는』(1964) 같은 저서를 출간하
였으며, 또한 「조선 가톨릭 신자의 장단점」을 비롯한 약 40여편에 달
하는 신학관계 글을 기고하였다.[14]

---

12) 현석호, 「민주주의의 씨앗」, 운석기념회편, 『(증보판)한 알의 밀이 죽지 않고는』,
    가톨릭출판사, 1999, p.459. 제2공화국 국방장관을 지낸 현석호의 증언. "그 분은
    종교에 관한 얘기만 나오면 피로한 줄도 모르고 정열을 다해 말씀했고, 자기의
    뜻이 전달되지 않으면 몹시 안타까워하기도 했다. 5 · 16 이후 정계에서 물러나
    그 분과 같이 지내는 동안 나는 많은 교리를 배웠고 종교인으로서 가지는 근본
    적인 덕성도 몸에 배도록 교정되었다."
    박순천, 「민주주의의 희생자」, 같은 책, p.346. 민주당시절 고락을 함께 한 박순
    천의 회고. "장 박사님은 많은 동지들을 入教시켜 救靈을 받게 했다. …민주당
    동지들을 비롯해서 제2공화국 당시의 각료들은 대개가 장 박사님의 전교에 의해
    서 영세를 받았다. 지금은 모두가 독실한 신앙인이 되었다. … 돌아가신 오늘날
    도 그분은 천당에서 구령사업을 하시고 계실 것만 같다."
13) 장면가 소장문서 「장요안(勉)대자명단」에 의하면, 영세 대자가 97명, 견진대자가
    39명이다.
14) 대표적인 것은 다음과 같다. 「조선 가톨릭 신자의 장단점」, 『가톨릭 연구』, 가톨
    릭연구사, 1935. 9 · 10; 「순교의 의의와 가치」, 『가톨릭 청년』, 1933. 8; 「성직자와
    독신 생활」, 『가톨릭 청년』, 1933. 6. 창간호; 「구약 성경의 역사적 가치」, 『가톨
    릭 청년』, 1933. 7; 「교회의 유일성」, 『가톨릭 청년』, 1933. 10 · 11; 「옥스포드 운
    동의 전망」, 『가톨릭 청년』, 1933. 12; 「면죄부의 진상」, 『가톨릭 청년』, 1934. 3; 「
    교회의 신성성 1」, 『가톨릭 청년』, 1934. 6; 「교회의 신성성 2」, 『가톨릭 청년』,
    1934. 8; 「異端一束」, 『가톨릭 청년』, 1934. 7; 「영국 성공회」, 『가톨릭 청년』,
    1935. 5; 「장로 교회」, 『가톨릭 청년』, 1935. 8; 「대륙 횡단기」, 『가톨릭 청년』,

뿐만 아니라 그는 鄭芝溶과 李東九 등의 문인과 尹亨重 신부와 같은 개화기이래 한국 천주교회가 배출했던 지성들과 힘을 합쳐 근대 한국 교회사뿐만 아니라 문화운동사에서도 간과할 수 없는 중요성을 갖는 『가톨릭 청년』의 창간을 주도하였다. 사실 그에게 있어 신앙이란 개인 차원의 영혼 구제라는 좁은 틀을 벗어나 민족을 위한 신앙으로 승화될 때 진정한 의미를 갖는 것이었다. 특히 민족애에 바탕을 둔 왕성한 종교적 저술 활동은 다른 천주교회 지식인들에게 그 유례를 찾기 힘든 특이한 그만의 업적이다.

이밖에도 그는 교회 포교사업에 평신도들이 참가·협조하는 운동인 "가톨릭 액션", "복음 전파의 십자군"으로서 평신도 사도직에 앞장서는 프란치스코 재속 삼회, 그리고 순수한 평신도만의 조직체로 "사제 성소와 남녀 수도자 성소를 촉진·조장"하려는 세라회운동 등 평신도운동도 주도하였다. 따라서 『사기』의 평은 합당한 것으로 볼 수 있겠다.[15)

1935. 11;「가톨릭 청년의 특수 사명」, 『가톨릭 청년』, 1955. 1;「가톨릭 액숀이란 1」, 『가톨릭 청년』, 1955. 9. 10;「가톨릭 액숀이란 2」, 『가톨릭 청년』, 1955. 11;「가톨릭 액숀이란 3」, 『가톨릭 청년』, 1955. 12;「가톨릭 액숀이란 4」, 『가톨릭 청년』, 1956. 1;「부활의 교훈」, 『가톨릭 청년』, 1956. 4;「부통령 당선에 감사하며 나의 소신을 피력한다」, 『가톨릭 청년』, 1956. 6;「촛불 하나 켜들고 나가자」, 『가톨릭 청년』, 1965. 5;「참고 용서하자」, 『가톨릭 청년』, 1965. 9;「미지근한 자 되지 말자」, 『가톨릭 청년』, 1965. 7;「閑談有罪」, 『가톨릭 청년』, 1965. 8;「'세라'회에 대하여」, 『가톨릭 청년』, 1965. 9;「미사 전례의 사적 소고」, 『가톨릭 청년』, 1965. 10;「성 프란치스코 在俗第三會」, 『가톨릭 청년』, 1965. 11;「프로테스탄 형제들과 왜 대화를 해야 하나 1」, 『가톨릭 시보』, 1964. 9. 20;「공의회에 크보스업된 平信使徒職의 재평가」, 『가톨릭 시보』, 1964. 12. 25;「使徒法官 김 바오로 씨의 서거」, 『가톨릭 시보』, 1965. 3. 28;「일반 사회인의 교회관을 보고」, 『가톨릭 시보』, 1965. 6. 13;「가톨릭 시보의 사명과 역할—겨레와의 대화의 교량으로 공의회 결의 실행의 선도 역할을 신앙 생활화 쇄신 길잡이로」, 『가톨릭 시보』, 1965. 12. 25;「실적을 올리는 일꾼이 되라」, 『가톨릭 학생 시보』, 1957. 1. 25;「복음 전파는 삼회원의 최대 의무」, 『발자취』 4, 1963(동계호);「삼회원은 평신도 사도직에 앞장서야 한다」, 『발자취』 6, 1964(하계호).

2) 일제하 천주교회 대표적 지식인으로서의 삶

『사기』가 평가한 일제하 그의 교회에 대한 봉사와 교육자로서의 공적이 온당한 것인가를 살펴보자. 일제하 한국 천주교회는 1941년말까지 민족문제보다 종교의 존립자체에 우선 순위를 둔 외국인 선교사들이 관할권을 갖고 있었기 때문에 채 100명도 되지 않는 성직자와 평신도 지식인들이 교회를 이끌 만큼 지식인층이 빈약했었다.[16] 따라서 미국 맨하턴 대학을 졸업한 장면은 1925년 귀국 길에 로마에서 거행되는 "한국 79위 순교자 諡福식"에 한국 천주교 청년회 대표로 참석할 만큼 일제하 한국 천주교회를 대표하는 지식인이었다.[17] 그는 일제는 식민통치 전기간에 걸쳐 한국인이 서구에 유학하여 수준 높은 고등교육을 받는 것을 막기 위해 한국인이 일본 이외의 나라에 유학하는 것을 억제하였기에,[18] 교회 차원을 넘어 전체 지식인 사회에서도 굴지의 인물로 꼽혔다. 특히 그는 1925년말 평남 영유 성당에 부설된 "朝鮮語硏究學校"에서 메리놀회 신부들에게 우리말을 교수하는

---

15) 운석기념회, 『한 알의 밀이 죽지 않고는』, pp.261 · 299 · 311.

16) 윤선자, 앞의 논문, p.108.

17) 장면은 미국 내에서 교육을 사명으로 하는 유명한 남자수도회(Christian Brothers) 소속 수사들이 경영하는 규모는 작지만 내실 있기로 정평이 난 뉴욕 소재 맨해탄 대학(Manhattan College)에 1921년 9월 19일에 입학하여 1925년 6월 4일 학사학위(B. A.)를 받았으며, 그의 유학은 평안도 지역의 포교를 맡은 메리놀 외방전교회의 선교를 도울 인재 양성 차원에서 이루어 진 것이다. 졸고, 「제2공화국 국무총리 장면의 삶과 꿈」, 조광 외, 앞의 책, p.52 · 58 · 61.

18) 유영익, 「일제식민통치와 한국의 근대화」, 『한국근현대사론』, 일조각, 1992, p.204. 장면의 회고에 따르면, 그가 유학한 당시에 미국에서 공부하고 있던 유학생은 10명 미만이었다. 장면, 「나의 학창시절 회고」, 출전 미상(1959. 6). 그리고 1931년도 통계에 의하면, 당시 일본 유학생은 3,693명이었는데 비해 미국 유학생은 493명에 불과하였다 한다. 유영익, 위의 논문, p.204. 1940년까지 미국유학생 891명 중 1910년 이전 유학생은 64명으로 추산되며, 이들 중 45명이 대학을 마치거나 수학했다고 한다. Warren Y. Kim, Koreans in America, Seoul: Po Chin Chai Printing Co., 1971, p.23; 최봉윤, 『미국속의 한국인』, 종로서적, 1983, p.78.

어학 교사로 활동을 시작한 이후 1928년 평양 천주교 청년회장으로 평양 교구의 발전에 기여하였으며,[19] 1931년부터 1947년까지 17년간 동성 상업학교에서 사제를 양성해 1960년대 한국 천주교회의 "사제 중 3분의 2이상이 선생의 제자"라고 할 정도로 천주교회의 발전에 지대한 공헌을 하였다.[20]

그러나 한국 천주교회를 대표하는 지식인으로 영욕을 교회와 함께 하였던 장면이 "교회의 선익"을 위해 『사기』에 보이는 영예로운 활동만 하였을까. 일제가 침략전쟁을 본격적으로 전개하던 시기에 동성상업학교 교장으로 천주교회를 대표하는 지식인의 반열에 오른 장면은 교회의 존립을 위해 일제에 협력한 것도 엄연한 사실이다. 그는 1938년 2월 9일 결성된 조선지원병제도 축하회에 천주교회 대표로, 1938년 7월 27일에 결성된 "국민정신총동원 조선 연맹(이하 총동원 연맹으로 약칭)"에 천주교회측 담당자로, 같은 해 10월 20일에 총동원연맹 산하의 비상시 국민생활개선위원회 위원 44명 중 1인으로, 같은 해 11월에는 "비상시 생활개선 순회 강연반"의 강원도 방면 순강반의 일원으로, 그리고 1939년 5월 14일 결성된 경성교구 연맹에 간사로 임명된 바 있었다. 또한 그는 같은 해 8월 12일 서울에서 개최된 제3회 "全朝鮮有志交友黙想會"에서 천주교회가 교구로서 국민정신총동원에 가입할 필요가 있다고 설명한 바 있으며, 1940년에는 "玉岡勉"으로 創氏改名한 적도 있었다.[21]

---

19) 평양교구사 편찬위원회 편, 『천주교 평양교구사』, 분도출판사, 1981, pp.73-86; 장면, 『친필 연보』, p.32.

20) 장면, 『친필 연보』, p.34·36; 안정열·문준호 편, 『東星九十年史』, 동성 중·고등학교, 1997, p.129·413; 최석호, 「오호 운석 장면선생」, 『한 알의 밀이 죽지 않고는』, p.577.

21) 윤선자, 앞의 논문, 2001, p.110·118·125·127·130; 임종국, 『실록 친일파』, 돌베게, 1991, pp.276-277.

따라서 『사기』에 보이는 장면에 대한 첫째 평가는 일제하 한국 천주교회와 영욕을 같이한 장면의 양지만을 비추었을 뿐 그늘이라 할 수 있는 일제의 침략전쟁에 대한 협력문제에 눈감아 버린 한계를 갖고 있다고 하겠다.

일제하 우리 민족은 일본의 신민, 즉 식민지 국민되기를 거부하고 독립된 국민국가의 국민되기를 꿈꾸는 민족운동을 전개한 바 있었다. 그러나 1941년 말까지 외국인 선교사들의 지배하에 있던 한국 천주교회는 교회중심주의, 선교 우선주의에 입각해 일제하 민족운동에 대해 부정적 입장을 취했다. 실제로 거족적 민족독립운동인 1919년의 3 · 1 운동을 맞아 파리 외방전교회가 관할하던 한국 천주교회는 선교권을 보장받기 위해 정교분리원칙을 내세우며 한국인 신자들이 독립운동에 참여하는 것을 막았다.[22) 나아가 1937년 중일전쟁이 터지면서 일제가 황국신민화와 내선일체를 내걸고 한국인을 침략전쟁에 동원한 총동원체제가 시작되자, 천주교회도 "국민정신총동원 조선 연맹"에 참여해 일제의 전시동원 요구에 응한 바 있었다.[23) 1940년 총동원체제가 총력체제로 전환되고 1941년 태평양전쟁의 발발과 함께 선교사들로부터

---

22) 윤선자, 「민족운동과 교회」,『한국 천주교회사의 성찰과 전망』, 한국천주교중앙협의회, 2000, pp.166-170; 윤선자, 『일제 종교정책과 천주교회』, 경인문화사, 2002, pp.93-130.

23) 1937년 7월 25일에 조선천주교회 교구장들이 발표한 「비상시에 처한 우리의 의무」. "천주 10계 중 제4계에는 다만 부모에게 대한 의무뿐 아니라 제왕과 국가에 대한 의무도 포함되어 있음은 우리 교우들이 누구나 다 익히 알고 있는 바이다. 국가에 대한 이 의무는 평상시에도 잘 지켜야 함은 물론이나 현금과 같은 국가의 비상시를 당하여는 그 의무가 더한층 중하여짐은 장황한 설명을 기다릴 것 없이 명백한 것이다. 그러므로 일반 남녀교우들은 혹시 촌락에 들 수 있는 헛된 풍설에 미혹하지 말고 절대 안심하여 각각 자기 직무에 충실하는 동시에 당국의 지휘하는 바를 따르며 모든이 한가지로 마음과 뜻을 합하여 천주께 열심히 국가의 행복을 위하여 기구함으로써 국가에 충성을 표하고 우리의 의무를 다할지니 국가의 행복은 또한 우리의 행복이라. 소화 12년 7월 25일 7교구 주교." 『경향잡지』, 1937. 7. 28.

한국인 및 일본인 성직자들에게 교회 관할권이 이관된 이후 한국 천주교회는 침략전쟁을 聖戰으로 규정해 충성을 맹세하거나,[24] 군기헌납운동과 지원병 모집에 참여하였으며, 일제의 침략전쟁을 적극 옹호하는 기도문까지 만든 바 있었다.[25]

대희년을 맞아 한국 천주교 주교회의는 침략전쟁에 대한 교회의 협력에 대해서는 함구한 한계를 보였지만, 「쇄신과 화해」라는 제하의 참회문에서 "우리 교회는 열강의 침략과 일제의 식민 통치로 민족이 고통을 당하던 시기에 교회의 안녕을 보장받고자 정교 분리를 이유로 민족 독립에 앞장서는 신자들을 이해하지 못하고 때로는 제재하기도 하였음을 안타깝게 생각합니다"라고 해 천주교회가 일제하 독립운동을 돕지 못했다는 점을 반성한 바 있다.[26]

역사 속에서 교훈을 찾는 작업의 첫 발자국은 지난 과오에 대한 진

---

24) "사변 5주년을 맞이하여: 일지사변 이래 북지, 중지, 남지, 등 그 광대한 전역에서 4주년이나 넘도록 그만큼 혁혁한 전과를 거두고 나서도 대동아전쟁이 시작되자 불과 반년만에 비율인, 말레반도, 바르마니아지에서 적군의 그림자까지 없애는 동시 태평양 인도양을 제압하고 있는 일찍이 인류의 전쟁 역사에서 볼 수 없는 위대한 사실이다. … 비록 제국의 불패태세가 확립되었을지라도 이로 만족하여 방심하지 말고 오로지 성전 목적 달성에 정신과 힘을 통째로 바칠 것이다. 이를 위하여는 무엇보다도 당국에서 지도하는 바에 무언복종할 것이오. 복종할지라도 마지못하여 하거나 겉으로 한는 체만 하지 말고 진심으로 하여 나갈지니 특히 이점에 있어서 모든 교우들은 다른 이들의 모범이 되어 주기를 바라는 바이다. 오까모도 「노기남」 교구장" 『경향잡지』, 1942. 7. 15.

25) "만민의 구원자이신 천주여/ 이제 대동아 건설을 목표로 하고 매진하는/ 우리 나라에 강복하시며/ 우리 나라에서 나신 성인성녀들은/ 우리기구를 전달하사 하여금/ 제 일선에 나선 장병들에게는 무운이 날로 혁혁하게/ 하여 주시고/ 총후를 지키는 우리에게는/ 억조일심으로 각기 직역봉公에 선력을 나하세 하시고/ 一死報國하려는 결심과 용기를/ 우리에게 더욱 치성케 하여서/ 하루라도 속히/ 대동아 영원한 평화를 확립케 하시고/ 따라서 세계가 평화한 중에 주의 성명을 찬미하게 하소서." 『경향잡지』, 1942. 3. 15.
총동원체제와 총력체제하 한국천주교회의 예속에 대해서는, 윤선자, 「총동원체제하 천주교 지식인의 입장」, 『경기사학』 5, 2001, pp.107-140; 윤선자, 앞의 책, 2002, pp.245-327.

26) 한국천주교주교회의, 「쇄신과 화해」, 2000년 12월 3일.

솔한 반성에서 시작하는 것이 옳을 것이다. 그렇다면 한국 천주교회를 대표하는 지식인으로 영욕을 교회와 함께 하였던 장면이 행한 "친일" 행위는 어떻게 평가해야 할까. 종래 그의 "친일" 문제에 관한 연구들의 논조를 살펴 볼 때, 일제하 친일단체에 가톨릭 대표로 참여한 데 대해 비록 소극적 친일이었다 해도 대표적 지식인으로서 일제에 별다른 저항 없이 일제에 협력한 것에 대해 책임을 물어야 한다는 비판론과 교회를 보호하기 위한 신앙적 이유이외에 의도적인 친일행위를 찾아내기 어렵다는 옹호론이 교차하고 있다.

먼저 김삼웅은 "그는 일제말 동성중학교 교장에 재직하면서 조선지원병제도 실시 축하회에 참여하고, 비상시국민생화개선위원회 위원 등에 가담하였다. 굳이 '죄질'을 구분한다면 적극적인 친일활동보다는 소극적인 부일협력을 했다고 하겠다"고 평했으며,[27] 반민족문제연구소는 "죄질 구분보다 더 중요한 점은 교육계와 종교계의 책임 있는 지위에 있었던 사람으로서 친일행위에 가담하였다는 엄연한 사실이다. 설령 그의 행위가 소극적인 부일에 지나지 않았다 하더라도 책임을 면할 수 없는 이유는 바로 여기에 있다"고 비판했다.[28]

반면 조광은 "그는 천주교 교회 활동에 있어서 대표적인 자리에 있었으므로 일제 말엽 식민지 당국이 교회마저도 대륙 침략을 위한 동원 체제 안에 강제로 편입시키는 과정에서 이른바 국민 정신 총동원 천주교 연맹에의 참여가 불가피했다. … 그는 일제 식민지 아래에서 오직 교육 운동과 종교 운동에 전념하면서 자신의 삶을 살고 있었던 양심적 지식인에 속하는 것으로 평가될 수 있다"고 보았고,[29] 윤선자

---

27) 김삼웅, 「정계를 주름잡은 친일파」, 정운현·김삼웅 편, 『친일파』 3, 학민사, 1993, p.224.
28) 반민족문제연구소, 『청산하지 못한 역사』 2, 청년사, 1994, p.20.
29) 조광, 앞의 논문, 1996, 조광 외, 『정면총리와 제2공화국』, p.10.

도 장면을 포함한 천주교 지식인들의 "행동은 반민법에 의하면 동원 체제형의 친일파로 분류될 수 있다. 그러나 교회의 명령에 절대 복종하였던 제1차 바티칸 공의회의 신학과 신앙에 충실하였던 그들에게서는 교회를 위한 신앙적인 이유 외에 정치적이거나 다른 무엇을 목표로 하는 의도적인 친일의 행동은 찾아내기 어렵다"는 견해를 제기하였다.[30]

사실 천주교회를 대표하는 지식인의 자리에 오르기 전 장면은 민족의 독립에 매우 적극적이었다. 그는 수원 농림학교 재학시절 항일 비밀결사에 가입하였고,[31] 3·1운동이란 거족적 민족운동에 직접 참여한 바 있었으며,[32] 당시 자신이 가르치던 용산 신학교 교단에서 민족과 함께 하는 신앙인의 자세를 제자들에게 말하기도 하였다.[33] 또한 동성상업학교 교장이자 천주교회를 대표하는 지식인으로 교회를 보호하기 위해 일제에 협력할 수밖에 없는 위치에 있었을 때도, 당시 동성상업학교 역사교사였던 유홍렬의 회고에 따르면, "이런 세상에 일본사

---

30) 윤선자, 앞의 논문, 2001, pp.139-140.
31) 한근조, 「언행일치의 인물」, 『한 알의 밀이 죽지 않고는』, p.456.
32) 장면, 「(특별기고) 내가 걸어온 길」 『희망』, 1957. 1, p.42. "삼년간 YMCA 영어학교에서 공부하고 있을 때였다. 전민족이 日帝의 학정에 항거하여 자주독립을 선언한 삼일운동이 전국 방방곡곡에서 일어났다. 나는 그때 덕수궁 앞에 나가서 만세를 불렀다."
33) 노기남, 「거룩한 평신도 장요안」, 『한 알의 밀이 죽지 않고는』, pp.321-322. "그가 우리 신학교에서 교편을 잡은 지 3년이 되던 해에 3·1독립운동이 일어났다. 우리는 신부 지망생이지만, 어찌 이 나라의 아들이 아니랴! 우리노 밖에 나가서 만세를 부르고 싶었다. 그러나 학교 규율과 외국신부들의 제지로 우리는 밖에 나가지 못했다. 그 날은 물론 수업을 잘하지 못했다. 나는 몹시 흥분한 그분을 보았다. 그는 수업을 하지 않고 3·1운동에 관한 이야기만 해 주었다. '이건 천주님의 뜻이요. 이 거족적 봉기를 일으키게 한 분들은 대개가 종교를 신봉하는 사람들입니다. 천주님께서 그분들에게 명하신 것입니다. 독립을 찾아야 해요. 민족의 얼을 찾아야지요. 천주님께서 그런 기회를 우리에게 주신 겁니다.' 침착하면서도 격양된 구석이 있는 목소리였다."

람의 관청생활을 하는 것은 후일을 생각해서라도 좋지 않을 것 같다"
고 생각하고 있었다.[34]

그렇다면 장면의 "친일"행위를 평가함에 있어 왜 그가 후일에 논란
의 소지가 있으리라고 예측했으면서도 그렇게 할 수밖에 없었는지를
고려해 보는 것이 순서라고 본다. 1939년 4월 국가권력이 임의로 교
회를 폐쇄할 수 있는 권한을 규정한 "종교단체법"이 일본 의회에서
통과됨으로써, 전시체제 하 식민지 조선에서도 일제가 종교에 대한 완
벽하게 통제하는 "광기"의 시대가 시작되자 성직자와 평신도를 막론
하고 일제하 천주교회의 지식인들은 교회의 존립을 위해 일제의 전
쟁협력 요구에 어떤 형태로던지 협력할 수밖에 없었던 것이 사실이
다.[35] 특히 한국 천주교회를 대표하는 지식인이자 교육자였던 장면에
게는 자신의 개인적인 명예보다 교회와 학교를 지키는 것이 더 앞섰
을 것이다. 당시 그가 교육자로서의 길을 포기하지 않는 한 일제에
적극적으로 대항하는 교육활동은 할 수 없었을 것이며, "조선 총독부
와 천주교를 중화"시키는 즉, "천주교에 대한 탄압을 중간에서 도맡
아 방어하는 역할을 전담"한 천주교회의 대표격이었던 그로서는 교
회에 대한 일제의 박해를 초래할 저항적 종교활동을 전개할 수도 없
었을 것이다.[36]

따라서 "교회를 위한 신앙적인 이유 외에 의도적인 친일의 행동"을
하지 않았다고 본 윤선자의 견해와 "그는 일제 식민지 아래에서 오직
교육 운동과 종교 운동에 전념하면서 자신의 삶을 살고 있었던 양심
적 지식인에 속하는 것으로 평가될 수 있다"고 본 조광의 견해가 설

34) 유홍렬, 「민주주의의 상징」, 『한 알의 밀이 죽지 않고는』, pp.399-400.
35) 윤선자, 앞의 논문, pp.124-125, pp.138-140.
36) 졸고조광 외, 앞의 책, 1999, p.68.

득력이 있다고 본다.

3) 해방 후 그리스도정치가로서의 역할

『사기』가 꼽은 해방 후 그리스도 정치가로서 수행한 역할에 대한 평가는 합리적인 것인지 살펴보자. 그는 해방 이후 정계에 투신, 1946년 미군정 자문기관인 민주의원과 입법의원의 의원을 거쳐 1948년에는 무소속으로 제헌국회 의원에 당선, "혼인의 순결과 보호"에 관한 조항을 제헌헌법에 규정함으로써 축첩제를 소멸시키고 여권의 신장과 가정과 사회의 건전화를 이루는 도덕적 기반을 닦는데 기여한 바 있다. 또한 그는 정부 수립 직후 제3차 유엔총회 파견 대표단의 수석대표로 대한민국에 대한 국제적 승인을 얻어냈으며, 6·25전쟁을 맞아 유엔군 파병을 이끌어 낸 발군의 외교관이기도 하다. 특히 그는 이승만 독재가 심화되자 민주당 창당을 주도하는 등 민주투사로 활약하였으며, 4·19혁명이후 제2공화국 국무총리로 "민주주의의 황금시대"를 꽃피운 민주주의 정치가라 할 수 있다.[37] 따라서 『사기』의 평가는 합당한 것이라고 볼 수도 있다.

그러나 냉전이 한참이던 1966년에 쓰여진 『사기』의 그리스도 정치가 장면에 대한 평가는 민족의 화해와 일치를 지향해야 하는 오늘의 시대정신에 비추어 볼 때 다르게 조명될 소지도 있다. 왜냐하면 대회년을 맞아 한국 천주교 주교회의는 「쇄신과 화해」라는 참회문에서 해방후의 교회가 범한 과오에 대해 "우리 교회는 광복 이후 전개된 세계 질서의 재편 과정에서 빚어진 분단 상황의 극복과 민족 화해와 일치를 위한 노력에 적극적이지 못하고 소홀히 한 점을 반성하고 이 과

---

37) 졸고조광 외, 위의 책, 1999, pp.69-109.

정에서 생겨난 수많은 사람들의 희생을 마음 아파합니다"성찰한 바 있기 때문이다.[38]

해방 후 천주교회가 범한 과오는 무엇일까. 당시 우리 민족의 과제는 통일된 국민국가 수립이었지만, 천주교회는 동족상잔까지 간 이데올로기 대립의 시대에 민족의 화해와 일치를 위해 작용하지 못했다. 해방 이전부터 천주교회에 뿌리 깊게 자리 잡고 있던 반공주의는 해방 이후 지속·강화되었다. 이처럼 공산주의를 단순한 정치이론이 아니라 무신론 혹은 반신론적인 신념과 행동체계로 보는 천주교의 "종교적 반공주의"는 해방이후 더욱 강력한 반공산주의 행동을 동반함으로써,[39] 분단 상황의 극복과 민족 화해와 일치를 위해 노력하기보다 이에 역행한 측면이 크다. 일례로 천주교회는 반탁과 단독정부 수립에 이승만과 이해를 같이한 최대의 협력자였으며, 6·25전쟁을 거치면서 북한을 화해할 수 없는 적으로 규정한 바 있었다.[40] 따라서 『사기』의 평가는 세상을 적과 동지, 선과 악으로 양분하던 냉전시대의 정치가로서 그가 범했을 수도 있는 과오에 대한 성찰이 결여되어 있다는 점에서 비판의 여지가 있다.

---

38) 한국천주교주교회의, 「쇄신과 화해」, 2000년 12월 3일.
39) 강인철, 「해방 정국과 한국 천주교회」, 『한국천주교회사의 성찰과 전망』 2, 한국천주교중앙협의회, 2001, p.25. 강인철은 다음과 같은 이유를 들어 해방 후 천주교의 반공주의가 과거의 그것에 비해 훨씬 강력한 행동을 동반한다고 보았다. (1) 미국과 소련을 대표로 하는 이극화된 냉전적 세계질서, (2) 전후의 세계적 대립에서 한국이 중심 위치를 차지한다고 주장한다는 점, (3) 공산화된 지역들에서의 종교(특히 천주교) 탄압에 주목한다는 점, (4) 같은 맥락에서 중국과 북한에 진행된, 공산주의자들과의 접촉과 피해 경험으로 공산주의에 대한 반감이 증폭되었다는 점, (5) 공산주의의 '종교적' 성격이 전례없이 강조됨으로써 공산주의에 대한 부정적 이미지가 강화되었다는 점, (6) 자유민주주의와 그리스도교의 친화성이 강조된다는 점, (7) 이른바 '자유진영'의 맹주인 미국과 교황청의 동맹관계를 배경으로 하고 있다는 점 등이다.
40) 강인철, 위의 논문, pp.21-29; 여진천, 「한국전쟁에 대한 교회의 입장」, 『한국천주교회사의 성찰과 전망』 2 pp.98-110; 임기환, 앞의 논문, pp.428-435.

해방이란 민족사적 관점에서 볼 때 "우리 민족의 환희에 찬 희망에
도 불구하고 도리어 커다란 실망과 고통을 준 비극적 역사의 원점이
자, 우리 민족이 오랫동안 추구했던 '근대화'의 본격적 출발점"인 희
망의 역사의 시점이기도 하였다.[41] 따라서 해방 이후의 정치사도 어
떤 눈으로 조명하느냐에 따라 肯否가 엇갈릴 것이다. 마찬가지로 장
면의 해방 후 정치활동도 어떤 입장에서 보느냐에 따라 평가가 다를
수 있다. 어찌 보면 그는 분단과 냉전을 주도한 이승만과 정치적 입
장에서 큰 차이가 없는 보수적 반공주의자로 평가될 수도 있다.[42]

그러나 "장면이 정계에서 활동했던 해방 이후 1961년까지의 시대는
일종의 격변기"였으며, "당시 냉전 논리적 반공 이데올로기는 남북 분
단과 한국 전쟁을 체험하는 과정에서 남한의 지식인들 대다수의 지지
를 얻었던 정치적 이념"이기도 했다.[43] "해방 전후의 현대사를 퇴영,
침체, 좌절의 늪이 아니고 한국인이 자유·평등·민주주의 등 보편적
이상을 향해 전진을 재촉"했던 시기로 보는 발전적 입장에서 조망할
때,[44] 그는 남한에 대한 국제적 승인과 6·25전쟁시 유엔군의 파병을
이끌어 내 남한의 자유민주주의 체제를 지키는데 있어 결정적인 역할

---

41) 유영익, 「解放의 역사적 의의」, 『한국사시민강좌』, 1993, p.2, 13.

42) 임기환, 앞의 논문, 조광 외, 같은 책, pp.429-431. "장면 역시 철저한 반공주의자
였다. … 그는 공산주의 세력을 화해할 수 없는 적이라고 인식하였다. … 반공주
의 입장에서 본다면 해방 후 정치적 격동기에 있어서 장면의 정치적 선택의 길
은 어느 정도 정해져 있는 것이나 다름없다고 할 수 있겠다. 당시 천주교회가
걸었던 방향, 즉 반탁운동과 뒤이은 단독정부의 수립의 길에 장면도 동참하면서,
이 과정에서 안밖으로 뛰어난 공을 세웠던 것이다. 장면 역시 이러한 정치적 전
개를 해방 이후의 현실에서 가장 바람직하고 필연적인 길이라고 생각하였다. 이
는 결과적으로 이승만이 집권하게 되는 길이었는데, 당시 가톨릭교회와 장면은
이승만의 최대 협조자의 하나였던 것이다."

43) 조광, 앞의 논문, 조광 외, 앞의 책, 1996, pp.11-12.

44) 해방 이후 한국의 현대사를 발전적 입장에서 조망해야 할 필요성을 제기한 연구
로는, 유영익, 「1950년대를 보는 하나의 시각-남한의 변화를 중심으로」, 『한국
현대사론』, 일조각, 1992, pp.226-265.

을 한 건국공로자이자 이승만 독재에 맞선 민주투사로 평가할 수 도
있다.

IV. 맺음말

장면은 그가 살던 시대 천주교회와 영욕을 함께 한 한국 천주교회
의 대표적 지식인이었다. 또한 그는 이론의 여지가 없는 "복음의 표
양"과 같은 신앙인이자, 그리스도교 정신의 참된 구현의 관건이 한국
에 진정한 자유민주주의의 구현에 달려 있다고 믿고 그 이상을 실천
하려한 그리스도 정치가였다. 바로 이러한 측면 때문에 그는 한국 근
·현대 천주교 관계 인물 중 가장 주목을 많이 받는 인물 중 한 명이다.
이 글에서는 프란치스코 일회에서 펴낸 『작은 형제회 사기』에 보이
는 장면 평가를 현재적 입장에서 재조명함으로써 "복음적 표양"으로
서의 신앙인 · "일제하 천주교회의 대표적 지식인" · "해방 후 그리스
도 정치가"로서 그의 면모를 다각도로 조명해보았다. 그 결과 본고에
서는 신앙인 장면에 대해 다음과 같은 사실을 부각시킬 수 있었다.
첫째, 장면이 한국 천주교회와 프란치스코회의 발전을 위해 행한
봉사와 저술 · 전교활동을 살펴 본 결과 평생 세속의 지위 변화와 무
관하게 신앙의 전파와 신학 관계 저술과 번역 활동에 게을리 하지 않
았으며, 가톨릭 액션 · 세라회 · 재속 프란치스코 3회 등 평신도 운동을
소개하고 주도한 신앙인으로서 "복음적 표양"이 될 만한 교회활동을
전개했음을 밝힐 수 있었다. 특히 민족애에 바탕을 둔 왕성한 종교적
저술 활동과 평신도 운동 주도는 그와 동시대를 산 다른 천주교회 지
식인들에게 그 유례를 찾기 힘든 특이한 그만의 업적이라 할 수 있다.

둘째, 일제하 교육자이자 천주교회를 대표하는 지식인으로 그의 삶을 살펴 본 결과 한국 천주교회를 대표하는 지식인으로 영욕을 교회와 함께 하였던 장면이 행한 "친일" 행위에 대해 교회를 대표하는 지식인으로서 별 저항 없이 일제에 협력한 책임을 물어야 한다는 비판론과 교회를 보호하기 위한 신앙적 이유이외에 의도적인 친일행위를 찾아내기 어렵다는 옹호론이 교차하고 있음을 알 수 있었다. 일제에 맞서 민족을 지키기보다 종교를 지키려한 그의 행위가 민족과 국가라는 거대 담론 차원에서 보면 민족에 대한 반역일 수 있지만, 자신의 명예보다 교회와 학교를 지키는 길을 택한 그의 행동을 교회사의 시각에서 비추어 볼 때 탓할 수는 없을 것 같다. 왜냐하면 그의 허물 중 상당부분은 그만의 책임이라기보다 천주교회가 나누어 져야 할 몫이 크기 때문이다.

셋째, 장면이 해방 후 그리스도 정치가로서 수행한 역할에 대한 살펴 본 결과 정치가로서 그도 분단과 냉전을 주도한 보수적 반공주의자로 貶下할 수도 있지만, 한국인이 자유·평등·민주주의 등 보편적 이상을 향해 전진을 재촉했던 시기에 우리의 자유민주주의 체제를 지키는데 있어 결정적인 역할을 한 건국공로자이자 이승만 독재에 맞선 민주투사로 볼 수 도 있다. 교회사의 입장에서 볼 때 세상을 적과 동지, 선과 악으로 양분하던 냉전시대를 살았던 그에게 그 시대의 한계를 왜 넘지 못했냐고 책하기보다는 자유민주주의와 천주교회라는 가치와 신앙을 지키기 위해 그가 기울인 노력과 업적을 평가해수어야 하지 않을까. 따라서 그리스도교 정치가로서 그의 功過를 논함에 있어 공적이 있다면 그에게 돌리고, 과오를 범했다면 그를 둘러싼 시대와 사회의 한계로 돌리는 것이 마땅하다고 본다.

韓国近現代人物講議

인쇄일 초판1쇄 2007년 5월 16일 / **발행일** 초판1쇄 2007년 5월 30일 / **지은이** 유준기 편
발행처 국학자료원 / **등록일** 2006. 11. 02 제324-2006-0041호 / **영업** 정구형
총무 한선희 / **편집** 김은희, 이초희, 박지혜 / **인터넷** 이재호 / **물류** 박지연, 김종효, 박홍주

서울시 강동구 암사동 463-25 2층 / Tel : 442-4623~4 Fax : 442-4625
www.kookhak.co.kr / E-mail : kookhak2001@hanmail.net
ISBN 978-89-6137-248-0 *93090 / **가 격** 38,000원